I0819939

Труды Центра
русской культуры
Амхерстского колледжа

Константин Кузьминский и его Антология

Сборник исследований и материалов

Составитель — Илья Кукуй

Academic Studies Press
БиблиоРоссика
Бостон / Санкт-Петербург
2022

УДК 82.02
ББК 83.3(2)6
Н13

Серийное оформление и оформление обложки Ивана Граве

Фото на передней обложке — Б. Смелов, на задней обложке — О. Корсунова

Н13 На берегах Голубой Лагуны: Константин Кузьминский и его Антология. Сборник исследований и материалов / составитель И. Кукуй. — Москва / Бостон / СПб.: Academic Studies Press / Библиороссика, 2022. — 583 с. — (Серия «Труды Центра русской культуры Амхерстского колледжа» = Studies of the Amherst Center for Russian Culture).

ISBN 979-8-887190-16-7 (Academic Studies Press)
ISBN 978-5-907532-33-5 (Библиороссика)

Константин Константинович Кузьминский (1940–2015), с присущей ему провокационностью часто подписывавшийся ККК, был одной из центральных фигур неофициальной литературной сцены Ленинграда. Еще до своей эмиграции в 1975 году он составил целый ряд антологий на основе своего богатейшего литературного и художественного архива советского андеграунда. После полугодичного пребывания в Вене и переезда в США в 1976 году Кузьминский преподавал в Техасском университете в Остине и основал вместе с Джоном Боултом Институт современной русской культуры у Голубой Лагуны, давший позднее название Антологии. После переезда в Нью-Йорк в 1981 году Кузьминский организовал свою галерею и одноименное издательство «Подвал», сменившие несколько адресов, последним из которых стал дом на границе штатов Пенсильвания и Нью-Йорк в поселке Лордвилль.

В 2014 году Кузьминский передал свой архив Центру русской культуры Амхерстского колледжа. Настоящее издание подготовлено на основе семинаров по изучению архива, проходивших в Амхерсте в 2017 и 2018 годах, и посвящено истории замысла Антологии, анализу ее состава, творчеству ее авторов и, в первую очередь, личности ее составителя Константина Кузьминского.

УДК 82.02
ББК 83.3(2)6

ISBN 979-8-887190-16-7
ISBN 978-5-907532-33-5

Посвящается ЭКП — невидимому соавтору Антологии *У Голубой Лагуны*, дизайнеру ее макета и спутнице ее составителя — Эмме Кузьминской (Подберезкиной)

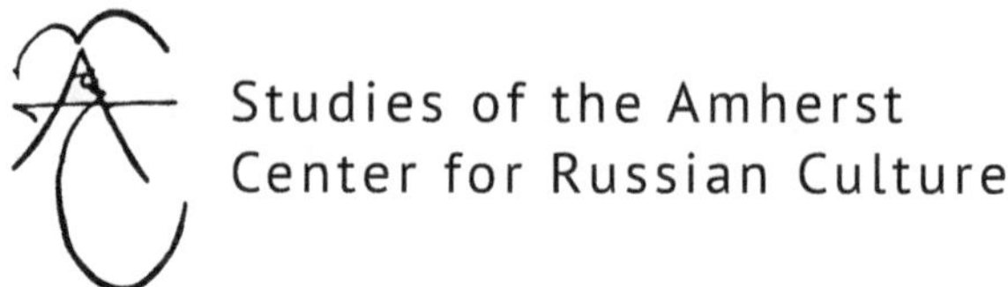

The Studies of the Amherst Center for Russian Culture, established in collaboration with Academic Studies Press, aspires to publish peer reviewed scholarly volumes of high quality that substantially draw upon the Center's holdings. The Center was founded in 1991 on the basis of a gift made to Amherst College by alumnus Thomas P. Whitney, class of 1937, a diplomat, journalist, translator, author and collector of Russian manuscripts, rare books, journals, newspapers and art for over thirty years. Whitney's private collection is the core of Center's holdings, which continue to expand thanks to his generous endowment.

The Amherst Center for Russian Culture houses one of the most impressive private collections of rare Russian books and materials outside Russia. The collection represents the breadth and depth of Russian cultural achievement in modern times, primarily in the late nineteenth and twentieth centuries. It is particularly rich in materials concerning the cultural life of the Russian emigration, with hundreds of rare editions of Russian emigre poetry and journals from across the world; a number of Aleksey Remizov's handmade albums and his papers; the archive of Novyi zhurnal; and the archives of major emigre figures such as Zinaida Gippius and Dmitry Merezhkovsky, and Zinaida and Dmitry Shakhovskoy. Later generations of emigre artists and scholars such as Yury Ivask, Roman Goul, and Vadim Kreid, also are well represented. The rare book collection features hand-made futurist books by Natalya Goncharova, Aleksey Kruchenykh, Velimir Khlebnikov and others. Soviet culture is represented by valuable arts periodicals; by the Alma Law archive, documenting the life of theater in the late Soviet era; and by collections of dissident and samizdat materials, such as the Grigorenko Family Papers. Konstantin Kuzminsky's complete literary archive, including the materials that went into the making of his landmark anthology, *Golubaia laguna*, allows for in-depth study of unofficial culture. This volume is dedicated to the legacy of Kuzminsky.

Scholars interested in exploring the full range of the collection are invited to visit the Center's website: https://www.amherst.edu/academiclife/departments/russian/acrc

Труды Центра русской культуры Амхерстского колледжа

Труды Центра русской культуры Амхерстского колледжа (США), выходящие в сотрудничестве с издательством «Academic Studies Press», в своих научно подготовленных и рецензируемых изданиях знакомят читателя с архивным собранием Центра. Центр русской культуры был открыт в 1991 году на основе дара, преподнесенного колледжу Томасом Уитни выпускником Амхерста 1937 года — дипломатом, журналистом, переводчиком, писателем, на протяжении тридцати лет собиравшим ценнейшую коллекцию рукописей, редких книг, журналов, газет и произведений изобразительного искусства России и СССР. Частное собрание Томаса Уитни составляет ядро фондов Центра, которые продолжают пополняться из средств щедрого пожертвования Уитни.

Благодаря этому Центр русской культуры хранит одну из наиболее впечатляющих частных коллекций редкой русской книги и русского искусства за пределами России. Собрание охватывает широкий диапазон достижений русской культуры нового времени, в первую очередь конца XIX и XX веков. Особенно широко представлены материалы культурной жизни русской эмиграции, включая сотни редких изданий русской поэзии и журналов со всего мира, рукописные и коллажные альбомы А. М. Ремизова и его творческие и биографические материалы, архив «Нового журнала», собрания ведущих фигур русской эмиграции (З. Н. Гиппиус и Д. С. Мережковского, З. А. и Д. А. Шаховских и многих других). Последующее поколение художников и ученых русской эмиграции представлено в том числе материалами Р. П. Гуля, Ю. П. Иваска, В. П. Крейда, а отдел редкой книги содержит экземпляры футуристических изданий Н. С. Гончаровой, А. Е. Крученых, В. В. Хлебникова и многих других. Советская культура охвачена представительным собранием художественной периодики, коллекцией Альмы Лоу, документирующей жизнь позднесоветского театра, а также документами самиздата и правозащитного движения, в том числе коллекцией П. Г. Григоренко и его семьи. Литературный архив К. К. Кузьминского, включающий в себя материалы его легендарной многотомной Антологии новейшей русской поэзии *У Голубой Лагуны*, открывает широкие перспективы для исследователей советской неофициальной культуры. Ему и посвящено настоящее издание.

Исследователей, желающих ознакомиться с собранием во всей его полноте, приглашаем посетить страницу Русского центра: https://www.amherst.edu/academiclife/departments/russian/acrc

Кроме особо оговоренных в статьях случаев, ссылки на «Антологию новейшей русской поэзии *У Голубой Лагуны*»[1] (сост. К. К. Кузьминского и Г. Л. Ковалева) во всех материалах сборника даются в тексте как АГЛ с указанием тома и страниц по изданию Oriental Research Partners (Newtonville, Mass.):

АГЛ 1 — Т. 1, 1980.
АГЛ 2А — Т. 2а, 1983.
АГЛ 2Б — Т. 2б, 1986.
АГЛ 3А — Т. 3а, 1986.
АГЛ 3Б — Т. 3б, 1986.
АГЛ 4А — Т. 4а, 1983.
АГЛ 4Б — Т. 4б, 1983.
АГЛ 5А — Т. 5а, 1986.
АГЛ 5Б — Т. 5б, 1986.

---

1 Авторское написание заглавия антологии не отличалось последовательностью. Русское заглавие было эквивалентом названия Института современной русской культуры у Голубой Лагуны, в котором Кузьминский руководил отделом литературной практики (см. интервью с директором Института Д. Боултом в наст. изд.); в английском варианте — «The Blue Lagoon Anthology of Modern Russian Poetry» — обозначение «У Голубой Лагуны» было собственно названием антологии. Написание заглавных букв как в названии Института, так и в названии антологии, как правило, ориентировалось на английскую норму заглавий (самостоятельные части речи начинаются с прописных букв, служебные — со строчных). В целях единообразия в случае полного указания заглавия антологии по всей книге используется указанное написание, в котором курсив подчеркивает название «У Голубой Лагуны» (на печатной машинке, на которой составлялась АГЛ, курсива не было).

Ссылки на материалы фонда К. К. Кузьминского в собрании Центра русской культуры Амхерстского колледжа указаны в тексте как ACRC № коробки: № папки, № страницы. Списки использованной литературы помещены после статей; ссылки на литературу в примечаниях к публикациям даются постранично. Подчеркивания и другие авторские выделения в цитатах, в отличие от курсива авторов сборника, обозначены полужирным курсивом.

Составитель благодарит Джона Боулта, Киру Долинину, Петра Казарновского, Илью Левина, Наталью Скворцову, Евгения Сошкина, Надежду Спивак, Габриэля Суперфина, Джеральда Янечека за помощь в работе над сборником.

Фотографии воспроизводятся по копиям из архива К. Кузьминского. Благодарим Анну Рождественскую за помощь в атрибуции и предоставление фото.

Илья Кукуй

Антология Константина Кузьминского как «живое зеркало»

«Антология новейшей русской поэзии *У Голубой Лагуны*» (далее в тексте как АГЛ), выходившая под редакцией Константина Константиновича Кузьминского в издательстве Oriental Research Partners (Newtonville, Mass.) в 1980–1986 годах, вне всякого сомнения, хорошо известна каждому специалисту, занимающемуся неподцензурной поэзией советского периода. Для многих читателей на Западе, в особенности до развития электронных технологий, она была первым источником знакомства с литературой самиздата, а в России, еще до того, как появилась в электронной версии, — одним из самых легендарных проектов тамиздата. По своему масштабу — пять томов в девяти книгах — АГЛ до сих пор является самым объемным изданием, посвященным не только советской неофициальной поэзии, но и всей русской поэзии в целом. «Крупнейшей русской антологией» называл ее Вадим Крейд и отмечал в 1985 году: «Теперь, после выхода в свет этих томов, вряд ли кто-нибудь может сказать, что он хорошо знает современную поэзию, если он не знаком с Антологией» [Крейденков 1985: 183]. В то же время характер этого проекта столь своеобразен, что выводит его за рамки обычной антологии и делает в равной степени как авторским литературным произведением, так и документом эпохи, воспроизводящим и воссоздающим механизмы породивших его культурных полей — сам- и тамиздата. Восстановлению контекста, в котором возникла АГЛ, — биографического исторического, социокультурного, поэтического — и посвящен настоящий сборник.

Жанр антологии, естественный для литературной рефлексии тамиздата, обобщавшего немногочисленные знания о происходящем за железным занавесом, самиздату был не свойствен. Это легко объяснимо: антология как инструмент литературной канонизации возникает в момент осмысления определенного периода или явления как целого и подразумевает работу с устоявшимся корпусом текстов и статусом их авторов. Рефлексия самиздата была направлена в большей степени на фиксацию литературного процесса, чем его итогов, поэтому ведущим жанром самиздатской публикации, объединяющей нескольких авторов, вполне логично становятся альманахи[1] и начиная с середины 1970-х годов литературная периодика. В этой связи особенно примечательным кажется тот факт, что почти все попытки создания литературных антологий — во всяком случае, в ленинградской «второй культуре» — связаны с именем Кузьминского.

Константин Константинович Кузьминский родился в Ленинграде 16 апреля 1940 года и окончил первую в СССР школу с углубленным изучением английского языка. Относительно свободное по советским меркам владение английским позволяло ему не только участвовать в работе знаменитого в Ленинграде переводческого семинара Т. Г. Гнедич и одно время быть ее литературным секретарем, но и поддерживать активную связь с западными исследователями и литераторами. Так, в 1972 году в нью-йоркском издательстве *Doubleday* выходит одна из первых антологий неофициальной советской поэзии «The Living Mirror», составленная Сюзанной Масси при активном участии Кузьминского, о чем речь пойдет далее.

Замысел антологии возник у Кузьминского, однако, значительно раньше. «С 1959 года я мечтал об антологиях, но невозможно было делать их в тех условиях», — признавался позднее Кузьминский в письме переводчику и филологу Е. Г. Эткинду из Вены от 25 декабря 1975 года[2]. Действительно, свою деятельность как

---

1 «Чудовищных размеров альманахом» называл Антологию и Крейд [Крейденков 1985: 180].

2 См. публикацию венских писем Кузьминского в наст. изд.

составителя и публикатора он начинает в 1962 году со второго выпуска поэтического альманаха «Призма» в самиздатском издательстве Бориса Тайгина «БэТа», однако уже в том же году меняет жанр и создает вместе с Тайгиным «Антологию советской патологии», долгое время считавшуюся утерянной, но не столь давно найденную В. И. Орловым в следственном деле Александра Гинзбурга. Несмотря на то что сам Кузьминский позднее утверждал, что антология «включала в себя по стишку и два — всех ведущих и “не-ведущих” московских поэтов» [Орлов 2016: 151], экземпляр Гинзбурга говорит скорее о субъективном подходе составителя к подбору авторов. Орлов указывает на то, что содержание антологии «во многом совпадает с составом поэтов, принимавших участие в единственном вечере, организованном ККК[3] в молодежном кафе “Улыбка” в Ленинграде 23 декабря 1962 года» [Там же][4]. Тем самым Кузьминский следует здесь примеру И. С. Ежова и Е. И. Шамурина, включивших в свою антологию «Русская поэзия XX века» «ряд молодых поэтов, литературная физиономия которых окончательно еще не определилась, но уже несет в себе некоторые своеобразные черты» [Ежов, Шамурин 1925: 5]. Но если для Ежова и Шамурина такой принцип отбора знаменовал собой типичную для эпохи Пролеткульта надежду найти новых поэтов в среде молодых рабочих, то Кузьминский декларирует здесь подход, которому остается верен всю жизнь, — максимально широкий охват литературной сцены и внимание к малым именам[5]. «Всё это бульон, а если кто

---

3 Здесь и далее ККК — Константин Константинович Кузьминский.

4 Следует отметить, что наблюдения о составе авторов носят предварительный характер, поскольку мы не знаем, первый или второй выпуск «Антологии советской патологии» попал в дело Гинзбурга и было ли их действительно два, как утверждал Кузьминский в статье 1995 года «Антология одного стихотворения, или “С паршивой овцы — хоть шерсти клок...”». URL: http://kkk-pisma.kkk-bluelagoon.ru/ant1st.htm (дата обращения: 23.11.2018).

5 Другое важное, если не важнейшее, отличие Антологии Кузьминского от труда Ежова и Шамурина заключается в том, что в антологию последних «были включены лишь те, которые выпустили отдельные сборники своих произведений» [Ежов, Шамурин 1925: 5] (разрядка авторская. — *И. К.*),

предпочитает клецки или там гренки и фрикадельки — его свободный выбор. Я выбираю бульон», — писал Кузьминский в письме поэту Геннадию Трифонову от 9 февраля 1987 года [Кузьминский 1998], и в значительной степени АГЛ воссоздает именно питательную среду неофициальной культуры, ее почву, из которой вышли — или так и не вышли — отдельные ее представители[6].

В начале 1970-х годов Кузьминский предпринимает вторую, гораздо более масштабную попытку создания литературной антологии ленинградской поэзии. Толчком к ее созданию послужило знакомство с американской писательницей Сюзанной Масси (Suzanne Massie), приехавшей в Ленинград в 1967 году, и издание ею спустя пять лет антологии «The Living Mirror» в издательстве *Doubleday.* Кузьминский, работавший тогда англоязычным экскурсоводом в Павловском дворце, пригласил Масси на свой литературный вечер в Доме кино. Дальнейшее мы знаем по словам Кузьминского, которые примечательны независимо от точности передачи деталей: «Сюзанна, обалдев, сказала: “Что тебе — книгу издать?” — “Нет, — я говорю, — давай антологию. <...> Соснора, Горбовский, Бродский, Кушнер, ну и я, темная лошадка”. Пять лет ушло на это. Какие-то американские самодеятели-графоманы переводили. Перевод читать физически невозможно...» [Кузьминский 2003а]. Неудовлетворенный результатом, Кузьминский создает свой вариант — монументальную двухтомную антологию «Живое зеркало». Интересно, что в ней Кузьминский — при ярко выраженном авторском характере антологии — впервые делает то самое, что впоследствии совершит в АГЛ, а именно объявляет соавтором Масси — человека, вдохновившего его на труд, но непосредственно в нем не участвовавшего (как известно,

подход же Кузьминского был, по понятным причинам, строго противоположным. Анализу принципов составления АГЛ посвящен материал Юлии Валиевой в наст. изд., там же на материале переписки с Кузьминским проанализирован принцип периодизации русской литературы, выбранный поэтом Олегом Охапкиным.

6 Роли почвы в «ленинградском тексте» неофициальной культуры, в частности у Виктора Кривулина, посвящен материал Кристиана Цендера в наст. изд.

номинальным составителем АГЛ был также непосредственно не участвовавший в ее создании Григорий Ковалев).

Два тома «Живого зеркала», озаглавленные «Первый этап» и «Второй этап», включали в себя стихотворения 28 ленинградских поэтов: первые 14 представляли, по словам Кузьминского в предисловии, его «учителей или, скажем, старших собратьев по перьям», вторые 14 — «друзей, или учеников, или просто ровесников»[7]. Подборка каждого поэта предварялась кратким предисловием Кузьминского, в котором упор делался не на биографические данные, а на впечатление составителя от произведений и на его мнение о личности поэта. Тем самым воплощался девиз Кузьминского — первая фраза второго тома антологии «Живое зеркало»: «Литература — это не только тексты. Это еще и жизнь»[8].

Кроме «Живого зеркала», среди самиздатских изданий Кузьминского следует упомянуть антологию прозы «Лепрозорий-23», незавершенную антологию поэзии «Юг», реализованную позднее уже в составе АГЛ, а также активное участие поэта в составлении сборника «Лепта» — последней попытки ленинградской «второй культуры» 1970-х годов выйти в официальное литературное поле[9]. Их сопоставление с АГЛ показывает резко возросшее значение авторского комментария и коллажной техники на всех уровнях книги, начиная от компоновки материала и кончая созданием макета, изготовлявшегося Кузьминским и его женой Эммой Подберезкиной вручную. «всё это превращается в ткань — поэмы ли, романа, антологии — ***принцип один.*** — коллаж»[10], —

---

7 Здесь и далее «Живое зеркало» цит. по экземпляру антологии в [ACRC 40: 1–4].

8 Анализ Петром Казарновским одной из подборок «Живого зеркала», посвященной Леониду Аронзону, см. в наст. изд.

9 О «ленинградоцентричности» АГЛ см. материал Ивана Ахметьева в наст. изд., где предпринята попытка охватить очертания «московского текста» неофициальной культуры. Одному из «провинциальных» сюжетов АГЛ, альманаху «Майя», посвящен материал Владимира Орлова.

10 В компьютерной переписке Кузьминский, как правило, игнорировал прописные буквы. В воспроизведении цитат здесь и далее мы следуем источнику.

писал позднее Кузьминский в письме Асе Майзель от 21–22 <?> августа 1998 года [Кузьминский 2003б: 73].

Тот же коллажный принцип отличает и художественные произведения Кузьминского 1960–1970-х годов, поэму «Вавилонская башня» и роман «Hotel zum Тюркен» — книги, сочетавшие разные языки, слово и изображение, литературный и газетный текст. Своеобразным апогеем этого жанра станет последняя книга Кузьминского «Роман-газета» (2014), вся построенная как ретроспективный коллаж документальных, газетных и изобразительных материалов, подводящих итог его литературному труду. В АГЛ сама фактура книги должна была подчеркнуть документальный характер издания, воспроизводящего эстетику самиздата, а полемический, субъективный, неполиткорректный комментарий составителя — своеобразную телесность неофициальной культуры, в которой, с точки зрения Кузьминского, чистота творческих исканий органично сочеталась с грязью литературного и советского быта. Интенсивность художественного жеста Кузьминского может объясняться и тем фактом, что к началу работы над своим opus magnum он уже не чувствовал себя частью этого литературного тела — АГЛ стала своего рода гиперкомпенсацией отстранения Кузьминского от органичной для него традиции.

В начале 1970-х годов Кузьминский начал подготовку к эмиграции: основным двигателем стало его желание осуществить на Западе издание тех авторов, которые в СССР были обречены на существование за рамками официальной культуры. С этой целью Кузьминский собирает гигантский архив рукописей, манускриптов, фотокопий и аудиозаписей, который переправляет через голландское консульство в Израиль — обычный в то время транспортный путь, возможный постольку, поскольку СССР не поддерживал с Израилем каких бы то ни было дипломатических отношений. В силу разных причин архив на длительное время в Израиле застревает, и получить его Кузьминский смог лишь в конце 1970-х годов уже в США. Так, обе антологии «Живое зеркало» были получены им только осенью 1977 года.

Выехав из СССР в июле 1975 года в Вену, Кузьминский планировал переехать во Францию и начать там свою издательскую деятельность. Первым проектом должен был стать альманах, изданный впоследствии Михаилом Шемякиным под названием «Аполлон-77» и ставший первым представительным и необыкновенно пышно оформленным изданием, представляющим советскую неофициальную культуру на Западе. Кузьминскому также было предложено возглавить вместе с Шемякиным редколлегию эмигрантского литературного журнала «Возрождение». Материалы собрания Кузьминского позволяют реконструировать этот период его жизни и судьбу различных эдиционных проектов, отражающих не только специфику личности и стиля самого редактора, но и дух той эпохи[11].

Сложности в получении документов, отсутствие доступа к архиву, а также сразу обозначившиеся принципиальные мировоззренческие — в первую очередь эстетические и поведенческие — расхождения с разными кругами русской эмиграции и западного литературного и научного истеблишмента привели к тому, что Кузьминский после длительного пребывания в Вене (его он опишет в романе «Hotel zum Тюркен») принимает приглашение профессора Сиднея Монаса и переезжает в США, где после нескольких месяцев на ферме Толстовского фонда получает преподавательское место по русской и английской (!) литературе в Техасском университете (г. Остин) и вместе с искусствоведом Джоном Боултом организует некоммерческую организацию «Институт современной русской культуры у Голубой Лагуны» (откуда и название АГЛ), в которой возглавляет отдел литературной практики[12].

Среди первых проектов Кузьминского была несостоявшаяся книга «20 поэтов Ленинграда в текстах и фотоматериалах», над которой он работал в конце 1976 года совместно с будущей звездой американской славистики Кэрол Эмерсон, учившейся

---

[11] См. материал венской переписки Кузьминского в наст. изд.

[12] См. об этом статью Энсли Морс и интервью Леонида Межибовского с Джоном Боултом в наст. изд.

у него в Остине. Переводы Эмерсон были опубликованы в студенческих журналах *Ticket* и *Cherez*. Надежды на выпуск ленинградских поэтов отдельными сборниками тоже пришлось оставить, о чем Кузьминский вспоминал позднее:

> еще осенью-зимой 76-го, читая курс «современной ленинградской поэзии» 6-ти профессорам и 6-ти аспирантам же в техасе (естественно, ПО-АГЛИЦКИ, переводя на ходу исполняемые стихи — подстрочником на ихнюю мову...), задавал вопрос своему шефу сиднею монасу: а если хоть сборничками, серией поэтов этих — славики купят? не, не купят, — отвечал мудрый сенька монас (монастырский, из украинских «после-погромных» эмигрантов).
> [Там же: 33]

В то же самое время Кузьминский вместе с Аллой Бураго работает над переводом на английский язык дневника Юлии Вознесенской — поэта, видной активистки ленинградского андеграунда, члена редколлегии сборника «Лепта» и одного из организаторов демонстрации 14 декабря 1975 года на площади Декабристов в Ленинграде. Тогда же зреет замысел будущей антологии[13]: погрузившись с головой в быт «второй культуры», Кузьминский, как он писал позднее, получил толчок к созданию своей летописи. И если первоначально антология планировалась двуязычной, с переводами Пола Шмидта и публикацией в *Texas Press*, то в итоге Кузьминский, найдя в лице Филиппа Кленденнинга издателя, готового на русскоязычное издание, останавливается на окончательной форме АГЛ, чьим адресатом становился исключительно русскоязычный читатель. Переписка Кузьминского с издателем показывает, что он прекрасно осознавал рамки своей аудитории. Так, в письме от 6 августа 1979 года он пишет:

> I include the shortest version of an ad in Russian (we don't NEED American type, believe me), you can just send it to the mags and papers mentioned. Do not insist on BIG size: the names will speak

[13] Одной из несостоявшихся инкарнаций АГЛ, планировавшейся совместно с художником Львом Нусбергом, посвящен материал Томаша Гланца в наст. изд.

> for themselves. Just modest one. It's an anthology, just more NAMES, than pretty words. Forgive me for teaching RUSSIAN kind of customer's psychology, just believe me (in this case).
> [ACRC 26: 8]

Тот факт, что АГЛ, кроме первого тома, не распродана до сих пор и может быть куплена у издательства, свидетельствует не столько о том, что Кузьминский плохо знал психологию русского покупателя, а Кленденнинг — американского, сколько о специфическом характере получившегося издания, носящего, при всей мощи его культуртрегерского жеста, отчетливо контркультурный характер[14]. Кузьминский создает своего рода монтажный роман о неофициальной культуре, который заслуживает к себе отношения именно как к целостному литературному произведению. Одним из первых это заметил в своей рецензии один из персонажей АГЛ писатель Юрий Милославский:

> Это не Антология. Это — роман в форме антологии, и все мы, — или не мы? — герои его романа. <...> Поэтому я там совершенно спокойно встречаю никуда не годные стишки, графоманию, всякое бессмысленное трепыхание на задворках литератур и школ. Это герои! Может же быть в романе — герой-неудачный стихотворец? Сказал две-три фразы и ушел[15].
> [Милославский 1985: 320]

Жизненный и творческий путь Кузьминского в США определялся его верностью идеалам неофициальной культуры. Эпатажность поведения Кузьминского, его неразличение сфер публичного и приватного, а также демонстративное пренебрежение академическими традициями и узко понимаемой цеховой солидарностью, отмечаемые многими современниками, были вызваны не столько чертами своеобразной личности поэта, сколько созна-

---

[14] Об отношениях Кузьминского с издателем см. интервью Юлии Горячевой с Михаилом Левиным в наст. изд.

[15] Различным героям АГЛ (как удачным и удачливым, так и не очень) посвящен отдельный блок материалов в наст. изд.

тельно выбранной им позицией маргинального художника и культуртрегера. Положение ad marginem — вне быстро закончившейся академической карьеры, твердого рабочего места или принадлежности к какому-либо узкому кругу — позволило Кузьминскому сохранить независимость и продолжить свою художественную и издательскую деятельность в тех рамках, которые определял только он сам. Этим же объясняется и своеобразие его знаменитой антологии. Следование традициям анархизма, русского футуризма и акционного искусства 1960–1980-х годов сформировало не только уникальный образ поэта, перформера, издателя и исследователя, но и концепцию его главного творения.

Характерным примером «неофициальности» АГЛ и связанных с этим проблем становится случай И. А. Бродского и Д. В. Бобышева. Он ярко демонстрирует столкновение эдиционных практик сам- и тамиздата — проблему, существенную для АГЛ, составитель которой работал по принципам самиздатской и своей личной этики, но вынужден был считаться и с правилами игры на Западе. Легитимация свободного обращения с текстами других авторов была заявлена Кузьминским в предисловии к «первому этапу» «Живого зеркала»:

> Я хочу дать представление о ленинградской поэзии за последние 20 лет, и я это сделаю. Эти стихи звучали в аудиториях и в Союзе писателей, перепечатывались на машинке и запоминались наизусть. Я не знаю, что такое «авторское право». Автор имеет право на тексты, сохраняемые им в столе. Тексты же, свободно гуляющие по городу (и городам) в течение 15 лет, принадлежат уже не автору, а читающей публике. Автору же может принадлежать только гонорар.

Можно было бы предположить, что эти принципы, основанные на свободной циркуляции текстов в самиздате, принимались по умолчанию всеми акторами поля неподцензурной литературы, однако пример Дмитрия Бобышева, воспротивившегося публикации своих стихотворений в «Живом зеркале», показывает, что не всегда это было так. В рамках неофициальной культуры Кузьминский, однако, смог последовательно провести свою линию, обосновав публикацию текстов Бобышева в предисловии к «Живому зеркалу» в следующем обращении к автору:

> Обидно, что Дима Бобышев с такой категоричностью отказывается принять участие в судьбе собственных текстов. Но это его дело. <...> Я скажу ему: «Дима! <...> Вы не можете вынуть себя из литературного процесса. Вас слушали, Вас читали, Вас знали. А я лишь фиксирую то, что известно многим. Ваш сборник стихотворений, отпечатанный на машинке в 63-м году, стал уже достоянием истории. И Вы не можете запретить мне писать о Вас, говорить о Вас и цитировать Вас. Что я и делаю. И если я помню Ваши стихи наизусть, то кому они принадлежат — читателю или Вам? Я думаю, что обоим. <...> Я люблю Ваши стихи, на гонорар же не претендую. Я их собрал, я и печатаю. Dixi.

Нельзя исключать, что и Бродский, к тому времени уже эмигрировавший в США, воспротивился бы публикации своих стихотворений в «Живом зеркале», если бы знал вступительные слова Кузьминского:

> О Бродском говорить нечего. Знаю его еще <…> с января 1959. Но другом не стал. Носился с его стихами как с писаной торбой, несколько лет. Сделали первую книгу его стихов (с Г. Ковалевым и Б. Тайгиным). Создали легенду о Бродском. Сейчас пожинаем плоды. Рукописи его подарил кому-то. Мне он больше не нужен. Он нужен истории. А меня всегда интересовали живые поэты.

В случае АГЛ, при сохранении личного и зачастую нелицеприятного тона по отношению к своим персонажам, Кузьминский поставил перед собой еще более масштабные задачи, которые емко охарактеризовал Лев Лосев: «Цель подобной антологии не собрать всё лучшее <…> а <…> собрать по возможности всё» [Лосев 1981][16]. Интересно, что именно масштаб задач определял,

---

[16] Лев (Алексей) Лосев (Лифшиц) в первом томе АГЛ значился в составе редколлегии; начиная с тома 2А указание на редколлегию отсутствовало, как и сама редколлегия. О месте Лосева в издании АГЛ и его отношениях с Кузьминским см. материал Яши Клоца в наст. изд.

по словам Кузьминского в предисловии «От составителя» к АГЛ, принцип работы с текстами:

> Далеко не все авторы озаботились собственными подборками, помимо того, с течением времени, меняется и отношение автора к ранним стихам, что создает дополнительные трудности. Автор желает печатать только последние тексты. Антология же замыслена как ретроспективная и репрезентативная, так что с волей автора не всегда возможно считаться.
> [АГЛ 1: 20]

При заявленной ретроспективности и репрезентативности составитель не скрывал: «Это МОЯ история поэзии за последние четверть века» [Там же: 22]. Однако Кузьминский был вынужден столкнуться с ограничениями, накладываемыми на составителя антологии, выходящей из самиздата в официальное поле литературы. Второй том АГЛ был отправлен издателем на внутреннюю рецензию Юрию Иваску, которому оказался чужд как тон авторского комментария Кузьминского (занимающего, как известно, в АГЛ значительное место), так и принципы отбора материала. И если рекомендации Иваска — сократить текст тома на 50–60 %, удалить все сведения и суждения, кого бы то ни было порочащие, пересмотреть многие критические статьи и, главное, сместить Кузьминского с поста единоличного редактора АГЛ, — были проигнорированы, то требование Бродского и Бобышева снять свои материалы, во избежание того самого судебного процесса, о котором писал Кузьминский в предисловии к «Живому зеркалу», было выполнено: том 2Б вышел спустя шесть лет с подзаголовком: «2Б без двух "Б", но зато со многими другими»[17].

Эмиграция поставила Кузьминского в положение вынужденного остранения по отношению к его героям, а выбранная им форма дала возможность реализовать монтажную технику, превратившую его роман в своеобразное произведение литера-

---

[17] О рецензии Иваска и столкновении разных концепций литературных антологий см. материал Михаила Павловца в наст. изд.

туры факта. Осуществив свой проект в тамиздате, Кузьминский долгое время надеялся на то, что АГЛ дойдет и до России, однако лишь при условии сохранения в неприкосновенности как авторского комментария, так и типографской формы, включая шрифты и плохое качество иллюстраций. Первый том был в итоге переиздан в Москве в 2006 году, а развитие интернета сняло проблему доступности. Интересно, что сам Кузьминский рассматривал интернет как продолжение самиздата, подводя итог судьбе своей антологии и ее значению для советского и постсоветского читателя в письме А. Л. Майзель так:

> а что «невъебимо» это для пост-совковой итээрни — цветкова, кривулина, даже — оси бродского, так я — не для них писал. А для себя. <...> Получилось — и ладно. И кончилось — в 1986-м, с приходом... горбачева. Сами уже смогли начать печататься. <...> Незачем свиней вареньем кормить, диэтические бродский/ахматова — им еще — лет на 25 на жвачку хватит... вот, а теперь прощаюсь я, асенька львовна, спасибо, что помните, а письмо — можете запузырить в самиздат, ксероксом. оно, как и всё что я пишу, адресовано и конкретно, и абстрактно. обращаюсь к человеку — получается, не к одному...
> [Кузьминский 2003б: 34]

* * *

Собрание К. К. Кузьминского было приобретено директором Центра русской культуры Амхерстского колледжа Стэнли Рабиновичем в 2014 году. Уже после смерти Кузьминского его вдова Эмма Карловна Подберезкина передала Центру ряд других материалов, существенно обогативших архивный фонд. Бóльшая часть фонда, за исключением неописанных, поврежденных и закрытых фондообразователем материалов, открыта для исследователей. На основе собрания Кузьминского в августе 2017 и 2018 годов в Амхерсте были проведены два архивных семинара. Результаты исследований его участников составляют ядро настоящего сборника.

Коллекция Кузьминского, которую он тщательно собирал с конца 1950-х годов и до конца своей жизни, в силу необыкновенной широты интересов составителя, многообразия его художественных и издательских проектов, а также обилия контактов с самыми разными представителями русской культуры в СССР, России и на Западе являет собой собрание материалов, составляющих единый полифонический и мультимедиальный текст о русской культуре второй половины XX века. В нее входит обширная переписка с деятелями неофициальной советской культуры, диссидентами, кругами русской эмиграции, исследователями, издателями и критиками; авторские, в т. ч. малотиражные и опубликованные в самиздате экземпляры многочисленных антологий Кузьминского, сборники его стихотворений и прозы, макеты и рабочие материалы к ним; машинописные списки, подборки, автографы и малотиражные издания фактически всех значительных деятелей неофициальной русской культуры, в т. ч. русской эмиграции. Отдельные обширные собрания посвящены Л. Л. Аронзону, Ю. Н. Вознесенской, А. Г. Волохонскому, А. М. Кондратову, С. Я. Красовицкому, В. П. Крейду (Крейденкову), Э. В. Лимонову (Савенко), Л. В. Лосеву (Лифшицу), Н. Г. Медведевой, Л. В. Нусбергу, А. И. Очеретянскому, О. С. Прокофьеву[18], Б. И. Тайгину (Павлинову), А. В. Тату (Татаровичу), А. Л. Хвостенко, Е. А. Хорвату и мн. др. Обширный фото-, видео- и аудиоархив дополняет это представительное собрание сам- и тамиздата. В своей цельности собрание Кузьминского дает исследователю множество уникальных возможностей. Настоящий сборник сфокусирован на антологии Кузьминского и личности ее составителя; кроме того, основными направлениями дальнейших исследований можно назвать следующие:

- история неофициальной поэзии СССР 1950–1980-х годов, в первую очередь Ленинграда; творчество отдельных авторов,

---

[18] Материалы Олега Прокофьева в составе собрания Кузьминского легли в основу первого издания Трудов центра русской культуры Амхерстского колледжа. См.: *Прокофьев О. С.* Свеченье слов: Поэтические произведения / сост. И. Кукуй и Д. Смирнов-Садовский. Бостон; СПб.: Academic Studies Press / БиблиоРоссика, 2020.

произведения многих из которых еще не опубликованы, а к изданиям прочих по материалам Кузьминского можно внести существенные дополнения;

- периодика и литературные издания самиздата;
- история русской эмиграции, взаимоотношения внутри литературы диаспоры между представителями различных поколений и эстетических платформ;
- социология самиздата и эмигрантской литературы;
- изобразительное искусство советского нонконформизма;
- рецепция неофициальной советской культуры за рубежом (эмигрантская критика, западноевропейское и североамериканское литературоведение, личные взгляды в переписке) и т. д.

Для специалистов, занимающихся исследованиями в указанных направлениях, коллекция Кузьминского является одним из тех источников, без которых знания о почти полувековой истории русской культуры могут считаться неполными. Как своеобразное живое зеркало — название двухтомной предшественницы АГЛ здесь, конечно, не случайно, — оно отражает не только точку зрения своего составителя и авторов, но и те взгляды, которые бросали на него современники и читатели последующих поколений. Центр русской культуры Амхерстского колледжа надеется, что настоящее издание будет лишь первым шагом в освоении этого богатейшего собрания.

Библиография

Ежов, Шамурин 1925 — Русская поэзия XX века / сост. И. С. Ежов и Е. И. Шамурин. М.: Новая Москва, 1925.

Крейденков 1985 — *Крейденков В. П.* Крупнейшая русская антология // Синтаксис. 1985. № 14. С. 179–183.

Кузьминский 1998 — *Кузьминский К. К.* «Умеренности я в себе не наблюдаю, ни в чем...» // Пчела. 1998. № 12. URL: http://kkk-pisma.kkk-bluelagoon.ru/pchela.htm (дата обращения: 6.11.2021).

Кузьминский 2003а — Константин Кузьминский: «Я — последний андеграунд» (интервью М. Георгадзе) // Русский базар. 2003. № 12 (362).

URL: http://russian-bazaar.com/ru/content/2360.htm (дата обращения: 6.11.2021).

Кузьминский 2003б — *Кузьминский К. К.* Не столько о поэтике, сколько — об этике: Книга писем / сост. А. Л. Майзель. СПб.: Петербург–XXI век, 2003.

Лосев 1981 — *Лосев А.* [*Лившиц Л. В.*] От финских хладных скал до Голубой лагуны // Новый американец. 1981. № 54. 17–23 февр. С. 22.

Милославский 1985 — *Милославский Ю. Г.* Диалогоподобная беседа двух литераторов о еще трех (томах «Антологии Голубой Лагуны» Константина К. Кузьминского: 2а, 4а и 4б) // Мулета Б: Семейный альбом. Париж, 1985. С. 318–326.

Орлов 2016 — *Орлов В. И.* ФСБ, АСП и ККК (из архива Алика Гинзбурга) // Acta Samizdatica. 2016. Вып. 3. С. 149–159.

АНТОЛОГИЯ И ЕЕ СОСТАВИТЕЛЬ

«Этому шедевру — Антологии — в мире не будет никогда повторения...»

Из беседы Ильи Кукуя с Валерием Молотом[1] *(сентябрь 2020)*

* * *

Думаю, это был 59-й год. Костя учился в университете на биофаке с моим близким другом, Юрой Климовым. Я уже писал тогда. Кажется, всё началось с «Зуба». Была такая газета «Зуб», филфак выпустил, а я в это время учился в Политехе, временно — год, и написал статью в защиту американского киноискусства. «Зуб» ее опубликовал, и Кок тогда написал гениальный стих, который он, в общем-то, не популяризировал нигде. «Новобранцы» назывался. Я тогда в первый раз увидел, как в стихе можно передать движение, и меня это просто поразило. Стих был такой:

Идут, идут, идут, идут
Десятками и сотнями,
Идут, идут, идут, идут,
И спаяны, и сотканы.
И что ни шаг — подошвы шарк,
Сбиваются с шага,
И пот
Из-под
Шапок.

---

[1] Молот Валерий Львович — переводчик, адвокат; по словам Кузьминского, его «друг (в молодости) и учитель (в вечности)» (*Кузьминский К.* Каждый молот, молот, молот... [АГЛ 3Б: 596]). См. также письмо Молота коллективу Арт-центра «Борей» (Санкт-Петербург), написанное после смерти Кузьминского. URL: http://borey.ru/gallery/pamyati-konstantina-kuzminskogo-1940–2015/ (дата обращения: 27.11.2021).

Я обалдел от этого ритмического — споткнулись, пошли, зашаркали... Я вижу эту чечетку балетную! Всё, и нас познакомили. А про меня 30 января 1960 года в «Смене» написали статью «Колумб из Политехнического». Этот дурак Талунтис написал: «Колумб открыл Америку с капитанского мостика, а Молот из кинозала». Там про три американских фильма было: «Рапсодия», «Марти» и «Война и мир», и я писал, что бóльших проявлений человечности я на экране еще не видел никогда. Было много шума, заклеймили меня как могли, и я ушел из Политеха. И после этого мы с Коком уже стали близки. Он еще молодой был, худой такой. Не было еще у него никакой «школы».

* * *

Я ему всегда говорил про его стихи, как они мне слышатся. «Вавилонскую башню» он читал мне, думаю, одному из первых. Я от нее просто валялся. Я говорил: «Кок, ведь у тебя четыре-пять стилей!» Когда у него запои были, он мог сутками говорить стихами. Ну, как я сейчас понимаю, не стихами, а рифмами. Я помню: сижу с ним рядом, мама его, Евдокия Петровна, дает ему бутерброд с килечкой, и Кок вещает что-то. Я говорю: «Кок, надо же записывать за тобой». Он встает, покачиваясь слева-направо, и отвечает: «Ну ты, давай, записывай, а я пойду пописаю». Он уже не мог говорить иначе, у него всё время в голове гудели рифмы.

* * *

Понимаете, у него трагедия произошла! Он безумно любил Бродского — мало того, что он выпустил его, он его популяризировал по-настоящему. А Бродский тогда отвергал всех, шокировал. Это, видимо, было одно из проявлений пробивающегося сквозь асфальт стебелька. И он Кока сбил. Такой звукописи, как была у Кузьминского, я никогда больше не слышал:

ты не пассия
ты опаснее
не пропасть тебе
не припасть к тебе
ты как пропасть
пасть голубой земли
на моих губах
ты на миг замри...

Тогда это было для него легко — еще до Асадова, до Евтушенко, это была свежая поэзия совсем. Тогда он был впереди своего времени, поэтического — и вдруг столкнулся с Бродским... Илья, я не видел человека, который так бы любил поэзию других людей. Этому шедевру — Антологии — в мире не будет никогда повторения. Он не составлял антологию, он воспевал всех, кого он открыл. Он любил быть первооткрывателем, стольких людей определил в поэты... Когда я читал Коку свои переводы Беккета и видел пот, со лба льющийся, — такого не было больше никогда. Он мог забывать свои стихи и не забывать читать другие. Он действительно был человек, который возвещал. И он первый, кстати, засмеялся над строчками Высоцкого «На полу лежали люди и шкуры» и «протрубили во дворе трубадуры». У него была миссия: принижать великих и возвеличивать малых.

* * *

Он считал, что я — Кафка, а он — Портос. Мне, конечно, было смешно: этот наряд и обряд Махно. И другое было тоже нелепо: он полный был в политике профан, ленинградский поэт (хоть я и не знаю, что это значит). И когда он оказался в Штатах и мне стали присылать газеты из Техаса с его интервью про Политбюро, про советскую власть — я ржал, когда переводил их с листа Евдокии Петровне. Она говорила: «Валера, Вы что?» Вы же знаете Костю, Илья, он газет не читал в жизни, а приехал в Америку и стал экспертом. Я его спрашивал потом: «Кок, как ты можешь Америку поливать, которая тебе всё дала?» А он говорит: «Молот, а я пока телевизор не включу, так и не в Америке». Или когда он радовался 9/11? Он ведь не был больным, как Бобби Фишер, но эпатаж — это была часть его, его бензин, что я могу сказать... Он эпатировал, как просился: послушайте меня! И ему всегда было что сказать, хотя он абсолютно не выбирал аудиторию.

* * *

У него был принцип — неважно, что читать, важно, что вычитать. В этом был и элемент самолюбования. Но он мог вычитывать чудеса! Это нас сближало, мы как бы выдергивали сердцевину из вещи. В этом плане писать меня научили Беккет и Кок. Беккет сказал: «Пиши как хочешь», а Кок — «Пиши как можешь». Вот и всё.

* * *

Я живу за городом, от нас где-то миль 120 до него. Это было накануне его смерти. Ночь, я приезжаю домой, и Кок мне пишет: «Молоточек, куда ты пропал?» Я ему отписал что-то: так, мол, и так — я тебя не забываю, не волнуйся и т. д. У нас ведь с ним после смерти Нортона Доджа приостановились деловые отношения; я в свое время занимался некоммерческой компанией Кузьминского «Podval Arts and Poetry Galleries Ltd», которую сделал ему году в 1987–88-м, и финансировал ее в основном Нортон. Короче, встаю я часов в восемь и пишу ему большую телегу. Он мне возвращает на целый лист планы литературные. Я отвечаю ему: «Кока, откуда силы берутся, милый? Дай тебе Бог жизни». И где-то в 11:40 звонит Мышка: «Костя умер...» Мы с ним это обсуждали — умереть живым, жить не до конца. И вот теперь, когда начинается археология его архива, получается, что конца и нет...

На пути к Голубой Лагуне: письма Константина Кузьминского из Вены (август 1975 – январь 1976)

Публикация Ильи Кукуя

9 июля 1975 года Константин Кузьминский с женой Эммой и борзой Негой (во избежание проблем с таможней — вывоз борзых был запрещен — выданной «чуть ли не за пуделя» — см. письмо 1) вылетел из Ленинграда в Вену. Кузьминские летели налегке: архив был заблаговременно отправлен через голландское посольство в Израиль, записная книжка с адресами — в Рим. Целью Кузьминских, однако, были не Италия и не Израиль, а Франция, куда за год до того Кузьминскому прислал вызов его друг, художник Михаил Шемякин. Однако во Францию Кузьминского не выпустили, и ему пришлось, по его собственным словам, «ставить властям выбор — Биробиджан или Израиль» (см. письмо 3), то есть фактически провоцировать арест или разрешение на выезд. К счастью для себя, Кузьминский вписался в когорту деятелей культуры, от которых власти в 1970-е годы предпочитали избавляться высылкой, и вслед за Бродским, Синявским, Солженицыным и многими другими, чьи имена встречаются на страницах его писем, он покинул пределы СССР. Вернуться в Ленинград ему уже было не суждено.

История последующих месяцев, в течение которых у Кузьминского сложилось уже не покидавшее его более представление о жизни на Западе и конкретизировалось осознание собственной миссии, наглядно разворачивается в его письмах. В своей совокупности они образуют своеобразный эпистолярный роман, отражающий опыт автора в ином жанре, чем другой «вроде бы роман» — таково было авторское определение прозаического коллажного произведения «Hotel zum Тюркен», работу над которым Кузьминский тоже начал в Вене, а закончил уже в своем последнем доме в поселке Лордвилль на границе американских штатов Нью-Йорк и Пенсильвания, проходящей по реке Делавэр. Это был опыт одновременно эйфории и разочарования, прагматичности и наивности, энтузиазма и бессилия. Не будем отнимать у читателя удовольствия от чтения и вдаваться в детали, отметим лишь — благо продолжение всем известно, — что именно в Вене начинается та траектория движения Кузьминского к его opus magnum, которая прослеживается во многих исследованиях и материалах настоящего сборника.

В этой переписке поражает прежде всего ее интенсивность, дающая наглядное представление о неистощимой энергии ее адресанта. Мы публикуем далеко не все письма: наш выбор пал на те, что в хронологическом порядке, но не всегда последовательно, раскрывают детали венской эпопеи их автора — с первых официальных и неофициальных контактов по приезде и заканчивая вылетом 5 февраля 1976 года в США, где начинается новая глава его жизни. Почти все письма, за редкими исключениями, публикуются целиком; встречающиеся повторы, как нам кажется, не снижают накала повествования, а позволяют взглянуть на одни и те же события под разным углом, в зависимости от того, к кому обращается Кузьминский и в каком контексте он сообщает об уже известном. Сохранена и неполиткорректность многих инвектив автора в адрес отдельных современников и целых народов, государств и эпох: мы надеемся, что читатель этого сборника отдает себе отчет в эпатажном стиле Кузьминского и не ожидает от него сдержанности и соблюдения приличий.

Почти все письма представляют собой машинописи и сохранились в архиве в виде копий: основным грузом в багаже Кузьминского была пишущая машинка «Ундервуд» 1903 года, и поэт обыкновенно печатал письма в две закладки. (Расходы на копирку и другие канцелярские принадлежности — отдельный микросюжет переписки.) Орфография и пунктуация, за исключением отдельных значимых случаев, приведены к норме. В примечаниях дается необходимый реальный комментарий.

Илья Кукуй

1.
Т. К. Багратиону-Мухранскому
6 августа 1975 года

Отель цум Тюркен,
Петер Иордан штр., 76,
1190 Вена 19

Милостивый государь!

Господин Рогойский[1] любезно сообщил мне о Вашем интересе к обитающей в Вене русской борзой[2]. Буду рад сообщить Вам некоторые сведения, касающиеся ее и меня. Борзая родом из Москвы, чистокровная псовая русская. Их было в Москве 64, сейчас осталось, соответственно, 63. В Ленинграде около 40, а всего по России не больше полутора сотен[3]. Родилась 24 апреля <19>74 года, сейчас ей 15 месяцев. 14 поколений золотых и серебряных медалей, родители — золотые медалисты, от ро-

---

1 Доман Рогойский (Doman A. Rogoyski, 1903–1987) — польский дипломат, сотрудник ООН по вопросам беженцев, аналитик Библиотеки Конгресса (США); с 1969 по 1979 год работал в Венском отделении Толстовского фонда, на попечении которого чета Кузьминских находилась с июня 1975 по август 1976 года.

2 Борзая была подарена Кузьминскому перед отъездом Л. В. Нусбергом. Князь Теймураз Константинович Багратион-Мухранский (1912–1992), директор Толстовского фонда, был большим поклонником борзых и имел виды на Негу для развода щенков.

3 «Всероссийская родословно-племенная книга охотничьих собак» (ВРКОС) за 1973–1975 годы насчитывает 257 борзых, из них 242 русских псовых. На Ленинградскую область приходилось 28 борзых, на Московскую — 80; данных о том, сколько из них русских, опубликованная статистика не предоставляет.

ждения числится в элите. Окраска муруго-пегая. В паспорте кличка «Мега», дома зовем по благозвучию и соответствию характера «Негой», «Неженкой». Ленива, нежна, капризна. Очень привязчива, весела.

К сожалению, документы пришлось вывозить отдельно от собаки, и сейчас они еще не получены. Борзых из Советского Союза не выпускают, пришлось выдать чуть ли не за пуделя. К счастью, удалось. В Вене, в первые же дни, умудрилась попасть под машину (воспитывалась в деревне и машин не боится), мы были в ужасе, но ничего страшного не случилось: отлетела как пружина и отделалась порезанным задом. Зашили, сейчас бегает как ни в чем не бывало.

Простите, что утомляю Вас, может быть, ненужными подробностями, но она у нас вроде ребенка и очень дорога нам. Во второй половине сентября я надеюсь быть в Америке, там о ней обещали позаботиться господин и госпожа Масси, автор книги «Николай и Александра» и его жена, автор книги обо мне («Живое зеркало. Пять поэтов Ленинграда»), мои близкие друзья. Они живут где-то поблизости от Толстовской фермы, в Ирвингтоне[4].

Я русский поэт, литератор, 35-ти лет от роду, жена архитектор. Так случилось, что в Советском Союзе круг моих друзей составляли неофициальные художники и поэты моего поколения, а точнее, трех послевоенных поколений, представителем коих (разумеется, неофициальным) я и являюсь как автор и составитель ряда антологий, книг, каталогов выставок и так далее.

---

[4] Роберт Килонок Масси (Robert K. Massie, 1929–2019) — американский журналист, историк, автор ряда книг о династии Романовых, в том числе «Nicholas and Alexandra: An Intimate Account of the Last of the Romanovs and the Fall of Imperial Russia» (New York: Atheneum, 1967); Сюзанна Лизелот Масси (Suzanne L. Massie, р. 1931) — американский историк, общественный и политический деятель; автор антологии «The Living Mirror: Five Young Poets from Leningrad» (New York: Doubleday, 1972). Ферма Толстовского фонда находилась по официальному адресу Tolstoy Foundation Center в штате Нью-Йорк: Lake Road, Valley Cottage, NY 10989, USA. Кузьминский с женой и собакой проведут там свои первые месяцы в США с февраля по август 1976 года перед отъездом в Техас; их устройству туда немало поспособствовали супруги Масси, чей дом находился неподалеку.

В Соединенных Штатах намереваюсь заняться преподавательской деятельностью (благо русская литература — дело для меня родное и, можно сказать, кровное) и, возможно, издательской.

Я чрезвычайно благодарен Толстовскому фонду за ту заботу и внимание, которыми меня окружили с первых же дней, и надеюсь быть полезным ему. Моя борзая, в свою очередь, тоже надеется быть полезной.

К сожалению, я знаком с жизнью на Западе чисто умозрительно, в основном по литературе, поэтому прошу прощения за возможные погрешности по части содержания и стиля письма

и остаюсь, искренне благодарный Вам за внимание —

Константин Кузьминский

Августа 6-аго,
года от Р.Х. 1975

2.
Л. В. Нусбергу
<Август?> 1975 года

Льву — барс
Хроника текущих событий

Перехожу к делу. Итальянские бумаги пока никак не получить[5]. Написал пока во Францию, попросил послать взад. Без них ничего не могу. Израильтянские тоже не получить. Остальное — <в> порядке. И Мышь[6], и я, и Неженка целуем вас. Грустно без вас. Не приедет Лэ, конфет не привезет. Зайца хочу. С чесноком. Но вообще люблю Натальев[7]. Террористок. Они здесь в моде. Единствен-

---

[5] Кузьминский послал записную книжку со всеми западными контактами из СССР в Рим и долго не мог ее получить (см. письмо № 3).

[6] Семейное прозвище Эммы Карловны Подберезкиной, жены Кузьминского. См. интервью с Михаилом Левиным в наст. изд.

[7] Имеются в виду участницы возглавляемой Нусбергом группы «Движение» художницы-кинетистки Галина Битт по прозвищу Заяц и Наталья Прокуратова. Лэ — Лев Нусберг.

ное, что. Теперь по порядку. Борзунечка любимая уже сшибла машину. Машина вдребезги, борзунечка отделалась порезанным задом. Страху было на весь отель, но оказалось, всё в порядке. Открыла дверь, вышла на улицу и отправилась искать меня. Она девушка самостоятельная. Мышь ее разбаловала, и она делает что хочет. Меня, правда, слушает. И любит больше. Все от нее в восторге. Заводит нам знакомства, моется специальным собачьим шампунем и носится по парку, ловя ежей. Во второй парк ее не пускаем: там павлины, лебеди, гуси. Уже получено письмо от князя Теймураза Багратиона, ответственного секретаря Толстовского фонда. Он узнал, что в Вене есть борзая. В июне Нью-Йоркский клуб борзых устроил выставку на землях фонда. Ожидается слияние. Толстовцам нечего было выставить, и они скорбели. Теперь мы им ужо покажем. Написал князю Теймуразу. Жду ответа. Толстовский фонд гарантирует проживание в Вене или в Риме в течение 2–3 месяцев до получения визы из расчета 45 вшиллингов в день плюс 1500 на одежды плюс непредвиденные расходы (такси в первые дни, врачи, адвокаты, этс.). В дальнейшем обеспечивает работой или пособием в течение двух лет (иногда дольше), хотя сам горит. Гарик Элинсон[8] настойчиво советует мне ИРСИ, но почему, не пишет; Сохнут занимается израильскими евреями, Хиас — американскими[9], остальные идут или по фонду (интеллигенция творческая, художники, шизофреники, идолопоклонники), или по ИРСИ — техническая. Это насколько я понимаю. Могу и ошибиться, впрочем, разницы никакой. Хиас дает 50 вшиллингов, но туже с непредвиденными. Австрии эти лавочки остопиздели, танки в Братиславе, мясники швыряются в русских мясом, полицейские вспоминают 45-й год. Однако в газетах серьезно обсуждаются русские проблемы: соцреализм спускает пары́, кардинал Кёниг <пишет> о положении русской церкви — это в центральной «Ди Прессе». Но более мелкие проблемы не волнуют. Общался с корреспондентами, понял. Если имя, то чтоб

---

8 Художник Генрих Давыдович Элинсон (1935–2010).

9 «Хиас», «Сохнут» — международные еврейские агентства, занимающееся организацией репатриации в Израиль и помощью еврейским эмигрантам.

скандальное (для «Курира») или академическое (для «Ди Прессе»[10]). Начинать в Австрии нельзя, но ждать приходится. К Володе М.[11] приехал друг из «Континента», привез гонорар, заодно купил права на книжку. Скелет Володя пока попридержал. «Континент» здесь (пока) единственная надежда. Но идет борьба внутри него. Сол выступил против Донатыча, Максимов еле отстоял. Еврея Голомштока (секретаря) сменил христианин Терновский — намечающееся сближение с «Русской мыслью»[12]. Стихов, кроме Бродского и Галича, еще не было. Похоже, и не будет — новомировская традиция. Журнал сильный именами, но материалу небогато (на будущее). Расширяется политический восточноевропейский отдел, журнал приобретает окраску. Анонсированные параллельные издания на англ-франц-нем пока в проекте. Вышел только 2-й номер на немецком без стихов. Хотя переводчики есть. Платят авторам отменно (забота Максимова). На перевод нет средств. Журнал, однако, солидный и серьезный. Остальные издания периодичнее и непопулярны, вроде брошюр по кинетизму — для 30-ти человек в мире. На что делать акцент? На себя. Здесь нет проблем общих, ТОЛЬКО ЧАСТНЫЕ. Общие никому не интересны. А частные разрешаются легко. Мне предложили: 1 (одну) лекцию в Йеле, и потом, может быть, турне. Были Сюзанна и Миша[13] (порознь, они полаялись). Сюзанна предложила работать... геологом, а литературой заниматься побочно[14]. «5 поэтов» пошли под нож, она выкупила 500 копий[15]. Миша работает на галереи из 27-ми процентов, но предложил финансировать

---

10 Австрийские ежедневные газеты *Kurier* и *Die Presse*.

11 Писатель Владимир Марамзин (Владимир Рафаилович Кацнельсон, 1934–2021).

12 О конфликте внутри редакции журнала «Континент» в 1975 году см.: *Скарлыгина Е. Ю.* Андрей Синявский и Владимир Максимов: К истории полемики // Вопросы литературы. 2018. № 3. С. 199–217.

13 Сюзанна Масси и Михаил Шемякин.

14 В конце 1950-х — начале 1960-х годов Кузьминский, как и многие представители неофициальной литературы его круга, подрабатывал летом в геологических экспедициях.

15 См. прим. 4.

и оформить издания. Единственная надежда издавать за свой счет. То же говорят и венская профессура. Издавать и продавать. Спрос на русское искусство составляет 0,01 процент, ибо есть еще искусство новозеландское, малайское, японское, голландское, и они попадают на Запад в лучших своих образцах и в неограниченном количестве. Акцент нужно делать на СЕБЯ. Тогда считаются. Был у Глейзера[16], потом собрал сведения о нем. Общее мнение: спекулянт, наличествует мания величия. 50 работ, которые он показал, ***никакого*** интереса не вызвали: «Ну и что?» Сидит и ждет, что ему предложат галерею, и он — директором. Впечатление крайне жалкое. Предлагают продать работы. Для него это подобно смерти: новых поступлений не предвидится, а без картинок он — ничто. Потому и говорю: акцент нужно делать на СЕБЯ. Я и без картинок перевожусь сейчас на немецкий, рекомендован в швейцарскую антологию, на Южно-Германское радио[17], и это результат разговора только с одним профессором, переводчицей Крученыха и Хлебникова[18]. О современной литературе представление самое смутное и недоверчивое, также и о живописи. В кафе «Хавелка», где собирается наша братия, на стенках висит меньше картинок, чем у меня, но ТО же качество, и ТЕ же направления. Это так называемая «венская школа»[19] — помесь Петроченкова с Путилиным, Галецкий и Арефьев один к одному. Есть и хорошие работы. Знакомо до ужаса. На выставках, правда, не был, наблюдаю «изнутри». Атмосфера та же, только более рафинированная. Ошалелый А. Г.[20] ничего не советует. Звонил ему, спрашивал. Мямлит,

---

[16] Александр Давидович Глезер (1934–2016) — коллекционер, издатель, один из организаторов «Бульдозерной выставки» в Москве в 1974 году. В феврале 1975 года был вынужден эмигрировать. В 1976 году на основе своей коллекции открыл под Парижем в Монжероне Музей современного русского искусства в изгнании.

[17] Журнал *Pestsäule* и радиостанция SDR, ныне SWR.

[18] Роземари Циглер.

[19] Имеется в виду Венская школа фантастического реализма. Автором термина является венский критик Йоханн Мушик. См.: *Muschik J.* Die Wiener Schule des Phantastischen Realismus. Gütersloh: Bertelsmann, 1974.

[20] Александр Глезер.

видимо, боится конкуренции. На привет не реагировал. Миша, которому я тебя не называл по вполне понятным причинам: здесь никому доверять НЕЛЬЗЯ (это, разумеется, не касается близких отношений, как у меня с Мишей — свое я ему доверяю), сказал: нужны Тышлер, купит сам, Фонвизин, Свешников, уже не говорю за авангард. Из современных не котируется НИКТО. Пойми, я ничего не имею против Глейзера! Просто тут есть возможность понаблюдать, посуммировать. Миша, тот занят именами, уже имеющими быть, и попыткой создать таковые. А на это потребуется не один год и уйма чернового материала — фото и данных. Рекомендую тебе ЧЕРЕЗ НАТАЛЬЮ[21] связаться с носорогом[22] и МОИМ именем получить фотоматериал по всем художникам: а) слайды выставки 23-х[23] (они у него), б) слайды в Газа, в) допечатать пробники отснятого материала и обработать их. Возможностей использовать всё это ***пока*** не предвидится, но располагать этим жизненно необходимо. Шемякин отговаривает меня заниматься художниками, а Глейзер просто очень недоволен. Однако слайды нужны мне в первую очередь: в Америке возможны лекции, и без материала — завал. Если сможешь, поделись своими (сохраню и верну, публиковать пока не буду, только как лекционный материал).

Касаемо книжечек 20-х <годов> пока узнать ничего не могу. Миша каталогов не достал, а жать на него я не вправе. С «левыми» формальными кругами пока очень слабый контакт, ВСЁ здесь базируется на знакомствах. Чертков[24] рекомендовал меня профессуре, они уже дальше. Сам Чертков в Вене не преуспел (а ведь с именем!), дали два часа в неделю, и двинул в Париж. Растолстел,

---

[21] Наталья Владимировна Лесниченко — секретарша Кузьминского в Ленинграде.

[22] Геннадий Самуилович Приходько (р. 1938) — один из ведущих фотографов неофициальной сцены Ленинграда, автор фотопортретов большинства ее участников; был близок кругу Шемякина и Кузьминского.

[23] Домашняя выставка, состоявшаяся в квартире у Кузьминского в Ленинграде осенью 1974 года.

[24] Леонид Натанович Чертков (1933–2000) — поэт, филолог.

облысел; на возможности смотрит скептически (как и все здесь). Полагаю, лучшая программа следующая: утвердить себя как личность (в чем Глейзер не смог) и иметь неограниченный запас информации, без выбора, Лэ, без выбора твоего. Нужна школа Арефьева (Шварц, Васми, Шагин), ибо ***школа***. Нужен массированный удар, а не стрельба именами. Как базис, необходимо иметь стариков (связь, продолжение). Удивить можно только количеством, качество здесь то же и выше. Но работать придется жутко. Первые три года доказывать факт собственного существования, в чем, кстати, поможет материал. Вилли Бруй[25] коммивояжерствует с чемоданчиком своих работ, купил уже несколько домов, каковые сдает русским эмигрантам и заставляет еще копать огород. Художники растворяются в общей массе. В Париже их 30 000, в Вене — 3000 (не считая тротуарных и на дому), поэтому русское искусство должно вливаться ИМЕНАМИ, представляющими МАССУ. Как я с поэтами. А старых русских поэтов здесь нет. После первой эмиграции не появилось ничего серьезного. Однако книги выходят (напечатать здесь можно всё, включая Джеймса Олдриджа в русском переводе). Вышел Бетаки[26]. Гавно (сужу по тому, что в «Гранях»), Лия Владимирова (тоже гавно), больше никого не смотрел, да наверно, и нету[27].

Без языка, натурально, полный завал. Одна из причин, почему трудно что-нибудь узнать, находясь в Вене. Для жизни знание языка необязательно, в магазинах можно объясниться на пальцах. Публика едет больше смешанная: спекулянты, мясники, парикмахеры. Израиль русские вопросы не волнуют. Смотрят, как в деревне на блох: ну водятся, ну и что? Все попытки связать русский и еврейский вопросы воедино в Вене терпят крах. А в Израиле их вообще не терпят. Найти нужных людей, чтоб выслу-

---

[25] Вильям Петрович Бруй (William Bruï, р. 1946) — художник, эмигрировал в 1970 году.

[26] *Бетаки В.* Замыкание времени. Париж: Editeurs Reunis, 1974.

[27] *Бетаки В.* 1) Пляски истории. Сюита для актеров и фигляров с оркестром // Грани. 1974. № 91. С. 3–14; 2) Стихи // Грани. 1974. № 94. С. 141–148; *Владимирова Л.* Стихи // Грани. 1974. № 92–93. С. 117–122.

шали, никакой возможности. Занимаются чиновники. И никаких поблажек: все на общих основаниях. Горит, не горит человек — то же отношение. Бумаги не получить — никакого волнения. Напишите подробный список и доверенность. Написал, кому. Не удосужились позвонить: ждут, когда сам объявится. Вот и сижу второй месяц с тем же, с чем выехал. Миша приехал, привез десятка два гравюр в подарок, 2000 франков (извинялся: больше пока нет), а это 8000 шиллингов! Миша живет еще по русским меркам. Сюзанна, получив за экранизацию «Николая и Александры»[28] полмиллиона долларов, долго жаловалась, что денег нет, оставила сдачу с 1000 шиллингов. Так что с деньгами у меня в 10 раз лучше, чем у прочих эмигрантов. Хотя женщины дороги: 1500–2000 шиллингов за раз. Это непереносимо. Никаких денег не хватит. Купил афганский кинжал за 250 шиллингов, буду когонибудь немножко рэзать. Сходил на секс-фильм: ебля и без сюжета. Скучно. В Эстонии в тысячу раз более Запад, чем здесь. Единственно жизнь в Вене — для собак. Нежка шляется как королева по всем кафе и ресторанам, осторожно переступает, и предлагают водички (бесплатно). Не пустили только в «Сашу»[29]. Впрочем, меня тоже не пустили, поскольку без галстука. В «Мулен-Руже» пришлось заказывать вино за 500 вшиллингов, поскольку я был в козьей шкуре. Следующий раз приду в халате, только яйцам холодно. А так хожу куда хочу, и никто не вздрагивает. Миша подарил пиджак кожаный парижский черный за 5000 вшиллингов, купил к нему серые брюки за 500, ботинки за 600, белую рубашку за 400 (фонд платит) и ищу бабочку. Теперь в «Мулен-Руже» и «Казанове» смогу заказывать минеральную воду. Нужна еще зажигалка за 2000, и можно чувствовать себя человеком. Правда, в артистических кафе (слава Богу, профессорша привела) и так себя человеком чувствуешь, без штанов. Купил машину марки «Рено Гардини» за 60 долларов, но ездить не умею. Стоит. Нужны еще права, а с этим туго. Учиться ездить

---

28 «Nicholas and Alexandra» (1971, реж. Ф. Шаффнер) — фильм по одноименной книге Р. и С. Масси о последнем русском императоре и его жене.

29 Фешенебельное кафе при гостинице «Захер» («Sacher»).

некогда, да и бензин дорог. Такси вздорожали на 20 процентов — сиди и пересчитывай! Деньги за машину еще не отдал, директор отеля Коля, бывший фарцовщик с Галереи[30], подождет. Он меня и так возит на другой, «Фольксвагене», который ему купила хозяйка, чтобы не плакал. А сейчас хозяйка в Риме, отдала ему свою, ездим на ейной. Но ездить некогда. Пишу роман. Уже три печатных листа, страниц 80, и конца ему не видно. Успех обеспечен, называется «Хотэль цум Тюркен»[31], купят все эмигранты. Материалу завал. Из кастрюли украли курицу. Одна подруга из Москвы, уезжая в Рим, продала в отеле использованные и обрезанные автобусные билеты по 6 шиллингов. Долго били (морально), обнаружил директор Коля! Роман в стиле «Биробиджана»[32] — высокое и низкое, за вычетом лирической линии. Там у меня герои в холере сливаются в экстазе на унитазе. Сексу больше, чем у Генри Миллера и Набокова: одну подругу трахнул бульдог, другую попользовали на карте Советского Союза в канадском посольстве. Нега фигурирует в каждой главе. Кормят ее виноградом, шерсть прядут и продают в Советский Союз под видом манчестерской пряжи.

Сегодня пойду к Кире Львовне Вольф, милейшей петербуржской старушке, дочке и внучке издателей. Она поит меня чаем и ругает Вену, где она с 1920 года. Правда, жила еще в Берлине и Мюнхене. Вот и все мои знакомства, за вычетом четы профессоров из Риги, матлингвиста из Ленинграда, журналистки Алены из Москвы и корреспондента «Свенске дагбладет» Хоффера. Да, еще Роз-Мари, моя переводчица, и помолвленная парочка молодых венцев, которая сейчас в Греции. И еще чешка Кристина, блядь из ночного бара. Познакомились на улице, говорили

---

30 Галерея «Гостиного Двора», в 1960–1980-е годы место подпольной торговли импортными товарами.

31 Две первые части романа публиковались в парижском альманахе «Мулета» («Мулета-А» и «Мулета-В»); отд. изд.: *Константин К. Кузьминский*. Hotel zum Тюркен. Вроде бы роман: в 2 т. Вена/Техас/Нью-Йорк/Куринохуйск (СПб.): Последний подвал, 1975–1999–2003–2012. Далее текст романа цит. по этому изданию.

32 Поэма Кузьминского 1974 года. См. [АГЛ 2А, 544–550].

по-английски. Год работает в борделе, зарабатывает средства на учебу по специальности химик-фармацевт. Валяется Джойс, не читаю. Купил детективов и секс-боевиков, скучно. Пишу роман.

Американская профессура откликнулась немедля, кто письмом, кто телеграммой, все очень рады, но вакансии заняты. С горя пишу статьи по разным вопросам. Матлингвист Игорь переводит на немецкий язык[33]. Читаем вслух.

Номер в отеле прекрасный, метров 14, и если бы не воровали куриц из кастрюль, жизнь была бы что надо. Поэтому купил плитку, а Миша подарил китайский чайник, увидели в ресторане. Он меня провел по всем кабакам, чтобы я не страдал. На Пратере имели кинетические удовольствия: качели, карусели, американские горы, замки монстров, секс-музеи, кидался мячиками, гонял по треку на гоночных автомобилях, поимел детство за 1500 вшиллингов.

Нега избаловалась как ребенок. Спит сразу на двух койках, ест всякие вкуснятины (но по режиму, по режиму), зад давно зажил, который она об фару (страху мы натерпелись, передать невозможно), непослушна до крайности: на днях, когда я шел на свидание к профессорше, выскочила за мной из отеля и побежала в парк гонять утей и гусей. Ловил ее по парку полчаса. Потом сидела наказанная на полу у раковины и весь следующий день вздыхала. С ней не разговаривали, и она страдала. Беспокойства с ней никакого, единственно нельзя оставлять одну: научилась открывать дверь. Шляется с нами повсюду, ужасно любит детей. И дети ее. Чистенькая, ухоженная, моем в ванной собачьим шампунем за 25 вшиллингов на три раза. Специальный корм не покупаем, это всё химия, кормим супами, рисом, кефиром, морковкой, много костей для зубок, но ребрушки держим в форме. Помимо того что гуляем утром и днем в поводке (всё в том же, ей в нем удобно), ночью выпускаем побегать в парк. У нас тут самый аристократический район, рядом два парка, но воздух очень сырой: Вена в низине и ревматикам плохо. У меня жутко болит старый перелом запястья. В Америке нам обещают поза-

---

[33] Игорь Шур, один из обитателей отеля «Цум Тюркен». См. письмо № 22.

ботиться о собаке, начиная с перевозки. Есть знакомые на авиалиниях, к сожалению, не на тех. Но ее встретят. Сюзанна обещала. А там постараюсь попасть под Нью-Йорк, чтобы Нежке было где бегать. Я-то всё равно постараюсь лежать на диване и трудиться умственно, но это как получится.

Выбирайтесь немедля, медлить здесь придется, потому что ритм здесь другой и сразу ничего не делается. Разве что интервью, но от них проку на пять минут, а чтобы каждый день, так не все же Исаичи. И ему-то приходится каждый день придумывать что-нибудь новенькое, так что приготовься к длительной работе в спокойной обстановке. Мы там все живем на нерве, а здесь в первую очередь от нервов лечат. Информации столько, что за ней не нужно гоняться, ее стараются избегать. Главное, что поразительно, что здесь никто не вздрагивает, нет никаких оснований, а чужие проблемы никого не ебут. Это нужно понять заранее и не соваться до времени, просто делать дело. Против дела тут никто не возражает, и информацию ценят. Академически. Проблемы же не переносят. На это мне жалуются американские профессора, придется серьезные вещи преподносить ернически, Куперман[34] уже начал. Но ведь, говоря по-честному, Лэ, нас же не волнует, что в Китае, почему Запад должны волновать русские проблемы? По-человечески это непонятно, но о какой человечности можно говорить в мире наживы и капитала? Вот и вступают в комсомол от собственной неполноценности. Но информацию чтут. Равно и работу. К именам относятся серьезно, но надо их иметь. Как вытаскивать людей, я не представляю. Здесь, в Вене, ничего поделать невозможно, не говоря о том, что все в Италии, послал туда хозяйку, параллельно написал по твоему адресу[35]. Ни ответа ни привета. Написал крайне вежливо и скупо. Ты же не объяснил, что туда можно писать. Вот и это письмо. Пишу тебе, как ты просишь, подробно, а дойдет ли, и когда? Береги себя, не делай глупостей и торопись. Дико хочу увидеть всех вас, зайцев

---

[34] Юрий Леонидович Куперман (Купер, р. 1940) — художник, эмигрировал в 1972 году; автор романа «Московский натюрморт» (Нью-Йорк, 1975).

[35] См. письма Николь де Понтшарра (Постниковой) в [ACRC: 6, 6].

и рысей и пашек[36]. Уже тоскую. И предпринять ничего не могу пока. И указаний от тебя никаких. Напиши, напиши, напиши! Целуем, целуем, любим, ждем.

Венский зоопарк

3.
Э. Вейнгер
22 августа — 11 сентября 1975 года

Вена, 22 августа,
хотель цум Тюркен

Эстер, ты что, на 12 килограмм головы похудела? Я тут сижу, схожу с ума, Сюзанна примчалась из Америки проведать, Миша из Парижа, звоню тебе, не отвечают, думаю — на каникулах, а она — «писать разучилась». И добро б стихи. А то — письма. А я тут антисемитские демонстрации закатываю, что евреи мои рукописи замылили[37], сижу как дурак (дурак и есть), без материалов, двух слов без них связать не могу, даю интервью по памяти — а Эстер и не чешется. Что с тобой случилось? Ну, понимаю, Запад. Ну, растлевающее влияние. Сам как в подушку бьюсь — и никакого эффекта. Ну, там не получил писем, так мне не поздравительные открытки нужны. Пятьдесят человек доверили мне свои рукописи и работы, я уже собрался продать Мишкины гравюры, которые он мне здесь подарил, и идти в Сохнут в ногах валяться, чтоб на недельку в землю обетованную пустили, а как потом обратно? Насильно обрежут, а потом доказывай. И ты, оказывается, всё это время была в Иерушалайме! Ну знаешь,

---

[36] Художники-кинетисты Галина Битт, Игорь Захаров-Росс, Павел Бурдуков.

[37] Архив Кузьминского был переправлен из Москвы через голландское посольство дипломатической почтой в Израиль, доверенность на получение была выдана его ленинградской знакомой Эстер Вейнгер (товароведу магазина «Букинист» на Литейном проспекте). Получение архива, затянувшееся на несколько лет, является одним из сквозных сюжетов переписки Кузьминского.

Эстер, на тебя это не похоже. Я там пою ей дифирамбы, можно сказать, единственной женщине, а она... Месяц назад я был в еврейском посольстве, жалел, что у меня нету гранат и автоматов, палестинским террористам после меня делать было бы нечего, я им про русско-еврейскую культуру говорю, людей, говорю, спасать надо, а мне учебник идиша предлагают, или там, чем побери, иврита. Бродский им не еврей, и Шагал тоже, им Каплана подавай, да чтоб конец обрезанный. Тыкался как дурак, рукописи, говорю, там у меня. Да-да, напишите подробный список и кому доверяете найти и получить. Я говорю, 10 килограмм ру-ко-пи-сей — стихов (моих, Кривулина, Ханана, Красовицкого, и т. д., и т. п.), прозы, единственный человек в мире, кроме меня, ленинградских поэтов знает, Эстер Вейнгер, ей и доверяю. И еще микрофильмы, магнитофонные записи. А сколько их, я что, считал? Мне в Москву их пришлось отправлять с человеком, а потом у голландского посольства с ними топтаться, когда не пускали (это вам не Голанские высоты, там семечки), когда у меня 12 кг криминала, и причем не своего, ведь и других повяжут, чорт бы побрал, свои рукописи я в голове вывез, а работу? Да-да, мы пошлем этот список и доверенность в Израиль, там всё найдут. Чорта с два. Неделю назад Коля[38] был в посольстве, ему сказали: передайте Кузьминскому, что его рукописи прибыли, но перемешались с другими, и в них не разобраться, а тебя, как я понимаю, и вообще не искали, хотя адрес на доверенности я дал, и даже, по-моему, телефон. Я в понедельник пойду в эту лавочку, дам доверенность на Юру, на чорта, на дьявола, но всё равно без тебя не разобраться, а там еще микрофильмы и мумие, и малахитики в коробочке (точнее, в кассете). Это здесь ничего не стоит (цацки), но не пропадать же добру.

Но виновата в основном ведь ты, Эстер. Доверенность, надо полагать, на тебя там уже лежит. А как там всё это, процедура эта, делается, я же понятия не имею. Я имею понятие, как стоять перед голландским посольством с чемоданом рукописей и как их собирать, это я умею. А как их добывать у друзей-евреев, это уже

---

[38] Директор отеля «Цум Тюркен».

другой вопрос. Все эти еврейские вопросы у меня уже поперек горла стоят. Кажется, Израиль пожалеет, что вытащил меня. Я к ним со всей душой, как в России, а они поворачиваются своим тохесом. А я ведь роман пишу. И, должен отметить, неплохой. Нестандартный. А ведь и переведут, а что я напишу — от меня зависит. Смотри, возьму тебя в героини. Там у меня одну героиню бульдог трахнул, другую в канадском посольстве попользовали. А герои — один омерзительнее другого. Написал уже три печатных листа и еще буду.

Не, Эстер, это не серьезно. Ты там своего Гершензона на еврейский переводишь, а чтобы написать, что здесь опубликовано по-русски, не можешь. Где-то издан Веничка Ерофеев, «Москва — Петушки», а где?[39]

Кто еще издан, что там Гробманы[40] чирикают, о какой книжке (издать) ты там говоришь? Ежели о моей, то обойдется. Подождет. Я говорил о еврейской антологии, но ее еще предстоит делать. Часть материалов не готова, в Ленинграде. Кроме того, нужна билингва, с переводом на иврит, возможно ли это? То, что у тебя магазин, уже хорошо. Через годик завалю тебя изданиями, готовь рекламу. И это притом что с русской литературой здесь всё невероятно сложно, никому она не нужна. Надо группироваться вокруг «Континента»: Марамзин будет говорить с Максимовым. Впрочем, будет ли? Надо всё самому. Сам бы и в Израиль поехал, но очень сложно с визами, а в середине сентября надо в Штаты. Там ждут лекции и доклады, пригласили в Йель, а с чем их читать? Знал бы я, что ты там и просто не отвечаешь, начал бы чесаться сам и уже съездил бы. А сейчас уже поздно. Документы не успеть оформить. Второй мой друг тоже постарался: записную книжку послал диппочтой в Рим, на «до востребования» вместо Винько-

---

39 Роман Венедикта Ерофеева вышел в третьем номере израильского журнала «Ами» в 1973 году. См. интервью с одним из издателей «Ами» М. Левиным в наст. изд.

40 Художник и поэт Михаил Яковлевич Гробман (р. 1939) и его жена Ирина Израилевна Врубель-Голубкина (р. 1943) эмигрировали из Москвы в Израиль в 1971 году.

вецкого[41]. И теперь не получить. Виньковецкий, впрочем, тоже на письмо не ответил. Ладно, буду надеяться на себя, но бумаги из этого Богом оставленного Израиля получить нужно. Здесь же это никого не колеблет. Да, послали, но мы ничем помочь не можем... Ну, я это им припомню. Драться придется на четыре фронта — ну, что ж! Всегда готов.

Сейчас посылаю тебе список, в понедельник доверенность на Юрия. Но всё равно нужно в посольство, посмотреть в их израильские глаза, плевать пока погожу. Далее, пришли мне каталог своего магазина, посмотрю, что купить. Деньги у меня уже есть, и еще будут. Миллионером я не стану, но издавать придется за свой счет. Продавать придется тебе. Сейчас меня переводят на немецкий, предложили ряд статей, эссе и передач, а писать приходится вслепую и цитировать по памяти. Переводит меня венская кандидатша, переводчик Крученыха, Мамлеева и Хлебникова. Но повторяю: мне важнее говорить о других. Они ждут. Им это нужнее. И говорить надобно серьезно. А от тебя, Эстер, я просто не ожидал. На кого же мне было еще надеяться? На тему вызовов: посылаю тебе самые важные. В основном это русские. С ними в израильское посольство не сунешься. Если нужно будет, свяжись с Сашей Воронелем[42], Марамзин ему меня рекомендовал. Вызовы должны быть железные, и надо продублировать. Необходимые поправки сделают в голландском посольстве. Если можно, вызовы продублировать через то же посольство. И с телеграммой. Нужно будет, сообщи, сколько стоит. Заплачу.

1. Арефьев Александр Дмитриевич, 1931, ул. О. Кошевого 17, кв. 42.

2. Яценко Жанна Дмитриевна, 1932, ул. Ленсовета 62, кв. 65. (Они супруги, но вызовы надо порознь, может, разведутся.)

---

[41] Яков Аронович Виньковецкий (1938–1984) — художник, философ, ученый, активный участник неофициальной художественной и литературной жизни Ленинграда. Эмигрировал в 1975 году в США. См. письмо № 4, а также интервью Л. Межибовского с Д. Боултом и Ю. Горячевой с М. Левиным в наст. изд.

[42] Воронель Александр Владимирович (р. 1931) — доктор физико-математических наук, писатель, публицист, редактор самиздатского журнала «Евреи в СССР»; эмигрировал в 1974 году.

3. Петров Владимир Александрович, 1942, 197022, Кировский пр. 65, кв. 17.

4. Лавров Вениамин Петрович, 1932; Леонова Светлана Кузьминична, 1939; Леонова Анастасия Вениаминовна, 1968, пр. Космонавтов 21, к. 1, кв. 34, тел.: 643453.

5. Макаренко Владимир Николаевич, 1943; М<акаренк>о Виктория Ивановна, 1951; Таллин, Кийре 8, общежитие. Телеграмму: Таллин, Паэ 52, кв. 4.

6. Захаров Игорь Михайлович, 1945, Л-д, Петродворец, ул. Бр. Горкушенко 7, кв. 79.

Это всё братья-художники, которые уже созрели как огурцы и пора падать. 1, 4, и 5 вызовы не доходят. Всё это мои друзья. Кроме того, им, вероятно, придется подыскивать серьезных еврейских родственников, потому что фамилии зело не еврейские. С остальными я сам разберусь в посольстве.

Эх, Эстер, Эстер!! Неужели ты не понимаешь, что не просто Витины[43] стихи лежат в еврейском МИДе? За последние полтора года у меня капли во рту не было. Занимался только книгами. Одного Глеба[44] мне пришлось прочитать около 3000 стихов, чтобы выбрать 300, а из них — 30. Весь архив Бори Тайгина, архив Дара, а таких, как Глеб, у меня около 50-ти имен. Волохонский, Соснора, Бобышев, Найман, Еремин, Красовицкий... Кое-что упоместилось в книги, остальное — так. Мне пришлось оставить в Советском Союзе всё «молоко», чтобы вывезти «сливки», оставить что-то тысяч 20 страниц. Оставить 500 листов графики (50 художников), 25 работ маслом и вместо этого вывести каталоги, фотографии, данные. Больше 10 кг дипломаты у меня не соглашались брать. Переснять всё не было никакой возможности, переснята только часть. 4 недоделанных книги пришлось бросить: антологию «Юг (Провинциальные стихи)» — Алейников, Драгомощенко, Лимонов, Ожиганов, Фальк, потому что Борис Фальк сжег свои тексты и восстанавливает по памяти. А это поэт кру-

---

[43] Поэт Виктор Борисович Кривулин.

[44] Поэт Глеб Яковлевич Горбовский.

ченых-туфановской школы. Антологию 14 еврейских поэтов Ленинграда (доделывает Эдик Шнейдерман, а он, ты же знаешь, тряпка). Я не говорю за «Образ Кузьминского», тоже пришлось оставить, не первостепенное, хотя меня рисовали 23 первостепенных художника (масло, литографии, графика), работали 3 скульптора (в бронзе, дереве и глине), снимали 7 фотографов, и каких (!), посвящали стихи 11 поэтов, прозу — 3 прозаика, словом, 200 страниц (100 иллюстраций и столько же текста). Так, по мелочам, накопилось за 15-то лет.

Ты должна понять, ЧТО у меня в архиве (израильском), если такие книги я оставил. Не считая архива в Штатах, но то в основном в микрофильмах, и пока мне полезен быть не может.

В Израиле же лежат:

Книга «Лепрозорий-23» (23 прозаика Ленинграда — 350 стр.).

Каталог выставки «53» — свыше 100 фотографий.

Каталог выставки «23» —100 стр. с фотографиями.

Сборники стихов (титульные листы пришлось выкинуть, на случай повяза), проза, стихи, моя книжка, просто рукописи всех сортов, наметки романа, детские считалки, документы переписки с Союзом писателей и Союзом художников, в общем, напечатано всё это, как ты сама понимаешь, на разных машинках, так что по шрифту не очень-то опознаешь. Один из них — этот, я ее, голубушку, вывез — «Ундервуд» 1903 года, заново отлаженная. Бумага тоже разная. Сверх рукописей, фотографий (и, по-моему, там была еще графика, ну Левитина[45] узнаешь) еще около 20–30 магнитофонных кассет (портативных и не) и коробка с микрофильмами (которые в кассетах, которые в бумаге, там же баночка с мумие и алюминиевый цилиндрик с цацками). Вот, по-моему, и всё. Разобраться можешь только ты, или мне самому придется ехать, а как, не знаю. Австрийцы очень боятся давать какие-либо документы, чтобы, упаси Бог, часом не задержался в этой ебаной Австрии. А мне она и на фиг не нужна. Мне в Штаты нужно

[45] Левитин Валентин Исаакович (р. 1931) — художник, участник неофициальных квартирных выставок в Ленинграде в 1960-е годы. По словам Кузьминского, «первый гениальный художник, которого я встретил еще в 1962-м» [АГЛ 2Б: 490].

в середине сентября, но без архива я не поеду. Если ты не можешь, то позвони хоть по коллекту[46], я заплачу. Мне звонить нет никакой возможности: телефон в отеле на замке, отсюда никак, а ехать надо или на главпочтамт, или на вокзал. Там я просидел во вторник до часу ночи, твой израильский номер так и не отвечал. И Ленинград не дали. Правильный ли у меня твой номер: 225608?

Эстер, пойми ты, мне пришлось оставить всё, чтобы вывезти что-то немногое, и это немногое я теперь не могу получить. Это же чорт знает что. Поневоле озвереешь. И так сладенько улыбаются, когда им говоришь о еврейско-русских проблемах, и все поглядывают: а обрезан ли конец? Это их больше волнует. И еще арабы. В посольство не войти, забаррикадировались.

А каково в России у голландского посольства с полными штанами стоять, имея в чемодане 10 лет, это их не волнует. Не хотят русско-еврейской интеллигенции, пусть им культуру бердичевские парикмахеры делают, а я возьму и умою руки. Не хотят союзника — будут иметь противника. Ибо большего равнодушия с улыбочкой я нигде не встречал, разве что в Советском Союзе, но уже без улыбочки.

В общем, вот такие дела, Эстер. За год я сделал около 20 книг, где они? Сейчас пишу по пять страниц прозы в день. Проза получается крутая и с душком. На два дня сделал передышку, сегодня твое письмо меня из колеи выбило, кроме того, нужно в библиотеку, описание холеры прочитать, решил героев заразить, красиво. Кривулин тут, только что сообщили, месяц лежал в больнице — цынга, еле выкарабкался. Естественно, не работает, а на пенсию не проживешь, хорошо хоть не вяжут. И другим не лучше. Меня-то уже под конец вязали, пришлось играть в дипломатические приемы, давать интервью в «Крисчиен Сайнс Монитор»[47] и ставить властям выбор — Биробиджан[48] или Израиль. Ты спрашиваешь, как Рита? Да ничего, бывала у меня каждую неделю последние полгода, так и не соблазнил — всё было некогда: когда

---

46 Collect call — звонок за счет того, кому звонят.

47 *Christian Science Monitor* — американская ежедневная газета.

48 То есть арест и ссылка в Сибирь.

с Натаном, когда без, усталая большей частию. Друзья у нее — кто сидит, кто на высылку, а которых ждет. Досиденты и посиденты. Была у меня с Ревалдом, со священниками и без, но всё молчала[49].

Был у Часова, по своим делам[50]. Жалуется: никто марок не шлет, ужо найду красивых и пошлю. Мил, как всегда. В магазине бардак. После твоего ухода Толик и Женя заняли руководящие посты, даже Кошке стало невмоготу. Девушка Ли в отделе успела неделю поработать, украла сумочку в «Сайгоне», выгнали. В июне прихожу, Часов, как Фигаро — и в отделе, и на приемке, всех баб на пленэр отпустил, один крутится. И вообще, магазин похерился. Денег занять не у кого, одни Толики сидят, английскую книжку, сука, с четырех сторон обнюхивал: не крамольная ли? Да детектив, говорю, Аль-Капоне. Так и не взял, гад. Валентина с Натальюшкой такие же, но в магазине неуютно. Пчелинцев, выродок, всё женится, и как ни встретишь — работу ищет. Это у него хобби такое. И говорить-то с ним не о чем.

Страшно в Петербурге. Поэты все пьют. Чайник[51] в сумасшедший дом угодил: порезал вены и поджег мебель. Выпустили, на следующий же день кошелек украл. Но стихи прекрасные. У всех. Созрели, выродки, на мою голову. А теперь и стихи не получить...

Вена. 11 сентября
Пансион мадам Кортус

Вдарившись мордой об широкую грудь прародины, я не устоял. Неделю пил, потом влюбился. Влюбившая меня метиска свалила в Рим со своими сомнительными кровями, а я обратно сел за роман.

---

[49] Филолог и переводчик Маргарита Михайловна Климова (1938–1994), ее знакомый Натан Иосифович Завельский (р. 1940) и математик и правозащитник Револьт Иванович Пименов (1931–1990). См.: *Пименов Р. И.* Воспоминания: в 2 т. Т. 2. М.: Панорама, 1996. С. 304–388.

[50] Здесь и далее речь идет о магазине «Букинист» на Литейном проспекте в Ленинграде, где Вейнгер работала товароведом.

[51] Поэт Петр Николаевич Чейгин (р. 1948).

А вышло вот что. Долго сомневался, писать ли тебе вообще, поскольку, как я поимел случай убедиться, ГБ не одиноко в своей любознательности, но потом плюнул. Объяснить-то надо, а переписывать первую часть письма согласно требованиям военной цензуры я не в состоянии. Ты за мои высказывания не отвечаешь, а за себя я отвечу. Так отвечу, что одним государством меньше будет.

Как явствует из заявления, они перерыли всё до строчки, и помимо текстов, которые, ежу ясно, принадлежат не одному автору, я лишь редактировал сборники, но как ты понимаешь, никого за ... не тянул, они надыбали переписку с Союзом писателей по поводу издания коллективного сборника[52]. Охапкин (говорил ли я тебе?) входил в редколлегию, но по зрелом размышлении «вовремя» вышел. Я пообещал набить ему морду, остались мы с Кривулиным, Пазухиным, Борей Ивановым и Ю. Вознесенской расхлебывать эту кашу. Олег же пошел на поклон к Холопову[53] и написал мне весьма идиотское письмо с требованием ничего его на Западе не публиковать (а антология там уже полтора года лежит). Натурально, я взял это письмо вместе с архивом, дабы показать Олеговым западным благодетелям, Сюзанне в частности, что он за человек.

28-го я сам явился в израильское посольство справиться насчет материалов. Меня вежливо продержали полтора часа в пустой приемной, после чего предъявили это письмо. Я взорвался, наговорил им массу приятных вещей, но они же дипломаты, бровью не повели, а вот я запил.

После чего я позвонил Мишке, пожаловался ему, он вычислил Володю Максимова, и тот известил Агурского. А я лег в прострации на диване и начал пространно объяснять, что и с кем я сделаю. Прибавилось и еще: меня выгнали из еврейского

---

52 Антология «Лепта». См. [АГЛ 5Б: 275–326].

53 Георгий Константинович Холопов (1914–1990) — главный редактор журнала «Звезда», на момент составления «Лепты» — первый секретарь правления Ленинградского отделения Союза писателей СССР.

отеля и перевели в русский. Набезобразничали мои еврейские друзья, написали дурацкие стихи на кухне, редкостно безграмотные. Обвинили, натурально, в этом русского поэта. Скандал разгорелся из-за куриных костей для еврейского пинчера и русской борзой. Победили хозяева пинчера, поскольку я отродясь на кухне не был. Русско-еврейские проблемы обретают здесь обратную окраску. Достается на этот раз русским. А каким, неважно. В результате я ничего не сделал, лежу теперь у мадам Кортус, хорошо, тут кухни и вообще нет, четыре дня уже, но никого не видел, правда, и телефона нет, и мне теперь вся Европа и Америка не могут дозвониться. Телефон в комнате двух подруг, они никого не зовут. Пишу уже третью часть романа. Перевалило за 4 печатных листа, роман приобретает ярко анти... окраску.

С Россией меня блокировали наглухо. Ни одно письмо ни в одну сторону еще не дошло. Телефон они не глушат, поскольку сами слушают (правда, и письма ведь тоже читают), теперь <он> для меня недостижим. Документов никаких получить я не могу, поскольку вместе с архивом у меня зажали и всякие свидетельства о рождении (но их я отправлял отдельно — официально, и поэтому не вздрагиваю). А меня приглашают: в Швейцарию, в Боден (несколько лекций), в Париж, в Гренобль (по вопросам публикации), и мне еще надо в Рим, где моя любовь. Оплачивают дороги и прочее. То же и в Штатах. Приглашен для разовых лекций в Йель, Вашингтон, Мичиган, а пока сижу на 45 вшиллингов в день и еще швыряют меня из пансиона в пансион. Пансионизм мне претит во всех видах, это во мне испанская кровь говорит.

В общем, Эстер, впечатление такое, что они боятся моего архива (мало ли...) и пока не боятся меня. А зря. Следовало бы наоборот. Я ведь им ничем не обязан, поскольку приглашение у меня было во Францию, и через Израиль я ехал не по доброй воле. Можно, в конце концов, драться и на четыре фронта — мне не привыкать. Не люблю только разочаровываться в союзниках.

<...> Приезжающая из России интеллигенция задрочена еще у себя на Родине, и здесь никто не рискует вступиться (даже против выселения). Все эти лавочки, которые ими заведуют, — авторитет для них. Слава Богу, что я попал к толстовцам, а то одним учреждением в Вене стало бы меньше. Злой я как чорт. «Так, — я говорю в посольстве, — вы со своими?» — «Что вы, — говорят, — приезжайте в Израиль, у нас там аллея благородных гоев есть, деревья посажены». — «Ага, — говорю, — а на них вы дубинки выращиваете, и в Советский Союз поставляете!» — «Что вы, что вы», — говорят. Суки.

Вот такие дела, Эстерка.

Письмо пошлю тебе сверхпочтой, а дойдет ли? Я этому ... уже ни на грош не доверяю.

Скушно, тошно, от романа обалдел. 1-я часть — политика, 2-я — секс, 3-я начинается с наговоров и потом идет черт-те что, а 4-ю напишу в Штатах на смеси беш-де-мера и пиджин инглиш, придется попрактиковаться. После Стерна таких романов еще не было. Работы, правда, еще невпроворот. Переписываю и пишу. Конфликтую с Розановым, Бердяевым, херю всю литературу 30-х.

Единственная радость.

А бабы здесь еще гнуснее, чем в Союзе. Отчего я и бросаюсь на всех приезжих. Это у меня ностальгия.

Письмо это включу в роман. Без купюр. Это у меня стиль такой в третьей части появился. Опять же, всё равно после смерти напечатают, так не оставлять же Толикам Найманам.

Пойду приму ванну.

Если письмо дойдет, не медля ни секунды отвечай. А то моя мизантропия дойдет до последних пределов.

Эстерка, никто, кроме меня, не представляет, что я уже сделал и уже делаю. И ты не представляешь.

Целую тебя (если будет на то дозволение — подожди, посмотрю, как там у тебя в письме кончается? Ага, целуешь, значит, и мне можно).

Целую тебя и жду.

Конст.

4.
Я. А. Виньковецкому
Август 1975 года

Вена,
хотель цум Тюркен

Яшенька,
спрашивается: ну зачем мне Италия? В Остии грязно, в Риме дорого. И едут всё в ту же Америку. Так не один ли Лувр? В Вене тихо, в Вене живут профессора, переводящие меня на немецкий, а зачем мне на итальянский? Немецкий — это Австрия, Германия, Швейцария. А потом на английский. И если эти коммунистические макаронники не будут знать о моем существовании — переживу. Бросать же собаку или платить за нее — да я скорее жену брошу, их здесь можно найти, а вот чистокровную русскую псовую борзую муруго-пегой окраски — фиг. Да она меня еще кормить будет! Ей же цены нет! Их всего было штук 150 в России, а сейчас осталось 149. И еще, к сведению. Получено письмо от князя Теймуразя Багратиона, эксклюзив-секретаря Толстовского фонда. Он прослышал, что в Вене есть борзая и почему-то Марамзина (нас еще долго будут путать). А у них ожидается слияние с Нью-Йоркским клубом борзых, в июне на землях фонда была выставка, очень интересовался. А ты — расстаться!

В Израиль я, упаси Бог, не собираюсь, разве что устроить там погром и отнять мои рукописи, которые они до сих пор не могут опознать. Просят список, а у меня их там ровно 10 кг, и еще магнитофонные пленки и микрофильмы. Эстер соизволила отозваться только вчера (как и ты, впрочем).

Еду я в Америку в середине сентября, там буду побираться по университетам. У них это называется турнэ, или выездные лекции, платят. Касаемо изданий всё понял. Тоже самиздат, только за свой счет, и бумагу не уворуешь. Машинистки здесь требуют денег, натурой не довольствуются — свои сложности. Секретаршу вывезти не удалось, нужен обрезанный муж, а они дороги и редки. Нет ли кого на примете? Секретаршу[54] люблю, ой как нужно вывезти! И еще кой-кого надо, но это я через Эстер: фамилии-то всё русские. Сегодня не пошел в израильское посольство, уж очень противно. Они так вместо союзников солидную оппозицию интеллигентов поимеют. Правда, имели они интеллигенцию, к тому же русско-еврейскую: им нужны парикмахеры и фарцовщики на приплод. Называется это «создавать нацию». Ну пусть попробуют. Все приличные люди ассимилируются, разве уж расовая проблема, а тут и тебя, и Осю за русских считают, со мной же вообще говорить не хотят. Я их понимаю, только вот они положение в России не секут. Тыкнулся туда, сюда, отовсюду послали, сижу дома, пишу антисемитский роман.

С Максимовым просил связаться Марамзина, передал ему список книг, изделанных мною, не знаю, говорили ли. Сам не суюсь: было неприятно оказаться и здесь «непечатающимся». Напечататься-то несложно, Миша поможет денюжкой и рисунками, а вот создавать всему этому имя и паблисити — это уже другой вопрос. Начинать, как я понял из разговора с профессурой, следует с себя. А на мне висит имен 50, не считая художников. Поэтому пишу статьи, прозу (пробую, учусь), займусь лекциями (если отдадут материалы), буду пробивать. Идеальный вариант был бы через «Континент», но Максимова не знаю, а Донатыч, к коему у меня рекомендация, на второе письмо не ответил, не знаю, и первое дошло ли, да и сам, слышал, выжат из «Континента»[55]. Сам Максимову пока писать не рискую.

Всё у меня в порядке, Яшенька, Миша помог денежкой, Сюзанна тоже навестила, будет говорить в Америке, профессора все отозвались, предлагают отдельные лекции, народу там нашего много, предстоит серьезная работа. Будем искать деньги для изданий, иллюстрировать русскими же художниками (надо бы имена, кто и где тут есть?), может, пойдет. На восторги не рассчитываю, важнее возможность фиксации.

Целуем тебя и Дину и мелких, пиши о художниках.

---

[54] Н. В. Лесниченко.

[55] А. Д. Синявский прекратил сотрудничество с журналом В. Е. Максимова «Континент» в июле 1975 года.

5.
Р. и Л. Джексонам
25 августа 1975 года

Вена, 25 августа,
хотель цум Тюркен

Дорогие Роберт и Лесли!

Пишу вам, как было прошено, по-русски, хотя этот язык мне и следует забывать. Возлегаю в Вене в халате алого сукна с зелеными отворотами (Преображенский полк навыворот, вам ли этот халат не помнить), в ногах борзая, курю египетские пахитоски и сочиняю роман. Русский писатель за границей. В эмиграции я себя не считаю, это просто творческая командировка на всю оставшуюся жизнь, для ознакомления с западной культурой и для ознакомления таковой с культурой русской. Не оставлять же право на русскую культуру за Союзом писателей в нерушимом союзе с Союзом же художников! Нас и помимо этих организаций много, и ей-ей, не хуже. Просто живем мы хуже, но пишем зато, в противовес, гораздо лучше. Как я уже говорил, искусство создается не «благодаря», а «вопреки», за что меня и называли в России идеологом «вопрекизма». И вот, вопреки ожидаемому Биробиджану, оказался я здесь, на этом Диком Западе. Должен сказать, что разочарования не наступило: я и не был очарован. Запад как Запад, бордели, ночные клубы, стриптиз, который понижает потенцию — отсюда проблема рождаемости, Швеция и 10 000 сибирских мужиков. Но главное — водопад культуры, рынок, которому спроса нет. Здесь есть всё — и никому это не нужно. Как сказал один бизнесмен, хозяин американского супермаркета, увидев Дом Ленинградской Торговли (ДЛТ): — Мне бы таких покупателей! — Всё понятно: у нас Асадова не достать, такое дерьмо, как Евтушенко, котируется, а здесь и Фрост не по вкусу, Аполлинер устарел, рынок, рынок, рынок. Поэтому я не обольщаюсь — влиться бы сюда хоть тоненькой струйкой, объяснить, что в России ***тоже*** искусство есть и что оно немножко чище, хотя и меньше его: в Вене 3000 официально зарегистрированных художников, не считая тротуарных и на дому, а в Ленинграде, дай Бог, тысяча, включая союзных. Но речь идет о том, что в Ленинграде (Санкт-Петербурге тож) тоже есть культура и что она не ниже. Был тут в двух артистических кафе, вроде нашего «Сайгона». На стенках висит то же, что у меня дома, хоть по именам называй. И это не приоритет Запада, а параллельное развитие двух культур, просто корни-то ведь у них одни! Так что влиться в эту систему нетрудно, просто — заметят ли? Поэтому активно перехожу на прозу, работаю каждый день (по 5 страниц) и пытаюсь создать нечто <вроде> конгломерат<а> культур, разделенных бытом. Проза идет ядреная, в мат-перемат, и даже Западу, боюсь, это будет несколько не по зубам. На далекое будущее у меня есть идея книги о скоморохах (это когда я уже сам писать не смогу), соседство высокого и низкого, трагическое через комическое. Ерничество и фиглярство, возведенные на эшафот, — вот система моего письма. Она не нова: Рабле, де Костер, Гашек, но более всего — этакий российский Стерн, которого и поняли-то у нас только сейчас. Веничка Ерофеев, самый гениальный прозаик новой (послевоенной) России, отмечает свое родство со Стерном, а уж для меня это Бог. Стерн, переосмысленный через Беккета и Джойса, через новый французский роман (читаем, читаем их в России по-прежнему!), но как основа мироощущения — Стерн и Достоевский (не правда ли, лихой коктейль?), так и пишем. И смешны мне канонические рамки продолжателей девятнадцатого века, который и вообще-то не существовал, а насквозь выдуман, только четные — трансформация осьмнадцатого в двадцатый, минуя манную кашку девятнадцатого. Вспомним русский авангард и его роль для Запада — одно имя Кандинского чего стоит, а в литературе есть Хлебников и Крученых, и после этого питаться мертворожденным акмеизмом? На безрыбьи и рак рыба, на бесптичьи и жопа соловей. Вот и кормимся полегоньку академической культурой Ахматовых, которая даже соцреалистов-то не очень отвращала: доступно, по крайней мере. Интересно, как был воспринят Стерн современниками? Правда, Англия — страна парадоксов, им не привыкать, а вот в России он был воспринят поистине парадоксально. Чего стоят одни «Письма путешественника из Лозанны» Карамзина? «Стерн несравненный! Сколь тонко ты чувствуешь!»[56] А «тонко-чувствующий» Стерн протянул руку и «схватил горнишную за ...» муде Карамзина, оказавшиеся поодаль. Не можно понимать литературу серьезно. Она перестает быть литературой и становится «объектом изучения». За что и люблю футуристов. Умницы они. Серьезнее всех всегда были шуты, и лишь они говорили правду. Вспомните шута Балакирева. Так и пишу: в духе «Русских заветных сказок», после прочтения которых даже моя жена не очень стала возражать против моего стиля. Нагромождаю события, поворачиваю сюжет, как хочу, написал уже страниц 80 концентрированной прозы, сижу и сам перепечатываю — с машинистками здесь туго, секретаршу пришлось оставить, а теперь надо выцарапывать из Союза, а как? Еврейские женихи нынче дороги, а на западных студентов рассчитывать не приходится. Секретарша же очень нужна. Может, на худой конец, работать корректором и меня заодно прокормит. И вот думаю: как ее вытаскивать? Илья[57] убоялся жениться, разрешение он еще не получил, словом, грустно.

В Петербурге продолжаются баталии, я оставил хорошее наследство. Сборник «32-х»[58] получил положительную рецензию, интересно, что они (власти) будут делать дальше. Художникам разрешена выставка 10-го сентября, сроком на 10 дней[59], боюсь, что опять будет много гавна, сами они не способны разобраться, что есть хорошо. В общем, жизнь идет и без меня. Меня блокировали наглухо: ни одно из моих писем не дошло, да и с телефоном туго. Я звонить не могу: дорого и приходится ездить на почтамт или на вокзал, телефон в отеле «односторонний», то есть попросту на замке, вот и жду, когда позвонят.

---

[56] «Стерн несравненный! В каком ученом университете научился ты столь нежно чувствовать?..» (*Карамзин Н. М.* <О Стерне> // Избр. соч.: в 2 т. Т. 2. М.; Л.: Художественная литература, 1964. С. 117).

[57] И. Д. Левин, предполагавшийся в фиктивные мужья Н. В. Лесниченко.

[58] Антология «Лепта».

[59] Выставка проходила с 10 по 20 сентября 1975 года в ДК «Невский».

В Штатах буду, вероятно, во второй половине сентября. Некоторые сложности с финансами, в частности с оплатой проезда собаки, будут разрешены моими друзьями. Борзунечка моя очаровывает всех и вся, таких собак в Европе не много видели. До сих пор не знаю, где меня пристроят в Штатах: нужно думать и о ней. Чтоб было где бегать. Но всё это выяснится уже в Нью-Йорке. Сюзанна Масси обещала встретить и заодно позаботиться о собаке. А там видно будет.

В Вене мне прекрасно: лежу и пишу, Толстовский фонд кормит, да и друзья не забывают. Встретился с венской профессурой, начали переводить на немецкий, предлагают в швейцарскую антологию и на Южно-Германское радио. Что-нибудь вроде эссе, статей с цитатами. Но вот с цитатами сложно. Пока располагаю только собственной головой (и это неплохо), материалы же, отправленные в Израиль, получить крайне сложно, хоть самому поезжай. Они там и не думают о нас совершенно: выехал — и радуйся, бюрократическая система хуже, чем в Советском государстве, — тоже тоталитарный режим. А без материалов я ноль. Одна голова, да и та усталая.

Здесь, в Вене, я встретил свою приятельницу, русистку, специалистку по Блоку и символистам, работала по театру[60] — есть ли у нее какие-нибудь перспективы в Штатах? Это девушка из круга Кривулина и Тартуского университета. Будет заниматься новыми, а преподавать можно и стариков. Отпишите мне, пожалуйста, есть ли какие-нибудь перспективы для академического литературоведа? В отношении меня особ случай, вариант с Бродским, но без имени. Я больше рассчитываю на архитектурную специальность жены, а не работать — не всё ли равно где? За приглашение прочитать лекцию[61] я Вам очень благодарен, сделаю с удовольствием, но в отношении других университетов не знаю, как организовать. А так я как пионер — всегда готов. Говорить за

---

60 Полина Климовецкая, которой посвящена 4-я часть романа «Hotel zum Тюркен».

61 Роберт Льюис Джексон (Robert Louis Jackson) в то время — профессор славянских литератур и языков Йельского университета.

российскую изящную словесность для меня не проблема, а удовольствие. И привычка. Касаемо же политики, то она мне еще в Союзе осточертела, здесь есть другой враг, и притом более существенный — академизм. С ним-то я и буду бороться, а не с Советской властью. Хай ей трясця в поясницу, сама сгниет. Да еще других отравит: в Италии, говорят, уже куда ни плюнешь — в Ленина попадешь. Так им, макаронникам, и надо. И французам тож. Меня же интересуют материалы, материалы и материалы. По русской словесности XX, XVIII и XVII веков. Чтобы сделать некоторое изучение. Мне нужны университетские библиотеки, мой архив и моя секретарша. С последней, как я полагаю, будет особенно туго. А современных поэтов мы и так издадим. Миша Шемякин предложил финансировать и оформить. А я еще «Биробиджана» не получил, чтоб в «Континент» предложить, Марамзин меня, надеюсь, порекомендует Максимову. В «Континенте» тоже не всё обстоит гладко: Синявского убрали, Голомштока, кажется, Терновский заменил, стихов еще не печатали (Галич и Бродский не в счет), ставка должна быть на Россию, на дважды по четырнадцать имен одного только Ленинграда[62], но с «Континентом» связаться трудно, в Париж мне не выбраться, а без личного контакта ничего не пройдет. Ищу сейчас ходы и выходы на Россию, необходима постоянная связь, перспективы там в искусстве огромные, надо дать им возможность. Кривулин поэт повыше меня, я не говорю уже за стариков. Нужна четкая и объективная информация о положении дел в России, Запад же полностью дезинформирован: имена проницают случайные, разрозненно, даже малайское искусство в более выгодном положении. А для этого нужно работать, работать и работать. Издавать-то мы сможем, но нужна критика, пресса и своя литературоведческая школа. Поэтому я и беспокоюсь о Полине, этой москвичке-филологине, да еще о Мейлахе, и о прочих. Нужно продолжить начатое Романом Якобсоном и Бурлюком, потому

---

62 Кузьминский намекает на два тома своей антологии «Живое зеркало», каждый из которых включал произведения 14 поэтов Ленинграда старшего и младшего поколения.

что сейчас нет разрыва между литературной эмиграцией и литературой России. Нужна консолидация сил на Западе, хотя это дьявольски трудно. Сол поставил себя в исключительную позицию, Бродский на всех плюет, московская группа (Лимонов, Мамлеев, Бахчанян) ищет мифических издателей, между собой никто не контачит, словом, трудно. «Континент» явно идет на сближение с «Русской мыслью», ничего хорошего от этого симбиоза двух культур, разделенных чуть ли не столетием, получиться не может. В общем, здесь беспокойства не меньше, чем в России, только оно спокойнее. Пока занимаюсь саморекламой. Это на Западе едят. С остальным же сложнее.

Роберт, если Вас не затруднит, прикиньте возможный списочек университетов, куда можно ткнуться с единоразовыми лекциями, я-то сам ничего не знаю, и куда сможете, порекомендуйте. Ваша рекомендация достаточно солидна, а что я могу — Вы знаете. Поэзия, проза, художники — в убывающем порядке, в каждом случае имен от 20-ти до 50-ти, с материалом (если выскребу из Израиля).

Словом, будьте мне, по возможности, папой. Я не Белинков[63], я так скоро не умру, мне еще прозу работать предстоит, да и другими заниматься, а характер у меня покладистый. Лекции же я могу читать по наитию, даже без материалов, и на самые разные темы. Тему можно заявлять, а я уже читать буду. Приходилось мне много читать по русскому изобразительному и прикладному <искусству> XVIII века, в бытность мою экскурсоводом, так что и это можно. Так сказать, Европа в России. Карл Росси и присные. Словом, я готов на всё.

Остаюсь искренне Ваш уездный поэт (от слова уезжать),

Константин Кузьминский

Целую руки Лесли. Мышь и собака кланяются.

---

[63] Аркадий Викторович Белинков (1921–1970) — писатель, публицист, провел 12 лет в сталинских лагерях. В 1968 году стал невозвращенцем, в США преподавал в университетах Йеля и Индианы; скоропостижно скончался от сердечного удара.

6.
В. А. Бахчаняну
26 августа 1975 года

Вена, аугуста 26-аго,
хотэль цум Тюркен,
по следам Бахчаняна

Милый Вагрич и Вагричева жена!

Сим смею напомнить о своем существовании, а также о несуществовании заявленного портрета, я — пятый пиит[64] Санкт-Петербурга, Константин Константинович Кузьминский. Вагрич, я и в России много слышал о вашем нью-йоркском существовании, об успехах жены[65], о Мамлееве и о Лимоне. Такожды и о Худякове от Жарких. Но больше всего я был рад слышать о тебе. Потому что из всего окружения Лёна я люблю немногих. А многих не знаю. С тобой у нас тогда был толковый разговор, и я неоднократно тебя вспоминал. Но в Москву я категорический неездец. Не люблю. Люди там какие-то категорически озабоченные собственной гениальностью, и я был рад, что Мишка Шемякин меня тогда увез. Жалко только, что не повидались еще. А сейчас он меня, можно сказать, вывез. Я целый год героически сражался за Францию, в результате чего оказался в Вене. Не один ли чорт? Примчалась Сюзанна Масси, покудахтала, пообещала позаботиться обо мне, об жене и об моей борзой, и борзо умчалась по Европам. Прилетел Мишка, за три дня ознакомил меня со всеми венскими прелестями (за всю жизнь в стольких кабаках не был) и уехал в Париж готовиться к совместной работе. Так что я был встречен прекрасно, немножко обеспечен (по крайней мере, на жизнь в Вене) и смотрю с изумлением в будущее. В Шта-

---

64 Аллюзия на книгу С. Масси «The Living Mirror: Five Young Poets from Leningrad» (1972), в которой Кузьминский был пятым поэтом.

65 «Обо мне полетели-поползли слухи об успехе потому, что я сразу смогла воленс-ноленс начать зарабатывать необходимые для существования деньги, и одно это казалось чудом в 1975 году» (мейл Ирины Бахчанян (Савиновой) Томашу Гланцу, 6 апреля 2021 года).

тах придется начинать с нуля, так я и так ноль (в европейском понимании). Гениальностью своей не льщусь, что же касается знаний, то их достаточно. Согласен быть поэтом с борзой при Толстовском фонде. Сам князь Теймуразь ею интересовался. В остальном туманно. Вывез я с полдюжины антологий и каталогов, да еще бумаг килограммов 10, но всё это в благословенном Израиле, откуда никак не получить. А пока только одна голова. И та сгодится. Но говорить можно только за себя, жаль. В Вене меня переводят, я застрял здесь из-за собаки, еще с 9 июля, но твой адрес только вчера дал пан Рогойскій, просил присовокупить приветы, к тебе он, кажется, питает особую симпатию, как, впрочем, и я. Меня интересует, взаимна ли она (то, что ты помнишь, я не сомневаюсь, не такой я человек, чтобы меня забыть, правда, я страдаю комплексом неполноценности). Меня интересует, как вы там устроились, связаны ли между собой. Мы тут с Володей Марамзиным обсуждали проблемы третьей эмиграции и нашли, что она лучше второй и не хуже первой. Кроме того, мы не оторваны (идейно) от тех, кто там. Поэтому надо воссоединяться. «Континент» был бы хорошей базой, если бы там прекратилась грызня. И чтобы уже бугай Исаич перестал стоять на рогах. Или бы обратил рога не в ту сторону. Нам же надобно контачить, како морально, так и творчески. Пишу сейчас роман-коллаж (не знаю, что это такое? но наверно) и прочу тебя в оформители. Сделал уже три печатных листа концентрированной прозы, работы еще приблизительно на полгода (понимаешь, я тут на досуге, в марте 74-го бросил пить — дошел, и ударился в работу: около 20 книг за истекший год!), а не вижу, кроме тебя, никого, кто мог бы. От высокого до низкого, где-то близко к моему учителю Веничке Ерофееву, но на звуковой основе. Этакий стернианский антироман. Тебя же люблю за юмор и трагизм. Самые серьезные вещи говорили шуты. Этим ты мне и близок. Если помнишь читанную мною «Вавилонскую башню» — это вариант романа, но поэтический. В прозе же можно спуститься еще ниже. Что и делаю. Мрак и процветание. Ассорти. Всегда называл себя эклектиком, но по образу Баженова и Гауди. Который знает всё. Словом, вопрос только в твоем интересе. Думаю, додумаемся. Сделаем. В Штатах я буду где-то после 15-го сентября. И там извещу. Воссоединимся. Рад, что и за кордоном есть хорошие люди.

Остаюсь искренне твой — Кузьминский

7.
М. М. Шемякину
27 августа 1975 года

Вена, аугуста 27-аго,
хотэль цум Тюркен

Мишенька (и уже, как полагаю, Ривчик и Досенька[66])!

Соскучился по вам всем зверски, хочу пить чай и говорить про искусство. Очень люблю пить у вас чай, хотя Ривчик не умеет его заваривать. Долго еще в Петербурге вспоминал, как приходил к вам ночью, Мишка рисовал кувшины, Пиндыр[67] делал задник, Ривчик красила гравюры, а Доська трудилась над самураями. Более живого воплощения художеств не видел и не представляю. При этом безобразничали собаки и кошки. Вспоминаю не съемки, не пьянки, а именно эти тихие вечера. Хотя и пьянки были ничего. Это всё предстоит осветить мне впоследствии, если научусь писать прозу. Было хорошо, и я верю, что еще будет, раз уж мы здесь. А где мы воссоединимся — в Париже или в Америке, — не играет значения. Мы не эмигранты, а командированные[68]. И еще поработаем. Беда в том, что мы уже созрели и не можно развиваться заново. Это я к тому, что воссоединились мы уже на зрелом этапе. И твоя поэтика может не вполне соответствовать моей, но исходя из общих корней, из возвращения к таковым, не вижу, почему бы им не соответствовать друг другу. Твои петровские гравюры вполне ас-

---

[66] Жена Шемякина Ребекка Модлен и дочь Доротея.

[67] Художник Юрий Иванов.

[68] Вариант знаменитой фразы Н. Н. Берберовой, иногда ошибочно приписываемой З. Н. Гиппиус или Д. С. Мережковскому: «Я не в изгнанье, я в посланье» (1927).

социируются с моей «Русско-турецкой кампанией»[69]. Не нужно даже механистического присоединения, нужно просто искать адекваты, пусть не полные, но сопоставимые. Ты подкинул идею написать тексты к трем альбомам. Так они уже есть — «Три поэмы герметизма»[70], причем каждая из них соответствует не смыслово, а по степени сложности обобщений. Они идут по восходящей, как и у тебя. Система же герметизма — это, в моем понимании, система знакового письма. Я думаю, лучше всего соединять уже зрелые вещи, а не пытаться накачать аналогии. Ведь ход от натюрморта к фигуре по усложнению обобщений подобен ходу от лирики через эпику к лироэпичности как адеквату бытия. Тут может не быть прямых соответствий, но зато есть внутренние. Словом, я предлагаю тебе для трех альбомов триединство герметизма. Прослушай их еще раз на маге, кроме того, посылаю текст. Их тут сейчас начали переводить на немецкий, последняя вещь, «Наталья», предназначается для швейцарской антологии (уже получено добро), остальные же две будут со временем опубликованы в Вене. Я нашел Роз-Мари Циглер, переводчицу Крученыха и Хлебникова, и сегодня для нее и для графини Разумовской[71] устраиваю поэтический вечер. Подъехал еще один поэт из Москвы, Алеша Цветков (кушнеровастенький, но любопытный) и моя любовь, филологиня Полина. Очень грущу, что от тебя нет весточек, боюсь, что ты там впал в тоску и в работу (последнее бы хорошо, если именно работа, а не дела) и что у тебя там всякие финансовые и прочие сложности. У меня сложности только с Израилем. Эстер наконец соизволила ответить, ан всё время была дома, но «разучилась писать письма». Лучше бы она ссать разучилась. Я тут икру мечу, а она

---

[69] Часть монтажной поэмы Кузьминского «Вавилонская башня» (1967–1972). См. [АГЛ 2А: 527].

[70] *Кузьминский К. К.* Три поэмы герметизма (1969–1973+). URL: https://kkk-bluelagoon.ru/pdf/KKK_3_poems_of_hermetism.pdf (дата обращения: 19.08.2021).

[71] Мария Андреевна Разумовская (1923–2015) — сотрудник Национальной библиотеки Вены, автор монографии «Марина Цветаева. Миф и действительность» (Frankfurt a. M.: Overseas Publications Interchange Ltd., 1981) и переводов Цветаевой на немецкий.

и не чешется. В пятницу опять иду в израильское посольство просить за материалы и посылать етой (от слова «еть» — спасибо тебе огромное за сказки и за всё прочее — по гроб) Эстер, чтоб она их там получила. Самому ехать очень сложно: нужна весомая рекомендация в австрийскую полицию, чтобы пустили смотаться, но в крайнем случае — ПРИДЕТСЯ. Поэтому поспрошай там насчет знакомых венских герцогинь, о которых говорили, чтобы порекомендовали. Толстовский фонд даст мне бумагу, что я еду в Америку, и Австрия мне не нужна (этого они больше всего боятся, выдавая документ), и если до середины сентября я ничего не получу или Эстер не сумеет разобраться, придется ехать. На что — соображу, мне ведь только на дорогу. Деньги, правда, приходится тут тратить помимо толстовских, на 90 шиллингов втроем никак не уложиться, но, может, мадам Беттина на что-нибудь клюнет. Пойми, без этих бумаг мне не жизнь, а из Америки в Израиль — сам понимаешь. Но это, повторяю, крайний случай. В пятницу поговорю. <...>

А в остальном живем тихонько. Мышь готовит, я прокуриваю все толстовские деньги, в Россию ни одно письмо из десяти еще не дошло, как и оттуда, сигарет не шлют, блокировали меня, как я понимаю, наглухо, телефон, правда, еще не глушат, но много ли скажешь за пять минут? А мне надо секретаршу вытаскивать, без нее я как без рук, а работы предстоит — уйма. Она же за еврея не хочет, у нее там папенька полковник, а где я ей иностранца найду? Продолжает там приводить в порядок мои материалы, Гены[72] в городе нет, слайды так и не получить, боюсь, что всё придется переделывать заново. Касаемо художников. А мне предложили начать с лекции об искусствах в Йельском университете и потом, может быть, турне. Были бы слайды — показывал бы их и при этом читал стихи. Предложили мою голову (Роз-Мари) на Южно-Германское радио (она там делала передачу на 50 -!- минут о Крученыхе), но писать эссе надо по каким-то материалам, а у меня кроме головы — ничего. Неженка процветает, правда, чего-то глазики гноятся, похоже на конъюнктивит, надо сводить к врачу —

---

[72] Фотограф Геннадий Самуилович Приходько.

опять деньги. А когда я их начну зарабатывать?.. Я после и до овдовею. Я от этой Мыши озверел. Сегодня чего только я ни делал — включая стихи читал, так, во-первых, она мне мешала, во-вторых, напилась, в-третьих, ревнует к Полине и вообще к кому ни попадя, а у меня тут вообще жизни нет — одна графиня Разумовская, которая княгиня, так и живу, Мишенька, а от Мыши ни помощи, один вред и блядство, вместо пяти явилась к семи часам, я тут ночью поэму написал, одна тоска и недоразумение. Пусть меня тогда переводят на немецкий, так мне и нужно.

Я не жалуюсь, а просто излагаю факты. Мяса хочу — покупает куриц (они дешевле), а я уже озверел, ежели с собакой ходить, то мясо даром продают, и на двоих нам с Негой хватит, а Мышь не понимает, покупает втридорога, и мне не достается. Голодаю.

Мишенька, напиши, как там и что, и адреса Континентовые, и где Синявский (позвони ему и спроси, получал ли он мои письма, а то неудобно по три раза писать, и сообщи мне адрес Эткинда и Бетаки — нельзя же молчать, они ждут, а куда писать? Мишенька, обязательно!). Больше мне мало кто нужен, я скоро в Штаты свалю, если будешь в Париже, тоже сообщи, но лучше удери отдохнуть.

Целую тебя, Ривчика в лифчик и Досю в мордасю и вообще

ЛЮБЛЮ — Конст,
он же — Кока

ИСКРЕННЕ И ВОИСТИНУ

8.
А. Г. Волохонскому
16 сентября 1975 года

Вена, два часа шестнадцатого,
пансион Кортус на Хакенгассе

Дорогой Анри,
к Вам протягиваю руку и сердце. Перед отъездом мне много пришлось заниматься Вами, чему я был очень рад. По приезде

решил подождать прояснения обстоятельств и после этого писать. Анри, нам мало удалось видеться в Петербурге, но для меня и это малое сказало многое. А по Вашем отъезде, спустя время, я бросил пить и занялся приведением в порядок литературных дел. На моей совести две антологии ленинградских поэтов по четырнадцать имен, итого двадцать восемь, общим объемом восемьсот страниц. Вас я включил в первую, это переделанное мною «Живое зеркало» (пять поэтов Ленинграда), вышедшее в Штатах и Англии в семьдесят втором году. Я добавил ряд имен старшего поколения: Аронзона, Алика Мандельштама, Вас, Г. Алексеева, Рейна, Наймана, Шнейдермана, Уфлянда, Еремина, и сделал заново подборки Сосноры, Горбовского и свою. Бродского и Кушнера оставил без изменений. Бобышев сделал мне сцену, и я его изъял. Большую помощь оказал мне Миша Мейлах, мы с ним работали последние месяцы. Он и Эрль досрочно собирают Вас. По приезде сюда мой архив арестовали в Израиле, я связался с американской профессурой, «Континентом» и Шемякиным, мне его должны вернуть. Третий месяц сижу в Вене на попечении Толстовского фонда и пишу роман. Со мной жена и чистокровная борзая.

Сегодня говорил с Шемякиным по телефону. Миша принял эстафету журнала «Возрождение», редактировал его князь Оболенский, до войны это был консервативно-умеренный журнал. Печатались в основном некрологи академикам и материалы о Романовых. Но и то и другое иссякло. Теперь есть возможность «возродить» журнал. Миша связался с московской группой в Нью-Йорке (Вагрич Бахчанян, Лимонов, Мамлеев, Худяков), я пишу Вам. Есть возможность использовать всё, вплоть до каббалистических трактатов. Стихи пойдут само собой. Анри, буде будет на то Ваше согласие, я был бы чрезвычайно рад видеть Вас в числе авторов. Вся литературная часть в основном лежит на мне. Я еще сам не знаю финансовое положение журнала, посоветовал Мише поговорить с Максимовым, но боюсь, что гонорары будут уходить на печатание репродукций русских художников, и Мише еще придется докладывать из своих. Впрочем, тут вопрос не денежный, а скорее идейный. Вроде бы удалось собрать под одно знамя всё наше поколение, да еще заочно примкнувших там, в России (а я имею карт-бланш от всех своих друзей на публикацию материала), мы бы показали, чего стоит третья эмиграция.

Марамзину и Виньковецкому напишу особо. С Володей мы чуть ли не вместе ехали и общались уже здесь, а с Яшей воссоединились осенью прошлого года, когда я устроил выставку двадцати трех художников у себя дома (сто двадцать восемь работ на площади двадцать четыре кв. метра и около тысячи посетителей за неделю!). Очень хотелось бы видеть Вас, но в Израиль я не поеду, пока записался на Штаты, но, если всё будет ладно, может, останусь в Европе. В течение месяца всё прояснится. Меня тут пригласили прочитать пару лекций в школе Рудольфа Штайнера, у антропософов, но всё опять же упирается во фрёмден пасс (так, кажется?)[73]. Пока работаю для Швейцарии и Южно-Германского радио. Денег еще не видно, да и не в них дело.

Итак, Анри, если Вас не пугает эта затея, пришлите мне материалы в течение двух-трех недель (стихи, статьи) и обязательно хорошую фотографию с краткими биографическими данными: когда приехал и с какими намерениями. Нам надо делать заявки, кто мы есть.

Вам кланяются Миша Мейлах, разочарованный Эрль, Рита[74], перед отъездом была у меня Алла[75], невразумительно просила подтверждения приглашения.

Ваш Константин Кузьминский

---

[73] Fremdenpass — австрийский документ, являющий собой аналог международного паспорта для перемещений (Reisepass), выдающийся лицам без определенного гражданства.

[74] Вероятно, Рита Моисеевна Пуришинская (1935–1983) — вдова поэта Леонида Аронзона.

[75] Первая жена Волохонского Алла Скоринкина.

9.
Я. А. Виньковецкому и В. Р. Марамзину
16 сентября 1975 года

Вена,
три часа шестнадцатого,
пенсион Кортус на Хакенгассе

Яша унд Володя (Володя унд Яша),
днями направил письмо милому Эдику, где всё объясняю для вас. Но есть новости: сегодня звонил Миша, сказал, что Максимов сам устроит погром за меня. Это меня устраивает. Я не люблю погромов. С детства страдаю юдофилией, и не хотелось бы разочаровываться. А Володе можно. Он сказал, что архив мне вернут. Это хорошо. Не надо пролития излишней крови.

Теперь о делах, касающихся вас обоих. Пока вы поддерживаете торговлю макаронами в Риме, Париж отдал нам на откуп целый журнал («Возрождение»). Журнал всё равно дышал на ладан с двадцать второго года и хочет свежей крови. Мише вручили бразды правления, Миша половину бразд отдал мне. Может быть, вместо Штатов поеду в Париж. Редакторствовать, слово-то какое! Имею к вам ряд предложений. Анри я уже написал. Миша хочет перекроить весь журнал как старые штаны (правда, материал добротный, довоенный!). Москвичи уже согласились (Бах, Лимон, Мамлей, за Худякова не знаю) и посылают материалы. Опыта ни у меня, ни у Миши никакого, но сделать бы первый номер (после которого разбегутся все старые подписчики, те, что еще остались в живых), а там посмотрим. Миша уже печатает литографии художников, цветную на обложку, теперь дело за литературой. Надо вдарить всем букетом имен, даже если не заплатят (а это уж точно, Мише придется из своих докладывать!). Посоветовал ему поговорить с Володей[76], чтобы взял под крылышко в смысле пропаганды (филиал «Континента»). Если где-нибудь среди вас ошивается Полина, скажите ей, чтобы обдумала статью об современном

[76] Владимир Максимов.

театре. Я отвечаю за поэзию, Володя (Марамзин) дает свою прозу, а Яша, наконец, может высказаться по вопросам богословия.

Братцы, неужели вы не чувствуете, до чего удивительна жизнь? Ей-Богу, стоило ехать в ету Европу! Не обращайте внимания, что я резвлюсь, это у меня реакция на израильские дела, тут дело серьезное, даже если прогорим, то с фейерверком. Так в свое время прогорел журнал «Жар-птица» в Берлине, но успел выпустить несколько номеров. Саша Черный издавал. А как его сейчас читают! Нас тоже будут читать. За широкой спиной горбатого князя Оболенского, за его горбом, вперед, к победе индивидуализма! Он оставляет за собой право на две верноподданнические статьи, милый старичок! Остальные сто шестьдесят страниц — наши. Так в этом году журнал отпразднует свое пятидесятилетие. И пусть как он был «независимым», так и останется. Контрольный пакет у Миши, а его эпиграфы «Величие и свобода России, достоинство и права человека, преемственность и рост культуры» сделаны как по заказу для нас. При этом (порадую Володю) журнал печатается с «ятью» и «і», и только «ер» отсутствует. Но вот где пишутся «і» и «ять», я, убей меня Бог, не помню. Помню только ижицу, но она редко.

Впрочем, давайте серьезно. Если у вас нет возражений, нужно срочно приниматься за дело. Гонорар я пока не обещаю (я и сам не знаю), но пока есть место, где мы можем собраться вместе. И Алеша Цветков, очень интересный поэт, и вы, и Анри, и москвичи, а это уже сила! Как и что там будет, соображу, когда будем верстать номер, а пока — нужно: от Володи — рассказ, главу страниц на двадцать (меньше — лучше), от Яши — статью, трактат (хоть по минералогии, но с богословским уклоном) и от каждого — хорошую фотографию и род биографии, с указанием, когда приехали и зачем. Яша уже имеет опыт (в моем каталоге), а Володю учить не надобно. За собой я оставляю контроль и прикид материалов, вы же знаете, что меня Бог сотворил редактором. Сообщите мне также, кто еще в Риме (и помимо) и на кого можно рассчитывать. Способен ли на что-нибудь Славинский? Ровнеру я сам напишу, у меня к нему рекомендация. Отвечайте срочно.

Любящий вас — Кузьминский

10.
М. М. Шемякину
17 сентября 1975 года

Вена, 17-е,
пансион Кортус

Мишенька, эдитор ты мой, думаю, не переставая, об что ты сказал, о «Возрождении» и русском ренессансе. Вытянуть-то вытянем, только прогореть — прогорим. Главное, чтоб с фейерверком. В 20-е годы в Берлине издавался Сашей Черным журнал «Жар-птица», на мелованной бумаге, типография Голике и Вильборг, года два проскрипел. Вобрал в себя все лучшие силы эмиграции, Судейкин оформлял, но то ли они кушать очень захотели, на гонорары растащили, а только кончился. И остался. Берешь его в руки чуть ли не с молитвой. Живет, хоть и в спецхранах. Мишенька, нам с тобой не делиться, не чиниться. Ты художник, я поэт. Бери меня в литературные соредакторы (хотя эта должность на Западе никак не оплачивается, а еще и включает в себя должности машинистки и корректора), тогда останутся расходы только на типографию и бумагу. А рукописи я тебе и бесплатно выбью. Отписал уже Виньковецкому, Марамзину и Анри Волохонскому. У Марамзина просил прозу (покороче), у Яши богословскую статью (в этом он дока, не то что в своей «религиозной» живописи), у Анри стихи или трактат (у него фантастические трактаты по каббале!), Люду Штерн[77] обрабатывал четыре часа, чтобы она обрабатывала остальных. Пока (из соображений лирических) следует довольствоваться теми, кто здесь, и теми, кто на том свете. Остальные подождут, пока я зарегистрирую свою «феноменальную» память в статьях и выступлениях. После чего с полным правом начну «цитировать» в журнале, и ебись она в рот, Женевская конвенция!

Но для того чтобы быть тебе действительно в помощь, надо до Соединенных успеть в Париж. А может, и в Париже что наклю-

---

[77] Штерн Людмила Яковлевна (р. 1935) — писательница, переводчица, участница правозащитного движения. Эмигрировала в 1975 году.

нется. Но я могу сказать одно: вдвоем журнал поднять можно. Твоя любовь к Крученыху меня окрыляет. Провонявшие трупы акмеистов расползлись по всей Европе, им ни Филонов, ни Стерлигов, ни Малевич не по зубам. Все они манной кашей питались. Это не значит, что с ними надо рвать, им просто нужно указать место и тоже печатать. Тогда, действительно, журнал будет отражать ***все*** тенденции нонешнего времени. Будут материалы и о кинетистах (как только получу свой архив, у меня там масса качественных слайдов). Но это для следующего номера, мне нужно запросить Москву (эк выражаюсь!). Материалы о фотографах надобно получить у Проффера (у него выходит мой каталог[78]), а пока ведь у тебя весь Птишка[79] есть. По театру у меня есть Полина, она в Риме, девка толковая, ее спектаклями Эфрос восхищался. Мишенька, пока мы можем сделать номер только из эмигрантских имен, скажем, рангом пониже «Континента», но зато — художники, поэты, театр. То есть то, чего там нет и не предвидится. Собирай все имена и адреса, даже малых, кои могут пригодиться. Малые пойдут для обзора. Обзор напишу я, сейчас я работаю для Швейцарии и Южно-Германского радио, там и будут платить, но сердце мое и голова — с тобой. Надо как-то только вытянуть меня в Париж, пока будет делаться номер. Может быть, тот же Оболенский поможет?

На тему читателя. Говорил я с Кирой Львовной Вольф. Ей 70 лет, дочка и внучка издателей, представитель «Возрождения» и «Русской мысли» в Австрии. Сказала: ориентироваться нужно на третье поколение (наших ровесников и младше). Деды повымерли, отцы русским искусством не интересуются, а внуки воспитаны на западных образцах и их не шокируешь даже моей прозой. Но читать будут. То есть номер надо делать на уровне задач наших, не пугаться, контакт с «Русской мыслью» и «Континентом» необходим (чтоб хотя бы не против), но делать то, что ***мы*** считаем нужным. А для этого мы с тобой должны быть «рука к руке у мачты, против тыся-

---

78 Имеется в виду каталог выставки «Под парашютом» в квартире Кузьминского в Ленинграде. См. [АГЛ 4А: 556–557] и статью Э. Морс в наст. изд.

79 Фотограф Борис Иванович Смелов (Пти-Борис, 1951–1998).

чи — вдвоем!»[80] Финансовая сторона меня волнует только постольку, поскольку это связывает мне возможность передвижения (а Толстовский фонд и в Париже будет кормить), работать же для российских искусств я привык задарма. Остаются статьи на харч.

Мишенька, пишу тебе в промежутках между статьями и романом, но надо обдумать и обговорить идею, будущее. Как я понял, тебе придется быть главным финансовым столпом журнала, хватит ли тебя и у тебя, хотя за три года ты уже пообтесался на Западе, дебет-кредит тебе знаком, а для меня всё это китайская грамота (боюсь, что и останется). Думаю, что для начала следует исходить не из тиража, но из качества. Кое-что следует сохранить и от старого журнала. У меня номера за 68-й, 69, 71 годы — бумага хорошая, формат удобнее «Континента» (в отношении художников), хотя несколько старомодный. Как будут решаться вопросы с типографией, с корректурой? То, что там сохраняются «і» и «ять», как маслом по сердцу, но где их употреблять? Хоть всё написанное по словарю проверяй. Как будет осуществляться верстка журнала? Так ли уж Оболенский больше, чем на две статьи, ни на что и не претендует? Попросил бы ты хоть Доську или Ривчика написать в подробностях ответы и планы! Если это серьезно, то самый смысл мне сейчас в Париж (по дороге и в Швейцарию, там денежкой можно разжиться, обещали, за лекции и часть дороги оплатят). Поговорю в Толстовском фонде — не отправят ли через Париж (им всё равно, Боковы[81] в Париже и еще кто-то), но нужны приглашения, приглашения и приглашения. «Русская мысль» — хорошо. Индивидуальное — не помешает. После 19 числа (интервью в посольстве США) пройдет больше месяца, пока соберутся с отправкой. Надо было раньше начинать, но, поскольку в Париже ничего не предвиделось, я спокойно писал роман и ждал отправки

---

[80] Неточная цитата из «Старой пиратской песни» Джорджа Стерлинга (пер. В. В. Левика), взятой эпиграфом к роману Джека Лондона «Сердца трех» (1920): «Ветер воет, море злится, — / Мы, корсары, не сдаем. / Мы — спина к спине — у мачты, / Против тысячи вдвоем!» (*Лондон Д.* Сердца трех // Собр. соч.: в 14 т. Т. 14. М.: Правда, 1961. С. 158).

[81] Писатель Николай Константинович Боков (1945–2019) и его жена Ирина Дмитриевна Бокова (Солоухина).

в Штаты. А тут предложение за предложением: Швейцария, Гренобль, а я только на днях получил все свои адреса из Италии, предстоит написать еще ряду влиятельных итальянцев и французов (это рекомендация моего московского друга[82]) и посмотреть, что скажут там. Получается так: говорю по рекомендации моих друзей о них, предлагают конкретно мне (не в ущерб остальному). Так было с Анни Ян[83], так же и с Николь де Понтшарра (узнай, если подвернется случай, кто она)[84]. Просил тебя узнать насчет Синявского (Бетака не в счет), не слышно ли? «Русская мысль» меня устраивает, завалю статьями, только при условии инициалов ККК (мои друзья в России могут погореть из-за меня, так и объясни). Касательно Зеленина Эдуарда Леонидовича, просил сообщить о себе следующее: род. 1938 в Новокузнецке Кемеровской обл. Учился в ленинградской СХШ при Академии Художеств. Выгнан «за формализм» из 9-го класса. В Ленинграде жил до 1962 г. Первый период творчества: сказочные сюжеты, русские; яркие цвета. Частные выставки (у Штернов — ред.). Отъезд в Новокузнецк, работа руководителем ИЗО, занятия керамикой, преподавание живописи (1962–1965). Второй период творчества: грубая рельефная живопись, темно-серые, коричневые, черные тона. Натюрморты. 1966–1968 гг. — Москва, выставки в квартирах, без прописки, без работы. С 1968 и по наст. время — гор. Владимир (дер. Угор, Собинского р-на), не был членом С<оюза> Х<удожников> Владимира. С 1969 по наст. время — третий период: сюр- или гиперреализм. Высокое мастерство, яркие жизнерадостные тона... Участвовал: 1. В выставке 15 сент<ября> <19>74 («Бульдозерной»). 2. В Измайлове. 3. В частной мастерской (закрыта по распоряжению РО УВД). 4. Снят как «иногородний» с выставки 22–24 декабря в ДК Газа. 5. Арестован за участие в попытке выставиться в Москве в годовщину «Бульдозерной». Эти данные он (как предчувствовал)

---

[82] Художника Льва Вольдемаровича Нусберга.

[83] См. письмо № 22.

[84] Николь де Понтшарра (Nicole de Pontcharra (Postnikowa), р. 1935) — поэтесса, писательница, искусствовед. Способствовала публикации Кузьминского в гренобльском журнале *Parler* (см. письмо Е. Эткинду от 25 декабря 1975 года).

просил Люду Штерн передать тебе и что он сейчас согласен даже через Израиль. Не поместить ли его в первый же номер (вместе с Арехом[85])? Фотография (прескверная, Генкина[86]) у меня есть в израильском архиве (Эдик и его «Бабочка»). Всё же лучше, чем ничего. Надо бы постепенно приучать западных читателей к качеству советских репродукций, противопоставляя их западным (найти форму печати). Ведь большая часть того, что можно получить и чем я уже располагаю, никуда не годится, но это ЕДИНСТВЕННЫЕ свидетельства. А рядом печатать твои электрогравюры москвичей и питерцев. Тогда журнал отразит сразу, что есть и что МОЖНО бы... Равно и со стихами: иногда набирать ротапринтом машинопись, это подчеркнет.

Мишенька, люблю тебя и целую. Подумай, что и как делать.

Кока

11.
В. А. Бахчаняну
19 сентября 1975 года

Вена, 19-е,
пансион мадамы Кортус
на Хакенгассе штрассе

Вагрич, дорогой!

Всё знаю, всё слышал, согласен. Во первых же строках моего письма передай привет Лимону (мы с ним виделись), Мамлееву (я его читал) и Худякову (о нем мне много говорил Жарких[87]). О дамском поле я и не говорю, я им просто целую руки.

Быв замотан неопределенностью и астральными статьями, а также вполне земным романом, не мог ответить сразу, ибо ничего еще не знал. Не знаю и посейчас, хотя сегодня посетил

---

85 Художник Александр Дмитриевич Арефьев.

86 Фотограф Геннадий Самуилович Приходько.

87 Художник Юрий Александрович Жарких (р. 1938) — организатор первых выставок неофициального искусства в Москве и Ленинграде (1974–1975) и Товарищества экспериментальных выставок (ТЭВ). Эмигрировал в 1977 году.

американское посольство и имел продолжительную беседу с консулом. Беседа проходила в теплых и дружественных тонах. Разумеется, в ходе беседы коснулись... Коснулись, коснулись, только что не залапали, а решения пока остаются втайне. В общем, сняли с меня отпечатки пальцев, но сейчас мне важнее помотаться месяцок по Европе, особо Париж. Отпечатки я считал своей частной собственностью и берег их для Полины. Париж же для меня представляет тот интерес, что там Миша и имеет быть «Возрождение». Чего и как — это другой вопрос. Надоть кооперироваться, как это делали русские крестьяне в советские времена. Надоть консолидировать силы, как в Европе, так и в Соединенных Штатах. Нашего полку всё больше, и гренадеры мерные. Пока пишу передачи для Южно-Германского радио, статьи для Швейцарии, стихи для Гренобля. Денег пока не видел. Самое главное — иметь от всех вас принципиальное согласие на сотрудничество. С романом мы уже решили — обложка Вагрича Бахчиняна, выполненная коллажем с применением всех методов хулиганства, доступных только художнику, выросшему в суровых условиях социалистической ситуации и на уровне западных формальностей, а в середину запихаем несколько Мишиных график, что еще теснее подчеркнет единство демократических сил. Как я понял, Миша уже известил вас о своих планах. Пусть будет два и три журнала: в Нью-Йорке, в Париже и Мюнхене, всех нас не вместить, а за нами тысячи. Вопрос только с конвенцией. Я буду «цитировать своих друзей на память», хотя с прозой это сложнее, остальные — цитировать себя. Главное, это чтобы не было расхождений в общей линии журналов. И долбать, на французском, немецком и английском — мы уже не девочки, и не мальчики (я вот уже и не мужчина), а признание — где оно? Там оно, в России, за бугром. О чем и пишу сейчас Генриху Бёллю (мы с ним были знакомы). Пишу и о вас. Надо налаживать контакты, связи, ибо здесь торжествует центробежная сила (а в России была центростремительная). Написал в Рим и Израиль. Наша эмиграция ДОЛЖНА себя заявить. И не только письмами в «Русскую мысль», а явлениями и событиями. Сейчас мне надо в Париж. Разнюхать насчет журнала. И надо вырвать у клятых иудеев мой архив: 12 килограммов рукописей, микрофильмов, фотографий и магнитных пленок. 3 антологии, не считая мелочей. За это уже взялись Максимов с Агурским. МИД Израиля обшмонал до буковки и усомнился: отдавать ли? Я пообещал вернуться в посольство с автоматом, на чем дипломатическая часть закончилась. Сейчас сижу и жду (если бы у моря!) документов, приглашений и вызовов. В Америке, зачем-то открытой Колумбом, предложили по одной лекции: Колумбийский университет, Вашингтонский, Йельский, Техасский, а берут (?), да и то на год, поэтом ин чардж[88] только на Диком Западе, штат Орегон. Так что пока списываюсь и скакиваюсь с профессурой. Если приеду, то не раньше, чем через месяц. Общаетесь ли вы с Гариком Элинсоном (брат художник) в Йеле и прозаиком Ровнером, к которому у меня приветы, он в Новом Йорке? Кто еще там есть, за вычетом Зельдина (его я не ем)?[89] Сообщи о планах на журнал. Я могу статьи (буде получу материалы). И вообще всё могу. Кроме играть на музыке и петь (отсутствие координации слуха и голоса). Напиши, напиши, ибо я помню, люблю и целую.

Монархист Кузьминский

12.
Г. Бёллю
<б. д.>[90]

Dear Sir,
remember — Pavlovsk, 1966, Dostoevsky places. And the talk through the window of the car about Christian religion, orthodox and catholic

---

88 «Поэт-уполномоченный» — неологизм Кузьминского; общепринято «poet in residence» (поэт, преподающий в университете и включенный в преподавательский штат).

89 Об отношении Кузьминского к художнику Борису Зельдину см. [АГЛ 5А: 639–640].

90 Написано не раньше 19 сентября 1975 года (см. письмо № 12). Англоязычное письмо Бёллю Кузьминский писал от руки, его копия не сохранилась. Публикуется по рукописному черновику. Все особенности лексики, грамматики и синтаксиса, за исключением явных описок, сохранены.

churches. You asked me then: "And what do you writing?" "I am a poet", — said I. "And they do not publish you?" "No". "Well, they didn't publish me as well", — were your words. I told you, that you are the favorite Germany writer in Soviet Union and showed you at my friends, also the guides of Pavlovsk Palace — they were your readers too.

9 years passed. I am 35 now. I had to leave my own country (as many of us, but not all). Well, it happened so, that for the past 15 years I had everything: my friends were the painters, my pupils were the poets, I was a poet myself and women were in my heart. Unhappily, I made several unofficial exhibitions of L<eningra>d painters, unhappily I collected something about 100 poets of L<eningra>d for the past 20 years and when I stopped drinking (if you are able to remember our "meeting", you can as well remember that I smelled cogniac. I cannot forgive myself till now, that those 40 minutes you were waiting in the palace for somebody knowing languages — Ksenia Pavlovna it was, I was drinking cogniac between guiding groups!) — I lived as a poet and a poet I was — but when I stopped (and it happened occasionally, without my wish!), I looked around my room. About 50 L<eningra>d and M<oscow> painters, their works were hanging on the walls, and the same it was with the poets and novelists — but the manuscripts were in a chaos, thousands of them. And I began to work.

You must forgive me, Mr. Böll, but if you read the letter up to this place, please, read it up to the end. A lot of people are speaking about their love to Dostoevsky, a lot of professors, specialists and other are eating his defenceless flesh — but none of them is interested in those, who were bred by Dostoevsky, who are flesh from flesh of him, because they are — Russian writers. Should I explain you, who met Solzhenitsyn, thrown out of his own country, to you, who comes to the USSR "to visit your friends-dissidents" and not the "brothers of the pen", anything about Russian art? You know well how it is.

I came in the world totally unknown to me. Its inhabitants are the same people, why should I ask questions? But they are. I had to leave my own country. I didn't hesitated. But here am I — one of those hundreds and thousands of unknown Russian artists and I came here not for my own sake, but — for them. If the questions was in my own manuscripts — well, I have friends and connections on the West since 1967. I made a book "The Living Mirror (Five Young Poets of Leningrad)" a long <time> ago, it was published by Doubleday, mostly made by S. Massie (her husband wrote "N<icolas> & A<lexandra>", they are my friends). But the question is wider than my problems, which are privat<e>.

During the past year, before my departure, I made something about 20 books. There were three anthologies (14 + 14 poets of two generations and 23 novelists — about 1200 pages), there were catalogues of three exhibitions of L<eningra>d painters (most of them are my friends), there were the books of my "pupils", the poets, made with the help of mine, there were photos, type-records of 30 poets, microfilms, etc.

I knew, what for I was collecting them, printing the books. I knew what I was doing, standing with my wife at the Netherlands embassy in Moscow with 12 kg of documents (12 kg of names, work). But when I passed the custom house (nothing except old "Underwood" typewriter had I with me, that was my instrument permitted me to do all my work and still helps me) with my wife and a dog, presented to me by my friend, when I was met by Sochnut in Vienna, was fed, given money and place to live — then I became upsetdown. I spent here in Wien 2 months already (July, 9 it was when I left Russia), my friends came from different countries to meet me, helped me, I am writing my first novel — 100 pages are done already — but what? What? Why am I writing you?

We always think of miracles. We wait something from surrounding, some attitude, that we are, that we do exist! I know well, that it is necessary to begin from very beginning, that Solzhenitsyn rode in Europe on the white horse of his glory, and I am — a dark horse. Certainly, I am not alone even here, but WE are alone! Not everybody has international recognition, most of us, unknown in our own country, are still unknown here and have to begin once more. I was upstairs in L<eningra>d, in Wien I am downstairs. Well, it is shit, that my archive is now arrested by Israel Ministry of Foreign Affairs, they are very precautious with most of Russians (Russian specialist in literature Chertkov waited half a year for his archive), well, I phoned my friend, painter Chemiakin in Paris, he said that Maximov will help me. I have invitiations from 9 universities to make a lecture, a reading or to be published.

But now, listen, it is not the question of my own publishing! What shall I do with my archive when it will be returned? How can I help those who stayed there — that is the question.

I am sure, you will answer.

Yours sincerely,

KKK

<Перевод:

Уважаемый господин,

помните — Павловск, 1966 год, места Достоевского. И разговор через окно машины о христианской религии, православной и католической церквях. Вы меня тогда спросили: «А что Вы пишете?» — «Я поэт», — ответил я. «И Вас не публикуют?» — «Нет». — «Что ж, меня тоже не публиковали», — были Ваши слова. Я сказал Вам, что Вы самый любимый немецкий писатель в СССР, и указал Вам на своих друзей, также экскурсоводов Павловского дворца — они тоже были Вашими читателями.

Прошло 9 лет. Мне уже 35. Мне пришлось уехать из своей страны (как и многим из нас, но не всем). Так получилось, что последние 15 лет у меня было всё: мои друзья были художниками, мои ученики — поэтами, я сам был поэтом, и женщины были в моем сердце. К несчастью, я сделал несколько неофициальных выставок художников Л<енингра>да, к несчастью, я собрал что-то около 100 поэтов Л<енингра>да за последние 20 лет, и когда я бросил пить (если Вы в состоянии вспомнить нашу «встречу», Вы также можете вспомнить, что от меня пахло коньяком. Я до сих пор не могу себе простить, что те 40 минут, что Вы ждали во дворце человека, знающего языки, — а это была Ксения Павловна, — я пил коньяк между экскурсионными группами!) — я жил как поэт и был поэтом, но когда я остановился (а это случалось иногда, без моего желания!), я оглядел свою комнату. Около 50 л<енинградских> и м<осковских> художников, их работы висели на стенах, то же самое было с поэтами и прозаиками — но рукописи, тысячи рукописей лежали в хаосе. И я начал работать.

Вы должны простить меня, господин Бёлль, но если Вы прочли письмо до этого места, пожалуйста, прочтите его до конца. Много людей говорят о своей любви к Достоевскому, много про-

фессоров, специалистов и прочих едят его беззащитную плоть — но никто из них не интересуется теми, кто воспитан Достоевским, кто плоть от плоти его, потому что они — русские писатели. Мне ли объяснять Вам, встречавшимся с Солженицыным, выброшенным из собственной страны, Вам, приезжавшему в СССР «навестить друзей-диссидентов», а не «братьев по перу», что-либо о русском искусстве? Вы хорошо знаете, как это бывает.

Я попал в совершенно незнакомый мне мир. Его обитатели — такие же люди, почему я должен задавать вопросы? Но они есть. Мне пришлось покинуть свою страну. Я не колебался. Но я — один из тех сотен и тысяч неизвестных русских художников, и приехал я сюда не ради себя, а — ради них. Если бы дело было в моих собственных рукописях — что ж, у меня есть друзья и связи на Западе с 1967 года. Уже давно я сделал книгу «Живое зеркало (Пять молодых поэтов Ленинграда)», она была издана Doubleday, в основном ее сделала С. Масси (ее муж написал «N<icolas> & A<lexandra>», они мои друзья). Но вопрос шире, чем мои проблемы, которые носят частный характер.

За последний год, перед отъездом, я выпустил около 20 книг. Это были три антологии (14 + 14 поэтов двух поколений и 23 прозаика — около 1200 страниц), каталоги трех выставок художников Л<енингра>да (большинство из них — мои друзья), книги моих «учеников», поэтов, сделанные с моей помощью, фотографии, машинописные записи 30 поэтов, микрофильмы и т. д.

Я знал, для чего я их собирал и печатал книги. Я знал, что я делаю, стоя с женой у посольства Нидерландов в Москве с 12 кг документов (12 кг имен и работ). Но когда я прошел таможню (ничего, кроме старой пишущей машинки «Ундервуд», у меня с собой не было, это был мой инструмент, который позволял мне делать всю мою работу и до сих пор помогает мне) с женой и собакой, подаренной мне моим другом, когда меня встретил Сохнут в Вене, накормил, дал денег и место для жилья — тогда я расклеился. Я провел здесь, в Вене, уже 2 месяца (я уехал из России 9 июля), мои друзья приехали из разных стран, чтобы встретить меня, помогали мне, я пишу свой первый роман — 100 страниц уже сделано — но и что же, и что? И для чего я пишу Вам?

Мы всегда надеемся на чудо. Мы ждем чего-то от окружающих, какого-то отношения к себе, что мы есть, что мы существуем! Я хорошо знаю, что начинать надо с самого начала, что Солженицын въехал в Европу на белом коне своей славы, а я — темная лошадка. Конечно, я не один даже здесь, но МЫ — одни! Не у всех есть международное признание, большинство из нас, неизвестных в своей стране, остаются неизвестными здесь и вынуждены начинать всё сначала. В Л<енингра>де я был наверху, в Вене я внизу. Конечно, дерьмово, что мой архив в курсе арестован Министерством иностранных дел Израиля, они очень осторожны с большинством русских (русский специалист по литературе Чертков ждал свой архив полгода), ну так я позвонил своему другу, художнику Шемякину в Париж, он сказал, что Максимов мне поможет. У меня есть приглашения из 9 университетов выступить с лекцией, с чтениями или опубликоваться.

Но послушайте, сейчас речь не о моих собственных публикациях! Что я буду делать со своим архивом, когда мне его вернут? Как я могу помочь тем, кто остался там — вот в чем вопрос.

Я уверен, Вы ответите.

Искренне Ваш,

ККК>

13.
Ж. Фонтэн
20 сентября 1975 года

Вена, 20-е сентября,
пансион Кортус

Уважаемая госпожа Жаклин Фонтэн[91],
имею смелость беспокоить Вас по просьбе моего друга, Льва Нусберга. 9 июля сего года я вынужден был эмигрировать из

[91] Жаклин Фонтэн (Jacqueline Fontaine, 1935–2020) — лингвистка, в то время ассистент (в дальнейшем — профессор) в парижском Университете Paris-VIII Vincennes.

России (имея два приглашения во Францию, был выпущен только через Израиль). Записная книжка с адресами ехала через Рим, и лишь на днях я смог получить Ваш адрес. Лев просил меня по прибытии написать Вам, к сожалению, с запозданием, я это делаю. Лев просил меня рассказать Вам о своих и моих делах. Мы встретились с ним год назад на выставке 23-х художников у меня дома (он редко бывает в своем родном Ленинграде, в основном наездами из Москвы, так что нам, можно сказать, повезло, что «наезд» совпал с выставкой). Последний год мы виделись очень часто, вели сообща работу. О работе в Советском Союзе говорить трудно. Даже Лев, с его исключительной политичностью и осторожностью, испытывает сейчас немалые трудности. Можно сказать, ходит по острию ножа. Положение одинаковое у всех, но все отвечают лишь за себя, Лев же ведет большой коллектив. Похоже, всё складывается так, что и ему придется уехать. Для многих это единственный шанс сохранить свою творческую и личную свободу. Для Льва же интерес к неофициальным художникам и поэтам (а кем еще интересоваться, кроме 20-х годов?) представляет реальную опасность. Он весь на виду, и его действия могут не вызвать одобрения у определенных лиц. Ему же еще многое надо сделать. Кроме того, осуществление ряда его проектов возможно лишь на Западе.

Но на Западе нужно практически начинать сначала. В Ленинграде (так уж вышло) я был одним из лидеров неофициальных художников и поэтов. Мне 35 лет, из них 34 я вел сугубо поэтическую жизнь, имел несчетное количество друзей-художников (один из них, Михаил Шемякин, уже три года в Париже), а за последний год, что нас и сблизило со Львом, занялся систематизацией известного мне материала. Сделал три обширные антологии прозы и поэзии последних двадцати лет, несколько каталогов выставок, организованных мною, сборников поэтов (многие из них мои ученики), наконец, привел в порядок свои собственные рукописи. После чего, когда мне представили выбор: Биробиджан или Израиль, пришлось выбрать последнее. По прибытии сюда начал налаживать свои небогатые зарубежные связи, прошло уже два с лишним месяца, в Париж мне не выбраться за неимением документов (советская выездная виза здесь недействительна, Австрия же предпочитает не выдавать никаких бумаг), и жду отправки в Соединенные Штаты.

Послал через Израиль вызов для Льва, но боюсь, что, если его даже и выпустят, здесь ему сначала придется туго. Сужу, впрочем, по себе, у него же имя европейское. Но выпускают из Советского Союза голеньким, все свои рукописи я послал через голландское посольство в Москве, и теперь не могу выцарапать их из Израиля. Я вывез только пишущую машинку, жену и собаку — чистокровную борзую, подаренную мне Львом на прощанье. В Вене пробуду еще не меньше месяца, может быть, Шемякин сможет вытянуть меня ненадолго в Париж на тему издания журнала.

Простите, что затрудняю Вас подробностями, но мы здесь чужие, акклиматизация дело сложное, а Лев просил узнать обстановку. Его интересует также, что из изданий 20-х годов котируется на Западе, я, к сожалению, здесь узнать не смог. И каковы перспективы?

Искренне Ваш — Константин Кузьминский

14.
С. Масси
20 сентября 1975 года
<не отправлено>

Вена, 20-е,
пансион Кортус
на Хакенгассе штрассе

Дорогая Сюзанна!

Благодарю тебя за все заботы обо мне. Здесь я не процветаю, но и гнить себе не даю. Гние<ние> происходит за счет рутины: я до сих пор тщетно ищу возможность получить хоть какую-то бумагу в Вене, которая сделала бы меня независимым. Обращаться в австрийскую полицию за фремденпассом (международно-правовой документ лица без гражданства, позволяющий перемещаться) абсолютно безнадежно, не имея рекомендаций в таковую (полицию). Вчера был в американском консульстве на интервью. Говорил с консулом, он со вниманием прочитал твою-мою биографию в «Зеркале», но помочь ничем не может. Вот если бы из секретариата Джексона пришла бумага на консульство, мог бы быть другой разговор[92]. Я ничего не понимаю в этих бумажных делах, но тот же Толстовский фонд при наличии рекомендации позаботился бы. Дело в том, что у меня еще много дел в Европе, а я связан по рукам и ногам, имея единственным документом советскую визу. Через месяц я должен получить въездную визу в Америку, но она мне не поможет съездить в Париж. А меня зовут еще в Швейцарию, прочесть лекции в школе антропософов Рудольфа Штайнера. Во Франции же просто много дел, которые я не могу разрешить, сидя в Вене. Мне предлагают печататься в Гренобле, в Швейцарии меня переводят для антологии, делаю передачу для радио в Штутгарте, но это не основное. Основное то, что в Париже я приглашен в соредакторы захиревшего русского журнала «Возрождение», издаваемого князем Оболенским. Поэтому перед Штатами мне надо провести месяц в Париже. Предлагают сотрудничать в «Русской мысли», но это можно и издаля. Помимо этого, мне нужно связаться кое с кем в Италии, что трудно сделать, сидя в Вене в статусе «бездокументного». Так что документ сейчас для меня основная проблема. Деньги можно заработать только с его помощью. А просто подать в австрийскую полицию — можно ждать и три месяца, пока откажут. Со Штатами ведь пока ничего конкретного не предвидится — отдельные лекции в ряде университетов. Предложений много, но все порознь. Имело бы смысл как-то это объединить, вплоть до составления программы, этакое турне, но кому этим заняться? Все люди очень занятые, а я отсюда ничего

---

[92] Письмо от сенатора Г. Джексона от 10 сентября 1975 года было получено 22 сентября. Оно воспроизводится в начале четвертой части романа «Hotel zum Тюркен» (Т. 1. С. 168).

не могу. Вот и сижу, занимаясь перепиской, которая приносит только предложения. Я приглашен, помимо Колумбийского (твоя работа!), в следующие университеты: Йель, Вашингтон, Мичиган, Техас, но везде на одну-две лекции, есть у меня и еще знакомая профессура в Чикаго и Канзасе, но предложения будут те же. Ума не приложу, как бы это всё сделать организованно. У всех нет времени, а было бы разумней организовать турне, как предлагает Роберт Джексон из Йеля. Но до этого турне мне надо покрутиться по Европе. А связей в Австрии у меня никаких. Кроме всего (это тоже к сведению секретариата Джексона), Израиль арестовал мой архив. Там было письмо Олега (частное), в котором он возражает против публикования на Западе. Я взял его, чтобы показать общим друзьям, мне его и предъявили в израильском посольстве, изъятое из архива. Сейчас за мой архив воюют Володя Максимов и Агурский, но они тоже эмигранты и не столь авторитетны для Израиля. Я не для того пятнадцать лет собирал поэтов и художников, чтобы дарить это Министерству иностранных дел государства Израиль. В израильском посольстве мило улыбаются и говорят: «Пишите объяснения». Написал, послал. Сижу, жду. Послал в Министерство Израиля, копию в «Континент». Вот так и живем пока на 90 вшиллингов в день и Мишины гравюры. Думаю, что должность поэта-резидента в штате Орегон создана прямо для меня. Штат этот я прекрасно знаю («золотой каньон» Джека Лондона, и вообще), и для меня что Запад, что Восток — без разницы. Но приехать я смогу лишь в декабре, если удастся с Парижем. Поэтому фремденпасс и архив для меня сейчас основные проблемы. А там видно будет. Пока играю в тото. Проиграл (?) уже 5 шиллингов. Милые радости бытия. А всё дела, дела. И на Пратер не с кем съездить. На улице бываю раз в неделю, когда по делам. А так лежу, пишу. Когда статьи, когда передачи, но в основном — роман. Написано уже больше 100 страниц, у тебя только начало, а впереди еще как минимум 200. Закончу его на беш-де-мер и пиджин инглиш. Директор отеля Коля в Швецию не едет. Возможно, в Канаду или Штаты. Но как переехал, и не видел его. Никого не вижу, кроме Игоря Шура. Он меня переводит, планируем статьи, читает мне немецкую прессу, пьем чай. Мышь и Нежка бегают, сгоняя жиры. Нежка полностью поправилась, но с переездом ее всё еще неясно: князь Багратион прислал бумаги для заполнения в Кеннел Клуб[93], родословная пришла из Италии, но нет передаточной бумаги от моего друга, боюсь, что въедет она инкогнито, как дворняжка. И неизвестно, как оплачивать проезд. Тем более, если придется ехать через Париж (а мне там очень нужно поработать!). Переселили нас в другой отель, когда выяснилось, что я не еврей, сейчас у нас, почитай, отдельная квартира, но район похуже (для Неги, ей негде бегать). В Штатах тоже надо подумать в первую очередь о ней. Но пока — Париж, Париж, Париж! Журнал, журнал, журнал. Он ежеквартальный, надо сделать хотя бы первый номер и спокойно ехать в Штаты. А второй можно делать уже в Штатах, только на верстку приехать. Делать его придется от начала до конца мне. Миша берет на себя только часть художественную (графическую), князь Оболенский — 2 статьи, остальное — на моей совести. А тут у меня еще архив зажали. Но в первом номере будут в основном эмигранты. Нью-йоркская группа, и те, кто в Риме. А статьи придется мне. О художниках, поэтах, о старой и новой эмиграции. Вскорости закажу тебе статью о русском балете. Это уже для второго номера. Подумай пока. От Балиева до Барышникова — кому, как не тебе писать. Насчет гонорара — боюсь, что придется еще приплачивать, о гонорарах пока речи нет, но давай на русском энтузиазме, как «Зеркало» делала. Если удастся поднять этот журнал, третья эмиграция себя еще покажет!

Подумай, Сюзанночка, чем ты можешь мне помочь в моих ситуациях.

Нижайший поклон Роберту, хотел бы от него письмо, и целуй всех детишков, цыпленков и курченков.

Искренне твой — Конст.

---

[93] American Kennel Club — кинологическая организация, ведущая в США реестр чистокровных пород.

15.
М. М. Шемякину
21 сентября 1975 года

Вена, 21-е,
у мадамы Кортус

Мишенька,
посылаю тебе три статейки, две из них старые, работал для австрийской прессы, переведены, но еще не предложены. Как я и говорил: звонила Наталья[94], спросил, кто выкинул Синявина и иже с выставки? Сами же художники. В остальном — всё то же: Рихард и Шаля не решились. Михнов презрел, Тюльпан, похоже, убоялся, Левитин бздит, по обыкновению (пустил жену выставляться), но о них писать не приходится. Когда дошло до вопроса, сколько человек посетило, разговор прервали. Но главное я успел выяснить: Синявин и Филимонов опять выступают «от лица художников», подводя своих и дезинформируя Запад. На протяжении года это уже четвертый случай, бороться с ними можно только преданием гласности их дел. И предупредить источник, чтобы больше такую хуйню не присылали, а получив, проверяли.

Посылаю тебе три копии «Гениев, бульдозеров и графоманов». Это своего рода хроника. Одну — Зинаиде[95], одну в «Континент», одну тебе про запас (для «Возрождения»? — можешь показать князю Оболенскому, ему же покажи список моих «трудов», он неполный еще). Список можно показывать всем.

Статья «Искусство ради искусства», может быть, заинтересует «Континент», а «Катакомбы искусства» — уж не знаю кого, может, для «Возрождения», но я эти мысли развиваю сейчас в статье для Швейцарии и для Штутгартского радио подробней.

Но можно ли печатать одни и те же статьи на разных языках?

---

94 Н. В. Лесниченко. Далее идет речь о выставке неофициальных художников в ДК «Невский» 10–20 сентября 1975 года.

95 Зинаида Алексеевна Шаховская (1906–2001) — писательница, журналистка, главный редактор парижской русскоязычной газеты «Русская мысль».

Кроме того, я, похоже, сломал палец на ноге. При моем образе жизни это не очень мешает, но всё же неприятно: неудобно писать. В сортир ходить, в смысле.

Да, о сокращениях. Только с моего ведома. Сокращу хоть вдвое, но сам. А то потом статью не узнаешь. Будет нужно — и перепишу. Ко второму номеру «Ренессанса» заказал статью о духовном поиске в России, начиная с католицизма Голицына и Чаадаева и кончая Вл. Соловьевым. Изъясни князю Оболенскому, что в каждом номере будет богословская статья, а преемственность культуры сумею обосновать я сам в редакционной и там же приуготовить читателя к языку современной России (у них уже бывали «наши» авторы, хоть и немного). Статьи ему можно давать читать, упирая на фактологию, а стиль, мол, дело наживное, я их год как пишу, а вообще — поэт. И так далее.

Читать совершенно нечего. Поэтому пишу статьи. Всё серьезное уже прочитал, охуел и скоро стану философом. А мне бы чегой-нибудь попроще, детективов бы, боевиков, фантастики, мне бы Дюма и про пиратов, только не на английском, у меня от английского живот болит. Сусанна разродилась-таки письмом, она меня поэтом-резидентом в штат Орегон сосватывает, там Золотой каньон, Джек Лондон и мормоны рядом. Кстати, у тебя нет мормонского адреса? И вообще, просил я у тебя, просил адреса Бетаки, Жан-Жаки[96] и Ефима Григорьевича Эткиндаки, а как я им напишу на деревню дедушке? Приходится, правда, и так по семь писем в день писать, а Толстовский фонд почтовые расходы не оплачивает, и бумажные тоже. До чего здесь канцелярия дорога! Я в России привык пользоваться казенной бумагой, копиркой, папками, а здесь уже шиллингов 500 вышло. Кошмар.

Целую, целую вас всех и сажусь в статьи. Кушать надо. Как Блок.

Кока Мышь собака-бусука

П. С. Мишенька, а нет ли там русского развлекательного чтива, а?

---

[96] Жан-Жак Герон (Jean-Jacques Gueron) — коллекционер русского нонконформистского искусства.

16.
А. Б. Ровнеру и В. А. Андреевой
3 октября 1975 года

Вена, 3-е октября,
пансион Кортус,
Хакенгассе 20–21

Уважаемые Аркадий и Вика!

Беспокою вас по настоянию моих друзей: Миши Мейлаха и Анри Волохонского. Порознь они просили меня связаться с вами. С Анри я знаком давно, по приезде в Вену списался с ним, и он меня адресовал к Вам. Поскольку всё равно мне предстоят Штаты. С Мишей же мы работали вместе безвылазно последние два месяца перед моим отъездом над антологией ленинградской поэзии и прозы. Он мне очень многим в этом помог и по приезде просил меня написать Вам. Но было смутно и непонятно. Покидая Россию, ждешь встретить что-то «этакое», напарываешься же на нечто расплывчатое и непонятное. Я уже три месяца в Вене (приехал 9 июля), и только после письма Анри решился написать Вам. В Петербурге всё было ясно: до 1974 года (февраля) пьянствовал и писал стихи, на досуге издал в 72-м году с помощью Сюзанны Масси «Живое зеркало» (5 поэтов Ленинграда — Соснора, Глеб, Кушнер, Иосиф и я) в издательстве «Даблдэй» на билингве, подборки были идиотские, делал не я, и вообще книга не разошлась, как это водится, а о деньгах и речи не было, но, тем не менее, воодушевила меня на подвиги. И за 74–75 год я их наделал много (всё равно нужно было сваливать, в марте 74-го Шемякин прислал мне приглашение в Париж, куда меня, естественно, не пустили, пришлось принять иудаизм). Материалов я вывез на пять лет работы, но их зажало израильское гэбэ, теперь воюю с ними, натравил Володю Максимова и сенатора Джексона. Мне тут многая знакомая профессура предлагает по одной лекции в ряде университетов (а обещали кафедру, но — «кризис русистов»...), а читать не по чему пока. Часть архива в Техасе (в микрофильмах), готовые же книги — в Израиле (доверился Максам

Хавелаарам, называется!). Поэтому сижу как дурак в Вене и пишу статьи. Въезд в Америку не проблема, Джексон написал в комитет по делам иммиграции, но не будет же Джексон в Америке меня кормить. У меня тут еще кое-какие дела в Европе, в Штаты буду в ноябре.

Пытаюсь что-то понять в западной ситуации, связался с нью-йоркскими москвичами (Бахчиняна и Лимона я по Москве знаю), кое-кто в Риме, кто в Париже, но впечатление — лебедь, рак и щука. Шемякин купил для меня полжурнала «Возрождение» (подыхает журнальчик), но князь Оболенский, прочитав Мамлеева, получил инфаркт, а до меня дело еще не дошло (вообще бы не встал), пришлось брать деньги взад. Попытки сделать альманах силами Бокова и Черткова меня не привлекают, я привык сам по себе (вот с Мишей Мейлахом мы сработались, он чудо-человек! А Анри просто предоставляет мне тексты), что будет в Америке — не знаю. Что у меня в распоряжении — я просто приложу список, Анри писал мне, что Вика интересуется петербуржской поэзией, она у меня практически вся, а вот с прозой — туговато. Во-первых, ее в Петербурге (качественной) еще и нет, а во-вторых, многое не под силу было перепечатывать. Правда, прозаики есть здесь (Вашу книжку всё еще не могу выписать, доллары размотал, а гонорары еще впереди), с Марамзиным я говорил, но ведь ежели делать что-то альманахо-журналообразное, то на первых порах это будет чистый убыток, а о гонорарах и речи нет. Правда, по рассказику с носа я надеюсь выморщить (а больше и не нужно), статьи есть кому писать (как на это посмотрит Вика?), а стихов, я говорю, хватит на года. Вопрос только в каком-то нормальном человеческом отношении, а то я и тут уже наблюдаю местничество и грызню. А я етого не люблю. Скажем, не люблю Наймана, а всё равно печатаю, а Иосиф из-за бабы гениального Бобышева похерил. Правда, Дима настолько гениален, что нигде печататься не хочет (перед отъездом мы с ним из-за этого в хлам поругались, наплевать, буду «цитировать» его по памяти (а я, действительно, помню свыше ста поэтов, несколько тысяч стихов) и никакая Женевская конвенция мне не страшна, надо только зарегистрировать мою голову (об этом пусть моя профессура заботится — на лекциях-то я буду всё наизусть читать), а там видно будет). А человек 30–40 поэтов мне просто вручили карт-бланш, поскольку мои друзья. Так что работать есть с чем.

Я излагаю столь подробно по просьбе Миши и Анри, они мне всячески рекомендовали Вас. О Вас я знаю от них, обо мне же вряд ли Вы слышали: зело разные круги, да и опять же, я общался почти исключительно с поэтами да с художниками и весьма далекими от официоза. С академическими кругами совсем и не сталкивался. Прослужил три года в «секретарях» у милой Татьяны Григорьевны Гнедич, а с Эткиндом не удосужился познакомиться, придется уж здесь. Ахматовой чуть ли не родственником приходился (по четвертой жене[97]), а живьем ее не видел, хотя на Ленина[98] и бывал (почему-то всегда в ее отсутствие). Да я и не рвался. Академистов не выношу (исключение — Миша Мейлах). Вскормлен на кубофутуризме, и даже Анри для меня — классик. Об Иосифе и говорить не приходится. Сделал его первую книжку (в 62-м году, вышла в Штатах в 64-м), он с тех пор нос воротит. Кое-как общаемся.

Меня вот что интересует, Аркадий. (Прекращаю растекаться мыслью, или как там, по древу.) Я намерен заняться систематизацией и приведением в порядок петербургской (да и не только) литературы и искусств за последнее двадцатилетие[99]. В этом мне нужен совет и своего рода сотрудничество. Кроме того, мне нужно разобраться в обстановке. Мои друзья из Нью-Йорка пишут такую ахинею, что ничего не понять. Вагрич пишет графические письма (очень красиво, но информация — нулевая), Гарик Элинсон несет город Желтого дьявола и описывает усы Сальватора Дали (будто я их не видел!), толковой же информа-

---

[97] Мать жены Кузьминского Ники Валентиновны Казимировой (1936–1990), Марфа (Марта) Андреевна Голубева (Тика) была гражданской женой Н. Н. Пунина с конца 1930-х годов.

[98] На улице Ленина, д. 34, кв. 23 в доме Союза писателей Ахматова жила с 1961 до своей смерти в 1966 году.

[99] Хронологически это, вероятно, первое упоминание замысла будущей Антологии.

ции, кто и чем занимается, кто есть из пишущей и малюющей братии, — я не имею. Прошу всех и вся присылать мне адреса, рекомендации, связи — расползаются, как тараканы, бесследно. Из Рима не имею вестей уже месяц. Пишут всё о каких-то квартирных делах, о ценах на рынке, а кто из художников там, кроме Яши Виньковецкого (да и тот меня интересует больше как богослов), — неизвестно. Из Израиля вообще гробовое молчание (кроме Анри) — что их там, свое ГБ посажало? Послал в Рим шебуршить Аллу Скоринкину, она была тут проездом, тоже намыливается в Штаты (кстати, очень нужный мне человек — редактор и машинистка, ищу, куда ее пристроить, хотя и про себя-то не знаю...).

В общем, написал довольно невразумительно, но, надеюсь, поймете. И постарайтесь ответить (хоть негативно) сразу же, а то я тут должен смотаться в Швейцарию, и потом сразу же в Штаты.

Кланяюсь Вам и Вике (от себя, от Миши и Анри),

Ваш Константин Кузьминский

17.
А. Г. Волохонскому
3 октября 1975 года

Вена, октября 3-яго,
Хакенгассе штрассе 20–21

Анри, милый Анри!

Немедля и с радостью пишу Вам, хотя дела нерадостны. Вчера получил Ваши стихи и оба трактата. Стихи замечательны. Давно уже поэзия не доставляла мне такого удовольствия! Это я не в комплимент, а в простую констатацию факта. Особенно — Хвосту[100] и совершенно фантастические «Карты». Я и раньше любил Ваши тексты, но сейчас это был просто — подарок. В трак-

[100] Стихотворение «Алешенька, зачем же в Салехард...» (1973), посвященное А. Л. Хвостенко.

татах мне разобраться сложнее (особенно в музыкальном[101] — я человек невежественный до целомудрия в музыке), но они чрезвычайно интересны. В отношении стихов за меня можете не бояться — я не изменю ни буковки, не говоря уже о порядке. Предпочитаю, в данном случае, авторские опечатки своим правкам. Вы не Соснора и не Глеб[102], и в правке не нуждаетесь. А Глебушку я очень люблю, хоть он и фантастически неряшлив! Но это свойство его «стиля». Соснора же просто гениальный графоман. Тем не менее — очень интересен. Это я к тому, что меня поражает Ваш уровень: в России грамотных поэтов нет. Кто-то очень мило сказал: «Русские писатели разучились писать по-русски с тех пор, как русские читатели разучились читать по-французски». К Вам это не относится. Я просто получил искреннее наслаждение.

Позавчера уехали Алла с Эрикой[103]. Они бывали у меня каждый день, говорили, большею частию, о Вас (не икалось ли Вам там?). Она, вероятно, уже сказала Вам в письме печальную новость: журнал «Возрождение» не про нас. Князь Оболенский изволили прочесть прозу Мамлеева и чуть не кончились. После чего он сказал, что Веничка Ерофеев тоже «не на его уровне», и разговор на этом был закончен. Миша послал его пахнуть в фамильный склеп, я тоже присоединяюсь (к Мише, разумеется). Итак, мы снова при своих. Но далеко не всё потеряно. Миша берется финансировать альманах (а финансы у Миши есть), только бы уговорить его вместо одного роскошного номера (а Мише подавай всё первый сорт!) выпустить с десяток дешевеньких. В любом варианте издание не в той, так в другой форме осуществится. Сегодня мне предстоит беседа с председателем австрийского Пен-клуба, выясню кой-какие возможности. У меня наладился

---

101 «Двенадцать ступеней натурального строя» (1974–1977). В переработанном виде в составе публикации: Анри Волохонский. Сочинения о гармонии / предисл. и подг. текста И. Кукуя // Научные концепции XX века и русское авангардное искусство: Сб. статей / ред.-сост. К. Ичин. Белград: Изд-во Филологического факультета Белградского ун-та, 2011. С. 323–343.

102 Горбовский.

103 Первая жена Волохонского с дочкой.

прекрасный контакт с профессором Венского университета Роз-Мари Циглер (приятельница Мейлаха, очень милая девушка, специалист по Крученыху, Брику и Хлебникову). Мы с ней работаем уже два месяца, я пишу статьи и передачи для радио, она переводит (и мои стихи тоже) и вообще, заинтересована на будущее. Она дала добрый совет взять всё в свои руки. Книжка в 200 страниц тиражом в 200 экземпляров обходится в 400 долларов, включая переплет. Такая толщина нам и не нужна, лучше брошюры по 80 страниц, это еще дешевле, об этом и написал Мише. Хотя Миша меня больше интересует с художественной точки зрения. Если бы он взялся поставлять по две цветные вклейки (свои и других) на номер, остальное я бы поднял сам (с помощью, скажем, университета или еще чего). К Новому году надеюсь сверстать макет номера. Будут Ваши стихи и одна из статей (вторая в следующем). Единственно, что грустно, что из экономии бумаги стихи будут печататься подряд, а не каждый на отдельном. Из остальных материалов, за вычетом моего архива, пока ничего нет. Но в Америке я москвичей возьму за хобот. Сегодня написал Ровнеру, посмотрим, что присоветует. Анри, поверьте, я в Советском Союзе за последний год сделал около двадцати книг, из них три антологии общим объемом свыше 1500 страниц, так нешто здесь не смогу поднять десяток альманахов за пару лет? Ведь нам не тираж важен, русская поэзия на Западе в бестселлеры не выйдет, а серьезное (но не занудное) отображение наших великих и малых деяний. Верьте, если я буду жив, я всё это сделаю. А работать бесплатно нам не привыкать.

Анри, я благодарен Вам за доверие, за теплоту Вашу, я это почувствовал еще тогда, у «ведьмы» Кари Унксовой. Встретил ее, спустя все эти годы, у Рухина, потолстела, устала, родила, больше ведьмовством не занимается.

Насчет Вашей пиесы «Лабиринт»[104], в первом же звонке попрошу заняться мою секретаршу (я ее передал по наследству Эрлюше и Мейлаху), она всё узнает.

---

[104] Совместная пьеса А. Волохонского и А. Хвостенко (1967, переработана в 1980 году).

Париж, судя по всему, для меня отпадает. Помимо промашки с коназом Оболенским (а между прочим, я с собой привез декабристскую трость, в Сибири поделанную, резную, с вензелем «МО» — Оболенских, промежду прочим, выдал на таможне за самодел, но теперь даже не покажу этим тухлым аристократам), Мишу там обхаживают с одного бока — какой-то Боков, с другого — чортом вьется Чертков, а я издаля на него не могу воздействовать. Прислал он мне свой японский каталог (в трех городах сейчас там его персональная!), очень красиво. Вот кто бы мог графически Ваши карты решить — к каждой главке по иллюстрации. Но это дело будущего[105].

Анри, номер-то я скомпоную, и издам, но у меня к Вам два вопроса: у Вас напечатано отдельно «то ржественный» (в «Чайнике») и «со сульки» (в «Салехарде»). По-своему это красиво, и даже кое-что дает, но не машинка ли это? Один раз в 62-м году у Вас уже получилось «Бе звуки бьют в сплошное дно...»[106], и мне так это понравилось, что так до сих пор и читаю! А здесь что?

Страшные дела, Анри, я погряз в делах. Из дома не вылезаю второй месяц, лежу и печатаю на машинке, ноготь на пальце уже до мяса сколотил, а на улицу не хочется. Когда приезжал Миша, прошли мы по всем кабакам, борделям и протчему, больше уже не хочется. Любовь моя, Полина, свалила в Рим, пишу роман пополам с слезами и матом, что-то несусветное получается, жена моя и борзая Вену чаруют, а я профессуру лежа принимаю, вот сегодня только встать придется, поскольку Пен-клуб, а так уже месяц не встаю с отъезда Полины, а из Рима почты нет, итальянцы, что ли, бастуют, заработают себе Советскую власть, фашисты, так им и надо.

Жду приглашения в Швейцарию на пару лекций в школу антропософов, они хорошие люди, но выйдет ли?

---

105 Иллюстрации Шемякина к большинству стихотворений из цикла Волохонского «О картах» выйдут в каталоге его выставки (M. Chemiakin. St. Pétersbourg. Paris, 1976).

106 Правильно — «Где звуки бьют в сплошное дно...» (первое стихотворение цикла «Первые травы», 1958).

В Штаты можно ехать хоть 21-го, но подожду, пока со Швейцарией ясно будет (и может быть, на пару дней — в Рим...).

Из Израиля ни Гробман, ни Эстер не отвечают, что там у них, непонятно, Вы не контачите с ними?

В общем, остаюсь искренне привязанный к Вам и благодарный, кланяйтесь жене, детей, таксу и хамелеона целую (особенно последнего, я их очень люблю и завидую Вам).

Ваш К. Кузьминский

18.
С. Масси
10 октября 1975 года

Вена,
октября 10-аго,
Хакенгассе 20–21

Сюзанна, Сюзанна, Сюзанна![107]

Где обещанное второе письмо после письма с замечательным посланием Джексона? Вообще, из Америки почему-то уже месяц как ни от кого писем нет. То ли у профессоров каникулы начались, то ли кризис славистов перекинулся на них самих, а только молчат в упорные тряпочки, и кроме робких предложений прочитать лекцию то там, то тут (с оплатой лекции и дороги) больше ничего не светит. Я всё тщетно жду замыленных Израилем письмен своих, но оттуда тоже — ни ответа ни привета. Молчит Эстер, которой я послал доверенность, Гробман молчит, весь Ближний Восток погрузился в молчание.

А мы тихо процветаем в Вене. Отель ничуть не хуже, правда, не топят, и горячей воды три недели как нет. Сами-то мы можем сходить в баню, а вот Нежка? Здесь, правда, есть и собачьи бани, но они дороги, да и с моим немецким не объяснишься.

---

[107] Аллюзия на хит испанской группы *Pop Tops* «Suzanne, Suzanne» (1972), выпущенный в составе сборного сингла в СССР в 1974 году.

Работаю статьи и передачи. Переводит и договаривается очень милая профессор Роз-Мари Циглер, специалист по Крученыху. Был представлен в Пен-клуб, председатель венского Пен-клуба Фидерман заодно издает журнал[108]. В январском номере будут мои 15–20 страниц. На мое усмотрение. Статьи, заготовленные впрок (писал их для «Ди Прессе») он сразу же принял. Будут три статьи, несколько стихов и куски прозы. Неясно, как с копирайтом на стихи, опубликованные в «Живом зеркале», — могу ли я их печатать на русском или нужно согласия «Даблдэя»? На переводы копирайт особый, это я уже выяснил. Готовлю еще одну публикацию, в Гренобле, но пока трудно договариваться при незнании французского. Предложили, но надо решить, что и как.

Намереваюсь задержаться в Вене на ноябрь. Состоится международная конференция Пен-клуба, пригласили принять участие с правом выступления в прениях. Правда, я завишу от Толстовского фонда, но мне дадут официальное приглашение. Нельзя уезжать из Европы, не использовав все возможности. В Америке пока ничего не светит, всё зыбко и неопределенно. Но без конца меня держать в Вене тоже не станут. Опять же, надо заработать хотя бы на провоз собаки, не говоря уже о том, что читать абсолютно нечего, в Вене русской литературы вообще нет, заказывать же по почте дорого и сложно. А мне нужны материалы для работы, если уж мои евреи не отдают, так хоть почитать, что печатают здесь.

Однако помаленьку прорисовывается. Не выслать ли тебе образчики статей, кои я пописываю, из соображений — не представят ли они интерес и для американской публики? Если «да», то вскоре же вышлю перевод, сделаем с Игорем[109]. На немецком идут статьи в его переводе, французские (если пойдут) — тоже. Сейчас списываюсь с Италией, там есть люди, интересующиеся

---

[108] Журнал *Die Pestsäule* издавался Райнхардом Федерманном в Вене в 1972–1975 годах. К моменту встречи Кузьминского с Федерманном вышло 15 номеров; в январе 1976 года Федерманн умер, и 16-й номер журнала, подготовленный в 1977 году партнером Федерманна Мило Дором, оказался последним.

[109] Игорь Шур.

российским искусством. Может, пойдет что и для Италии. Стихи цитирую «по памяти», на это Женевская конвенция не распространяется.

Сюзанночка, очень нужно хотя бы несколько копий «Зеркала», здесь все к нему относятся с большим пиететом, твоя книга меня прямо-таки спасает: «О-о! Издание!» Производит очень выгодное впечатление. Сюзанна, очень нужно — тому же Бёллю подарить. Я послал ему письмо, поскольку на конференции он не будет. Вообще, завал, нет визитных карточек, все мне дают, а я улыбаюсь. В Париж пока никак, а там жуткая шебутня: все суетятся, делят места, грызутся — хорошо здесь, в тихой Вене! Роман идет помаленьку, четвертую часть начал (он уже идет по кускам в разных изданиях), сделано больше полутора сот страниц. Очень не хватает секретарши, и очень я за нее боюсь — не пришлось бы отвечать за меня!

Ну, вот и все новости. Спасибо тебе, Сюзанна, милая, за твое беспокойство, я всегда помню добро (зло же забываю). Почему только ты так редко и нерегулярно пишешь? Как все твои мелкие и крупные? Как Роберт? Что он сейчас делает? Напиши обо всём, нам всегда хорошо слышать о твоем семействе.

Мы сидим, одинокие и тихие, я работаю. Мышь чего-нибудь читает. Нежка валяется у меня в ногах, греет.

Целуем всех вас, дай Бог, свидимся.

Ваши Костя, Мышка, Нежка

П. С. Приезжала подруга нынешней жены Сосноры, сказала, что Соснора созрел для выезда. Уже всё равно как. На лекции его не отпускают, говорят: «Вы же не вернетесь!» Остается еврейским путем. Не попробовать ли послать ему вызов? Имея его на руках, можно уже раздумывать, а без него — страшновато. Как и что делать для него, я не знаю, мне он санкций не передавал. Но думаю, что лучший вариант — приглашение на постоянное жительство. Здесь он явно не пропадет: члены Союза советских писателей ценятся здесь так же, в отличие от нас, грешных. Из дел домашних — дерется теперь с новой женой, это у него хобби такое. Но вытаскивать его стоит, иначе все его рукописи никогда не увидят свет.

Вот такие дела, Сюзанночка.

И еще — скорее, скорее, скорее пришли мне «Зеркало», а то конгресс на носу, и обещанный экземпляр «Николая и Александры» на немецком.

Обо всём прочем напишем вскорости.

ЦК (целую, Костя)

19.
М. М. Шемякину
17 октября 1975 года

Вена,
Хакенгассе 21–21,
октября 17-го

Мишенька,
имею доложить о содеянном. Быв сего дня в полиции по поводу продления визы, на пальцах изъяснился с комиссаром, из чего вынес: получение фремденпасса — дело полугода, лессе же пассе[110] не дает права на обратный въезд в Вену. Во вторник пойду с Игорем и выясню окончательно. Но надо готовиться к работе на расстоянии. Подборки по Ленинграду и «своим» эмигрантам я сделал, остается только скопировать на машине (на днях должны допустить) и решить вопрос объема. Даже при крайнем урезании получается около 150 страниц в машинописи (в печати около 100–120). И это только моя половина, а еще Москва, да Нью-Йорк, да Париж... Может, попытаться увеличить до 500 страниц? Но вопрос и с набором: русский набор дорог (узнай, сколько?), ведь не с моей же машинописи печатать. Да и мне на 150 страниц понадобится черт-те сколько времени, я же печатаю одним пальцем! Попробую сократить вдвое, хотя от этого вдвое сократится и ценность информации: я и так уже из сметаны масло сбиваю.

[110] Laissez-passer — международный проездной документ для единоразового пересечения границы.

Смотри сам: Охапка 8 стихов (10 страниц), Куприянов — 6 (4), Чейгин 6 (4), Кривулин 9 (10), Ширали, Ожиганов, Эрль, Гаврильчик, Стратановский, Трифонов — вот уже и 75 страниц. А еще Уфлянд и Мандельштам. И нас трое: Волохонский — 12 стр. стихов и 25 стр. трактат, Цветков — 15 стр. стихов, да у меня — 12 (в альманах должно идти «Двенадцатиглавие»[111], это обязательно). Вот тебе и 150 станиц! Я, конечно, могу еще подсократить, страниц на 30, но эмигрантов невыгодно, а тем, кто там, — гореть из-за двух-трех стишков — каково? Уж хотя бы шесть взять за минимум, хоть заметят. Как видишь, упирается не в вопрос материала, а в вопрос печати (денег). Далее. Москва у меня вся в Израиле, равно как и Алик Мандельштам, да и вообще все. У тебя они есть, но кто будет подбирать материалы по Москве? Порядок, я знаю, там такой (по возрасту, периодам и влиянию): Красовицкий, Кропивницкий, Сапгир, Холин, Хромов, Лен, Лимонов, Величанский, Алейников, Губанов, Некрасов, Бахчанян, Худяков — вот уже 13 имен, а кто из них и что есть? Ну, трое из них туточки, но не у них же искать стихи остальных? Проще всего, пришли-ка мне бандеролью всё, что есть, а я разберусь. И сообщи, во сколько страниц всё это надо уложить, буду колдовать. Можно, в конце концов, ужимать предельно, по странице, по две на рыло. Хотя это и не гуманно. И есть ли Веничка Ерофеев? Я, понадеявшись на западные издания, всё оставил дома Веничкино. У него же, помимо «Москвы-Петушков» (которое необходимо дать, хоть 20 страниц), есть гениальное эссе «Василий Розанов глазами эксцентрика», где бы его найти?

Мишенька, ты должен четко рассчитать свои средства, сколько страниц ты сможешь поднять финансово, и отсюда танцевать. Кстати, не заставить ли оплачивать свою часть преуспевающих эмигрантов, или нет, это не идея, они потом скажут, что альманах делался за их счет. Но просто нужно очень четко подсчитать возможности и из них исходить (в отношении объема, набора и т. д.). Иначе кой хрен в подборках? Я, допустим, делаю оптимальную подборку поэта, а потом, в последний момент, что-то

---

[111] Часть поэмы «Вавилонская башня».

выбрасывается (что именно?). По стишку на рыло? С Охапкиным уже не выйдет: он, зануда, и в четырех стихах до конца не выговорится. У некоторых же (того же Стратона[112]) лучше не стихи, а поэма (хоть и три страницы, а всё ж!). Беда в том, что одним стихом поэтику не раскроешь, а поэт неизвестен. А у Анри, например, цикл из 10 стихов, и он просил не разбивать. У меня то же положение. У Цветкова интереснее поэмы, и опять же, эмигрантам важно имя (а кому оно не важно? Тем, кто там?). Словом, я не знаю, какой объем мне проектировать, на всякий случай сделаю два: макси и мини. Стихи, обозначенные красной звездочкой, — это будет минимальный вариант, но уж он хотя бы должен идти без изменений.

Воскресенье, ввечеру.

Задал же ты мне, сударь мой, работку! Не переставая думаю и прикидываю, но всё упорно упирается в объем. Каков он? каков он? Я могу танцевать и так и этак, но знать бы от чего. Ну, сегодня напишу черновой вариант «Эрмитажа»[113]. Ушлю тебе, ты там поправишь, почиркаешь и пришли мне. Он же будет своего рода предисловием Уфлянду. Обидно, что стихи его в Израиле ебаном! Опять, значит, по памяти, как мне этой весной пришлось, пока не откопал подборку 64-го года, одиннадцать лет спустя помнил, у кого.

Мишенька, самое разумное будет, если ты не поленишься и дашь мне представление обо всём материале в целом. В таком плане:

«Николай Николаевич»[114] — 20 стр.

Панов[115] — 1 стр. плюс 8 фотографий

---

[112] С. Г. Стратановский.

[113] Статья о художниках и поэтах, работавших в начале 1960-х годов такелажниками в Эрмитаже: К. Кузьминский, О. Лягачев, В. Овчинников, В. Уфлянд, М. М. Шемякин и др. См. статью: *Кузьминский К. К.* Вселенский Эрмитаж (пока — запасники) в [АГЛ 5А: 125].

[114] Повесть Юза Алешковского, не вошедшая в итоге в «Аполлон-77».

[115] Вероятно, речь идет о танцоре и балетмейстере Валерии Матвеевиче Панове, эмигрировавшем в 1974 году в Израиль. Отдельные материалы о балете в «Аполлон-77» также не вошли.

Бетаки — 4 стр.

Чертков — 15 стихов (10 стр.) и т. д.,

чтобы я мог ориентироваться. А то, получается, я не представляю себе ни макета, ни объема, ни даже имен толком. «Сырой» материал я тебе не хочу поставлять (кто там будет с ним возиться?), а уже готовые подборки определенного объема. Во избежание нареканий хотя бы часть материала должна быть организована «академически». Например, «К. Кузьминский “Поэзия Санкт-Петербурга (Ленинграда)”». И я ее делаю от предисловия до последней буквы, этаким компактным куском. Для этого мне нужно знать: количество отведенных страниц, количество строк, умещающихся на странице (какого формата будет твой альманах?). То есть — ты даешь мне площадь, а я ее использую. Иначе — какой смысл в подборке? Чтоб потом ее переделывать? А кто это будет?

Видишь ли, свои альманахи, которые я проектирую делать с тобой в будущем, я рассчитываю на жесткий объем и определенный порядок информации: 10 страниц общих статей, 30 страниц стихов, 20 страниц прозы и 20 страниц «специальных» статей. За счет стихов можно (в случае надобности) уширять прозу. Передние статьи посвящать искусству прошлого. Задние — проблематике нынешнего. Но середина — без вариаций. 80 страниц в месяц я могу поднять и сам: была бы машинка с типографским шрифтом и множительный аппарат. Тираж — 500 экз. А если бы ты поставлял репродукции — то чего лучше? Потом раз в год можно было бы делать «сводный» альманах.

Но сейчас надо начать с твоего, тем более если Володя Максимов поможет. Однако я не уверен, что окажусь-таки в Париже. Давай научаться порознь, но вместе. Пока ты будешь гастролировать по Америке, пришли мне в копиях (или хотя бы список с указанием количества) то, что уже есть и идет. И очень важно — чисто арифметические данные: сколько знаков будет на странице (прозы) и сколько строчек на листе (поэзии). А я уже помусолю карандаш и займусь подборкой. Те числа, что я привожу тебе, — округленные. Мишенька, страшное дело, как искусство смыкается с бухгалтерией! Но тебе и самому это известно: ведь печатаешь же репродукции. А я еще считать не научился.

Лежу вот в Вене и общаюсь с целым светом письменно. Ну, с тобой по телефону. Но ты вот погляди быстренько мои письма, на какие вопросы ты не ответил? Дозвонился ли ты до Владимира Велле?[116] Дал ли ему мой адрес? Нашелся ли Жан-Жак? У него ведь кой-какие мои материалы. Ведь делов-то всех: позвонить (или черкнуть), дать мой адрес и попросить написать. А дальше я уж сам. Ведь как я буду писать Бетаки тому же или Эткинду? На деревню дедушке? У меня же, кроме тебя, в Париже никого.

Понедельник, поутру.

Продолжаю. Шер Мишель, скоро мои письма к тебе можно будет издавать отдельным изданием. А ты будешь отвечать картинками. Этакий эпистолырис. Но к делу. Получил седни 7 писем, из них одно Ровнера из Нью-Йорка. Это приятель Миши Мейлаха и Анри Волохонского, прозаик (см. «Русскую мысль»), поэт, жена пишет о поэтах Москвы и Ленинграда. Я его в лик не знаю, но мне его очень тепло рекомендовали, и рассуждает он здраво. Особенно о нью-йоркских москвичах. Об альманахе он еще не в курсе, но обмолвился (описался), что пишет (в частности, на английском идет статья «Россия — новые измерения», «о нас». Поминает Аронзона, Бокштейна и Бокова с портретами, впрочем, с последним знаком заочно по письмам и недавно). Я думаю попросить прислать его копию, может, интересно и для нас. И опять же жена.

Ах, Миша, Миша, если бы только серьезно, если бы не бросить на полпути! Кстати, о художниках. Профессор из Штатов[117], которому я давал материалы (Генкиной печати) в Ленинграде, присылает мне всё, что я просил по нашим художникам. У него есть и качественный большой слайд Тюльпана (как раз «Игра

---

[116] Владимир Горациевич Велле — писатель, переводчик, сын Г. А. Велле (1909–1975), переводчика и популяризатора А. де Сент-Экзюпери. В. Велле и его старший брат, журналист Юрий Велле, эмигрировали во Францию (где они родились) в начале 1970-х годов.

[117] Сидни Монас (Sidney Monas, 1924–2019) — историк, филолог, переводчик; преподавал в колледжах Новой Англии (Амхерст, Смит, Рочестер), в 1969–2009 годах — профессор Техасского университета в Остине.

в карты», сам Тюльпан давал ему). Я попросил прислать. Посмотришь. Может, пойдет.

Мишка, а Анри — гений. Я вчера перечитывал его стихи — большего изящества, хулиганства и чуткости к слову я ни у кого не встречал. Ни один поэт в Санктъ-Петербурге не может с ним тягаться! Это, действительно, шаг вперед после Введенского-Хлебникова. Посылаю пока лишнюю копию «Стихов для Аси»[118], остальное — как только смогу сдублировать. Эти стихи не пойдут, надо цикл «Йог и суфий» и «О картах». Просто почитай и насладись. Выебонщик он редкостный — никогда не поймешь, где он серьезен, а где дурачит. То, что тебе нравится в Петербургской линии — изыск, утонченность, — всё в нем есть. После слона Охапкина в посудной лавке, где он со словом как с подковой обращается — то ли выкинуть, то ли сломать, и все слова гремящие, но абсолютно заменимые, — у Анри этого не найдешь. Обрати внимание на «Дельфина», как там работа с влажным «в» и «л» и стыки в третьей строке: «То взмыв весь ввысь вдруг вниз в вод пенный прах» — я такое встречал только у Божидара, а Божидара сам Хлебников гением назвал (19-летний харьковский гимназист, выпустил в 1914 одну только книгу «Бубен» и застрелился от любви к какой-то из сестер Синяковых — ах эти сестры! Одна загробила Асеева, другая — Петникова и Божидара, третья мозги Пастернаку ебла — ну и семейка!). А у Божидара сравни:

Волнитесь пенистыя во-источныя озера,
Позера мыслься жест, шест высься акробатств.
Покинь, душа, тенистыя
Печалины аббатств[119].

Первый раз встречаю что-то ему равное.

Мишенька, Мишенька, надо лопнуть, треснуть, а альманах свершить. Подборки у меня уже готовы, только не могу я работать

---

[118] Цикл «Стихи для Ксении» (1972–1975). Ася — Ксения Михайловна Муратова (1940–2019), историк искусств, медиевист, профессор университетов Парижа и Ренна; племянница автора «Образов Италии» П. П. Муратова.

[119] Неточная цитата из стихотворения «Бодрость», открывающего книгу Божидара «Бубен» (1916).

по телефону, а тебе некогда писать. Но хоть список материалов, если уж не копии! Всех материалов. И что о Панове, и что о Барышникове. Фотографий мне не надо, но чтоб знать — что, как? Ты же, ирод, на телефон больше тратишь, хоть и радость тебя слышать, но лучше говорить о лирике, а копии сделать и прислать. Буду ли я в Париже? Выслал ли ты приглашения?

Далее.

Роман-то ведь пора кончать. 180 страниц (еще 20 допишу и баста) составляют нормальной величины книгу (в три четверти «Голоса из хора»[120], скажем. Кстати, спасибо тебе огромное за доставленное мне удовольствие. В лагере и в искусстве абстрагированно Донатыч разбирается, но открыл его Гоголя[121] в двух местах — бред. То он ему барокко приплетает, не имея понятия ни о Баженове, ни о русском романтизме, то неспособен понять слово «ода», из чего выводит спор Гоголя с Пушкиным. До «сранья на могилах» я еще не дошел, но литературовед он никакой).

Мишенька, погибаю, читать нечего! Ну неужели хоть в Париже нет како-никако художественно-детективно-приключенческо-фантастической русской литературы? Каких-нибудь дешевых «пайпер-бэков»? Здесь меня спасает только работа и роман, который я с удовольствием перечитываю. (Кстати, пора думать об евойном издании. Будет еще страниц 20–50, но не больше, последнюю часть начал главой на 15-ти языках. Надо только разделаться с Полиной, ну пусть только, сука, еще пришлет письмо о своем «градоложестве»[122], я ее усажу на Эйфелеву башню, этим всё и закончу. В трупном виде я ее уже поимел, остается дать что-нибудь этакое на развязку, и начать последнюю часть. Так что ты подумай об издательской стороне: и альманах, и роман не поднять одновременно, но, может, куда его продать? И еще: мне очень нужно — и для романа, и для альманаха — своего рода типографский справочник: как делать обозначения, корректуру — там же особые знаки, но есть ли

---

[120] *Терц А.* Голос из хора. London: Stenvalli, 1973 (2-е изд. 1974).

[121] *Терц А.* В тени Гоголя. London: Collins, 1975.

[122] Письмо П. Климовецкой о ее любви к Риму см. в романе «Hotel zum Тюркен» (Т. 1. С. 158–160).

такой на русском? Или хоть на английском. Спроси у тамошних издателей. Или хоть образчик какой корректуры.)

Вот. Это касаемо романа и кармана. Мой карман уже совсем проходился, моя тутошняя патронесса[123] меня покидает, уезжает надолго на практику в какой-то университет, некому переводить, договариваться и выбивать гонорарии. Мыши не хватает на кокосовые орехи. Она у меня питается так: в день три банана (7 шиллингов кг), баночка майонеза на неделю и кокос за 7,50 штука. Кошмар. Съели уже два кокоса. И два ананаса (ананасы здесь по 10 шиллингов!). Хотел купить попугая, но холодно. И дорого. Ара — 8 тысяч, какаду — 6, а жако — 4. Пообщался с ними в магазине. Вместо этого купил Нежке нюхнущую кость из невем чего, за 24 шиллинга, она ее грызла неделю, а натуральные, стервь, глотает, не разжевывая. Вымыть ее негде, воды горячей уже месяц нет, а хер инженер (управляющий) принципиально не понимает по-русски. Говорят, служил в СС. Очень похоже. Мадама же Кортус вообще не заходит, в отличие от Беттины (та хоть и стерва была, но стерва отзывчивая, а этой и вовсе нет).

Мишенька, в «Посеве» объявление о «Мурзилке», переиздание с Вольфовского (Кира Львовна дала все издания своего деда, а они, суки, не удосужились упомянуть, что переиздают русского издателя Вольфа)[124]. Посмотри, это для мелких, правда, Доська уже выросла. А наши-то советские суки, подхватили название, и без комментариев!

Для Досиньки персонально:

Дорогая Доротея, позабыл про каратэ я, засыхаю в мокрой Вене, упадаю на колени, по Европе не кочую, по Парижу я скучаю, и купно со мною Мышь гложет сахарный камыш. Высунув язык

---

[123] Розмари Циглер.

[124] В сентябре и октябре 1975 года (№ 9 и 10) на задней обложке журнала «Посев» печаталось объявление о продаже со складов журнала повести-сказки «Мурзилка» — переиздания повести А. Б. Хвольсон «Царство малюток. Приключения Мурзилки и лесных человечков» (1889) и «Дневника Мурзилки» (1913) в одной книге. Издание было контрафактным: выходные данные на книге, как и источник перепечатки, отсутствовали.

от бега, отдыхает в койке Нега, стонет, плачет, воет, ноет и хотит в Париж со мною. В Вене скучно, в Вене сыро, нету книжек, нету сыра, жрут австрийцы швайн-флеш[125], сверху капает на плешь, снизу дует, в ванной — Север, я хочу купаться в Сене и на Эйфелевой башне заводить с мышами шашни. Нежка плачет, Нежка тужит, Мышь в Париж желает тоже, я готов исполнить «па», лишь бы дали фремденпасс. На советскую же визу не поедешь даже в Пизу, где стоит, как наша власть, башня, что готова пасть. По Европе едут финны, скандинавы все невинны, и от задниц их трещит Скандинавский древний щит. По Европе едут финны, итальянцы хлещут вина, в Хельсинки слагают сказки, надевают баски каски, а египетский Садат — евнух был, а стал солдат. В замке монстры скалят зубы, покупают венцы шубы. Лежа, мчусь я во всю прыть, чтоб в сочельник с вами быть. Кланяются Мышь и Нега, до свидания, до снега!

Ривчик, говорю: «Чик-чик». Кто в Париже носит лифчик? Кто не пишет и молчит? Отвечаю смело: «Ривчик».

Целуем поголовно.

Мышь-Кока-Нега

20.
С. Монасу
25 октября 1975 года

Вена,
Хагенгассе 20–21,
октября 25-аго

Сидней, дорогой,
не знаю, как благодарить Вас за «14 поэтов»[126], это так кстати и так необходимо здесь, когда мой израильский архив всё еще пребы-

---

[125] Свинину (*нем.*).

[126] Монас переслал Кузьминскому по его просьбе распечатку с микрофильма. См. письмо № 19.

вает во взвешенном состоянии, и если бы не моя память... Я оттягиваю отъезд в Штаты, потому что в Европе край непочатый, в Штатах же ничего не светит. «Новости» из Петербурга следующие: Илья[127] сидит в прострации уже четыре месяца, ни ответа ни привета, ОВИР молчит, как в рот воды набрал. Это довольно обычная ситуация, нужен крупный шум, а Илья ограничивается мелкими скандалами. Я последний год играл «биг гейм» с привлечением дипломатов, устроением выставок, составлением сборников, но всё это — в рамках закона. И плюс к тому, я уже надоел КГБ. Им пришлось выбирать, куда меня: в Биробиджан или «в Израиль». Илья же, балда, просто скандалит в присутственных местах, отыгрываясь на секретаршах. Ну и тянут. А более серьезных акций он по молодости предпринять не способен, да и для него это опасно. Всё это походит на отказ, путем чего Илья, говорят, в жутком трансе. Бороться он не привык, разве скандалить и «качать права», коих (а ему-то уж пора знать) у советских граждан не имеет быть. Кроме того, он очень неосторожен. Боюсь я за него. Нет ли у Вас возможности нажать через какую-нибудь «высокую инстанцию», конгрессменов, например? Наталью[128] мою он отказался взять, и двоим мне было бы помочь легче, тут и я смог бы помочь. А Наталью тоже надо вытаскивать, я без нее как без рук.

Тут мы с Мишей Шемякиным круто взялись за альманах, около ста работ художников, из них 15 в цвете. Человек 15 поэтов, проза, все крупные имена эмиграции (Максимов, Синявский, Марамзин), моя проза (а это будет похлеще!), но не хватает материала по России, всё по вине Израиля. В судьбу моего архива вмешались уже Максимов, Агурский и сенатор Джексон, но пока ничего не слышно. А «время-не-ждет»! И не то чтобы оно — деньги, но всё-таки.

И приходится снова беспокоить Вас, Сидней. Не могли бы Вы срочно выслать заказной бандеролью коробку с микрофильма-

---

[127] И. Д. Левин.

[128] Н. В. Лесниченко.

ми, там хоть и ассорти, но всё же лучше, чем ничего (в Израиле-то у меня готовые книги), а еще в той коробке Хармс и Введенский, которых тоже нужно в альманах. Придется купить проектор и печатать со стенки, мне уже так приходилось работать. Но если высылать, то как можно скорей. К Новому году надо закончить эту работу. Нортон Додж (кстати, обаятельнейший человек!) сообщил, что высылает фотографии. Если будете с ним говорить, напомните, что мне особенно важен Тюльпанов (и цветные, и черно-белые). Мне удалось убедить Мишу, что Тюльпанчик — гений. Нужно подтверждение. Если мы вытянем этот альманах — вся Европа закачается. Но нужно работать. Каторжно. А у меня еще роман идет полным ходом, уже 200 страниц, современная транскрипция Белого, Пильняка, Замятина. Как только смогу (мне обещали в Пен-клубе помочь), вышлю копию. Получите если не удовольствие, то изумление обеспечено. Правда, для четвертой части, которую я начал, мне необходимы словари беш-де-мера и пиджин инглиш, а где их здесь достать — ума не приложу. И еще, Сидней, если Вас не затруднит, пришлите мне адреса Линды и той доцентки из Лондона. Память у меня только на стихи, а фамилии я катастрофически забываю, что очень неудобно. И Ильи нету, моего «секретаря по иностранным делам».

В Америке все такие занятые, нет никакой возможности о чем-либо договориться. Сейчас тщетно ищу какое-нибудь место для Полины Климовецкой (я Вам о ней писал, очень толковая девка). А уж о себе не говорю. Ничего не понятно. А здесь хоть работы невпроворот. Но необходимы материалы. Сидней, милый, пришлите, пожалуйста! Микрофильмы же почти ничего не весят. Только заказным, чтоб часом не пропало!

Искренне Ваш. Целую руки Кэрол. К. Кузьминский

21.
А. Б. Ровнеру и В. А. Андреевой
25 октября 1975 года

Вена,
Какенгассе 20–21,
октября 25-аго

Дорогой Аркадий и не менее дорогая Вита <sic!>!

Спешу вовлечь вас в круговращение европейское, как уже вовлек Анри и себя. Не могу сказать, что мне так-таки всё стало ясно касательно упомянутых Штатов, но я туда и не спешу. У вас там конгресс славистов (на котором, по-моему, все побывали, вплоть до выставки Рухина), у нас тут намечается конгресс Пенклуба (с 16 по 28 ноября), что меня и задерживает в Вене. Кроме того, Миша Шемякин решил расшибиться в лепешку во славу России. Чтобы эта лепешка не вышла коровьей, надобно серьезно взяться и мне. Миша финансирует альманах, вполне отвечающий Вашим задачам. Его нельзя назвать чисто «эстетским», но уж и «политическим» никак. О политике там вообще не будет. Будут все имена закордонья, от китов и до корюшки, напечатаны репродукции Тышлера (4 в цвете), Свешникова, Кабакова, Шемякина, из петербуржцев — школа 50-х годов: Арефьев, Васми, Шварц и многие другие. Свыше 100 страниц иллюстраций. Помимо этого: два цикла Анри, мои стихи и проза, стихи Цветкова (он в Риме), нью-йоркские москвичи, Максимов, Синявский, одним словом, все, кроме Сола. Но и о нем будет. Будет балет (фото), музыка, этсетера. Я занимаюсь поэзией. К сожалению, весь мой архив всё еще в Израиле, поэтому делаю подборку молодых: Охапкин, Кривулин, Куприянов, Ширали, Эрль — всего 12 имен («цитирую» по памяти). Будет кто-то из парижан (Боков, Бетаки, Чертков), но это уже не по моей части. И вот тут-то в аккурат к месту пришлась бы Ваша статья «Россия — новые измерения» (ведь у Вас она идет в переводе, а это особый копирайт), и если бы еще что о Петербурге. Я уже не говорю за прозу, если есть что-либо коротенькое или у Виты о российской изящной словесности?

И до безумия нужен Аронзон. Мой весь в клятом Израиле. Если бы подборку его, стихов с дюжину, со статьей (Рита[129] мне дала карт-бланш на Леню, мы с ней дивно общались последнее время) — а без Аронзона — какой же Петербургъ? Тем более, будут работы Михнова[130]. И вообще, всё-всё-всё, что можете предложить. Танцевать придется от объема, к сожалению (формат 30 на 27, стихи пойдут в две колонки, с разделительной чертой). Постараюсь упихнуть максимум. И чтобы не было повторений. Этакий парад-алле. В целом я и сам еще не представляю, знаю только свою подборку «молодых», но судя по художникам — это должен быть блеск. И крайнее разнообразие. Если и проскочат два-три несерьезных имени, они просто затеряются в общей массе корифеев. Всё оформление делает Шемякин (рисунки к Анри, да и к другим). В общем, надо материалу, материалу, еще и еще. Если что и не пойдет, так не пропадет же! И главное, надо срочно. Не пустят меня в Париж — Миша приедет ко мне в ноябре, во время конгресса, тут и поработаем. Всё, что вы сможете предоставить, будет принято с благодарностью, но только скорее! И обязательно — биографии (любые) и фотографии (хорошие). Альманах будет напоминать селянку сборную, но это вполне национально. Тиражом в тысячу экземпляров и в твердой обложке. Уже заинтересовались в переводе на французский, на английский тож. К сожалению, мой «немецкий агент» уехал в Россию. Причем так спешно, что я даже Мейлаху не успел написать.

В общем, Аркадий (и Вита тож), полагаю, что это оптимальный вариант русскоязычного издания — не с Проффером же издавать! Миша предпочитает за свой счет, а там уж пусть переиздают. О «гонорарах», как Вы понимаете, сейчас и речи нет. Это своего рода «посильная лепта на пир отечественной литературы», как выразился Олег Охапкин в письме Союзу писателей, отчего этой весной сборник 32-х неофициальных пиитов и был окрещен «Лептой». Рецензировал его Чепуров, дальнейшая его судьба мне

---

[129] Рита Пуришинская, вдова Аронзона.

[130] Художник Евгений Григорьевич Михнов-Войтенко (1932–1980) был близким другом Аронзона.

неизвестна (мы там всю весну, по примеру художников, вели легальные игры с Союзом писателей). А потом я уехал, и дальше не знаю что. Насовали в этот сборник вплоть до графических стихов Галецкого, добрые две трети имен — прекрасные поэты. Конечно, не издадут. Холопов уже пытался купить «элиту» — пять имен, с предисловием Гнедич. Не знаю, чем кончилось[131].

Здесь проще. Здесь можно сделать всё, что мы хотим. Но нужны материалы. Нужен Хармс и Введенский (у Миши к ним иллюстрации, вдобавок надо подчеркнуть преемственность).

Здесь меня несколько перервали, зачитав письмо из Америки на тему Толстовского фонда, фермы и прочих ужасов[132]. Теперь-то хоть понятно, почему на ферму ездить не след. Ну что ж, попробуем переиграть. Париж не за горами, то есть за горами, за Альпами, но мне всё одно надо и в Швейцарию. Альманах, так или иначе, придется компоновать в Европе. Поэтому всякому присланному Вами буду благодарен и рад. В Америку я уже не хочу. Но — как Бог даст.

Кстати, Аркадий, Вы говорите, что «жаль, что нет ничего» обо мне, так обо мне даже уже некролог есть в книге Сюзанны Масси «Живое зеркало»[133], там сколько-то страниц биографии и даже стихи. Думаю, что книжку можно раздобыть где-нибудь в библиотеке, а мне Сюзанна, поганка, привезла только один экземпляр, так и хожу с ним как дурак. Сверх того, что написано, единственная новость, что выехал, а больше, можно сказать, ничего.

Дописываю вот свой первый роман, начатый уже в Вене, «Хотэль цум Тюркен», на материале российских эмигрантов. Материалу тут хватает. Где-то близко к прозе Мейлаха, но грубее: мой учитель — Веничка Ерофеев, и я по его принципу посторонних слов стараюсь почти не употреблять, изъясняюсь по пятому тому Даля[134]. А еже-

---

[131] См. письмо № 3 и прим. 53 (стр. 57).

[132] См. письмо № 22.

[133] *Massie S.* The Living Mirror: Five Poets from Leningrad. London: Vistor Golancz LTD, 1972. P. 303–312.

[134] Имеется в виду 3-е, исправленное, издание «Словаря живого великорусского языка В. И. Даля» под редакцией И. А. Бодуэна де Куртенэ (СПб.; М.: Т-во М. О. Вольф, 1903–1911), существенно дополненное в т. ч. бранной лексикой, в котором также было четыре тома. В советское время не переиздавалось.

ли серьезно, то этакое конструктивное построение из разных лексических слоев с анти-сексуальными сценами, третья часть раешником, а четвертая пойдет на беш-де-мере и пиджин инглиш. Три части (200 стр.) уже готовы, четвертую начал. Во вступительной главе на одной странице умудрился использовать 15 языков, сам ничего не пойму. От английского до марийского, включая эстонский, испанский, белорусский и чувашский.

Совсем сбился, а всё из-за этой толстовской фермы, неясности будущего в Штатах, сложностей с переездом, женой и собакой, словом — всё непонятно.

В отношении же альманаха, надеюсь, всё понятно, и если вы сможете, жду любых материалов. За сохранность ручаюсь, использование же будет зависеть от общей картины.

На сей раз посылаю список своих трудов, каковой забыл вложить в предыдущее письмо. Пусть вас не затруднит, по возможности, дополнить именами, кои есть у вас.

Простите за скомканный конец, но меня несколько ошарашили новости о толстовской ферме, буду их переваривать.

Всяко в вашем распоряжении — К. Кузьминский.

Целую руки Виты.

22.
М. М. Шемякину
26 октября 1975 года

Вена,
всё то же Какенгассе,
воскресенье,
26 октября

Грустные дела, Мишечка, о чем и спешу поделиться. Оказывается, житие «при ферме» — это обслуживание в Доме хроников, за что дается стол и квартира. Буде же удастся фермы избежать — предстоит возвращение средств: на перевозку, на прожитье в Новом Йорке, на курсы английского, этсетера — всё, начиная со встречи со статуей Свободы[135]. В отличие от ХИАСа и Айрси, толстовцы требуют возвертания сумм вплоть до судебного порядка. <...>

Дело, однако, не в этом. До сих пор на все мои письма в Америку следует стандартное приглашение прочесть 1 (одну) лекцию в каждом университете. От Сюзанны после письма Джексона больше месяца нет никаких вестей. Место «поэта при университете» пока никак не светит. Путем чего сижу в думах и заботах. О деньгах я не стал заикаться, зная твои расходы. В конце концов, толстовских шиллингов хватает если не на бумагу, то на харчи. Бумага же здесь непропорционально дорога. Прямо хоть не пиши. Но об этом — в первой части «Цум Тюркена».

Вопрос лежит в иной плоскости. Стоит ли мне при нынешнем положении вещей въезжать в Америку не на белом коне, а на вполне захудалом осляти? В пятницу я был у Рогойского. Он почему-то сам завел разговор за фремденпасс, присовокупив, что Глейзеру выбили с большим трудом. Очень одобрительно отнесся к моей предполагаемой поездке в Швейцарию, и столь же хорошо — в Париж. Но: для получения фремденпасса нужны знакомства в министерстве каких-то дел в Австрии (вероятно, иностранных), лессе же пассе пустит в одну сторону. Так что, может быть, твоя идея насчет моего жития в Париже не столь уж странна. Но тут нужно выяснить, чем я могу тебе быть полезен (чем ты можешь быть мне — тебе не объяснять!). По достоверным сведениям (Игорь[136] у нас законник), попав в какую-либо страну даже с лессе потсе, трудно быть вышибленну из таковой. Так что, попади я в Париж, с твоей помощью мог бы и осесть. Но ты же сам знаешь, Мишенька, сколько у тебя сейчас расходов, а с моим приездом они, как ты понимаешь, не уменьшатся. Квартира, скажем, мне не нужна — какая-нибудь комнатка с электроплиткой поблизости от тебя, и всё. В отношении взаимной помощи: с меня, как ты понимаешь, кроме дел литературных, толку мало,

[135] См. приложение к пьесе Кузьминского «Ясная фарма» в [АГЛ 5Б: 640].

[136] Игорь Шур, «секретарь» Кузьминского в Вене.

но вот Мышь с радостью взяла бы на себя всякую черновую художественную работу, вплоть до фото (да ты ведь знаешь, она и уборкой не брезгает). Ривчика же она могла бы высвободить для настоящей работы, то бишь раскрашивания тебя в разные цвета. Но это, скажем, о планах.

Ноябрь я всяко пробуду в Вене, мне надо закончить начатые Роз-Мари дела с передачами и статьями. Она же оставила мне рекомендации на все свои связи. Томас Ротшильд (не путать с мадам!) издает журнал, куда рекомендовали мои вещи[137]. Издательство «Пропилеи» в курсе о моем существовании. Издательство М. Дюмон Шауберг — в курсе о твоем (это самое крупное по искусству в ФРГ), они очень жалели, что тебя не было на ярмарке во плоти, чтобы до чего-то договориться. И еще одно издательство в Западном Берлине. Но всё это требует переписки, уточнений, планов и т. д. В этом отношении альманах был бы заявкой всемирной! Кроме того, на конгрессе Пен-клуба (с 16 по 23 ноября) будет 500 писателей со всего мира. Председатель австрийского Пен-клуба Фидерман весьма оценил твои каталоги, а он один из организаторов. Так что если ты выберешься в Вену на недельку в этот период, мы сможем что-либо предпринять. И заодно серьезно обсудить планы на мое «будущее». К тому времени будет более или менее ясно, получу ли я фремден-потс или просто лессе потсе. В Швейцарию меня приглашают погостить и выступить, более недели это никак не займет и (может быть) хоть оправдает дорогу. Ведь у нас же проблема и с вещами, и с собакой. Правда, вещи и собаку можно было бы послать в Париж, но опять обременять тебя! А из Парижа в Штаты лететь нельзя (это может решить только графиня Татищева[138], но уже

---

[137] Thomas Rothschild — австрийский журналист, германист и славист; в 1962–1963 годах был на стажировке в МГУ. В 1975 году кандидатура Ротшильда рассматривалась на пост редактора франкфуртского журнала *L76. Demokratie und Sozialismus*. Благодарю Т. Ротшильда за эти сведения. — *И. К.*

[138] Мария Дмитриевна Иванова (Татищева) — директор Толстовского фонда в Париже.

в Париже — заранее ей говорить не резон). Виза моя в Штаты получена (но не на руки!) и действительна по 23 февраля. Так что если я окажусь в Париже, даже с лессе пассе, до февраля можно будет перекантоваться и хотя бы закончить альманах. А там видно будет. Графиня Татищева содержания платить не будет (их дело поскорее сплавить меня в Штаты), но на самолет посадит (?). Сюзанна же делает для меня всё, что не касается ее кармана. Обещала отправить собаку, но на вопрос — как? (а это долларов 500!) упорно не отвечает. У меня же зашитые в воротник 100 долларов (еще твои с прошлой весны, вывез их!) уже испарились. Берег, берег на случай Нежки, но срочно потребовалась бумага и копирка (а копирка здесь шиллинг лист, пользую ее по 20–30 закладок, до белизны), пришлось разменять — и нет их. Мышь всяко экономит, но из 90 толстовских шиллингов в день 48 уходит у меня на сигареты, а не курить я не могу, хоть не пью, и ладно. Сюзанна эти вопросы обтекает, слава Богу, хоть рекомендации дает, того же Джексона — очень впечатляющее письмо, попробую пойти с ним насчет фремденпасса к американскому послу, а не к консулу, в среду. Этот ебаный фремденпасс сделал бы меня свободной птичкой, и тогда я уж как-нибудь до Парижу бы и добрался.

В общем, Мишенька, прости, что я жалуюсь, из России это всё видится несколько иначе, а поголодать тут еще придется, пока не издам роман, пока не сделаем альманах. Мышь вырезала размер (33 на 27,5 — так, по-моему?), и я его повесил на стенку в изголовье, чтоб представлять. Смотрится весомо. Кстати, Мишенька, если всё будет ладушки и я смогу поработать в Париже, то ведь не нужно будет нанимать машинисток — уж 300 страниц я как-нибудь и одним пальцем подниму на типографской машинке. И размещать мне не привыкать — ведь сколько книг сделано, и прямо хоть в печать!

Да, написал Ровнеру в Нью-Йорк на тему его статьи, кроме того, у него есть Аронзон (а это был гениальный поэт, друг Михнова — вот бы их рядышком!) и попросил Введенского-Хармса. Также написал Сиднею, с просьбой прислать мои микрофильмы — там у меня весь Олейников, Введенский, Хармс, то, что я делал для тебя и тогда вернулось из Москвы, — нужен только проектор, спечатаю со стенки. Там же и твои иллюстрации к Алику[139] должны быть, если не потерялась пленка в этих всех переездах. <...> В общем, к середине ноября надеюсь собрать свои архивы, за вычетом израильского. С тем по-прежнему ничего не ясно. Ни Эстер, ни Гробман не отвечают. Цензура у них там, что ли? Может, мне самому написать Агурскому? Пришлешь ли ты мне когда-нибудь все адреса, которые я просил? Позвонил ли ты Велле? У меня же эстонцы ждут, а там, помимо Макара[140], такие графики! Мишка, такое впечатление, что ты моих писем не читаешь! А по телефону я просто наслаждаюсь разговором с тобой, и все дела у меня из головы вылетают! Просмотри мои письма, если не выкинул, там много вопросов, и ответь сразу в одном.

Самое разумное, что можно сделать, это приехать тебе на недельку во время конгресса Пен-клуба, а в декабре я мог бы уже сам в Париж и засел бы за альманах. Всю работу я мог бы поднять за месяц, ну, за два, а Мышь помогала бы Ривчику, играла бы с Доськой, а вы бы спокойно гнали работы к выставке. А там, к февралю, уже ясно было бы — ехать мне в Штаты или учить французский язык. Но надо бы найти самую дешевую комнатку, куда пустят с собакой, поблизости от вас — и чтобы вас не стеснять, и чтобы самому работать. Но сколько это будет стоить? Ведь толстовцы меня в Париже вряд ли будут содержать, а гонораров моих пока не видно. Да и Роз-Мари уехала, хорошо хоть работу сделала — перевела и отослала, а дальше придется всё самому.

Только что ушел Игорь, делали прожекты насчет грядущего бытия. Антропософы делают и ему приглашение в Швейцарию, но он повязан по рукам ХИАСом, ХИАС же отправляет тоже из Вены. Кстати, Мишенька, об антропософах разговор особый. Это единственные здесь люди, которые делают всё, что обещают, при этом не имея корысти. Беда в том, что центр их, Швейцария,

---

139 Роальд Мандельштам.

140 Художник Владимир Николаевич Макаренко (см. письмо № 3).

отличается минимальной проницаемостью. Попасть туда сложнее всего. Однако после тебя самый теплый визит был Анни Ян, я ее видел в первый раз, но она друг моего друга[141], и этого для нее было достаточно. Какой-то совершенно не «западный» человек. У самой денег нету совсем, но есть друзья-антропософы всюду. Была у нее школа ручного ткачества, но накрылась. Понять почему, трудно, она говорит только по-немецки. Седая, удивительно обаятельная и жизнерадостная. Сейчас, по ее просьбе, меня приглашает композитор Гунцингер[142] пожить на вилле у него недельку, ознакомиться с Гетеанумом, школой Рудольфа Штайнера, выступить со стихами. Антропософы имеют много друзей в России еще со времен Андрея Белого. Сейчас Анни занята перестройкой отеля под жилье, поэтому времени почти не имеет, но нашла «пригласителей» и мне, и Игорю[143]. А Игорь удивительно толковый человек. В свои 29 лет (праздновали здесь), со своей куриной слепотой, он знает все европейские языки (петербуржская школа!), матлингвист по профессии, интеллигент по призванию. Моя правая рука по всем иностранным делам. Ходит чуть не вслепую, но знаний — полная голова. Подал на французскую Канаду, там вполне можно найти работу. Вот единственный человек, с которым мы общаемся в Вене. Сейчас вынужден был принять «пост» директора цум Тюркен (фарцовщик Коля лихо свалил контрабандой в ФРГ), но основную Колину функцию — скупать для Беттины барахло у эмигрантов — категорически отверг. Поэтому и бывает у нас сейчас реже — раза три в неделю. Заставляю его, помимо перевода моих статей, писать собственные, он же пока сопротивляется. Но думаю, если за этим альманахом пойдут другие, без него не обойдется, будь он даже в Канаде. Я столь подробно пишу о нем, потому что без его советов

---

[141] Льва Нусберга. См. письмо № 10.

[142] Йозеф Гунцингер (Josef Gunzinger, 1920–1989) — швейцарский композитор, с 1949 года активный участник музыкальной жизни Гетеанума. Одно время планировал продать свою виллу, чтобы финансировать исполнение девяти симфоний Бетховена в Дорнахе.

[143] Игорь Шур.

и помощи я тут шага не способен сделать. Мышь ему пришивает пуговицы, а он ходит со мной в полицию. И к врачу он меня возил, и Нежку он же. Мышь ему за это выгладила брюки для канадского посольства. Сам же он стакан чая не способен выпить, не пролив. Но зато — голова! У меня такой нет, обхожусь, какая выдана.

Кстати, вот Игорь ушел, а там в письме Анни Яна выражено пожелание и тебя видеть в Швейцарии. Может, после конгресса и двинем? Через Швейцарию нах Париж![144] Но на конгрессе-то тебе обязательно надобно побывать. С расходами у них туго, тут японцы предложили чайную церемонию, все были в восторге, но потом выяснилось, что для этой церемонии им придется привезти 55 человек обслуги, и Пен-клуб загрустил. Из Парижа меня бы не выписали. А так я уже тут. И ты мог бы совместить приятное (меня) с полезным (конгресс). На ярмарке ты вот был позарез нужен, а сейчас Роз-Мари уже в Москве, я с ней для Юки[145] послал всяких игрушек (сам обалдел) и матушке самых красивых конфект. Взяла без разговоров, хоть и весу было! Но нельзя же о мелких забывать, там, в России. Ну и секретарше послал (Мышь там сэкономила босоножки для нее). Ее вот тоже надо вытаскивать, а как? Прямо через Израиль нельзя, у нее папа черный полковник, а моим путем — пожалуй, можно. Об этом поговорим особо. Она машинистка, корректор, а без нее я как без рук. С ней бы можно было дюжину альманахов поднять, она у меня за год наблатыкалась. Сейчас послал ей письмо, если решится — надо будет тащить. Но как, как? Я и сам-то еще в воздусях пребываю. Мышь ей на трех страницах написала письмо, что надо ехать, да еще я боюсь, как бы ее за мои дела там не прихватили.

А тут вот Нежка вроде простудилась. Воды у нас горячей два месяца как нет, сами немытые, так это чепуха, а она грязными

---

[144] В Париж! (*нем.*).

[145] Юлия (Юка) Казимирова, дочь К. К. Кузьминского и Н. В. Казимировой, скончалась в 2001 году. См.: *Кузьминский К.* Тихий над тихим. URL: http://kkk-pisma.kkk-bluelagoon.ru/rapoport.htm (дата обращения: 31.05.2021).

лапами глаза терла, покраснели. Пришлось мыть по частям, воду грели в банках и носили в ванну, а сейчас она чихает. Борзые же страшно боятся простуды. Во вторник Кира Львовна обещала занять денег, сводим к врачу. Заодно и глазки посмотрим. Валяется на койке и рычит. А иногда вздыхает и хрюкает как поросенок. Без нее бы мы тут совсем озверели. А так — натуральный человечек, и даже, по-моему, разговаривает. Ежели ехать в Париж, надо в первую голову подумать о ней. Есть ли там где побегать? Какие-нибудь Елисейские поля? И как там к собакам относятся? К Нежке-то, положим, везде отношение особое, я сам уже вроде «при ней» состою, никто внимания не обращает. А представляешь, какие съемки можно закатить с борзой и со всем твоим собачатником? Еще бы Сигитова и мумию Олежку Лягачева (его мы прямо запеленаем, как фараона, всё равно он как мебель!), только Есаула не надо[146]. Если Есаул приедет, я из Парижа в Новую Гвинею сбегу — уж очень я его, мягко говоря, разлюбил! А потом издадим-таки альбом «Русская эмиграция». <...> Ах, Мишенька, Мишенька, выбраться бы только из этого статуса «транзитного эмигранта», такого можно было бы насочинить!

Кстати, о фотографиях. Сохранились ли у тебя Птишкины[147] фото? Я из них потом альбом ему обещался сделать, а пока — почему бы парочку в альманах не пустить? Только не в уменьшении, а нормально. О фотографиях надо подумать особо. Но у меня здесь ничего нет, всё в Израиле, а я уже и сам не помню, что у меня там есть. И чего нет.

А Мышь тут ходит с разбитой мордой, и все думают на меня. Здесь в среде русских эмигрантов это принято. Над нами ежедневный мордобой идет, муж и жена выясняют, зачем они выехали. Попутно лупят двоих детей. Иногда днем, иногда ночью.

---

[146] Сергей Михайлович Сигитов (1941–2020) — музыковед, коллекционер; был близок к группе «Петербург» (М. Шемякин, О. Лягачев, Е. Есауленко, В. Иванов). С Шемякиным познакомился в 1962 году через художника Олега Александровича Лягачева, в квартире которого жил после поступления в консерваторию.

[147] Пти-Борис — фотограф Борис Смелов.

Потолок дрожит. А я Мышь и пальцем не трогал, это результаты ремонта Вены. Шла и глазела на витрины (дамское занятие!), да еще с Негой, приложилась устами сахарными об леса. Венки — те бюстами вдаряются, им ничего, а у Мыши на том месте, где у венок бюст, самый лик расположен. Чуть зубы не выбила, а при чем тут я?

Вот так и живем, то я ногу сломаю, то Мышь морду разобьет. А что потом скажут господа эмигранты? Опять Кузьминский в пьяном виде безобразия творит?

Ривчик мне так и не ответила, больше не буду писать ей стихов. Только Досиньке:

От Шенбрунна до Орли
Кто-то там платочком машет:
Доротея там вдали
То ли плачет, то ли пляшет.
На французском языке
Изъясняется мадама
И сжимает в кулаке
Эквадорских два банана.
Попугай сказал: «Коко!»
(То ли Кока, то ли Кака)[148].
Я ужасно далеко,
И на мне висит собака.
И на мне висит жена,
И четыре чемодана,
А в Париже ждет жара
И жаркое из барана.
Мы сыграем в экартэ
И стаканчик выпьем чаю.
Доротея, Дороте —
Я тоскую и скучаю!

Целую, однако, поголовно, включая попугая и собаков.

ККК

[148] Кока и КаКаКа (ККК) — прозвища К. Кузьминского.

23.
А. П. Цветкову
10 ноября 1975 года

Вена,
Какенгассе 20–21,
10 ноября, холодно

Алеша!

Новостей, можно сказать, нет, пишу, чтоб не скучал. Виделся <с> Машенькой Разумовской[149], обеспокоена твоим положением, будущим, взяла адрес. Мыслит что-то присоветовать. В Вене голодно унд холодно. Перед конгрессом выясняют мою «политическую благонадежность» — наводят справки у политэмигрантов. Смешит. С 16 по 23 будет конгресс, неясно еще, в качестве кого и буду ли присутствовать. Ежели буду, то буду говорить о двух искусствах России и говорить буду круто. Как мне стало ясно, рекомендация, допустим, Сахарова, стоит здесь одной советской публикации или трех заграничных. Уважение к Союзу писателей здесь в крови. Или — Шолохов, или — Солженицын. Оба члены. Отчего становится зябко. Москвичи плачут в Америке, печатает один Роман Гуль в «Новом журнале».

Теперь слухай. Я не суюсь в «Континент» и тебе не советую. Надо подождать, пока пригласят. Пока впереди светит только альманах. Там всё будет упираться в стоимость печати. Я хочу поместить несколько твоих стихов, «Сердце по кругу» и «Предложение лука». Это будет и солидно, и серьезно. После конгресса сразу же, как получаю фремденпасс, двигаю в Париж и сажусь за альманах. Миша звонит через день по часу, но это всё не работа — на расстоянии. Засяду плотно до января, а там — как прояснится. Сил здесь уже хватает: 12 поэтов, 11 прозаиков, 7 эссеистов (это по моим подсчетам), и как бы ни кобенились — альманах будет. Рекомендую тебе пока не рыпаться, читать русскоязычную литературу по мере обнаружения и составлять

[149] См. письмо № 7.

себе представление. Пойми, тут не до нас, и чем больше мы будем рыпаться — тем меньше шансов. Я буду о тебе говорить и с Максимовым (буде он будет — на конгрессе, я разумею), и с другими, но вот проблема: хотел рекомендовать тебя в швейцарскую антологию — нет переводчика на немецкий. Роз-Мари перевела меня и уехала, а Лиза Уйвори — сама пишущая и терпеть не может переводов. Кроме того, ее привлекают крайне левые, сделала в «Ульштейне» книжку москвичей на билингве: Холин, Некрасов, Лен, Лимон, Сапгир, Бахчанян[150]. Русский текст на прескверной машинке, немецкий — типографский, втрое мельче. Не впечатляет. Вся книжка принесла 15 тысяч шиллингов, авторам — по тысяче на рыло. Ищу свои ходы и выходы, но начинаю понимать, что весь вопрос упирается главным образом в переводчика и менеджера. Так что не торопись. Попытайся прикинуть свои возможности и планы, помимо поэзии. Попробуй работать прозу. Я свой роман, с Машенькиной помощью, заканчиваю — около 250 страниц (нормальный объем пэйпербэка), и будет он весьма не по зубам ценителям нашим. Часть его идет в альманахе, целиком выпустим в Париже за свой счет. Сейчас я резвлюсь как хочу: включаю туда письма, страницы из чужих книг, тексты на 15 языках сразу, и вообще, делаю что хочу. Я не задаюсь (внешне) целью быть полезным, это должно быть в подсознании.

Так и тебе: советую пока попридержать стихи, не тыкаться, как слепой щенок (это не относится к альманаху, там дело более или менее решенное), а просто подождать: я тут верчусь в этом кругу — мне и то непонятно, а ты сам говоришь, что в Риме никого нет. Но «Новый журнал» или там «Вестник РСХД» — попробовать можно, но я с ними никак не связан. Насчет «Посева» просто не знаю. Темная контора. Так что напишу тебе уже из Парижу, там много наших, там будет всё ясней. Меня сейчас переводят для Гренобльского «Парле», но... предстоит еще — убедить редактора. Здесь с публикацией пока заглохло, я без авансу не тороплюсь

---

[150] Лизль Уйвари (Liesl Ujvari, р. 1939) — составитель антологии «Freiheit ist Freiheit. Inoffiziele sowjetische Lyrik» (Zürich: Verlag der Arche, 1975).

работать. Статьи (уже переведенные) сдал, но пока молчат. Жду. И тебе советую ждать: мы здесь — младенцы в джунглях.

Обнимаю тебя.

Твой К. Кузьминский.

Пиши на Шемякина (с 1-го декабря)

24.
Э. Вейнгер
19 ноября 1975 года

Вена,
Хакенгассе 20–21,
ноября 19-го

Эстер, маленький, прости меня, ради Бога, я же не знал, что ты болела, причем серьезно. Выражение же «мерзкие письма» отношу на счет твоего послеболезненного состояния, но никак не могу усмотреть в них ничего мерзкого, за вычетом искреннего. Кто, как не ты, может понять, что архив для меня — это, можно сказать, жизнь (и не ошибиться) и что волновался я не попусту, поскольку письмо Охапки мне предъявляли еще до твоей болезни, и не твоему выздоровлению (коему я рад!) я обязан его возвращению, а усилиями Агурского, «Континента», Володи Максимова, Шемякина, Сюзанны, сенатора Джексона — ты видишь, кого мне пришлось поднять, чтобы получить свои 12 кг бумаги и несколько роликов микрофильмов, и все их усилия были бесполезны, поскольку не было тебя. У меня же никого нет в Израиле. Гробман не отвечает на второе письмо — он тоже болен? А я пишу по просьбе его друга. И больше у меня там НИ ДУШИ, не считать же милого Анри — он, по-моему, сменил Селигер на Тивериадское и даже не заметил разницы[151], разве что завел ха-

[151] Анри Волохонский окончил в Ленинграде аспирантуру Научного института озерно-речного рыбного хозяйства и в Израиле работал лимнологом на озере Кинерет в Тивериаде.

мелеона. Эстер, и во всей этой свистопляске, когда мне оставалось думать, что мои письма не пропускает военно-полевая цензура, как я мог подумать, что ты больна? Я мог думать всё что угодно, только не это: слишком всё сошлось одно к одному! И даже сейчас, вместо того чтобы спрашивать, чем ты болела, как ты сейчас, чем тебя порадовать, — я всё о том же, об архиве, потому что иначе — зачем я жил?

Я думал, мне объявили войну (впрочем, так оно и было), и боролся всеми доступными средствами. Только вчера, когда я позвонил из Толстого фонда в эмбасси, мистер Горев (на сей раз крайне любезным тоном) сообщил, что ты нашлась и что всё в порядке. Любезность тона относилась явно не за счет твоего выздоровления, а за счет письма сенатора Джексона. А мне попутно приходится вести войну с австрийской полицией за фремденпасс, потому что перед Америкой (или вместо?) я намерен еще побывать в Париже, Швейцарии, Гренобле. Везде меня ждут, выслали мне уйму приглашений, правда, ехать не на что. Свыше десятка статей написанных пристроены покамест на треть (очень мало связей) и будут оплачены... впоследствии (по напечатании, этсетера). Авансы обещают, но не дают. Придется есть бедного Мишу, который все деньги вхлопывает в альманах, ради которого мне и надо в Париж — без меня — что ж за работа? Ну, еще антропософы помогут (хоть Швейцарию повидать), а в Вене здесь уж больно неуютно. Комнату не топят, стёкла выбиты, дрожим втроем на 90 шиллингов в день. А на мою переписку с целым светом уходит 200 шиллингов в неделю. Это я не к тому, что мне <не> на что архив высылать (тут мне Миша поможет), а просто доллары я размотал на Пратере, на всяких детских удовольствиях — качели, карусели, балаганы — по сту долларов враз! Но зачем я и ехал — поесть венских сосисок в Венсенском лесу и побывать на Кони-айленд. Если тебе не интересно, Эстерка, не читай, на второй странице я дам сухие инструкции насчет архива, мы же с тобой еще в Санктъ-Петербурге, давно, перестали понимать друг друга, а если что и поддерживает, так это не ноябрь 67-го, а 62–63 годы. Кроме того, меня непьющего ты отродясь не видела, а я уж и забыл, как это делается. Дело в том, что я человек эмоциональный, поэтому выводы делаю тоже эмоциональные. Ты замолчала — значит, виновата цензура. Я настолько уверился в существовании таковой, что начал писать эзоповым языком, на манер Васьки Бетаки. Гробман не отвечает — отношу это не за счет личных качеств (и того, что мы незнакомы), а за счет причин внешних. И сколько дров успел наломать в этой войне народной, что самому страшно. Правда, не без пользы. Буржуазная тоталитарность Ближнего Востока весьма отличается от Дальнего, одна из причин, по которой я предпочел Израиль Биробиджану. Кстати, деточка, когда-то ты любила мои ранние стихи — прежде, чем отсылать, прочитай «Биробиджан». Думаю, что ты не пожалеешь, что знакома с поэтом Кузьминским. Оставим Осю[152] твоей юношеской (девичьей) любовью. Подумаем обо мне.

Эстер, милая, не сердись ты, ради Бога, и не обращай внимания на мелочи стилистические. Я и так чувствую, что тут что-то не то: ты и здорова была, а на письма не удосужилась ответить, а теперь еще и заболела. Что? Как? Я ж ничего не знаю. Сижу себе в этой Вене, переписываюсь со своей профессурой, пишу статьи, которые пока никуда не пошли, жду Мишу (он обещался из Штатов на обратном пути заехать, а всё нет), от Миши зависит, как высылать архив, авиа слишком дорого (12 кг!), значит, обычной почтой, и даже страховать нет смысла — что мне деньги?, а через «кого-нибудь» — кто и когда? Лучше уж зашить в холстину бумаги, и обычной почтой через месяц дойдет, заказной посылкой, наверное. А микрофильмы и пленки магнитные вынуть — и отдельно, авиа. На днях пошлю денюшку, это не проблема, не знаю только когда. Прости, Эстик, что я тебя этим занимаю, да еще когда ты и не оправилась (сама же пишешь, что еле двигаешься!), но уж очень мне господа эти нервы потрепали, потому и на тебя рычал, что спокойно относилась. В июне прошлого года, во время повяза Володи Марамзина, я заканчивал книгу «14 поэтов» (молодых — Кривулькин, Чейгин, Ширали и т. д.), и вся она лежала у меня на столах, было очень приятно — ожидать «гостей», и весь год последующий, когда я завелся

---

[152] Иосифа Бродского.

и делал книгу за книгой (материалу-то накопилось за 15 лет довольно!), и всё время ждал, играл с огнем, приглашал дипломатов и корреспондентов, устраивал выставки и чтения (один по улице ходить боялся!), чудом выкарабкался — и не могу получить архив. А сколько еще пришлось оставить! Статьи тут пишу по памяти, но альманах, который затеял Миша, памятью не обойдется, нужны тексты, каталоги (там же все данные), слайды, и (не помню) есть там левитинская графика или нет?[153] Вроде я клал туда Левитина, Шемякина, но не уверен. Собирался в жутком безумии, сначала это дипломаты обещали, и в последний момент нагрели, пришлось в последний момент к голландцам, что-то перетасовывалось в последний день, поэтому и не уверен, есть там графика или нет. Слайды-то точно есть, магнитофонные пленки и микрофильмы, а графики может и не быть. Но я тебе уже писал в каждом письме список, так что повторяться не буду. На кого мне еще было надеяться? На Анри, который в Тивериасе, или на Гробмана, с которым я не знаком? Потому и ругался на тебя предпоследними словами, ты же принимала их всерьез.

В общем, забери ты, когда сможешь, всё это, подожди, пока я пришлю денежку, и оправь — бумагу отдельно, пленки отдельно, чтоб не всё сразу пропало. Там еще должны быть мои <бумаги> (и Мышкины документы, на Кузьминского и Подберезкину, всякие свидетельства о рождениях и браках, но они меня мало волновали, я и не писал), их можно письмом, могут скорее понадобиться. Я со дня на день жду фремденпасса и по получении такового намыливаюсь в Париж через Швейцарию — в первых же числах декабря (?), так что посылать имеет смысл всё на Шемякина. Его адрес: ...[154]

За месяц даже обычная почта дойдет, а я намерен пробыть в Париже как минимум до февраля, делая альманах. И, может, до мая (?). В Штатах мне еще подыскивают место а-ля Иося[155], но

---

[153] См. письмо № 3.

[154] Парижский адрес Шемякина был вписан в оригинал письма латиницей от руки; в копии отсутствует.

[155] Иосиф Бродский.

обещают не раньше нового учебного года. Так что буду пытаться зацепиться в Париже. Видел мельком Эткинда (коего в России не знал), встретил крайне мило, очень высокого мнения о моей поэзии (откуда он знает?), это он моему другу заявил и предложил участвовать в сборнике «Культура и антикультура», который он делает с Бёллем. Может, уроки русского поможет найти, только бы не связываться, как Бетаки, с радиостанциями типа «Свобода», меня за это друзья (там в России) морально убьют. Роман заканчиваю. Бог даст, с Мишей издадим. Скандал обеспечен. Вышлю на рецензию. Бочка удовольствия.

Но всё-таки, что с тобой, Эстер? Из открытки я вынес только, что ты меня возненавидела, да ты и раньше не очень любила, а вот что с тобой? Напиши хотя бы. Всё равно твой — К. Кузьминский, 5-й поэт Санктъ-Петербурга, с любовью.

25.
А. Г. Волохонскому
19 ноября 1975 года

Вена,
Какенгассе,
девятнадцатое ноября

Анри,
милый мой Анри! Здесь холодно, голодно, а у Вас там хамелеоны по Мертвому морю бегают, и зреют различные финики. Грейпфрутовым соком израильским упивается старая Вена. Я не писал Вам, поскольку Вы месяц обещали быть в отсутствии, но соскучился. Аркадий Ровнер потешил меня сатанинскими рассказами, но с этаким петербургским изыском, в отличие от Мамлея. Ровнер откуда? В своей автобиографии он не упоминает. Они дивные люди. Оба два прислали мне бочку материала альманаха для. И еще обещали. Вика дивно пишет о Вас в своей статье. Я тоже пишу. Уже второй раз. Помимо альманаха, который само собой, графиня Разумовская, заинтересовавшись, предложила напеча-

тать в Вене. Переводит (мои статьи) она с фантастической точностью и изыском, злоупотребляя (для немцев) русизмами. Насчет Вас надо особо поработать. Теперь: Шемякин в восторге от Вас (то, что он читал у Гуля[156]), и надеюсь полностью обратать его в Вашу пользу. Думаю, что будет делать «Фому»[157]. Он уже проникся, остается еще учитать его Вами. Мишка в восторге от всего «петербургского» в наилучшем значении этого слова (тонкость, культура, изыск, ирония — то есть то, что преобладает в Вас). Не люблю «первичую» поэзию, пуповую. Исключение — Глеб[158]. Ибо — органичен. Поэзия должна быть «вторична», ибо литература есть — реминисценция. 48 значений одного слова плюс все ассоциативные ряды. Вы же делаете просто антилитературу, за что и люблю. Дивную песню «Про рай» цитирует Ровнер. Правда, не совсем к месту, но с чувством. Надо бы ею и закончить, но — не удержался. Зудит перо прозаика. Анри, милый, всё будет хорошо. Шлите мне тексты беспрестанно. Пока в альманах хочу всего «Иога и суфия» (то, что Вы дали) и «О картах», невзирая на Гуля (надеюсь, Вы ему не продали копирайт?). То же относится и к трактатам. Один из них пойдет непременно. Миша еще не читал, но будет зависеть не от него, а от остального материала. «Лабиринт» Вам высылается Мейлахом, через кого и как — не знаю пока. Беда с Хвостом: полный том его сочинений (продукция Эрля), какого не было и у него, нежно мне надписанный, был у меня ухищен А. Б. Ивановым[159] — и с концами. Больше у меня Хвоста нет, отдельные текстики. Очень жаль. Но Хвост — дело будущего. Не начать ли его с томика совместного творчества? Было бы очень изящно. Но записи, записи! Напиши-

---

[156] Стихотворения Анри Волохонского, в том числе часть цикла «О картах», публиковались в № 120 и 121 нью-йоркского «Нового журнала» за 1975 год, редактируемого Романом Гулем.

[157] Сочинение Волохонского «Фома. Удивительная поэма о знаменитом схоласте Фоме Аквинском, его учителе Альберте Великом, о искусственной женщине, Альбертом созданной, и повествующая о том, как сказанный Фома с нею спорил и как, разгневавшись, ее испортил» (1964–1966).

[158] Глеб Горбовский.

[159] О художнике А. Б. Иванове см. [АГЛ 5Б: 182].

те ему, если есть связь, чтобы он записался в Ленинграде, через мою секретаршу (тел. 350735 и 473893) или Юлию Вознесенскую (735369), запись мне потом перешлют. У того же Миши Крыжановского[160], но его лучше не упоминать. Обидно, Анри, что тут приходится начинать всё по новой. Я тут написал довольно злую статейку по поводу имеющего быть в Вене конгресса Пен-клуба, о том, что обсуждаются проблемы «чайной церемонии» (нужно пригласить 55 японцев для нее), русские же проблемы не возникают. Меня-таки не пригласили, я не член СП. Здесь Некрасов, завтра приезжает Максимов. Эткинд приезжал сделать доклад о Рильке и уехал, мы с ним крайне мило пообщались. Надеюсь, в Париже будем работать вместе, он человек мыслящий широко. Хочу привлечь его к альманаху (а он меня к сборнику «Культура и антикультура» вместе с Бёллем). Бёлль, правда, не ответил на мое письмо, но может, просто не понял. Мы с ним общались полчаса в 66-м году в Павловске, и очень мило. Миша сейчас поехал в Штаты, поговорить с москвичами и о своих выставочных делах. На обратном пути обещал завернуть в Вену. Имеет идею серии книжек в своем оформлении. Вами он проникнется, это я уверен. А художник он — один из лучших в России и лучший на Западе. Изыск и культура потрясающие. Очень близко Вам. Впечатление, что я вас сватаю друг другу, но это и нужно. В вас имеет быть близость.

Всё «мило», «дивно», сплошной «изыск». Жизнь же оными качествами не отличается, приходится «бороться» и страдать. Мой израильский архив нашелся (не без помощи сенатора Джексона, будто дел у него больше нет, а пришлось побеспокоить!), сейчас мне делают фремденпасс, без которого Париж невозможен. Живу еще по розовой советской визе, с ней никуда не поедешь, разве в Штаты. А надобно посетить еще антропосо-

---

160 Михаил Викторович Крыжановский (1943–1994) — звукорежиссер молодежного клуба «Восток» в ленинградском ДК работников пищевой промышленности; у себя на квартире организовывал выступления и записи бардов и поэтов.

фов в Швейцарии (как Вы к ним относитесь? Говорить ли о Вас?), они меня приглашают почитать и погостить. Кто такой Рудольф Штайнер, я не знаю (за вычетом скульптуры Христа[161], но это хорошо), антропософы же — единственные бескорыстно добрые на Западе люди. И потом — Гренобль. Там у меня есть дела с журналом «Парле», предлагают публикацию на билингве. Художник Марк Пессин делает книжки для библиофилов, по 600 франков штука, это красиво. Имеет идею этим заняться и Миша, он уже думал. Сочетать графику с приемлемым (художником) текстом. А-ля Апполинер и Рауль Дюфи. Я — за Аполлинера, Миша за Дюфи. И Вы тоже. И еще потом кто. Было б не столько денег, сколько «изыска». А параллельно — серия альманахов на газетной бумаге. Если удастся зацепиться в Париже, этим и займусь. Если нет, в Штатах это будет сложнее. Не говоря о том, что без Миши. Кстати, что за письмо у Вас в РСХД? О нем ни словом не упомянуто в рецензии Терновского, о чем оно?[162] Терновский, по моему мнению, и некоторых других — ортодоксальная бредятина, ему б в церковном хоре петь, а не в «Континенте» секретарствовать, но он здесь в фаворе, и в Пенклубе тоже. Не люблю ортодоксальных христиан, люблю Яшу Виньковецкого: так бредит, что ничего не поймешь, и поэтому — красиво. Сам я христианин языческий, и возможно, мормон, но не уверен. Не в антропософы, так в антропофаги, я лично существенной разницы не вижу. Анри, очень грустно без Ваших писем. Обидно: мне позванивают из Петербурга, но уже всякий интерес к нему пропал. Стараешься не думать, ибо ничем не можешь помочь, изменить события. Я сейчас в положении какой-то копилки прошлого: ведь мной собрано свыше ста имен, писавших за последние 20 лет. Единственное полное собрание

---

[161] Восьмиметровая деревянная скульптура, центр группы «Представитель человечества» («Menschheitsrepräsentant»), созданной Штайнером в Гетеануме.

[162] Письмо А. Волохонского о неприязни христиан к евреям было опубликовано в № 1(115) «Вестника РХД» за 1975 год (С. 139–141).

Алика Мандельштама — около 400 стихотворений, Глеба просмотрел 3000, выбрал 40. И так далее, вплоть до Ентина, который упорно не пишет и отказывается от написанного. Первую книжку Иосифа сделал тоже я, в 62-м. И что это теперь, куда? Допустим, издавать я смогу, с помощью Миши, но как быть с конвенцией, когда, например, уже Эрль особо просил, чтоб его не надо? И Бобышев, которого я выкинул из книжки[163], поднял постфактум такую вонь, что даже здесь приходится расхлебывать. Говорит от лица Рейна и Наймана, а они согласились, их Миша Мейлах обрабатывал. Дима же бунтует и кричит, ему вторит Горбаневская, а я отродясь дамами не занимался, переведу Бобышева в женскую поэзию, поскольку он кокетка, на том и покончим. А Эрлюша сам не знает, чего хочет. Сколько уж времени, как он человек «разочарованный в себе», по собственному определению. Не печатать — плохо, печатать — тоже не без неприятностей. Ведь если я помру, так они все останутся порознь, наедине с собственной гениальностью. Мейлах знает один круг, Эрль другой, а в целом — только я. А еще Москва, Кривой Рог, Запорожье, Кишинев, Харьков — всё это входит в книгу «Юг (Провинциальные стихи)», которая не закончена, осталась там, потому что интереснейший поэт (школы Крученыха и Туфанова, последнего в большей степени), Борис Фальк, уничтожил собственные тексты и восстанавливает по памяти, а поторопить его некому. А здесь Россией интересуются 2–3 человека, да и тем хватает Шолохова и Солженицына. Ну там еще Пастернак-Мандельштам, а то, что после — после ничего не было. И нас не было, и вообще никого не будет. Когда мой учитель, философ и мистик Женя Чугунов, редактор в «Художнике РСФСР», сказал, что после меня он Цветаеву читать не может, его чуть не убили. А то, что это может быть правдой, никому в голову не пришло. Я вот пишу, что Вы — следующая ступень по линии Хлебников-Введенский, так и меня за это убьют. Хотя в искусстве (в отличие от техники) прогресса не существует, существует его переосмысление на каждом отдельном этапе.

---

[163] «Живое зеркало. Первый этап ленинградской поэзии».

Доказать же это людям, предпочитающим истеблишмент, попросту невозможно. Дело не в том, что наше искусство «лучше», оно просто другое. Как «другим» было искусство Цветаевой по сравнению, скажем, с Некрасовым. Но наше искусство «не существует» вовне, в чем и проигрывает по сравнению с искусством существующим. Мне говорят (тот же Леня Чертков): где это ты насчитал 100 поэтов? Да его же и насчитал, поскольку о его существовании, кроме него, знаю только я. Ну еще 2–3 человека. Когда я читал «Письма о русской поэзии» Гумилева, почти о каждом поэте, им упомянутом, мне приходилось справляться по каталогам, поскольку ни один не дошел до нашего времени, а они же — были! А недавно мне попалась книжка «Литературные салоны пушкинской эпохи»[164], так там на вечерах читались и обсуждались наряду с неведомым тогда Пушкиным поэты и вовсе уж неведомые! Но никто не отрицает их существование! Однажды профессор Джексон спросил меня, указывая на этажерку с рукописями, что это у меня за поэты. Я ему ответил: «Если на минуту представить, что Бродский (Вам известный) — это Пушкин, то это — поэты пушкинской эпохи: Боратынский, Языков, Батюшков, Дельвиг, Давыдов, Вяземский — Вас устраивает?» Его это не устраивало. Кто такой Бродский, он знал, а кто такой Кузьминский, ему пришлось доказывать. Правда, после чтения он сказал, что мои стихи ему понравились больше, чем Бродского, но вряд ли он решится повторить это, допустим, в статье. Вы знаете Бродского достаточно давно. Я еще дольше. Действительно, самый большой поэт. Но не единственный. Как и Пушкин не был им. А Иосиф уж не Пушкин. А как же Стас Красовицкий? А Еремин? А еще человек 20–30? Они тоже не существуют? Я не люблю Соснору за его неряшество и безграмотность, но он же есть! А Глебушка? Пусть он и написал 85 процентов дерьма (я прикинул, это так), но поэт-то есть, и какой! Я никогда не напишу таких плохих стихов, как Глеб, но и таких хороших — тоже.

---

164 *Аронсон М. И., Рейсер С. А.* Литературные кружки и салоны / предисл. и ред. Б. М. Эйхенбаума. Л.: Прибой, 1929.

Доказывать всё это в России было, ей-богу, проще, чем на Западе. Там нам верили. Верили в Леню Аронзона (а какой поэт был!), верили в Гену Алексеева (а ему уже 42, две-три публикации в «Просторе»), он мне не близок, но замечательный поэт, умница, дидактик (чего не терплю). Анри, я там убеждал всех против местничества, ставя единственным критерием качество. Положение «гении и графоманы в одной куче» характерно для России, но так ли уж трудно отделить одних от других? Здесь же предпочитаются гении политические, даже если они не гении. Даже если все мои идеи на тему альманаха и последующих изданий — утопия, стоит рыпаться, потому как Россия — большой лежачий камень, и если не отсюда, то откуда вода потечет? Желательно, чтоб она была чистая, но даже плавающий в ней Бетаки вряд ли чего изменит, не говоря о том, что переводчик он толковый, а если будем его помещать, я на это и упру. Поскольку статью буду писать сам. Миша всё больше проникается сознанием, что я ему в помощь, без которой ему не обойтись, и слава Богу! Эстетическую (художественную) сторону я ему доверяю полностью, он же мне фактологическую. Единственное, настою, чтобы баб не брать. Только Вику Ровнер, у нее толковые статьи и пара изящных стихов. Миша купил машинку с типографским шрифтом за 6000 франков, на ней и будем делать макет. Если что и не войдет из материала, важнее зафиксировать имя. Как быть с Вашим портретом? Почти у всех они будут, а Вас хотелось бы с хамелеоном и со всеми детишками (жалко, Эрика в Риме, мы тут с ней очень общались, умничка и создание). При бороде Вы сейчас или нет? Мне и самому хотелось бы иметь Ваш портрет из соображений сентиментальных.

Увидимся ли мы когда? Я в Израиль не хочу, там арабы, палестинцы и прочие сионисты. Я же человек мирный, и ежели кого хочу стрелять, так только курдов, по причине курдюков, да и то не уверен. Надеюсь в декабре быть уже в Париже, но как Бог положит. Поэтому пишите прямо на адрес Шемякина, он мне отдает мансарду, будем делать альманах. Если не переругаемся. Если переругаемся, тоже будем делать, поскольку художники уже напечатаны. Обнимаю Вас и Ваших — ККК.

26а.
С. Монасу
21 ноября 1975 года

Всё еще Вена,
Какенгассе (голодное и неотапливаемое) 20–21,
ноября (который «уж наступил») 21-е

Сидней, дорогой,
просто и не знаю, как тебя благодарить за то внимание и заботу, кои ты мне уделяешь! Внешние же обстоятельства не зависят от нас, и не твоя вина, если ничего не получается. Пока меня содержит (и поддерживает) благороднейший Толстовский фонд, я обеспечен, по крайней мере, жильем (а к холоду нам не привыкать) и «прожиточным минимумом». В Штаты торопиться не приходится, надо попытать счастья в Европе. Виза у меня годится до февраля, в крайнем случае продлю по май — в Европе у меня дел полно, в Штаты же можно приехать и в конце учебного года, чтоб договориться на следующий. До сентября Толстой меня прокормит, а может, и дольше. В Париже же мне предстоит поднять альманах этак из 50–70 имен эмигрантов и тех, кто остались. Будут художники, танцоры (о них), поэты, прозаики, словом, все. Шемякин уже напечатал художников, Тышлера 10 работ в цвете, графику Свешникова, к сожалению, никак не могу получить слайды Тюльпанчика. С чего ты взял, что он здесь? Ему еще предстоит начать всю выездную процедуру с сомнительным шансом на успех. И решить вопрос с вывозом картин. У него их всего восемь, но власти заломят такую цену, что не поднять. Он же не Женя Рухин, который сотни своих безобразий переправил через дипломатов и прочих идиотов, которые его (правда, талантливую) мазню принимают за «последнее слово в искусстве». У Тюльпана оно, может быть, и предпоследнее, зато гениальное. Но кому что нужно. Рухин делает «работу» за 30 минут, Тюльпанов работает по полтора года над одним холстом. Тут дело не во времени, а в профанации искусства. Михнов-Войтенко, гениальнейший абстракционист Ленинграда, тратит на холст тоже не более 30 ми-

нут, но его линия так же неповторима, как линия Клее или Хуана Миро. Ибо он из миллиарда возможных выбирает одну, присущую только ему. Он приходит к Востоку, к знаку, к иероглифу — недаром индусы, увидев его, восприняли как свое. Так и поэтика может быть «выше» языкового барьера, к чему я стремлюсь. Рухин же меня раздражает, при всей симпатии к нему (мы с ним подружились год назад). Он талантливый «штукарь», как говорят у нас в России. Сидней, я сторонник всяческого авангарда, ***но не его одного***! Прости мне эту «лекцию» о живописи, но я насмотрелся этих гениев в России выше головы. Притом что мы очень подружились с Юрой Жарких, я никак не ставлю его выше Шемякина или Левитина, настоящих мастеров. Или моей новой любви, Тюльпанчика! Ничем я ему сейчас помочь не могу, да и никто не может. Ему нужно найти покупателя-миллионера, а имени на Западе (в отличие от шарлатана Рухина!) у него нет. И сделать его — вопрос долгого времени. Нужны слайды, фотографии и прочее, а всё это разбросано по Западу, по различным людям, милый Доджик («Морж»)[165] куда-то запихал единственный слайд и найти не может (а он молодец, прислал мне около 300 фотографий, те, что я ему давал, и свои — очень пригодятся!). Тюльпану надо делать имя, сам он не умеет, а я пока помочь не могу.

Саша Глейзер не вызывает у меня ни симпатии, ни антипатии — так, ни рыба ни мясо. Виделись тут с ним дважды (за четыре-то месяца!), и не тянет. Работы у него средние (хотя художники крупные), по Ленинграду просто ничего нет, статьи же он пишет, мягко говоря, кретинские. О том, как он сражался с КГБ (за широкой спиной дипломатов и иностранных журналистов, это он опускает!). Ругать же (в письменной форме) его не могу, поскольку и так в «третьей эмиграции» такой разнобой и разброд, что только СССР на руку. Поэтому молчу и ругаю устно. Попал тут к нему на выставку семерых москвичей — зрелище крайне среднее. Словом, общего языка я с ним не нашел, а это для меня редкость! Говорить с ним крайне скучно.

---

[165] Нортон Додж (Norton Townshend Dodge, 1927–2011) — американский коллекционер.

С Ленинградом связи у меня почти никакой. Секретарша и та перестала звонить, вероятно, не на что. Послал из своих толстовских денег подарков ей и своим детям с одной профессоршей, но они еще не дошли (а уже месяц там, профессор). Равно как и письма. Всё, что неофициальным путем, отнимает массу времени, официальным же боишься говорить. У Ильи пока всё глухо, но отчаиваться не след: люди по 14 раз подают на выезд, и если сам не наделает глупостей — отпустят. Вот с моей секретаршей сложнее. Она не еврейка, папа полковник, согласия не даст, а найти мужа-еврея практически невозможно. Не говоря уже о том, что развод на Западе стоит 2000 баксов! И это бы я поднял, только б выехала. А то я боюсь, что у нее будут неприятности из-за меня. Писать ей можно, но на Главпочтамт (читают и там, и на дом, без разницы), дома же у нее папа. Вытаскивать же ее имеет смысл по многим причинам: она машинистка, корректор — без хлеба не останется, и золотой по характеру человечек. Жить же на Западе лучше (в этом я уже успел убедиться). Илья же и сам не выехает, и ее взять отказался. А Вена и Нью-Йорк (по данным австрийских социал-демократов) к октябрю прикроются, все поедут через Букарешти, это более или менее точно.

Теперь о делах. Сидней, милый, спасибо за все предложения, я ими не премину воспользоваться, но только после Парижа. Из Парижа я напишу, когда буду знать, сколько я там пробуду (до февраля или до мая). Постараюсь заработать какое-никакое имя, тогда и будем говорить о турне. Ездить (и читать) я могу сколько угодно, было бы куда жену с собакой пристроить, но это дело толстовцев. В любом варианте у меня сейчас больше дел в Париже. Имело бы смысл подумать и поговорить на тему переводчиков: а) для альманаха, который обещает быть весьма серьезным, и б) романа, который обещает быть крайне несерьезным (заканчиваю 4-ю, последнюю, часть). Далее, Сидней. Нет ли у тебя желания написать своего рода рецензию на «14 поэтов», каковая помогла бы и мне (для представительства) и могла бы быть использована как статья (оповещающая о выходе)? Еще две я хочу заказать Роберту Л. Джексону и Ефиму Григорьевичу Эткинду.

Это для солидности. Если туго со временем, то тогда не стоит. Всё равно я намерен начать с альманаха и книги прозы (она еще в Израиле), где представлены 23 прозаика Ленинграда. А уж потом — поэзия. Для альманаха же были бы очень ко времени предложенные тобой Хармс, Введенский и Олейников. Миша очень хочет дать их с иллюстрациями. Охапкин же и Кривулин (равно Трифонов) у меня есть в книге, этого пока достаточно. Но вообще, все дубли (ну, не 40 кг, а поменьше) можно послать и обычной почтой (а не авиа) на Париж, где я пробуду всяко до февраля. У меня из Израиля 12 кг, тоже придется обычной почтой, хоть и горю без материала. Микрофильмы твои еще не получил, это на таможне, теперь только в понедельник. Очень хотел бы послать тебе свой роман, но здесь крайне сложно с серокопированием, денег нет, делают, как и в России, по блату и не всегда. А проза у меня идет крутая, такой в России с 30-х годов не было. Как и в поэтике — квинтэссенция всех систем, сознательная эклектика. Боюсь, что за этот роман меня и на Западе посадят. Уж больно хулиганский. Читал ли ты Веничку Ерофеева, самого гениального прозаика России, «Москва — Петушки» — так я его слабая тень. Так что посылай пока Хармса и иже с ним, это нужно сейчас. Мои стихи мне тоже бы не помешали, но их можно обычной почтой. В альманах пойдет моя проза.

Пока я со дня на день жду Мишу (Шемякина), паспорт и денег на дорогу в Париж. Там меня Толстой содержать не будет, придется жить у Миши в мансарде, но нам не привыкать, и вообще, эмигрантское житье меня (пока) устраивает. Пристроить бы куда статьи, не нужны ли они в Америке, часом? О художниках, поэтах — голая фактология.

Надеюсь вскорости свидеться, не там, так тут (не будете ли в Париже на Рождество?). Пиши мне (и шли) на Мишин адрес: ...[166]

Нижайший поклон Кэрол, целую руки.

Обнимаю, твой петербургский поэт — Константин Кузьминский

---

[166] См. прим. 154 (стр. 135).

26b.
С. Монасу
Дополнение к письму от 21.11.1975

Вена,
Хакенгассе,
23 ноября

Сидней,
не отправил тебе письмо по причинам марочного кризиса, но это и к лучшему: у меня появилось некоторое количество идей и новостей. Звонила секретарша, говорит, что у Ильи всё глухо, сама же она то хочет ехать, то не хочет. Сложно ли сделать приглашение из Америки на постоянное жительство (фиктивное, разумеется), по типу, как мне Миша делал во Францию? Я бы предложил ей свой вариант: два приглашения из Америки и из Франции, с последующим через Израиль, на наших властей это действует. Кроме того, если бы было «приглашение» из Америки, я бы смог известить о нем сенатора Джексона, и он, в свою очередь, нажал бы. Сюзанна, похоже, исчезла с горизонта, ездит где-то по Европам по своим делам, помогать же секретарше — мое дело. Сложно ли сделать в Америке приглашение «от двоюродного дяди» (более близкое родство не годится, у нее все родственники живы, а двоюродного дядю, пойди, доказывай!). Я действительно очень беспокоюсь за нее. Причем время поджимает, как я писал, остался год до полного (?) закрытия еврейского канала. А получение приглашения отнимает как минимум полгода. Во Франции-то я легко сделаю «приглашение от тетушки», продублировать же его через Израиль будет сложнее, связей у меня там никаких. Из Америки же очень бы помогло: убеждает власти в серьезности намерений на выезд. Моя жена всячески убеждает Наталью, что ей стоит уехать (не говоря уже об опасности оставаться), но та еще не понимает, что такое «свободный мир», который действительно свободный, при всём его неблагоустройстве, бюрократии, этсетера. Я впервые за несколько лет СПЛЮ СПОКОЙНО! Нет ощущения, что могут «повязать», а «выдворить» из

Австрии, допустим, в Америку — не так уж страшно. Я впервые не боюсь полиции, хожу без документов, а если удастся получить хотя бы фремденпасс, так плевал я на всех! Америка имеет то преимущество, что через два года я имею «грин карту», чего нет в Европе. Но Америка для меня отнюдь не исключена, просто надо на время задержаться в Европе. Скорее всего, я приеду в мае, к концу учебного года, никак не позже. Лето меня прокормит Лев Толстой, а к сентябрю, ты сам говоришь, может чего-то наклюнуться. У меня появилась идея, что меня, может быть, следует подавать не как поэта, а как своего рода специалиста по живому и литературному современному языку. Может быть, если университет крупный, предложить что-то вроде университетского «издательства» на ксероксе пособий, которые я в состоянии подготовить. Помнишь книгу выборок из дамской поэзии?[167] У меня по этому же принципу составлен словарик наркоманов, как приложение к «Нештякам» (тексты служат живой иллюстрацией). И я мог бы составить ряд пособий художественного характера на материале современной литературы (официальной, равно и неофициальной). Мешает этому, как я понимаю, отсутствие у меня диплома, но может быть, можно и без него? Ведь если обработать мой архив, я мог бы раз в месяц (или два) издавать на машинке своего рода сборнички в помощь учебной программы. Если это представляет какой-либо интерес (а не фантазию), напиши мне. Я человек непьющий и солидный, а работать мне не привыкать. Что-то а-ля Проффер, но с приближением к программе и практичнее. Не говоря уже о том, что для меня русская литература — родная. Словом, то, что я поэт, следует забыть. Я и сам уже забыл. Пишу прозу. В материалах же у меня есть детские считалки (30 страниц), да и прочего хватает. Подумай, может, так и следует говорить. С будущего года.

И напиши мне насчет этого, и насчет Натальи, сложно ли и можно ли? Еще раз прощаюсь. Поклон Кэрол от всех нас. ККК

---

[167] Сб. «Зачем я это сделала?» (СПб., 1970; впоследствии многократно пополнялся). Предисловие С. Монаса к сборнику см. [АГЛ 4А: 657].

27.
М. М. Шемякину
Начало декабря 1975 года

Вена,
Хакенгассе,
декабрь

Миша! Ты сделал большую ошибку, прислав мне приглашение. Стоило ли ехать сюда прозябать, когда вообще жить не стоит. Леночка Титова была права[168]. Она не истеричка. Я — тем более. Но не проще ли было бы выяснить отношения раз и навсегда — из России? Я бежал из нее, потому что надо было. Взывания твоего из-за я сделал некоторого количества книг. Кого для? Нужен тебе был Алик — я перешерстил весь Петербург, и к твоим ста стихам добавил еще 300. Введенский, Хармс, Олейников унд вскорости прибудут к тебе из Штатов (от моих профессоров, «кои меня в грош не ставят» — по твоим сведениям). Мне уже прислали все микрофильмы, каковые я отправлял в свое время в Америку. Плюс 300 фотографий (увы, черно-белых) художников, каковых я считаю таковыми. (У тебя может быть свое мнение.) Я устал. Я устал, Миша, выяснять с тобою отношения. На кой хуй ты меня звал? Тешить тебя? Или работать? Или опять выяснять отношения? Я не кричу, как я люблю российское искусство. Я просто сделал за год около десяти книг (свои я не считаю, это мое дело) и отснял около тридцати художников (за что мне придется расплачиваться с Геной) и записал (не даря магнитофоны) ВСЕХ поэтов Ленинграда — свыше двадцати. Я не собираюсь считаться. Все деньги, что ты мне посылал, пошли на это дело. Сейчас я сижу БЕЗ бумаги, БЕЗ копирки, не говоря уже о том, что всю переписку с западом я вынужден вести вручную (машинка с латинским шрифтом стоит 60 долларов) и вынужден помнить, что я кому пишу. Не «рвать с тебя кусками мясо» я собираюсь,

---

[168] Елена Строева, жена художника Юрия Васильевича Титова; покончила с собой в Париже в 1975 году.

а хочу понять: кто тебе нужен, нужнее, и зачем? Друзей у тебя много, я знаю, что я один из них. Но вот уже скоро полгода, как я тут, на телефоны ты потратил целое состояние, а мне не на что послать тебе уже готовые материалы. Ты понимаешь, что мне приходится экономить даже на почтовых расходах? Эстер пишет мне: «Я болела, только сейчас мне сообщили, что я могу получить твой архив, но выслать его очень дорого» (читай — оплати почтовые расходы), а что я могу ей написать? У меня не на что даже послать это письмо тебе, оно будет лежать до среды, когда Толстовский фонд выдаст мне мои 900 шиллингов на 10 дней, потому что сегодня 6-е, а денег уже нет. Посылать архив на тебя с оплатой? А если у тебя не будет денег (или настроения?), чтобы получить его? Как я могу быть уверен, если настроение твое меняется в зависимости от глистообразных глейзеров и им подобных? Куда мне посылать архив, если я сам не знаю, где я буду? В домике в Монжероне? Я не коллекционер. У меня всего лишь есть Шемякин, был Михнов, Левитин, Тюльпанова нет, а больше я не знаю. Были еще Васильев и Лягачев, и еще человек 20–30 из Санкт-Петербурга, но там они и остались. Я вез поэтов. И не довез. Не по средствам оказалось получить их из Израиля. (А это примерно 20–30 долларов.) У меня их нет. У меня вообще ни хуя нет, кроме твоих гравюр, которые я не умею продать, меня послали с ними на «выставку» (продажу) Глейзера, где я не рискнул их предъявить, чтобы не портить таковому коммерцию (МНЕ было неудобно). Ему же — удобно всё. Ты думаешь, мне деньги нужны с тебя? Мне они были нужны в России. Чтобы «делать Российское искусство», как ты любишь выражаться. Потому, что и Гена, и Миша Крыжановский предпочитают искусство «оплачиваемое». А я снимать не умею. И писать на Грюндиг тоже (даже имей я его). И оба халтурили, потому что я мог платить им лишь обещаниями. Мои фото- (и фоно-) архивы — всё еще там. Мне их предстоит «выкупать». И я это сделаю. Не время, «товарищ капитан», выяснять отношения между Ривчиком (я ей еще припомню!) и мною. Уже давай играть вчистую. Я такой же поэт, как ты художник (хотя я тебя считаю лучше, это не принижение, просто ты, несмотря на молодость, достиг большего совершенства). Я себя считаю 5-м поэтом, ты можешь себя считать первым художником. Не в этом дело. Дело в том, что я устал. Выяснять с тобой (и с супругой твоей) отношения. Каждая сволочь, кому не лень, катит бочки на меня. Твоей Татьяне я помогал как мог. Ты меня просил об этом, уезжая. Что я имел с этого? Проверку количества штанов, посылаемых тобою? Что я имел с Есаула? Видеть его не мог, общался ради тебя, а кого ты слушал? Не помнишь ли ты, кто от тебя, пьяного, отмазывался в метро («из-за сына, из-за сына токмо!») и кто предлагал себя взамен мусорам в садике на Загородном, когда ты приемником размахивал и хотел в милицию, а тебе нельзя было? Может, ты ошибся, часом, приглашением? Кто встал за ту же суку Есаула, когда ты его бить начал? Я сказал, что так с друзьями нельзя. Кто спасал и Ривку от тебя, и Мамку от Старичка? Что я имел с этого? То, что Мамка меня гавном поливает, и Ривчик, Ривушка, Ривушонок от нее не отстает? Выписывай Есаула. Вероятно, он тебе ближе. Недаром ты его нежно «Утробой» именуешь. Знаешь, отчего я запил по твоем отъезде? От того, как начали делить твое «имущество». Я рад был твоему дивану, потому что он ТВОЙ. Толик Васильев — хотел «фисгармонию». Мало ли чего я хотел! Например, пистолет. Люблю пистолеты. Но когда я узнал, что он Рихарду, я сказал — «О-кей!» Потому что я любил Рихарда, не зная его. За то, что он был Ривчиковым мужем. За то, что он был другом Алика. Рихарду — значит хорошо. И это так. Но лучше выбирал бы ты друзей, Мишенька. Лягачев не есть зло. Он не то рыба, не то мясо, но скорее всего — тюлень. Когда Есаул поносил меня при Элен, Олежка что делал? Молчал. Гена тоже молчал (по политическим — скорее хохлацким, соображениям). Но Гена мне потом и доложил. Олег же промолчал. А там был еще и Толик, и Сигитов, и ни один из них не вступился за меня. Все — молчали. Не хаяли, нет, предоставляя это Есаулу. А он умеет. И что? Ты обругал Элен, а с «Жешенькой» сношений не прервал. Я же с тех пор его не видел. Бить ему морду несколько затруднительно: слишком здоров. Дуэль же — слишком много чести. С тобой бы — я как пионер. Только так. Ибо считаю тебя — на равных. Почему и пишу, объясняюсь с тобой. Есаулов же — посылаю на хуй.

Устал я, Миша. Много крику, восемь интервью, а я всё еще сижу в Вене, не имея возможности даже серокопировать тебе то, что у меня есть. Все обещают, никто ничего не делает. Нужен тебе Глейзер — ради Бога! Кушай его с вареньем, гарантируй его пребывание, я же могу с тобой лишь на равных. Тебе я могу позировать, развлекать тебя (когда ты работаешь), был бы счастлив сделать с тобой мои книжки (с тобой в первую голову), но хватит считаться. Я действительно сижу без денег. Когда я сидел без них в Ленинграде, я был ДОМА. На дорогу сюда не ты мне прислал (прости, ты присылал мне много, и я не забуду, хоть и не знаю, сколько, знаю, что действительно много, — у Есаула данные точнее — 3000 долларов — откуда он знает? — я же не считал, а просто говорил всем, что у меня есть Миша, и гордился, и хвастался каждой твоей подаркой, отворачивал штаны и показывал — «Коке от Миши», и на ТВОЙ магнитофон всех писал, и при этом ругался на тебя, что ты совсем охуел на Западе, посылаешь не то, что нужно), но там я был дома, и когда мне нужно было собрать 1000 рублей на выезд, я кинул клич, и каждый поэт (каждый второй, естественно) приволокли мне по десятке с рыла, и это было естественно. А здесь у кого мне спрашивать, когда я должен уже две с половиной тысячи шиллингов, а доходов еще нет? Кого и как должен я просить? Сюзанна человек принципиальный, она «нынче в долг больше не дает», графини Разумовские сами не при деньгах, сотней-другой-третьей шиллингов мне помогают, потому что катастрофически не хватает даже на сигареты (а уж какое гавно курю!), но стыдно мне брать у них, их же Глейзеры тож пользовали, а у Киры Львовны Вольф так и вообще гроши, как у моей матушки, но у кого же еще? Почему и беспокоюсь за Толстовский фонд в Париже, чтоб тебя без конца не потрошить, а дадут ли? А если не дадут? Когда в России, я мог существовать на бутылках, а здесь, когда я не пью? Вот так, Мишенька, думай, голова, шапку куплю.

Постскриптум: А у меня одиннадцать готовых книг (моих только), не считая чужих, а?

P. P. S. Не деньги мне нужны в первую очередь, а гарантии от твоих капризов.

Сэр Мишель (вер Мишель — это «червячки Мишеля» — франц. диалект) унд Доротея (гассе) цум Ребекка (базукка), диэтическая котлета Лягачев унд молчаливый ПЕТРОВ![169] Минуло, минуло, четыре года минуло, великий почин (початок) эмиграции во главе с основопоклажником русской мета- (бета- и тета-) физической живописи ингушом Шемякиным, коего для сделал запись величайшего поэта Чечено-Ингушетии солнцепоклонника Музбека Кибиева. Коя запись застряла в проходе обрезанных, что с прискорбием констатирует тихий антисемит (ежели глистообразного глейзера считать за семита) Кузьминский. И так всё. Сначала еду в Америку. Потом не еду в Америку. Потом еду в Париж. Потом не еду в Париж. Еду взад-вперед по Вене, большею частию бесплатно, из экономии Толстовских средств. Проездив полгода по Вене, решил никуда не ехать. Советского паспорта нет, так что в Советский Союз тоже не поеду, даже ради ингушей. В ближайшие дни иду в австралийское посольство, которое представляет (по совместительству) Новую Гвинею (или Гвинею-Биссау?), и записываюсь в кенгуру. Великая нация кенгуру и утконосов с небольшим, но ехидным вкраплением ехидн! А в Советский Союз не поеду. Там меня ждут. Пусть уж лучше будет приятная неожиданность: съеден независимыми папуасами берега Маклая. И валюта там подходящая: миклухи и маклаки. В одном миклухе тридцать пять маклак, в переводе на доллары — фига. 38 фиг. А то эти шиллинги и клопши надоели. Анны Франки, Леонгарды Франки, просто Франкенштейны. Единственная твердая валюта — доллар. Но он падает. 14-го начинается этап и пересылка объединенной партии евреев и русских в Соединенные Штаты Америки. Меня тоже внесли в списки. Поедем в Новую Гвинею виа Ю-эс-эй. Транзитом скрозь Париж (при

---

[169] Петров Владимир Александрович — фотограф; принял активное участие в составлении альманаха «Аполлон-77». См.: Круг Шемякина / сост. Л. Гуревич. СПб.: Ленинград-Центр, 2014. С. 196–203.

наличии франков). За невозможностью стать основоположником парижской литературы (парижский жанр), вакансии заняты Мама-ксимовым и Мама-рамзиным, стану основопрокладчиком, наладчиком и зачинателем ново-папуасской литературы на чечено-ингушском языке (за неимением собственного). Чуть ли не единственная страна, где еще любят русских (впечатления от съеденного Маклая), суверенная (боюсь, под протекторатом Советского Союза), водятся дикие свиньи (пекари), женщин приуготовляют древним и пикантным способом (см. «Цум Тюркен»). Борзых там еще не ели, так что будем иметь успех. С горя отобедал у четырех графьев Р. Ели зайца. Поразил познаниями в русской истории, после чего остатки зайца были завернуты для борзой. Пили минеральную воду «Виши» в честь вишистского правительства и воду «Дунай» в честь воинствующего патриотизма. Потом пили кофе без ликеров. На дорогу домой дали талончики, ехали в трамвае. При виде кондукторов со мной происходят колики, поэтому хожу пешком.

Господа (сэры и пэры) Лягачев, купно Петров не удосужились известить (через «Русскую мысль») о своем прибытии, за незнанием адресов поздравляю чрез. Поздравляю твово друга Андрея Вознесенского с праздником Рождества Христова. В следующий раз спусти с лестницы. Судебные издержки плачу. Покамест же, за неимением средств, посылаю машинописные презенты (токмо госпоже Шемякиной и Досику). Тебе написал стихов, но передумал. Напишу еще. Буде буду Париже — поздравлю лично. По дороге взад мне надо навестить Гренобль, договориться об издании миниатюрной книжечки с Николь. Не знаю еще, в переводах или как. Там, во всяком случае, переводят «Двенадцатиглавие» для «Парле». В целом виде «Башня» издается с декабря 72-го. Должна прийти на тебя из Америки. Дубли негативов уже у меня, весь марканский архив. Заказал еще всех обериутов для тебя. Но пошлют (послали?) обычной почтой, идет долго. Из того, что прислал Анри, сделай себе копии, тексты нужны мне для работы. На днях он высылает книгу песен (своих и Хвоста), тоже сдублируй. Мне здесь придется весь архив собирать заново. Уже начал. Помаленьку шлют. Вопрос изданий обсудим при встрече. Найди возможность копировки на «Ксероксе» (желательно бесплатной или подешевле), очень пригодится в будущем. Я привезу «14 поэтов», единственный экземпляр. Если приеду. Если нет, то и не знаю как. Последний раз на меня очень косо смотрели, когда копировал тебе. А у меня сейчас даже цветы нельзя, там дамы. Поэтому и не хожу. Еще три варианта накрылись. Платно же берут до семи шиллингов страница, это невозможно.

В общем, хватит о делах. Празднуй Рождество, ты вроде одно время был католиком, а я подожду до Нового года. К телефону меня не зовут (по распоряжению хозяйки), так и живем. Менять квартиру уже бессмысленно, осталось меньше месяца. В Америке меня хоть что-то ждет: в каждом университете по одной-две лекции, Сидней обещал организовать турне, и Сусанна тоже, так что до лета прокручусь. А там, может, и место, или Мышь пошлю работать. Язык есть (а из москвичей никто не говорит), кой-какие знания — тоже. Не пропаду, за что не уверен в Париже.

Так что поздравляю вас всех с Рождеством (католическим, но невзирая на это, христианским), надеюсь увидеть вас до своего отъезда (зависит не от меня, а от австрийской полиции и денюжной ситуации), за чем и кланяюсь —

Кока
ККК,
Пятый пиит Питербурха —
Константин
Константинович
Кузьминский

Понедельник в Вене,
Австрийская монархия (Габсбургов),
в пансионате для эмигрантов мадам Кортус
12.12.75[170]

Прошла неделя с твоего звонка и этого письма, и как ничего не изменилось, полагаю, что и в письме нечего менять. Да, я просил тебя прислать мою корреспонденцию, это трудно? Олег

[170] Приписка от руки.

и Володя[171] уже там, что еще «нового» обо мне сообщили? Во всяком случае, передавай им привет. Я рад за них.

Пока еще твой — ККК.

28.
С. Масси
17 декабря 1975 года

Всё та же Вена,
то же Хакенгассе,
но уже декабрь. 17-е

Сюзанка, Сюзанка!

Что же происходит с людьми?

«И ты, Брут, продался большевикам?»

Как ты изменилась за эти восемь лет! Были к тому и основания, и обоснования, были поэты и парапеты, сонеты, букеты, а теперь что?

Почему от Боба ни слова, ни даже просто холодно-вежливого приветствия? Что происходит? Ну, ладно, «не в деньгах дело», я же всё равно обратно в Советский Союз не поеду, я же сделал ставку 15 апреля 1967 года[172] и не намерен переигрывать. Все мои друзья (включая Соснору) играют <в> России и на Россию, играют в свою (пометь, в свою!) гениальность и предоставляют мне мучиться, собирать и пробивать их книги. Я не жалуюсь, я рад. Я рад, что мне доверяются рукописи (крамольные, лояльные, написанные от всего сердца и просто так, рукописи с автографами моих учителей и учеников), я рад, когда кто-то пишет лучше меня. И это не кокетство, я не Дима Бобышев, я просто люблю. Путь на Запад был обозначен тобой. Живое, хотя и в достаточной мере кривое, зеркало — лишь начало, я наделал много зеркал.

---

[171] Лягачев и Петров.

[172] В этот день Кузьминский встретился с С. и Р. Масси в Павловске. См. [АГЛ 1: 37].

Художников и поэтов, и прозаиков, и фотографов. Зерцало русского искусства.

То, что здесь будет нелегко, я уже привык. Там было легко, но беспросветно. Здесь тоже тусклый свет. Нужны менеджеры, чтобы прорубать просеки для моей тяжелой и легкой артиллерии. Сам я не могу. Я просто тутошнего леса не знаю. Мой венский импресарио свалил в Россию, недоделав переводы статей и передач: работа (официальная) есть работа, поехала преподавать русский язык (или немецкий). Я же потратил эти пять месяцев в потустороннем мире на выцарапывание архива. (Сейчас его получила Эстер, но куда и на какие шиши его высылать? Эстер жалуется, что это «дорого», читай: заплати за пересылку. Увы, нечем.) На выбивание фремденпасса из тугоухой и тупомордой австрийской полиции, чтоб хоть немного поработать над альманахом, который взялся финансировать (боюсь, что и редактировать) Миша. Чтоб пообщаться с Максимовым, Эткиндом и т. д. Увы, меня отправляют по этапу в Америку, документ (виза) будет у сопровождающего, чтоб часом не сбежал в этом свободном мире. Теперь уже нет смысла визу продлевать. Толстой фонд твердо сказал, что снимет меня с довольствия (и не оплатит дорогу в Штаты), если я задержусь. Мне нужен был месяц, всего лишь месяц, каких потерял я в Австрии — пять! Я пишу моему другу: «На Западе никак не могут понять эмигрантов: без дома, без денег и без документов. Дом должен быть маленький, счет может быть липовый, но документ должен быть железный!» Румыны и югославы и то оказываются в лучшем положении — они приезжают с ПАСПОРТАМИ. Я истратил на переписку денег больше, чем истратил бы на разъезды. Если сейчас и попаду в Париж, то — максимум на неделю. Только поговорить. Редактировать на расстоянии (равно и печатать макет) я не в состоянии. Значит, автором альманаха будет Шемякин, ибо — чем я могу помочь ему? И он мне не может. Жить в Париже «без прописки», без работы, питаясь от Мишиных щедрот — а если он передумает? Приходится лететь в Штаты. Нас записали на рейс 14 (?) января или около того. Но как быть с собакой? Ты сказала, чтобы мы не беспокоились, но зайцем борзая летать не умеет. За нее надоть платить. Толстой фонд не поможет, борзая не багаж. Я же уже в долгах, и буду еще, если поеду в Париж. Но не ехать — значит потерять шанс пообщаться (а это единственный способ!) с позарез мне нужным Эткиндом и не менее нужным Максимовым. Ладно, на это я наскребу. На дорогу. А там меня кто-нибудь покормит. Тот же Миша — куда он денется? А вот собаку в Штаты отправлять — это проблема. И на что, и к кому, кто ее встретит? Ей-богу, проще было чистокровную (валютную) борзую вывезти из Советского Союза, чем въехать с ней в Америку! Весит она 26 кг (теперь, может, потолстела?). Что же делать?

Теперь, помимо борзой, о ее поэте. Лекции в Америке, в Канаде (и в Мексике, обязательно в Мексике!) — это хорошо. Но надо где-то жить (опять же, с собакой) и чего-то кушать. Я как-то привык кушать, сначала в России, а потом в Вене — здесь любят пожрать. Вопрос — за что зацепиться? Тут в «Русской мысли» от 4 декабря появилось объявление о создании «Центра по изучению новой русской литературы» при Университете штата Массачусетс, под председательством профессоров Ласло Тикоша, Юрия Иваска и доктора Уильяма Чалзмы. Собираются собирать, систематизировать, пропагандировать, читать лекции, создавать секции и выпускать акции НЕОФИЦИАЛЬНОЙ литературы современной России. Да это то, о чем я мечтал! Но боюсь, что все вакансии по изучению оной уже заняты многосведущими американскими профессорами. У меня же нет диплома, в Советском Союзе не выдают дипломов неофициальным специалистам по неофициальной литературе. На всякий случай написал им о своем существовании, написал также Сиднею Монасу и Роберту Джексону с просьбой рекомендовать. Может, ты что-нибудь придумаешь? Хрен с ним, хоть лаборантом, только чтоб не работать. Как это у нас в России делается. Обращаться просят по адресу: ...[173]

Я туда посылаю список трудов, биографию и копию письма сенатора Джексона (оно меня везде выручает, спасибо тебе!). Вероятно, туда же буду высылать архив (только кто заплатит? Эстер зла и не пишет). Вот, собственно, и всё.

---

[173] Адрес вписан от руки.

Теперь о канадском приглашении. Очень ко времени. Моя секретарша выходит «замуж» за одного, так сказать, начинающего поэта[174]. Он сирота, детдомовец, и поэтому в паспорте русский, хотя на самом деле — еврей. Он заказал приглашение в Израиль, но начинать надо моим методом: сначала в Канаду, а когда откажут — выложить израильское. Он поедет сам по себе, а она — ко мне. В Вене заявят, что они «сепарейтед», и начнут развод. Приглашения (вне зависимости, в Канаду или куда) делаются по стандартной форме, в полиции знают. Лучше посылать приглашение «на постоянное жительство к родственнику» (его, разумеется, он сирота, у него могут быть бабушки или тетки в Канаде, у нее же все родичи налицо, ей нельзя). Приглашение, разумеется, будет фиктивное, обязательства о материальном обеспечении — формальность, ими никто не воспользуется, нужно оно ТОЛЬКО ДЛЯ ВЫЕЗДА. А здесь есть кому помочь. Расходы — только на штемпель-марки при подаче приглашения (не знаю, какая-то мелочь, там в полиции скажут). Гостевые приглашения посылать бессмысленно, по ним почти никогда не отпускают, лучше уж сразу — «на постоянное жительство».

Данные:

муж — Гум Геннадий Александрович, 1951 г. рожд., проживающий по адресу: Ленинград, Зверинская ул., д. 42, кв. 89.

жена — Лесниченко Наталья Владимировна, 19<50> г. рожд., проживающая по адресу: Ленинград, пр. Тореза, д. 26, кв. 68.

Повторяю: родственников у него нет, так что, за вычетом папымамы, может кто угодно объявиться. Может быть (чем чорт не шутит?), и помимо Израиля отпустят. А я без секретарши погибаю, она уже стала нам родной в семье, и вдобавок у меня уже ноготь на пальце до мякоти сбит: одним пальцем же работаю! Мне без секретаря нельзя, я человек великий. А то Бёлль отвечает через секретаря, а я чем хуже? Словом, пошли эти данные как можно скорее! Ребята горят.

Последний пример: я тебе уже говорил о сборнике «32-х», о наших чтениях квартирных, о «Белых ночах». 14 декабря на

---

[174] Геннадий Гум. См. [АГЛ 5Б: 62–64].

площадь (Сенатскую) вышли «декабристы». Оргкомитет поэтов написал письмо в Ленгорисполком, сообщая, что поэты и художники желают почтить минутой молчания память декабристов (благо 150-летие!) и почитать стихи. Письмо в Ленгорисполком «не дошло», но площадь с утра была оцеплена милицией и войсками. В постелях поутру (еще до площади) арестовали Юлию Вознесенскую, Кривулина с женой, прозаика Бориса Иванова — словом, всю редколлегию, кроме меня и Пазухина. Арестовали фотографа Валентина Марию и студентку Кузнецову. Уже на площади взяли Синявина, Филимонова, Миньковского. Всех продержали на допросах 12 часов, до 7 вечера. Юлию Вознесенскую обвинили «в спекуляции коврами», когда она доказала, что ковров у нее нет, стали обвинять в спекуляции сапогами (которых у нее тоже нет). Милиция говорила публике: «Декабристы пришли!» На площади были поэты (Ширали, Игнатова), художники, не было только О. О.[175] (он сказал, что боится «пролития крови», есть еще в России Трубецкие!). Всех в конце концов выпустили. Да, сборник «32-х» получил положительную рецензию Майи Борисовой, и она на том стоит, невзирая на уговоры. Она заявила: «Чтобы не потерять целое поколение, вам надо научиться читать их стихи». Молодец девка! Если б она еще сама стихов не писала! Но вообще, смеюсь: Майя Борисова — одна их лучших поэтесс Ленинграда, из поколения Сосноры и Глеба.

Я послал заметку в «Русскую мысль», можешь по этим данным тоже куда-нибудь сообщить.

А секретаршу мою надо вытаскивать. А то вступит там в какую-нибудь партию, потом выцарапывай!

Мышь принесла с улицы голубка, мокрого и подбитого, обнаружили с Негой, сейчас завернул его в теплое, лежит, глазами мигает. Чего с ним делать? Голубок, похоже, почтовый. Мелкий, с красными лапками, черным клювом, сам черный, только на крыльях белые полоски. Никогда с голубями не возился, проще съесть, но жалко. Может, отогреется, хотя у нас в комнате и не теплее, чем на улице. Толстовский фонд «протестует», а мадам

---

[175] Олег Охапкин.

Кортус (хозяйка) на это чихает, ей платят, и хорошо. Нехорошо только нам. И голубку тоже, но ему хоть австрийского паспорта не надо, так летает.

Мышь уже неделю пишет тебе «трагическое» письмо, я же человек более комический, мне и здесь неплохо: диван есть, халат есть, да еще в ногах борзая.

Пан Рогойский (наш шеф) на Рождество летит в Штаты, 19-го. Попрошу его позвонить тебе, объяснить насчет собаки. А то я сам скоро залаю, завою и заскулю.

Роман мой почти закончен, но катастрофически не хватает материалов: здесь, в Вене, ничего нет. Не сможет ли в Штатах милейший сенатор Хенри Джексон дать мне рекомендацию в библиотеку Конгресса? Мне нужна тифанарская письменность туарегов, словари беш-де-мера, пиджин инглиш и пакеха-маори, здесь же ничего не достать. Роман получается крутой и соленый. Скандал обеспечен. Перевод — пока нет.

Когда голубок выздоровеет, пошлю его тебе с почтой.

Целую детей. Поклон Бобу. Твой — Конст.

29.
А. Б. Ровнеру и В. А. Андреевой
19 декабря 1975 года

Вена (всё еще Вена!),
Хакенгассе 20–21,
декабря 19-го

Милые Аркадий и Вита!

Простите за гробовое молчание, судьба моя сложилась в ожидание сплошное, проку с коего мало, в огорчения и разочарования. Всё ждал: приедет Шемякин из Штатов, отчитается, я поеду в Париж, и примемся за работу. Приехал Шемякин из Штатов, позвонил один раз, сообщил, что дал восемь интервью, пообщался с московской колонией, привез материалы, печатать их некому, сам же горит с выставкой. А я связан по рукам и ногам австрийской полицией, паспорта мне не дают, «нет» не говорят, хожу, обиваю пороги, виза (в Америку) катастрофически близится к концу, а в Париже, похоже, меня не очень ждут... Толстовский фонд записал меня на январь на высылку, вот в таком состоянии я и сижу. Сил никаких нет бороться с этим роком (в лице полиции), остается подчиниться и ехать, как все. В связи с этим и мое участие в альманахе сокращается до уровня чисто номинального (что-то там Миша включит), и нет никакой возможности взять это всё в свои руки. Если в этом году выдадут фремденпасс, попытаюсь хоть на недельку в Париж, хоть одним глазком взглянуть на материал, с Мишей посоветоваться. И всего-то нужно было в Париж на месяц, так никак не получается. Без Толстовского фонда мне никак не прожить, содержать меня никто не будет, все мои связи — в Америке, там же и ДОКУМЕНТ. «Потому как в России без паспорту никак невозможно...» (Достоевский)[176]. А в Европе?

Всё это меня огорчает до крайности. Месяц уже лежу, глядя в потолок и читая советскую литературу за неимением в Вене другой. И ничего не поделаешь — судьба эмигранта. Очень мне неудобно, что не ответил на Ваше письмо сразу, со дня на день ждал приезда Миши. А он не приехал, позвонил, и довольно прохладно. Что он там думает за альманах, я уже и не знаю... Предлагать ему что-нибудь — бессмысленно издаля.

Вот так вот и складывается судьба «благих начинаний». Хочется работать, материалу невпроворот, Анри тут еще прислал, на Париж, а я еще в Вене. Замечательные стихи Аронзона из Лондона пришли, спасибо Вам, но у меня уже руки опускаются. Я бы мог и на расстоянии, но Шемякин не сообщает мне ни объем, ни количество страниц и строк, а как же компоновать подборки без этого? Чтоб потом там кто-то переделывал на свой вкус? Так при чем тут я? Серокопировать у меня тут нет возможности, перепечатывать — зачем?

---

[176] Слова Федьки-каторжного из «Бесов» (Ч. 2. Гл. 2, I): «...потому в Расее никак нельзя без документа» (*Достоевский Ф. М.* Полн. собр. соч.: в 30 т. Т. 10. Л.: Наука, 1974. С. 205).

И так мне неудобно перед Вами, я же несу ответственность и за Мишу, а он за себя не отвечает, и так уже много лет! Ругаюсь я с ним по четыре раза в год, а что проку? Теперь вот Париж, судя по всему, отпал, смогу лишь, вероятно, через два года.

И менеджеры мои расползлись: кто в Союз на преподавание, кто куда на каникулы, ничего не закончено, работа за два месяца непереведенная лежит, и когда еще пойдет. Руки опускаются, и ноги, и глаза: на людей не смотрел бы! Всё было бы иначе, если бы я месяц назад был уже в Париже. Но...

Поздравляю Вас с Рождеством, надеюсь в новом году Вас увидеть, а там что-нибудь и придумается.

Простите меня за грустный стиль, но — обязывает ситуация. В России шумят. Здесь — тихо.

Искренне Ваш — К. Кузьминский

30.
Е. Г. Эткинду
25 декабря 1975 года

Вена,
Хакенгассе 20–21,
декабря 25-аго

Дорогой Ефим Григорьевич и Екатерина Федоровна!

Спешу, но уже опоздал поздравить Вас со здешним Рождеством и нашим Новым годом, поскольку в спешке и твердой уверенности наезда в Париж взял только Ваш телефон и пришлось ждать Игоря[177], который вчера вернулся из Швейцарии, нагруженный впечатлениями и подарками. Съездил он удачно, но это он отпишет сам.

Я же вынужден выразить сожаления, перед отъездом (и задолго до) так много говорилось о Вас — с Татьяной Григорьевной[178],

[177] Игорь Шур, теперь — директор пансиона «Кортус».

[178] Т. Г. Гнедич.

Галей Усовой, Марьяной Козыревой, всех не перечесть, я вез Вам столько приветов, рассчитывал изложить их обстоятельно при неминуемой встрече в Париже, но Париж миновал меня. «Так уж вышло». Было обидно. Все Ваши ученики — мои друзья, и многие Ваши друзья — тоже. Я записал на прощанье Татьяну Григорьевну, наш разговор, стихи — как чувствовал. Сейчас она плоха. Зима, погода. Мне грустно: я редко навещал ее последние два года, а она так много мне дала! Как собеседник, как знаток — она гораздо выше А. Ахматовой. Она не давит, а дает. Поэтому ее ученики гораздо интересней, да их и больше. Я один из них. Простите, что пишу подробно: письмо прочесть не составит для Вас труда, увидимся же мы — когда? О Вас я знаю много, поэтому подробности нужнее с моей стороны, чем с Вашей. Вы знаете мои стихи — откуда? Я не из самых популярных поэтов Ленинграда (предпочтительней — Санкт-Петербурга). Как и мои учителя, линия «малых формальных поэтов», от футуризма до наших дней: Крученых, Чурилин, Туфанов, Василиск Гнедов, Божидар, Хрисанф, Чичерин, Алик Ривин, Красовицкий. Я перечисляю их, затем чтоб было понятно, что с акмеизмом мало общего у меня, разве отношение к культуре. Но оно сейчас — общее. Пишу Вам еще и потому, что увидимся мы нескоро: фремденпасса всё еще нет, в Америку же меня отправляют «по этапу» — 14 января (или около того). Чтоб изъясниться и успеть получить кратенький ответ. Поэтому буду писать долго и подробно, это существенно: Вы принадлежите к поколению «отцов», которое почти не знает о «детях». За последние 20 лет в Петербурге работало около ста человек (поэтов) и десятков пять — прозаиков. Все они «выпали» из русла официальной литературы, и из сферы наблюдения — тоже. Их не знает никто. Если мы возьмем книгу «Литературные салоны Пушкинской эпохи» или «Письма о русской поэзии» Гумилева — 90 процентов имен кануло в Лету. Но они (именно они) составляли «литературный бульон». Они существовали. Мы же — не. Отдельные имена (чудом принятые в Союз писателей Соснора, Горбовский и Кушнер), напечатанный на Западе («моим иждивением», каюсь) Бродский — говорят лишь о себе. Да и то: у Сосноры не опубликовано 90 процентов лучшего, у Глеба опубликовано столько же — худшего, так что мы знаем их не с той стороны. Основная же масса не зафиксирована нигде. Среди них есть не менее (а кое-кто и более) талантливые — добрая треть из ста собранных мною имен. Так уж вышло, что ни один поэт не прошел мимо меня. Три имени я могу назвать за предыдущее двадцатилетие, но началось всё — в 56-м. С 59-го года (19-ти лет) я мечтал об антологиях, но невозможно было делать их в тех условиях. Судьба Алика Гинзбурга[179] меня никак не привлекала. Сделали только книгу Бродского в 62-м году (она и вышла в 64-м), да Борис Тайгин, божья душа, собрал ВСЕГО Горбовского. Потом я писал сам, учился и учил, а в 67-м с Сюзанной Масси сделал «5 поэтов», «Живое зеркало» (вышла в 72-м). Работать было трудно, Сюзанна наезжала каждый год, подборки делались не мною. И книга вышла — так. Но в 74-м, решив уехать, я озверел. Я сделал молодых («14 поэтов») — Охапкин, Куприянов, Кривулин, Чейгин, Ширали, этсетера, и переделал стариков, добавив Рейна, Наймана, Еремина, Роальда Мандельштама, Аронзона и других. Итого — 28 (включая два раза меня). Помимо этого — отдельных сборников десятка два, и 23 прозаика, всего страниц на тыщу. Работать было трудно: у Глеба Горбовского мне пришлось прочитать 3000 стихотворений, чтобы выбрать — 30. Покойников — Роальда Мандельштама и Леню Аронзона — пришлось собирать заново. С живыми же просто невозможно работать, поскольку каждый из них — гений. Для младших я еще авторитет («учитель»), а для ровесников — пожалуй, что никто. Весь мой архив, 12 кг «готового» материала, мне удалось переслать в Израиль, но оттуда его никак не получить. Сначала вообще отдавать не хотели, потом, когда вмешался сенатор Джексон, вернули, но не мне, а Эстер Вейнгер, которой не на что послать (теперь уже и некуда). Так что получу его уже в Америке. Статей писать я не умею и не люблю, опираюсь в основном (в подборке) на свой вкус

---

179 Составитель самиздатского альманаха «Синтаксис» Александр Ильич Гинзбург (1936–2002) был арестован в июле 1960 года по внешне не связанному с альманахом делу (подделка документов при сдаче экзамена за другого человека) и приговорен к двум годам тюремного заключения.

и знание материала, поскольку лучшие стихи нетрудно узнать при ежедневном общении с автором (-ами). Все они мои друзья или около того. Других же я люблю.

Как следствие, пошло «движение поэтов». После квартирных выставок (у меня) и выставки в Доме культуры Газа зашевелились и поэты. Собрали 30 человек (оргкомитет — Кривулин, Вознесенская, прозаик Иванов, Евгений Пазухин и я) и учинили тяжбу с СП, горкомом и этсетера. Был сделан сборник «32-х поэтов» в 500 страниц, выдан на рецензию, и, таким образом, все дальнейшие действия были «легализованы». Я уехал, а друзья остались. Мне уже было нельзя. Из них — добрая треть была рекомендована СП на книги, публикации, тянулось всё это — годы. Печатать всё равно не будут, но молчать уже нельзя. Прозаиков тоже удалось организовать, но они — тяжелая артиллерия, всё еще заседают. Юра Гальперин и тот же Иванов — во главе. Надежды, разумеется, никакой нет, но еще большая безнадежность — сидеть по норам. Погибают рукописи (Булгаков врет — они горят!), спиваются поэты, но и здесь их печатать нельзя — на то Женевская конвенция. Что делать — ума не приложу, нельзя же ехать — всем. А как же — внуки? Пока которых, правда, нет. Но будут, куда они денутся? 14 декабря вся эта братия вышла на площадь (Сенатскую), почтить стихами и молчанием память декабристов. Милиция, войска, всё как взаправду. В постелях взяли Вознесенскую, Кривулина с женой, Иванова, фотографа Валентина Марию и студентку Кузнецову. Троих художников — на площади. Но кое-кто там был: Игнатова, Ширали. Охапкин не пришел («боится крови»), без Трубецких не обошлось. Шумят поэты!

А что делать? Я тоже шумел, доколе возможно было. Пришлось уехать. Сейчас вот нужно вытаскивать мою секретаршу с ее «выездным» мужем: как бы ей за меня туго не пришлось. А с вызовами туго. Боюсь я за нее.

И здесь не сладко: Париж меня не ждет, Шемякин охладел, «Континент» о моем существовании не подозревает, придется в Штаты. Профессии у меня никакой, два незаконченных высших (биолог и театровед — ?), но ни биологией, ни театром я отроду не занимался, в Литинститут меня, натурально, не приняли, чему я рад. На филфак тоже. Имел стабильную двойку по устной литературе, даже при поступлении в Череповецкий пединститут. Американская профессура меня хорошо знает, но дай Бог «ленивого профессора» на будущий год! Там тоже кризис. Меня это волнует мало. По-настоящему меня волнует то, что в Массачусетском университете Иваск, Чалсма и Ласло Тикош организовали центр по изучению «новой русской литературы». Наконец-то кончили доедать Ахматову и Мандельштама, от них уже и косточки не осталось. Пора подумать о живых. Вот туда-то я и просил рекомендации у Сиднея Монаса, Роберта Джексона и у других. Если бы еще архив получить, можно было бы заниматься. Я готов. Только боюсь, у них тоже «кризис».

По-моему, я изложил все свои данные, несколько игривым тоном, но такой у меня всегда, когда пишу. Вместо статей, которые я всё равно не умею писать (и вряд ли научусь), пошлю на Ваше благосклонное внимание (и усмотрение) некоторого количества своих текстов. Один из них («Биробиджан») я намеревался предложить в «Континент», но теперь уже и не знаю как. Два других оформляются Марком Пессэном (в Гренобле) и Мишей Шемякиным. Когда и как они издадут — не знаю. Вам же посылаю в основном для ознакомления. Это единственные «представительные» вещи. Случилось так, что я вырос в доме у Льва Васильевича Успенского[180]. Он меня не замечал, зато его библиотека была в моем распоряжении. Правда, на лексику и семантику я обратил внимание только в 1967 году, когда начал писать «Вавилонскую башню», и почти всё написанное «до» пришлось похерить. «Двенадцатиглавие» представляет собой скелет «Башни», вся «Башня» занимает 100 страниц, с текстами на украинском, английском, немецком, французском, этсетера. Из них я знаю лишь английский и украинский, остальное — звуковая система, абстрактная поэтика, возможная лишь на языках, чье звучание известно, значение же — нет. Не система «звукоподражания»,

---

[180] Жена филолога и писателя Льва Васильевича Успенского, Александра Семеновна Иванова, была крестной матерью Кузьминского и близкой подругой его матери, Евдокии Петровны Захарычевой.

а создание слов по звуковым принципам языка — будь то испанский, итальянский, латынь. Ведь, не зная языков, мы знаем массу слов: музыкальная терминология (итальянский), «экзотическая» лексика Южной Америки и Мексики (испанский), не говоря уже за вездесущую латынь. Только на языках «незнакомых» создается гармония в ее первоначальном виде, когда нет компромисса между звучанием и значением слова. Отсюда мой интерес к прапоэтике: детским говорилкам (я собрал их), заговорам, наговорам, говорению хлыстов (не могу найти материалов), от Державина «Поэзия суть благозвучие» и до Юлиуша Словацкого: «Придет время, когда поэты будут изъясняться не словами, а звуками». У меня это затемняется и усложняется путем семантики, лексических и семантических рядов, ассоциативных моментов — в «Трех поэмах герметизма», словом, стремлюсь к Крученыху — получается Велимир. Глобализация слов у Байрона, Тютчева, позднего Пастернака, стремление к «Травка зеленеет, солнышко блестит...», к прозрачности и простоте великой, но это потом, выход к гармонии через додекакофонию, диссонанс, и в очень узком ключе — звуковом и семантическом при простоте грамматики (которую еще предстоит постичь), словом, выход в звуковую прозу (Белый, Ремизов, Замятин, Пильняк) — всё это (теоретически) благодаря ОПОЯЗу, Осипу Брику («Звуковые повторы» — черновая идея), Суинберну и Хаузману, не говоря о Джордже Ноэле Гордоне, надеюсь поверить гармонию алгеброй, хотя из алгебры ее не создашь.

Я попытался изложить «звуковую структуру» моих интересов, но есть еще и момент сознательной эклектики (Баженов, Гауди), попытка создать квинтэссенцию различных поэтических структур, возврат к осьмнадцатому веку, и дальше — к схоластической поэтике Довгалевского и Величковского, элементы абсурда в «малой русской прозе» («Кум Матвей, или Превратности человеческого ума», «Приключения милорда аглицкого Георга», поэтика Тредиаковского, Чулкова и Василия Майкова), словом, «много чего интересного есть в мире».

Пишу сумбурно, безобразно и по лексике, и по стилю, но, надеюсь, Вы простите меня, ибо спешу Вам изложиться, за невозможность сделать это устно. Не Васе же Бетаки мне «излагаться», меня и в России мало кто понимал, все предпочитают «пуповую» структуру поэтики, жуют до посинения Осипа Эмильевича Мандельштама, Ахматову, Пастернака — «малый джентльменский набор», а чтобы у конструктивиста Сельвинского чему поучиться — «так это же плохой поэт», а я что говорю? Учитель он хороший, нет — жуют проборы акмеистов, Маринетти бы, к примеру, почитать, «Футурист Мафарка», в переводе умнейшего Вадима Габриэловича Шершеневича — так и имени-то такого не знают. Все до единого знают имя Крученых, но НИКТО его не читал! А связь Мандельштама (позднего, дошло-таки) с футуризмом — нет, читают хрестоматийных обериутов, акмеизм и обериу — две болезни сегодняшней поэтики. «Есенинцы» не читали Клюева, акмеисты — раннего Зенкевича, один грамотный поэт, да и тот Ося Бродский, выросший (по ошибке) в Европе. Слава Богу, ввел в поверхностно-вещный акмеизм метафизическую глубину английской и польской поэзии. Так что я не потерял ни аудитории, ни собеседников. Пишу вот Вам и радуюсь: поймете. Не в том, что согласитесь, я и сам с собою не согласен, а просто, хоть понятно — что.

Не знаю, Ефим Григорьевич, все свои познания, какие ни есть, я могу лишь реализовать в системе своей поэтики или, в данный момент, прозы, но хочется еще столько изучить, разобраться в литературе «не общепринятого», писать статьи я всё равно не буду, разве чтоб кушать, начинаю четвертый лист, а конца излиянию не видно. Как же еще поговорить с Вами? Написал так вот Бёллю (мы с ним встретились в Павловске, в 66-м, я там экскурсии водил, говорили по-английски, и усмотрел он во мне поэта, возможно, потому, что несло от меня «Тремя звездочками», и даже непечатного, утешил, что и его, в свое время, не), написал по-английски, язык мне не родной, зело набредил, ответил мило сквозь секретаря, что очень занят, но я и не обижаюсь, я же не Солженицын, предстоит еще чего-то доказать, на Красную площадь я не хожу, мне некогда, да и был тогда в Алупке, водил экскурсии во дворце графа Михал Семеныча Воронцова, за что и был изгнан, вот от такого стиля письма от меня отвернулся

Синявский, я его не знаю, меня ему рекомендовали — кому же больше? Больше некому. Вам я сам отрекомендовался, взял смелость, и то благодаря милейшей Татьяны Григорьевны, а так бы и не подошел, надоело искать «папу», я этим с детства занимался, разглаживали меня по головке Антокольский, Успенский, Сельвинский и проч., а печатать меня всё равно не могли. Т. Г. и та восхищалась и обещалась, но даже переводы мои завалялись навечно в столе. И слава Богу! Переводчиком быть не хочу.

Сейчас помаленьку российский инфантилизм выветривается у меня из головы, не без помощи западной профессуры, я так, в России, «всё мальчиком по жизни, всё юнцом». Здесь же — не знаю, что делать, с чего начинать. Сегодня звонили друзья из Гренобля, Николь Постникова (де Понтшарра), поэтесса, по поводу публикации в «Парле» у Кристиана Гали, но нужен еще перевод, и статья, а статьи я писать не умею, да и всё это — суета. Издать антологию, сборники под — не вижу возможности, с Карлом Проффером в «Ардисе» я не хочу, пусть там Ося чего издает, «Континент» — для него лишь «Биробиджан» со статьей (если примут), а статья, надо сказать, Вашего ученика, Ильи Левина, он балаболка, но из него может выйти толк. Я ему дал наметки, а он написал. За качество я не ручаюсь, но многое уловил. Пошлю ее Вам, вместе с текстом.

Еще раз и еще раз простите, Ефим Григорьевич, за долгость письма, за мой тон — резвлюсь, а другим не умею, но искренно почитаю Вас, почему и пишу. Дружили мы с Васей Бетаки, но что из того? Нельзя с ним серьезно. А больше там нет никого: Шемякин — художник, капризен и вздорен (пускай опять обижается, до него уже кто-то довел), вызвал меня из России, затеял сейчас «альманах», но мне не приехать, обходится собственной силой, меня уже не ждет, но горит материал — так бы хотелось обсудить его с Вами! Всех поэтов моего поколения, из которых Вы знаете — часть, я же всех, всех прозаиков — только беда: когда это будет и у меня? Даже книги скопировать негде. Прислали из Штатов архив, но, увы, в микрофильмах. А как это всё? Ограничусь покамест присылкой своих («сочинений»). Поверьте, там есть поэты гораздо получше меня. Но как их? Куда?

31.
А. Б. Ровнеру и В. А. Андреевой
Конец декабря 1975 года

Немножечко сочельник,
Новый год,
Вена

Аркадий, дорогой!

Спасибо Вам и Вике. Письмо — бальзам, а он зело мне нужен. Будучи дошедши (доведен) до отчаяния, порезал вены, используя афганский кинжал. Жена откачала, пошел в сауну, Вену замело, потом ураган, стёкла все повыбиты, от телефона меня отключили, Шемякин звонит Эдику (Зеленину), я лежу (лижу раны), словом, всё в порядке.

В Монжероне завелся Глейзер, крепчает Марамзин, надо открывать «Новый континент». Редактором поставим Лимона (пусть ему будет приятно), остальных кооптируем в редколлегию. Работать придется самим, я привычный.

Я уже еду. Когда — не знаю. Не мог Вам написать по причине вен — не выношу, когда Шемякин фармазонит. Сейчас окреп. Согласен на роман. Скорее, надо. Роман должен быть скорее догматический (или наоборот). Не влияет. Влиять друг на друга не можно. Путем Лимона всё равно не станем цитрусовыми. Главное, есть Вагрич Бахчанян (солнышко), страхолюдинка Мамлей, худеющий на луке Худяков. Они писать роман не могут, но могут послужить темой. Я свой роман уже дописываю, заключаю 4-ю часть письмами к 14-ти поэтам. Можно (должно) начинать новый. Стиль у меня разный расплывчатый (рассыпчатый), герметичный, местами мат, местами <*пропущено слово. — И. К.*>.

Аркадий, простите, резвлюсь. Ваше письмо меня обрадовало (ободрило), излечило от комплекса (вены не в счет, это хобби), третий день не пью, Шемякин меня не поздравил с Новым годом, справляли тихо с Кирой Львовной (не стыдно было не послать ей книжку? Я ей все свои подарил), перед этим была графиня Р., принесла в клюве, простите, пишу рассыпчато, убористо, убо, ибо, иби, хекену и мурро (ижицы на машинке нет, заменяю «у»), сандал и вервена, роман свой привезу с собой, чтоб ознакомить со стилем (понятие его относительно) — эстетика эклектики, Баженов, Гауди, биоархитектура, антироман осьмнадцатого века, футуризм, стило.

Словом, много что «Наука имеет много гитик», приемлю аксиомой, а ксиву не выдали, ассоциативный психоз (психодермия, это ужасно) это я только сегодня так пишу в остальные дни иначе в иные дни вообще ничего не пишу сядем и будем писать не сядем здесь за это не сажают кроме банкротства последнее обеспечено сэкономим на точках роман обходился без знаков препинания без заглавных букв за неграмотностью белоусов ученик аронзона очень талантливый (выкликал на моем чтении: «Так нельзя писать!» А как можно, вежливо осведомлялся я). Можно я так буду писать? Вы поймете?

Меня сейчас интересует конструктивный принцип, зады Дос-Пассоса, Артем Веселый периода «Ермака», Лев Квачевский[181] подарил кофемолку (есть пространственно-временные смещения, см. неопубликованную статью Н. Н. Пунина о Хлебникове, я ее сплавил в Штаты, ею вполне можно утвердить альманах — симбиоз акмэ с футу — вынужденное противоестественное сожительство

Аркадий, не радуйте меня, а то я обрадуюсь, пессимизм натуры моей не выносит очарований, вен не наберешься, и те после операций исколоты, полчаса режешь, пока найдешь (это, просьба, в роман не включать, роман должен быть полноценный, как советский человек, комплексы оставляю на Вашу совесть, у меня их нет, интеллигентность изживал в себе каленым железом, сталью закаленной, помогает мало но облагораживает

---

[181] Квачевский Лев Борисович (р. 1939) — диссидент, распространитель самиздата; в 1968 году был арестован и приговорен к 4 годам лагерей. Эмигрировал в 1974 году.

Петроний и его Сатирикон, Новый Сатирикон, Всеобщая история Сатирикона, Тэффи, О. Л. д'Ор и канотье Аверченко, помесь Потемкина с Рукавишниковым

жму Вашу руку журнал (роман) должен быть грустный веселый с черными страницами и без оных, потом разберемся, в Вене я уже не жилец, хер инженер замучил, приехала Горбаневская, тоже боюсь, вылетаю багажом, собакой

вскормлен конским молоком футуристов, ненавижу Новый мир Ниву и журнал Континент

заранее согласен с Вами на обратное

собственное мнение почитаю излишним излишки не окупаются хочу симбиозу («Бвана, стреляй симбу в тум-тум!» — перевод из хемингуэя) хочу беш-де-меру пишу этнологические статьи теория Гумилева (льва) хочу стрелять в тум-тум множественное число достигается путем повторения південноберэжная украина остап вишня и остап черешня из пьесы «Вишневый зад». Зады акмеизма, зады футуризма — чьи из них чище, в чем меня упрекает Елена Васильева (или наоборот)[182]. Уже отрецензировали 5 поэтов, теперь их становится больше, книги всё еще в израэле который не боцман (главный герой будет боцман по фамилии Кацман, морской приключенческий роман с арабо-израильскими пиратами, Гонконг китайские джонки, мадам Вонг, контрабанда золотом, майор КГБ Кумушкин, фетровые пуленепробиваемые шляпы, кореец Одджоб (северный) из чужого романа, нейлоновые чулки с кукурузной мукой — контрабанда в Союз, Арман Хаммер в роли первого любовника и Элизабет Тейлор, изображающая задник грудьми (я их щупал — тверды!) Берды Кербабаев в роли первого секретаря союза кинематографистов, Миша Мейлох и Молох (сцены французской борьбы), словом, хочется чего-нибудь такого этакого, эталон красоты эскимоска (провис-

---

[182] «Иногда он вторит моде пятидесятилетней давности — и пишет стихи без единого знака препинания, иногда повторяет азы модернизма десятых годов, но талант поэта пробивается и через его подражательные стихи, — и тогда его строки звучат крепко и уверенно» (*Васильева Е.* Там, где не умерла поэзия // Русская мысль. (Париж). 1975. Весна-лето).

лая спина, сера в ушах и перхоть в хвосте — идеальная стать по учебнику ветеринарии), можно по Дарвину («Половой подбор») — плоское лицо, крючковатый нос, желтоватого цвета кожа, груди до пояса и отвислый живот

Изобрав героиню, надобно таковую использовать (желательно новейшие методы), а вообще можно обойтись героями, гомосексуализм, на Западе это модно, проблема несовместимости, резус-фактор, заставим героя рожать.

Одэн, Мервин и Лоуэлл (последний украл две моих строчки — обещался, по крайней мере), сцены рыцарей круглого стола, встреча Никсона с гангстером, борзые бега (русский фонд), расписанные фламастером лабстеры и — этсетера.

Большею частью буду писать на языках иностранных, для ознакомления западных граждан, надо только машинку купить. Куплю с гонорара, но для этого надо роман написать — замкнутый круг проблем.

Скоро едем, борзую везут, за собой оставляем долги.

Нонна паровой каток довела меня до инфаркта: кидаюсь на всех русских женщин (а как там американки? — не для Викин ушей!), я вообще очень многолюбив. За что и страдаю. Вены режу и пью тепловатую кровь.

Помните ли Вы наизусть свою прозу? Боюсь, что я — да. Поэтому трудно писать. Чужую я (всю) тоже помню.

Моя жена — инопланетянка (так выяснилось в ее борьбе с кофемолкой. Кофемолка сломалась, пока я писал). Незнакома с западной цивилизацией. Из всех благ обожает бидэ. Как там с этим? Я же к бидэ равнодушен, поскольку цыган.

Напишите из быта.

Надеюсь, что до 14-го пробуду еще здесь. Рейс пока не означен. Записали на первый — когда он?

Поздравляю Вас, Виту и чадо с российским Рождеством.

Жду встречи. Заранее рад.

Обнимаю всех трех — Ваш Кузьминский

32.
С. Монасу
15 января 1976 года

Генваря 15-го,
Вена,
Хакенгассе

Сидней, солнышко!

Всё смешалось в доме Облонских: футболист Подъеблонский, князь Оболенский и князь Ухтомский (он же Борис Иванович Дышленко). Сегодня получил письмо от 8-го января, а вчера — декабрьское, с подарком и предложениями, из Парижа. У мсье Шемякина оно провалялось месяц. Оне заняты.

И лишь сейчас я имею возможность поблагодарить — за подарок, за поздравления, за предложения, за работу, за всё. Да — да, да, да! Руками и ногами! В Остин (в Остию не пустили), глушить гремучих змей и нерадивых аспирантов — с сентября (аугуста) сего (уже!) года[183]. Согласен. Благодарю. Оправдаю доверие, как говорили комсомольцы на моей (теперь уже бывшей) родине.

Теперь, наконец, всё уже прояснилось. Просидев полгода в Вене в тщетном ожидании фремденпасса по Европам, ничего не сделав в Париже, ничего не сделав в Гренобле, ничего не сделав в Дорнахе, не заработав ни (вшиллинга, доллара, франка...), записан на рейс 5-го февраля на Америку. Собака летит с нами (Сюзанна позаботилась, бедным эмигрантам это не под силу, многие едят собак прямо тут, в Вене, не имея возможности оплатить их пролет), словом, всё окей. По крайней мере, ясно. 6-го прибываю в Нью-Йорк, на Толстовскую ферму (там меня ждет погостить клуб борзых), и начинаю бурную деятельность. Здесь каждый день общаюсь с Наташей Горбаневской, она, натурально,

---

[183] С сентября 1975 года Кузьминский по приглашению Монаса получил на полгода преподавательское место в Техасском университете (г. Остин). Об академической карьере Кузьминского см. статью Э. Морс в наст. изд.

едет в Париж. Марамзин уже там. Похоже, вся политика останется на европейском континенте, поэты же последуют путем Колумба. Не люблю политиков. Сам я анархист.

Но ежели серьезно, то очень грустно дело обстоит с разобщением 3-й русской эмиграции по школам, по сословному принципу, просто по эгоизму. То же было и с первой, но там хоть культура держалась вместях. Предстоит создавать ее заново.

Нет ни материальной, ни технической базы, культура же не коммунизм, ее на голом месте не построишь. Попытаемся в Америке. Сегодня были мои друзья из Швейцарии, говорили об Андрее Белом. Готовится солидное издание его на немецком, есть ряд материалов, поступивших из России (например, «Мои встречи с Рудольфом Штайнером» и кое-что еще[184]). Имеет смысл заладить контакт с этим издательством, я отрекомендовал Вас, это мои большие друзья, может быть, на стыке немецких и английских изданий удастся пробить русское. Но об этом поговорим особо по приезде. На всякий случай адрес прилагаю (мало ли, срочная необходимость), они о Вас уже знают.

Привезли мне бутылку «Боржоми» из Грузии и французскую булку из Киева от ностальгии. Пока помогает.

Сидней, было даже два письма на Париж, от 10-го и от 17-го, и оба я получил только вчера. «Разочарования» меня не пугают. Я к ним привык. С голоду не помру, Толстовский фонд прокормит. Принимаю любую работу с благодарностью. Рекомендацию от Эткинда получу, безусловно, вопрос двух недель (в Париже ли он? Сейчас пишу письмо). Вторую и третью пусть дают Роберт Джексон и Сюзанна Масси, обоим напишу. Не нужна ли от Генри Джексона? Могу.

Джейн Робертс — увы! — вне пределов досягаемости. С Шемякиным «контакта» даже я не могу найти уже 12 лет, куда уж ей! Пусть не страдает. Это не так приятно, как кажется.

С Хармсом и Введенским Шемякин пусть разберется сам, а потом я с него стребую тексты. Чего хочет, пусть того и печата-

---

[184] *Belyj A.* Verwandeln des Lebens. Erinnerungen an Rudolf Steiner / Aus dem Russischen von Swetlana Geier. Basel: Zbinden Verlag, 1975.

ет. Альманах, похоже, выродился в причуды миллионера. Со мной не советуются. Их дело.

Моя секретарша? Ну что ж. Пусть уж лучше погибает от ностальгии на Западе, чем я от страха за нее там. Баба она молодая, здоровая, не пропадет. Жили же мы в Ленинграде втроем, с голоду не погибали. Пусть едет. Сегодня вроде она женится. На еврее. Дай ей Бог!

На тему депрессий — я уже порезал вены, но они уже заросли. Этим я с успехом занимался в Советском Союзе, нам не привыкать. Спасают друзья, которых много.

На днях получил письмо-приглашение из института перевода и очень удивлялся — к чему бы? Оказывается, Вашими молитвами. Завтра бегу звонить, но Петиоки сейчас нет, там кто-то за него. Ну, разберемся. В любом варианте — огромное спасибо Вам и Лизе Маркштейн[185] за заботу. Я о ней тут много слышал. Не было ли у нее папы? Но о ней говорят очень хорошо.

Что там слышно о Массачусетском русском центре, где Чалсма, Тикош и Иваск? Русские там не нужны? Я боюсь им писать, пока меня не отрекомендовали.

Все куда-то пропадают. Теперь пропал Додж. Как поехал в первых числах декабря в Россию, так и пропал. Все пропадают.

Словом, Сидней, путь мне один — в Штаты. Быть (влиться) в великую нацию эмигрантов, раствориться, ассимилироваться, потом — Самоа, Таити, остров Рапа-Нуи, Микронезия и острова Тонга.

Всё лучше, чем Париж. Который, может быть, и прекрасен весной, но не зело прекрасны там люди. «Континент» превратился в кормушку для бывших членов Союза писателей и «общественно-политический журнал» с восточно-европейским диалогом типа «Нового мира». Меня там не ждут и вряд ли будут рады.

---

[185] Элизабет Маркштайн (Elisabeth Markstein, 1929–2013) — австрийская славистка, писательница и переводчица, преподавала в Институте перевода в Вене; в 1975–1976 годах была приглашенным профессором в Техасском университете в Остине. Виктор Петиоки (Viktor Petioky, 1923–2007) — переводчик с русского, в то время — директор венского Института перевода (Institut für Translationswissenschaft).

Америка — дело иное. Новый континент, родной язык, Сюзанна и Сидней. Проживем. Перебьемся. Только есть ли в библиотеке Конгресса словарь туарегского языка?

Нега свежевымыта у Натальи Горбаневской, поражает флегматичных венцев русской иноходью, кланяется вам.

Мы с Мышью благодарим за всё, надеемся на скорую встречу.

Целую руки Кэрол.

Ваш Константин
Кузьминский

33.
С. Масси
16 января 1976 года

16 января,
Хакенгассе,
Вена

Сюзанна, дорогая,
теперь всё ясно, всё встало на свои места. Я не жалею об этих полугода, потраченных на акклиматизацию в иноязычной Вене. Тем легче будет в Америке. Тем более что ты, по-моему, сделала там всё, что можно и что не можно, для нас троих. 5-го февраля мы записаны на рейс. Осталась рутина: багаж, прививки собаке, документы, этсетера. Рогойский обо всём позаботится, он удивительно милый человек. Итак, летим.

Мои дела в Европе не пошли. Придется вернуться американским подданным, с профессорской степенью и показать им, что и как.

Перед Новым годом приехала Наташа Горбаневская, третья женщина России. На нее тут же набросились корреспонденты, юриспруденты и просто любопытствующие. Последние две недели, начиная с 7-го, на нее набросился и я. Мы ведь не были знакомы в России, а ее друзья — не мои друзья: Найман, Бобышев, вообще Москва. И она обо мне практически не знала. Вот и говорим последние дни, выясняем, ху из ху. Она человек удивительный, а судьбы легендарной. Ее младший сын, Ося, был восьмым демонстрантом на Красной площади во время чешских событий, ехал в колясочке. Старший сын — умница и террорист[186]. Мышь возится с обоими, так и дружим. Стихи у нее весьма хороши, но она их не навязывает, единственным детищем своим считает «Хронику текущих событий». Мне всегда везет — кого только не встретишь, ведь всех российских гениев знаю.

Прости, что пишу так подробно, но ее приезд на Запад был событием изрядной важности, и очень хорошо, что мы с ней встретились здесь и поняли друг друга.

Сюзанночка, теперь о делах. Благодаря тебе все вопросы с отъездом выяснены, с Негой всё в порядке (сегодня ее вымыли в ванне у Наташи шампунем — и сами поразились: шерсть пушистая, походка стала грациозная, еще раз вымоем, такую и привезем).

Сидней Монас написал мне несколько писем, которые месяц шли через Мишу, а в них были очень важные новости. Мне предлагают в Остине 3 часа в неделю готовить аспирантов с августа по январь на полгода — 6000 баксов. Остальное время свободно для разъездов и лекций. Но нужно решать сейчас, и нужна еще пара рекомендаций. Одну я попрошу у профессора Эткинда (он здесь был в Вене), а вторую Сидней хотел, чтоб ты. Почему не поработать полгода в Техасе? До осени еще далеко, для начала можно будет поездить с лекциями по восточному побережью, живя, где Толстой укажет, летом меня (и Мышь, и Негу)

---

[186] 25 августа 1968 года восемь диссидентов — К. И. Бабицкий, Т. А. Баева, Л. И. Богораз, Н. Е. Горбаневская, В. Н. Делоне, В. А. Дремлюга, П. М. Литвинов, В. М. Файнберг — провели сидячую демонстрацию на Красной площади в знак протеста против разгрома Пражской весны. К демонстрантам (кроме Баевой) были применены различные репрессивные меры: так, Горбаневская была признана невменяемой и передана на поруки матери; позднее (24 декабря 1969 года) была арестована и больше года находилась на принудительном лечении в Институте судебной психиатрии им. В. П. Сербского. Эмигрировала в декабре 1975 года. Старший сын — художник Ярослав Горбаневский.

зовут погостить разные профессора, так что до осени протянуть можно. А с января — еще куда-нибудь, в Орегон бы...

Очень меня беспокоит израильский архив. Его получила Эстер Вейнгер, но она очень изменилась с отъезда из России, чем-то на меня обижена, у меня же не было ни адреса, ни денег переслать 12 кг. Теперь я уже точно еду в Штаты, и оттуда затребую его. Может быть, потребуется и помощь твоих друзей в Вашингтоне... Не знаю. Что-то там темно. На огромные письма она отделывается открыткой в несколько слов, да и открыток давно нет. Мы ведь были когда-то очень близкими друзьями. Ничего не понимаю. В Америке подумаем.

Только что уехала Анни Ян, антропософка из Дорнаха. Эти люди мне сделали всё возможное для поездки в Швейцарию, ждали меня на виллах на Рождество и на чтение в Гетеануме, но австрийская полиция непробиваема. Фремденпасса всё еще нет. То же и с Греноблем. Мою книгу будут делать на расстоянии. Шемякин молчит, опять капризы.

Спешу закончить письмо, чтобы отослать сегодня. Итак, рейсом 5-го февраля я буду в Нью-Йорке. Встречать нас специально не надо, разве что окажешься в городе. Мы беспокоились в основном за Негу, но раз она может лететь с нами, то что же лучше.

Матушка позванивает, правда, очень редко, с телефоном у нас здесь сложности, да и ей звонить дороговато. В Америку же и совсем не можно. Тебе она просила передать свое благословение и благодарность, и детишкам твоим тоже, и Бобу. Мы присоединяемся.

Секретарша моя делает глупости, посылает разное мелкое барахло через Париж, а мне нужны рукописи, фотоархив, графика... Но на днях она должна была выйти замуж, вытаскивать ее всё-таки надо. Слишком страшно там. Мы сидим с Наташей Горбаневской и чуть не плачем: страшно за друзей. Поэтов можно прикрыть публикациями и известностью, а «не поэтов»? Завтра попробую позвонить матушке, узнать, чего там и как. За матушку-то я не беспокоюсь. Если ГБ на нее полезет — тем хуже для ГБ. Но Наталья молчит!

Новый год, Рождество были у меня очень тяжелыми — цепь сплошных неудач, неприятностей. Я был риалли апсетдаун![187] Но выкарабкался и опять — за работу. Роман у меня застрял — нет материалов, это и раздражает. Нет ксерокса, чтобы сделать графические страницы, печатать же — это мука. Но еще нужна английская машинка. Надеюсь, в Штатах найду какую-нибудь.

Сюзанна, милая, мы так тебе благодарны, запомни, что добро всегда помнится, в России же — в особенности. Если я, случалось, и делал глупости, но ни о ком я не говорил СТОЛЬКО и с такой теплотой, как о тебе. Потому что помню.

Целуем всех вас, обнимаем, детям и Бобу — здоровья, тете — силы и мужества, скоро уже встретимся.

Ваши Костя, Мышь и Нега

[187] Тавтологическое смешение двух выражений — «I was really upset» и «I was down» («крайне расстроен», *англ.*). См. письмо № 12.

Энсли Морс (Dartmouth College)

«Профессоров, полагаю, надо вешать»: Константин Кузьминский как посредник между неофициальной культурой и американским академическим истеблишментом

К. К. Кузьминский — поэт, издатель, культуртрегер и пожизненный *enfant terrible* — впервые приехал в США в 1976 году. Он стоял на пороге новой жизни, которую представлял себе, основываясь на примере недавней эмиграции И. А. Бродского: тот с самого момента своего появления в Штатах был очень тепло принят в американских академических и литературных кругах и впоследствии сделал успешную карьеру (не только литературную, но и академическую)[1]. Несмотря на то что Кузьминского также щедро и тепло приняли и что ему действительно очень много помогали некоторые американцы (особенно слависты), «медовый месяц» длился недолго: к началу 1980-х поэт удаляется

---

1 Бродский преподавал в пяти разных колледжах в 1972–1980-х годах: дольше всего он проработал в колледже Маунт Холиок (Mount Holyoke), в штате Массачусетс. Помимо преподавательской работы, Бродскому, по мере того как росла его известность, вручали почетные академические места «приглашенного поэта» (poet in residence) — в Мичиганском университете и «доктора литературы» (doctor of letters) — от Йельского университета.

в свой нью-йоркский «Подвал» (так называлось его «домашнее», по факту самиздатское издательство, также бывшее квартирой и располагавшееся в полуподвальном этаже, где в те годы жили Кузьминские). Следующие десятилетия он проведет в нескольких «подвалах» в состоянии относительной изоляции внутри российской эмигрантской среды без дальнейших попыток поступать на академическую работу.

Как мне кажется, волна профессионального, академического и литературного успеха, сопровождавшая первые американские годы Кузьминского, является, в сущности, отклонением, обусловленным улыбкой фортуны и американской внешней политикой. В дальнейшем неортодоксальный подход Кузьминского к литературе, к искусству и к жизни (в сравнении, скажем, с траекториями Бродского или В. В. Набокова) фактически перекрыл ему (и его идеям) дорогу и в славистику, и в американскую литературу, не говоря уж о перспективах постоянной академической должности.

Тем не менее Кузьминский действительно сыграл значительную роль в ознакомлении американских славистов с современной неофициальной поэзией в СССР. Сегодня можно также утверждать, что «кузьминская» версия российской и советской неофициальной литературы — включая его взгляды на интерпретацию текста и на становление канона — стала со временем более актуальной. Кроме того, отношение Кузьминского к профессиональным литературоведам («академикам») и к «академии» как институту было достаточно распространенным в свое время и обуславливалось политической и культурной средой того времени. Его «неофициальное литературоведение» остается, до известной степени, актуальным подходом и в сегодняшней России.

В данной статье обсуждаются первые контакты Кузьминского с американским академическим истеблишментом и его общий настрой по отношению к академическому подходу к литературе (в частности — к стихам). В заключение речь пойдет о значении идей Кузьминского в контексте современного литературоведения (и в США, и в России).

1. Об отношениях Кузьминского с американскими славистами: факты и контексты

Как известно, Кузьминский покинул Ленинград летом 1975 года и провел следующие полгода в Вене. Несмотря на то что в письмах того времени он жаловался на беспомощность и депрессию, это был поразительно богатый период в его литературной жизни: он успел написать значительную часть романа «Hotel zum Тюркен», попробовав себя в прозе, и задумать многие новые направления. В том числе Кузьминский очень хотел переехать во Францию и подключиться к разным литературным проектам, в частности, совместным с художником М. М. Шемякиным: в своих письмах они обсуждают альманах «Аполлон-77».

История непосредственных отношений с американской славистикой берет свое начало с приезда Кузьминских[2] в Нью-Йорк в январе 1976 года, хотя, если быть точным, она начинается еще раньше — с самого момента их эмиграции и даже до нее. До Нью-Йорка, собственно, Кузьминский доехал только благодаря прямой поддержке Сюзанны Масси, писательницы и историка-любителя, с которой поэт познакомился в Ленинграде в 1967 году (она приехала со своим тогдашним мужем Робертом Масси, автором популярных исторических книг, в частности о Романовых[3]). Первая встреча четы Масси с Кузьминским произошла в Павловске, где тот работал гидом. Впоследствии Масси, при значительной помощи Кузьминского, составила сборник пяти современных ленинградских поэтов «Живое зеркало» («The Living Mirror»): книга была опубликована большим тиражом в 1972 году в круп-

---

[2] Хотя речь далее идет в основном о Кузьминском, нельзя забывать о том, что вся его жизнь в эмиграции прошла вместе с Э. К. Подберезкиной — супругой, кормилицей семьи и верной помощницей.

[3] См: *Massie R. K.* 1) Nicholas and Alexandra: An Intimate Account of the Last of the Romanovs and the Fall of Imperial Russia. New York: Atheneum, 1967; 2) Peter the Great, His Life and World. New York: Knopf, 1980; 3) Last Courts of Europe: Royal Family Album, 1860–1914. New York: Vendome Press, 1981; 4) The Romanovs: The Final Chapter. New York: Random House, 1995; 5) Catherine the Great: Portrait of a Woman. New York: Random House, 2011.

ном американском издательстве *Doubleday*. В сборнике представлено творчество как «официальных» поэтов, членов Союза писателей, вышедших из неофициальной среды, — А. С. Кушнера, В. А. Сосноры и Г. Я. Горбовского, — так и «неофициальных»: Бродского и самого Кузьминского. Включение самого Кузьминского было одновременно и неожиданным (даже в ленинградские годы он был хоть и известным, но не ведущим поэтом), и совершенно закономерным, учитывая его роль гида Масси по ленинградской поэзии. Впоследствии Кузьминский также будет включать себя в различные антологии, которые он составлял почти постоянно, но в сборнике Масси он особенно выделяется, будучи одним из всего пяти участников.

В связи с этим уместно вспомнить, что Кузьминскому с самого начала эмиграции сильно помогало его хорошее знание английского языка. Он учился в первой в Ленинграде школе с углубленным изучением английского вместе с другими кумирами ленинградского андеграунда (например, с поэтом, художником и бардом А. Л. Хвостенко, который впоследствии одалживал Бродскому англоязычные поэтические книжки из великолепной библиотеки своего отца, педагога и переводчика Л. В. Хвостенко, основателя и завуча этой школы[4]). Весьма вероятно, что первые контакты с американскими и другими славистами состоялись во многом благодаря тому, что Кузьминский ранее работал англоговорящим гидом.

Эмигрировать в США Кузьминским помог Фонд Толстого, купивший им авиабилеты из Вены. Однако нелегкий (и не самый дешевый) проезд борзой Кузьминских по кличке Нега из СССР в Вену и потом в США оплатила именно Масси. Борзых, которые в СССР считались национальным достоянием, вывозить из страны строго запрещалось; к огромной радости Кузьминского, его встречали в нью-йоркском аэропорту как контрабандиста собак. И именно Масси устроила Кузьминских на «толстовскую ферму» — главный штаб Фонда, который находился недалеко от ее собственного дома в штате Нью-Йорк. Помогло и то, что то-

4 Из разговора с Татьяной Львовной Никольской.

гдашний директор Фонда, князь Теймураз Багратион-Мухранский, страстно любил борзых и, по всей видимости, имел виды на Негу и ее будущих щенков.

Кузьминскому на ферме было хорошо: он зачитывался дореволюционными книгами, которыми изобиловала библиотека, и вел очень обширную переписку, пока Эмма отрабатывала требуемые часы общественного труда. С фермы Кузьминский написал в том числе Карлу и Эллендее Профферам, страстным пропагандистам русской литературы, известным своей помощью русским эмигрантам (так, Проффер оказал значительную помощь Бродскому в его первые эмигрантские годы, и именно Профферы основали издательство «Ардис», сыгравшее огромную роль в истории русской литературы публикациями эмигрантских и дореволюционных произведений). Тон Кузьминского в письме сравнительно почтительный и любезный, однако и здесь он позволяет себе немного «чистого Кузьминского», задавая вопрос: «What can you offer / Me, Mr. Proffer?» (см. Приложение 1). Впоследствии мистер Проффер ничего не предлагал Кузьминскому, равно как и Юрий (Джордж) Иваск, эмигрант «второй волны», который в это время преподавал в Университете Массачусетса в городе Амхерст и некоторое время занимался организацией Центра изучения современной русской поэзии при университете. Несколько лет спустя Иваск напишет разгромную внутреннюю рецензию на «Антологию новейшей русской поэзии *У Голубой Лагуны*» Кузьминского; их отношения так и останутся напряженными[5].

Среди американских славистов, с которыми Кузьминский познакомился в Ленинграде, были историки Сидней Монас и Роберт Джексон; еще одно знакомство тех лет — с Нортоном Доджем, по профессии экономистом, но также известным в Советском Союзе коллекционером неофициального визуального искусства и, скорее всего, агентом ЦРУ. С помощью перечисленных коллег и Масси Кузьминскому удалось получить приглашения на лекции в целый ряд университетов в Нью-Йорке и Новой Англии (Йельском, Колумбийском и в Университете Рочестера).

---

[5] См. публикацию М. Павловца в наст. изд.

В связи с этим Кузьминский решил, что он сможет неплохо зарабатывать своими непринужденными и, должно быть, харизматичными рассказами о русской литературе. Однако по переписке Кузьминского с Монасом после выступления в Рочестере видно, что тот мог переоценивать свои успехи в роли университетского докладчика (см. Приложение 2).

Монас приложил значительные усилия, чтобы устроить Кузьминского временным преподавателем в Техасский университет в городе Остин (он даже отвез его туда на машине из Нью-Йорка, чтобы борзую Негу, плохо переносившую перелеты, не нужно было больше везти самолетом). Кузьминского наняли вести аспирантский семинар по современной неофициальной поэзии в СССР и, как ни странно, курс по английской литературе на английском языке для студентов. Несмотря на то что преподавание продлилось недолго, личность Кузьминского оставила в университете заметный след: еще в начале 1980-х его курс был частью экзамена по страноведению и советской культуре (см. Приложение 3).

После осеннего семестра 1976 года Кузьминский больше не преподавал, но остался в Техасе — в том числе и потому, что в Техасском университете работал искусствовед и специалист по русскому авангарду Джон Боулт. Боулт основал Институт современной русской культуры у Голубой Лагуны (Institute of Modern Russian Culture at Blue Lagoon), в мероприятиях которого принимал участие и Кузьминский[6]. К слову, с 1979 года Кузьминский ведет свою переписку на бланках с логотипом института (IMRC); в заголовке логотипа обозначено: «John Bowlt, Director; Konstantin Kuzminsky, Head, Literary Practice Section». В чем именно заключались служебные обязанности «главы» и заведующего секцией по литературной практике, не очень ясно, и зарплаты Кузьминский не получал, так как институт по своему официальному статусу был некоммерческой общественной организацией.

---

[6] Институт существует и сегодня, но уже в Лос-Анджелесе в Университете Южной Калифорнии, куда Боулт переехал в начале 1990-х (из личной переписки автора статьи с Боултом от 28.04.2020). См. также интервью с Боултом в наст. изд.

Тем не менее свою знаменитую антологию Кузьминский опубликовал именно под эгидой этого института.

Эмигрант Кузьминский в целом плохо адаптировался в Америке и в социальном, и в экономическом смысле. Не надо забывать и о том, что Кузьминский фактически всю свою жизнь нигде не работал, и в периоды, когда гонорары и средства с продаж картин и книг заканчивались, семья существовала в основном за счет труда Эммы — как правило, физического и низкооплачиваемого; кроме того, всю свою американскую жизнь чета получала социальные пособия. С другой стороны, Кузьминский быстро «перестроился» на американский или, точнее, техасский лад, добавив к старому образу ковбойские сапоги и шляпу, как и специфически американский мачизм. Известная американская славистка, специалист по творчеству Л. Н. Толстого и наследию М. М. Бахтина Кэрол Эмерсон была в те годы аспиранткой в Остине; она вспоминает Кузьминского так:

> On Guadalupe Street one hot day, I see him swaggering down the street in front of the University Bookstore, with his leathers, ragged-out jeans, belly, ravaged face, and trademark cowboy hat with a coin of Lenin on the ribbon, and a bullet-hole through his metallic head. "Kerol," he says, "I can't stand it. No one notices. Here I'm walking down the street with a bullet through Lenin's forehead, and no one cares."[7]
>
> Однажды жарким днем я увидела его, расхаживающего по Гвадалупе-стрит рядом с университетским книжным магазином в кожаных крагах, рваных джинсах, с брюхом, истерзанным лицом, в фирменной ковбойской шляпе, на которой была пришпилена монетка на ленточке с изображением Ленина, с дыркой от пули в районе головы. «Кэрол, — сказал он, — я не в силах этого больше выносить. Никому нет дела. Я вот хожу по улице с пробитой пулей головой Ленина, и всем по фигу». <Здесь и далее перевод иноязычных текстов мой. — *Э. М.*>

---

[7] Личная переписка Э. Морс с К. Эмерсон от 10 августа 2018 года. — Написание имени Kerol отражает акцент Кузьминского.

Работа Кузьминского с аспирантами в Техасском университете свидетельствует о том, как быстро он привыкает к новой аудитории. В аспирантских и студенческих журналах *Cherez* и *Thicket* («Заросль») он вновь, как и в случае с *The Living Mirror*, выступает куратором и редактирует спецномер *Thicket*, посвященный поэзии диссидентов. В своем предисловии Кузьминский пишет о «ста значительных поэтах в Ленинграде» — в этом утверждении легко угадывается та тяга к всеохватности, которая впоследствии приведет его к гигантской многотомной антологии. Однако в обоих номерах «Через», в которых принимал участие Кузьминский, фигурируют лишь его близкие ленинградские товарищи: в первый, 1977 года, вошли подборки стихотворений В. И. Эрля, Ю. И. Галецкого, В. В. Гаврильчика, О. А. Охапкина и самого Кузьминского; во второй (1978) — В. Г. Ширали и Э. М. Шнейдермана, плюс одно стихотворение самого Кузьминского.

Ретроспективный взгляд на деятельность Кузьминского показывает, что «антологический принцип» созрел в нем задолго до АГЛ. В 1964 году, еще в Ленинграде, он составляет вместе с Б. И. Тайгиным «Антологию советской патологии». Вслед за выходом *The Living Mirror* Кузьминский выпускает в самиздате второй том антологии «Живое зеркало», в котором было почти в три раза больше поэтов (14), представителей неофициальной ленинградской поэзии или выходцев из нее, а затем и дополненный вариант «первого этапа» (также собравший тексты 14 поэтов)[8]. Затем он участвует в подготовке поэтической антологии «Лепта», задуманной как первый официальный сборник ленинградских поэтов, пишущих вне официальных институций (в «Лепте» должно было быть свыше тридцати поэтов). «Лепту» приняли на просмотр в издательство «Советский писатель» в 1975 году, но отвергли вскоре после отъезда Кузьминского

[8] В том «Живое зеркало. Первый этап ленинградской поэзии» были включены Р. Ч. Мандельштам, Л. Л. Аронзон, А. С. Кушнер, В. И. Уфлянд, М. Ф. Еремин, Г. Я. Горбовский, В. А. Соснора, И. А. Бродский, Е. Б. Рейн, А. Г. Найман, Г. И. Алексеев, А. Г. Волохонский, Э. М. Шнейдерман, К. К. Кузьминский.

в Вену. С собой в эмиграцию он берет также макет антологии ленинградской неофициальной прозы «Лепрозорий-23»; ряд антологий остался лишь в замысле.

Таким образом, АГЛ можно рассмотреть и как продолжение постоянно расширяющегося проекта «Живого зеркала», и как успешный «американский» вариант (или же «сиквел») того, что попытался осуществить ленинградский андеграунд в «Лепте». Как и в случае «Лепты», АГЛ приходилось методически и неутомимо протаскивать через «официальные», полуакадемические издательские инстанции — уже американские, — чтобы она наконец-то увидела свет. Успех американской антологии в сравнении с не вышедшей в СССР «Лептой», однако, нуждается в комментарии.

Во-первых, аудитория читателей русскоязычной АГЛ в США по сей день ограничена эмигрантским сообществом и славистами (и даже среди них не очень многими). Скромный тираж антологии в 500 экземпляров и спустя тридцать лет после завершения проекта был не распродан: за исключением первого тома, АГЛ до недавнего времени можно было заказать на сайте издательства *Oriental Research Partners* по цене 50 долларов за том. В этом смысле «Лепта» была проектом намного более «рыночным», с лучшими шансами на настоящий резонанс у читателей, если бы ее в свое время опубликовали в Советском Союзе. О том, каким спросом пользовалось искусство, выходящее за рамки социалистического реализма, говорит успех т. н. газаневщины — аншлаги на первых официальных выставках независимых художников в Ленинграде в 1974–1975 годах, устраиваемых в ДК им. И. И. Газа и ДК «Невский».

Во-вторых, эстетическое отторжение «Лепты» в официальных литературных кругах СССР было гораздо сильнее, чем в случае с АГЛ в США, где издатели фактически покупали кота в мешке, будучи не в состоянии оценить, с чем именно они имеют дело. Когда рукопись «Лепты» была отклонена ленинградским отделением издательства «Советский писатель» в 1975 году, отказ оправдывали скорее тем, что стихи — низкого качества, нежели обвиняли авторов в политической неблагонадежности и чуждых взглядах (хотя упоминалась и недопустимая религиозная окраска творчества таких авторов, как А. Н. Миронов, Е. А. Шварц, В. Б. Кривулин и др.)[9]. Антология Кузьминского, в свою очередь, — по крайней мере первый ее том, вышедший в 1980 году, — была хорошо принята американской славистской публикой, прежде всего потому, что познания американцев о неофициальном искусстве до нее были очень скромными. Со временем, однако, огромный и всё нарастающий объем АГЛ, стилистическое разнообразие включенных в нее поэтов и, конечно, неортодоксальные комментарии Кузьминского окончательно поставили в тупик многих читателей — особенно тех, кому русский и советский контексты были мало знакомы.

2. Кузьминский и «академия»

Обсуждение «антологического принципа» Кузьминского (который далеко не исчерпывается работой над «Живыми зеркалами», «Лептой» или даже громадной АГЛ) неизбежно ведет к рассмотрению его претензий к «академии» как институту и к академическому подходу вообще. Парадокс виден сразу: на первый взгляд, кропотливая работа Кузьминского над его антологиями во многом следует традиционной академической практике. Действительно, в Ленинграде Кузьминский получил хорошее (хоть и незаконченное) образование, обладал исключительной памятью и познаниями и имел вполне заслуженную репутацию специалиста по поэзии — правда, скорее в культуртрегерском, нежели в академическом смысле, и в большей степени в неофициальных кругах[10]. Как было сказано ранее, контакты Кузьминского с американскими учеными («академиками») начались еще в ленинградские годы. Пример того, как радостно

---

9 Отрицательную рецензию на «Лепту» написал П. С. Выходцев, известный своей верностью соцреализму и антисемитизмом (многие авторы «Лепты» были евреями). См. [Шнейдерман 1993: 51–54]. Сам Кузьминский подробно описывает историю «Лепты» в [АГЛ 5Б: 89–101, 275–326].

10 В то же время Кузьминский в Ленинграде выполнял функцию литературного секретаря у переводчицы Т. Г. Гнедич.

приняли Бродского в США (во многом благодаря Профферу), говорил ленинградцам о том, что американские слависты — дружелюбное и довольно наивное племя; поскольку они ничего не понимают в «новейшей русской поэзии», такой опытный «ученый», как Кузьминский, мог бы обучать их, получая за свои уроки приглашения на лекции, рабочие места и просто денежную поддержку.

Это полупрезрительное отношение к «академии» в целом у Кузьминского со временем лишь укрепилось. В то же время он с удовольствием играл с академическими «завитушками», как поверхностными (официальные бланки и титулы), так и с более содержательными, о чем говорят обильные сноски, полуофициальная академическая речь и общий эрудированный тон, соблюдаемый в переписке. В начале эмиграции он серьезно думает о том, как себя представлять (или же «продавать») американским университетам. Уже в Вене у Кузьминского возникают оправданные сомнения насчет роли «русского поэта», основанные в том числе на опасении, что русские стихи не будут понимать за пределами России; отчасти из-за этого он начинает писать прозу (в частности, вышеупомянутый роман «Hotel zum Тюркен»). В связи с этим 23 ноября 1975 года Кузьминский пишет С. Монасу: «У меня появилась идея, что меня, может быть, следует подавать не как поэта, а как своего рода специалиста по живому и литературному современному языку»[11]. Впоследствии, как известно, Кузьминский возвращается к поэзии и к роли русского поэта, но его опасения касательно уровня общего знания русской поэзии у американских славистов продолжаются и часто оправдываются. В этой связи его работу над АГЛ можно рассматривать как героическую попытку поднять уровень осведомленности американских читателей. Героической ее можно назвать хотя бы потому, что уже после выхода первого тома стало понятно, что «продать» себя «академии» за достойную цену не удастся, и в чи-

---

[11] См. письмо № 26b в публикации И. Кукуя в наст. изд. Далее ссылки на переписку даются по фонду К. К. Кузьминского в архиве Русского центра Амхерстского колледжа.

сто денежном смысле выход АГЛ был глубоко убыточным делом: расходы на ксерокопии и другие издательские нужды значительно превышали гонорар и доходы с продаж.

Антиакадемический габитус Кузьминского вписывается в его вполне сознательную провокационную роль авангардиста и бунтаря. Его провокации чаще всего одновременно и литературные, и мальчишеские, — как в случае частых выпадов в сторону А. А. Ахматовой и ее поклонников и поклонниц. Однако антиакадемическая полемика остается одной из констант его публичного поведения: в своих комментариях в АГЛ Кузьминский постоянно нападает напрямую как на отдельных ученых (и советских, и американских), так и на академический подход вообще.

Цитата, использованная в названии этой статьи, — «профессоров, полагаю, надо вешать» — появляется в предисловии к подборке стихов И. В. Долиняка в томе 5А АГЛ. Кузьминский оправдывает включение в антологию малоизвестного Долиняка, цитируя В. Б. Шкловского (который, в свою очередь, ссылается на своего учителя С. А. Венгерова): «Венгеров <…> понимал, что литература делается многими, это общий труд, и неизвестно еще, кто возглавит эпоху. Поэтому надо изучать и еще не прославленных, и даже забытых». Но, продолжает Кузьминский, «не Венгеров заведует кафедрами славистики в Америке, и не он рецензирует книги» [АГЛ 5А: 518]. Упрек Кузьминского адресован тем «академикам», которые считают, что его подход или даже кредо — никого не забывать, всех включать — неправильный и «ненаучный»:

> По мнению профессора (и — по факту публикаций — поэта) г-на Ю. П. Иваска, в составляемом мною томе ленинградских поэтов конца 50-х — начала 60-х гг., из примерно 40 представляемых — надлежит оставить двоих: Бродского (со скрежетом зубовным) и Бобышева. Меня — надо понимать — «не надлежит».
>
> По мнению советского «полуподпольного» литературоведа Гарика Левинтона (из компании помянутых Бродского-Бобышева), «поэтов не может быть больше 10-ти, сравним это даже с плодотворным началом века».

> В книге «Поэты Пушкинской поры», изд-во «Московский рабочий», 1981 — наличествует 7 имен. Рабочим более не требуется. Нет Нелединского-Мелецкого, Кострова и графа Хвостова — ну так что ж в том? Они поэтами, надо понимать, не были [Там же].

Кузьминского сильно раздражает такая элитарная «история генералов» — способ построения канона, который не признает больше десяти поэтов (заметим, что автор здесь не различает советские академические издания, американских ученых и «полуподпольных» литературоведов). Помимо справедливого раздражения на положение вещей, Кузьминский отстаивает и собственную способность функционировать как объективный поэтический барометр, непредвзятость которого, по его мнению, превосходит пресловутый «академический объективизм». В определенном смысле, учитывая полистилистику антологических проектов Кузьминского, его действительно можно считать непредвзятым. Так, несмотря на явные эстетические расхождения Долиняка с Кузьминским, последний пишет, что стихи Долиняка вызывают в памяти классический Петербург в «застегнутом воротничке и вицмундире» — образ сам по себе глубоко поэтический и полный значения даже для такого «поэтического хулигана», как Кузьминский:

> Хвалить мне приходится то, что я старательно — годы уже — убиваю в себе, находя это — гм — «сентиментальным». Перечитывая Ремарка... 20 лет спустя — зверел и плевался: и чем он мне дался, в юности моей? И не моей — а «нашей». Моей и Игоря Долиняка. Скромность — которой всегда я чуждался, предпочитая быть шутом. А Игорь не шутит, не до шуток ему.
> Чистые у него стихи. СТИХИ. Вот и всё, что я хотел сказать. [Там же]

И в финале своей преамбулы Кузьминский возвращается к тем критикам, чье неодобрение к его проекту имплицитно исключает таких поэтов, как Долиняк: «А профессоров, полагаю — надо вешать. За паразитизм. И импотенцию. Но это уже — тема другой статьи...» [Там же].

Кузьминский, который, по собственному признанию, всегда предпочитал быть шутом, чуждался не только скромности, но и других форм внешних приличий, часто совершая откровенные непристойности на публике. Среди его академических знакомых была и Барбара Футтерман, с которой Кузьминский познакомился, когда она была еще студенткой в Университете Питтсбурга; впоследствии она работала в Фонде Форда, который помогал эмигрантам «третьей волны». Судя по их переписке, Барбара была сама бунтаркой, но и она довольно строгим тоном пишет Кузьминскому о его непростительных пьяных проказах на славистской конференции AAASS[12] в 1977 году:

> Where did you disappear? Like a fat, Texas style wisp of smoke, off you went. Well, at least we met once. Do you remember? You were in a drunken rage and managed to embarrass me in front of several old friends from Pittsburgh. You must bear in mind, dear one, that people are going to judge the validity of what you say about Yulia, and other friends in trouble, by the way you say it and the way you behave. I really did not think that anyone would take these problems seriously if you were parading about swearing, joking, and being rude, crude, and lewd — which ***does*** have its place, but ***not*** at a AAASS Conference, old man!
>
> Куда ты подевался? Испарился как жирный техасский клуб дыма. Ну, мы хоть раз встретились, и то хорошо. Ты хоть помнишь? В пьяном гневе ты был твердо намерен опозорить меня перед несколькими старыми друзьями из Питтсбурга. Заруби себе на носу, дорогуша, что люди будут судить об истинности того, что ты говоришь о Юлии и других друзьях в беде[13], по тому, как ты это делаешь и как себя при этом

---

[12] American Association for the Advancement of Slavic Studies, сегодня Association for Slavic, East European, & Eurasian Studies (ASEEES) — крупнейшая американская организация, объединяющая ученых в области изучения славянских и восточноевропейских культур.

[13] Речь идет об акциях в защиту Ю. Н. Вознесенской и других арестованных по ее делу. См.: «Дневник Юлии и другие документы (Документальная повесть)». URL: http://kkk-pisma.kkk-bluelagoon.ru/YulVoz1.htm (дата обращения: 10.05.2022).

> ведешь. Я действительно не думаю, что кто-то отнесется к этим проблемам серьезно, если ты будешь постоянно ругаться, хохмить, грубить и сквернословить. Что, безусловно, иногда может иметь место, но только не на конференции AAASS, старина![14]

Однако именно независимое, бунтарское поведение Кузьминского часто привлекало к нему других ученых, которые могли разглядеть за эпатажем неординарную творческую личность со столь же неординарными познаниями. Боулт, давно уже полюбивший необузданный ранний авангард, писал Кузьминскому грустные письма из «скучной Новой Англии», когда он какое-то время преподавал в Уэллсли (Wellesley College) в начале 1980-х. И позднее, в начале 2000-х, он вспоминал их счастливые дни в Техасе: «Озеро, барбекю, стихи, стрельба, собаки...» (см. Приложение 4). Джеральд Янечек, еще один знаток русского авангарда, стал впоследствии одним из ведущих американских специалистов по послевоенной экспериментальной поэзии во многом благодаря Кузьминскому (который ему и сам рассказывал о многом и много с кем познакомил). Янечек тоже был не чужд «авангардному» поведению, по крайней мере, судя по его живому участию на «бурлюкском балу» в Лонг-Айленде в 1982 году.

---

[14] Письмо Б. Футтерман К. Кузьминскому от 21.10.1977.

На фото: составители антологии «Забытый авангард» (1988)
А. И. Очеретянский (слева) и Д. Янечек (справа); третий составитель антологии, К. Кузьминский, остался за кадром.

3. Заключение: о Кузьминском в контексте позднесоветской неофициальной культуры и постсоветского периода

Советская литература, как известно, расставляла по ранжиру не только современных писателей, но и авторов предыдущих эпох. Живя в Советском Союзе, Кузьминский находился в оппозиции к удручающей его иерархии советского соцреалистического канона, и его деятельность с довольно раннего времени, безусловно, сосредотачивалась на сопротивлении ему. Как только Кузьминский оказался в США, он, вопреки своим ожиданиям, столкнулся с другим, но столь же узким и негибким, каноном, ограниченным литературой XIX века, который доминировал на кафедрах американской славистики. Таким образом, борьба продолжалась: литературная, издательская и даже педагогическая деятельность Кузьминского в США была направлена на то, чтобы расширить и разнообразить канон — и хронологически, и эстетически, и в смысле персоналий.

Неофициальную литературу можно рассматривать как маргинальную и маргинализованную: по степени экспериментальности она могла быть «маргинальной» по отношению к классической эстетике, но и в своих более традиционных проявлениях всё равно зачастую оказывалась вытесненной из читательского внимания по самым разным причинам. В «неофициальную литературу» входили не только писатели по-настоящему экспериментальные (и в эстетическом, и порой в этическом смысле), но и довольно традиционные художники, которых сложно считать нонконформистами в эстетическом смысле[15]. Можно было по очень разным причинам не попасть в узкую струю официальной эстетики и печатной продукции. Одновременно с этим некоторые представители маргинальных кругов вполне могли оказаться инкорпорированными в официальное и научное поле: в ленин-

---

[15] Отчасти и в этическом, что показывает история создания и функционирования ленинградского «Клуба-81», номинально знаменовавшего собой договор представителей «второй культуры» и КГБ. Это примечание ни в коей мере не является упреком и обозначает лишь крайне подвижные рамки нонконформизма в позднюю советскую эпоху.

градском литературном мире такими примерами (далеко не единственными) могут считаться Соснора и учитель Кузьминского Д. Я. Дар; в американском, кроме уже упоминавшегося Бродского, — Л. В. Лосев, занимавший престижную профессорскую позицию в Дартмутском колледже. Одна из многочисленных проблем, затрудняющих изучение неофициальной литературы, лежит в сложности определения как разных степеней маргинальности и ее разнообразных причин, так и обратных случаев успешной демаргинализации.

Феномен Кузьминского в этом контексте столь же трудно верифицировать. С одной стороны, он был безусловным литературным хулиганом и провокатором, но вместе с тем его литературный вкус был одновременно и более тонким, и более традиционным, чем может показаться с первого взгляда. В своих ревизиях канона он мог пропагандировать несправедливо забытых шутов и бунтарей, таких как граф Д. И. Хвостов или поэтесса Н. П. Хабиас, но в то же время, несмотря на всю сложность их отношений, преклоняться перед поэтическим талантом Бродского. (Понятно, что в официальной советской литературе 1970-х годов Бродский всё еще являлся неканоническим поэтом, но осведомленный знаток поэзии Кузьминский должен был осознавать относительную традиционность его поэтики.) В отличие от многих представителей неофициальной культуры, Кузьминский также включал в свой «канон» вполне официальных поэтов, членов Союза писателей, например Кушнера и Горбовского (вспомним, что последних — наряду с Соснорой — он включил еще в «Живое зеркало»), — и оправдывался тем, что те просто были хорошими поэтами[16].

---

[16] См., напр., из предисловия Кузьминского к подборке стихов Горбовского в «Антологии»: «Глеб, вероятно, единственный поэт в Ленинграде. Мастеров много, поэзии — невпроворот, а Глеб — душа живая. <...> Глеб не умеет писать стихов. Он их выдыхает. Иногда с перегаром, иногда без. Но всегда это правда. Глеб просто иначе не умеет. <...> И живут его друзья, неизданные и ненапечатанные. Колдует мрачный Соснора, полупризнанный член Союза писателей, живут стихи Еремина и Уфлянда, перебрались в Москву, но всё равно с нами — Рейн и Найман, и даже выдворенный Бродский продолжает звучать» [АГЛ 1: 425].

Название этой статьи отсылает не только к вышеупомянутой цитате Кузьминского, но и к статье В. Г. Кулакова, включенной в его исторически значимый сборник «Поэзия как факт» (М.: Новое литературное обозрение, 1999), в который входят разные статьи, интервью и эссе о поэзии, написанные и записанные в 1990-е годы. Все их объединяет желание критика пересмотреть русский литературный канон, возникший в первые годы после распада Советского Союза. Американская антология Кузьминского издавалась в первую половину 1980-х, но доходила до России весьма медленно и только отдельными томами. Поэтому одна из задач Кулакова в этой статье — дать российским читателям некоторое представление о том, из чего состоит АГЛ, о ее задачах и значении. Кулаков обращает внимание на субъективную природу проекта Кузьминского, но также показывает, что такая субъективность была органична духу неофициальной литературы позднего советского периода. Антология — или, точнее, подход Кузьминского к ее составлению — оказывается утопическим призывом к объективности: полнота репрезентации представляется достаточным критерием для суждения о том, кто был хорошим или плохим поэтом относительно «нормальных» литературных стандартов.

Кулакова тоже можно считать представителем проекта «справедливой ревизии» постсоветского литературного канона. В своей статье он полагает, что «аутсайдерство» эмигранта Кузьминского в действительности придает ему тот статус объективности, которой не наблюдается у стиховедов-академиков и других специалистов, более тесно связанных с традиционным академическим подходом. В России до сих пор есть целый ряд ученых, которые продолжают традицию «неофициальной текстологии», или «альтернативной филологии». В основном это люди без научных степеней, не аффилированные с академическими заведениями, но много лет занимающиеся кропотливой текстологической и редакторской работой и обладающие исключительными познаниями и авторитетом в своей области. Чаще всего они также являются поэтами или литераторами. В качестве примеров можно назвать В. И. Эрля и Т. Л. Никольскую, которые начиная с 1980-х годов издавали классиков русского и советского авангарда; исследователя и публикатора обэриутов А. Г. Герасимову (Умку), оставившую после защиты диссертации научную карьеру и сегодня сочетающую музыкальную и текстологическую деятельность; И. А. Ахметьева, активного собирателя и публикатора неподцензурной поэзии; А. В. Скидана, ведущего поэтического критика и издателя современной поэзии.

Таким образом, мы видим, как альтернативные каноны порождаются вышедшими из неофициальной культуры альтернативными научными подходами — процесс, весьма актуальный при нынешнем пересмотре научных методов и, в частности, национальных литературных канонов в контексте пресловутого «кризиса гуманитарных наук». В этой связи подход Кузьминского в АГЛ оказывается удивительно прозорливым.

Расхождения профессионального филологического дискурса и альтернативных подходов заметны в реакции Кузьминского на выход аннотированного двухтомного «Собрания произведений» Аронзона в 2006 году: по оценке Кузьминского, это «обычное академическое добросовестное дотошное говно / притом без именного индекса». С одной стороны, по мнению Кузьминского, составители[17] не только допускали глупые ошибки, но и — что самое главное — занимались ненужным делом кропотливого собирания и комментирования всего, что написал Аронзон. С точки зрения Кузьминского, это несправедливо и по отношению к самому поэту, и к читателю: «...что до ЧИТАТЕЛЯ <...> в этих горах предисловий примечаний вариантов и разночтений ПОЭТ утоп с концами». Кузьминский сравнивает подобную практику с тем, как он работал с материалами в АГЛ: «...я занимался не столько сбором сколько ОТБОРОМ». Из 3000 стихотворений Горбовского в коллекции Тайгина, пишет Кузьминский, он выбрал 30, «получился лучший глеб»; из 400 стихотворений,

---

[17] Из составителей — П. А. Казарновского, В. И. Эрля и И. С. Кукуя — только последнего, сотрудника Мюнхенского университета, обладающего ученой степенью, можно считать академическим работником. См. статью Казарновского в наст. изд.

написанных Р. Мандельштамом, «70 или около гениальных а всё остальное варианты и говно» [Кузьминский 2007].

Кузьминский, таким образом, отстаивает и значение вкуса и меры, и свое право лично определять поэтическое качество, вынося проблему субъективизма таких критериев за скобки. Также спорно его мнение о природе комментариев, прилагаемых к аронзоновскому собранию: вместо примечаний составителей, сосредоточившихся на реальном и интертекстуальном комментарии, он считает, что нужно было бы больше «ПИСЕМ аронзона, ДНЕВНИКОВ аронзона, ПИСЕМ аронзону и о нем, РАССКАЗОВ об аронзоне, МЕМУАРОВ об аронзоне, развернутых КОММЕНТАРИЕВ о друзьях аронзона и их фот...» [Там же]. Такое утверждение возвращает нас снова к вопросу об этике и эстетике АГЛ, в центре которой — вся атмосфера и весь (около)литературный быт ленинградской (и шире, советской) неофициальной культуры 1960–1980-х годов, свидетелем и хронистом которых был Кузьминский.

Библиография

Кузьминский 2007 — *Кузьминский К. К.* Аронзон и Аккадия-академия. URL: http://kkk-pisma.kkk-bluelagoon.ru/aronzon_acad.htm (дата обращения: 3.11.2019).

Шнейдерман 1993 — *Шнейдерман Э. М.* Что я издавал, в чем участвовал // Самиздат: (По материалам конференции «30 лет независимой печати. 1950–1980 годы, СПб., 25–27 апреля 1992 г.) / ред.-сост. В. Долинин, Б. Иванов. СПб.: НИЦ и «Мемориал». С. 46–57.

ПРИЛОЖЕНИЯ

Приложение 1[1]

March 7
Tolstoy Farm
Valley Cottage

Dear Karl & Ellendea,

Here I am. In Vienna I met Natasha Gorbanevskaya, she sends a greeting to You. Sasha Sokolov asked me to write to You and to make an artikle about his book, published by You. In Paris I spoke to Maximov and Maramzin, the last sends You best wishes.

I spent nearly a month here before I could write to You. I was too tired of Europa and here I found stilness, peace and a wonderful library — thousands of editions of the thirties (some of them could be of great interest to You!) Spending all the time in reading, I am nearly happy in America.

Soon it will be a heavy period of readings, jumping from one university to another, only since autumn I have a place in Texas University for half a year, but now — one lecture in Yale, Rochester and so on.

I need to meet You, but how? I am chained to Tolstoy Farm by my wife and a dog. Damned american reporters made me a smuggler of borzoy dogs, I am not a poet more.

What can You offer
Me, mister Proffer?

---

[1] Здесь и далее сохраняем языковые особенности оригинала. Комментарии к текстам даются в примечаниях к переводам. Перевод везде мой. — *Э. М.*

And dear Ellendea.

I am not sure yet — where am I, what I am doing and so on.
In any case, I know my address — here it is:

Tolstoy Foundation Center
Lake Road, Valley Cottage
New York, NY 10809
Tel. (914) 268–8720

Every day at home.
Yours sincerely

P. S. What about the «Photo-catalogue» and other things? Shall wo do them?

* * *

Дорогие Карл и Эллендея,

Вот и я. В Вене я встретился с Наташей Горбаневской, она передает Вам привет. Саша Соколов просил написать Вам и сделать статью о его книге, которую Вы издали[2]. В Париже я говорил с Максимовым и Марамзиным, последний шлет Вам наилучшие пожелания.

Я провел здесь уже месяц и только теперь смог написать Вам: слишком устал от Европы, а тут тишь, покой и прекрасная библиотека — тысячи изданий тридцатых годов (некоторые могли бы очень заинтересовать Вас!). Проводя всё время за чтением, я почти счастлив в Америке.

Скоро начнется трудное время лекций, мотаний из университета в университет; только с осени у меня есть место в Университете Техаса на полгода, а до того — лекции в Йеле, Рочестере и т. д.

---

[2] *Соколов С.* Школа для дураков. Анн Арбор: Ардис, 1976.

Надо бы встретиться с Вами, но как? Я прикован к Толстовской ферме женой и собакой. Проклятые американские репортеры сделали из меня контрабандиста борзых, вот я уже и не поэт.

Что Вы можете предложить
Мне, мистер Проффер?

И Вы, дорогая Эллендея.

Я еще не могу сказать с уверенностью, где я, что делаю и т. д.
Но в любом случае знаю мой адрес — вот он:

Tolstoy Foundation Center
Lake Road, Valley Cottage
New York, NY 10809
Tel. (914) 268–8720

Каждый день дома.
Искренне Ваш

P. S. Как насчет «Фотокаталога»[3] и других вещей? Будем делать?

---

3 Имеется в виду выставка «Под парашютом», проходившая с 26 октября по 1 ноября 1974 года в квартире Кузьминского в Ленинграде на бульваре Профсоюзов. Каталог был отправлен К. Профферу, но издателя не устроило качество фотографий. См.: *Кузьминский К. К.* Парашют д-ра Глинчикова [АГЛ 4А: 556–557].

Приложение 2[4]

April 4th
1 o'clock a.m.
AD 1976
Tolstoy Farm

Dear Sidney[5],

Thank You for Your care. I've done a lot — 3 newspaper interviews, 1 TV and a lecture in Rochester — Charlie was a good brother, I was accepted as a king, not to say the same about Yale and dear Robert L. Jackson — a rotten academic atmosphere, spoiled by many Russians (including one SOVIET professor!) — they know everything, they do understand — nothing. Certainly, there was a one-minute ovation, they laughed in proper places, they listened — but not as the STUDENTS of Rochester did! I'd prefer the last.

Now I'm returning to Yale for the lecture of Roman Jacobson, my teacher, prof. Victor Erlich promised to introduce me. Only for one day, and then — to Washington & Maryland — it is Norton, who arranged several lectures for me, on 7, 8 and 9 of April — 7 readings at amount. Rochester payed me $200, Yale promised $170 and paid (is it correct or the previous one?) $150, about Washington I do not know. Then I'll read at Colgate (on 20th) and on 26–27 at Columbia (Suzanne arranged the last). Nothing more, I guess. But I'll earn enough for cigaretts till Texas.

And on the farm it's quite OK. They feed us, they gave us rooms, and (I hope) they will keep us till the fall. By wife and dog are healthy — what else do I need?

And I have a lot of work for France — and have no time just now. Several articles, a poetical choice, explanation of poetry and so on.

I am reading some lectures in English and learning English literature, so I'll come to Texas not quite illiterate. I am also trying to penetrate

---

4 По всей видимости, публикуемые письма Кузьминского и С. Монаса были написаны параллельно, и письмо Кузьминского от 4 апреля 1976 года не является ответом на письмо Монаса, написанное двумя днями раньше.

5 Сидни Монас — историк, выпускник Гарварда (1955). См. прим. 117 (стр. 111).

in the manner of thinking of American students (and have a couple of pupils already — in Rochester).

But in Columbia I was asked about my social security number — what am I to do with this? Ask Jianna, how it moves? <...>

Yours cordially — Const.

* * *

Дорогой Сидней,
спасибо тебе за заботу. Я много сделал — три газетных интервью, одно для ТВ и лекция в Рочестере — Чарли[6] был как брат, организовал королевский прием, чего не могу сказать о Йеле и Роберте Л. Джексоне[7] — гнилая академическая атмосфера, отравленная многими русскими (включая одного СОВЕТСКОГО профессора!), — всё знают, ничего не понимают. Конечно, аплодировали мне целую минуту, смеялись в нужных местах, слушали — но не так, как СТУДЕНТЫ в Рочестере. Я предпочитаю последних.

Теперь я возвращаюсь в Йель на лекцию Романа Якобсона, моего учителя; проф. В. Эрлих[8] обещал представить меня. Всего на день, а потом — Вашингтон и Мэриленд — Нортон[9] мне устроил несколько лекций, 7, 8 и 9 апреля — всего семь выступлений. Рочестер заплотил мне $200, Йель обещал $170 и заплатил (так правильно или как раньше?) $150, про Вашингтон ничего не

---

6 Возможно, имеется в виду Чарльз Карлтон (Charles Carlton) либо Чарльз Уивелл (Charles Wivell), специалисты по языкам (романским и китайскому) в Университете Рочестера в данный период. Благодарю проф. Джона Гивенса (Университет Рочестера) за справку.

7 Роберт Льюис Джексон — выпускник магистратуры Колумбийского университета (Нью-Йорк) и аспирантуры Университета Калифорнии (Беркли); профессор славянских литератур и языков Йельского университета в 1954–2000 годах. Специалист в области русской литературы XIX века и творчества Ф. М. Достоевского. См. прим. 61 (стр. 65).

8 Виктор Генрихович Эрлих (1914–2007) — выпускник Варшавского и Колумбийского университетов, профессор Йельского университета с 1962 года; специалист в области русского формализма и литературы XX века.

9 Нортон Додж.

знаю. Потом я читаю в Колгейте (20-го) и 26–27-го в Коламбии (последние устроила Сюзанна[10]). Думаю, больше не будет. Но заработаю достаточно на курево до Техаса.

А на ферме всё ОК. Нас кормят, дали комнаты и (надеюсь) позволят остаться до осени. Жена и собака здоровы — чего мне еще желать?

И у меня много работы для Франции[11] — а времени как раз сейчас и нет. Несколько статей, поэтический отбор, объяснение стихотворений и т. д.

Читаю несколько книг по-английски и учу английскую литературу, так что приеду в Техас не совсем неграмотным. Стараюсь также продвигаться в способе мышления американских студентов (у меня уже есть несколько учеников — из Рочестера).

Но в Коламбии меня спросили о номере социального страхования — что мне с этим делать? Спроси у Джианны[12], как всё продвигается?

<...> Сердечно, Конст.

* * *

The University of Texas at Austin
Austin, Texas 78712
Department of Slavic Languages
Box 7217
April 2, 1976

Dear Kostia,

This is written hastily, and on the basis of an indirect report on your performance at Rochester... Please, it is absolutely ***essential*** when you give a poetry reading to an American audience that you give ***some***

[10] Сюзанна Масси.

[11] Имеется в виду работа по составлению и комментарию альманаха «Аполлон-77».

[12] Джианна Киртни (Gianna Kirtney) — сотрудница Техасского университета в Остине.

account of the poems you read in ***English***. ***No*** audience can listen for an hour or more to poems being read in a language of which they understand nothing. It is madness to attempt this. You may either read a translation of the poem yourself; have someone else read the English, either before or after you read the Russian; have the English version on slides which are flashed on a screen that the audience can look at as you read the Russian; or simply give a brief paraphrase of the poem, or tell the audience briefly what the poem is about, or tell them at least what the poem does and briefly how it does it in English. But an unrelieved reading in Russian is ***impossible*** in this country: people will cheer you for your beard and intense personality, but they will not ask you back a second time.

If you need help with English translations, please let me know. Or send me a group of 50 poems or so, your own and those of others, that you plan to read, and I will try to arrange to have them translated into some sort of «speakable» English.

This is ***very*** important. Please write to me about it. I am worried.

Love,

Сиднюш

* * *

2 апреля 1976

Дорогой Костя,

пишу быстро по следам дошедшего до меня окольными путями отчета о твоем выступлении в Рочестере... Пожалуйста, когда ты читаешь стихи американской аудитории, ***абсолютно*** необходимо давать хотя бы ***немного*** информации о них ***по-английски***. ***Ни одна*** аудитория не способна больше часа слушать стихи на языке, который она не понимает. Ожидать этого — безумие. Ты можешь сам прочитать перевод; попросить кого-нибудь сделать это до или после твоего чтения по-русски; показать английский перевод на слайдах, на которые публика может смотреть, пока ты читаешь по-русски; или просто коротко пересказать стихотворение, или коротко сказать, о чем оно, или, в конце концов, сказать, что и как происходит в стихотворении по-английски. Но безостановочное чтение по-русски в этой стране ***невозможно***: люди будут аплодировать тебе за твою бороду и яркую индивидуальность, но не позовут приехать во второй раз.

Если тебе надо помочь с английскими переводами, пожалуйста, дай мне знать. Или пошли мне подборку из примерно пятидесяти стихотворений, твоих собственных и других поэтов, которые ты будешь читать, и я попробую организовать их перевод в какое-то подобие пристойного английского.

Это ***очень*** важно. Пожалуйста, напиши мне об этом, я волнуюсь.

Обнимаю,

Сиднюш

Приложение 3
Экзаменационные материалы курса по страноведению в Техасском университете, присланные Кузьминскому в Нью-Йорк в начале 1980-х годов

RES 280 — Soviet Culture
Midterm Exam

I. Identify each of the following (one or two sentences): (10 credits)

1. Kazakhstan
2. the Ukraine
3. the Volga
4. Samizdat
5. KGB
6. Boris Godunov
7. Konstantin Kuzminsky
8. Kiev
9. Kolyma
10. Borodin

II. Discuss the geographical features of the USSR and their effects on the economy, nationality situation, security, etc. Bring in both advantages and disadvantages of the situation created by Soviet geography. Mention at least a few specific, concrete features (i.e. geo-political facts).

(10 credits)

* * *

RES 280 — Советская культура
Промежуточный экзамен

I. Определите названное ниже (1–2 предложения): (10 кредитов)

II. Изложите географические особенности СССР и их влияние на экономику, национальную ситуацию, безопасность и т. д. Укажите выгоды и недостатки, вызванные советской географией. Упомяните как минимум две конкретных, специфических особенности (т. е. геополитические факты)

(10 кредитов)

* * *

<Студенческие ответы на вопрос о Константине Кузьминском>

— A Russian poet who left the Soviet Union and came to the U.S., where he is unhappy. He was the reciever of «Yulya's Diary».

— Kuzminsky is a dissident who we studied in «Yulya's Diary». He was a part of the Second Society who put together a book. He left the Soviet Union to live in the West.

— a friend of Yulia who moved to the United States & recently died here.

— He was a Soviet dissident writer who proclaimed himself king of the «second organization» of writers & artists. He left Russia for Texas but continued to influence his Organization in Russia.

— is the dissident writer spoken of in «Yulya's Diary» who left the Soviet Union for the United States.

— He was a friend of Yulya. He was a dissident poet and was exiled. He was on his third wife in the film.

— poet who emerged in «the thaw» of the Khrushchev era. Part of the second culture of Leningrad. Was exiled to America while his friend Yula stayed behind and went to prison.

— He wrote the article «From Russia to Russia»[13]. In it he outlines the procedure to follow when someone is interrogated by the KGB.

— was a co-writer with Yulya on the book of poetry they tried to get published. The book was never published and Yulya was sent to prison camps. Kuzminsky managed to leave the USSR and he lives in Texas.

— was mentioned in the video «Yulya's Diary». He and Yulya were friends and worked with other second culture writers. Kuzminsky was a poet. He was exiled to New York as a result of his participation in the production of samizdat.

— was the «leader» of the avante-garde, bohemian artists and poets in Russia. He has since emigrated to the West.

— poet seen in «Yulya's Diary». He had been a poet in Leningrad. His works weren't published by the writer's guild. He applied for emigration & currently lives in Texas with his wife.

— A Russian-born, Soviet poet who would hate to be called a Soviet poet because he's Russian and doesn't like the Soviet Government and wrote poetry against it. (*How's that for a run on sentence?*) He was expelled from the country because of his dissident attitude and not because he had Claims to Jewish ancestry.

— was a Russian composer.

— was one of the chief cinematographers in the 1920's who led the Russians on the cutting edge of film as an art form.

— A bearded Russian poet who moved to Texas.

— was a composer.

---

[13] Автором «Письма из России в Россию» был Я. Виньковецкий. См.: Континент. 1976. № 7. С. 183–218.

* * *

— Русский поэт, покинувший СССР и приехавший в США, где он был несчастлив. Получатель «Дневников Юлии»[14].

— Кузьминский — диссидент, которого мы изучали по «Дневникам Юлии». Был частью «второго общества»[15] и составил книгу. Покинул СССР, чтобы жить на Западе.

— друг Юлии, переехал в США и недавно умер.

— Советский диссидентский писатель, провозгласивший себя королем «второй организации» писателей и художников. Уехал из России в Техас, но продолжал влиять на свою организацию в России.

— Писатель-диссидент, о котором говорится в «Дневниках Юлии», уехавший из СССР в США.

— Друг Юлии. Он был поэтом-диссидентом и эмигрировал. Был со своей третьей женой в фильме.

— Поэт, появившийся в хрущевскую эпоху оттепели. Участник «второй культуры» Ленинграда. Эмигрировал в США, в то время как его друг Юля осталась и попала в тюрьму.

— Написал статью «Из России в Россию». В ней он описывает, как надо себя вести во время допросов в КГБ.

— Был соавтором Юлии по книге стихотворений, которую они пытались опубликовать. Книга не была опубликована, и Юлию отправили в лагеря. Кузьминскому удалось эмигрировать, он живет в Техасе.

— Упоминался в видео «Дневники Юлии». Юлия и он были друзьями и работали вместе с другими писателями «второй культуры». Кузьминский был поэтом. Он эмигрировал в Нью-Йорк в результате своего участия в производстве самиздата.

---

14 «Дневники Юлии» («Yulya's Diary») — игровой фильм по мотивам дневников Вознесенской (США, 1980, реж. У. Кран) с В. Я. Федоровой в роли Юлии и Кузьминским в роли самого себя.

15 Имеется в виду концепция ленинградского андеграунда как «второй культуры».

— Был «лидером» авангарда, богемных художников и поэтов в России. С тех пор эмигрировал на Запад.

— Поэт, показанный в «Дневниках Юлии». Был поэтом в Ленинграде. Его произведения никогда не публиковались Союзом писателей. Подал на эмиграцию и в настоящее время живет в Техасе с женой.

— Русский по крови советский поэт, который ненавидит, когда его называют советским поэтом, потому что он русский, не любит советское правительство и пишет стихи против него. (*Ничего себе предложение, а?* <Комм. отправителя. — *Э. М.*>) Был изгнан из страны за свою диссидентскую позицию, а не потому, что претендовал на еврейские корни.

— был русским композитором.

— был один из важнейших советских кинематографистов в 1920-е годы, который указал русским на значение киномонтажа как вида искусства[16].

— бородатый русский поэт, переехавший в Техас.

— композитор.

Приложение 4

Рим, Италия, 27.3.2000

Дорогой ККК!

Спасибо за письмо от 12 марта 2000 года и за мемуары. Как будущие трупоеды будут интерпретировать твои воспоминания, не знаю. Уж много в них намеков и недосказанностей. Многого сам не понимаю — а слависты будущего? А м<ожет> б<ыть>, и славистов вообще не будет?

<...> Иногда думаю о Техасе и о нашей тусовке, но это другой мир, далекий-далекий. Красивый — но как будто он никогда не существовал. Да и странно думать, что вся наша техасская жизнь

---

[16] Видимо, имеется в виду кинорежиссер Л. В. Кулешов.

сейчас существует в каких-то ментальных фрагментах и неполных образах. Озеро, барбекю, стихи, стрельба, собаки...

С Сиднеем говорил по телефону в Москве. Он был в России с лекциями, но не видел его. С другими техассцами не держу связь — кроме Jim'a Jensen'a[17]. Ну, обо всём этом мы с тобой будем говорить, если/когда загляну к тебе (осенью?).

Эмме большой привет. И привет от Николетты[18].

Твой Джон

---

[17] Джим Дженсен — агент по недвижимости и налоговый советник в Остине. Когда Кузьминский официально работал в Техасском университете, Дженсен помогал ему с оформлением налогов.

[18] Николетта Мислер — искусствовед, жена Д. Боулта.

«Для него литература была жизнь»

Беседа Леонида Межибовского с Джоном Боултом
25 августа 2020 года

— Джон, как Вы познакомились с Кузьминским?

— Я его в России не знал, мы познакомились в Америке. Он приехал в Техас и преподавал там два семестра в Техасском университете, где я тоже работал тогда. Мы были, так сказать, коллеги.

— Это случайно получилось?

Случайно. Надо сказать, что шеф нашего департамента, профессор Сидней Монас, провел год в Ленинграде по культурному обмену и там познакомился с Кузьминским. Он был очень впечатлен, и, когда появилась возможность пригласить его, Монас позвал его на год в наш университет. Это получилось: Кузьминский приехал с женой и собакой, и поселились они в нашем городе Остине, где находится Техасский университет. И так как я, конечно, очень интересовался русскими делами и русской культурой, то скоро познакомился с ним. Надо сказать, что первое впечатление было очень... странное, потому что я человек непьющий, я не курю и вообще не бабник, извините за слово. А Кузьминский наоборот — страшный пьяница, курил всё время, а про женщин не буду лучше говорить. Поэтому совсем разные люди, совсем! И, может быть, из-за этого мы полюбили друг друга и сблизились очень. И год, два, три мы были очень близкие друзья. Я его очень любил за то, что он обожал поэзию и русскую литературу; у него была колоссальная, феноменальная память — в смысле, он мог Пушкина, Блока, всех наизусть декламировать, это была фантастика! Но, конечно, его главное хобби и главная страсть — это диссидентство, нонконформизм, антиистеблишмент. Будучи в Ленинграде, он, конечно, знал многих поэтов, художников, музыкантов — подполье 1960-х годов. И его миссией в Америке было пропагандировать нонконформизм, он страшно хотел передать всё это в мировое культурное наследие. Он сильно страдал, потому что американцы вообще мало интересовались русской культурой, и первое время для Кузьминского было очень трудным. Он хотел найти аудиторию, слушателей, людей, а их было мало, какие-то студенты... В основном американцам была до лампочки русская культура, а тут еще какое-то диссидентство! Поэтому он переживал, но всё равно собирал стихи, старался вспоминать, что было в 1960–1970-е годы, много писал — сам сочинял стихи, и для него литература была жизнь. Он мечтал спасти поэтическое наследие Петербурга и опубликовать всё это. И как ни странно, появилась возможность это сделать через одного издателя, которого я хорошо знал и покупал у него книги. Он заодно публиковал разные штучки. Звали его Фил Кленденнинг. В один прекрасный день я звоню Кленденнингу и говорю: «Тут у нас такой Кузьминский, он хочет опубликовать том или, скажем, два русской поэзии нонконформизма. Это Вас не интересует?» — «Ну, Вы знаете, Джон, это дорого, никто этого не знает...» — но в конце концов он сказал «да». И Кузьминский, конечно, очень был рад и год-два печатал на старой машинке (тогда компьютеров не было) все эти стихи нонконформистские, которые он вспоминал. И появились в результате, как Вы знаете, пять томов его «Голубой Лагуны». Это была монументальная задача, и слава Богу, что он всё это сделал, а издательство опубликовало этот многотомный труд. Но какое-то время спустя Кузьминский уехал в надежде, что в Нью-Йорке будет лучше: будет слушатель, будет аудитория, там много русских людей. И с тех пор мы как-то потеряли связь: я остался в Техасе, потом был в Калифорнии, а он всё время в Нью-Йорке.

— А в Техасе он отказался от места в университете?

— Это была очень трудная глава... Монас, наш заведующий, приглашал его на один семестр как visiting professor. Но Кузьминский не был профессором. Даже в Техасе надо было ходить на работу в рубашке, в штанах хотя бы... А Кузьминский там валялся почти нагишом иногда, в халате, волосы длинные, курил всё время и вел какие-то странные семинары для бедных студентов на ломаном английском языке. И, конечно, было очень трудно — ну, Вы можете представить себе... И поэтому после одного семестра решили не продолжать его контракт, хотя, слава Богу, в конце концов ему дали какую-то работу со студентами на второй семестр. Но после этого его вообще уволили. Ну, потому что в пьяном виде перед студентами... не получается.

— Но Монас знал ведь, кого он приглашает?

— Конечно, знал. Это был великий эксперимент! (*Смеется.*) Но когда смотришь назад, это всё очень здорово, замечательно. Что еще можно сказать? Кузьминский любил собак, любил животных — тут мы нашли с ним общий язык, я тоже люблю собак. У него была верная жена — страдала из-за этого Кузьминского, но обожала его, вела себя как ангел милосердия и осталась с ним на всю жизнь. И физическая его наружность — это было, конечно, что-то! Голова, и волосы, брюхо... Он любил декламировать стихи (свои и чужие) и при мне часто так и делал: впечатление неизгладимое. Такой голос, такие интонации, такая словесная память, такой пафос — гениальный перформер, прямо как Майкл Джексон! (Может быть, Вам покажется странным, но я большой поклонник его музыкального таланта.) С другой стороны, не всё было просто, потому что, к сожалению, Кузьминский иногда сильно выпивал, «отключался» на несколько дней, посылал всех «туда», и общаться с ним было невозможно. Пил он много, и были у него периоды, когда он вообще... страшные моменты. Но потом он выходил из этих трансов, трезвел, потом опять... Тогда были и другие русские в Техасе: художник Яша Виньковецкий, который жил в Хьюстоне, такой диссидент-литератор Илья Левин, учился в аспирантуре в Остине. Мы часто ездили на пикники на озеро Тревис недалеко от Остина, с собаками и ружьями (стреляли мы!), чтобы отдыхать, говорить о России и русской культуре, готовить шашлыки и т. д. На этом озере у нас было одно любимое, очень красивое место (однако — частная собственность!), своего рода лагуна, и, будучи совершенно непрактичным человеком, вдруг я спрашиваю себя: «А что если купить эту лагуну и построить там наш институт?» Так как я давно увлекался искусством и поэзией символистов, в частности Блока, то голубой цвет (лазурь) для меня имеет особый резонанс, тем более что моя докторская диссертация (1971 год) была посвящена московской группе символистских художников «Голубая роза». Поэтому, когда я начал думать о создании некоего «института», мне казалось, что будет красиво и необычно поддерживать эту связь с «голубизной» русской культуры начала XX века (идея возникла примерно в 1972 году, то есть еще до пребывания Кузьминского в Техасе). Думаю, что эта лагуна вообще не была в продаже, но всё равно я пошел в банк и спросил о возможности получить денежный заем (примерно в $100 000), где мне объяснили, однако, что таких заемов простому смертному («бедному профессору») не дают. Поэтому лагуну и ее территорию я не приобрел. Зато название осталось, и я зарегистрировал в налоговой инспекции наш институт в качестве non-profit organization, а именно как Institute of Modern Russian Culture at Blue Lagoon. В конце концов университет дал нам маленькое помещение, чтобы хранить книги, архивы и работать, так как под эгидой Техасского университета (а после 1988 года — Университета Южной Калифорнии в Лос-Анджелесе) устраивались конференции, издавались бюллетени, приобретались книги и т. д. IMRC был разделен на секции, но особого значения это не имело и было чисто номинально. Правда, вначале были грандиозные идеи развивать институт именно как междисциплинарную, синтетическую организацию, но это была, конечно, утопия, так как с миллионами всё можно делать, но у нас не было миллионов, и поэтому многое осталось, скажем, «на бумаге», в том числе и Секция литературной практики, которой заведовал Кузьминский. С другой стороны, никто не мешал, полная свобода, никакой цензуры, чем Кузьминский был очень доволен (после советского опыта). В этом смысле его антология симптоматична «пластичности» IMRC. Но с Кузьминским было очень трудно, очень сложно. Из-за него, из-за его психологии...

— Ему, наверное, тоже было трудно психологически?

— Ему было трудно, потому что не было слушателя. Не с кем было говорить. В Ленинграде он был центром, окружен диссидентами, нонконформистами. А тут он, конечно, очень переживал. В Техасе он провел пять лет, если не ошибаюсь, пока не уехал в Нью-Йорк.

— Джон, я Вас расспрашиваю о Кузьминском потому, что в Ленинграде для людей, которые, как я, не могли знать его лично в силу возраста, он был легендарной личностью. Я помню, как друживший с ним до отъезда Борис Понизовский, когда я к нему однажды пришел, показывал мне том «Голубой Лагуны» с коротким мемуаром Кузьминского о нем, и был совершенно счастлив, потому что то, что сделал Кузьминский, было фиксацией не только стихов (Борис стихов не писал), а всей этой культуры. И в те годы это было необычайно важно.

— Кузьминский многое спасал, и конечно, это очень важно. Я до того часто бывал в России, жил там в шестидесятые годы, когда был аспирантом в МГУ, но мало интересовался нонконформизмом. Меня интересовали Блок, и Белый, и Брюсов, всё это начало века, а другое было далеко от меня. Но когда я познакомился с Кузьминским, я сразу понял, что есть и альтернативная, другая Россия. Он сильно повлиял на меня в этом смысле... За это я очень благодарен судьбе.

Томаш Гланц (Universität Zürich)

«Таких книг — не было»: неосуществленный проект Константина Кузьминского и Льва Нусберга

История русского авангарда и его рецепции в более позднее время вплоть до современности — это также и история соответствующего повествования о самом авангарде и разных его аспектах, о его критике и канонизации. Самостоятельной темой является продолжение художественных и жизнетворческих практик авангарда в более поздние периоды истории культуры. И отдельный интерес вызывают те случаи, когда дискурс такого типа практикуют не искусствоведы, филологи или теоретики, а сами писатели, художники — так сказать, изнутри того предмета, который они тематизируют.

Одной из таких увлекательных попыток стал замысел художника Л. В. Нусберга и поэта К. К. Кузьминского (если ограничиться в характеристике самым кратким определением их многосторонней деятельности) — создать обзор русской культуры авангарда и путей его продолжения в послевоенный период. Их книга, задуманная во второй половине 1970-х годов, должна была стать не только историческим справочником, но одновременно и легитимацией их собственного творчества, то есть воспроизведением канона на текущий историко-культурный момент и в его рамках самоканонизацией.

Планы, вопросы и затруднения, связанные с подготовкой этой книги, нам известны из переписки Нусберга с Кузьминским, которая сохранилась в архиве последнего[1]. Далее публикуется ряд писем, позволяющих проследить за эволюцией этого замысла. В статье приводится развернутый комментарий как самого характера, так и неосуществления этого амбициозного компендиума. Одновременно с увлекательной историей письменных переговоров по этому поводу открывается не менее захватывающий взгляд на эмиграцию как состояние своеобразного транзита, а также на попытки протагонистов справиться с вызовом такого характера и занять в новой для них ситуации соответствующие обстоятельствам позиции.

* * *

Константин Константинович Кузьминский (далее — ККК, 1940–2015) и Лев Вольдемарович Нусберг (далее — ЛН, р. 1937) были знакомы друг с другом уже в Советском Союзе. ККК называет годом их знакомства 1974[2], когда он — человек, связанный преимущественно с неофициальной литературой, а с изобразительным искусством лишь косвенно[3], — организовал у себя дома квартирную выставку 23 художников и фотографов, названную «Под парашютом». «Выставку “23-х” посетил сам херр Нус-

---

1 Konstantin Kuzminsky Papers in the collection of The Amherst Center for Russian Culture. Я очень признателен за возможность работать с материалами этого архива сотрудницам и сотрудникам Русского центра при Амхерстском колледже и его директору Michael M. Kunichika, а также Илье Кукую, который в 2018 году пригласил меня принять участие в семинаре по материалам Кузьминского в Амхерсте, в рамках которого я мог работать с перепиской Нусберга с Кузьминским. Все письма, на которые я ссылаюсь далее, являются частью этого собрания.

2 Кузьминский пишет об этом в письме Жаклин Фонтэн от 20 сентября 1975 года. Фонтэн — французская славистка и знакомая ЛН, к которой ККК обратился по его совету с просьбой о помощи в связи с эмиграцией. См. прим. 4 (стр. 223).

3 ККК работал маляром в Русском музее и рабочим хозчасти Эрмитажа, однако он обладал обширными контактами в среде неофициальных художников Ленинграда и неоднократно проводил у себя дома квартирные выставки.

сберг, с кучей ассистентов, и учинил на ней съемки», — записал ККК позднее [АГЛ 4А: 555–556]. ЛН, наоборот, был преимущественно человеком визуальных искусств. В первой половине 1960-х годов он собрал вокруг себя коллектив молодых единомышленников, который назвал «Движение»; он увлекался кибернетикой, кинетикой, футурологией, новыми техническими и медиальными возможностями и их применением в искусстве. Ему удавалось многократно получать официальные заказы и использовать их для собственных творческих целей. В качестве показательного примера можно назвать работы по оформлению Ленинграда к 50-летию Октябрьской революции. Одновременно он поддерживал контакты с представителями неофициального искусства и литературы, и некоторые его собственные проекты подвергались цензуре и запретам (например, не реализованный в конечном итоге проект амбициозного оформления пионерского лагеря «Орленок» на Черноморском побережье Краснодарского края).

Для обоих, ККК и ЛН, была симптоматичной склонность к организации культурной жизни в своем радиусе: для ККК прежде всего — в области литературного самиздата, для ЛН — в рамках собственной группы. Эту свою стихийную и страстную деятельность они решили после эмиграции направить на издание многогранной книги, целью которой было рассказать историю русского авангарда от начала и до современности, в основном на материале их частных архивов и архивов их друзей.

«Там дольше больше работать невозможно»[4] — это впечатление оба автора разделяли и соответственно ему приняли в середине 1970-х годов решение покинуть СССР. ККК после отъезда в 1975 году сразу стал заниматься через знакомых и друзей подготовкой приезда ЛН. ЛН эмигрировал годом позже, летом 1976 года, побывав сначала в Вене, Берлине и Париже, и только

---

[4] Письмо ККК знакомой ЛН филологу Оксане Бижар от 20 сентября 1975 года. К Ж. Фонтэн и О. Бижар ККК обратился по просьбе ЛН в рамках подготовки его эмиграции. «Нужно, чтобы его ждали. <...> Надо постараться избавить хотя бы его от “холодного душа” равнодушия, подготовив, по мере возможности, его приезд», — подчеркивал ККК в том же письме.

с начала 1980-х переселился в США. ККК жил в США с февраля 1976 года[5].

Оба с самого начала воспринимали свою роль не только как индивидуальных авторов, но и как посредников русского неофициального искусства и литературы за рубежом. Если ЛН в дальнейшем сосредоточился скорее на заботе о своей художественной практике и выставках произведений русского авангарда, которые вывез с собой из России, то ККК сперва тесно сотрудничал с Михаилом Шемякиным при подготовке альманаха «Аполлон-77» («первая попытка — собрать всех»[6]), а позднее развернул в США масштабную организационную, просветительскую и издательскую программу. Самым известным проявлением его деятельности как издателя, комментатора и знатока культуры русского самиздата является «Антология новейшей русской поэзии *У Голубой Лагуны*». ЛН попытался продолжить за границей деятельность коллектива «Движение», тем более что постепенно СССР покинули и другие его члены[7]; он устроил на Западе несколько выставок, публиковал несколько статей и каталогов[8] о своей концепции культуры и цивилизации будущего, опираясь на эстетику и научные проекты кинетики, кибернетики, исследования космоса, антропологии, новых возможностей сосуществования человека с техникой; также собирался основать Институт футурологических исследований и проектирования И.Б.К.С. (Игровая Бионико-Кибернетическая Среда)[9]. Совместный проект книги, о которой пойдет далее речь, должен был представить историю русской авангардной культуры XX века с точки зрения обоих авторов и соответственно их интересам.

---

5 ...хотя сначала к этой возможности относился скептически: «В Штаты — но стоит ли туда? Там ничего не светит — кризис славистов, отвечают все профессора» (письмо ККК к ЛН, ноябрь 1975 года).

6 Там же. См. также письмо № 13 из публикации И. Кукуя в наст. изд.

7 Галина Битт, Павел Бурдуков, Валерий Глинчиков, Галина Головейко, Анатолий и Людмила Путилины, Яков Фрейдин.

8 См., в частности, [Nussberg 1978; Nussberg 1979; Nussberg 1980].

9 См. письмо ЛН к ККК, 9 марта 1977 года. См. письмо № 2 в Приложении. Далее отсылки к соответствующим номерам публикуемых писем даются в основном тексте в круглых скобках.

Этот капитальный труд не только не был никогда опубликован, он не был даже написан или составлен, но тем не менее — или даже тем более — свидетельствует о специфических намерениях и мечтах того времени, о тех надеждах, планах и целях, которые ставили перед собой двое выдающихся представителей неофициального советского искусства за границей. Оба отличались большими амбициями не только в области собственного творчества (в случае ККК — поэта, в случае ЛН — художника), но и в планах, далеко выходящих за пределы собственных художественных произведений. На это наложились и трудности адаптации к жизни в Европе и США. У ККК вскоре после отъезда в эмиграцию сложилось впечатление, что поколение, к которому он принадлежит, не располагает за границей институтами, адекватно защищающими интересы его представителей. ККК считал себя — а также и ЛН — призванными выступить в эмиграции именно с позиций своего поколения: «Две эмиграции оставили такое наследство, что всей Европе не переварить! Теперь очередь за нами»[10]. Еще из Вены он был настроен на консолидированные целенаправленные акции: «Нужен массированный удар, а не стрельба именами»[11]. Интенсивные чувства вызывали изоляция, невостребованность, непонимание, ощущение «другой жизни», механистического подхода ко всему, отсутствия энтузиазма. ККК писал из Вены: «Я ехал как эмиссар, как посланник, а здесь все эмиссары и посланники. От всего мира. И все несут. <...> Здесь есть всё, и как следствие — ничего нет»[12].

На этом фоне становится совершенно понятным желание выступить с декларацией собственного взгляда на ту культурную обстановку, которую олицетворяли оба протагониста и на которую они опирались в смысле индивидуально трактуемого прошлого модернизма и авангарда в России XX века.

---

[10] Письмо ККК к ЛН, ноябрь 1975 года.

[11] Письмо ККК к ЛН, конец июля 1975 года. См. письмо № 2 в публикации И. Кукуя в наст. изд.

[12] Письмо ККК к ЛН, 13 <сентября> 1975 года. О настроениях ККК в Вене см. публикацию И. Кукуя в наст. изд.

* * *

В 1977–1978 годы ЛН и ККК связывало намерение создать картину текущего культурного процесса на фоне прошлого, представленного из перспективы неофициальной культуры, начиная с исторического авангарда начала XX века. Материальной базой такой презентации должны были стать преимущественно личные архивы составителей. В уже цитировавшемся письме О. Бижар ККК пишет:

> Лев, как и я, собрал столько материалов (я по поэтам, он по художникам), что оставлять их втуне — страшно. <...> У Льва материалы по большинству московских и ленинградских художников, у меня — проза, поэзия и живопись Ленинграда последних двадцати лет. Здесь мы надеялись объединиться, продолжить работу.

ЛН подтверждает в переписке, что у него материалов «много», «уйма» — слайды, оригиналы, фотографии, тексты, биографии художников (письмо № 2). В письме из Парижа от 22 февраля 1977 года он формулирует вопрос: «А не издать ли и нам кое-что?! Ты же знаешь, что у меня всегда были эти намерения — зачем же я 3–4 года ездил-снимал-записывал-собирал, — покупал — и пр., а?» (письмо № 1). Ответом на этот риторический вопрос являются конкретные вопросы и соображения ЛН в том же письме:

> 1) Сколько необратимо затратить денег — скажи ***минимум*** и... максимум? Какое издательство (?!) возьмется, когда и через сколько выпустит в свет? 2) Работать надо в одном месте (Европа или США)? Можешь ли ты ездить уже или нет? И когда смог бы приехать, хотя бы один в Париж, ко мне?

Финансовую сторону ЛН описывает как не самую главную, а относительно характера публикации настаивает на высоком качестве, критикуя (повторно) только что выпущенный альманах «Аполлон-77» (в составлении которого принимал участие ККК):

«Страшно попахивает самодеятельностью», и перед этим: «...надо сделать-то серьезную книгу; ведь я говна у себя никогда в доме (моем кинетическо-фантастическом) ***не*** держал» (письмо № 1).

Решение издать о русской культуре именно книгу нуждается в комментарии с точки зрения медиальных практик. Книжной форме как разновидности культурной коммуникации ЛН во второй половине 1970-х годов предсказывает скорый конец, ссылаясь на опыт своей «кинетической прозы» 1967 года. В ней он наметил книгу-лабиринт, книгу на последней стадии ее развития. Десять лет спустя, на международной выставке современного искусства «Документа-6» (1977), он был в восторге от аналогичных идей, которые там встретил. Об этом он сообщает в письме ККК из Берлина от 24 ноября 1979 года, которое ККК позже перепечатал на компьютере и снабдил своими ремарками. Книга, по тогдашнему убеждению ЛН, скоро должна уступить место новым формам передачи информации — «микроминиатюрным звуковым и изобразительным средствам», использованию «микрокомпьютеров и прочих лазерно-голографических "хитростей"». Соответствующим способом он собирался издавать и свои произведения в виде новых книг: «В некоторых местах будут 20–30 листов прорваны-прорезаны разными отверстиями, образуя физическую пустоту, но осмысленную. <...> В некоторые листы будут вмонтированы электронные схемы, с пульсирующими искусственными свечами (лампочками)» [АГЛ 2А: 124–125]. Дальше у этой футуристической книги должно быть звуковое измерение: она должна обладать запахами, ритмом, динамикой, скоростью.

Концепция книги о русском искусстве XX века возникала приблизительно в то же время, когда ЛН был увлечен воспоминаниями о собственных медиально-футурологических фантазиях более чем десятилетней давности. Но книга, над подготовкой которой он собирается работать со своим другом и соратником ККК, носит другой, более консервативный характер: она должна в определенном смысле лишь показать путь к будущей книге-лабиринту, став ее ретроспективной легитимацией. В то же время определенные экспериментальные типографические приемы предполагались и в этой книге классического формата[13]: ЛН собирался ввести всевозможные «дырки», раскладушки, игры с размером, характером и цветом шрифта (см. подробный план будущей книги в письме № 5).

Оба соавтора подчеркивают в переписке оригинальность своего проекта: «Ведь дело-то ПРИНЦИПИАЛЬНО новое. Таких книг — не было» (письмо № 3), и убеждены в успехе: «Выйдет мировая книга» (письмо № 2). Они учитывают политическое измерение своей идеи: книга должна была стать полемическим ответом советскому официозу. Незадолго до письма ЛН от 15 апреля 1977 года, в котором изложены мысли по поводу содержания и формы планируемой книги, ККК пишет о своем замысле составить коллажный репортаж о ситуации неофициальных художников и авторов в Ленинграде, основанный на дневнике Ю. Н. Вознесенской. Судя по всему, этот блок материалов в дальнейшем должен был быть трансформирован в литературную часть совместной книги. ККК описывает эту работу как завершенную и более важную, чем роман «Hotel zum Тюркен», над которым он интенсивно работал с первых дней эмиграции:

> Сделал книгу, против которой роман мой — эстетское гавно <sic!>, сделал своего рода ГУЛАГ поэтический. <...> Книга будет документом, от которого Советы не отвертятся. Дневник кончается маем, до гибели Рухина. А потом — вяжу мозаику из писем, писем, фактов, газет, и снова писем — но получается очень сильно.
> (Письмо № 3)

Именно на этой основе зарождается идея «кооперации в издании солидном», с поддержкой профессора Техасского университета Джона Боулта («Джончик НАВЕРНЯКА “за”»), «но — вопрос “нумеро уно”: где, что и как? На каком языке?». Прагматически ставится с самого начала проблема целевой аудитории: «Делать: для Америки или для Европы? Вопрос» (письмо № 3). ККК предлагает в качестве издателя Техасского университета, в котором он

---

[13] ЛН предлагал формат 30–32 × 25–26 см.

в то время еще преподавал, а в качестве аналогии опирается на успех альманаха «Аполлон-77», вышедшего как раз в 1977 году.

Попытка написать собственную историю русского авангарда и тех современных течений, которые опираются на эстетику авангарда, связана, с одной стороны, с тем, что ЛН считал себя прямым наследником К. С. Малевича, В. В. Кандинского, Н. Габо, И. Г. Чашника, Н. М. Суетина и др. и был недоволен той трактовкой авангарда и его наследия, которая происходила вокруг него в то время. Группа «Движение», частично признаваемая культурными властями[14], в официальном восприятии считалась не продолжением авангарда и не наследником супрематизма, конструктивизма и кинетики 1910–1920-х годов, а группой орнаменталистов-оформителей, по сути дела — технологически продвинутых дизайнеров. Но и эта ниша не смогла обеспечить «Движению» иммунитет, и многие его члены воспринимали обстановку как всё более безвыходную, хотя ЛН не оставался во внутренней эмиграции и всё время искал для своих проектов заказчиков, применение, возможность их публичной презентации. Это было также связано с характером произведений, нуждающихся в институциональной поддержке — зачастую это были технологически амбициозные сооружения, кинетические объекты в публичном пространстве, «кибер-театр» и т. д. ЛН иногда удавалось реализовать сложные проекты с помощью специалистов, но часто появлялись затруднения и препятствия со стороны властей. Вкратце своеобразное положение ЛН описано в письме ККК к Жаклин Фонтэн от 20 сентября 1975 года: «Даже Лев, с его исключительной политичностью и осторожностью, испытывает сейчас немалые трудности. Можно сказать, ходит по острию ножа»[15].

---

[14] Группа работала на всесоюзных выставках новых технологий, готовила проекты к юбилею советского цирка или принимала участие в торжественном оформлении Ленинграда по случаю годовщины Революции. Эти заказы сопровождались проблемами и ограничениями, но ЛН тем не менее повторно находил пути их реализации или хотя бы разработки на уровне эскизов.

[15] Полный текст письма см. в публикации писем Кузьминского из Вены в наст. изд. (письмо 13).

«Авангардистская» рецепция «Движения» имела место лишь за пределами СССР, где работы группы начали выставляться с 1965 года, впервые в Чехословакии, Италии, Югославии (Хорватии)[16].

Далекой от идеала была, с точки зрения ЛН, и рецепция его творчества со стороны сообщества советских неоавангардистов — так называемых неофициальных художников, которые зачастую вызывали подозрение как раз своим сотрудничеством с официальными институциями[17].

В Москве важнейшую роль в приватном общении об авангарде, причем на основе оригинальных произведений его классиков, сыграл Георгий Костаки, греческий дипломат и крупнейший коллекционер, начавший собирать свою коллекцию сразу после конца Второй мировой войны[18]. В его большой квартире-музее в Москве,

---

[16] В 1965 году благодаря искусствоведу Душану Конечному три выставки группы «Движение» прошли в Чехословакии: в галерее *Na Karlově náměstí*, в областной галерее города Лоуни и в пражском кафе *Viola*. В том же году работы группы были показаны на югославской выставке *Nove tendencije* — одной из пяти значительных международных выставок, которые под этим названием были организованы в Загребе. В том же 1965 году с участием «Движения» состоялась выставка в Риме под названием *Alternative attuale 2*.

[17] Многие «неофициальные» художники так или иначе сотрудничали с официальной художественной инфраструктурой — входили в Союз художников и получали заказы от советских издательств, журналов, киностудий и т. п. Проблематичность термина «неофициальный» в отношении художников (в первую очередь московских) 1960–1970-х годов артикулировала Е. А. Бобринская в своей монографии «Чужие? Неофициальное искусство: мифы, стратегии, концепции» (М.: Breus, 2013). В своем восприятии взаимоотношений некоторых участников этого художественного сообщества я опираюсь на беседы как с ЛН, так и с многочисленными представителями неофициального искусства, не претендуя, однако, на безупречно верную картину.

[18] Краткую характеристику исключительного статуса Костаки по отношению к авангарду и его презентации подытожила в статье для русского издания журнала «Forbes» журналистка Виктория Костоева: «Коллекция Костаки — единственная в своем роде: такой подборки русского и советского авангарда нет ни в Третьяковской галерее, ни в Русском музее, ни в Центре Помпиду, ни в Музее Гуггенхайма. Костаки — главный специалист в стране по искусству русского авангарда, его приглашают читать лекции английские, американские университеты и Музей Гуггенхайма. Западные радиостанции в своих программах оценивают стоимость его коллекции в десятки миллионов долларов» [Костоева 2017].

сначала на Ленинском проспекте, а затем на проспекте Вернадского, многие молодые художники знакомились с шедеврами отечественной культуры, исключенными из публичного дискурса[19].

ЛН воспринимал Костаки весьма критически, не признавая его авторитета и заслуг. Костаки, по его мнению, «выскочка», «патологический самообожатель», «жлоб махровый и отъявленный спекулянт и аферист, да еще главное сотрудничает с... КГБ с 1948–1949 годов»[20]. ЛН формулирует принципиальное раздражение по поводу его роли коллекционера и мецената современного искусства (Костаки собирал не только авангард, но и современную живопись): «Больше всего меня возмущает то, что они создают ложную картину-представление»[21].

В письме ККК от 15 апреля 1977 года (письмо № 5) ЛН сообщает ККК о своих контактах с Костаки и с его дочерью Аликой, с которой был хорошо знаком, утверждая, что «последние 4 года <до эмиграции. — *Т. Г.*> торчал у них по 3–4 раза в неделю, когда бывал в Москве». ЛН формулирует в письме много серьезных моральных претензий к коллекционеру: он утверждает, что 3–4 человека из-за него после войны попали в сталинские лагеря, что тогда Костаки и начал сотрудничать с КГБ, отговаривая от эмиграции некоторых художников (в том числе И. И. Кабакова и В. Б. Янкилевского). ЛН инкриминирует Костаки подставные пожары и кражи перед его собственным отъездом из России, целью которых был нелегальный вывоз из СССР большого количества произведений русского авангарда (которые, таким образом, не надо было официально оформлять).

Особенно критически ЛН рассматривает просьбы о содействии, которые Костаки вместе с дочкой писали председателю

---

19 Другими такими «центрами» были Музей Маяковского, где в 1960-е годы работали знаток авангарда Н. И. Харджиев и поэт-неоавангардист Г. Н. Айги и где проходили короткие (иногда однодневные) выставки авангардистов, или квартиры живого классика А. Е. Крученых, ученицы Малевича А. А. Лепорской, художника И. Г. Чашника, или труднодоступные запасники музеев, куда можно было попасть лишь «по блату».

20 Письмо ЛН к ККК, 10 сентября 1976 года.

21 Там же.

КГБ Ю. А. Андропову и Л. М. Брежневу; к последнему Костаки, согласно ЛН, обращался по имени, называя его миротворцем... Имеет место также упрек в антисемитизме — после «Бульдозерной выставки» 1974 года Костаки якобы «возмуща<л>ся этими жидами Рабинами и Глезерами[22], которые не дают спокойно жить».

Та канонизация русского авангарда и налаживание связей преемственности с современным искусством, которые осуществлялись посредством Костаки, ЛН казались весьма проблематичными. Вместе с ККК ЛН собирается противопоставить этой ложной картине собственную версию исторической и современной художественной действительности. Фактически книга, которую ЛН собирается составить вместе с ККК, должна была представить западной аудитории дефинитивный канон русской культуры XX века. Рабочее определение звучало так: «“Обзор совр<еменной> культуры-искусства в пределах СССР за 1913/12 <sic!> — 1977”, итак за 65 лет» (письмо № 5). Предполагаемый объем — 500–600 страниц (письмо № 11).

Книга должна была предназначаться в первую очередь западному читателю, не владеющему русским языком: 75–90 % текста должно было быть на английском, оставшаяся часть — русские оригиналы (в других местах переписки встречаются другие соотношения). ККК обещает обеспечить качественных переводчиков, работающих за три доллара за страницу, притом что официальный тариф — 30–70 долларов (письмо № 4). Одновременно важнейшая часть литературной части книги — сами художественные произведения, как поэзия, так и проза, — провозглашаются ККК не поддающимися переводу: «Насчет языка — проза, кою имею — непереводима. Равно и стихи. Остается — статьи» (письмо № 7).

ЛН предлагает ККК утвердить его (т. е. ЛН) в качестве главного редактора и издателя (письмо № 5). Он брал на себя также

[22] Художник Оскар Яковлевич Рабин (1928–2018) и коллекционер Александр Давидович Глезер (1934–2016) — организаторы выставки примерно двадцати неофициальных художников под открытым небом на пустыре на пересечении улиц Островитянова и Профсоюзной в Москве, ликвидированной бульдозерами по поручению КГБ.

заботу о художественной части, которой вместе с ним должен был заведовать Джон Боулт, в то время как за ККК признается «приоритет — авторитет — “паритет” и пиетет» в области поэзии и литературы. В качестве авторов статей ККК в ответ предлагает целый ряд специалистов — Ш. Дуглас, В. Ф. Маркова, В. К. Завалишина и др. (письмо № 9).

С целью совместной работы над книгой ЛН предлагает оплатить поездку ККК из Техаса в Париж («весь огонь беру на себя». — Письмо № 5). В письме от 5 июня 1977 года ККК описывает трудности, связанные с поездкой: поскольку ни у него, ни у его жены нет работы («Перспектив пока никаких, но в Европу ехать не следует». — Письмо № 8), он должен каждые две недели ходить получать пособие, трудно получить документы в Сан-Антонио. Кроме того, ККК до начала работы над совместным проектом с ЛН собирается закончить и напечатать двухтомник, посвященный ленинградской поэзии и состоящий из «Дневника Юлии <Вознесенской>» и собственной антологии «Живое зеркало. Второй этап ленинградской поэзии», подготовленной еще до эмиграции. Этот замысел остался нереализованным.

ЛН был готов взять на себя и часть финансовых затрат по изданию книги — вложить 5000 долларов, — рассчитывая, что расходы в целом обойдутся в десять, а может быть, и в одиннадцать тысяч долларов (ККК предполагал половину этой суммы. — Письмо № 4). На вопрос, где взять недостающие четыре-пять тысяч, ККК отвечал «прагматически»: сделать такую книгу, с его точки зрения, «дело плевое», — а если денег недостаточно, то надо делать дешевле (письмо № 9). В другом письме ККК уточняет свои финансовые возможности: «Насчет найти 3–4000 — то только через 5 лет. Пока нету. Может, Джон что присоветует» (письмо № 7). Те же финансовые обстоятельства мотивируют повторные отказы ККК ехать в Париж и являются одной из причин, по которым реальная работа над подготовкой книги — кроме эпистолярных размышлений о ее содержании — даже не началась: «А чем машинисткам платить? На какие шиши я сделаю копии с фотоматериалов, с микрофильмов и т. д.? Фотография здесь стоит 6 долларов штука» (письмо № 12).

«План-структура» будущей книги состоял, согласно предложению ЛН в письме от 15 апреля 1977 года, из трех частей.

Первая часть охватывала период 1910–1917–1932, причем в начале 1930-х годов ЛН усматривает границу как эстетически-стилистическую (торжество социалистического реализма), так и культурно-политическую: «...в этом году, в принципе, наступил перелом-пиздец, и пошла черная эпоха страха и деградации со всеми этими социалистическими реализмами, союзами художников, писателей, композиторов, Сталин-Горький и пр.». В этой части, посвященной признанной классике авангарда, ЛН видел главным образом прелюдию к современности, ее историческую легитимацию. Из общего объема 500–600 страниц на эту первую часть должно было быть выделено примерно 100 страниц лишь с несколькими цветными иллюстрациями. Причин для краткого представления авангарда для ЛН в основном две: «из экономии и для того, чтобы наше время лучше представить, сочнее». В качестве иллюстраций этого раздела ЛН предлагал работы 1920-х годов из своей коллекции — «редчайшие», «страшно интересные» и «неопубликованные» (письмо № 5).

По мысли ККК, всего цветных репродукций предполагалось 10 («стоимость одной цветной — 300 долларов». — Письмо № 4) — из них три П. Н. Филонова, В. В. Стерлигова, И. Г. Чашника, 1–2 кинетиста на выбор ЛН (по-видимому, для наглядности преемственности). Обилие Филонова усиливалось предполагаемой статьей о нем Шарлотты Дуглас, поэтический авангард олицетворял В. В. Хлебников. Одновременно с установкой на канон ККК подчеркивал, что «всё зависит от наличия материалов, НОВЫХ, а не Кандинский Лисицкий Малевич» (письмо № 7).

Вторая часть (150 или 120 страниц) должна была быть посвящена приблизительно 25 годам между 1932 и 1956/57, и ее идеологическую окраску ЛН воспринимает через цвет: вся часть в плане оформления должна была быть серой (а не черно-белой). На уровне вербального описания — это время «мракобесия и жути гулаговской, полная стерилизация в искусстве и культуре». Визуальный ряд строился на фотоколлажах, «фотомонтажах и тоталитарной (“тотальной”) симметрии сталинизма (нацизма)».

Прямая аналогия советских и нацистских структур власти казалась однозначной и ККК, который на основе имевшихся у него фотографий писал: «Найти бы книгу об интерьерах рейхканцелярии[23] (вышла перед войной) — там один к одному Литейный!» (письмо № 7)[24]. ЛН предлагает: «Документы: постановления, решения декреты... прославление Сталина, Гитлера, исступление и удушение. Жуть! Гулаг культуры в России и на окраинах. (Пишу предельно сжато, телеграфирую.)». Во второй части ЛН предлагает брать примеры почти исключительно из советской прессы, сборников сталинских декретов, эпистолярного жанра — предлагает, например, печатать письма А. А. Ахматовой и О. Э. Мандельштама.

Первоначально ККК занимал свойственную ему радикальную позицию по составу авторов и сомневался, не слишком ли известны обэриуты для того, чтобы включать их в книгу, явно сильно переоценивая широкую международную востребованность позднего авангарда к тому моменту (1977): «Даже обериуты уже известны ежу. Открыть же поэзию “ничевоков” — это я полагаю делом достойным[25]. Сталинский китч (любимое Джоном искусство) — дело хорошее, и именно надо в серых фотах, но здесь его знают, и хорошо. Если же говорить авангардом — то ни там ни тут его не знают» (письмо № 7). Позднее ККК всё же предлагает для второй части материалы по обэриутам, фотографии Д. И. Хармса, включая «гениальные рукописи» — стихи и воспоминания «последнего обериута» И. В. Бахтерева (письмо № 12).

---

[23] Рейхсканцелярия (Reichskanzlei) — традиционное название ведомства рейхсканцлера Германии. В 1938 году Альберт Шпеер по замыслу Гитлера спроектировал здание новой рейхсканцелярии, в которой располагались жилые и служебные помещения для Гитлера. По-видимому, его книгу о здании и имел в виду ККК.

[24] Имеется в виду существующее и ныне здание в Ленинграде (Санкт-Петербурге) на Литейном проспекте (дом 4), построенное в начале 1930-х для управления НКВД.

[25] Следует отметить, что поэзия ничевоков — явление гораздо более раннее (начало 1920-х годов).

Третий период — 1957–1977 — как близкий самим авторам должен был быть представлен гораздо подробнее. ЛН с энтузиазмом обращается к ККК с утверждением, что тут они оба прекрасно помнят становление своего поколения, себя и своих коллег. Страниц у этого раздела планировалось 350–380 (в другом месте — 400), приблизительно 15 цветных репродукций или больше. Из поэзии сюда входили поздние Ахматова и Пастернак[26], а затем полу- и неофициальные поэты: Бродский, Горбовский, Сапгир, Соснора[27], Кузьминский, Красовицкий, а также их антиподы — «комсомольские» поэты Вознесенский и Евтушенко, «но чуток: 2–4 вещи»[28]. Из прозаиков упоминаются Битов и Аксенов. Не совсем понятно, приводил ли ЛН эти имена как примеры и ориентиры или планировал в рамках сжатой редукции ограничить представление литературного процесса данного двадцатилетия примерами лишь нескольких ярких представителей.

Вдобавок к уже перечисленному, ККК в своем ответе называет — явно на основе текстов, которые находятся в его распоряжении, — еще «барачных поэтов (Сапгир, Холин)» и уточняет свои представления по подборке современной прозы: «Прозы

---

[26] В этом пункте ККК был другого мнения: «Если ты приехал сюда, чтобы издавать А. А. и Б. П. — дело другое, но меня лично интересует(ют) более вопросы малоизученные и поэты ключа формального: Чурилин, Туфанов, Божидар, да и Чичерин — словом, все белые пятна века XX. <...> НЕ СОГЛАСЕН на: позднего пастернака, ахматову (разве стишки 56-го года — в раздел сталинского китча, есть у мине» (письмо № 7).

[27] Не был согласен ККК и тут, утверждая, что «ни один из них к авангарду отношения не имеет» (письмо № 7). Авангардистская в узком смысле слова эстетика для него играла более важную роль, чем для ЛН, и ККК предлагает стихотворение «Квартира № 6» Глеба Горбовского (1958) и поэму «Трус» Виктора Сосноры поместить во второй раздел, так же как и «Бабью деревню» (1958) Генриха Сапгира. По поводу поэмы «Трус» ККК пишет позднее в АГЛ: «Соснора характерен <...> “больничной” темой, которая начинается в ранней его поэме “Трус”, воспроизводимой мною по памяти вопреки желанию автора. Эта тема переходит уже в сюрреалистические тексты позднего Сосноры» [АГЛ 5А: 635].

[28] Реакция ККК отрицательная: «“Евтуха” и вознесенского печатай сам» (письмо № 7).

будет страниц полста. Не боле. Конструктивистской, и со статьей. С шизами Эрля и Богданова[29]. И моя» (письмо № 9).

В изобразительном искусстве ЛН выделяет «рабиниану» Оскара Рабина, с 1956–1957 годов, бывшую «центром притяжения» не только для москвичей, но и для питерцев. Дальше идут Неизвестный, Кабаков, Янкилевский, Соостер, Булатов, Брускин и Ламм. ККК (еще до получения плана ЛН, см. письмо № 4) предлагает публикацию о трагически погибшем ленинградском художнике Евгении Рухине, работами (и архивом) которого располагала профессор Университета Тринити в Сан-Антонио Сара Бёрк. Подборка представителей разнообразного (в плане эстетическом, возрастном, социальном) сообщества неофициальных художников производит достаточно случайное впечатление, но очевидна установка на широкий диапазон позиций, школ, кружков.

Специальной группой — без конкретных имен — ЛН ставит в план «кибернетический сюрреализм» «типичных западников». И наконец — кинетизм. Главный представитель этого течения — сам ЛН, но его ученики и сторонники, как он утверждает, есть и в других советских городах: кроме Москвы и Ленинграда/Питера это еще и «Харьков, Одесса, Казань, Рига, Свердловск и др.». В центре этого явления — коллектив «Движение» за пятнадцатилетний период с 1961 по 1976 год. Специальное значение этой части ЛН обосновывает тем, что это «совсем другая тенденция, та самая ФУТУРОЛОГИЯ, тем более что единственная тенденция (не считая "пяти" поэтов), действительно связанная с 1-й частью (т. е. 1920) и вытекающая оттэдова...».

Важной для ЛН оказывается тем самым позиционирование художников «Движения» как главных наследников исторического авангарда. Причем здесь можно увидеть тройное ядро художественной современности, с точки зрения ЛН: в его центре находится он сам как основоположник кинетически-кибернетической художественной футурологии, (самая) прямая связь

---

[29] Владимир Ибрагимович Эрль (псевдоним Владимира Ивановича Горбунова, 1947–2020) — поэт, прозаик, текстолог, лидер группы Хеленуктов; Леон Леонидович Богданов (1942–1987) — художник, поэт, прозаик.

с авангардом и принцип коллектива — сети мест и людей, причастных к «Движению». Этот аспект ЛН часто подчеркивал как важную черту своей деятельности.

Впервые в этом разделе появляется музыка — джаз, «серьезная музыка» (композиторы А. М. Волконский, Н. Н. Каретников, Э. В. Денисов, С. А. Губайдулина, А. Г. Шнитке). Из письма ЛН от 19 мая 1977 года мы узнаем, что по музыкальной части главным экспертом должен был быть композитор А. И. Рабинович-Бараковский, «спец по музыке в СССР», который знает «всех и всё» (письмо № 6). Специалисты-посредники, должные обеспечить фундированную подачу материала, выступают частью того виртуального коллектива, который, по мнению ЛН (и отчасти ККК), должен был стать гарантом качества будущей книги.

Музыка, с точки зрения ЛН, важна не просто как еще один раздел художественной деятельности — в этом плане книга никоим образом не претендовала на охват всех искусств — а скорее с точки зрения интермедиальной. Этот аспект он называет напрямую: «Никто еще до сих пор не пытался посмотреть общие связи в разрезе культуры между лит. + искусств изобр. + муз. + архитект., а мы должны хотя бы поставить эту проблему, если уж не вскрыть ее, а?» Если составители ЛН и ККК олицетворяли собой связь искусства с литературой, которая, кстати, вскоре после их обсуждений стала одной из отличительных черт парижского журнала «А — Я»[30], то их планы охватывали еще больше творческих областей, но без концептуального обоснования. ЛН интересовался музыкой и использовал ее в некоторых своих произведениях — таким образом она, очевидно, попала и в план книги. ККК собирается писать (или заказывать) статьи даже о бардах и балете (письмо № 9).

Незаурядным являлось сочетание презентации художественных произведений (и их биографически-интерпретационного описания в статьях) с документами, касающимися быта их авто-

---

[30] Журнал выходил с подзаголовком «Современное русское искусство» в 1979–1986 годах, редакторами были А. И. Сидоров (под псевдонимом «Алексей Алексеев») (Москва) и И. С. Шелковский (Париж).

ров, с одной стороны, а с другой — с материалами официальной советской культурной политики (преимущественно во второй части книги, посвященной сталинизму и началу оттепели). ККК хочет и тут показать фрагменты соответствующего быта: «праздничные столы, кретинские морды» (письмо № 7). «Обзор современной культуры-искусства» предполагал широкий дискурсивный диапазон; относительно фотографий ККК упоминает не только мастерские художников и их высказывания, но также «церкви, пивные ларьки», фотографии чтений и поэтов, формулирует и эксплицитную задачу «показать условия существования». Но эти «условия» имелись в виду в плане материальных условий, мест и сообществ, быта. Что касается связи с ситуацией в других местах, странах, контекстах, то по крайней мере ККК формулирует позицию с установкой исключительно на Россию, подчеркивая ее культурную автономность: «Независимость русского авангарда (старого и нового)» (письмо № 4).

ЛН с самого начала озабочен структурой, количественными аспектами, пропорциями, цифрами: он считает деньги, страницы и авторов[31]. Сложной арифметикой отличаются размышления по поводу соотношения текстов на русском и на английском: 40–50 процентов текстов должны быть на английском, 60 процентов на русском, 25 процентов и на русском, и на английском, 15 процентов только на английском, без русских оригиналов (в других местах переписки на эту тему появляются другие соображения, см. ранее). Таким образом книга должна быть понятна «для большинства Запада» — из переписки следует, что в представлениях ЛН речь шла о настоящем бестселлере: он предлагает «в 50 000–80 000 тиражнуть», исходя, по-видимому, еще из совет-

[31] ЛН планирует 50–60 страниц «индексов» и библиографии, 15–25 «поэтописак», 25 художников, 20 музыкантов за период с 1957 по 1977 год. Всего около 80 имен «за посл<едние> 20 лет» и 20 цветных репродукций. В первой части — 10 имен, 20–25 черно-белых репродукций, во второй части — 30–40 страниц фотомонтажей, 60–70 страниц текстов. Всех черно-белых фотографий 300–320, которые должны занять 170–180 страниц, 130 репродукций художников «всех эпох» и т. д. (письмо № 5). Обращает на себя внимание то, что современность представляют 80 имен, в то время как весь авангард — 10.

ских представлений о тираже, когда, например, тираж в 40 тысяч экземпляров «Стихотворений и поэм» А. А. Ахматовой в «Библиотеке поэта» (1976) считался (и был) мизерным и не мог удовлетворить спрос.

Критерии отбора материала были четко не определены. Отбор должен был быть «строгий и серьезный», «строгий, как в монастыре», «без личных партий и анти-партий», — но до обсуждения конкретного списка имен и собирания тома дело не дошло. «Давай, предлагай, ругай, излагай. Давай ИМЕНА, списки, характер материалов», — писал ККК (письмо № 4). Предоставленный ЛН компендиум имен носил, однако, предварительный и ориентировочный характер.

Исходя из вышеизложенного и предоставленного в приложении материала переписки можно сказать, что в создании канона ККК и ЛН наблюдается, скорее, ряд спонтанных мотивов (которые позднее также часто чувствуются на страницах «Голубой Лагуны») и значительное влияние прагматических или даже случайных обстоятельств. Так, ККК собирается публиковать в книге работы мало известного тогда художника Игоря Тюльпанова[32] — при этом цель сформулирована вполне традиционно с точки зрения аксиологии канона: «Задача: показать художественный процесс в России посредством лучших имен».

В процессе обсуждений, интенсивная фаза которых пришлась на весну — лето 1977 года, не была достигнута единая точка зрения по поводу критериев: печатать «самое главное» или то, что до сих пор не публиковалось? ККК после консультаций с Боултом пишет: «Нужно только новое, на мой взгляд» (письмо № 7). Насколько тесной должна была быть связь авторов и произведений послевоенного периода с авангардом? На основе сохранившихся предложений кажется, что ЛН придерживался более широкого плана презентации «генералов» авангарда, в то

---

[32] Игорь Виссарионович Тюльпанов окончил постановочное отделение ЛГИТМиКа у Н. М. Акимова и в 1960-е годы работал главным художником-постановщиком в акимовском Театре комедии; эмигрировал в 1978 году во Францию, затем в США.

время как ККК и Боулт считали, что надо сосредоточиться на тех произведениях, которые окажутся для читателя открытием (несмотря на расплывчатое определение «формального момента», которым пользуется ККК: «Если монографию ограничить ФОРМАЛЬНЫМ методом — не придется открывать Америк и перепечатывать затухлый акмеизм». — Письмо № 7).

Существенным затруднением, с сегодняшней точки зрения трудно представимым, была физическая недоступность материалов. Архив ККК перед эмиграцией был переправлен в Израиль, его получение заняло несколько лет и было сопряжено с многочисленными трудностями[33]. Имеющиеся в наличии тексты зачастую нуждались в непростой технической расшифровке и редактуре: «...тексты полуслепые, перепутанные, в том же Красовицком сам чорт ногу сломит. Сапгир и Холин в пленках, нужен станок для прочитывания и машинка для перепечатывания» (письмо № 12).

Работа с самого начала развивалась непросто. Оба составителя недооценивают сложность пути от замысла к его реальному завершению. Так, ККК пишет самоуверенно: «А насчет, скажем, книги — так это дело плевое. Сделаем» (письмо № 9). Ранее, в 1977 году, ЛН планирует: «...если мы славно поработаем с годик <...> и если мы раздобудем еще 3–4 тысячи долларов... то получится к весне 78 оригинально-славная, необычная <...> КНИГА!» (письмо № 5). Но такой план оказался нереалистичным.

Непосредственно подготовкой материалов оба составителя собираются заняться при встрече, которая, однако, постоянно откладывается. В письме от 4 апреля 1978 года (которое ЛН почему-то датирует «футурологическим» 2078 годом) автор жалуется на отсутствие ответа с октября 1977 года и в письме настаивает на более регулярной переписке: обмениваться письмами хотя бы два раза в год. Он подчеркивает приглашение в Париж, где можно было бы «поработать на поприще истории литературы и культурного движения за последние 16–18 (или 18–20) лет» (письмо № 11). На отсутствие ответа, которое длилось больше

33 См. публикацию писем Кузьминского из Вены в наст. изд.

полугода, жалуется и ККК: «С августа 77 жду твоего ответа на три моих письма» (письмо № 12). Из его писем видно, что он обижен как на невнимание к своей жизненной ситуации (безработицу и безденежье), так и на отсутствие конкретных предложений со стороны ЛН. Без более четких контуров осталась и сама концепция тома. «Работать над своей (литературной) частью я могу и на расстоянии — было бы над чем и для чего», — пишет ККК [Там же]. ЛН, в свою очередь, еще в самом начале проекта жаловался на недостаток времени: «Но, у меня абсолютно НЕТ времени, есть желание, деньги, материалы и пр., но нет ВРЕМЕНИ; пойми это...» (письмо № 2). Первоначальный энтузиазм соавторов столкнулся с трудностями межконтинентальных связей и с разными представлениями о конкретике совместной работы. Аналогичная интенсивность горячих темпераментов при этих предпосылках стала скорее сдерживающим, чем конструктивным фактором.

Еще одной проблемой оказался тот факт, что некоторые оригинальные материалы (например, «богатейшие архивы обериутов»), привезенные из СССР, начали публиковаться в других местах: «А пока, поскольку ты заглох, часть первоклассных материалов уже разошлась по разным издательствам», — упрекал ККК своего соавтора (письмо № 12). Отсутствовала любая формальная основа для работы в виде договора с авторами статей и переводчиками. Свой приезд в Париж с целью работать над книгой ККК считает нереалистичным: «...пособие по безработице кончилось, надо зарабатывать» [Там же].

С течением времени реализация амбициозного проекта становится всё менее реалистичной. ЛН участвует в выставочных проектах в Бохуме и Берлине — это будут последние большие выставки «Движения». Весной 1979 года Джон Боулт назначает ККК заведующим секцией литературной практики в The Institute of Modern Russian Culture at Blue Lagoon, исследовательского центра, который он создал и возглавил. Появляются публикационные, выставочные проекты, выступления, съемки, которые на время оживляют затухшую было переписку авторов. Однако та легкость, с которой они собирались подготовить весь материал для книги, оказалась иллюзорной. Еще весной 1977 года ККК писал ЛН: «Лэ, то, что ты предлагаешь, — грандиозно, но потребуется целый научно-исследовательский институт и уйма времени. А пока — есть Джон и я» (письмо № 7). Год спустя ККК подытоживает: «Сам же видишь, год прошел, а дело с мертвой точки не сдвинулось» (письмо № 12). Через несколько дней, получив ответ ЛН на свое письмо, ККК открыто высказывает разочарование, связанное со способом, которым ЛН распоряжался полученными материалами, и формулирует отказ от работы в паре:

> «Серьезную и глубокую книгу» мне придется «создавать» самому, но при этом ограничившись только поэзией. <...> Работать с тобой при наличии такого тона в письмах я не хочу и не буду, ищи кого поподатливей. <...> После целой серии твоих писем мне уже не грустно, а — грязно. В каждом письме стараешься задеть и поглумиться. <...> А разговоры о книге — оставь. Пока не вижу конкретных предложений, с моей же стороны — были.
> (Письмо № 14)

В последних строках этого письма ККК пишет о начале того проекта, который станет его opus magnum: «Сейчас получил заказ от издательства на три тома в 1000 страниц, чем и займусь в это лето». Издательством было *Oriental Research Partners*; из трехтомного собрания русской поэзии XX века через два года родится АГЛ. С начала 1980-х ККК уже полностью занят ее изданием, о чём пишет ЛН подробнейшие сообщения, но отношения двух крупных личностей всё больше портятся и постепенно прекращаются совсем.

* * *

Тот факт, что издание книги не было осуществлено, не лишает этот проект значимости. У нас нет возможности сопоставить планы с их воплощением (которое не состоялось). Но идеи, цели и разногласия оказались симптоматичны.

История, которая прослеживается на основе переписки, — это история энтузиазма, направленного на создание канона русского авангарда в разных областях культуры; история, которая тогда еще не была написана и в таком виде, как ее замыслили авторы, не написана и по сей день. ККК и ЛН исходили из особых личных и исторических предпосылок и амбиций, которые были запечатлены в их планах. Они оба обладали уникальными, тогда еще по большей части не опубликованными произведениями своих современников, которые вывезли с собой из СССР.

Их амбиции состояли в желании не только создать неподцензурную картину русского культурного развития за последние десятилетия, но, безусловно, и определить собственное место в этих ими самими созданных рамках. Неизвестно, что именно из своего поэтического творчества собирался печатать ККК, — только в намеках известен контекст, в котором бы оказались его произведения в книге. Но понятно, что он бы таким образом попал в магистральную линию главных течений русской поэзии, литературы, культуры послевоенного времени, опирающейся на наследие авангарда. Безусловно, аналогичной, центральной, позицией отличалось бы и творчество ЛН, представленное в книге как краеугольное проявление современных рецепции авангардистских начал в культурной и общественной (а не только эстетической) художественной практике.

Планы, дошедшие до нас, оставляют открытыми огромное количество вопросов. Сами составители не смогли договориться и определиться в том, что именно хотят печатать, и мы не знаем, как бы в дальнейшем развивался процесс отбора и как бы он объяснялся в ненаписанных статьях и комментариях, в невозникшем предисловии составителей. Однако весь представленный в переписке набор следов — и тех, которые сохранились, и тех, которые остались имплицитными, и тех, которые вообще не возникли, — являет собой уникальный памятник не только культуры того времени, но и перформативного обращения с ней посредством архива, индивидуальной биографии и — не в последнюю очередь — эпистолярного жанра.

Библиография

Костоева 2017 — *Костоева В.* Драма на $100 млн: история коллекционера Георгия Костаки // Forbes. 2017. 29 апр. URL: https://www.forbes.ru/forbeslife/341469-drama-na-100-mln-istoriya-kollekcionera-georgiya-kostaki (дата обращения: 12.02.2021).

Nussberg 1978 — Lew Nussberg und die Gruppe „Bewegung“, Moskau 1962–1977. Museum Bochum, Kunstsammlung / hrsg. L. Nussberg, M. Ragon, P. Spielmann. Bochum, 1978.

Nussberg 1979 — Nussberg 1961–1979; 15 September — 1 Dezember 1979. Wiesbaden: Galerie Karin Fesel, 1979.

Nussberg 1980 — Mensch und künstliche Umwelt // Lew Nussberg: utopische Phantasien: Gruppe „Bewegung“, Projekte und Installationen / hrgs. H. Retzer, J. Petersen. Berlin: Berliner Künstlerprogramm des DAAD, 1980.

Из переписки К. К. Кузьминского и Л. В. Нусберга 1977–1978 годов

Публикация Ильи Кукуя

Корпус обширной переписки Л. В. Нусберга и К. К. Кузьминского в архиве последнего охватывает 1975–1981 годы, начинаясь с венских впечатлений Кузьминского от эмиграции и заканчиваясь запретом Нусберга от 21 июня 1981 года на публикацию своей статьи о И. Г. Чашнике и прозаического произведения «Гений»[1] во втором томе АГЛ. Несмотря на сложные взаимоотношения и неоднократные конфликты, Кузьминский высоко оценивал значение своего знакомства с Нусбергом: «...благодарен судьбе, что она свела меня с ним / при всех бесконечных накладках, ссорах и скандалах — получил я более, нежели материальное / духовный заряд и колоссальную информацию»[2].

Публикуемый далее материал из переписки Кузьминского и Нусберга касается проекта совместной книги о русском искусстве XX века. Согласно задаче публикации, письма даются в сокращении; целиком воспроизводятся лишь два последних письма, чтобы прояснить личный и эмоциональный фон, приведший в итоге к остановке этого проекта. Важным представляется отметить тот факт, что, как показывают письма, оба потенциальных соавтора к моменту ссоры (не приведшей к разрыву отношений) находились в важной точке своего индивидуального жизненного и творческого пути: Кузьминский начинал работу

---

1 В 1983 году «Гений» всё же был опубликован [АГЛ 2А: 129–177].

2 «Из переписки [Кузьминского] с Валентином Воробьевым-“Бородой”, историографом подполья и составителем /авто/-биографии Нусберга (опубликованной в парижском журнале “Стетоскоп” в 1999-м?)». URL: https://kkk-pisma.kkk-bluelagoon.ru/nussberg1.htm (дата обращения: 19.03.2021).

над АГЛ, занявшую с перерывами более восьми лет; Нусберг был занят организацией очередной итерации своего Института в Германии (этот проект остался нереализованным).

Все письма Нусберга написаны от руки, письма Кузьминского (кроме рукописного № 8) являются копиями машинописей. В переписке есть лакуны, что может объясняться гибелью существенной части архива Кузьминского во время наводнения, затопившего его дом в Лордвилле (Пенсильвания, США) в 2006 году. Письмо № 5 публикуется факсимиле по комментированной машинописной копии Кузьминского, опубл. им в [АГЛ 2А: 120–123]. Остальные письма публикуются впервые. Комментарии к письмам приведены в постраничных примечаниях.

1.
Л. В. Нусберг — К. К. Кузьминскому
22 февраля 1977 года, Париж

<...> Что касается твоего предположит<ельного> предложения — ***а не издать ли и нам кое-что***?! Ты же знаешь, что у меня всегда были эти намерения — зачем же я 3–4 года ездил-снимал-записывал-собирал, — покупал — и пр., а?! возился со всем этим недоученным (со средними данными)... левачьём, а?! Да чтоб опубликовать же, конечно, а не солить... на жаркую зиму – – –

1) Сколько необходимо затратить денег — скажи ***минимум*** и... максимум? Какое издательство (?!) возьмется, когда и через сколько выпустит в свет?

2) Работать надо в одном месте (Европа или США?). Можешь ли ты ездить уже или нет? И когда смог бы приехать, хотя бы один в Париж, ко мне?

3) Деньги, в принципе, найти можно (у меня), но надо сделать-то серьезную книгу; ведь я говна у себя никогда в доме (моем, «кинетическо-фантастическом») ***не*** держал! Но если ты так упоен этим плохо состряпанным «Аполлоном»[3] — страшно

---

[3] Альманах «Аполлон-77» (сост. М. Шемякин).

попахивает самодеятельностью; кое-кто из солидных людей и в Лондоне, и в Париже — кривят носом и пожим плечьми... Надеюсь, что, поостыв, и ты увидишь трезво всё – – –

2.
Л. В. Нусберг — К. К. и Э. К. Кузьминским
9 марта 1977 года, Париж

Эм + Нееeж[4] + ККК,

Послал только что параллельно пакет, там 40 листов (письмо от Гробмана, копии моих рис<унков>, газеты и масса фот, о... разном). Итак, свершилось, первый пакет из Парижа, наконец-то, отослал Вам, ух, ёб тыть, слава Богу!!!

<...> не верю, чтобы ты имел образ действительно хорошо изданной и емкой книги-альманаха. (Ведь «Аполлон» Шемяки — это пример, как раз как НЕ надо делать, а ты растаял, потек и пузыри слюнявые мне напустил с помощью своей ***шикарной*** печатной машинки, эх ты!!!) Жаль, что над тобой довлеют «старинные связи» по Питеру, и с другой стороны — задроченность духовной среды-окружения Техаса, при обильной обжираловке. Материалов-то у меня ***много***; и слайды, и фото; и оригиналы, и тексты-биографии худ<ожников>, и фоты поэтов питерских с кратк<ими> характеристиками, и старина 1920<-х>, да и ***мы***, естественно, и москвичи (кое-кто), и др.! Уйма, да если еще и вы (особенно ты) с «Болтиком»[5] примете участие, так это выйдет мировая книга; но... Но, у меня абсолютно НЕТ времени, есть желание, деньги, материалы и пр., но нет ВРЕМЕНИ; пойми это... Если бы кто-то взялся под моим кураторством, чуть-чуть помощи и пр. + твоя энергия, культура и настоящий энтузиазм — тогда я даю согласие и деньги. Я занят организацией Института футурологических

---

4 Борзая Нега (Нежка, Неженка), подаренная Нусбергом Кузьминскому в Ленинграде в 1975 году.

5 Профессор Техасского университета Джон Боулт, специалист по русскому изобразительному искусству XX века.

исследований и проектирования «И.Б.К.С.»[6] — ясно?! Уже есть 35–40 % средств, УЖЕ!!! На организацию этого великого дела. Приглашаю и вас, всех троих, жратва и дом — тоже будут, по крайней мере года на 3... Вот о чем надо думать, старик, вот!!! А ты мелочишь, бренчишь яйцами, отогретыми постельными лекциями[7], на америк<анских> харчах... ПОДУМАЙ!.. <...>

Костя, я прошу тебя написать срочно М. Гробману[8] и затем ответить на все мои вопросы-предложения, ВДУМЧИВО и серьезно, без фрондерства и ухарства; ты уж поди знаешь, что в принц<ипиальных> вопросах и ***делах*** я — жесткий. При сем, впрочем, вас люблю, скучаю — правда — и целую крепко.

Ваш Лев

3.
К. К. Кузьминский — Л. В. Нусбергу
13–17 марта 1977 года, Остин (Техас)

Льву — малоподвижный брус[9]
Махабхарата техасских событий

13 марта. <...> Пишу смутно, потому что смутно на душе. Сделал книгу[10], против которой роман мой[11] — эстетское гавно,

[6] Искусственная биокинетическая среда. См.: *Завалишин В.* Лев Нусберг и его «ИБКС» // Новое русское слово. 1983. 6 февр.

[7] Свои занятия в Техасском университете Кузьминский часто проводил дома в своем привычном рабочем положении — лежа. См. материал Э. Морс в наст. изд.

[8] Нусберг рекомендовал художника и поэта М. Я. Гробмана в качестве доверенного лица для получения архива Кузьминского в Израиле.

[9] Ранние письма Кузьминского начинались со слов «Льву — барс».

[10] Имеется в виду «Дневник Юлии» [АГЛ 5Б: 9–51, 327–432]. Дом Ю. Н. Вознесенской (1940–2015) был одним из центров неофициальной культурной жизни Ленинграда 1970-х. За участие в демонстрации 14 декабря 1975 года на площади Декабристов она была арестована и осуждена на пять лет ссылки за антисоветскую пропаганду; за нарушение режима (побег из Воркуты в Ленинград на процесс Ю. А. Рыбакова в 1977 году) — на два года лагерей. Эмигрировала в 1980 году.

[11] «Hotel zum Тюркен».

сделал своего рода ГУЛАГ[12] поэтический — и сейчас вот наступили дни треволнений. <...> Книга будет документом, от которого Советы не отвертятся. Дневник кончается маем, до гибели Рухина[13]. А потом — вяжу мозаику из писем, писем, фактов, газет, и снова писем — но получается очень сильно. <...> Вроде дневника Анны Франк, с аналогичным концом. Пробирает даже толстокожую американотню. Они устали от бесстрастного Сола[14]. Моя часть, компоновка дат и событий (подтасовочка фактов, ай-я-яй!) — самая трудная. Почему и сижу (лежу) иной день до 6 утра и думаю, думаю, думаю. Вторым томом к дневнику нужна книга поэтов, но ее, переведенную, придется продавать на корню.

<...> ...а сейчас нужно другое. Другое и по отношению к «Аполлону», и по отношению к Юлии. Юлию я должен закончить, и я это сделаю — это нужно, и это — лучшая реклама, ибо там (у нее) преобладает ДУХОВНОСТЬ — смейся, смейся, паяц, но это именно так, что удивляет всех. И меня ТОЖЕ. Касательно же кооперации в издании солидном — то и Джончик[15] НАВЕРНЯКА «за», да и я, но — вопрос «нумеро уно»: где, что и как? На каком языке? Не параллельно ли? Ибо — и поэты переведены, и переводчики прозы есть. И, главное, есть я — проверить эти переводы.

Ты пишешь: сколько? Отвечаю: а я знаю расценки ИЗО? Я знаю только расценки прозы и поэзии, а это — копейки. Второе: где? Но я прикован к Техасу минимум до конца года, а к Америке — и дольше. Летать могу хоть в Австралию, но — на что? Третье: выбор. Ну, тут тебе все карты в руки, поскольку все ИЗО у тебя, а ежели и Джончик — то явно — авангард. Тогда будет узковато. В литературе я авангарда не наблюдаю. Далее: ослепленность «Аполлоном» не мешает (а помогает) видеть все его слабые стороны. Объясняю: запросы европейских снобов на Америку не распространяются.

---

[12] Имеется в виду прозаический «Архипелаг ГУЛАГ» А. И. Солженицына.

[13] Художник Е. Л. Рухин (1943–1976), один из организаторов «Бульдозерной выставки» в Москве в 1974 году, сгорел в Ленинграде в своей мастерской при невыясненных обстоятельствах (одна из версий — убийство КГБ, инсценированное как несчастный случай).

[14] А. И. Солженицын.

[15] Джон Боулт.

Америка страна молодая и наивная, хоть и имеет ВСЮ европейскую культуру. Делать: для Америки или для Европы? Вопрос. <...>

14 мартобря. <...> А вот что книгу сделать надо — то надо. Может, здесь, при Техасском ун<иверсите>те, в издательстве, и можно договориться — тут-то «Аполлоша» и поможет. И Джон. Джон к «Аполлону» критичен, но романтичен. Дело-то великое, как ты ни брюзжи. Критиковать было и мои антологии[16], хоть они посерьезней. А такой талмуд поднять — это, что ни говори, — подвиг. И не моя скромная подборка меня там радует, а Бах и Лимон, и Анри[17], и — куча новых имен (для меня аж!). Худоги представлены худо — так по их же вине. <...> Но хватит защищать то, что в защите не нуждается. В критике — валяй! Приемлю полностью. А вот опыт — положительный и от- — учесть не мешает. Ведь дело-то ПРИНЦИПИАЛЬНО новое. Таких книг — не было. Так что: если делать что, посылай подробный список имеющихся материалов — самому же пригодится, даешь инвентаризацию! и кратко — полстраницы — идей. <...>

На сем целую и обнимаю. Мышь допишет чего.

ККК

4.
К. К. Кузьминский — Л. В. Нусбергу
26 марта 1977 года, Остин (Техас)

Деловое
26 мартобря
Льву Нусбергу — Амбруаз Бирс

Итак, предложение рассмотрено, пересмотрено, подвергнуто критике, взвешено, обсуждено и обдумано. Джон — головой и руками за. Издательство — университетское. Стоимость одной

---

16 Имеются в виду два тома антологии «Живое зеркало», одна из которых была на руках у Нусберга (см. далее).

17 Вагрич Бахчанян, Эдуард Лимонов, Анри Волохонский.

цветной — 300 долларов. Нужно — 10 цветных, не боле. 3 Филонова (у Льва Полякова[18] — 80, даст), 1 Тюльпанова (есть), 1–2 кинетиста (выбор твой), 1 Стерлигова, 1 Чашника и кого там еще. Остальное — пойдет в черно-белых, фотографии мастерских, высказывания художников, опознавашки работ, биографии (что есть). Фотографии — Петербург, церкви, пивные ларьки — круг тем и интересов (есть). Поляков вложит много. Имеет массу Ахматовой и старшее поколение поэтов. Поэты — в фотодокументации (чтения, портреты, твои действа), текст — русский. Остальной текст — по-аглицки. Пишем мы с Джоном. Салли Берк[19] дает публикацию Рухина (у нее весь архив и картины). Прозы — пока не зрю (переводимой, особливо), но со временем — будет. Задача: показать художественный процесс в России на материале лучших имен. Показать условия существования. Независимость русского авангарда (старого и нового). Никаких цветных Виньковецких![20] Отбор строгий, как в монастыре. Я берусь осветить литературу, с небольшим количеством текстов. Даю статью Пунина о Хлебникове. В переводе Болта. Статью о Филонове (Шарлотта Дуглас[21]). Может быть, и еще чего. Вместо сырого материала «Аполлона» — сдержанные и суровые статьи. Публикации поэтов покойных — идеальные. Живых — по одному тексту. Кузьминского — куском романа и формальными текстами. С фотографиями выступлений здесь. Клише фотографии — 3 доллара (фотограф есть). Считай: 300 фотографий — еще 1000. Текст — русский — я, набор — здесь (английский). 75–90 %

---

[18] Поляков Лев Евгеньевич — фотограф, эмигрировал в США в 1974 году. См.: *Аловерт Н.* Ностальгическая выставка // Русский базар. 2009. Окт. URL: http://www.russian-bazaar.com/ru/content/15785.htm (дата обращения: 19.04.2021).

[19] Салли Берк (Sally (Sarah) Burke) — американская славистка, специалист по литературе и изобразительному искусству XX века, профессор Университета Тринити в Сан-Антонио.

[20] Виньковецкий Яков Аронович — см. прим. 41 (стр. 52). Жил в Хьюстоне (Техас), входил в близкий круг общения Кузьминского.

[21] Шарлотта Дуглас (Charlotte Douglas) — историк искусства, специалист по русскому авангарду.

английского текста. Такова идея. За год — можно поднять. За тобой — абсолютное право приятия и отвергания имен и определения русла. В дополнение к этому — часть финансовая. У меня уже есть кой-какой опыт экономии на материале текстов (объем страницы, набор и т. д.). Со слайдами будет работать Джон. Надо бы выбрать самые яркие (вроде твоего квадрата в мозаику), чтобы высветить книгу. Монтаж ч<ерно>-б<елых> фотографий — дело несложное, с моим фотографом. Можно поместить и десяток на страницу (опознавашек, ежели). Тот же Петербург у фотографов — лобовые — в лист, мелочь — дюжинами. На художника хватит и одного листа: фото, мастерня, пара опознавашек, высказывания, данные. Или пускать фотоматериал подряд, а текст — потом. Обсудится.

<...> Значит: в отношении книги сообщай свои соображения и возможности. По самым скромным подсчетам меньше чем в 4–5 тысяч не обойтись. И не ваших франков недоделанных, а полновесных баксов. Я, правда, не эксперт, сужу на глазок. Суди и ты. Расценки известны. Печать и набор — тысячи полторы. Работа не в счет «Гратис»[22]. Но ежели я затухну с работой, не выгорит летний курс, да Мышь не устроится — тогда... И думать не хочу. Сижу в тысяче долгу, да дневник[23] еще 1000 возьмет — а где? А издать — лопну, но издам. Документ получился крутой, гулаговастенький (неологизм, дарю). Дело там не в Юлии, как не во мне и в моих стихах. Картина. И понятная всем. Что и нужно — Европе и Азии.

<...> Вот так вот, Лэ. Изложил, по скромному разумению, этакую программу-максимум, дальше тебе судить. Об именах и прочем.

<...> В отношении же твоих оскорбительных предположений, что я пришел в восторг от своей подборки в «Аполлоне» (и факта участия в нем), имею тебе сказать, что «себя-то я и не заметил». Моя особа вообще меня мало волнует. А вот другие... И это не из самоуничижения и скромности — апломба у мине хоть отбавляй,

---

[22] Т. е. бесплатно (принятое в немецкоязычных культурах выражение латинского происхождения).

[23] «Дневник Юлии» (см. письмо № 3).

поляк[24], чать. А от другого. Пора бы знать, что себя я не забываю, но и других — тоже. Потому и был рад. Рад и посейчас. А что касается качества — так тут мои скептики заказывают «Аполлон» вагонами. Профессура здесь не уступит Йейлю (уж поверь мне — один Болт чего стоит, а Сватья Якобсон[25], а Шмидт, а Холквист[26], а Шарлотта Дуглас, да и...), но морд не воротят, хоть и с критикой. Но критика, как тебе известно, двух родов бывает: доброжелательная и не. <...>

Так и ты «Аполлон» критикуешь, не читавши. А ты закажи да прочти. И прикинь, почему Михнов и Шварцман гавном поданы, почему что и как[27]. Потом поговорим. А насчет вкуса — так где ты его в России видел? Это ведь не группа «Движение», а «движение» групп. Что получше можно было сделать — так это ДОЛЖНО было, но и то, что есть — это есть.

А вообще, Лэ, чего мне перед тобой мово недруга Шемякина защищать? Сам защитится.

А то, что нужно делать новое и другое, — так это да. О том и «проект» вышепереченный. Давай.

Это покамест, наброски. Давай, предлагай, ругай, излагай. Давай ИМЕНА, списки, характер материалов — а то о чем говорить, давай мысли, идеи, задачи, решения. Техническую сторону ужо подниму. Практически и эстетически. И технически. А ты, давай, капиталистически. Переводы, думаю, сможем сделать задаром или по 3 доллара за страницу (а берут от 30 до 70!). Благо, штат переводчиков есть, и каких! Так что потянем. Потянул бы и ты.

<...> Так что думай.

Твой барс и зверятник

---

24 См.: «Мой отец, поляк с четвертинкой "романи" — полег в мясорубке под Невской Дубровкой» [АГЛ 2Б: 653].

25 См.: «В Остине много чего. <...> На полмиллиона жителей — полдюжины русских, но зато есть Сватья Якобсон, первая жена Романа» [АГЛ 4Б: 600]. Сватава Пиркова (Svatava Pirková, 1908–2000), профессор Техасского университета в Остине, в 1935–1962 годах была второй женой Р. О. Якобсона.

26 Переводчик Пол Шмидт (Paul Schmidt, 1934–1999), литературовед Майкл Холквист (Michael Holquist, 1935–2016).

27 Черно-белые репродукции картины М. М. Шварцмана (1926–1997) «Голова» и четырех рисунков Е. Г. Михнова-Войтенко (1932–1988) воспроизведены в альманахе «Аполлон-77» (С. 294, 332–333).

5.
Л. В. Нусберг — К. К. Кузьминскому
15 апреля 1977 года, Дюссельдорф

Дюссельдорф 15.04.77

* "... а во-вторых, ... НАША КНИГА! О книге — мы ее сделаем; деньги, не все, но бóльшую часть я даю / ≈ 5.000 долларов/ может быть шесть .... увидим. Но чтобы сделать серьезную книгу, даже при "бесплатном" труде /и материалах/ нашем, необходимо ≈ 10.000 долл. 10.000 $!!! Или даже 11.000. Где взять еще — 4.000 - 5.000 ? ГДЕ?

Я имею достаточно — редких /страшно интересных/ и неопубликованных материалов, и не только 1920-х, но они, конечно, редчайши. Ты — современных, причем ПОЭЗИЯ и литература, в чем признаю, естественно, твой приоритет-авторитет-"паритет" - и пиэтет....-------------

/7 строк поливов на общих друзей, это я опускаю - ККК/

Предлагаю в ответ на твое /Ваше с.../ предложение: утвердить мою кандидатуру на пост гл. редактора и издателя. Отвечай — как?! Согласны ли Вы /все там, и с ... Нежкою/. Почему?! — Не хотелось бы тратить уйму энергии и нервов, отвлекаться от моих "наполеоновских" планов и пр. + еще и денежки немалые /30.000 франков/ и чтобы это вышло среднего качества, НЕ ХОЧУ! Нужен отбор, строгий, серьезный, без личных "патий" или "антипатий". СОГЛАСНЫ ВЫ или нннет?! Пиши поскорее. И я должен буду поработать в USA, с Вами там, и ты, естественно, должон будешь издеся повкалывать; опять же расходы беру на .... себя /"весь огонь беру на себя"/ Значит визит-транспорт Texas - PARIS оплачу /ну, что с тобой, Барабашкиным [это значит: поэт!] делать?!/

* Книга эта /ОБЗОР СОВР. КУЛЬТУРЫ-ИСКУССТВА В ПРЕДЕЛАХ СССР за 1913-12 — 1977, итак за 65 лет, не много ли?/ должна состоять — предварительный план-стру- НЕТ!!! ктура из трех периодов /совр. истории иск. в СССР/ — частей.

1. Предревол. 1910-1917 — 1932 /т.к. в этом году, в принципе, наступил перелом - пиздец, и пошла черная эпоха страха и деградации со всеми этими "соц. реализмами", союзами худ., пис. и комп. Сталин - Горький - и пр... Ждановы. Если вся книга 500-600 стр., то период 1 = 100 стр. /примерно/. И только несколько цветных репр. — из экономии и для того, чтобы наше время лучше представить, сочнее.
2. Период /или часть/ 1932 /условно/ — 1956-57, 25 лет мракобесия и жути Гулаговской, полная стерилизация в искусстве и в культуре. Вся часть без цвета. СЕРАЯ, скорее, чем чёрно-белая. И построена /хоть и привыкли, что эпоха 1920-30 построена на коллажах : Лиссицкий, Родченко, Швитцерс и пр./ на фотомонтажах и тоталитарной симметрии сталинизма /нацизма/. /"тотальной"/

   Документы — постановления, решения, Союзы худ., пис., комп. и пр. директивы, прославление Сталина-Гитлера, ИССТУПЛЕНИЕ /и удушение/. И фотомонтаж, фотоколлаж..... ЖУТЬ!!! Гулаг культуры в России и на окраинах. /Пишу предельно сжато, "телеграфирую"/.

   /ох, какие есть материалы, ох!!! И как это нужно подать ... хотя уж и понаписано за последние 6-8 лет, но ....../

И эта вторая часть ≈150 стр. /может 120/. Не знаю. Потом вырисуется. Материал весь из прессы советской, почти весь: газеты, "Огонек", сборники сов. сталинских деректив и пр. И фоты ... жуткие ...... /Письма, хорошо бы, документы. Ахматовой, Н.Мандельштам и др./

3. Часть /период/ 1957-1977, и эти 20 лет гораздо подробнее, нам вроде бы и карты в руки, а? Особенно, за последние 15 лет, и ты, и я, и наши "коллеги", мы то хорошо помним нашу жизнь и становление /и наших друзей и окружения/. Цветных репр. ≈15, а то более. Страниц ≈350-380. Прозу дать. И ПОЭЗИЯ - поздний Пастернак-Ахматова, Бродский, Горбовский, Сапгир, Соснора, Кузьминский, Красовицкий — как антипод комсомольский даже А.Вознесенский или "Евтуха", но чуток, 2-4 вещи, А.Битов, А.Аксенов /В общем, материала подкинул этот Мальцев - только мельком заглянул я/, и художнички — 2 града, и в основном 3 тенденции, 3 полюса притяжения пластического языка и мироощущений: это, конечно, "РАБИ НИАНА", с 1956-57 стал центром притяжения, затем Э.Неизвестный, Кабак, Янкиль,

Ю.Соостер, Булатов, Брусил., Ламм и др. большая кампания — "кибернетический сюрреализм", типичные "западники", техникоаниматоры.

/это и Москва и Питер - сильно был и Питер всегда под его влиянием..../ /Т.е. "псевдославянофилы" и примитивисты-народники/

И наконец, третий полюс - кинетизм, моя тенденция /и не только в Москве; в Питере было, и есть "ученики", есть влияние и в других гор. — Харьков, Одесса, Казань, Рига, Свердловск, Киев и др. — значит 1961-1976, колл. "Движение" и пр. Связи.

И последняя волна - из твоих "14" только 5-4 поэта, да еще кто-то. А.Волохонский,

3а. - это о музыке, хотя бы сжато дать представление панорамное и о джазовой стезе тернистой /я помню 1962-1968 кое-что/ и о т.наз. "серьезной музыке" — это Волконский, Каретников /он теперь, правда, оконч. ссучился/, Д.Денисов, Соня Губайдуллина, Шнитке, Каравайчук /Питер/, Сильвестров и др. Очень важно представить музыку - я здесь найду кое-кого из муз. приехавших, кто даст не только инф., но и квалифицированные консультации. Никто еще до сих пор не пытался просмотреть общие связи в разрезе культуры между лит. + искусств. изобр. + муз. + архитект. /самое серое и неинтересное за 1932-77/, А мы должны хотя ... бы поставить эту проблему, уж если не вскрыть ее, а? Согласен. Т.к. были частые контакты и даже /как это ни странно/ взаимные влияния ---------- Например, наряду со всеми этими Шостаковичами - "авангардистами", именно в кавычках /т.к. на Западе вполне удовлетворяются 3-4 — он, Кабалевский, Хачатурян, да Прокофьев и всё .../, а десяток 30-40летних талантов, кот. пытались и пытаются идти с западн. движением и экспериментированием ----- совсем не известны на Западе, не говоря уж о jazz'е, хотя должен заметить, что благодаря неграм, и Уиллосу Коновер'у /это диктор "Голоса Америки"/ о джазе знают теперь больше, хотя он до сих пор и в загоне в СССР.

Итак, в 350-400 стр. 3-ю часть книги втиснем, с трудом. /Проза займет много, да всякие "легенды" о худ. и выставках за последние 5 лет, да и о нас достаточно материала, т.к. совсем другая тенденция, эта самая ФУТУРОЛОГИЯ, тем более, что единственная тенденция /не считая "пяти" поэтов/ действительно связанная с 1-й частью /т.е. 1920/ и вытекающая оттэдова ...

4-я часть /наконец-то!/— это всякие, "индексы", справки, БИБЛИОГРАФИЯ, перечни и пр. данные, это займет стр. 50-60, я думаю, причём ..... "петитом"!

Всего поэто-писак /1957-1977/ ≈ 15-25 имен, а?
Всего художников /Москва - Питер плюс по 1-2 из др. гор./ ≈ 25, а?
Всего музык. и тех, и других ≈ 20 имен, много jazzistov....
Это всё наши сверстники, по 30-40 лет, и худ. и муз. Всего около 80 имен за посл. 20 лет, и это при строгом отборе. Страшно делается, а? Максимум (МЫ) потянем (20) цветных репрод. От каждого худ. имени, в среднем по (3) репрод. черно/бел., а? Где-то и 4, и даже 5....
А в первой части книги ≈ 10 имен, и ≈ 20-25 репрод. и все Ч/Б!!!
Во второй части стр. 30-40 фотомонтажей, и стр. 60-70 текстов.

Итого - фоторепр. цветных 18-20
репрод.-фото ч/б ≈ 300-320
/и кое-какие
докум. в 3-й части - фото/
фотографий /всех/ ≈ 350 штук
+ТЕКСТА /всего/ ≈ 380 стр.
и библиографий, и всякого...

а/ фото /лица/ портреты + ателье всех =120
б/ репродукц. ч/б
худож. всех эпох = 130
в/ фотомонтажи и др.
на 40 стр. ч/б = [400] [500]

Книга /будет?/ в 600 стр. ТОЛСТАЯ, А?

/а фотографии займут примерно: 170-180 стр. /по 2 на стр./ в среднем/
2-я часть - потребуется для фотомонт. и коллажей репродукц. ≈ 400-500 и фотограф.

* И теперь — ЯЗЫК - ? В основном /так сказать "госуд. язык" для нашего детища — русский /такой бесконечно богатый и красивый, свободный/, но ... я считаю чрезвычайно важным, даже НЕОБХОДИМЫМ, чтобы хотя бы 40%-50% всех текстов /а "Библиография" и др. информационн. штуки были только и только на одном английском, дада!/, ХОТЯ БЫ ... были бы на АНГЛИЙСКОМ, и хорошо бы было половину из того, что будет на английском, было бы еще на .... русском, т.е. в оригинале тоже. Все это сложно, я это, старик - Капитан Кассий Колькаун /не обидся, пожалуйста, только ККК-ассоциации .../, не хуже тебя представляю, хотя это и не мне переводить.... Итак, 60% /примерно/ на русском, 25% и на русском и на английском, а 15% только на английском, без русск. оригиналов.
Как Вы то считаете, а?! Это у меня так, облака в небе, может быть и "верблюд", а может быть и стая птиц .... Но как основа для перекраивания может быть перекроена, и так, и сяк ----------
Значит 1/4 часть "книги", т.е. текста нужно УДВОИТЬ по количеству страниц. Это будет 80 стр х 2 /русск. умн. на англ. дает "финалемент"/ 150-160 стр.И если взять точнее 370-380 стр. всего текста, то 160 стр. на англ., из них ≈ 160 англ. + 70-80 стр. и по-русск. + 140-150 стр. ТОЛЬКО по-русски ≈ 380 стр. /ну, как Вы еще не запутались в "моей арифметике"?!/ И еще, повторяю, 220 стр. только со всеми фотографиями, без текста; а если будут, и надо, конечно, обязат. подписи под фотографиями, ТО их надо печатать только на английском, и только. Чтобы, не дожидаясь перевода /будет-не будет/ книга была открыта и понятна для большинства Запада, а если русским лентяям /не желающ. учить ин. яз./ будет и не понятна половина, то чёрт с ними, так им и надо... Ну, а уж если дойдет дело до перевода, то половина книги уже переведена, и изд. скорее возьмутся за перевод ее целиком и изд. в такой "интерпретации" ----- ЯСНО?!
В общем, если Вы примете, в принципе, мою программу, и если мы славно поработаем с годик, и если /я и Вы.../ сможем еще раздобыть много материалов, не количеством; а, например, портрет /фото/ С. Красовицкого.

Или кое-какие биограф. данные разных джазистов и др. писателей и т.д., и если мы раздобудем еще 3-4 тысячи долларов /у разных .... людей и орган./, и если решим еще много.... ЕСЛИ, то получится к весне 78, оригинально-славная, необычная ... КНИГА!

* Неужели 300 долл. стоит одна цветная репродукц.— ?! Я еще узнаю —может во Франции и дешевле будет, и потом если на Одной стр. 2-3 цветных репр., то ведь это как одна большая /т.к. один-два-три прогона, понимаешь?!/, если это так, то мы сможем дать до (40) цветных.
Формат предлагаю горизонтальн. прямоугольник, и примерно, 30-32 см x 25-26 см, очень выгодно /да и эстетически/ делать всевозможн. монтаж при таком формате и размере, и потом типа альбома. Вот. Ухxx!!!
А чтобы стих "длинный" вертик. умещался, то нужно /и хорошо это/ менять размер шрифта, маленьк., средн., БОЛЬШОЙ...И еще —хорошо бы кое-где /только кое-где.../ ввести "дырки" всевозможные, прямо физические, или какие-то "раскладушки", создающие объем, при желании /ну, ты знаешь, детские книжки видел?/; и стр. не везде только белые /особенно, это для поэзии важно.../, и, текстом чуток поиграть, но не только размером и характером, но красный кое-где, синий ввести, а?! Надо бы ..., т.к. в принципе, это не на много сложнее, и не на много дороже. А некоторые стихи /или прозу/ дать по-русски, но только в ориг. рукописн. написании, "факсимильно" --------------- /или сочетать рис., скажем ГОЛУБОЙ, прямо по черным буквам стиха/

НУ, --------- как?! Не охуели Вы /прости, Эм, я сам —это самое/ от всего этого, от всех этих планов?! Но это все РЕАЛЬНО .... Единственно, что меня тревожит —это 3-4.000 этих самых "зелёненьких".
ГДЕ ИХ ВЗЯТЬ, ГДЕ?! Все остальное —не проблема, это все зависит от нас, а вот "зелёненькие" —?! Думай, думай, думайте и ищите. /Может быть, когда дело пойдет, я еще тыщонку вложу, седьмую.../ Но все равно 3-4.000 надо найти.........
Где мы будем работать и как, где надо делать макет /и черновой, и беловой/— думаю, что лучше это делать в Париже, редактуру, тексты и переводы делать в TEXA-S'е, да?! Но надо будет приехать на месячишко в Париж, если морем, то можете вдвоем /но кому доверите Неженьку?/, так как вдвое дешевле - сумма-то, кот. я на это выделю, остается постоянной?! Нет?! И кто же все-таки будет печатать, издавать печатно и пристраивать ее на книжном рынке, кто?! И это тоже все-таки проблема, хотя и разрешимая, т.к. когда будет макет /даже еще в черновом варианте/, то легче будет говорить, конкретнее, и легче найти "печатника-издателя". Главное, сделать вещь, а уж потом мы ее пристроим, и, надеюсь, хорошо, так, чтобы в 50.000-80.000 тиражнуть, а?! Это, конечно, мечта /но вот именно поэтому, надо, чтобы 45%-50% книги было по-английски/, и очень важно качество перевода, чтобы природный - потом, после перевода - америк. или англичанин /есть же John'чик/ считывал, смаковал, оценивал, КАК и ЧТО!
....

6.
Л. В. Нусберг — К. К. и Э. К. Кузьминским
19 мая 1977 года, Дюссельдорф

Нэггга + ККК + Эмм, ребцы, получили ли Вы мое длиннющее послание из Дюссельдорфа, но я послал на имя John Bowlt'а? Если да, то отчего молчите — там полная программа для книги и пр. дел «наших будущих». <...> ***5.500–6.000 долл<аров> уже есть на книгу. Вот!!!*** Хочу связаться с комп<озитором> Рабиновичем[28] (живет во Фр<анции>, он спец по совр<еменной> музыке в СССР — хор<ошо> знает всех и всё. Он — будет, уверен, работать тоже. Пожалуйста, Express'ом отвечайте, тут же — если нет письмища, то я тут же копию пошлю. <...>

Жду — всегда Ваш — ЛЭ + Марья[29].

7.
К. К. Кузьминский — Л. В. Нусбергу
9/21 мая <1977 года>, Остин (Техас)

9 Майя
Льву — брус (неподвижный)

Пишу тебе по причине сломанной ноги. До того всё собирался (с мыслями). Обсуждали с Джоном на разные лады твой проект, и вчера должны были, но позавчера я сломал заднюю ногу и к Джончику поехать не мог. А у него тезисы. Лэ, то, что ты предлагаешь, — грандиозно, но потребуется целый научно-исследовательский институт и уйма времени. А пока — есть Джон и я. То есть меня практически нету, поскольку будущее туманно и неопределенно. Каждые три месяца приходится продавать себя в рабство на очередной последний курс, вот и сейчас тоже[30]. Предлагают на лето вечернюю школу читать по искусству, при условии, что наберу 18 студентов. Наберу ли — не знаю. Опять беготня, афиши, а бегать я сейчас не могу, равно и ходить. Прожект твой потребует года РАБОТЫ, не считая разъездов, а на что? Я имею в виду не ездить, а жить. <...>

---

28 Рабинович-Бараковский Александр Ильич (р. 1945) — пианист и композитор, специалист по музыке XX века. Эмигрировал в 1974 году.

29 Борзая Нусберга.

30 После зимнего семестра 1976/77 года преподавательский контракт с Кузьминским продлен не был, и в течение следующего семестра он был переведен на почасовую оплату курсов (при условии набора студентов). См. материал Э. Морс в наст. изд.

Идейки у нас с Джоном грандиозные, ладим с ним во всем, а вот с тобой — поладим ли? В литературных вопросах с Джоном расхождений нет, а вот с Ахматовой и Пастернаком — имеются. Оно, конечно, если ты приехал сюда, чтобы издавать А. А. и Б. П., — дело другое, но меня лично интересует(-ют) более вопросы малоизученные и поэты ключа формального: Чурилин, Туфанов, Божидар, да и Чичерин — словом, все белые пятна века XX. Есть материал «Сюрреализм русских классиков XVIII–XIX веков» — абсурд у Достоевского, Чехова. Лескова, есть материалы по формальной поэтике XVII века и так далее. Словом, есть чего есть. Если монографию ограничить ФОРМАЛЬНЫМ методом — не придется открывать Америк и перепечатывать затухлый акмеизм. Если ее не ограничивать — то я не Грабарь и не Бенуа. Даже обериуты уже известны ежу. Открыть же поэзию «ничевоков» — это я полагаю делом достойным. Сталинский китч (любимое Джоном искусство) — дело хорошее, и именно надо в серых фотах, но здесь его знают, и хорошо. Если же говорить авангардом — то ни там ни тут его не знают. Это и есть то, что нужно. Твои поливы на Баха и Лимона — делу не мешают. И тот и другой по-настоящему талантливые люди, и вопрос только в том, как их подать. Еремина и Красовицкого придется доставать заново. Может, и Фалькова изловим[31]. Ты вот, кстати, пошуруй, что у Гробмана есть, что даст. <...>

21 мая

<...> Джончик сегодня уехал на Русь, на возвратном пути <в> середине июня будет у тебя в Париже (один день). Обсуждали с ним без конца проблему книги. Сошлись на главном: что материалы должны быть свежими.

Отвечаю <на> вопросы. Насчет главного редактора — только в роли «зицпредседателя», притом что худ. ред. — Джон, лит. — я. Это не мнение Джона, а мое. А то я уже с одного редактора слетел,

---

[31] Материалы поэтов М. Ф. Еремина и С. Я. Красовицкого были в «израильской» части архива Кузьминского. Материалы поэта и прозаика Б. В. Фалькова (1946–2010) Кузьминскому за время работы над АГЛ так и не удалось получить.

слава Богу, хоть издержки (моральные) нести не приходится. Я там только представил ленинградских поэтов[32]. Так что утверждаю твою кандидатуру главного, если ты утвердишь мою литературного.

Касательно обзора и разделов. С разделами согласен целиком, обозревать же следует необозренное. С первыми двумя разделами согласен, но всё зависит от наличия материалов, НОВЫХ, а не Кандинский Лисицкий Малевич. Нет, Чашничков, да Джон знает, ему и карты. У Полякова есть 80 цветных слайдов Филонова, найдется и что еще. Ко второму у меня есть дивные бытовые фотографии Гран-Бориса[33], да и у Полякова есть — интерьеры с лебедями, праздничные столы, кретинские морды. Это в дополнение к сталинскому ампирру (эк, опечаталось!). Найти бы книгу об интерьерах рейхканцелярии (вышла перед войной)[34] — там один к одному Литейный![35]

Часть третья — НЕ СОГЛАСЕН на: позднего пастернака, ахматову (разве стишки 56 года — в раздел сталинского китча, есть у мине)[36], бродского горбовского сапгира соснору (если не брать из них нового, а оно — в исраэле), тем более, ни один из них отношения к авангарду не имеет, разве что «Квартиру № 6»[37] с фото-

---

[32] Вероятно, имеется в виду весенний выпуск журнала *Cherez*, в котором были опубликованы стихотворения В. И. Эрля, Ю. И. Галецкого, В. В. Гаврильчика, О. А. Охапкина и самого Кузьминского в переводах Кэрол Эмерсон — в то время аспирантки Техасского университета, впоследствии видной американской славистки.

[33] Т. е. фотографии, сделанные ленинградским прозаиком и фотографом Б. А. Кудряковым (1946–2005).

[34] Возможно, имеется в виду издание: *Speer A.* Die Neue Reichkanzlei. München: Zentralverlag der NSDAP, 1940. Книга значится в каталоге иностранного отдела Публичной библиотеки.

[35] Здание, построенное в 1931–1932 годах для ленинградского управления ОГПУ–НКВД по проекту архитекторов А. И. Гегелло, А. А. Оля и Н. А. Троцкого в стиле монументального конструктивизма. В настоящее время — Управление ФСБ РФ по Санкт-Петербургу и Ленинградской области.

[36] Вероятно, имеется в виду книга переводов А. А. Ахматовой «Корейская классическая поэзия» (М.: Гослитиздат, 1956).

[37] Стихотворение Г. Я. Горбовского 1958 <?> года. Опубл. в [АГЛ 1: 441–444].

графиями быта — во ВТОРОЙ раздел, и туда же поэму Сосноры «Трус»[38]. Это у меня в голове. Сапгира надо достать «Бабью деревню», туда же. «Евтуха» и вознесенского печатай сам. Я тут об них в каждой антологии спотыкаюсь. Разве что стихи Андрея «Постскриптум»[39] — помню. Но тогда почему не Слуцкого, не... и т. д. Туда же и Битова с Аксеновым. ВСЁ ЭТО НА ЗАПАДЕ ПЕЧАТАНО-ПЕРЕПЕЧАТАНО. Нужно только новое, на мой взгляд.

А Красовицкий, Еремин — увы, в израэле, Последний — целиком. Но есть Алик Ривин, Роальд Мандельштам (у Миши[40] — фуфло), есть еще, и еще, и еще.

Про художников — знаешь ты сам. Мне нужно: Михнов, Тюльпан[41], Левитин и 50-е (если будут).

Я тебя, кстати, русским языком спрашивал: какая из «14» у тебя — старики или молодые?[42] И какие биографические данные и фотоматериалы? Ты мне так упорно и не ответил. Портреты поэтов были сделаны специально для меня (писали Юлия и Наталья[43]). А я сижу без оных. Биографические справки даю по памяти.

Насчет музыки тоже решай сам. У меня там были только материалы по рок-группам, да и те — в Израиле. А в общем-то — однажды лебедь раком щукам... Потянем, но куда?

Насчет языка — проза, кою имею — непереводима. Равно и стихи. Остаются — статьи.

Оформление — согласен, но без водяных знаков, синих птиц, самым экономным и простым шрифтом. Идеал — шрифт «Академии»[44] — но где его взять. Если работать машинкой, то вроде этого.

---

[38] Опубл. в [АГЛ 5А: 644–647].

[39] Опубл. в [АГЛ 1: 564–566].

[40] Т. е. в альманахе «Аполлон-77» (С. 109–113).

[41] Художник И. В. Тюльпанов.

[42] В 1973–1974 годах Кузьминский подготовил в Ленинграде два тома самиздатской антологии «Живое зеркало», названные им «первый и второй этап ленинградской поэзии». См. статью И. Кукуя в наст. изд.

[43] Ю. Н. Вознесенская и секретарша Кузьминского Н. В. Лесниченко.

[44] Т. е. шрифт петроградского (впоследствии ленинградского) издательства *Academia* (1921–1937).

Насчет найти 3–4000 — то только через 5 лет. Пока нету. Может, Джон что присоветует.

<...> Ты пишешь: надо начинать, прикатил бы на июль, а я бога молю, чтоб откололась мне работка на июнь-июль, чтоб из долгов вылезти и Мышь куда пристроить. Потому и не отвечаю сразу — а что писать? Для работы над книгой нужны время, здоровье и... деньги, чтоб жить. Поэтому я и плюю на обе первые проблемы и пытаюсь разрешить третью. Денег хватает на жратву, могу и еще двоих-троих прокормить, но на жизнь — не хватает. Притом что я никуда не езжу, лежу дома, работаю, когда силы есть.

<...> Так что оправлюсь — опишу подробнее. Пока плохо.

Будь здрав.

ККК и М.

8.
К. К. Кузьминский — Л. В. Нусбергу
5 июня 1977 года, Остин (Техас)

Іуня 5-аго 77 г.
Льву — барбуас
Макароника тикающих совбытий[45]

Сим (а также Хам и Іафет) начинаю меланхолическое повествование свое. С машинкой (равно и мошонкой) пришлось распроститься за отсутствием дохода от оной. Писать же пером — разучился. Пишу по клеточкам.

С іуня месяца года сего вышел я в безработныя профессора, и ничего не светит, не колышется. Мышь же, напротив, подалась в чертежники, но работы пока нет. Однако же висят 700 долларов долгу, не считая харчевых и поквартирных. Отчего настроение, надо сказать, подавленное и дух — упадочный.

В отношении планов великих, издания бука касающихся, — коснусь их дальше, а пока — нужна мне информация об лавоч-

---

[45] Аллюзия на «Хронику текущих событий».

ке, именуемой YMCA PRESS. Ибо: в протяжении лет последних обнюхал я интересы страны Америки, русской литературы касающиеся, и таковых — не нашел. Надо же мне пристроить в друкарню (печатню тож) двухтомное сооружение, том второй из коего — у тебя в руках. Полагаю сие так: том перший будет заключать дневник Юлии о делах художественных со включением портретов поэтов психологических, во втором же томе пойдут сами поэты (14)[46]. К моему приезду проектируемому (в августе) хотелось бы узнать уже, что об этом эта PRESS думает. Фигура ты представительная, тебя и В. Максимов[47] рекоменднуть может, а материалы по дневнику я тебе вышлю. Поэты же есть. <...>

Посему: проблема нумеро уно — сплавить кому ни есть оныя два тома. Потом могу заняться и чем иным. По альманаху тебе придется всяко издателей разнюхивать, так вот, начни-ка пока.

Приезд мой (и на сколько?) упирается не только в дела финансовые (ежели Мышь не будет зарабатывать, мне придется остаться, каждые две недели получать пособие), но и в документные. Надо ездить в Сан-Антонио, это хоть и рядом (40 минут), но затруднительно. Если же их не трясти — они и в год не выправят. На адвоката же денег нет.

Перспектив пока никаких, но в Европу ехать не следует. Поездок по университетам предстоит немало, да и конгрессы всякие. Америка — это моя страна, я их понимаю, и язык для поэта — дело не последнее. Через полгодика (надеюсь) Мышь укоренится и сможет меня прокормить в моменты вынужденного безделья. Тем более что здоровье начало у меня хромать на все четыре копыта, доктора же здесь дороги, потому не хожу.

В отношении планов твоих гигантических — еще и еще скажу: у меня с Джоном всего 4 руки, из них у него полторы заняты. Попытка нанять секретаршу, чтоб помогла мне хотя бы с перепиской аглицкой, увенчались крахом. <...> Материалы газетные, как я тебе уже доложил быть, находятся вне пределов досягаемо-

---

[46] Имеется в виду один из томов антологии «Живое зеркало».

[47] Главный редактор журнала «Континент» В. Е. Максимов.

сти; жизнь же в Нью-Йорке дорога и нездорова. Перерыть же надобно несколько тонн макулатуры.

<...> Вот оно, Лев. Охладел я изрядно, да и как тут не заблядеть, когда никого и ничто не колышет?

Перепечатать же мысли (проэкта) твои не сумел, поскольку расстался с машинкой. Стоит она 800, я же платил за аренду полсотни в месяц[48]. От Ундервуда отвык. Перешел на перо.

<...> Надо просто работать. И тихо. Надо сплавить две книги (уж ты почешись!). Я — уж если приеду — то чтоб говорить было с кем. Книги, сам понимаешь, нужны. <...>

Вот такие дела, милый Лэ.

Нежка нежно целует тебя, а также Мышка — в усы.

Обнимаю. КК

9.
К. К. Кузьминский — Л. В. Нусбергу
<Июнь? 1977 года>, Остин (Техас)

Лефу — Новый мир
Хартия техасских совбытий

Не пойму я тут ничего, генерал мой лампасный-ясный. Сижу тихо в Техасе, любуюсь восходами, закатами и цикадами, еженедельно выезжаю с Нежкой на охоту на кактусов, на неделе работаю с Джоном, и как мне понять, что во чреве Парижа бурлят каки-то страсти, вылезают мордасти[49] — и чем я могу помочь? Торопишь с приездом, будто забот убавится. Это от меня-то? А мне в Сан-Антонио паспорт получать, а в Остине — не дают пособия по безработице. Ситуация никого не волнует, решают компьютеры.

---

[48] Кузьминский работал на электрической пишущей машинке. См. переписку Кузьминского с Л. В. Лосевым в наст. изд., письмо № 17. Письмо Нусберга от 15 апреля 1977 года с подробным планом проекта книги было рукописным.

[49] Большая часть писем Нусберга была посвящена его полемике с художниками, коллекционерами и галеристами.

Дал вот первого числа, чтоб подать. Подал. Отказали вроде бы. Решение же — 15-го. Так вот сиди и жди. Проблемы у меня маленькие, но давят глобально. <...> Рассчитывал я на летнюю работу, но на русские курсы никто не идет. Рассчитывал я на Мышкину работу — а работы и нету. Словом, начинается опять Венская эпопея[50], хорошо хоть не холодно, и язык знаком. <...>

А насчет, скажем, книги — так это дело плевое. Сделаем. Только не спрашивай, меня по крайней мере, где достать «еще пять-шесть тысяч». Значит, надо делать на пять-шесть тысяч дешевле. А так, оно можно и в золоте, как Сальватор Дали.

Сейчас вот пытаюсь заказать через какой университет 3 кассеты российских бардов (вышли в Париже, в цену... 300 франков!)[51], чтоб написать одну (1) статью о языке и темах оных для твоей книги. Ищу и лоцирую материалы и специалистов по балету (для того же). Считаю, что нужно пригласить Сюзанну Масси — имя, никак. <...> По Якобсону могут пригодиться Саша Минц и Лена Киттель (оба в Нью-Йорке)[52]. С прозой надо оговорить особо. Но это, полагаю, будет предоставлено мне. Поэты у меня есть даже в фотокопиях автографов (вот их бы и пустить синим узором по белому). И во многих фотоиллюстрациях. Как же все-таки — отправляла Наталья[53] через тебя мне фото поэтов? Четвертый раз спрашиваю. Кстати, выехал Илья[54] с новыми материалами по обериутам, блестящий эссеист. Надо залавливать, пока не поздно. <...> Но жду его сюда к сентябрю. Тут и поработаем. <...> Джон, Шарлотта, Салли, Сюзанна, я, Илья — всё профессионалы, имена. Нужно, еще найдем. Есть в запасе Мар-

---

50 О жизни Кузьминского в Вене см. публикацию И. Кукуя в наст. изд.

51 Песни русских бардов / сост. В. Аллой. Париж: YMCA-Press, 1977. В трех томах (в переиздании 1978 года — в четырех томах) с приложением тридцати (в переиздании сорока) аудиокассет.

52 Имеются в виду танцоры труппы Ленинградского театра оперы и балета им. Кирова (ныне Мариинского) под управлением Л. В. Якобсона — А. И. Минц (псевдоним Афанасьев, 1940–1992) и Е. Ф. Киттель (Чернышева, 1939–2015).

53 Н. В. Лесниченко.

54 Левин Илья Давыдович — филолог, в конце 1970-х годов работал в Техасском университете над диссертацией о Д. И. Хармсе.

ков[55], есть Завалишин[56], переводчик Нострадамуса (для статьи «Пророчества Нострадамуса и Доски Судьбы Хлебникова»), это к статье Пунина о Велимире. Шарлотта может взять Филонова, о цветных фотографиях я уже договаривался со Львом Поляковым (Миша не потянул, пустил черно-белые[57]). Барачные поэты (Сапгир, Холин) — у меня полностью, ранние. Бахтерев, последний обериут — стихи и воспоминания (и фото). Ну, чего там еще? О поэтах (Сосноре, Горбовском) берусь написать ряд эссе. Равно и о новых. Перевод обеспечен. Я тут подготовил целую школу переводчиков: две девицы и Поль Шмидт, переводчик Рембо. Перевести можно всё.

Но — условие: если будешь работать с Джоном и со мною... чтоб никого лишних. Никаких советов от советов. Только с тобой. Устраивает? Тогда берусь. Нет — сгною материалы, рассею по американским и исландским журналам, но второго «Аполлона» — не будет. Мне и первый-то — комом[58]. Слава Богу, не «со-редактор», а так, участник. Публикации мои — должны быть на уровне. Если даешь мне 100–150 страниц — уложусь, и найду. Прозы будет страниц полста. Не боле. Конструктивистской, и со статьей. С шизами Эрля и Богданова[59]. И моя.

Если тебя такой расклад прав и полномочий устраивает — я пионер[60] и помощник. Нет — бери Бетаки[61]. <...>

---

55 Владимир Федорович Марков (1920–2013) — американский славист, историк русского модернизма и авангарда, переводчик и поэт второй волны русской эмиграции.

56 Вячеслав Клавдиевич Завалишин (1915–1995) — журналист, литературный и художественный критик, поэт, переводчик; с начала 1950-х годов проживал в США.

57 Черно-белые репродукции со слайдов Л. Полякова были напечатаны в альманахе «Аполлон-77» (С. 15–20).

58 Кузьминский имеет в виду его сорвавшееся участие в качестве соредактора «Аполлона-77». См. об этом письма Кузьминского из Вены в наст. изд.

59 Проза В. И. Эрля и Л. Л. Богданова (1942–1987) входила в антологию Кузьминского «Лепрозорий-23».

60 Т. е. «всегда готов».

61 По приглашению поэта и переводчика В. П. Бетаки (1930–2013) Кузьминский попал в переводческий семинар Т. Г. Гнедич. В дальнейшем (особенно в эмиграции) отношение Кузьминского к Бетаки, с 1974 года ставшему членом редакции журнала «Континент», было стабильно критичным.

Вот так, Лэ. Надеюсь еще до отъезда получить от тебя письмо с изъяснением твоих соображений и возражений. Выеду (если улажу с деньгами) в первых числах августа. Паспорт всяко раньше конца июля не дадут.

Целуем: Мышь — грустная и безработная, Нежка — толстая и беззаботная, я — старый техасский вол. Что из Москвы: слышно ли?

ЦК[62]

10.
Л. В. Нусберг — К. К. Кузьминскому
23 июля 1977 года, Париж

ККК, бабочек твоих люблю (сколько их разных в этой серии марок?), рад, что в письме зазвучали нотки уверенности о скором приезде — от Джончика зависит кое-что, чтобы тебе помочь, да?! <...> ККК, ты понимаешь, НАДЕЮСЬ, что едешь ко мне во Францию, в Европу, чтобы... РАБОТАТЬ, старик, и может быть, зарабатывать даже; так что бери с собой (хоть копии) кое-что из твоих архивных материалов — ДЛЯ КНИГИ, для нее, окаянной!!! Я это — серьезно, понял?! <...>

Всех целую и люблю.

Ваш ЛЭ

11.
Л. В. Нусберг — К. К. Кузьминскому
4 апреля <1978>, Париж

Париж (что на Луне), 4.4.2078

«ККК» (ка-ка-шка, или точнее ка-каш-ка, или, может быть... как-аш-ка, во всех случаях три К) и Эммммммммммммммммммммммммммммммммммммма!

---

[62] Т. е. **C**onstantin ***K***uzminsky.

С октября 77 жду твоего ответа на последнее мое письмо — что с тобой случилось? Рука засохла, что ли, от обиды или что? Джон сообщил, что «дорожные», оказывается, целехоньки, у него в столе — о‘кэй! И что ты не прочь прошвырнуться в Париж... Я тебя, старик, по-прежнему приглашаю, или вас двоих, но что труднее — двойная стоимость билетов. К себе в Париж... но поработать на поприще истории литературы и культурного движения за последние 16–18 (или 18–20) лет, а?! Мне бы хотелось, чтобы Вы, ККК (уже без ка-каш-ки), понял бы меня правильно — с Эммой, как кажется, легче понять друга-другу, т. к. нет такой патологичной амбиции. — Именно поработать над ранее упомянутой книжечкой в 500–600 стр. А?! А!!!

У меня, правда, дел хватает тут по горло — хоть Z. и Пашка[63] уже 3–4 недели в Париже. <...>

Вот, посылаю тебе один из последних моих каталогов[64], в Bochum‘e была выставка на 2-х этажах (8 залов) в Муниц<ипальном> музее. (Передачи по телевид<ению> и I и II программ<ам>; около 15–20 статей, и в центр<альной> прессе немецкой.) Продал я кое-что там... Но самое интересное это то, что «отцы города» решили — официально — организовать там в масштабах земли Рейн-Вестфалия институт для разработки моих идей, и я уже настрочил программу, перевели ее, и отцы града одобрили... Дело началось — я-то думал, что года через 4 что-то и удастся, и, скорее всего, в USA, организовать, а вот тут и пошло, и «выпрыгнуло», а?! А летом или осенью покупаю дом с землицею в Центральн<ой> Франции, недалеко от Луары...

<...> Хочешь, правда, заняться делом — или всё в кож<аных> штанах «щеголять», исхудавшую жопу прикрывая, да стихи-стишки эстрадничать, а?! Не тянет поработать, да как жахнуть книжищу, а?! Костя, Эмма, напишите, ***пожалуйста***, нормальное,

---

[63] Z. и Пашка — члены группы «Движение» Галина Битт («Заяц») и Павел Бурдуков.

[64] Lew Nussberg und die Gruppe Bewegung. Moskau 1962–1977. [Ausstellung im] Museum Bochum, Kunstsammlung, 25. Februar bis 2. April 1978 / hrsg. L. Nussberg, M. Ragon, P. Spielmann. Bochum, 1978.

вразумительное письмо — думаю, что один раз в 6 месяцев (2 письма — в 1 год) это можно. Хотите поработать — ведь вы теперь имеете и докум<енты>, и возможность выезжать и <оплатить> часть дороги (те деньги, что я дал — у Джона Болта). А может быть, и жизнь пойдет иначе? И веселее, и, главное, серьезнее. Ну, ладно — мое дело «предложить». Ваше — отвергнуть или принять. Как Неженка-борзунечка?! (Куда ее денете — если поедете?)

Обнимаю, Лев[65].

12.
К. К. Кузьминский — Л. В. Нусбергу
<Апрель 1978 года>, Остин (Техас)

Льву — Брысь
Харон течка сбыт

«С октября 77 жду твоего ответа на последнее мое письмо...» (ЛН)

С августа 77 жду твоего ответа на три моих письма. Равно уже полтора года жду ответа, где фотографии поэтов, переданные для меня Натальей. Вообще, много чего жду. Прозу Гран-Бориса, например, о которой он сообщает в письме, что передал через тебя. Документа жду, который мне не выдали для поездки в Евжопу. Новостей жду. Не от твоих подчиненных, а от тебя.

Последние новости от меня, которые ты имел, — это еще летошние, где я тебе сообщал, что сижу без работы, жена сидит без работы и у меня свои заботы. После чего ты замолчал, сменил адрес, и Мышиное письмо (равно и письма Джона) вернулось назад. Работать с моей «патологической амбицией» трудно, поэтому работаю сам. Не над «книжечкой в 500–500 стр.», а над

[65] К письму был приложен фрагмент картины А.-Ж. Гро «Наполеон Бонапарт на Аркольском мосту» и припиской Нусберга: «Я — тоже начинаю с Парижа, хот, конечно, не задачи, да и времена — не те... (да и я — не тот...)».

книжечкой в 300[66]. Ну и еще там кой над чем. Работы хватает. <...> Каталог твой видел уже у Джончика вчера, сегодня получил письмо от тебя. Очень рад. Круто. «Поработать» (ЛН) меня тянет, а насчет исхудания моей жопы — так ни в одни штаны не влезает, заказал Шемякину новые, надо размеры послать. Нежку сейчас выпустил в сад, пусть на траве поваляется, среди цветов, огурцов и укропа. Всё уже цветет. Красота.

Теперь вернемся к нашим баранам. Насчет «поработать» — так что и на каких условиях? В Париж мне ехать как-то не хочется, деньги я сказал Джончику переслать, но он не знал твоего адреса. Программу того, что я могу сделать, я весьма подробно изложил в летошних письмах. Материалов хватает, хотя часть из них у тебя, и я еще их не видел. <...> Работать над своей (литературной) частью я могу и на расстоянии — было бы над чем и для чего. Кстати, об остатках архива от Гробмана нет ответа уже три месяца, послал ему доверенность. А пока, поскольку ты заглох, часть первоклассных материалов уже разошлась по разным издательствам. Богатейшие архивы обериутов Илья уже предложил Шемякину. Поэзию у меня рвут во многие места, но я почти ничего не даю, предпочитаю сделать сам. Сейчас ведутся переговоры о большой антологии на английском (израильское издание — по-русски) — проза, поэзия, документы. Далее. Как я тебе уже писал (и незачем пережевывать), на одном устном соглашении далеко не уедешь. Мне придется вести переговоры с рядом американских специалистов-русистов, а они словам не верят. Статья «Хлебников и Нострадамус» может быть сделана Вяч. Завалишиным, переводчиком последнего. Но что я могу ему обещать? То же и с Марковым. Они согласятся участвовать, но под контракт. И вообще, зачем я тебе нужен в Париже? Джон может приехать, посмотреть изо, а здесь мы с ним договоримся. Мне же смотреть ничего не надо, кроме имеющихся у тебя текстов, ксероксы

[66] Скорее всего, имеется в виду подготовка английского издания «Дневников Юлии», над которым Кузьминский работал вместе с переводчицей Аллой Бураго. Книга осталась неизданной. В 1980 году вышел телефильм «Yulya's Diary» (см. в наст. изд. письмо К. К. Кузьминского Л. В. Лосеву от 31 декабря 1979 года и прим. 90, стр. 314).

с которых могу оплатить. Можешь дать мне «целевую установку», имена, которые ты хотел бы включить, темы и т. д., а всё остальное спокойно предоставить мне. В Париж я приехать всяко не могу, поскольку пособие по безработице кончилось, надо зарабатывать и, кроме того, работать над книгой с доброй дюжиной переводчиков. Пока переведена еще только треть ее. Жду контракта от издателей, тогда смогу с аванса заплатить переводчикам. Бесплатных работников тут найти трудно.

Исчез ты, надо сказать, вовремя. Три месяца летошних я не знал, как вертеться, чтоб выжить, и «амбиция» моя тут ни при чем. Я ему пишу, что хозяину за квартиру нечем заплатить, в ответ слышу: послал 250 долларов, приезжай в Париж. Это что, идиотизм или наплевательство? А собаку с женой оставить на панели? Чуткость у вас, енерал, потрясающая. Когда выбрался из ямы, ехать уже было некуда: каждую неделю нужно было отмечаться за 84 доллара пособия. И в ответ слышу ту же песню: приезжай в Париж. А в Париже кто меня кормить будет? Шемякин или Вердье?[67] Хоть бы не писал таких благоглупостей. Нужна тебе моя работа, мое сотрудничество — исходи из обстоятельств. Я прикован к Техасу, и слава Богу, что жена за мойку сортиров свои 400 зарабатывает. Ну и я там — где сотню, где две за отдельные выступления. Сейчас-то я мог бы уехать, но теперь связывает книга: без меня тут никто ничего не сделает. Так что будем исходить из того, что я в Америке. В том же Париже — кто меня будет сигаретами снабжать, даже при полном пансионе? Сейчас вот за три дня в Нью-Йорке и Нью-Хэйвене сто баксов вылетело, а все расходы были оплачены. В Париж ехать, не имея пары сотен в кармане, — увольте. Не люблю быть прихлебателем, потому и в Майами меньше недели пробыл, хотя и у друзей. Излагаю тебе всё это откровенно, чтобы перестал ты бредить и исходил из данности. Я потому и в 75-м в Париж не поехал, а двинулся в Техас. Менять дом, какой-никакой, на твое луарское поместье и — зарабатывать продажей газет, что ли?

---

[67] Письма ЛН того времени часто упоминают о парижском коллекционере Ноэле Вердье и его семье как друзьях и покровителях художника.

В отношении же книги — пока от тебя слышу только планы и никаких конкретных предложений. Замыслил ты ее широко, а какова под ней база? В письмах спрашиваешь, где достать «еще» 5–6 тысчонок. А чем машинисткам платить? На какие шиши я сделаю копии с фотоматериалов, с микрофильмов и т. д.? Фотография здесь стоит 6 долларов штука. Илья привез массу нового материала, включая фотографии Хармса и гениальные рукописи Бахтерева, а как их отснять? <...> Ведь мое дело — найти материалы, а делать с них копии — прости, пока не могу. Облизываюсь на тексты Бахтерева, а печатать их — требуется пять прогонов: в цвете. Калифорнийское издательство взялось было, но заглохло. Сам же видишь, год прошел, а дело с мертвой точки не сдвинулось. Только и слышу: приезжай в Париж. Ну, приеду, а с чем? У меня и антологии-то в одном экземпляре, а половина текстов с пленок и не отпечатана: 25 центов кадр. Привезу тебе пленки и уеду, а кто над ними работать будет? Ведь это я только сам могу: тексты полуслепые, перепутанные, в том же Красовицком сам чорт ногу сломит, Сапгир и Холин в пленках, нужен станок для прочитывания и машинка для перепечатывания. Ну, машинку, скажем, я сейчас покупаю — чорт с ним, что залезу в долги, нужна позарез. 800 баксов. Да головки по 19. Нужно еще и машину покупать: моя сломалась. Так что боюсь, что твой проект покамест неосуществим. Сам видишь, на какой машинке печатаю. И то спасибо Джончику.

Словом, работаю, пить не пью, жду своих материалов, перевожу. Перешли мне прозу Гран-Бориса, сделай себе копию, то же и с фотографиями поэтов и слайдами с выставки «23-х»[68]. Всё приходится собирать заново.

Нежка и Мышь передают тебе приветы. Нежка и в этом году осталась в старых девах: крутит жопой, но не дает, теперь опять полгода ждать. А борзые здесь есть прекрасные, английских кровей.

Днями вышлю тебе копии «Парле» и «Тикета», посмотреть публикации.

---

[68] Выставка в квартире Кузьминского в Ленинграде осенью 1974 года, на которой он познакомился с Нусбергом.

Живем не тужим, отчизне служим.

Привет Пашкам и Зайцам. Хорошо ли им там? А то пущай едут в Техас. Приглашаю.

Кто из нас «какашка» — тебе виднее. По инициалам вроде я. А по сути?

13.
Л. В. Нусберг — К. К. Кузьминскому
19 апреля 1978 года, Бохум

1) ККК (и Эмма, от которой вот уже несколько писем и «приветов» получил — как хорошо, что теперь стала писать... спасибо!!!), адрес мой всё тот же — 189, Rue du Fbg. Poissonnière, но иногда письма возвращаются, т. к. я бываю вне Франции по многу времени; последний раз отсутствовал более 50 дней — работал и перед, и после выставки в Бохуме. Это раз.

2) — На последнее свое «октябрьское» (не 1917, а 1977) письмо, было оно довольно соленое, ответ от тебя получил только вчера — так что мое «чуткое молчание» было только нормальной реакцией.

3) — Прозы Гран-Бориса не только не получал, но впервые вчера об этом узнал, что я должен ее не только получить, но, оказывается, ***обязан*** тебе ее немедля отправить (у меня была проза какого-то Мартынова[69], пришедшая из Финляндии, так я ее дал — как и твою самиздатскую книгу «14» поэтов; кстати, уже вторично ее даю, впервые она и др<угое> кое-что побывала на La Biennale-77 в Venezia, в разделе «Самиздат» — на выставку в Турин). Кстати, а скорее всего, и не кстати, не твой подонок-дружок Ш<емякин> тебя представил на La Biennale-77, а все-таки... такой-сякой я; кстати, также мою нечуткость ты уже не раз испытывал, давай-давай перехойдем на жлобский язык пересчетов, ну что ж, давай — я тебе чрезвычайно благодарен за моральную и материальную помощь перед моим отъездом на

---

[69] Кудряков публиковался в самиздате под псевдонимом «Марк Мартынов».

Запад весной 1975, а также за прелестную борзунечку, доставляющую мне довольно часто столько тепла и радости, и также я доволен, что ты мне прислал 500 $ на дорогу во Францию (ты, правда, спутал — не 250, а все-таки 500!), с обещанием ***и крыши, и стола***, и, естественно, матер<иальную> поддержку Эмме. «Ты» бы на «моем» месте перечитал бы мои письма, так, чтобы освежить свои «***освеженные***» Шемяк<иным> из Франции, или уж откуда там и не знаю, мозги... В общем, мой дорогой и пречуткий ККК, страшно тебе признателен и даже благодарен.

4) — Фотографии-портреты (≈ 10–12) действительно у меня есть, но получил я их не от твоей глупой и наглой ***мочалки*** (которая, вдруг, теперь вновь, видимо, переродилась в... «Наталью»), а прямо из рук Захарова-Росса[70]; он не только достал их у «Носорожкина» — Гены Приходько[71] (по словам Захара), но также ***собственноручно*** и надписал на обороте краткие биографии. Ясно тебе?! ***Да еще я и заплатил за эти фотографии***. Больше объяснять об этом нечего.

5) — «Другое» твое (это, я так понимаю, всякое превозносимое тобой «левацкое изделие», рис<унки>-картинки-акварельки и др., да?)[72] находится пока в Москве; не огорчайся, у нас нашего добра тоже много в Москве, может быть, и не такого, конечно, ценного, как «левацкое», но все-таки для нас дорогое и очень нужное здесь (≈ 70 % всего «кина»[73] и др.). Не теряю надежды получить ***всё*** из Москвы — у меня там еще и... Малевич; ясно?! и ***другое***... И ты, конечно, всё это говно получишь — говна в своем доме не держу, ясно?!

6) — Каталог тебе, конечно, теперь — когда удостоверился, что ты еще не разучился ныть-жаловаться по поводу чужой нечуткости и неумения дружить, — пошлю; и если захочешь-нужно,

---

70 Захаров-Росс Игорь Михайлович (р. 1947) — художник, фотограф, участник выставок ленинградского неофициального искусства в ДК «Невский» и Газа в 1974–1975 годах.

71 Приходько Геннадий Самуилович — фотограф. См. прим. 22 (стр. 43).

72 Имеются в виду художественные работы самого Кузьминского.

73 Т. е. кинетического искусства.

то и не один. (Кстати, каталог выставки Дж. Norton'a просмотрел внимательно и остался в восторге ***от огромных цветных и многих репродукций моих работ*** в нем, которые явились отличной иллюстрацией мышиной возни со стороны составителей каталога — кажется, ты и «болтик» тоже что-то там теоретизировали, а?! Сейчас уже не помню точно.) Ты не согласен со мной, что целое направление в современном Art и культуре, просуществовавшее в пределах СССР в течение 15 лет, представленное в каталоге и на выставке одной репродукцией в ***2×2,5 см***, сильно пострадало от этого, а?! Тем более что сам этот крупный критик от Art, как George Norton, ***упрашивал*** (да-да, я не преувеличиваю...) в Лондоне, в 1977 году, меня обязательно принимать участие в этой октябрьской выставке в Вашингтоне.

7) — Об «остатках архива твоего» в Израиле. Перечитай-ка копии своих писем ко мне, ты там откроешь вновь свою былую «гордую позицию» — раз; и во-вторых, я уже давно утерял связь в том, что у вас там происходило с Мих. Гробманом. Ну, а о том, сколько я писал Мишке и упрашивал его помочь тебе относит<ельно> архива, свидетельствуют не только мои письма, ***но и его ответы***.

8) — О красной — обиженной — линии, иллюстрирующей «продуманный» отказ (а сколько неподдельной гордости, сколько крылатой независимости!) ехать «ко мне в Париж», мог бы многое тебе сказать и напомнить, но замечу только между прочим, что... что, дорогой мой ККК, ***это интересно и нужно тебе в гораздо-гораздо большей степени, чем мне***. Боюсь, что кровь бросилась тебе в нос сей же момент, и ты не способен спокойно вдуматься в то, что только что узнал. Но все-таки, чтобы не ты считал, что я настроен тебя задеть или даже «оскорбить», я тебе объясню кое-что: скоро уже ***3*** — три — года, как ты на свободном «Диком» Западе; ты достиг уже, конечно, многого — не будем мелочиться и перечислять, т<ак> к<ак> не хватит страниц и чернил (петитом замечу, что я, уж извини за «жлобство», заработал за 1,5 года около 380 000 фр<анков>). Но это мелочи, так сказать, «суета-сует», в которой я и запутался — если верить твоим дружеским нападкам на меня.

Другое, немного более интересное, это ***12*** выставок, в которых я (и мы) участвовал и лично, и работами. Или не только участвовал, но и организовал их и финансировал; плюс 5–6 сейчас на подходе, и летом. Каталог, что ты видел (и получишь), — один из лучших, естественно; уж очень дорогой = 42 000 D<eutsche> марок (21 000 $). Но и это не самое важное — интереснее то, что сейчас я организовываю «Институт (ты не ослышался...) по проблемам взаимодействия культур Запада и Востока (Россия и страны-сателлиты СССР) в XX веке» + мои сумасшедшие идеи по поводу Будущего и вытекающего из него Настоящего. Вот так-то. А ты там о каких<-то>... миллионах, которыми готов оплатить мне ксероксы, если я невзначай чуток потрачусь на копирование статей или фото для тебя... Эх ты — гигант!

Неужели носто (т. е. НОС-то...) так отрос — или борода, что уже ничего и не видишь кроме него, а?!

Тоска взяла от твоих двух — сентябрьское и апрельское — последних писем; в России-то писал куда живее и интереснее, в человеческом плане, хотя уж тогда-то действительно было и не сладко, и мало у вас надежд. Ах, старик ККК, так и еще 3 года пролетят и... ничего... а ведь можно создать серьезную, глубокую книгу, кот<орая> дала бы не только ***иной*** угол зрения на «русские дела», но и явилась бы своеобразной «энциклопедией» для более серьезного и чуткого понимания нашей бывшей культуры. Но, как я понял, ты полон уверенности сам создать «шедевр в 300 страниц» о совр<еменном> искусстве в Ленинграде, так что тебе, уже, конечно, не под силу спускаться с занятых высот; может быть, ты и пишешь всякую несусветную чушь претенциозную мне, пересыпая всё это какими-то глупыми обидами... Именно поэтому, а?! Да еще масса... претензий ко мне.

Я как-то иначе всё и видел, и вижу, и относительно тебя, и относительно всего этого «дела» с книгой, с поездкой и т. д. Мне казалось, что ты способен действительно понять меня именно так, как я предлагал, по-деловому и с воображением, в самом широком плане (а ты бросаешься оплачивать мне копии-ксероксы, да еще «засылаешь» ко мне, правда, «крупнейшего» специалиста, Болтика, чтобы он мне всё отобрал и объяснял, что и как нужно делать... По поводу русского искусства, а?!)... Если ты еще не до конца... то перечитай внимательно все пункты, и обдумай хорошенько, прежде чем мне отвечать; о-кэй?! — о себе: устал страшно, сердце барахлит, Zайка выебывается... отвратительно. Дом — ищу, летом куплю. Связей и контактов повсюду — много. Начинаю (не один) делать монографию о наших кинет<ически>-футурол<огических> делах в 500 страниц.

Привет вам от 3 борзых.

* Все-таки крест окончательно на тебе не ставлю!.. — Лев.

14.
К. К. Кузьминский — Л. В. Нусбергу
1 мая <1978 года>, Остин (Техас)

Вот что, Лев. Ничего ты мне не «обязан», но все свои издевочки прибереги для кого другого. «У меня была проза какого-то Мартынова... так я ее дал — как и твою самиздатскую книгу “14” поэтов...» В письме от 5.6.1977 от одного моего друга читаю: «Отправил Льву Н-гу под псевдонимом Марк Мартынов новые и старые тексты». Лев Нусберг их получил и отдал на выставку. Кузьминский обойдется. Впрочем, Кузьминский и свою книгу на выставку «самиздата» НЕ ДАВАЛ. Дал ее тот же Лев Нусберг. Как соавтор? А ты не спросил меня — на хуя мне это нужно? Вместо издательства «Имка-Пресс», каковое в Париже, — меня тащут в Италию.

Больше просить тебя ни о чем не буду. Фотографии поэтов можешь сохранить на память, ты же платил. Обойдусь тем, что есть. Биографии выдумаю сам. Не знаю, Росс там или не Росс, Гена — не Гена, но в дневнике Юлии черным по белому написано, что Наталья увезла к тебе фотографии поэтов, сделанные В. Окуловым, мужем Юлии. Если ты их не получил, так ответь, а не выябывайся.

Другое мое «говно левацкое», которое в Москве, может и подождать вместе с Малевичем. Я не настаивал, а СПРАВЛЯЛСЯ.

В каталог Нортона Доджа[74] (а не Дж. Нортона) я твоего не давал. Претензии — к папе римскому. «Упрашивал» же тебя Нортон Додж по моей просьбе. И совету. То, что ты «уже давно утерял связь в том, что у вас там происходит с Мих. Гробманом», — ничего удивительного. По твоему совету и по его письму от 2.10.1977 отправил ему доверенность и список с описанием недополученных материалов. Ответа пока жду. О чем свидетельствуют твои письма и «его ответы» — не знаю. О вашей дружбе и желании помочь? Верю и жду. Но боюсь, что напрасно. В феврале Дар[75] сообщил (но Илье[76], а не мне), что с моим архивом... «всё в порядке». С тех пор прошло три месяца.

«Миллионы... которыми я готов оплатить тебе ксероксы и фотографии», мне приходится выкраивать из моего 400-долларового бюджета, твои же 500 (или 250) на дорогу я и в глаза не видел, и не рассчитывал. Рассчитываться мне за все твои подарки и конфекты пришлось бы очень долго, но оснований упрекать меня в «неблагодарности» — не вижу.

«Серьезную и глубокую книгу» мне придется «создавать» самому, но при этом ограничившись только поэзией. Сейчас получил заказ от издательства на три тома в 1000 страниц, чем и займусь в это лето. Параллельно надо готовить переводы для английского издания в 300 страниц, хотя с контрактом тянут. Работать с тобой при наличии такого тона в письмах я не хочу и не буду, ищи кого поподатливей. Повторяю, что в отличие от тебя комплексом Наполеона не страдаю, с друзьями обращаюсь на равной, не задевая их достоинства.

«Крест» на мне можешь поставить, а нашу с тобой переписку включу в роман, для потомков — можешь подавать за диффамацию. После целой серии твоих писем мне уже не грустно, а — грязно. В каждом письме стараешься задеть и поглумиться. Не

---

[74] *Dodge N. T., Hilton A.* New Art from the Soviet Union: The Known and the Unknown. Washington: Acropolis Books, 1977.

[75] Давид Яковлевич Дар (1910–1980) — писатель, журналист, наставник многих молодых литераторов Ленинграда; эмигрировал в Израиль в 1977 году.

[76] Илье Левину.

могу сказать, чтобы это было приятно. К бабьим характерам я привык, вы с Мишей почти что братья, и к ушатам гавна тоже.

Поменьше лирики, Лев, и побольше дела. Твоя тонкая ирония до меня не доходит, равно как и очень прозрачные намеки. Поливай на здоровье всех, кого хочешь, но со мной — меняй тон. Так мы ни до чего не договоримся. У тебя уже все в мерзавцах оказались, теперь очередь за мной.

А разговоры о книге — оставь. Пока не вижу конкретных предложений, с моей же стороны — были. Но приходится выбирать там, где можно договориться и где со мной действительно считаются.

Посему заканчиваю. Прощай, или до свидания, — как тебе больше нравится.

ККК

Переписка Льва Лосева с Константином Кузьминским

Вступительная статья, подготовка текста и примечания Якова Клоца (Hunter College, New York)

Константин Кузьминский и Лев Лосев настолько непохожи друг на друга — и как поэты, и как исследователи и собиратели русской поэзии — что трудно представить их себе в одном контексте, будь то неофициальная культура Ленинграда, в которой они оба сформировались, или русская литературная диаспора в США, где они оказались в конце 1970-х годов. Одной из таких точек соприкосновения между ними является публикуемая далее переписка, относящаяся к периоду 1978–1987 годов и посвященная главным образом работе Кузьминского над «Антологией новейшей русской поэзии *У Голубой Лагуны*». Этой перепиской их отношения, похоже, и исчерпываются. Тем не менее проект создания многотомной антологии неподцензурной русской поэзии второй половины XX века — беспрецедентной по замыслу и масштабу — отражает отношения Кузьминского и Лосева не только друг с другом, но и с другими фигурами литературной жизни по обе стороны океана, прежде всего с И. А. Бродским. Приступая к работе над антологией, Кузьминский видел в Лосеве одного из авторов будущего «ленинградского» тома (2Б), но также и соредактора, поначалу включив его в редколлегию, однако вскоре вычеркнув его имя: «Начав свою антологию "академически", я озаботился в первом же томе о редколлегии, зачислив в нее весьма помогших мне двух профессоров — Джона Боулта и Сиднея Монаса, двух снабдивших меня материалами и блестящими статьями поэтов — Лившица-Лосева и Лимонова» [Кузьминский 2006]. Однако, как писал Кузьминский далее, «профессора от меня при первых же неприятностях (с последовавшими томами) открестились... а лившиц-лосев <sic!> встал на сторону "сильнейшего"» [Там же], т. е. Бродского.

Но «познакомил» Кузьминского с Лосевым — уже в Америке — не Бродский, а поэт «филологической школы» Л. А. Виноградов[1]. Поиск стихотворений Виноградова, тогда еще почти никому не известных, послужил Кузьминскому поводом написать Лосеву первое письмо через редакцию нью-йоркской газеты «Новое русское слово», где был напечатан рассказ Лосева о поездке в Переделкино к Б. Л. Пастернаку в компании Виноградова и М. Ф. Еремина зимой 1956 года (письмо № 1). С этого письма и началось сотрудничество Кузьминского с Лосевым, продлившееся с 1978 по 1982 год, когда их отношения окончательно прекратились.

За пределами эпистолярного жанра едва ли не единственное упоминание Кузьминского у Лосева находим в его поэтическом экспромте, адресованном Бродскому по случаю выхода в издательстве «Ардис» сборника стихов Ю. М. Кублановского (1981):

> Иосиф написал предисловие к сборнику стихов Кублановского. Вообще-то стихи Кублановского, когда они попали в «Ардис» в 77-м году, ему понравились, а мне и еще больше. Но предисловие, как мне показалось, он вымучил, не знал, чего бы еще написать, и придумал вот такой выверт: «...судьба не без умысла поместила этого поэта между Клюевым и Кюхельбекером. Стихотворениям, собранным в эту книгу, суждена жизнь не менее долгая, чем соседям их автора по алфавиту». Кюхельбекера? Я отправил ему стишок:
>
> Я прочитал твои наброски
> и думаю, что ты неправ.
> Ведь был еще граф Комаровский,
> Кузьминский (тоже явный граф)...
> [Лосев 2010: 38]

---

[1] В Ленинграде Кузьминский с Лосевым знаком не был. Ср. письмо Кузьминского Е. Б. Рейну, датированное июнем 1976 года: «Кто такой А. Лосев, их [Уфлянда, Еремина. — *Я. К.*] друг?» [ACRC: 3, 1]. Кузьминский эмигрировал в 1975 году, Лосев — в 1976-м.

Так Лосев вписал Кузьминского в ряд русских поэтов на «К», следующих друг за другом в алфавитном порядке «между Клюевым и Кюхельбекером». При этом в эпитете «явный граф» можно прочитать не только привычку Кузьминского эпатировать любую аристократию и истеблишмент, но и намек на его «графоманию». Приведя список других «соседей» Клюева и Кюхельбекера по алфавиту (Н. М. Коржавин, Б. П. Корнилов, А. С. Кушнер, С. Л. Кулле, Е. И. Костров, Я. Б. Княжнин, А. Е. Крученых, «слепой Козлов», «простой Кольцов» и М. А. Кузмин), Лосев заканчивает свое стихотворение Бродскому вопросом:

> Ужель от Клюева до Кюхли
> все прочие как бы протухли
> и ты от них воротишь нос?
> Ответь, Иосиф, на вопрос?
> [Там же: 38–39]

Бродский «ответил открыткой — несправедливо, но кратко: “Из названных тобой на К / все, кроме Кузмина, кака”» [Лосев 2010: 39], предположительно зашифровав в своем ответе Лосеву инициалы Константина Константиновича Кузьминского, подписывавшегося, в т. ч. в письмах к Лосеву, ККК («Три КаКа». — Письмо № 15)[2].

Кузьминский не без некоторых оснований считал себя «первым издателем» Бродского, так как именно он собрал еще в 1962 году в Ленинграде совместно с Г. Л. Ковалевым «всего Бродского, которым тогда оба бредили» [АГЛ 1: 19]. Эти ранние стихи Бродского отпечатал на собственной машинке Б. И. Тайгин, после чего подборка была переплетена и отправлена в Москву А. И. Гинзбургу, который незадолго до этого вернул-

---

[2] Ср. письмо Лосева Кузьминскому, в котором он, в свою очередь, объясняет, что, «чтобы избавиться от говна в фамилии и заодно узаконить свой давний псевдоним (придуманный для меня отцом), я через суд изменил имя: Lev Lifschutz Loseff, or Lev L. Loseff, or LLL» (письмо № 12). Ранние публикации и тексты Лосева подписаны псевдонимом «А. <вариант: Алексей> Лосев».

ся из заключения (см. [Орлов 2017: 150–154]). «С 62-го рукопись пролежала благополучно до февраля 64-го. Начался процесс Бродского. И Гинзбург переправил книгу за кордон, где она и вышла в 65-м году... со ссылкой на анонимное ленинградское издательство» [Рыскин 1998: 63][3]. На ленинградскую машинопись, положенную в основу первой книги Бродского, указывает и предисловие ее составителя, профессора русской литературы в Беркли Г. П. Струве: «Эти стихи заимствованы нами из машинописи в 80 страниц большого формата, с пометой на заглавной странице "Ленинград. 1962". Возможно, что это был приготовленный к печати сборник. Из этого сборника нами отобраны не все стихотворения, но подавляющее большинство их» [Бродский 1965: 12][4]. Заявляя на сборник Бродского «право первой ночи», в декабре 1980 года Кузьминский просит Лосева взять у Бродского автограф на экземпляре, купленном специально для сверки текстов, которые он по-прежнему планировал включить в антологию (письмо № 17). Но от участия в проекте Кузьминского Бродский вскоре отказался[5]. Что касается своей первой книги, вышедшей в тамиздате без его ведома и согласия в 1965 году, то, согласно Лосеву, Бродский не признавал легитимность сборника и «не раз дезавуировал

---

[3] Издательство «БэТа» (по инициалам Бориса Тайгина). Ср. открытку Тайгина Кузьминскому от 12 апреля 1962 года: «Костинька! Подготавливай потихоньку И. Бродского стихи. Сборник сделаем в Ленинграде сами!» [ACRC: 66, 4]. См. также дневниковую запись Тайгина от 23 ноября 1962 года о возникновении и воплощении идеи собрать машинописный сборник Бродского из «48 стихов, 1958–1962 года» [Тайгин 2000–2001]. Много лет спустя, уже в Техасе, Гинзбург сам рассказывал Кузьминскому, что именно он весной 1964 года отправил машинопись Бродского за границу [Кузьминский 1987: 11].

[4] Когда в 1967 году Кузьминский впервые увидел изданную в Америке книгу Бродского, он узнал в ней следы своей работы: «Открываю — мои варианты, мои комментарии. <...> Глеб Струве и компания наделали массу ошибок» [Рыскин 1998: 63].

[5] О непубликации стихотворений И. Бродского и Д. Бобышева в томе 2Б антологии см. статью М. Павловца в наст. изд.

“Стихотворения и поэмы” как “сборник Кузьминского”» [Бродский 2011, I: 439][6]. Показательно, что если Кузьминский считал себя первым, пусть и не признанным «издателем» Бродского в его ранний, ленинградский период, то уже в Америке общепризнанным биографом и исследователем, а также составителем некоторых сборников Бродского, выходивших в издательстве «Ардис», стал Лосев. И хотя цитируемое далее письмо Кузьминского Бродскому от 20 января 1994 года хронологически выходит за пределы его переписки с Лосевым, оно ярко свидетельствует о том, какую роль отводил себе Кузьминский в истории публикации «Стихотворений и поэм» Бродского тридцатилетней давности:

> Иосиф! Доколе ты будешь попустительствовать (не обращать внимания?) на заведомое искажение дел литературных (и не), связанных с твоим именем? Исправно покупая новые и новые издания твои на родине, уфляндовско-гординские, и неведомых мне иных составителей, минские и питерские издания, двухтомники и заявленные «полными» — я поражаюсь (одобренной тобою?) безвкусице и малограмотности составителей. Что, Володя <Уфлянд> — не знает, кто делал первую твою книгу? ЗНАЕТ. Ну, ладно, я там, но — Гришка-слепой (он же Григорий Леонович Ковалев), носившийся с твоими текстами; безобидный, но искренний графоман Боренька Тайгин, их набиравший; Алик Гинзбург, помирающий сейчас от рака, дособравший и переправивший книгу на Запад, — они тоже не должны быть упомянуты? <...> Зачем я тебе всё это пишу? Может быть, прочтешь, и извинишься (не передо мной — я свое дело СДЕЛАЛ), а перед Ковалевым и Тайгиным, Аликом

---

6 В беседе с С. М. Волковым Бродский даже сравнил ее с конфискованным при обыске имуществом: «Помню, когда я освободился, мне ее показали: такая серая книжка, с массой стихотворений. Посмотрел я на нее — ну ощущение полной дичи. У меня, вы знаете, было чувство, что это стихи, взятые во время обыска и напечатанные» [Волков 1998: 35]. О другом проекте издания стихов Бродского за границей с участием Кузьминского — антологии «Живое зеркало» Сюзанны Масси («The Living Mirror») — см. письмо № 17, а также статью И. Кукуя в наст. изд.

> Гинзбургом и Эстер Вейнгер[7]. <...> ...перед Аликом Гинзбургом, издателем «Синтаксиса» и твоим первопечатником, наконец.
> [ACRC: 43, 16][8]

Так или иначе, кроме опосредованного участия в публикации первой книги Бродского за границей, именно Кузьминский позднее ввел в обиход понятие «филологическая школа», к кото-

---

7 Знакомая Бродского и Кузьминского в Ленинграде, собирательница стихов Бродского; в 1970-е годы в Израиле получатель переправленного за рубеж дипломатической почтой архива Кузьминского. См. [Вейнгер 1999].

8 29 января 1994 года Бродский ответил единственным письмом, сохранившимся в копии в архиве Кузьминского:

> Я во многом виноват перед людьми и перед Богом, но не в том, за что ты меня упрекаешь.
> К изданиям своим я отношения никакого не имел и не имею — так же, как и к не-изданиям. <...>
> Антология твоя, к<ото>рую видел мельком, произвела на меня впечатление чрезвычайно тягостное (потому и — мельком) — прежде всего, развязностью тона. В частности, замечания твои об А. А. [Ахматовой. — *Я. К.*] — абсолютно хамские; и Д. Б<обышев> был прав, попросив меня каким-нибудь образом это приостановить. Удалось ли мне — не помню.
> Боевое прошлое — боевым прошлым; но выходящее из-под твоего пера — машинки — компьютера представляется мне относящимся менее к литературе, чем к патологии. Я не берусь ставить диагноз, Константин; хочу только тебе напомнить, что писанина и литература не одно и то же. На меня писания твои производят впечатление секреции, обильного выделения разнообразных гланд — но не сердца и, тем более, не ума. То, что ты имеешь на это право — несомненно, и то, что под эти выделения можно подобрать философию — тоже.
> Но и у меня есть право сторониться того, что мне чуждо. Отсюда — мое молчание. И я не стал бы отвечать на твое последнее письмо если б не страшное чувство, что не напиши я тебе сейчас, возможно, не напишу уже никогда.
> Я знаю, что за всем этим многословным трудом, который ты городил и городишь, стоит нормальный, несчастный, отзывчивый и неуверенный в себе, не желающий никому зла человек, способный хорошо относиться даже ко мне. Но стена, которую ты возвел! Это мутное море слов, к<ото>рое ее окружает, — их не перешагнуть, не разодрав промежность. Я — не девушка; и пусть уж всё остается как есть, хотя это и не к лучшему [ACRC: 43, 16].

рой принадлежал Лосев, — автор эссе-манифеста «Тулупы мы», предваряющего подборку стихов Л. А. Виноградова, М. М. Красильникова, В. И. Уфлянда, М. Ф. Еремина, С. Л. Кулле и А. М. Кондратова в первом томе АГЛ[9]. В театральности «филологической школы», для поэтов которой «не менее важным элементом творчества, чем писание стихов, была <...> своего рода жизнь напоказ, непрерывная цепь хеппенингов» [Лосев 2010: 282], Кузьминский не мог не увидеть предтечу собственных неофутуристических хеппенингов в Нью-Йорке. Не могло не импонировать Кузьминскому и признание Лосева в том, что «всем хорошим во мне я обязан водке. Водка была катализатором духовного раскрепощения, открывала дверцы в интересные подвалы подсознания, а заодно приучала не бояться — людей, власти» [Там же].

Второй «ленинградский» том антологии (2Б) с подборкой стихов Лосева надолго задержался и вышел уже тогда, когда те же тексты, объединенные автором в цикл «Памяти водки», были опубликованы В. Р. Марамзиным и А. Л. Хвостенко в парижском журнале «Эхо» с послесловием Бродского. Кузьминский перепечатал как цикл Лосева, так и послесловие Бродского, сопроводив републикацию собственным полемическим предисловием. Если Бродский, задаваясь вопросом, на кого похож Лосев, отвечает: «...ни на кого <...> но <...> на память мне приходит один из самых замечательных поэтов Петербуржской Плеяды — князь Петр Андреевич Вяземский. Та же сдержанность, та же приглушенность тона, то же достоинство» [Лосев 1979: 67], то раздосадованный Кузьминский ставит Лосева «в ряд “Чиновников (пардон!)

---

9 Атрибуцию термина признает, например, критик В. Л. Топоров, писавший, впрочем, что Кузьминский — «тоже, знаете ли, научный авторитет лишь в той мере, в какой применительно к нему самому справедлива гоголевская максима: “Король Испании — это я!”» [Топоров 2006]. Название «Тулупы мы» позаимствовано Лосевым из поэмы Вел. Хлебникова «Прачка», которую «филологи» распевали на улицах на мотив «Марша авиаторов» («Всё выше, и выше, и выше...»), причем «последняя строчка всегда адресовывалась какому-нибудь разглазевшемуся прохожему»: «Тулупы мы. Земляные кроты: родились мы глупыми / но глупым родился и ты» [Лосев 2010: 283]; точную версию см. [Хлебников 1931: 232].

поэтов”: Тютчева, Анненского, Кушнера. Преподавателей литературы или по министерству иностранных дел» [АГЛ 2Б: 342]. Бродский и Кузьминский всё же сходятся в том, что Лосев — поэт «сдержанный». Но если для Бродского «лосевская сдержанность — это система, и система столько же психологическая, сколь и стилистическая» [Лосев 1979: 67], то для Кузьминского она в первую очередь поведенческая:

> Ведь и с моста в Неву — прыгнул НЕ ОН, а Уфлянд (см. «Тулупы мы» в 1-м т.). Лосев не прыгает. Он крайне сдержан. Но для блестящих стихов — что Лосева, что Кушнера — это никак не помеха. И я его люблю — куда больше Кушнера, хотя оба по характеру — школьные учителя. Им-то сдержанность необходима (когда учатся Бродский и Кузьминский!).
> [АГЛ 2Б: 342]

Из текста Кузьминского о Лосеве («Этюд в сторону русского языка») следует, что отнюдь не сдержанность привлекала его в этих стихах. Из всего цикла Лосева «Памяти водки» Кузьминский выделил стихотворение «Vagina Dentata», написанное еще в Ленинграде, в котором ему особенно полюбились полуфольклорные «пиздодуй болотный» и «предвечерняя птичка пиздрик»:

Vagina Dentata
(два хора)

1 Ночью воздух сырой и плотный
напирает на дверь и окно.
2 Не ходи туда. Там темно.
Там живет пиздодуй болотный.
1–2 Скоро гости придут за нами,
отведут на советский плац.
Скрип флагштока и клац, клац, клац —
в самом центре пизда с зубами.
1 И товарищ палач Бородулин,
в сером мантеле, с фонарем,
нам навесит таких пиздюлин,
что мы сразу умрем.

2 Глянь: душа твоя, сучка-капризник,
запорхала по темным местам,
как по порховским темным кустам
предвечерняя птичка пиздрик.

Каково же было огорчение Кузьминского, когда «птичка пиздрик» вместе со всем стихотворением «вылетела» из первого авторского сборника Лосева «Чудесный десант», изданного И. М. Ефимовым в издательстве «Эрмитаж» [Лосев 1985]. Об этом 8 мая 1986 года под стихами Лосева Кузьминский сделал запись: «Самоцензура, поскольку иной здесь нет. <...> И “пиздрика” моего любимого — в сборнике нет. Хотя сборник хороший. Но машинописный, “Памяти водки” — был и есть лучше. Разбогатею — пиратски издам. И с иллюстрациями» [АГЛ 2Б: 363].

«Чудесный десант» выходит за рамки переписки Лосева с Кузьминским. Встав, по выражению Кузьминского, «на сторону сильнейшего» и оставив два его последние письма без ответа, «нью-хемпширский профессор российских кислых щей» Lev Loseff преподавал в одном из лучших колледжей США, в то время как Кузьминский, еще из Техаса писавший Рейну в Москву, что «привык работать лежа, мне в офис скучно ходить» [ACRC: 3, 1], перебрался в Нью-Йорк, где открыл собственное издательство «Подвал» в дань традициям андеграунда, которым оставался верен независимо от географии. «И еще хочу в Новую Гвинею», — последнее, что Кузьминский написал Лосеву 18 марта 1987 года (письмо № 24).

Библиография

Бродский 1965 — *Бродский И. А.* Стихотворения и поэмы. Вашингтон: Международное литературное содружество, 1965.

Бродский 2011 — *Бродский И. А.* Стихотворения и поэмы: в 2 т. / вступ. ст., сост., подг. текста и прим. Л. В. Лосева. СПб.: Изд-во Пушкинского Дома; Вита Нова, 2011.

Вейнгер 1999 — *Вейнгер Э.* «Не усложняйте мне жизнь» // Иерусалимский журнал. 1999. № 2. С. 182–188.

Волков 1998 — *Волков С. М.* Диалоги с Иосифом Бродским. М.: Независимая газета, 1998.

Кузьминский 1987 — *Кузьминский К. К.* Лауреат «Эрики» // Русская мысль. Лит. приложение. 1987. № 7. 30 окт.

Кузьминский 2006 — *Кузьминский К. К.* От составителя. <Уточнение 14 марта 2006 г.>. URL: https://kkk-bluelagoon.ru/tom1/comm.htm (дата обращения: 15.12.2020).

Лосев 1979 — *Лосев А.* Памяти водки // Эхо. 1979. № 8. С. 51–67.

Лосев 2010 — *Лосев Л. В.* Меандр: Мемуарная проза. М.: Новое изд-во, 2010.

Орлов 2017 — *Орлов В. И.* Александр Гинзбург: Русский роман. М.: Русский путь, 2017.

Рыскин 1998 — *Рыскин Г. И.* Искусство вопреки, или Интервью с Кузьминским // Панорама. 1998. 21–27 янв.

Тайгин 2000–2001 — *Тайгин Б. И.* Из дневника писателя // Акт. Литературный самиздат. 2000–2001. № 1. С. 1. URL: https://reading-hall.ru/akt/1.pdf (дата обращения: 16.12.2020).

Топоров 2006 — *Топоров В. Л.* Волшебный хор мальчиков. <Рец. на сб.: Филологическая школа. Тексты. Воспоминания. Библиография. СПб.: Летний сад, 2006> // Взгляд. 16 марта. URL: https://vz.ru/columns/2006/3/16/25826.print.html (дата обращения: 16.12.2020).

Хлебников 1931 — *Хлебников В.* Собр. произведений: [в 5 т.]. Т. 3 / под ред. Н. Л. Степанова. Л.: Изд-во писателей в Ленинграде, 1931.

1.
К. К. Кузьминский — Л. В. Лосеву[10]
<после 30 апреля 1978 года>

В редакцию «Нового Русского Слова»
Отдел писем
Автору статьи «Визит к Пастернаку»[11].

Уважаемый А. Лосев!

На протяжении 15 лет я разыскивал по всему Ленинграду тексты Леонида Виноградова. За исключением двух эпиграфов у Глеба Горбовского и Володи Уфлянда мне не удалось обнаружить ничего, хотя я много слышал об этом поистине легендарном поэте[12]. Не могли бы Вы посодействовать мне?

С уважением,

экс-профессор[13] К. Кузьминский
K. Kuzminsky

---

[10] Здесь и далее тексты писем, за исключением особо оговоренных случаев, цит. по: [ACRC: 54, 4] с сохранением стиля автора. Пунктуация в отдельных случаях приведена к норме.

[11] *Лосев Л. В.* Визит к Пастернаку // Новое русское слово. 1978. № 24557. 30 апр. См. более поздние и расширенные воспоминания Лосева о поездке в Переделкино «29 января 1956 года» (*Лосев Л. В.* Меандр... С. 239–246).

[12] Два эпиграфа из Л. А. Виноградова — «Мы фанатики, мы фонетики, / Не боимся мы кибернетики» и «Марусь! / Ты любишь Русь?» — воспроизведены в АГЛ с датой «ок<оло> 1956 г.» и примечанием составителя: «Вот все дошедшие до нас тексты поэта. И то, будучи использованы как, действительно, эпиграфы его друзьями — Уфляндом и Горбовским. Где всё остальное? Рукописи, оно, может, и не обязательно горят. Они исчезают» [АГЛ 1: 155]. Первый текст служит эпиграфом к стихотворению Г. Я. Горбовского «Мало толку в пейзажах...» (1958), второй — к стихотворению В. И. Уфлянда «В ушанке, / сдвинутой на лоб...» (1957).

[13] О преподавательской деятельности Кузьминского в Техасском университете см. статью Э. Морс в наст. изд.

2.
К. К. Кузьминский — Л. В. Лосеву
конец января 1979 года

конец января, год <19>79

Леша, сэ не па элеган[14], как сказал хулиган. Я уже и не звоню, по причине броук[15], разорился целиком, а просто тихо сижу и жду. Главное, не могу я передвинуть Вашу часть никуда, ею же открывается![16] Что там у Вас происходит? Ежели сомнения и раздумья, передумали, так так и скажите. Я ведь мог бы сдать первый том уже месяц назад. Да и второй, в принципе, готов. Кроме фотографий, на какие у меня никаких средств не хватает, и буду просить у издателя под зироксы[17]. Но и тех нет! Лимону некогда, Шарымова без копья[18], пока в наличии — мои и Яшины[19]. Что у Вас — не знаю.

Жаль, если всё это придется пускать без фотографий и без Виноградова. И ведь нельзя это потом — в пятый дополнительный[20]. Там и так материала хватает. Дополнительного. Статья о лагерных поэтах, которую не берется писать Толик Радыгин[21], и придется мне, хотя в лагере я и не был, только в сумдоме. Ба-

---

14 Это некрасиво (*фр.* Ce n'est pas élégant).

15 Разорен (*англ.* broke).

16 Речь идет об эссе Лосева «Тулупы мы» [АГЛ 1: 122–130].

17 Ксерокопии (от *англ.* xerox).

18 Без копейки (*жарг.)*

19 Три фотографии Н. Я. Шарымовой, сделанные в ленинградской квартире Лосева, а также три ксерокопии фотографий Л. А. Виноградова, М. М. Красильникова, Ю. Л. Михайлова и др. из архива Лосева, воспроизведены в [АГЛ 1: 131–132]. «Лимон» — Э. В. Лимонов; «Яша» — художник Я. А. Виньковецкий (эмигрировал в США в 1975 году, в 1984 году покончил с собой. См. прим. 41, стр. 52).

20 По предварительному плану, последний том АГЛ должен был включать в себя дополнительные материалы.

21 Анатолий Владимирович Радыгин (1934–1984) — поэт; в 1962–1972 годах находился в лагере за попытку нелегального пересечения границы СССР. См. [АГЛ 5А: 213–236].

бы — всякие там Кумпаны и Леночки Игнатовы-Шварцы и т. п. Библиография. Статьи в сов. прессе об Иосифе и других. Словом, много чего.

Вот и лежу, бездельничаю, хозяину не открываю, когда тот приходит денег за квартиру просить, три месяца не плочено. А и за второй том не могу приняться, потому не знаю в точности, что в первом.

Пишу это не чтоб пожалобиться, а чтоб выяснить — когда же? 450 из 500 я сделал, жду Ваши 50. С фотографиями еще обождать можно, всё равно с издателем обговаривать — сколько потянет? И художнику надо оплатить, хотя бы материалы. Опять же — хоть бы знать, что там в московской проф<ф>еровской антологии?[22] Кубик-то не горит, он у меня в 3-м, не то 4-м томе[23], а вот кто и что еще? И Уфлянда окончательную подборку можно только при книжке сделать[24]. В Еремине-то вряд ли какие изменения.

Об Алике Гинзбурге спрашивал Турчина[25], ничего диссидент физико-химический не знает. Кроме как в газетах. Наташка Рубинштейн в Синтаксисе синявском какую-то благоглупую хуйню намолотила, в справке Синтаксис назван журналом... рукописным (это 300 экземпляров-то!). И вышло не 3 номера, а 8 либо 9[26]. А у кого уточнить?

Не у кого. И так со всем. А тут еще и от Вас жду. Не насильничаю, потому знаю — у Вас проблема с работой, семья там. Однаце, напрягитесь. Надо. Или уж изъясните, что не можете. Я чело-

---

[22] Вероятно, речь идет об альманахе «Метро́поль» (Анн Арбор: Ардис, 1979), изданном Карлом и Эллендеей Проффер.

[23] Речь идет о Ю. М. Кублановском. См. статью Кузьминского «Гадкий Кубик», предваряющую публикацию стихов Кублановского в [АГЛ 3А: 506–507].

[24] Первая книга Уфлянда «Тексты. 1955–1977» вышла в издательстве Профферов «Ардис» в 1978 году.

[25] Валентин Федорович Турчин (1931–2010) — физик, кибернетик, участник правозащитного движения в СССР; эмигрировал в США в 1978 году.

[26] См. статью Н. Н. Рубинштейн «Когда труба трубила о походе» в журнале «Синтаксис», издававшемся в Париже М. В. Розановой и А. Д. Синявским (1978. № 1. С. 3–7). Альманах А. И. Гинзбурга «Синтаксис» вышел в трех выпусках; откуда у Кузьминского была информация о восьми или девяти номерах, неизвестно.

век железный. Сам справлюсь. Шарымову запрягу, когда она Кононова[27].

Вот, почитай, больше писать не могу. Самое муторное время — когда заканчивать. А надо еще статьи раскидать, страницы пронумеровать и основное предисловие закончить. Не написано еще, да и как? Тогда бы лихо и второй том запустил, ладно готов. А третий уж подождет.

На сем прощаюсь, кланяюсь жене и семейству.

Привет и спасибо Алеше. Мне о нем заново писать надо, к 3-му тому. Не то 4-му[28].

Ваш ККК

3.
Л. В. Лосев — К. К. Кузьминскому
18 февраля <1979> года

18 февр<аля>

Дорогой Костя,
если бы Вы знали, какой ценой мне дались эти переводы и статейка, Вы бы не очень меня материли[29]. Диссертация на хуй за-

---

[27] Псевдоним Н. Я. Шарымовой.

[28] Вероятно, поэт А. П. Цветков, который в это время жил в Анн Арборе и писал диссертацию о языке А. П. Платонова в Мичиганском университете. Стихи Цветкова в АГЛ так и не появились. Ср. отзыв Цветкова о Кузьминском: «К сожалению, если Костя услышит это, ему будет печально об этом услышать, — но это всё фуфло, конечно. То есть талант какой-то есть у человека, но он весь погребен под таким словесным поносом, что, в общем, уже где-то простывает след» (*Глэд Д.* Беседы в изгнании: Русское литературное зарубежье. М.: Книжная палата, 1991. С. 209). См., впрочем, поэтический сборник «Трое: не размыкая уст», в котором приняли участие Кузьминский, Лимонов и Цветков (Лос-Анджелес: Almanac Press, 1981).

[29] Речь идет о статье о Бродском и о переводе его эссе «Меньше единицы», впервые опубликованном в переводе Лосева с английского в журнале «Эхо» (1980. № 9. С. 6–28). Возможно, имеются в виду и другие переводы эссе Бродского, выполненные Лосевым, например «На стороне Кавафиса» (Эхо. 1978. № 2. С. 142–152).

брошена, а ежели я ее не защищу в этом году, то в будущем году буду опять без работы, хоть поступай экспертом в IMRC[30].

Больше ничегошеньки из себя выдать не могу. Уверен, что Вы сами отлично напишете о Женюре[31], не говоря уж о Бобышеве и Наймане. Равно как и отберете бродских стихов.

Посылаю Вам свое сочинение — газетного толка, только вот газеты нет, которая бы напечатала со словами «говно», «мандавоха» и «минет». Разве что Известия, где однажды было «дристать» («Пусть старая лиса Аденауэр подрищет...» — из письма рабочего в редакцию)[32].

Заказываю для Дартмутской б<иблиоте>ки издания IMRC. А нищим сотрудникам они не посылают комплимент-экземпляров? Может хоть малевический плакат за мои труды?

Ваш

Лосев

4
Л. В. Лосев — К. К. Кузьминскому
3 марта <1979> года

3 марта

Милый Костя,
секретарша божится, что всё послала 1-м классом.

Что ж, высылаю вторично.

---

30 IMRC — Institute of Modern Russian Culture at the Blue Lagoon (Институт современной русской культуры у Голубой Лагуны), основанный в 1979 году Джоном Боултом, Кузьминским, И. Д. Левиным и др. при Техасском университете, в Остине. См. интервью Л. Межибовского с Д. Боултом в наст. изд.

31 О Е. Б. Рейне.

32 Ср. письмо «ленинградца» Н. С. Хрущеву, озаглавленное «Нас интересует мир, но не война», по поводу поездки Первого секретаря ЦК КПСС в США в сентябре 1959 года: «Пусть эта старая лиса Аденауэр почитает Ваше заявление и пусть после прочтения подрищет немного» (Лицом к лицу с Америкой. Рассказ о поездке Н. С. Хрущева в США. 15–27 сентября 1959 года. М.: Государственное изд-во полит. лит-ры, 1959. С. 551).

Стишки подберите сами. В конце концов, это в не меньшей степени Ваше произведение — вся антология, — чем авторов.

Про прочих я уже написать не смогу — выдохся и диссертацию надо заканчивать, иначе кушать будет неча.

Еще посылаю Вам стишок, который тогда был новый, а сейчас нет[33].

Еще я клянчил по бедности — нельзя ли получать, комплиментарно, книги IMRC изданий? Плакат Малевича? А я для местной библиотеки заказываю.

Ваш Леша

5

К. К. Кузьминский — Л. В. Лосеву

<8 марта 1979 года>[34]

Международный женский день

Итак, Леша, уже не до игр. При сем прилагаю письмо издателя, в коем он торопит. Доделывать мне по первому тому — еще до хуя. Увы, издатель твердо стоит на позиции — не платить загодя. Значит, придется платить мне. Посему: либо Вы изыскиваете средства и СРОЧНО копируете мне фотографии в Вашей части — либо шлете мне оригиналы, и я это делаю сам. Переснимать Уфлянда с Проф<ф>ера — смешно[35]. Не вытянуть. Других фотографий Уфлянда у меня нет. <...> Если и Вы не усилите и не пришлете в течение двух недель фотографий У-Е-В[36] и пр. — пойдут без, но с матерными выражениями (в предисловии) в адрес их друзей (Вас и Шарымовой. Шарымовой — в любом случае, даже если пришлет. Она мне крови перепортила больше,

---

[33] Вероятно, речь идет о стихотворении Лосева «Воздушный десант» («Всё шло, как обычно идет...»), полученном Кузьминским «в процессе работы над антологией, когда основная подборка была уже сделана» [АГЛ 2Б: 343].

[34] Датируется по содержанию.

[35] См. письмо № 2, прим. 22 и 24.

[36] Уфлянда, Еремина, Виноградова.

чем всё ГБ в Ленинграде!). Рисунки же я из книжки всё равно использую.

Вижу так: титульный лист подборки — «Филологическая школа» — шрифтом поперек шаровидного рисунка Уфлянда. Хотел дать университетскую набережную — дорого. И фотография-то не ах (в книге «Мосты и решетки»[37]), просто — спуск и Дворцовый мост. Нева, одном словом. Не стоит, думаю. Далее: следует Ваша статья (не написанная!) и — лист: Владимир Уфлянд. Фото. Далее: мое и Ваше предисловие о ем. Лист с коллажем из рисунков. Стихи. Далее: Еремин. Так же. И далее — что и как Вы предложите. Виноградов — ? За ним — Кулле. За Кулле — Кондратов. Вы?

И на этом конец Вашей части.

Затем идет лист: «Барачная школа». Фото грязного двора. Много фот Кропивницкого, Сапгира, Холина и их подборки.

Затем: «Геологическая школа». Фото пейзажа. Коллаж из полевых фотографий Виньковецкого[38].

И т. д.

Повторяю, если Вы в ТЕЧЕНИЕ ДВУХ НЕДЕЛЬ не пришлете мне оригиналы и копии, обхожусь тем, что есть. Устал уже.

На все эти фотографии мне придется вложить от 100 до 200 долларов. Надо где-то взять. Найду. Может, таксы придут[39]. Фотограф у меня тоже — в соседнем городе, и работать с ним приходится письменно. Давать эскизы каждой иллюстрации.

Тяжко.

Лимончик[40] прислал замечательные фотографии к 3-му тому, но переснимать их — каторга: цветные! Каким-то гавенным поляроидом сделаны. Что-то получится?

Но первый том надо сдать в апреле. Тогда и слезу с Вас, но не совсем. Пришлю Вам заготовки второго тома, решайте, что делать

---

[37] *Тумилович Е. В., Алтунин С. Е.* Мосты и набережные Ленинграда: Альбом. М.: Изд-во Министерства коммунального хозяйства РСФСР, 1963.

[38] Художник и философ Я. А. Виньковецкий (см. прим. 41, стр. 52) по своей основной специальности был геологом; имеются в виду фотографии из его геологических экспедиций.

[39] Налоги, часть которых иногда возвращается американским налогоплательщикам.

[40] Эдуард Лимонов.

с Бродским. 14 номер Континента никак не могу достать. Обещали. Посмотрю[41].

А еще нумеровать страницы, делать индекс фамилий — бррр! Илья просто ни хуя не делает, ссылаясь на пейперсы. Аспирант ебаный. А ведь прохвессором станет![42]

Кстати, какое у Вас звание? Не взирая на всё Ваше черепашенье, ставлю Вас на титульный лист, в редколлегию: проф. Дж. Болт, проф. Сидней Монас, Лифшиц, Лимонов и Левин. Поскольку даже разговорами Вы мне здорово помогли и вдохновили. Одному трудно бы.

Се-час с ужасом думаю, что надо еще перепечатывать графемы Худякова и переделывать Глеба (много нового нашел у Яши)[43].

Но главное — фотоматериалы. Всю душу вынули. Озверел.

На чем прощаюсь и — жмите, жмите, жмите!

Жду

Ваш ККК.

6
Л. В. Лосев — К. К. Кузьминскому
10 марта <1979> года

10 марта

Дорогой Костя,
се moi в 1975 году. Была подпись: «Рисовал Пушкин», но я ее отрезал за лживость — рисовал Бродский[44].

---

[41] В № 14 журнала «Континент» (1977) напечатаны стихи Бродского «Шорох акации», «Письма династии Минь», «Развивая Платона» и «Осень в Норенской», а также статья Лосева «Ниоткуда с любовью... (Заметки о стихах Иосифа Бродского)».

[42] Илья Давидович Левин — см. прим. 54 (стр. 266). После эмиграции и окончания аспирантуры в Техасском университете — американский дипломат. См.: Илья Левин — наш человек в госдепе // Сноб. 2016. 19 окт. URL: https://snob.ru/selected/entry/115195/ (дата обращения: 24.07.2020).

[43] Г. Ф. Худяков, Г. Я. Горбовский, Я. А. Виньковецкий.

[44] Факсимильная копия этого письма, а также портрет Лосева, выполненный Бродским в 1975 году, открывают публикацию стихов Лосева в [АГЛ 2Б: 341].

Существенных изменений в роже не произошло — и в 1975 был уже хорош.

Извините, бегу писать десертацыу <sic!>.

Ваш Л.

7
Л. В. Лосев — К. К. Кузьминскому
20 марта 1979 года

20 марта <19>79
Вторник

Милый Костя,
кажется, теперь я расплевался с Вами. Или еще что-то должен? Сначала я уклонился в мемуары, накатал страниц 10, а до дела не дошел. Пришлось начать сначала (мемуары оставил до лучших времен).

Большая просьба. Обязательно пришлите мне гранки. Если гранок у Вас не будет, обязательно дайте мне возможность просмотреть окончательный вариант, прежде чем пойдет в печать — в этом случае особенно не хочется лажи.

И вообще держите меня в курсе издания.

Ваш

Л. Лившиц

8
Л. В. Лосев — К. К. Кузьминскому
11 мая <1979> года

11 мая

Милый Костя,
пожалуйста, сделайте в тексте следующие поправки:

1) у Кулле мать была не частично цыганка, а частично шведка,

2) мать Уфл<янда> — Елена Измайловна,

3) (о Кондр<атове>-Белом) до статистической поэтики[45],

к Вашему тексту:

4) Еремина-Уфл<янда>-Вин<оградова> с Красильниковым 7/XI-56 не было. Это точно. Вообще мы демонстраций не пропускали и орали «Долой клику...»: главное, что забавляло, это именно автоматизм, с которым не слушающая толпа кричит свое «Урррa!»: помню, как я всю дорогу нес портрет Маленкова вниз головой и никто не заметил. Но в тот день мы потерялись, и с Крас<ильниковым> шли два его рижских земляка — Карл Лаува и Китаец (Китаенко), оба просто мирные алкоголики. Их-то и взяли вместе с Михой, а через нек<оторо>е время выпустили[46].

5) Настоятельно прошу: уберите «Кроме Бродского». Иначе я не могу поместить свою заметку. У Вас много других возможностей обосрать Бродского в 5 тт.

6) Уфлянд — чернявый? Он темный, но даже с рыжинкой. Никак не чернявый.

7) (общее) Уберите звездочки из моего текста — они катастрофически не совпадают со звездочками в Ваших комментариях-реминисценциях. Да и не нужны.

Мы, кажись, встретимся осенью в Нью-Хейвене? Это прекрасно. Кстати, не пришлет ли мне Ваш приятель И. Левин оттиски своих статей? Буду очень и отблагодарю, чем могу.

А у Вас хочу попросить не только брошюру (чтоб решить вопрос об архивах — будете разочарованы), но и несколько листков Вашей замечательно красивой stationery. Напишу на них письма Уфл<янду>, Еремину и Виноградову. Да и Красильникову можно.

Ваш

Леша

---

[45] Здесь и ранее — уточнения Лосева к его эссе «Тулупы мы». Ср.: «Я поражался тому, как в мельчайших психологических деталях совпадает портрет <А>. Белого с обликом Кондратова. Да и по роду занятий они тезки: от мистики и поэзии — до статистической поэтики» [АГЛ 1: 128].

[46] См. более позднее эссе Лосева «Красильников», в том числе о демонстрации 7 ноября 1956 года, когда Красильников был арестован и вскоре приговорен к четырем годам мордовских лагерей (*Лосев Л. В.* Меандр... С. 227–238). Сведения, сообщаемые Лосевым Кузьминскому в этом письме, вошли в статью Кузьминского «Послесловие к Лившицу» [АГЛ 1: 584].

Писал ли я Вам, что 14 июня покидаю Ann Arbor? Буду жить в — не знаю, где, а служить:

Dept. of Russian Lit. & Lang.
Dartmouth College
Hanover, NH 03755

9
К. К. Кузьминский — Л. В. Лосеву
24 июня 1979 года

24 июня <19>79

Леша, караул!

С этим ёпаным переездом не могу найти Вашего письма с правками. СРОЧНО, спешиал деливери[47], вышлите таковые! Надеюсь, у Вас-то они есть?

Не могу сдать путем всё той же Вашей статьи. Всё остальное подгоняю к концу. Джон Боулт написал прекрасное предисловие, вчера переводили с ним на русский, хотя я предпочел бы пустить по-аглицки. Кому надо, прочтет. Но Джон хочет по-русски[48].

Нашел прекрасные мемуары Довлатыча про Уфлянда. Тоже кусками пущу, в аппендиксе. Это его рецензия «Рыжий». Тут кстати будет мочаловского «Рыжего» процитировать, больше он ничего не написал[49].

Джон от антологии в восторге. И от Вас, и от Лимончика.

Как это у нас, не сговариваясь, всё в одном стиле получилось?

---

47 Special delivery — срочной доставкой.

48 *Боулт Д.* Час итогов [АГЛ 1: 10–14].

49 Рец. С. Д. Довлатова на книгу Уфлянда «Тексты. 1955–1977» (Анн Арбор: Ардис, 1978), опубликованная в «Новом русском слове» 3 июня 1979 года, а также в журнале «Эхо» (1979. № 1. С. 153–156), цитируется Кузьминским в [АГЛ 1: 584–585]. Там же приводится стихотворение «Рыжий» «советского поэта Л. В. Мочалова, одного из мужей поэтессы Нонны Слепаковой. <...> Больше он ничего не написал (разумею, приличного)»: «В каждом классе непременно / Рыжий должен быть, / Чтоб его на переменках / Можно было бить...» [АГЛ 1: 586].

Ведь не я ж на Вас влиял? И не Вы — на Лимона?

А цитаты из Довлатова, которые тоже пишутся органично.

Срочно нужно за 2-й том. Боюсь, что бить начнут немедля, поэтому пишу издателю, чтоб печатал сразу два. С 3-м и прочими будет легче.

Но НЕМЕДЛЯ, НЕМЕДЛЯ вышлите мне правки!

Эшли[50] сделал колоссальный дизайн, коллаж из полудюжины фото на страницу. Кто, как Уфлянд, — отдельно, кто, как геология, — скопняком. Увеличивал и уменьшал, страниц 14 коллажей. Откопирую, пришлю. Только с копирней возня.

И обложка — блеск[51]. Но там издатель посмотрит.

Издатель наш, Кленденнинг, окончательно перебрался из Бельгии в Массачусетс <sic!>[52]. Ждет антологию.

Дело, Лешенька, опять за Вами. Сегодня звонил, пытался найти Ваш телефон — нету. Завал. А если Вы еще уебли в какую Европу на вакации...

Ишачья работа. Больше не хочу антологий издавать. Но ждет кое-что еще и похуже: каталог[53]. Будет страниц в 300–400 с массой иллюстративного материала, поэзией и живописью — чорт-те что. Исправленный «Аполлон»[54].

Словом, вроде всё пока. Шлите правки и срочно сообщайте телефон.

Ваш ККК

---

[50] Стив Эшли (Steve Ashley) — оформитель АГЛ.

[51] На обложку первого тома АГЛ была помещена страница рукописи поэта-обэриута И. В. Бахтерева, воспроизведенная по копии из архива И. Д. Левина.

[52] Филип Кленденнинг (Philip Clendenning) — директор издательства *Oriental Research Partners* в пригороде Бостона Ньютонвилль, штат Массачусетс, где выходили тома АГЛ. В 1976 году окончил аспирантуру Кембриджского университета, до переезда в США работал политическим аналитиком в штаб-квартире НАТО в Брюсселе. См. интервью Л. Межибовского с Д. Боултом и Ю. Горячевой с М. Левиным в наст. изд.

[53] В деятельность Institute of Modern Russian Culture входило проведение выставок и выпуск каталогов. См. интервью Л. Межибовского с Д. Боултом в наст. изд.

[54] Альманах «Аполлон-77» под ред. М. М. Шемякина (Париж: Les Arts Graphiques de Paris, 1977).

10
Л. В. Лосев — К. К. Кузьминскому
<б. д.>

16 Valley Rd
Hanover NH 03755
tel. (603) 643-6097

Дорогой Костя,
потеря поправок в данный момент необратима — я тоже не могу разобраться ни в чем после переезда. Главное, что я хотел — исключить подъ.бывание Бродского. Это sine qua non[55].

Далее: обстоятельства ареста Красильникова я знаю очень хорошо и точно — никаких вариантов быть не может.

Кулле Серг<ей> Леонидович — 1936 г. р. (29 февраля!)

Перед переездом я нашел еще стихи Красильникова. Я их Вам послал?

Поздравляю с близким завершением трудов.

Ваш

Л.

11
Л. В. Лосев — К. К. Кузьминскому
<10> июля 1979 года

Дорогой Костя,
думаю, что я всё же не посылал Вам новонайденных Красильникова и Кулле, поэтому присовокупляю.

Ваш Л.

3/VII

Минувшей ночью было видение (слыхание): пригрезилось, что Вы звонили. Проснулся весь в поту.

---

[55] Непременное условие (*лат.*).

Дорогой Костя,

На обороте сего: единственный отысканный стих Красильникова; написан в начале 4-летней отсидки[56].

«МОИ ТРОИЦЫ» — могут идти как автобиография Кондратова[57].

К сведению: его описания собств<енных> сочинений.

Я работаю. Скоро вышлю остальное обещанное.

Ваш

Леша

12
К. К. Кузьминский — Л. В. Лосеву[58]
16 октября 1979 года

16 ок<тября> <19>79

Леша, милый! Шестой утра, а я всё лежу, Вас перепечатываю. Из даденного — выбрал 40 штук, а всего-то было — 44? Не больше полудюжины откинул, а больше не могу. Хороши уж больно. Вы поймите, я человек скорее жестокий, нежели добрый. Чего не терплю — плохих стихов, хоть даже у Бродского. Правда, у Бродского я таких не встречал. И у Кушнера. И что особо радостно — у Вас. Вы поэт какой-то очень странный. Между Бродским и — Уфляндом, а вообще — сам по себе. Точно определить Вас в поэзии не берусь, хотя истоки (и пересекающие потоки) ясны. Определяю Вас просто как прекрасного поэта. Скромного, к тому же, что среди нашенских поэтов — редкость. Совершенство Кушнера, алкоголизм Уфлянда, еврейский трагизм Бродского, историзм Сосноры и что-то еще подспудное — от обериутов. Очень странный помес. Исторические тексты роднят Вас скорее

56 Стихотворение «Я не знаком с гносеологией...» (1957. Потьма, Мордовия).

57 См. [АГЛ 1: 235].

58 Lev Loseff Papers. Uncat. Bakhmeteff Archive of Russian and East European Culture, Columbia University. Далее — Columbia.

с Кривулиным (не читали его «Стихи в историческом духе»? Прочитайте в 4-м томе, понравятся. С обериутинкой)[59]. Нежели с Соснорой. А вообще — откровение. Прочитал всё, перепечатал дюжину и хочу еще. Шлите мне еще всякого рода писаний: НРАВЯТСЯ. Перечитываю по второму разу, а многие буду по четвертому, пятому. Уже некоторые помню. Но совершенно Вы у меня ни на какую полку не укладываетесь, хоть и знаю о Вас — всё. Может, это с непривычки. Так что шлите.

И еще: расшифруйте (хотя бы для меня) посвящения. Памяти Ю. Р. — я испугался: вдруг действительно Юра Рыбничек <sic!> помер? Потом гляжу — у Вас всё памяти. Кто В. С.? Хочу знать[60]. Тем более что стих очень любопытный! А вообще, мне нравятся все — и созерцательные, и описательные.

Еще надо будет (потом) заняться вопросом лексики — у Вас она зело богатая, и слэнгом тоже. Предлагал Коэлу — без проку, несерьезный он человек[61]. А я филфаку не обучен, я падежи с местоимениями путаю, а уж причастия от дее — ни в жисть не отличу. А надо бы!

---

[59] См.: *Кривулин В. Б.* Стихи в историческом роде [АГЛ 4Б: 190–196].

[60] Стихотворение Лосева «Он говорил: А это базилик...» из цикла «Памяти водки» напечатано в АГЛ с посвящением «Ю. Р.», снятом в более поздних публикациях. Адресат посвящения — поэт и композитор Юрий Константинович Рыбников (1917–1986). Посвящение «Памяти В. С.» в стихотворении «Понимаю — ярмо, голодуха...» адресовано В. Сирину (В. В. Набокову) (впоследствии тоже снято). Ср.: «Помните то мое стихотворение, где некий поэт произносит монолог против традиционных реалий русской жизни, но в конце стихотворения выясняется, что при этом он нежно любит родину? <...> Многие мои знакомые почему-то решили, что произносящий эти слова — Бродский, но я абсолютно не имел его в виду. Источником были “Другие берега” Набокова, то место, где он объясняет, почему не принял приглашение Бунина обмыть Нобелевскую премию: “Я терпеть не могу этих русских разговоров под водочку и закусочку”» (*Панн Л.* «Искусство трогать» Льва Лосева // Стороны света). URL: http://www.stosvet.net/13/pann/ (дата обращения: 14.12.2020). Точная цитата: «К сожалению, я не терплю ресторанов, водочки, закусочек, музычки — и задушевных бесед» (*Набоков В. В.* Другие берега // Набоков В. Собр. соч. русского периода: в 5 т. Т. 5. СПб.: Симпозиум, 2008. С. 318).

[61] Неустановленное лицо.

Словом, Леша, идите Вы у меня (у нас) изрядным «корпусом» стихов, как выражается Наташа Горбаневская[62]. По первому разряду похороны. Отбирать у Вас просто невозможно: отобрано. Из сливок сливок не сделаешь. Это я серьезно.

Что нужно еще: ФОТО. Во всю морду. И сугубо сухие биогр<афические> данные: даты и всё. А то не знаю — когда выехали даже. Так, для литературоведов.

Сегодня перепечатаю, сяду писать вводку. Очень скромную, как Вы.

А Вы, давайте, тоже работайте, зараза. У меня уже — вооот такая пачка сделана, %% 90 предисловий и %% 30 стихов. Ну, эти я быстро наверстаю. Я в день по поэту делаю.

Но обрадовали Вы меня — чрезвычайно. Может, и Гаррик <sic!> Восков такой? Поспрошали бы Вы у него текстов[63].

И где бы найти Иосифа Бейна? У него должно быть что-то. Бокову в Р<усскую> М<ысль> писать — смыслу нет, не отвечает. А Бейна там печатали, пару стишков. И в Континенте. Тексты его я слышал году в 63-м, один раз, с тех пор исчез в своей Риге. А — был[64].

Боюсь упустить. Вот, чуть Вас, заразу, не упустил!

Но даже лучше, что Вы во 2-м томе. Изящней.

А еще мне ишачить, Леша, и ишачить... Том — толстеет.

---

[62] 1 сентября 1976 года Н. Е. Горбаневская, заместитель редактора парижского журнала «Континент», писала Кузьминскому: «Мы сдаем сейчас № 10 “Континента”, в него идет большая подборка Бродского, так что вместить еще один “корпус” стихов нет возможности. Дадим твое собрание в № 11» (*Кузьминский К.* Мои контакты с «Континентом» [АГЛ 2А: 579–586]).

[63] Георгий Исаакович Гинзбург-Восков (1934–2012) — близкий друг Бродского и Лосева, после эмиграции в 1977 году жил в Анн Арборе, штат Мичиган. См. письмо Кузьминского Рейну от 31 августа 1979 года: «Ося же, по свойственному ему хамству... предложил мне Гарика Воскова, который устеснялся и не дался» [ACRC: 3, 1].

[64] Подборка стихов Иосифа Залмановича Бейна (1934–2011) в АГЛ открывается эпиграммой: «Стою — под радугой — дугой / Кричу — сомнения отбросив — / Нет, я не Бродский, — я другой / Еще неведомый — Иосиф» [АГЛ 3А: 384]. См. также стихи Бейна в «Континенте» (1977. № 12. С. 120–123). В 1969 году Бейн эмигрировал в Израиль.

Но — шлите мне еще чего, из ранних, что ли. Для комплекту. Чтоб знать.

И знаете ли Вы что о Нонне Сухановой? Напишите. А то — наслышан, а не знаю[65].

Словом, гоните, гоните, гоните.

Обнимаю. Ваш ККК. Поклон семье.

13
Л. В. Лосев — К. К. Кузьминскому
21 октября <1979> года
[ACRC: 54, 4]

21 октября

Милый Костя,
спасибо на добрых словах. Так получилось, что диссертацию надо было дописывать, сидеть за машинкой — писать научное — неохота, и как-то автоматически припомнил за один длинный вечер всё, что сочинялось за последние годы: чтобы поддерживать стук в машинке. Послал одновременно Вам и Иосифу, и оба вы излили потоки молока и меда на мое истерзанное сердце, причем оба клянясь, что вообще-то вы люди недобрые, хвалить несклонны и т. п. И впечатления даже у вас обоих сходные, из коих особенно льстит моему вдруг невесть откуда взявшемуся тщеславию, что, мол, ни на что не похоже (И<осиф> так и начал: «У А. А. это была высшая похвала: Ах, это ни на что не похоже»[66]). Тут еще вспоминается, как Ганечка объяснял Мышкину, что нет худшей

---

65 Нонна Сергеевна Суханова (1935–2014) — известная джазовая певица, выпускница филфака ЛГУ (1957), исполнительница песни «Эй, моряк!» из фильма «Человек-амфибия» (1961). В фельетоне Я. М. Лернера «Литературный трутень», напечатанном в газете «Вечерний Ленинград» 29 ноября 1963 года и послужившем началом травли поэта, Бродскому приписано стихотворение, якобы посвященное Сухановой («Настройте, Нонна, и меня на этот лад, чтоб жить и лгать, плести о жизни сказки»). Автором стихотворения был Д. В. Бобышев.

66 Цитата из послесловия Бродского к первой публикации стихов Лосева в журнале «Эхо» (1979. № 8. С. 67).

обиды, чем сказать человеку, что он похож на других (цитирую по фильме Пырьева, которой мучил студентов на прошлой неделе)[67]. Но я-то знаю, что на что у меня похоже. И если даже я и написал дюжину-другую приличных стихотворений, я не поэт — слишком мне редко Муза, Марь Иванна, встречается.

Если надо что-то обо мне сообщать, то, вероятно, следующее.

Родился в достославном 1937 году.

Единственное влияние на всю жизнь — отец, Владимир Александрович Лифшиц (1913–1978), человек благородный и обаятельный, как «Я» в «Герое нашего времени», подлинно одаренный поэт, но изломанный, затравленный и замученный подлой советчиной.

В 1954–1959 гг. я учился на филфаке ЛГУ и тогда же тесно сдружился с В. Уфляндом, М. Ереминым, Л. Виноградовым, В. Герасимовым, С. Кулле, Ю. Михайловым, М. Красильниковым — см. «Тулупы мы». Позднее с Бродским.

Кроме упомянутых в предыдущем абзаце из великих людей встречался с М. М. Зощенко, Б. Л. Пастернаком, Робертом Фростом, Н. С. Хрущевым и в 1950 году видел голого И. В. Сталина (в трусах, на ливадийском пляже)[68].

После недолгой интермедии на Сахалине четырнадцать лет прослужил заведующим отделом спорта и юмора в редакции журнала «Костер», заодно сочиняя пьесы для кукольного театра, стишки и песенки для детей.

В причинах, побудивших меня покинуть отечество, я сентиментально и длинно, но искренне, попытался разобраться в монологе «После прощания» (см. «Континент» № 9)[69].

---

[67] Ср.: «Вы мне говорите, что я человек не оригинальный. Заметьте себе, милый князь, что нет ничего обиднее человеку нашего времени и племени, как сказать ему, что он не оригинален, слаб характером, без особенных талантов и человек обыкновенный. Вы меня даже хорошим подлецом не удостоили счесть...» (*Достоевский Ф. М.* Собр. соч.: в 30 т. Т. 8. Л.: Наука, 1973. С. 105). Фильм «Идиот» по роману Достоевского (реж. И. А. Пырьев) вышел на экраны в 1958 году.

[68] См. автобиографическое эссе Лосева «Пьяный Ленин, голый Сталин, испуганный Хрущев, Тынянов, Шкловский, Эйхенбаум, Зощенко, Ахматова, Пастернак. В семье А. П. Чехова. Поль Робсон, Роберт Фрост, Элизабет Тейлор и др.» (*Лосев Л. В.* Меандр... С. 139–147).

[69] Заключительная часть «Ненаписанных репортажей» Лосева (Континент. 1976. № 9. С. 294–312).

В Америке работал пишущей машинисткой в издательстве «Ардис» и заодно прошел докторантуру в Мичиганском университете. Теперь служу в Дартмутском колледже, осуществляя тем самым пророчество товарищей по 2-А классу 222-й школы Дзержинского района гор. Ленинграда, которые зимой 1945-го года, пораженные впервые моей очкастостью, воскликнули: «Профессор кислых щей!»[70].

конец био — конец био — продолжение в след. номере --------

С «памяти», действительно, получается перебор. В основном я-то имел в виду, что стихи — это функция памяти, а не кто в самом деле помер, кто нет. Надеюсь, Рыбничков <sic!> жив. Что касается В. С. — да бросьте, Костя, это же и гадать нечего: ну, великий русский писатель... ну, даже цитата из него «водочка, грибочки»... ну, инициалы... Если я и контаминировал с какими-то еще впечатлениями, так только чуть-чуть. И умер в самом деле. Ну?[71]

Про Иосифа Бейна не знаю ничего. Единственное, что приходит в голову, что это гибрид Иосифа Б/родского и Р/ейна. Гарик Восков — прелестная личность. Но стихи его, по мне, не совсем стихи — а такие зен-буддистские максимы. Его адрес:

George Voskov

1368 McIntyre, Ann Arbor, MI 48105, tel. 313 662 8068

Сегодня вечером приезжает к нам на пару дней Бродский, от которого вдохновлюсь и пришлю Вам статейку.

Привет Илье и Болту[72].

Ваш

Л. Лосев

---

[70] См. стихотворение Лосева «Памяти поэта», посвященное Константину Льдову, с автохарактеристикой: «Ньюхемпширский профессор / российских кислых щей...» (*Лосев Л. В.* Стихи. СПб.: Изд-во Ивана Лимбаха, 2012. С. 211).

[71] См. письмо № 12.

[72] И. Д. Левину и Д. Боулту.

Кстати, чтобы избавиться от говна в фамилии и заодно узаконить свой давний псевдоним (придуманный для меня отцом), я через суд изменил имя:

Lev Lifschutz Loseff, or Lev L. Loseff, or LLL[73].

Так и прошу меня именовать — 30 долларов плочено.

14
Л. В. Лосев — К. К. Кузьминскому[74]
<конец декабря 1979 года>

Дорогой Костя,
не считайте, что я уж такая сволочь, а считайте, что я глубоко несчастный старый человек, обремененный семьей, долгами, болезнями, заботами. Да будь моя воля, да я... да Господи... Я б только и писал, что для Ваших предприятий. Но ведь от меня 'papers' требуются (вот послезавтра лечу в Сан-Франциско докладать очередную поебень), Ph.D. им вынь да положь — иначе кушать не дадут, Костя[75].

---

[73] См. предисловие Лосева к своему первому сборнику «Чудесный десант»: «В молодые годы я носил имя Лев Лифшиц. Но, поскольку в те же годы я начал работать в детской литературе, мой отец, поэт и детский писатель Владимир Лифшиц (1913–1978), сказал мне: "Двум Лифшицам нет места в одной детской литературе — бери псевдоним". — "Вот ты и придумай", — сказал я. "Лосев!" — с бухты-барахты сказал отец» (*Лосев Л. В.* Стихи. С. 14). См. также его стихотворение «Памяти Литвы», обыгрывающее настоящую фамилию автора в межъязыковом контексте: «Лиф поправляет лениво рыбачка. / Shit-с на песке оставляет собачка. / Мне наплевать, хоть бы хны» (Там же. С. 40).

[74] Датируется по содержанию.

[75] См. доклад Лосева «The Air Preserved and the Air Stolen: Cultural Isolation of Émigré Writers», прочитанный по-английски на ежегодной конференции Американской ассоциации преподавателей русского и восточно-европейских языков (American Association of Teachers of Slavic and East European Languages; ATSEEL) в Сан-Франциско в конце декабря 1979 года (*Лосев Л. В.* Воздух сохраненный и воздух ворованный: Культурная изоляция писателей-эмигрантов / публ. Я. Клоца // Lifshits / Losev / Loseff: Сб. памяти Льва Лосева / ред. М. Б. Гронас и Б. Шер. М.: Новое литературное обозрение, 2017. С. 27–44).

Но Вы ведь знаете, что я всё ж таки сделаю, чего обещал. Первым делом в январе сделаю. Клянусь. И автограф Иосифа Вам организую. И рукописи в духовой откажу[76] (ждать уж недолго).

Раз Вам уж по душе моя ахинея, посылаю одно недавнее изделие, которого сочинение было мне куда как приятно[77].

А не пришлете ли хоть зирокс этой новой Рейновой фотки? Он-то ведь вроде, по слухам, в наши края всё же намыливается[78].

А в каком состоянии 1-й том?

Сч<астливого> Рождества и Нов<ого> года!

Ваш

Леша

Я Вам не писал, что я узаконил и оприличил мою фамилию? Всюду д<олжно> б<ыть> так[79].

15

К. К. Кузьминский — Л. В. Лосеву[80]

31 декабря 1979 года

31 дек<абря> <19>79

Леша, милый! (Он же — Лев Л. Лосефф, у меня, у Ку-Клукс-Клана, идею сфиздили?! — Три КаКа, как говорил Юрик Климофф, или — ЛаЛаЛа?[81])

---

[76] Т. е. «завещаю Вам».

[77] О каком «изделии» идет речь, установить не удалось.

[78] Ср. письмо Кузьминского Рейну от 31 августа 1979 года: «Фотографии я нашел у Леши, у Наташки Шарымовой и у Яши Виньковецкого — уникальные! Твою со стулом куда-то закопал (в самое наиважнейшее место положил, полагаю!) <...> Приезжал бы! гурман ты, знаю, как и я, заядлый, а здесь есть чего поесть, и на что — будет» [ACRC: 3, 1]. См. фотографии Рейна и статью Кузьминского «Рейн у Голубой Лагуны» в [АГЛ 2Б: 199–205].

[79] См. письмо № 13, прим. 73.

[80] Lev Loseff Papers. Columbia.

[81] Юрий Климов — поэт из ленинградского круга Кузьминского; вместе с Б. Н. Соковым, Б. Б. Безменовым, В. Л. Молотом и др. в декабре 1959 года участвовал в выпуске стенгазеты «Зуб» на биолого-почвенном факультете ЛГУ.

С Новым годом Вас и всё Ваше семейство, супругу верную Ниночку и некоторое количество мелких. Не грустите, не хандрите, в том году начну звонить, директор обещает карт-бланш телефонный. А долги — у всех долги, как клопи <sic!> в перине, а? Кушать всем хочется. Я кушаю жену, она у меня жирная, хоть и маленькая — почему Мышь[82]. Мышь домашняя, хозяйственная, слушает мои статьи, утром, когда не работает, дает кофия, а когда работает — я ей; словом, на кофий, ростбиф и сигареты есть, а там, глядишь, и зарплату положат без пи-эйч-ди, как ди-пи, или дэ-бэ[83]. Не ругаюсь я на Вас, потому что люблю. Славно мы поработали!

1-й том выходит (ДОЛЖОН) в генваре, недолго уж. Если пиздатель не пришлет, сам немедля вышлю. Хотя и просил у него полдюжины для сотрудников.

2-й том — работа горит. Растет, падла, не днями и не часами. Уже 50 поэтов в ем, на 10 более 1-го, а по страницам... И ведь все поэты, Леша! Иные, скажем, просто обозначены, но ведь как же — того же Юпа <sic!> не дать? Ведь был же, падла! И даже... Бродскому стихи посвящал! Мне, по счастью, нет[84]. Словом, вот Вам список последний!

Пушкин о Хлебникове, Волохонский-Хвостенко-Ентин-Тупицын, Бурихин, Бокштейн. Ходасевич (если Дичок Сильвестр раннюю поэмку даст[85]). Рейн-Найман-Бобышев-Бродский-Кушнер-Мак-Гордин-Бейн. Лившиц. (Пардон, Л. Л. Лосефф.) Радыгин. Юпп-Евсевьев-Боенко-Бестужев-Взятко-Кутев-Рощин-Славко

---

[82] См. интервью с М. С. Левиным в наст. изд.

[83] Ph.D. — докторская степень. Ди-пи (DP) — «displaced person» (перемещенное лицо). Дэ-бэ — возможно, Дмитрий Бобышев (см. далее).

[84] Михаил Евсевьевич Юпп (Смоткин, р. 1938) — поэт и библиофил. Был знаком с Бродским еще по Ленинграду, но после эмиграции в США в 1980 году отношения с ним не сложились. См.: Интервью с художником и поэтом Михаилом Юппом // Голос Америки. 2007. 25 апр. URL: https://www.golos-ameriki.ru/a/a-33-2008-04-25-voa10/591886.html (дата обращения: 24.06.2020).

[85] Ричард Д. Силвестер (Richard D. Sylvester) — профессор, автор статей о русской поэзии и комментария к «Белому коридору» В. Ф. Ходасевича (Нью-Йорк: Серебряный век, 1982).

Словенов (Страна Сайгона), Бруй-Капелян-Нусберг (КНИГА), Морев-Прокофьев-Анчаров, Киселев-Марков (политехники). Шнейдерман-Алексеев-Петров-Рубцов-Халиф. Левоневский-Коврижных-Савелий Гринберг (палиндромы). Соснора-Кулаков-Гитович-Бетаки-Корнилов-Домашев. Безменов-Климов-Виратян-Палей-Фролова-Молот (это всё мои други, с ними начинал, больше о них, чем стихов) и я.

Итого — 50. Из этого только половина вкрутую пойдет, подборками, а остальные — эпизодично, для фону. Из Вас — ужасён последним стихом. Круто, круто. Приемлю с визгом. ШЛИТЕ ЕЩЕ, зараза! Илья тут в Вас влюбленный, всё ходит и целится подборку откопировать, гад. Предисловий же не пишет, поскольку тоже пишет пейперсы[86]. Но и намешали Вы лексики и географических рядов — в духе Велимира! Ух! Лешенька, Вы ж поэт, бля! Скромничает, паразитская харя! Еще, еще, еще! Читать Вас — радостно, насколько муторно — читать Диму[87]. И знаю, что Дима — титан (но по-моему, кипятильник), а меня интересуют более силы подспудные. ГДЕ Гаррик Восков?! Не отступлюсь!

Женю Вам не посылаю: цветные, хуевые, мелкие и зирокс не получится. Скорей бы приехал!

Дима тут был у Виньковецких, через третьи руки передал, что он ничего против меня не имеет. Зато я имею! Его тут Пиваски и Виваски на щит подняли и поднимают[88], осенью будет с ними выступать — во по Союзу взвоет! А может, он глухой и не услышит. За Диму я написал статью «Кокетка и монах», по-моему, очень к нему подходит[89]. 2-й том получается еще веселее, посме-

---

[86] Эмигрировав в США, И. Д. Левин поступил в аспирантуру Техасского университета по предложению профессора Сиднея Монаса, заведовавшего кафедрой славистики. См.: Интервью И. Н. Толстого «Учителя Ильи Левина. На другом берегу» // Радио Свобода. 2015. 23 июня. URL: https://www.svoboda.org/a/27094319.html (дата обращения: 24.06.2020).

[87] Дмитрия Бобышева.

[88] Речь идет о поэте-эмигранте Юрии Павловиче Иваске (1907–1986), профессоре Массачусетского университета в Амхерсте. См. о нем в письме № 20.

[89] См. статью Кузьминского о Бобышеве в [АГЛ 2Б: 269–271]. Стихов Бобышева, как и Бродского, в АГЛ нет. Об этом см. далее.

емся. А что ебать нас будут — так сообща! Придется им пялить Лимона, Халифа, Вас, меня, да и всех поэтов в придачу! Утомятся, бляди. Не ебет.

Рецензию просит Марамзин, НА 10–30 СТР! Илье, бляди, писать, а он, блядь — пейперсы пишет, о гомосексуализме Шестова и Достоевского! Бррр! Не читал ни того ни другого. Читаю Дюма и Уфлянда, интересней.

Смотрите меня по теле (фильм «Дневник Юлии») 8 генваря по Пи-Би-Эс, вечером. Там играю я и Виктория Федорова. Илья тоже играет, интеллигента. На час, чать, фильмик! СМОТРИТЕ![90]

Сделал «Зачем я это сделала?», 100 цитат[91], так — Кухарец занял, падла[92]. Денег у них нет. Сам издам, институтом. Джон обещал. И антологию мою «Лепрозорий-23», 23 прозаика ленинградских. Нет там только «Горожан», а всё остальное — есть. Изззадим![93]

На чем обнимаю, желаю, приедет Рейн — ВЫПЬЕМ! До старого Нового года — не пью. Ваш ККК.

---

90 Биографический фильм о Ю. Н. Вознесенской «Yulya's Diary» (1980). См. стр. 213–214 и прим. 14. Главную роль сыграла известная актриса В. Я. Федорова, дочь военного атташе при посольстве США в СССР Джексона Р. Тейта и советской актрисы З. А. Федоровой (*Fyodorova V., Frankel H.* The Admiral's Daughter. Feltham: Hamlyn, 1979; *Федорова В. Я., Фрэнкл Г.* Дочь адмирала / пер. с англ. Г. Шахова. Смоленск.: Русич, 1997). Кроме Кузьминского в фильме участвовали А. Л. Хвостенко, И. Д. Левин и др. См.: Фильм «Дневник Юлии» [АГЛ 5Б: 447–459].

91 «Зачем я это сделала?» — сборник цитат о сексе и половой жизни из текстов русских поэтесс и поэтов, составленный Кузьминским. См. прим. 167 (стр. 148). См. также его комментарий: «Зачем я это сделала?» К истории создания [АГЛ 4А: 605–609].

92 Кухарец Валерий Яковлевич (Гольдштейн, р. 1946) — эмигрировал в 1974 году; совладелец книжного магазина и издательства «Руссика» в Нью-Йорке; совместно с А. Е. Сумеркиным — основатель одноименного издательства.

93 Антология «Лепрозорий-23», которую Кузьминский составлял еще в Ленинграде, осталась неопубликованной. Оригинал-макет хранится в архиве Кузьминского (Amherst).

16
Л. В. Лосев — К. К. Кузьминскому
2 июля <1980> года

2 июля

TO К. К. Кузминский <sic!>
FROM А. Лосев
SUBJECT дематериализация

Дорогой Костя,
что это Вы дематериализовались, слиняли, исчезли как дымный морок иль манящий мираж? (Да и антология, на начало года обещанная, что-то не материализовалась...)

Откликнитесь и объяснитесь.

Для взбодрения духа Вашего, видимо истомленного техасской засухой, посылаю только что полученное от Уфлянда сочинение. (И Еремина.)

Ваш

Леша

ПС Я приискиваю себе машинку получше. Как называется Ваша? Чего она делает и чего нет? Сколько стоит? И вообще всё, что о ней можно знать.

17
К. К. Кузьминский — Л. В. Лосеву
8 июля 1980 года

8 иуля <19>80

Лешенька, рыбка! ВЫШЛА ОНА! Уж с неделю! Жду лишь копий, чтоб выслать. Издатель писал: уже выслал шесть штук (от 4-го). Значит, идут. Коим классом — невем. У меня же — один, словно Библия! КРАСОТЫ!.. Все шизеют. Не верят! Обложка! Ну, увидите. Скоро. Распишу один Вам. Остальные — В РОССИЮ!

Вам не звонил, пил от радости, лето, всё броук. Я пока добиваю 2-й. Издатель рычит от восторга и требует срочно. Ваша статья об И.о.Сифе набрана. А его — подождет. Ибо нету силов[94]. Пока — компоную, дописываю, всовываю, фоты опять же... А попутно — статьи для другого. Жду ЕЩЕ материалов, от Нусберга, Молота, многих. Гробман тексты прислал — обалдеть! Знал, что пишет, читал, но — НЕ ЗНАЛ. Как и Вас. Ведь у людей же — ТОННЫ скопились! И — не знает никто! Олежка Прокофьев — и тот! Начинал-то ведь — в Синтаксисе! Ну, стишок в Аполлоне[95]. А — в промежутке? ТОМ поэзии, и какой! Так — со всеми. С Ильюшей Бокштейном, да даже со мной. Кстати, Лешенька, если (я полагаю) Вы уж отчитали мой рОман, о коем ни словом, то, чтоб не мне посылать, взад-назад, пошлите на имя Елены Мальчевской, ей я всё обещаю, а копии нет[96]. Не затруднит? А «Лепрозорий» — взад. Хочу оригинал послать издателю, не всё же Метрополи факсимильно издавать[97].

94 См. письмо № 3. Предполагалось, что статья Лосева [АГЛ 2Б: 293–299] станет предисловием к его же переводу эссе Бродского «Меньше чем единица», которое, как и стихи Бродского, в АГЛ так и не появились. См. комментарий Кузьминского: «Это предисловие, равно и перевод автобиографической статьи Бродского “Меньше чем единица”, были заказаны мною Леше Лившицу, и чуть не год я их вышибал с него. Телефонно и письменно. Леша сделал и, помимо меня, послал и Марамзину в журнал “Эхо”. Там они и появились, в летошнем номере. Чуяло мое сердце, никак не мог я взяться за перепечатку статьи Иосифа — всё откладывал на потом, и вот — что мне теперь, с “Эха” перепечатывать? И статья скушная. Так что я даже рад» [АГЛ 2Б: 299].

95 Олег Сергеевич Прокофьев (1928–1998) — художник, поэт, искусствовед. Пять стихотворений Прокофьева вошли в «московский» номер (№ 2) самиздатского журнала «Синтаксис», составленного А. И. Гинзбургом; другие пять были напечатаны в альманахе «Аполлон-77» (С. 187–188).

96 Скорее всего, речь идет о романе Кузьминского «Hotel zum Тюркен».

97 Имеется в виду Карл Проффер и его издательство «Ардис», где в 1979 году — сначала факсимильно, по рукописи, полученной из России, — был издан альманах «Метрóполь». Отношение Кузьминского к Профферу, главному американскому издателю Бродского, оставалось пренебрежительным с первых дней эмиграции. «Что до Карла — дешевка, и я там не к месту (и боюсь, не с иосифовой ли легкой руки?)», — писал Кузьминский Рейну 31 июля 1976 года [ACRC: 3, 1], а 7 марта того же года в письме к Профферу, написанном по-английски, шутил: «What can You offer / Me, mister Proffer?» (см. статью Э. Морс в наст. изд.).

Еремина заглотал. Грустно. Грустно за него. Не опечатки, к коим он, как и я, болезнен, а — одинокость. Но будете писать — сообщите, что я его строчки 18 лет смакую, как гурман. 14 ранних текстов с 64-го носил в голове, поздние супруга перерисовывала (гиероглифы). Меня он — нашел.

За Вуфлянда — что ж? Начал, и загрустил. Раешником, дивно. А я к раешнику в прозе пришел, тож не без его влияния (опосредованно, через Рыбникова). Жена сегодня, визжа от восторга, звонила с работы, что получили Уфлянда![98] Я спросонья, а она мне и Пегаша[99] сует, и пересказывает, и скачет, як дурна. Во 2-й том! Хоть себя сокращу (но скорей Боббрского![100]), и Еремина туда ж! Но как Вы копировали? В строке 4-й 116-го — никак не разберу (складка) — овидь (9). Над заливом — Остальные расшифровал, где складка.

А засуха она да. Плаваю в поту, и тюкаю, тюкаю, пальчиком... Чего и Вам желаю.

Машинка ж — делюсь опытом: (перепробовано всё) — Адлер лучше, но на него еще НЕТ русских головок. ТОЛЬКО НОВУЮ (гарантия — окупится!) и, рекомендую — в кредит. Моя ест 36 в месяц, с рассрочкой на 2 года. 1-й год и чинят бесплатно. На 2-й — рекомендую — за взнос в 86 долларов — ВЕСЬ ГОД ходить будут, на цырлах, и чинить — в любом количестве. А они, суки — КАПРИЗНЫЕ! У меня вот тут, по весне — забарахлила, стала белую ленту жрать (корректировочную). 3 мастера 3 месяца бились, ленты бесплатно таскали, загадка и для них. Починили. И брать — Ай-Би-Эм Селектрик-2, с корректировочным ключом. 800 долларов на 2 года. 200 или 300, что ли, в начале, потом — по 36. Но корректировочный ключ дает возможность ТИПОГРАФСКОЙ чистоты! Без — дешевле, 600. Но! Лучше — пере-, чем недо-. Окупится. Второе: ленты — дорожают с августа сего — на 25%. А?

---

[98] См. стихотворение Уфлянда «Внешне бодр, внутри я плачу...» (1966), посвященное Рыбникову (*Уфлянд В. И.* Тексты. 1955–1977. Анн Арбор: Ардис, 1978. С. 21–23).

[99] Пегаш — персонаж «Рифмованной околесицы» Уфлянда. См. [АГЛ 4А: 625–645].

[100] Т. е. Бобышева и Бродского (вскоре отказавшихся от участия в антологии).

Заказывать — только оптом, и еще предлагают какой-то льготный план, если регулярно. Узнайте сами. Я — человек нерегулярный! То пью, то — каааак заработаю! Но 10–15 в месяц на ленту кладите. Белая — копейки. Если будут Вам совать Селектрик-3 — на хуй, на хуй! Преимуществ — с гулькин нос (понты!), а — цена? Итого: 300, 36 в месяц + 15, и всё. 36 и 15 — это 40 <sic!>. До такого я считать умею. Но — не нахвалюсь! Да, ГОЛОВКИ! Имеется с полдюжины, но рекомендую — Престиж Элиту-12 и Артизан-12 (этот). Надо бы и курсив... Но: каждая — 19 долларов. Пока нет. 12 — сие означает плотность (можно менять!). Вот — 10: почти что и то же самое, но пожиже. О, бля! Я Ж ТЕПЕРЬ ПОНИМАЮ, ЧЕГО ЭТО У МЕНЯ «КАСТОМ МЕЙД» — ТАК ХУЕВО РАБОТАЛА, ЧАСТИЛА, БЛЯ. Я Ж ЕЕ НЕ НА ТУ ПЛОТНОСТЬ ВСЕГДА ПУСКАЛ. МУДАК. НО ЭТА ВАМ НЕ НУЖНА. Так что — 2–3 для начала (включая аглицкую). 40–60. Есть у них головки и покрупнее, всё есть, но — эта ж — почти печать! А вот для набора с редуцированием — уви! — мелковата. В АНДОЛОГИИ УЗРИТЕ. Особенно эта. Ликуйте и ЖДИТЕ. Весь Ваш. Обнимаю. ККК

18
К. К. Кузьминский — Л. В. Лосеву[101]
24 декабря 1980

24 дек<абря> <19>80

Леша, я на Вас столь обозлен был, что даже не хотел с Рождеством поздравлять. Из России, Европы и Америки идут поздравления — один со-автор молчит. При этом не в загрузе: с г-ном Левиным корреспондирует.

Рад, что том произвел впечатление. Мне он обошелся в 9 месяцев работы (из них 6 — выбивал из Вас Вашу часть!). Плюс 9 месяцев нервотрепки с местным фотографом — не доверяя почте (а еще менее ему). ДВА раза возил фотографии в Вако, за

[101] Lev Loseff Papers. Columbia.

150 миль, не имея машины, чтоб пересъемку делали при мне[102]. Но кого волнует чужое горе?

Ко 2-му тому все переснятые им материалы — пришлось переснимать заново (а иные — и разыскивать, поскольку оригиналы вернул), поскольку на вчиненный им счет издателю (600 долларов) — издатель оплатил меньше трети и не платит. Поэтому друг Эшли — отказался печатать фото. Что ж, нашел фотографа в Хьюстоне, Сашу Когана с биофака. Опять жду.

2-й том целиком набран и готов, сейчас, наоборот, режу, клею и сокращаю: материала оказалось на 1200 стр. Подборки не сократишь (сами и пишете о Ривине: «...который только в таком объеме...»![103]) — а что о Рейне, скажем? Это его ученичок перебьется, ему славы не занимать — кстати, в ЧЕТВЕРТЫЙ раз напоминаю: где его сборник, купленный для Института и посланный через Вас на подпис?[104] Ебал я уже и подпис, просто тексты

[102] Вероятно, город Уэйко (Waco), штат Техас.

[103] Стихи А. И. Ривина открывают антологию [АГЛ 1: 37–58]. См. также: *Кузьминский К. К.* К истории одной публикации (Алика Ривина в 1-м томе) [АГЛ 4А: 648–649].

[104] Речь идет о Бродском и его первой книге, изданной за границей без ведома и согласия автора по машинописи, составленной Кузьминским в Ленинграде еще в 1962 году, с добавлением более поздних стихов (*Бродский И. А.* Стихотворения и поэмы. Вашингтон: Международное литературное содружество, 1965). См. вступ. статью к этой публикации. См. также письмо Кузьминского Рейну от 1 августа 1980 года: «1-я книга Иосифа, “Стихотворения”, вышла в НЙ, в изд. Чехова <?> в 1964 или 65 году, враз по посадке. Собрана была мною, Гришкой-слепым, отпечатана в 3-х экз. Борей Тайгиным. Одну копию спиздил у слепого, внаглую, пользуясь слепотой, рижский поэт Иосиф Бейн (за что набью ебало и через 17 лет!), одна в Питере, одна — была послана в декабре 62-го, вместе с “Антологией советской патологии” (АСП), составители мы же, обе Алику Гинзбургу, а уж он Иосифа — переправил на Запад. Иосиф, под моим нажимом, тексты выправил, подборку же дали чисто хронологическую, хотели потом сделать избранное “Сад”. Не сделали. Книга же вышла полностью в моей редактуре, вычетом добавленных тюремных стихов 64-го. Сам я копии давно уже не видел, купил тут одну за 25 и велел переслать Иосифу на подпис. Всё подписывает, падла. Вот те и вся история» [ACRC: 3, 1]. См.: *Клоц Я.* Как издавали первую книгу Иосифа Бродского // Colta.ru. 2015. 24 мая. URL: https://www.colta.ru/articles/literature/7415-kak-izdavali-pervuyu-knigu-iosifa-brodskogo (дата обращения: 24.06.2020); *Толстой И. Н., Устинов А. Б.* «Молитесь Господу за переписчика». Вокруг первой книги Иосифа Бродского // Звезда. 2018. № 5. С. 3–22.

нужны для сверки — не по памяти ж! Хотя — могу. Текстов 50–80 помню. Если он у него, то стребуйте, у Вас — вышлите.

За 4-й том сажусь в январе, все материалы готовы, остается перепечатать.

Касательно Сюзанны — а Вы читали ее «Живое зеркало»? Это оно и было началом этой антологии[105]. Касательно носорога — я ему во 2-м томе еще не так выдам! Матерьяльчиков есть. Ибо

---

[105] О Сюзанне Масси см. прим. 4 (стр. 38) и статью И. Кукуя в наст. изд. См.: *Кузьминский К. К.* Роль Сюзанны Масси в ленинградской поэзии [АГЛ 1: 31–32]. Машинопись «первого этапа» этой антологии сохранилась в архиве Кузьминского, написавшего вступительную статью к стихам Бродского [ACRC: 40, 4]. Впрочем, как свидетельствует письмо Бродского Джорджу Клайну от 3 марта 1972 года, составленное за три месяца до эмиграции, включение его стихов в антологию отнюдь не совпадало с его желанием:

> I am more or less depressed with last visit of Mme. S<uzanne> M<assie> and I should like to remove my verses out of her anthology. First of all, I have really a little in common with its contributors, except a geography, and — which is more important — I have less with its collector, but I should like to have nothing at all.
> <...> About what I did think before? You know, all westerns are seeming to us intellectuals, almost automatically. And this is mea culpa of course, and I am ready to pay for it. Especially if there is too late already to remove my poems. From my point of view this removing would have some good sides. For example, they will never allow me to go to the West and my name can only to increase a troubles for other members of this team.
> <...> Of course, if all it is too late, please, do not make any step, for I want not one's pocket will suffer thanks to me. Very disgusting story. Law of Balance, probably: having no local publishing affairs I am preoccupied with them abroad.
>
> Последний визит Мадам С<юзанны> М<асси> произвел на меня весьма удручающее впечатление, и мне бы хотелось изъять свои стихи из ее антологии. Во-первых, у меня нет практически ничего общего с остальными участниками антологии помимо географии, а главное — еще меньше общего с ее составительницей, с которой мне не хотелось бы иметь ровным счетом ничего общего.
> <...> О чем я думал раньше? Ты знаешь, все люди Запада почти автоматически кажутся нам интеллектуалами. В этом, конечно, моя вина, и я готов заплатить за это. Особенно если изымать мои стихи из антологии уже слишком поздно. С моей точки зрения, в подобном изъятии есть определенные преимущества. Например, мне никогда не позволят

сволочь эта, Максимов, — имеет самое непосредственное отношение к этому изданию: я, еще с приезда до, говорил с другом его Марамзиным о том, что надо б достойно представить Москву-Ленинград в этом журнале, в Вене о том же — говорил с Горбаневской, в Париже — с самим Владимиром Емельяновичем — и, заказанная и готовая подборка 6 молодых Ленинграда — пролежала ДВА года и — канула в вечность. Я, Лешенька, не «счеты свожу» (это я могу и вручную, при встрече), а показываю сугубую литературную действительность. Что же до эстетики г-д бывших членов — так она у них ни на грош не изменилась, носороги и были, и есть[106].

А рогатки, Лешенька, я ебу: ненужную злобу, возню, протесты — путь этой книги (КНИГ) Максимову не затруднить. Из даже дюжины писем, где, скажем, в двух-трех высказываются аналогичные с Вами опасения и мягко журят меня — 99 %, тем не менее позитивно и ЗА. Так о чем же беспокоиться? Какие последствия? Лимончик в восторге пишет из Парижа (он тоже не знал об этой подъебке), что Максимов брызжет слюной и вопит: «Мы таких к параше не подпускали»! А я бы и сам с ним рядом не сел!

Не люблю я литературоведение: ЛОЖЬ, припудренная временем или именем. Прочитал сейчас — впервые — «8 часов с Ахма-

---

уехать на Запад, и мое имя только усугубит положение других членов этой команды.

<...> Конечно, если уже слишком поздно, то не предпринимай никаких шагов, пожалуйста, поскольку я не хочу, чтобы чей-либо карман по моей милости опустел. Отвратительнейшая история. Вероятно, закон сохранения баланса: при отсутствии каких-либо издательских дел здесь, они преследуют меня за границей.

(George Louis Kline Papers, GEN MSS 630, Box 1, Folder 1. Beinecke Rare Book and Manuscript Library, Yale University. Английский текст приводится с сохранением стиля и пунктуации автора.)

[106] Владимир Емельянович Максимов (1930–1995) — писатель, автор романа «Сага о носорогах», член Союза писателей СССР с 1963 по 1973 год. В 1974 году эмигрировал в Париж, где основал журнал «Континент», заместителем редактора которого была Горбаневская.

товой» мудака Струве[107] — Боже, какая ДУРА АА была, претенциозная и самовлюбленная! А не скажи, ни-ни, сложили уже образ мученицы, трех мужей пережившей! А стихи — блевантин банальный. Как и весь Пастернак после «Сестры!» Как и весь Мандельштам до воронежских: ан нет, нельзя: литературоведы утвердили!

Я же — утверждаю другое и намерен еще утвердить. Мое ревю на Халифа — ни одна блядь не берется печатать («авторитеты задеваю»)[108]. А для поэта — нет авторитетов. Даже Иосиф, которого чту как лучшего ныне, — не свободен от поэтического конформизма! (Начиная с периода встречи с А. А.) От Уфлянда он, к сожалению, мало чему научился[109]. Вы — больше! Ибо не

---

[107] Воспоминания директора YMCA-Press и редактора журнала «Вестника РХД» Н. А. Струве «Восемь часов с Анной Ахматовой», написанные по впечатлениям от встречи с ней в Англии и Париже в июне 1965 года после присуждения Ахматовой почетной степени Оксфордского университета (первая публ. в кн.: *Ахматова А.* Сочинения: в 2 т. Т. 2. <Мюнхен>: Inter-Language Literary Associates, 1968. С. 325–346). В 1960-е годы Кузьминский был женат на Нике Валентиновне Казимировой, падчерице третьего мужа Ахматовой Н. Н. Пунина (см. прим. 97, стр. 99). Кузьминский также работал секретарем Татьяны Григорьевны Гнедич, в 1944 году осужденной на 10 лет лагерных работ. Во время предварительного заключения Гнедич переводила в одиночной камере «Дон Жуана» Байрона на русский язык по памяти. После освобождения и реабилитации вокруг Гнедич образовался круг молодых поэтов и переводчиков, в который входил Кузьминский, — в известном смысле альтернативный кругу «ахматовских сирот» (Рейн, Бродский, Найман, Бобышев). Ср.: «Ахматова и Гнедич... Эти два имени всё время противостоят у меня, и не случайно. Две судьбы, две жизни, две великих женщины» (*Кузьминский К. К.* Брюшко тетки Таньки. Живая Ахматова [АГЛ 2А: 610]).

[108] Рецензия Кузьминского на книгу Л. Я. Халифа «ЦДЛ» была отвергнута газетами «Новое русское слово», «Новый американец» и журналами «22» и «Эхо». Опубл. в кн.: *Кузьминский К. К.* Не столько о поэтике, сколько об этике. Книга писем. СПб.: Петербург–XXI век, 2003. С. 279–288.

[109] Ср. комментарий Уфлянда: «Я думаю, что первый, кто провозгласил меня учителем Бродского, это наш общий знакомый Костя Кузьминский, у которого всё, что он сказал, <надо делить> даже не на два, а на сто частей. Просто он любит что-нибудь такое сказать, что никому в голову не придет» (*Полухина В. П.* Бродский глазами современников. СПб.: Звезда, 1997. С. 142).

только Уфлянд, а и А. К. Толстой, которого Иосиф наверняка и не читал. Западник!

Я не сержусь, Леша. Я объясняю. Сержусь я (и буду) только на Ваше, мягко говоря, невежливое молчание. И за сборник его. Ладно, надо работать. С Рождеством Вас. Ваш ККК.

P. S. По поводу Вашего молчания — я просто психовал. И чуть не запил, но не на что было. Я ж не Ph.D.! Хотя голландцы — обещали.

P. P. S. А за стихи — спасибо. Добавлю еще пару к Вам. Голос же — как тут усилишь? Запись есть? Сделайте? К.

19
Л. В. Лосев — К. К. Кузьминскому
11 февраля 1981 года

11 февраля <19>81

Дорогой Костя,
посылаю (сегодня) Вам Вашего Бродского. Книгу эту я нашел (разыскал) на прошлой неделе в Нью-Йорке в куче бумажного хлама невыполненных обещаний на столе поэта в его опустелой квартире (сами отбыли в Рим до мая). Заодно отыскал свой шарф и еще кое-какую мелочишку (как говаривал один мой знакомый прозектор, потроша кадавров).

Я так понимаю, что у Вас нынче депре. Если Вас это утешит — у меня тоже. Напрасно Вы прошлись в прошлом письмеце насчет моего остепенения — эта чушь только усугубляет все реальные пакости: бедность, одинокость, старость и проч.

В беспринципной, и потому единственно для меня приемлемой, газете «Нов<ый> Амер<иканец>» будет на днях тиснута моя рецензия на 1-й том (по Голосу я говорил еще в декабре)[110]. Там то же

[110] См. рецензию Лосева на первый том АГЛ в газете «Новый американец» (1981. № 54. 17–23 февр.). Текста радиопередачи Лосева о АГЛ на «Голосе Америки» найти не удалось.

самое — восхваление и то́ма, и Вас до небес с оговоркой по поводу анти-ахм/максим, эскапад, к<оторы>х я по-прежнему не могу понять. Т. е. могу понять, что может не нравиться А. А. А. и, тем более, Влад<имир> Емельяныч[111], но не понимаю, какое это отношение имеет к данной книге. Да и прием не одобряю — тыкание носом в былые кучи. Будто Вы не знаете, что профессиональному литератору трудновато было выжить без конформистской судороги время от времени. Хотя бы среди тех, к кому Вы неплохо, кажется, относитесь, в той или иной форме оскоромились и я, и Уфлянд, и Еремин, и Виноградов, и Кондратов, и Сапгир, и конечно, Глеб[112]. Графоману соблюсти невинность легче. Ладно. Нас мало в мире, и мы не USSR и USA, чтобы позволить идеологии нас поссорить.

Новый адрес Натальи:

Natalia Sharymov
20 Bethune St. #5c
New York, NY 10014
Tel. (212) 929–2745

Ваш Леша

20

К. К. Кузьминский — Л. В. Лосеву[113]

17 марта 1982 года

64–57 Wetherole St.
Rego Park, NY 11374

17 марта <19>82
Нью-Йорк.
подвал.

Дорогой Леша! На год задержалось издание 2-го тома, потому что: а) Издатель отдал его на рецензию... ИВАСКУ и б) Потому что Иваск натравил на меня своего нового протеже Бобышева,

---

[111] Максимов.

[112] Горбовский.

[113] Lev Loseff Papers. Columbia.

и Дима звонил издателю и во все колокола с запрещением его печатать[114]. Помимо были и другие возникновения: Нуссбергу потребовалось срочно снять статью из сданного в печать тома, Виньковецкому — фото, и все они звонили Кленденнингу. Отчего, понятно, тот озверел.

Сейчас я переработал том, изрядно его сократив (на ТРЕТЬ), и единственное, чего требует издатель, — это письменного разрешения от всех «американских» авторов — включая, понятно, Вас.

Посему: жду от Вас бумажки-подтверждения, что статью об Иосифе, а также свои тексты Вы даете в том без принуждения (не под пистолетом) и согласны на их публикацию. Просто письмо: я там, Лев Лившиц-Лосев, разрешаю К. Кузьминскому опубликовать мои стихотворные и один критический текст в его антологии. Подпись. Дата. Ясно, по-аглицки — Кленденнинг по-русски не читает.

Я уже четвертый месяц в Нью-Йорике, поселился в дивном подвале Квинса, работаю как пчелка, одному Шлаксу в Аризоне сдал и сдаю — 4 книги[115], да Кленденнингу надо срочно 2-й том

---

[114] См. письмо № 15. Шестью годами ранее, 22 мая 1976 года, Кузьминский признавался Иваску, что «давно уже не встречал такой красоты и сочности языка российского», как в его стихах (Amherst Center for Russian Culture. George Ivask Papers. Box 4. Folder 17). Однако во внутренней рецензии на тт. 2А и 2Б АГЛ в сентябре 1981 года Иваск писал, что «Кузьминский не должен оставаться единоличным редактором антологии Голубой Лагуны» и предлагал «выбрать еще одного редактора, хотя бы, напр<имер>, Ефима Славинского (Би-Би-Си, Лондон), который достаточно осведомлен о новейшей русской поэзии и достаточно объективен», а материал в обоих томах «должен быть сокращен на 50–60 %»; при этом, по мнению Иваска, «необходимо удалить все сведения и суждения, кого бы то ни было порочащие (диффамацию)», «пересмотреть многие критические статьи» и т. д. См. публикацию рецензии Ю. Иваска в наст. изд. В результате т. 2Б вышел «без двух "Б", но зато со многими другими», как указано составителем, и вместо того, чтобы объединить под одной обложкой «двух "Б"» (т. е. Бродского и Бобышева), уже давно прервавших отношения друг с другом по причинам личного характера, «объединил» их в отказе — пусть и имевшим под собой разные основания — участвовать в АГЛ.

[115] Чарльз Шлакс (Charles Schlacks) — американский славист и издатель, редактор журнала *Canadian-American Slavic Studies*.

(и ложиться за 3-й[116]), да помимо дел. Жену сдал в архитекторы временно, на харч хватает.

А чего Вы, лошадь Пржевальского, не усекли потрясности Алика Мандельштама?[117] Или Бродский отравил Ваш слух навсегда? Анри написал еще одну восторженную лицензию <sic!> (на отстрел поэтов), он Роальда, в отличие от Вас, лошака, знает и ценит[118].

В редколлегию, вместо вонючих профессоров, набрал собак: покойного Джонова Лорда Черняна, свою Принцессу Нежинскую и Д-ра Финеаса Смита. Они-то уж от меня не будут открещиваться, в отличие от Вас с Хэдиком[119].

Тоська Киселева (или Иванова) из «Леннаучпопы», подруга Наймана (а ныне дебошира-иконописца Витьки Володина), написала мне по памяти кучу стихов Сережи Вольфа[120].

Меня преследует мафия, но я стойко держусь и отстреливаюсь: спасал тут малолетних Ромео и Джульетту, а след обрывается у меня в подвале...

Словом, весело.

Срочно жду разрешительного письма.

Ваш ККК, экс-голова
(из института тоже пришлось
выйти, в связи с Бобышевым)[121].

---

[116] Привычка работать (и жить) лежа была одной из составляющих «творимой легенды» Кузьминского. См. статью Э. Морс в наст. изд.

[117] Подборка стихотворений Роальда Чарльсовича Мандельштама (1932–1961) предваряет публикацию поэтов «филологической школы» в АГЛ [1: 117–137].

[118] См. «Анри о Роальде <Мандельштаме>» [АГЛ 2А: 288].

[119] Эдуардом Лимоновым, чье имя, как и имя Лосева, вычеркнуто Кузьминским из состава редколлегии АГЛ на обложке первого тома.

[120] О Сергее Вольфе см. [АГЛ 1: 229–232], в том числе цитаты из его стихов, воспроизведенные по памяти Лосевым и присланные Кузьминскому для публикации. О художнике Викторе Володине см. [АГЛ 5Б: 738–743].

[121] Первое письмо Лосеву, напечатанное не на бланке Institute of Modern Russian Literature at Blue Lagoon, а на обычном листе с новым домашним адресом Кузьминского в Нью-Йорке.

21
Л. В. Лосев — К. К. Кузьминскому
б. д.

Дорогой Костя,
всё это бесконечно печально. Вольно ж Вам было смешивать божий свет с яичницей, вашу величественную антологию с Вашими мелкими личными счетами.

Ну да дело хозяйское.

Пишите, если чего еще надо.

А Роальда жалею, но мне не интересно: вяло, манерно, диллетантно.

Ваш

Леша

22
К. К. Кузьминский — Л. В. Лосеву[122]
15 апреля 1982 года

15 апреля <19>82

Дорогой Леша! От Вас — исключительно — зависит, будут стихи Бродского в томе или нет. Как Вы помните, в нашем — трехлетней давности — разговоре с Иосифом (при Вас), Иосиф просил меня не писать о нем, а стихи — чтоб отобрали Вы. По телефону.

Сейчас, из-за этой поебени с Иваском-Бобышевым (г-н ридер растрепал Диме содержание тома), я делаю последнюю отчаянную попытку договориться с Бобышевым[123]. Как Вы понимаете, менять в СВОИХ текстах я ни ради кого ничего не намерен, но даю каждому поэту карт-бланш изложить свои соображения. Пусть они и противоречат моим.

---

[122] Lev Loseff Papers. Columbia.

[123] См. письмо № 20.

В отношении же Иосифа требуется следующее:

— список текстов, сделанный Вами (по сборникам, они все у меня есть),

— письмо Иосифа, разрешающее опубликовать данные тексты.

Не мне Вам объяснять, что ежели присутствуют Рейн и Найман — без Димы и Оси не обойтись — иначе что это за антология? Гордина, скажем, и Мака я могу пустить урывками[124] — но с Иосифом так грешно. Грешно еще и потому, что читателю это нужно[125].

Словом, полагаюсь на Вас и на Вашу добрую волю, только сделайте это — ПОСКОРЕЕ. Я должен был уже в мае сдать оба полутома (сократив их на 500 стр., что сделано), но еще есть маненько работы. Так что изыщите Иосифа и наприте. Подборка должна быть в пределах 30–40 стр. (не текстов, тексты у него километровые есть иные). Набрать их мне — один-два дня. Но срочно!

Прогостил тут 4 дня у Нуссберга <sic!> в поместье, славно поработали[126]. Завтра мне стукнет 42.

На чем прощаюсь.

Ваш ККК

---

[124] См. подборку стихов Льва Мака, открывающуюся стихотворением Кузьминского «Черемуха Маака...», посвященным Уфлянду: «Черемуха Маака. / А кто такой Маак? / На ней висит макака, / и липнет Лёня Мак...» [АГЛ 3Б: 692]. См. также статью Кузьминского «Пополнение к сиротам (Гордин, Мак, Бейн)», где идет речь, в частности, об обсуждении стихов Якова Гордина в 1959 году в ЛИТО филфака ЛГУ. Именно там Кузьминский познакомился с Бродским, см. [АГЛ 2Б: 331–332].

[125] Ср.: «Том 2-Б выйдет, когда Бобышев и Бродский перестанут выпендриваться как доярка Иванова и позволят привести свои тексты. Остальные 15–20 поэтов — подождут. В том числе, покойные» [АГЛ 2А: 616].

[126] Художник Лев Вальдемарович Нусберг, основатель «Коллектива свободных художников» (1962) и школы кинетического искусства, эмигрировал в 1976 году. С 1980 года живет в городе Орандж, штат Коннектикут. См. публ. Т. Гланца в наст. изд.

23
Л. В. Лосев — К. К. Кузьминскому
5 мая 1982 года

5 мая <19>82

Дорогой Костя,

Я старался, как мог, но Бродский решительно против публикации в антологии. Ваш бессмысленный наскок на Ахматову всё испортил[127].

Если хотите, договаривайтесь с ним сами (напишите ему).

Увы.

Леша.

24
К. К. Кузьминский — Л. В. Лосеву[128]
13 июля 1982 года

July 13 82
New York
Подвалъ

Леша, дорогой, ни из-за какой дюжины Бродских или миллиона (несть им числа!) максимовых — я с Вами не поругаюсь, ибо благодарен Вам за сохраненных Уфляндов.

Работа идет своим чередом, деньги уходят — свои (на осетрину, что покупаю у китайцев, на утку, фаршированную фисташками, мушкатным орехом, гвоздикой и булкой, — стоит, харится), и рецензии худо-бедно, по прошествии двух лет — появляются. Шлю.

Первая, где нет ни одного негативного аспекта: у Анри «мало Кондратова», у Милославского — «майские жуки» с какой-то

---

[127] См. письма № 18–19.

[128] Lev Loseff Papers. Columbia.

неточной хронологией Пастернака, у Вас — максимовы, и Джеррика — «почему нет индекса» и т. д.[129]

2-й том застрял так просто, что мне самому остопиздел: сейчас вот ТРИ МЕСЯЦА жду 30 стр. Нуссберга... И не могу нумеровать остальные 600. Обычные дела[130].

Зато закончил 4-й том молодых, 1400 стр. при примерно 100 фотах (10 в лист!) — этого-то материалу у меня довольно: с середины 60-х я плотно сел за архив, 5 фотографов на меня

---

[129] В рецензии А. Г. Волохонского на первый том АГЛ Кондратов не упоминается (*Волохонский А. Г.* Третий эпос // Мулета А: Семейный альбом. Париж. 1981. С. 188–189). Ю. Г. Милославский, в свою очередь, сообщает: «Владимир Даль в своем словаре, толкуя нам "майского жука", внезапно делает сноску и пишет, что народное поверье, будто бы жук этот — верное средство от бешенства, кажется ему справедливым. Он даже предлагает дозировку: один толченый жук на стакан водки. <...> Некоторое количество толченых майских жуков, которых там и тут предлагает нам Константин К. Кузьминский, не в состоянии испортить впечатление, но — раздражают» (*Милославский Ю. Г.* Об антологии Константина К. Кузьминского // 22. 1981. № 18; речь идет о датировке Кузьминским стихотворения Пастернака «Зимняя ночь» из романа «Доктор Живаго»). Свою претензию к составителю АГЛ Лосев объясняет так: «Вот уж нашел Кузьминский кого обвинить в конформизме! Эко дело — он обнаружил у Ахматовой стишок про пионеров, а у Максимова (в 1963 году) заметку к 7 ноября. <...> Мы знаем, что путь Максимова, как и Солженицына, как и... да почти всех писателей этого поколения, был от обманных, внушенных в детстве лжеидеалов — к правде. <...> Я лично знал из авторов этого тома шестнадцать человек, и каждый из них всегда да что-то вынужден был написать, если не про Ильича, то про комиссара с красной звездой, если не про комиссара, то хоть про космонавта (тоже со звездой). По-моему, тем больше им чести, что сумели сами себя вытащить за волосы, ступив в трясину. А уж Ахматова и Максимов в моей защите не нуждаются» (*Лосев А.* От финских хладных скал до Голубой Лагуны // Новый американец. 1981. № 54. 16–23 февр.). Наконец, английская рецензия Джеральда Янечека заканчивается так: "One regrets only that an index for each volume has been omitted in favor of a composite one forthcoming in volume five. Separate indexes would have facilitated immediate study" («Можно пожалеть лишь о том, что индекс к каждому из томов принесен в жертву общему индексу в еще не вышедшем пятом томе. Отдельные индексы способствовали бы незамедлительному изучению») (*Janecek J.* [Рец. на: АГЛ, Т. 1] // Slavic and East European Journal. 1981. Vol. 25. № 3. P. 131).

[130] См. репродукции работ Нусберга и материалы о нем в [АГЛ 2А: 113–220].

работало. А уж тексты этих юных гениев я знаю от рождения (ихнего). Так что придется сначала пустить 4-й.

А там, глядишь, и Вротский с Ёбышевым[131] одумаются или помрут.

Сделаем еще ряд книжиц, помимо, но мой аризонский издатель Шлакс — молчит. Похоже, броук. Грустно.

Лобызались тут с дочкой Маринетти на балу в честь Бурлюка, куда я пришел голый («в костюме футуриста жизни Владимира Гольцшмидта») и это был самый красивый костюм. Художнички российские устроили междусобойное мордопобиение: Тупицын дал в ухо Бахчаняну, Нуссберг напал на Косолапова, Штернберг уронил их обоих, Герловина крутила Косолапову уши, как белье, и пикала шпильками — словом, было весело. Я не участвовал, был занят: обнимая Лючию, составлял коктейли[132].

---

[131] Бродский с Бобышевым.

[132] Лючия Маринетти (Lucia Marinetti) — дочь основателя итальянского футуризма Филиппо Томмазо Маринетти (1876–1944). В архиве Кузьминского сохранились его фотографии «в костюме Гольцшмидта» (т. е. голым) на «балу» в честь 100-летия Давида Бурлюка, состоявшемся 28 июня 1982 года на Лонг-Айленд, штат Нью-Йорк, где Бурлюк жил с 1922 по 1967 год [ACRC: 74, 3]. См. письмо Кузьминского поэту Г. Н. Трифонову от 9 июля 1982 года:

> Днями только очухался от Русского Бала в честь Бурлюка, и руки еще еле пишут. <...> 28-го отчитал я кое-как Бурлюка... обходился руками и голосом, при почти 100 % не секущей по-русски публике. По ходу — переводил сам себя синхронно — видя перед собой полсотни харь профессоров и миллионеров. Обратно, надравшись, ехал за свой счет, как Бурлюк после лекций, и даже шел пешком, в моей обширной голубой египетской хлопчатой хламиде, коричневом халате, с бородой и клюкой. На следующий день решил не ехать, потому что после моего чтения, 3-м номером Поль Шмидт с мальчиком представили откровенно — гм — педерастическую пантомиму. Я вылез на сцену и заорал, что Бурлюк НЕ был им. Вывели. Не их, меня. <...> Ну, будь это вечер Кузмина-Сомова-Ивановых-Адамовичей — нешто, Гена, я бы возник? Ведь Вы помните — как я возник на ВАШЕМ вечере у Дара? А тут я тоже возник. В защиту. Но на сей раз — Бурлюка. Джон меня и вывел. Отвез на станцию, и оттуда я электричками и пешком добирался, рыдая. <...> <Н>акатила шобла приглашенной хипни: концептуалисты из Москвы, фотографы, просто художники — силком облачили голого в халат и повезли. Добавим: пьяного, как и Мышь. Ехали караваном: Лонг-Айленд миллионер-

КСТАТИ, Леша, в Ваших мемуарах об отце упоминается писательский дом на канале Грибоедовом — это тот, с высокими арками во двор и мрамориальной доской Саянова? Там жил Серега Лесючевский (уж не сам ли, прости Господи?..), который

ский далеко <...> впереди я с Мышью и Нежкой в машине Бори Штернберга и его жены, москвичей-художников, сзади — херр Нуссберг с беременной новой женой и недоделанной к юбилею его-моей книгой Бурлюка, а также режиссером Мишей Богиным... <...> Сзади волоклись еще концептуалисты: Бахчанян-Герловины-Ур-Тупицыны и чорт знает кто. На лесной дорожке остановили шестерки с фонариками: парковка — тут, дальше — пешком, всё забито на милю. Тут же, на дороге <...> расписали меня футуристом жизни Владимиром Гольцшмитом: на пупе фламастером написали «Я», а на ж..., на обеих половинках «ГОЛЬЦ ШМИДТ», при этом Римка Штернберг зачем-то подрисовала цветочки. Так я, в гватемальских плетеных варачес, при бороде и клюке, но в полумаске, прошествовал в зал. Народу в «футуристических» костюмах — штук сто, на меня накинулась (лобызаться) хозяйка, она же мадам Фрейдус, миллионерша, за ней я попал в объятья дочки Маринетти, Лючии, потом, после некоторого шока (от костюма) ко мне ринулись все. Остальных — одетых в псевдо-«конструктивистские» костюмы, марсианами и вампирами — никто не замечал. Джончик (директор) был счастлив, с Полем мы помирились (я ему сказал, что у нас за это люди СИДЯТ, приведя в пример Вас, а они тут — выябываются). <...> Потом пошли танцы-шманцы, я влез в хоровод (натурально — в центр), после чего занял прочную стойку у буфета. Объяснял итальянцу-бармену, как смешивать коктейли, дегустируя результат и временами подпуская очередную даму к ручке. Обнимался с Лючией и с кучей других друзей. Потом гляжу: в центре, на полу гигантского холла, увешанного оригиналами Бурлюка и американской мазней ташистской, — куча-мала. Бьют кого-то. Ничего, — объясняю бармену, — это у нас, у русских, так принято. Потом пошла беготня по холлам, комнатам и переходам, кого-то ловили, а я пошел искать Мышь. Нашел в вестибюле. Мирно спала на полу с собачкой и никого не ловила. Я тоже не стал. <...> Потом начали выкидывать русских — и тех, кто дрался, и тех, кто разнимал, — подоспевшие и оправившиеся от изумления шестерки. Американка Хаттонша (владелица галереи) продолжала, вопя, разыскивать Тупицына, крича, что отлучит его от всех галерей. Джон прятал Тупицына. Словом, хэппенинг-симпозиум в честь 100-летия Бурлюка вышел на славу, с выбитыми окнами (выгнанные начали швырять в них кто чем) и побитыми мордами.
(Пчела. 1988. № 12. URL: http://kkk-pisma.kkk-bluelagoon.ru/pchela.htm (дата обращения: 24.06.2020))

притаскивал в школу «Футуриста Мафарку» Маринетти и 1-й том Хлебникова[133]. Единственное, что меня покоробило, что эта Баланда о куске хлеба <sic!> — творение Вашего батюшки... Ее читал Левка Елисеев, выступал с Озеровым в ЦПКиО, и я предпочел надраться в поплавке, чтоб только не слышать. Пардон. А что человек он хороший был — это я из Вашего мемуара понял, это хорошо[134].

В принципе, новостей никаких нет, дело стоит, 2-й том вообще выпускать не хочется: разлитие желчи на всех этих гениев, и оно, естественно, привкус ее ощущается... Лучше уж пущу своих мальчиков, о них у меня лирично, но опять — жду фотографа: надо переснять с полдюжины фот... Да 2 обложки еще макетировать... Да свой роман набирать... Да Зирокс тут хочу прикупить, свой, персональный чтоб.

---

[133] «Писательский небоскреб» (наб. канала Грибоедова, 9). На внешнем фасаде дома установлены мемориальные доски Виссариону Саянову и др. литераторам. См. воспоминания Лосева «Перемены места жительства» о детстве и жизни с отцом: «Мои воспоминания начинаются только после этого <дома>, с двухлетнего возраста, уже на канале Грибоедова. Говорили, что огромный, на целый квартал, дом, был построен в XVIII веке для певчих дворцовой церкви, но не могло же там быть столько певчих! В 1934 году надстроили два этажа, четвертый и пятый, с квартирами относительно благоустроенными, для ленинградских писателей. Так потом и говорилось: "живет в надстройке". Нам дали квартиру не в надстройке, а на третьем этаже» (*Лосев Л. В.* Меандр... С. 150). Сергей Николаевич Лесючевский — сын советского писателя и редактора, одноклассник Кузьминского: «В нашу английскую школу, в 54–56-м, два троечника — Лесючевский (сын издателя, заложившего Мандельштама) и Виноградов (сын сталинского критика, того же разливу), "Лиса" и "Веник", — приволокли из папашиных библиотек — первый степановский том Хлебникова (поржать) и — "Футурист Мафарка" Томазо Маринетти (в переводе Вадима Габриэловича Шершеневича) — что и сделало меня футуристом, навсегда». См.: Интервью Константина Кузьминского Денису Иоффе. 2004. 28 ноября — 26 декабря. Амстердам — Нью-Йорк. URL: https://kkk-bluelagoon.ru/ioffe_1.htm (дата обращения: 24.06.2020). Шершеневич перевел «африканский роман» Маринетти «Футурист Мафарка» в 1916 году.

[134] Известное «военное» стихотворение отца Лосева Владимира Александровича Лифшица «Баллада о черством куске» (1942). См.: *Лосев Л. В.* Меандр... С. 324. Лев Михайлович Елисеев (1934–2015) — актер, исполнитель произведений прозы и поэзии. «Поплавок» — плавучий ресторан в ЦПКиО на Средней Невке.

И заняться САМИЗДАТОМ вплотную. На американском уровне «смолл пресс»[135]. Один хрен, и Академиздат — денег не дает: 17 долларов с Е-Би-Си за передачу о 1-м томе[136]. И ША. А от издателя пока — нуль.

Ну на чём — остаюсь искренне Ваш и желаю Вам всего. ККК.

25
К. К. Кузьминский — Л. В. Лосеву[137]
18 марта 1987 года

18 марта <19>87

подвалъ-2

KKKuzminsky
Basement
2009 85th Str.
Brooklyn, NY 11214

Дор. др. Лившиц! Спасибо за еремина, первую копию я купил на ярма<р>ке Ефимова 27-го, когда нео-футы (мы) славно потешились над старо-акмами (Вами с Бахытиком), Ося же при этом — морщился[138]. В книге — дивно, что новые, единственно — охренел от Ваших с Нахимовским любомудрствований на тему о тропах — о ЕРЕМИНЕ — не узнал НИЧЕГО нового[139]. Ваша прекрасная статья «Тулупы мы» — по сю чарует.

---

[135] Small press (*англ.*) — независимое издательство. Таким small press станет для Кузьминского издательство «Подвал», в 1990-е — «Последний подвал», в котором он будет публиковать как произведения исторического авангарда (Д. Д. Бурлюк, В. И. Гнедов, П. Н. Филонов, А. Н. Чичерин), так и современных авторов — представителей неофициальной культуры и эмиграции.

[136] Т. е. Би-би-си (British Broadcasting Corporation; BBC).

[137] Lev Loseff Papers. Columbia.

[138] Имеется в виду фестиваль русской поэзии, проходивший с 27 по 31 декабря 1986 года в Нью-Йорке.

[139] Первый сборник стихов Еремина вышел в издательстве И. М. Ефимова «Эрмитаж» в 1986 году с послесловием Лосева «Жизнь как метафора», в котором цитируется письмо лингвиста, профессора Нью-Йоркского

Леша, я сейчас в хреновой форме (47-дневный запойчик лирических причин с 17 дек. по 7 фев., 15 поэм в 1500 строк с 8 по 21 фев., исполнение оных 1 марта — в «костюмах» и без оных), словом, не до.

Но Виноградова страстно хочу. Не отпечатаете ли копию и условия — не или как — публикации?

Пашу «Забытый авангард»[140], переделываю в корне книгу о художниках — прочтя тут, надысь, академических блекот шведки(?)-социолога, Голомштока и Джаниет Кеннеди о русских художах на Западе[141] — как НЕ НАДО писать, и добиваю 3 «алфавитных» Московских тома[142] + 1 индексный...

Очень хотелось бы Виноградова, надеюсь, понимаете?

И еще хочу в Новую Гвинею.

Остаюсь в тоске и пр., Ваш и т. д.

университета А. Д. Нахимовского Лосеву о «прасубстантиве» у Еремина. См. более раннее эссе Лосева о Еремине (Эхо. 1979. № 7–8. С. 9–11). «Бахытик» — поэт Бахыт Шкуруллаевич Кенжеев.

140 См.: Забытый авангард. Россия, первая треть XX столетия: Сб. справочных и теоретических материалов / сост. К. Кузьминский, Д. Янечек, А. Очеретянский. Wien: Gesellschaft für Förderung Slawistischer Studien, <1988> (Wiener Slawistischer Almanach. Sbd. 21).

141 «Шведка-социолог» — профессор Браунского университета Мэрилин Руэшмайер (Marilyn Rueschemeyer). «Академические блекоты» — см.: Soviet Émigré Artists: Life and Work in the USSR and the United States / ed. by Marilyn Rueschemeyer, Igor Golomshtok, Janet Kennedy. New York; London: M.E. Sharpe, Inc., 1985.

142 См. статью И. Ахметьева в наст. изд.

Михаил Павловец
(Высшая школа экономики, Москва)

Антология Константина Кузьминского и Григория Ковалева *У Голубой Лагуны* как авторский жанр

История о том, как отрицательная рецензия Юрия Иваска на обе книги второго тома Антологии[1] К. К. Кузьминского «У Голубой Лагуны» (т. 2А и 2Б) задержала ее выход, так что между первым томом (1980) и полутомами 2А и 4А (1983)[2] возник временной лаг в три года, наложила свой отпечаток на эти и последующие тома издания, хотя подробно в них и не излагается. Обращение издателя за рецензией на очередные тома именно к Иваску не случайно: он был известен не только как авторитетный литературный критик, но и как составитель антологии русской зарубежной поэзии «На Западе», вышедшей в 1953 году [Иваск 1953]. Однако рецензия, несмотря на предваряющие ее критическую часть «формулы вежливости», оказалась уничтожительной; кроме того, Иваск привлек на свою сторону довольно влиятельных союзников, чьи произведения планировались составителем к включению во второй том, — а значит, и в тот контекст, который этим томом задавался, о чем позднее рассказал один из этих поэтов, Д. В. Бобышев:

---

[1] Именно так — с заглавной буквы — предпочитал писать жанр своего труда Кузьминский, — и мы в этом следуем за ним.

[2] Том 2Б вышел в 1986 году.

> Он в одном из томов собирался напечатать всю нашу четверку «сирот», причем без спросу. Я окольными путями узнал, что в этом же томе он собирается напечатать свои довольно вульгарные издевательские пародии на Анну Ахматову. Надо сказать, что у него был некоторый заскок, кажется, это называется мизогиния — женоненавистничество. Особенно он издевался над поэтессами, у него даже была коллекция «менструальной поэзии». Увы, туда он занес и Ахматову. С этим безобразием я, конечно, печататься не мог. Если бы не это, я бы не протестовал, если бы он напечатал мои стихи. Бродского он тоже не спросил, а Найман, когда я уезжал, вообще настаивал, чтобы я препятствовал его публикациям на Западе. И вдруг оказывается, что Кузьминский печатает нас в одном томе и там же отвратительные пародии на Ахматову. Тут я, конечно, вспомнил про свои авторские права, позвонил ему и запретил печатать, на что он поинтересовался, что я буду делать в случае, если он всё же напечатает. Тут я повторил слова Надежды Яковлевны Мандельштам, которая была в подобных обстоятельствах: я сказал, что обращусь в суд. Какой суд? Народный, конечно! Мало того, я позвонил Бродскому в Нью-Йорк и сразу сказал, что я по делу, связанному с Ахматовой. Он очень нормально воспринял меня, выслушал и сказал, что он об этой кузьминской затее ничего не знал и тоже запретит ему печатать свои стихи.
> [Бобышев 2019]

Из всей «ахматовской четверки» именно отказ Бобышева и Бродского, по-видимому, особенно задел Кузьминского — вероятно, потому, что оба уже были в эмиграции и им не грозили возможные проблемы с зарубежной публикацией; кроме того, Кузьминский, несмотря на всю сложность его отношения к Бродскому, не мог не признавать значимость его фигуры как поэта:

> Том разбухал с катастрофической быстротой, и не за счет Бродского или Бобышева — эти «сироты» и эстетствующие циники-медники быстро слиняли, узнав, что я говорю — даже не о сифилисе! — их кумира Ахматовой, а за счет поэтов, так называемых, «малых», которые, тем не менее,

> куда характерней, типичней и, я бы сказал, ВАЖНЕЕ — поэтов «больших». <...> Я не делаю антологию «знаменитостей». Тогда я, может быть, и поэта Бобышева к чертям выкинул бы: какая он знаменитость... <...> Согласно мнению проф. Иваска — в антологии следовало оставить только Бродского-Бобышева. Ну так пусть он сам их печатает. А я остальных.
> [АГЛ 5А: 197][3]

Была и еще одна причина, вызвавшая неприятие Иваска, на которую обращает внимание критик и литературовед В. Г. Кулаков: ее раскрывает содержавшееся в результирующей части рецензии требование «удалить все сведения и суждения, кого бы то ни было порочащие (диффамацию)», что, по мнению Кулакова, противоречило бы еще одной принципиальной установке Кузьминского, заработавшего себе репутацию скандалиста и нарушителя «светских» конвенций:

> Разумеется, Кузьминский не внял разумному, но совершенно неприемлемому для «Лагуны» совету ныне покойного профессора. Разумеется, Кузьминский нажил себе кучу врагов. Хотя, на мой взгляд, ничего уж особо оскорбительного составитель «Лагуны» не написал. Ведется обычная литературная полемика. Просто Кузьминский все вещи, которые обычно не произносятся, а только подразумеваются, произносит. Это непривычно. Но не более оскорбительно, чем любая полемическая статья.
> [Кулаков 1999: 213]

---

[3] В первой из двух предуведомлений «От составителя» к первому тому Кузьминским самим сказано: «Второй том, сугубо петербургской поэзии, включает: Волохонского, Хвостенко, Ентина, Бурихина, Рейна, Наймана, Бобышева, Бродского, Кушнера, Гордина, Мака, Шнейдермана, Голофаста, Геннадия Алексеева, Соснору, Безменова и далее» [АГЛ 1: 16]. Когда же от замысла пришлось отказаться, задетый Кузьминский дал капслоком в предуведомлении ко второму полутому 2-го тома эпиграф «БЕЗ ДВУХ “Б”, НО ЗАТО СО МНОГИМИ ДРУГИМИ», где начальный инициал фамилий поэтов допускает и его оскорбительную расшифровку, а также три эпиграфа к первому полутому и эпиграф из Бродского ко второму, так или иначе касающиеся Бродского и Бобышева [АГЛ 2Б: 7].

Судя по сохранившимся в архиве Кузьминского материалам, составитель Антологии, сохраняя верность своим эдиционным подходам, истоки которых, как можно предположить, лежат в практике русских футуристов самим издавать подборки уничижительных критических высказываний о себе[4], планировал опубликовать полный текст рецензии в том же формате, в котором он публиковал такого рода материалы в своей антологии — с добавлением своего одновременно горького и едкого комментария:

> ОТ СОСТАВИТЕЛЯ:
> Ни 2-й, ни 4-й (готовые к печати, 3000 стр. набора при 500 фото), ни 3-й (составляемый) тома этой антологии — НЕ ВЫЙДУТ.
> По прочтении рецензии Иваска (вот не знал, что мой издатель читает по-русски!), издатель, выражаясь русским языком, заб...л: он не хочет неприятностей, телефонных звонков и писем от адвокатов. Он хочет мирно кушать свой кусок хлеба с маслом. Я его понимаю.
> Рецензии гг. Иваска, Струве, Филиппова, С.....кого на «Аполлон-77» Шемякина (изданный своекоштно), подтверждают слова В. Максимова:
> «Что ж, в демократическом мире печать свободна от всего, даже от ответственности, и имеет право на всё, даже на непробиваемую глупость»[5], и потому остались без ответа.
> Я тоже не претендую на «ответ», я лишь задаю вопрос: (вопрос сформулируйте сами).
> Константин К. Кузьминский[6]

Однако ни в Антологию, ни в другие издания этот текст, хранящийся в архиве Кузьминского, как и сама рецензия Иваска, не вошли. Опубликовал Кузьминский несколько позже только упомянутую резюмирующую часть рецензии (в которой содер-

---

[4] Нападки на футуристов были собраны Б. Лившицем в статье «Позорный столб российской критики: Материал для истории литературных нравов» в «Первом журнале русских футуристов» [Каменский 1914: 104–131].

[5] Цит. по: [Максимов 1981: 118].

[6] [ACRC: 26, 7].

жались неприемлемые для него требования) в характерной для него монтажной сцепке: в томе 5А он открывает подборку стихотворений ленинградского поэта и художника Ю. П. Сорокина текстом рекомендательной записки сотрудника Русской службы BBC и активного участника неофициальной жизни Ленинграда 1960-х годов Е. М. Славинского: «О качестве стихов не имею понятия, потому что и самого оригинального из этой школы — Хвоста — понимаю с трудом» [АГЛ 5А: 523]. К этому Кузьминский от руки приписывает свой комментарий: «Ефим Славинский, друг Бродского и Хвоста. Поэтому (см. — “понимаю с трудом”), вероятно, проф. Иваск (к счастью, уже покойный) и рекомендует его» [Там же]. Данным монтажом Кузьминский дает понять: настоятельная рекомендация Иваска в его рецензии «усилить» редакцию Антологии за счет «Ефима Славинского (Би-Би-Си, Лондон), который достаточно осведомлен о новейшей русской поэзии и достаточно объективен», есть не только попытка смены концепции издания, но и «усиления» ее за счет человека, который «понимает с трудом» тех авторов, которые в антологию включены, а следовательно — едва ли достаточно компетентного для редакторской работы. Иначе говоря, объектом полемики для Кузьминского является не Славинский, рекомендующий поэта, о качестве стихов которого сам же отказывается судить (возможно, впрочем, остерегаясь резкой их оценки со стороны своего адресата)[7].

Кузьминский «через голову» Славинского возвращается к полемике с Иваском и в качестве оснований своего противника приводит только те, что перечислены в резюмирующей части к рецензии (плюс выявляет предполагаемую тайную подоплеку критики: стремление влиять на содержание и состав будущих томов антологии через своих «доверенных лиц» — Славинского, а также упомянутого в том же заключении филолога и диплома-

7 Само такое включение не противоречило бы принципам редактора Кузьминского: в свою Антологию тот подчас включал авторов, ему чуждых (что может быть интерпретировано как «непонятных» с позиции иных, нежели у Кузьминского, эстетических конвенций), например, эмигранта из Мукачево Александра Кохава [АГЛ 3Б: 568–570].

та, в то время аспиранта Техасского университета в Остине И. Д. Левина). Однако то, что рецензия не была опубликована (ее вхождение в состав Антологии при жизни Иваска могло бы вызвать правовой конфликт между ним и издателем и поставило бы под вопрос выход тома; умер же Иваск в один год с выходом последних выпусков Антологии), не позволяет ее читателю до конца прояснить суть как эстетических, так и эдиционных разногласий между Иваском и Кузьминским. На них, помимо прочего, указывает разве что приведенная в томе 5А приписка Иваска к своей рецензии:

> О себе. По отношению почти ко всем участникам антологии Лагуны я принадлежу к поколению отцов. Но это не значит, что я неспособен их понять. Несколько лет тому назад я многими из них увлекался. Позднее — разочаровался. Но продолжаю высоко ценить Бобышева, Бродского, а также — стихи обновленной простоты, написанные очень разными поэтами и представленные в Антологии.
> [Там же: 523]

В самой этой приписке видно, что у Иваска есть свои предпочтения в современной поэзии, которые, очевидно, не нашли своего достаточного отражения в антологии Кузьминского. Так, категория «простоты» — одна из ключевых в эстетике Иваска как критика: он обнаруживал ее в творчестве Ю. К. Терапиано, поэтов «парижской ноты» (прежде всего Г. В. Адамовича)[8] — и вновь предпочитает находить в новом поколении поэтов, возможно, находясь под влиянием поздней пастернаковской концепции «неслыханной простоты». Имея за спиной опыт составления собственной авторской антологии, Иваск кладет его, как и собственные представления о критериях жанра, в основу своей критической рецензии, не отметая вовсе сделанное Кузьминским, но предлагая конкретные ходы по «улучшению» Антологии.

---

[8] См. [Иваск 2003: 368]. В статье 1950 года Иваск замечает: «Ведь за нами Серебряный век русской поэзии, и давно уже чувствуется, что мы в каком-то лирическом тупике. По-видимому, поэзия должна стать более прозаической, и по языку, и по темам» [Иваск 1950: 204].

Известно, что в XX веке античный жанр «антологий» приобрел максимально широкое толкование: под ним стало пониматься сделанное одним или несколькими составителями собрание произведений различных авторов, объединенных по какому-либо принципу — хронологическому, жанровому, тематическому и пр. С этой точки зрения книга, составленная Иваском, по-своему образцова. К примеру, некруглое «число» цифр статистики этого издания (то, что в нее включено 393 стихотворения 88 авторов — 61 поэта и 27 поэтесс), скорее всего, свидетельствует о том, что составитель руководствовался не стремлением вписаться в заранее определенную рамку (скажем, «100 поэтов Зарубежья»[9]), но исходил из того, что, по его мнению, особенно достойно внимания читателя. В основу антологии положено сразу несколько принципов отбора, кратко очерченных в предисловии самим Иваском. Первый из них — тематический: предпочтение отдается «лирике» перед стихотворной «публицистикой» (то есть, по-видимому, исповедальности перед политической ангажированностью), а также трем ведущим, с точки зрения составителя, темам эмигрантской поэзии: теме Родины, Чужбины (она же — «Россия и Запад») и Одиночества (уединения). Структурно антология Иваска поделена на четыре части, следуя принципу не только территориальной, но и поколенческой принадлежности:

1. «Старшие поэты» (13 поэтов, получивших признание еще до революции).

2. «Парижские поэты» (тут есть и поэты старшего поколения, и те, кто сложился как поэт в специфической среде парижской эмиграции, — общим числом 37).

3. «С разных концов» (23 поэта других центров русского рассеяния).

4. «Новые голоса» (15 поэтов «второй», военной и послевоенной волны русской эмиграции).

---

[9] В этом смысле показателен «Словарь поэтов Русского Зарубежья» под редакцией В. П. Крейда [Крейд 1999], включившего в издание ровно 410 имен поэтов — 270 «первой» волны, 40 — «второй» и 80 — «третьей».

Заметно стремление составителя представить как можно больше разных авторов (пояснение Иваска «О духе любого искусства нельзя судить по единицам. Искусство создается многими (хотя, конечно, и не “коллективом”)» [Иваск 1953: 8] близко принципам Кузьминского). При этом явны предпочтения составителя: пусть он и оговаривает, что «целый ряд поэтов придется, за отсутствием места, не представлять вовсе или представить недостаточно полно» [Там же], тем не менее 24 поэта даны в антологии всего 1–2 своими стихотворениями, тогда как 7 поэтов (единственное число, заставляющее подозревать некоторую символичность) — 10 и более, и сам их перечень показателен: В. Ф. Ходасевич (13), М. И. Цветаева (12), Г. В. Иванов (15), А. П. Ладинский (10), Б. Ю. Поплавский (10), А. С. Штейгер (12), Д. И. Кленовский (11). Таким образом, складывается нечто вроде «канона» Русского Зарубежья, в котором лишь Кленовский принадлежит ко «второй волне» (хотя поколенчески — а он родился в 1893 году — вполне мог бы принадлежать и первой); все остальные — поэты, так или иначе связанные с Парижем (включая двух отнесенных Иваском к первой группе — «старшему поколению» — Ходасевича и Цветаеву).

В свете собственных составительских принципов Иваска становятся понятнее его замечания, предъявленные Кузьминскому: по-видимому, отдавая предпочтения неоакмеистической линии отечественной поэзии и делая оговорку для «обновленной простоты» якобы «преодолевших авангард» С. Я. Кропивницкого, Г. В. Сапгира, И. С. Холина, Л. Г. Ентина и др., Иваск небезосновательно видит в Кузьминском и в отобранных им авторах преимущественно наследников авангардистской линии отечественной поэзии — русского футуризма и ОБЭРИУ. Это, по мнению критика, противоречит принципу репрезентативности такого рода антологий по отношению ко всей совокупности неофициальной поэзии на русском языке, так как слишком выпячивает индивидуальные предпочтения составителя; это отчасти можно было бы компенсировать вхождением в редакцию стоящих на иных эстетически позициях членов и согласованием их позиций (неслучайно замечание Иваска в рецензии о том, что «соредактор Г. Ковалев, по-видимому, не принимал деятельного участия в этом сборнике»).

Очевидно, что принципы Кузьминского-«антологиста» были почти противоположны критериям Иваска и вряд ли могли бы быть им приняты, так как расходились с представлениями критика о самом жанре поэтической антологии, ее назначении и прагматике. Если задача антологии «На Западе», по словам составителя, — просветительская: «...просто ознакомить читателя с зарубежными поэтами» [Иваск 1953: 5], и он адресует издание широкой категории «читателей», то адресация Антологии Кузьминского куда более проблематична. Так, автор «академического» предисловия к этому принципиально «антиакадемическому» изданию Джон Боулт осторожно отмечает:

> В конечном счете эта антология будет понята лишь определенной аудиторией, поскольку это книга для посвященных. Г-н Кузьминский совершает литературный обряд, который вызовет лишь озадаченность и отвращение среди тех, кто находится вне очарованного круга барачной России. В самом деле, общественный резонанс на эту антологию не будет отличаться от публичного отношения (или отсутствия его) к отдельным авторам представленных в ней стихотворений. [АГЛ 1: 12]

Сам Кузьминский, не отрицая просветительской задачи в целом, тем не менее подчеркивает субъективность своего подхода — «идя от себя» и основывая отбор на собственном интересе, осведомленности и отчасти предпочтениях: «Как сказал Молот: “Писать нужно то, что не сможешь нигде прочитать”[10]. Я и пишу. Потому что НИГДЕ прочитать не могу про всех этих поэтов. И не справки их биографические, справки в ЖАКТе выдают, и даже не “биографию духа” — она в их стихах, а — память, воспоминания» [АГЛ 2А: 98].

С одной стороны, автор воспроизводит пушкинскую модель творчества «я пишу для себя, а печатаю для денег, а ничуть для

---

[10] Это высказывание переводчика В. Л. Молота потом будет взято в качестве эпиграфа к тому 5А.

улыбки прекрасного пола»[11], — хотя правильнее было бы сказать, что он эту модель разыгрывает, ибо Антология адресована пусть и не слишком широкому, но все-таки внешнему кругу. Кроме того, полученные за издание средства Кузьминский пускал на продолжение его выпуска и «прекрасным полом» интересовался. С другой — всю Антологию действительно отличает та «кружковая семантика»[12], о которой говорил Ю. Н. Тынянов: составитель Антологии не только первый из ее читателей — он одновременно и один из персонажей, позволяющий себе не церемониться с другими, самостоятельно отбирать (или игнорировать) то, что нуждается в пояснении и то, что будет понятно разве что конкретным адресатам, считывающим приватные намеки или осведомленным в тех эпизодах литературной жизни и подробностях литературного быта, к которым отсылает Кузьминский. Для непосвященного вход в мир Антологии не закрыт, но это не значит, что «профан» имеет приоритет для «составителя»: само «непонимание» им не только некоторых текстов, но и контекстов вполне можно рассматривать в рамке авангардистского «адекватного непонимания»[13].

«Антология» как жанр всегда является результатом определенного отбора и потому предполагает подведение хотя бы предварительных итогов, структурирование репрезентируемого ею поля — что, в частности, облегчает поиск нужной информации. Однако Антология Кузьминского по своей сути «процессуальна» и текуча, в ней культура русского андеграунда представлена как всё еще становящаяся, зыбкая в своих границах — пространственных, временны́х, персональных. Эта процессуальность выражается и в том, что последующие тома Антологии (и их содержание, и их действительное количество) не вполне отвечают тому, как они были аннотированы в первом томе: одни и те

---

11 Из письма П. А. Вяземскому от 8 марта 1824 года [Пушкин 1962: 91].

12 «...домашняя, интимная, кружковая семантика всегда существует, но в известные периоды она обретает литературную функцию» [Тынянов 1977: 279].

13 «Непонимание, полное или частичное, органически входит в замысел авангардиста и превращает адресата из субъекта восприятия в объект, в эстетическую вещь, которой любуется ее создатель-художник» [Шапир 1995: 137].

же авторы возникают в разных контекстах и получают подчас взаимоисключающие оценки — так, поэтам «филологической школы» посвящена большая стихотворная и мемуарная подборка в первом томе, но в томе 5А дополнительно дается мемуарный очерк Крейда о поэте М. М. Красильникове «Футурист пятидесятых годов» [АГЛ 5А: 559–578].

И *субъективность*, и даже резкость, и не всегда «справедливость» оценок Кузьминским творчества (а иногда и личностей) тех, кого он включил (или не включил) в свое издание, стали притчей во языцех, однако очевидно, что он умел разводить личные отношения и объективную оценку произведений, включаемых им в Антологию фигур, на чем настаивал и сам: «Личные симпатии и антипатии составителя отражаются на тоне предисловий, но никак не на самих подборках» [АГЛ 1: 17]. Однако и этот тезис требует проблематизации, поскольку не только на перечне отбираемых авторов, но и на составе отобранных для публикации произведений лежит неизгладимый отпечаток индивидуальности составителя. Так, довольно красноречиво очевидное преобладание в Антологии произведений поэтов-мужчин (обычно объясняемое «мизогинией» Кузьминского, пусть и весьма выборочной) или отсутствие в ней тех авторов, к кому составитель испытывает не просто неприязненные — но враждебные чувства (например, ленинградского, а впоследствии израильского поэта М. С. Генделева)[14].

Кроме того, субъективность составителя преломляется в *коллажности* структуры Антологии: сама тематическая специализация томов далека от последовательности. Исключением можно назвать разве что второй том «сугубо петербургской поэзии» и третий том — «региональный»; и то упомянутая «сугубость» предполагает определенный отбор среди уже самой «петербургской поэзии» по принципу ее идентичности, «петербургскости» (по которому и планировалось первоначальное включение в него стихотворений Бродского и Бобышева), а третий том покрывает далеко не все региональные центры поэзии, возможно,

[14] Показателен раздел «Кого здесь нет» в [АГЛ 1: 33–35].

не только по причине недоступности многих материалов (этот вопрос требует своего прояснения и большой архивной работы: насколько всё из того, что у Кузьминского было на руках, включалось им в Антологию). Тот же принцип коллажности торжествует и в том, как распределяются те или иные авторы по направлениям и группам, когда одни поэты идут особняком, другие помещаются в конкретные «школы» («филологическая школа», «геологическая школа» — по месту учебы, «барачная школа» — по локализации, «формальная школа» — в полной мере «по формальным признакам»; по месту общей публикации — «Поэты “Синтаксиса”» и т. п.). Безусловно, такая типологизация далека от научной (хотя обозначение «филологическая школа» вошло в обиход и стало общепринятым), что для составителя Антологии опять же принципиально: его *антиакадемизм*, видимо, коренится в футуристическом неприятии «тайных пороков академиков» с их известным «объективизмом», деконструируемым Кузьминским. Кстати, и само название Антологии, о котором саркастически отзывается Бобышев («Банальность такого названия для Кузьминского, относившего себя к неофутуристам, должна казаться позорным словосочетанием» [Бобышев 2019]) тоже выдержана вполне в футуристическом духе — под «галантерейным» названием (вроде «Помады» А. Е. Крученых) спрятано довольно вызывающее содержание.

Субъективизм составителя преломляется и в высоком удельном весе *паратекстуальности* — рамочных текстов: разного рода предуведомлений, комментариев, иллюстраций и т. п. Читатель почти никогда не остается один на один с произведениями вошедших в издание авторов, постоянно ощущая присутствие составителя, его вмешательство в процесс репрезентации чужих текстов. Далеко не всегда вводные или сопроводительные тексты принадлежат перу самого Кузьминского, но и в случае, когда он берет статьи Э. В. Лимонова, Л. В. Лосева или др., за этим стоит выбор составителя, который подчас оставляет на полях этих текстов собственные комментарии.

Важна оговорка самого Кузьминского: «В антологии этой — изрядно имен безымянных. Но они — ГОВОРЯТ. Говорят — от меня — за себя. И за всех. За эпоху. Это вроде "ГУЛАГА", где авторский голос — явился цементом лишь возгласов многих» [АГЛ 2А: 97]. Сравнение с «Архипелагом ГУЛАГ» А. И. Солженицына подчеркивает недостаточность определения роли Кузьминского лишь как составителя или даже комментатора собранных им материалов. Автор Антологии, как и автор «Архипелага», одновременно представлен и «диегетически» — своим опытом «внутри» мира своего произведения, и «экзегетически» — в роли его организатора, синтезирующего собственный голос в полифонии других звучащих голосов, но оставляющего за собой «завершающее слово» [Бахтин 2003: 98]. Не только «собиратель» и «архивист», но и свидетель, очевидец и участник — вот еще несколько модусов авторской субъектности Кузьминского в Антологии.

Включает Кузьминский в свою Антологию и собственные произведения — выделяя их в отдельный «монографический» раздел «экспериментального» первого «полутома» второго тома, и одновременно растворяя свои или созданные при собственном участии стихотворные опусы в текстах нарративных[15]. Напомним, что Иваск принципиально не включил в антологию собственные творения, ограничив себя ролью составителя и автора предисловия, хотя и мог бы претендовать на определенное место в поэзии русской эмиграции. Кузьминскому важно подчеркивать, что он прежде всего — поэт, который говорит о других поэтах изнутри своего цеха, что легитимирует субъективную резкость, пристрастность его оценок. Важным нам представляется и замечание Д. М. Давыдова в его рецензии на переиздание первого тома Антологии в России в 2006 году:

> Почти все разгромные эскапады Кузьминского касаются именно способов бытования письма, но не самого письма. Кузьминский одновременно и разоблачает мифы, пытаясь извлечь из недр андеграунда десятки имен, сотни текстов, продемонстрировать извлеченное во всей его самобытности, сказать: на самом деле оно устроено вот так, — и одно-

---

[15] См., напр., его «обратные иллюстрации» [АГЛ 1: 305–306] или раздел «Совместное» [АГЛ 4Б: 613–615].

> временно создает мифы, выстраивая причудливые конструкции, долженствующие отобразить мир неофициальной поэзии и, шире, культуры. Миф в данном случае — не ложь, не искажение, но предание обыденности некоего эпического ореола, исполненной пафоса ауры.
> [Давыдов 2010: 184]

Одним из своего рода «программных» текстов, значимым образом завершающим антологическое «пятикнижие», становится очерк Кузьминского «Кому не нужны поэты», снабженный эпиграфами из стихотворений А. А. Блока «Поэты» и К. А. Кедрова «Кофейня» («У поэтов есть такой обычай: / В круг сойдясь, оплевывать друг друга») и посвященный отсутствию солидарности в среде стихотворцев и резкости их взаимных нападок. Показательно, как в эту статью введен блоковский эпиграф:

> За городом вырос (какой-то) квартал
> На почве неровной и зыбкой.
> Там жили поэты, и каждый встречал
> Другого — надменной улыбкой...
> [АГЛ 5Б: 713]

Сравнение с первоисточником («За городом вырос пустынный квартал / На почве болотной и зыбкой») позволяет заметить, что в одном случае Кузьминский пометил забытое им слово «пустынный», восстановив метрический рисунок при помощи вставки в скобках, в другом же заменив характерное блоковское «болотной и зыбкой» на «неровной и зыбкой». Тем самым он еще раз подчеркнул не просто «антиакадемичность» своего издания (заметим, что антология Иваска в этом смысле в основном аккуратна в воспроизведении первоисточников)[16], но и то, что публикуемые им чужие стихи проходят через фильтры его собственного сознания, то есть именно память составителя нередко яв-

---

16 Впрочем, поэт Д. И. Кленовский в письме В. Ф. Маркову от 8 марта 1954 года язвительно замечает по поводу антологии «На Западе»: «...под благодарностью Иваска жене за корректуру книги я не подписываюсь, ибо в моих стихах я нашел три “досадных опечатки”» [Кленовский 2001: 596].

ляется непосредственным источником не только воспоминаний, но и самих стихотворений других авторов. Тут стоит указать на феноменальные способности к запоминанию стихов Кузьминского. Известно, что первый том начинал составляться по памяти: архив составителя был еще в Израиле[17]. Подчеркивание «изустного» характера ряда включенных в Антологию текстов было для Кузьминского способом выстроить преемственность его собрания именно к неподцензурной культуре, в которой многие произведения не имели доступных печатных вариантов (или вовсе их не имели и передавались из уст в уста, образуя своего рода сообщество «причастных»)[18].

Если искажения никогда не публиковавшихся, а то и вовсе существующих лишь в устном исполнении текстов еще можно объяснять спецификой их статуса, то переиначивание хрестоматийных вещей — безусловно, сознательный произвол автора-составителя (пусть даже в форме отказа от «сверки цитат»), еще одна форма «наложения» его собственной субъективности на экстериоризованную субъективность публикуемых или цитируемых им авторов. Когда мы имеем дело с сознательными искажениями, а когда с ошибками памяти — не всегда можно определить. Однако часто эти искажения носят «авторский» характер вторжения в чужой мир, его презентации своим собственным голосом, что проливает дополнительный свет на сравнение Антологии

---

17 См. публикацию писем Кузьминского из Вены в наст. изд.

18 По свидетельству В. Б. Кривулина, «Самиздат 30–40-х годов был преимущественно устным, а в 60-е годы возникло нечто вроде института профессиональных запоминальщиков, своего рода аэдов и акынов — хранителей устной традиции, причем воспроизводился не только текст, но и манера чтения того или иного автора. Этих людей называли “ходячими магнитофонами”. Большинство самиздатских текстов, составляющих монументальную 9-томную “Антологию у *Голубой Лагуны*” (Хьюстон — Нью-Йорк, 1977–1987, автор-издатель Константин Кузьминский), записывались именно таким способом — по памяти. Самым, пожалуй, известным из “ходячих магнитофонов” был ленинградец Григорий Леонович Ковалев (“Гришка-слепой”): благодаря его феноменальной памяти сотни замечательных поэтических текстов не канули в Лету — они были записаны с его голоса и изданы Кузьминским» [Кривулин 1998: 344].

с «Архипелагом ГУЛАГом» («авторский голос — явился цементом лишь возгласов многих»).

Сложно обойти фигуру «со-составителя» Г. Л. Ковалева, в участии которого в процессе работы над первыми томами Антологии небезосновательно сомневался Иваск. С одной стороны, Кузьминский уделяет ему немало места в своей Антологии, неоднократно упоминая в воспоминаниях — и даже открывая первый ее том очерком «О Гр. Ковалеве (составитель о со-составителе)» (он следовал сразу за «академической» вступительной статьей Джона Э. Боулта и двумя предисловиями собственно «От составителя»):

> Григорий Лукьянович (он же Леонович) Ковалев сыграл в создании этой антологии роль, едва ли не главную. Во всяком случае, всё лучшее собрано им или благодаря ему. Я только продолжил.
> Фигуру мой друг и учитель, Гришка-слепой, являл знаменательную. Ни одно литературное событие начала 60-х годов не обходилось без него. Завсегдатай Дома Книги, поэтических чтений в Союзе писателей, он был, лучше чем кто-либо, в курсе всей жизни литературной. НИ ОДИН из поэтов, уловленных Ковалевым, — не оказался пустышкой. У меня же — промахи случались. А суждения слепого всегда оказывались безошибочными. А он ведь и текстов не видел, так, на слух!
> [АГЛ 1: 18]

Очевидно, что своего друга и напарника Кузьминский мифологизирует, воплощая в его образе всю петербургскую/ленинградскую неофициальную культуру/литературу — и тем самым не только отдавая им дань уважения, но и выступая по отношению к самому Ковалеву, метонимически замещающему всю культуру андеграунда, в качестве наследника и продолжателя. Отсюда — акцентуация, доходящая до гиперболизации, характерных черт Ковалева: его слепоты (физическая слепота часто является символом особой духовной зоркости, что в случае Ковалева означает его особую восприимчивость и безошибочность в оценке поэзии), крайней бедности и маргинальности (а также антитезы его духовных богатств и причастности к подлинной культуре), категоричности его оценок (с позиции одновременно ad marginem и ad aeternam[19]: «Ковалев знал больше меня. А понимал — гораздо лучше. Суждения его всегда были крайне категоричны, хорошо, что он их по времени менял. Этому я у него и научился» [Там же: 19]). Но особенно значима для нас характеристика памяти Ковалева, являющейся хранилищем неподцензурной поэзии:

> Памяти у него не было никакой, помнил он астрономическое количество отдельных строк — и ни одного цельного текста. Но: помнил-то он — наилучшие строчки! И был я у него в учебе годы и годы, хоть и старше он был меня — на каких-нибудь два. Более тонкого (и точного) критика я не встречал, и он — единственный, кому я не рисковал почти читать свои стихи. Ведь — если он скажет, что плохо...
> [Там же]

Таким образом, уже в памяти Ковалева происходило не просто сохранение «архива» андеграунда, но важная работа по селекции «ценного» и «малоценного», валоризации того, что достойно быть сохранено и впоследствии перенесено на более надежный бумажный носитель. Эту работу за своего «учителя» и делает Кузьминский, перенимая его оценочные принципы и выстраивая свой собственный «канон» неофициальной культуры[20].

Не стоит поэтому удивляться, что в свою Антологию Кузьминский включает не только статьи о тех, благодаря кому сохранилась значительная часть текстов (в первом томе, помимо Ковалева, это автор самиздатовского издательства «БеТа» Б. И. Тайгин, «организатор» андеграундного культурного процесса режиссер Б. Ю. Понизовский, писательница и славистка Сюзанна Масси и др.). Том 2А, согласно «Предуведомлению», представляющий собой «издание

---

19 Это двойное позиционирование — ad marginem и ad aeternam — находит интересное соответствие в названиях двух главных проектов Кузьминского американского периода — «эдемических» коннотаций в названии Антологии «*У Голубой Лагуны*» и «инфернальных» у книжной серии «Подвал» (особенно в оксюморонном «ребрендинге» последней — «Подвал наверху»).

20 О мнемоническом механизме канонизации см. [Гронас 2012].

экспериментальное, не предназначенное для широких масс академиков» [АГЛ 2А: 9], открывается (после вступления составителя и публикации «краткой повести» Е. А. Мнацакановой «Ремизов») подборкой материалов, посвященных русскому авангарду первой трети XX века, — статьей Н. Н. Пунина «Хлебников. Блок. Эйнштейн, теория пространства-времени», манифестом К. С. Малевича «О поэзии» и двумя стихотворениями 1935 года памяти этого художника — обэриутов И. В. Бахтерева («Знакомый художник») и Д. И. Хармса («На смерть Казимира Малевича»). Сам монтаж таких разнородных, но связанных между собою целым рядом концептуальных скреп текстов (включая повесть и письмо Кузьминскому от Мнацакановой) требует отдельного и весьма содержательного комментария[21]. Мы же обратим внимание на предуведомление к статье Пунина ее публикатора:

> Хлебникова, прочитав всего наизусть в 17–19 лет с первоизданий, а потом перечитав в 25 лет с других уже, с тех пор не читал: НЕЛЬЗЯ. Шемякин подарил мне по приезде полное марковское переиздание (кроме харджиевского тома «Неизданного»), а я не открываю: БОЮСЬ. <...>
> Хлебников был представителем духовной поэзии, от языческо-жреческой, чрез монашеско-схоластическую (см. мою статью «300 лет футуризма»)[22] к абстрактной-эзотерической-психоделической поэтике наших дней. <...>
> А вот говорят, что Харджиев и Степанов — оба сидят на чемоданах неизданных рукописей Хлебникова, и в это очень верится. Потому что трупоеды.
> А трупоедов я не люблю. И Хлебников не любил. В этом мы с ним едины.
> Потому что Хлебников — жив. Жив в Красовицком, Еремине, Ривине, Хромове, Волохонском, Хвостенко, Бокштейне, во мне, в Аронзоне, Альтшулере, Эрле, Макринове, Белоусове, Лёне, Лимонове, в тысячах, в — нас.
> [Там же: 40]

---

21 Начал этот комментарий сам Кузьминский в послесловии «УЛЛЯ, УЛЛЯ...» к публикации стихотворения Хармса «На смерть Казимира Малевича» [АГЛ 2А: 63].

22 Имеется в виду [Кузьминский 1980].

Таким образом, Кузьминский выстраивает свой собственный поэтический канон, помещая в его основание Хлебникова. И это вновь вскрывает *неофутуристический* характер многообразной деятельности самого Кузьминского, видящего себя продолжателем именно этой, идущей прежде всего от Хлебникова (но не от Маяковского) линии современной поэзии: неслучайно упоминание им себя в перечне других современных поэтов, несущих в собственном творчестве «код Велимира»[23], как и включение подборки собственных произведений именно в «экспериментальный» том 2А[24]. Прокламируемый самим Кузьминским «неофутуризм»[25] его творчества был изводом позднего, послевоенного авангарда («Авангарда-3» в терминологии И. П. Смирнова, «трансавангарда» — А. Бонито Олива, «внеисторического авангарда» — С. Е. Бирюкова) и носил ретроспективный и архивирующий характер[26]. Подобно деятельности других авторов-«неоавангардистов» — В. И. Эрля, Сергея Сигея и Ры Никоновой, позднее — Бирюкова, среди практик Кузьминского важнейшую роль играли практики собирания, републикации неизвестных или малоизвестных текстов исторического авангарда. Так, в своем «самиздатском» издательстве «Подвал» он выпускал малотиражные (обычно 10 нумерованных экземпляров) книжки не только своих современников (В. А. Бахчаняна, Г. Ф. Худякова,

---

23 «Код Велимира» — так называется статья и одноименная поэма еще одного современного неофутуриста, теоретика «внеисторического авангарда» С. Е. Бирюкова. В поэме в констелляции имен выдающихся деятелей прошлого и деятелей авангардного движения, возглавляемых Велимиром Хлебниковым, возникает и имя самого Бирюкова. См. об этом [Pavlovets 2020: 177–180].

24 «Вот и сейчас в первый том не попадаю. А в каком я буду? Бродский — во втором», — напишет Кузьминский в первом томе [АГЛ 1: 32]. Было бы интересным сопоставить первоначальный план второго тома и его окончательный состав: возможно, сама замена подборки Бродского и Бобышева — своими собственными текстами, как и «экспериментальный» профиль тома, был ответом Кузьминского на разгромную критику Иваска.

25 О том, что Кузьминский называл себя «неофутуристом», см. [Бобышев 2019].

26 «Разительная особенность авангарда, израсходовавшего свои ресурсы, — его отказ от перспектированной модели мира в пользу ретроспекции» [Смирнов 2018: 72].

А. Г. Волохонского, Р. А. и В. М. Герловиных), но и предшественников (В. И. Гнедова, Н. П. Хабиас, П. Н. Филонова, Д. Д. Бурлюка, А. Н. Чичерина). Его проза, как и переписка, свидетельствуют об интересе к неизвестным именам и явлениям прежде всего отечественного авангарда начала XX века, а также о «ревности» к тем, кто «сидит на архивах» (отсюда, к примеру, его критика «трупоедов»). Нельзя не упомянуть и подготовленную им совместно с Дж. Янечеком и А. И. Очеретянским двухтомную антологию «Забытый авангард» [Кузьминский и др. 1988]. Это не было академическим собиранием, как не были научно корректными публикации редких произведений авторов «исторического авангарда»: так, «Поэма конца» Василиска Гнедова, изданная, согласно мистифицирующей издательской пометке, как «репринт с издания 1913 года» [Гнедов 1984], представляет собой повторенное на трех четных страницах (а также на обложке издания) слова «всё!...» (которым, по свидетельству Адамовича, Гнедов финализировал безмолвное исполнение при помощи жеста своего самого знаменитого «нулевого» опуса)[27], а на нечетных — по-видимому, снятое через фильтр в разных ракурсах Солнце (возможно, в момент солнечного затмения).

Таким образом, Антология Кузьминского (и Ковалева), о чем не раз писали критики, не является в строгом виде «антологией», что особенно наглядно предстает в сопоставлении с антологией его критика Иваска. Скорее, здесь мы имеем дело с «тотальным проектом» поэта-неоавангардиста, взявшегося практически в одиночку обобщить 40-летний опыт неподцензурного искусства (прежде всего поэзии) таким образом, чтобы, с одной стороны, вписать его в линию преемственности от репрессированного в советское время «исторического авангарда» первой трети XX ве-

---

27 «На литературных вечерах ему кричали: “Гнедов, поэму конца!.. Василиск, Василиск!..” Он выходил мрачный, с каменным лицом, “именно под Хлебникова”, долго молчал, потом медленно поднимал тяжелый кулак — и вполголоса говорил: “всё!”» [Адамович 2000: 244]. Напомним, что сама «Поэма конца» представляет собою 15-ю из поэм книги Гнедова «Смерть искусству!», состоит из одного названия и размещается на последней странице этого издания.

ка, с другой (что, может быть, не так очевидно) — поместить свое собственное творчество, и более того — свою многообразную культуротворческую деятельность в контекст андеграунда. Кузьминский выступает здесь во множестве ролей и модусов: поэта, комментатора, модели — и автора коллажных графических и фотоиллюстраций, корреспондента переписки, критика, хранителя устных форм текстов, собирателя письменных списков, а также сопутствующих материалов, и наконец, составителя. Отличительными особенностями этого «тотального проекта» стали его резкая субъективность (в отборе, подаче и оценках материала), «домашняя семантика», доминирование паратекста над основным текстом, монтажность на самых разных уровнях — от композиции Антологии в целом до каждого из ее разделов, процессуальность (динамичность, демонстративная «неоконченность» и открытость).

Можно предположить, что Кузьминский внутренне был бы согласен с характеристикой своего поколения, данной Виленом Барским в ответах на его анкету:

> Наше поколение было мостом в западную культуру, в русскую культуру и искусство первой трети нашего века. Думаю, что это и была роль, отпущенная нам Богом. Восстановить связь, но не рухнуть в пропасть, как герой притчи Кафки «Мост». Это была наша жизнь: осознать себя — то, что ты делаешь в искусстве, — в ряду живой культуры, в ряду ее истинных ценностей.
> [АГЛ 3Б: 240]

Поэтому особенно важно, что эта Антология — одновременно часть жизни реального человека, Константина К. Кузьминского, его «жизнетворческий проект» и его собственная биография (дневник, мемуары, заметки, архив). В письме вдове художника Е. Г. Михнова-Войтенко Е. М. Сорокиной от 15 ноября 2013 года он признавался: «все 10+ томов антологии-рассказа — это моя жизнь там / и немножечко — тут» [Сорокина 2014]. Этот проект определяет глубокое своеобразие художнической индивидуальности Кузьминского. Одновременно он позволяет рассматривать его в ряду смежных проектов близких по неоавангардистским установкам авторам — журнала «Транспонанс» Ры Никоновой и Сергея Сигея, проекту «Мои троицы» поэта-неофутуриста А. М. Кондратова, возможно даже — авторского сайта поэта Г. Г. Лукомникова (Бонифация) «Собрание сочинений, или Избранное и забракованное, или Under Construction и другие слова», включающего в себя не только свод произведений самого автора до 2001 года, но и тексты других авторов — апроприированных в рамках плаги-арта, совпавших или опередивших Лукомникова в том или ином приеме и др. И в этом смысле Антология Кузьминского так или иначе оказывается репрезентативной по отношению к представляемой им русской андеграундной культуре, пусть сама эта репрезентативность и принципиально иная, чем та, что обычно предполагается в классических антологиях, таких как антология Иваска.

Библиография

Адамович 2000 — *Адамович Г. В.* Собр. соч. «Комментарии». СПб.: Алетейя, 2000.

Бахтин 2003 — *Бахтин М. М.* Собр. соч.: в 7 т. Т. 1. М.: Русские словари; Языки славянской культуры, 2003.

Бобышев 2019 — Бобышев Д. В. Молодой Мафусаил / Интервью Ю. Левинга // Горький. 2019. 7 февраля. URL: https://gorky.media/context/molodoj-mafusail/ (дата обращения: 5.09.2020).

Гнедов 1984 — *Гнедов В. И.* Поэма Конца. Нью-Йорк: Подвалъ, 1984.

Гронас 2012 — *Гронас М. Б.* Наизусть: о мнемоническом бытовании стиха / авториз. пер. А. Вдовина // Новое литературное обозрение. 2012. № 114. С. 223–248.

Давыдов 2010 — *Давыдов Д. М.* [Рец. на:] Антология новейшей русской поэзии у Голубой Лагуны / сост. К. Кузьминский, Г. Ковалев. Т. 1. 2-е изд. М.: Культурный слой, 2006 // Давыдов Д. М. Контексты и мифы: Сборник рецензий. М.: Арт Хаус медиа. 2010. С. 180–185.

Иваск 1950 — *Иваск Ю. П.* О послевоенной эмигрантской поэзии // Новый журнал. 1950. № 23. С. 195–214.

Иваск 1953 — На Западе: Антология русской зарубежной поэзии / сост. Ю. П. Иваск. Нью-Йорк: Издательство им. Чехова, 1953.

Иваск 2003 — *Иваск Ю. П.* Юрий Терапиано // Письма запрещенных людей. Литература и жизнь эмиграции: 1950–1980-е годы: По материалам архива И. В. Чиннова / сост. О. Ф. Кузнецова. М.: ИМЛИ РАН, 2003. С. 367–370.

Кленовский 2001 — *Кленовский Д. И.* «Я молчал 20 лет, но это отразилось на мне скорее благоприятно»: Письма В. Ф. Маркову, 1952–1962 / публ. О. Коростелева и Ж. Шерона // Диаспора: Новые материалы. Вып. 2. СПб.: Феникс, 2001. С. 585–693.

Кривулин 1998 — *Кривулин В. Б.* Золотой век самиздата // Самиздат века / сост. В. Бахтин, Н. Ордынский, Г. Сапгир, А. Стреляный. М.: Полифакт, 1998. С. 342–354.

Кузьминский 1980 — *Кузьминский К. К.* 300 лет футуризма // Soviet Union / Union Sovietique. Vol. 7 (1–2), 1980. P. 238–256.

Кузьминский и др. 1988 — Забытый авангард: Россия, первая треть XX столетия: Сб. справочных и теоретических материалов / сост. К. Кузьминский, Д. Янечек, А. Очеретянский. Кн. 1. Wien: Gesellschaft für Förderung Slawistischer Studien (Wiener Slawistischer Almanach. Sbd. 21), 1988.

Кузьминский и др. 1993 — Забытый авангард: Россия, первая треть XX столетия: Сб. справочных и теоретических материалов / сост. К. Кузьминский, Д. Янечек, А. Очеретянский. Кн. 2. Wien: Gesellschaft für Förderung Slawistischer Studien (Wiener Slawistischer Almanach. Sbd. 21), 1993.

Кулаков 1999 — *Кулаков В. Г.* Поэзия как факт: Статьи о стихах. М.: Новое литературное обозрение, 1999.

Пушкин 1962 — *Пушкин А. С.* Собр. соч.: в 10 т. Т. 9. М.: Госиздат, 1962.

Крейд 1999 — Словарь поэтов Русского Зарубежья / под общ. ред. В. П. Крейда. СПб.: Изд-во РХГИ, 1999.

Максимов 1981 — *Максимов В. Е.* Сага о носорогах. Франкфурт/М.: Посев, 1981.

Смирнов 2018 — *Смирнов И. П.* От противного: Разыскания в области художественной культуры. М.: Новое литературное обозрение, 2018.

Сорокина 2014 — *Сорокина Е. М.* Памяти Константина Кузьминского. 40 лет спустя. Письма (2014) // Евгений Михнов-Войтенко: Художник и его время. URL: https://mikhnov-voitenko.ru/kkk/kkk_pisma_1.htm (дата обращения: 5.09.2020).

Тынянов 1977 — *Тынянов Ю. Н.* О литературной эволюции // Тынянов Ю. Н. Поэтика. История литературы. Кино. М.: Наука, 1877. С. 270–281.

Каменский 1914 — Футуристы: Первый журнал русских футуристов / ред. В. В. Каменский. № 1–2. М.: Типография «Мысль», 1914.

Шапир 1995 — *Шапир М. И.* Эстетический опыт XX века: Авангард и постмодернизм // Philologica. 1995. № 2. С. 136–143.

Pavlovets 2020 — *Pavlovets M.* Das poetische Subjekt von Sergej Birjukov als Akteur der "metahistorischen Avantgarde" // Subjekt und Liminalität in der Gegenwartsliteratur. Band 8.2: Schwellenzeit — Gattungstransitionen — Grenzerfahrungen. Sergej Birjukov zum 70. Geburtstag / hrsg. M. Fechner, H. Stahl H. Berlin: Peter Lang. 2020. P. 167–181.

К. Кузьминский. Ленинград

Площадь Репина, Ленинград, 1969. *Фото Б. Кудрякова*

К. Кузьминский с дочерью Юлей. Февраль 1971. *Фото Б. Кудрякова*

Перформанс в мастерской Михаила Шемякина: К. Кузьминский и О. Охапкин. Ленинград, 1971. *Фото М. Шемякина*

Соснора у К.Кузьминского. 1972. *Фото Б. Кудрякова*

К. Кузьминский, Г. Горбовский (1973). *Фото Б. Смелова*

Проводы в аэропорту Пулково (Ленинград, 9 июля 1975). *Фото В. Окулова*
Слева направо: Э. Подберезкина, К. Кузьминский, Н. Лесниченко, Н. Казимирова

Проводы в аэропорту Пулково (Ленинград, 9 июля 1975). *Фото В. Окулова*
Слева направо: И. Левин, А. Арефьев, Е. Захарычева (мать ККК), Н. Лесниченко, К. Кузьминский, Б. Понизовский, В. Молот

Вена, 1975

М. Шемякин, Э. Подберезкина, К. Кузьминский. Вена, 1975

Вена, 20 января 1976
Слева направо: М. Разумовская, Э. Подберезкина, Н. Горбаневская, Л. Мастеркова, Й.Штайндль, С. Соколов, Я. Горбаневский, Э. Зеленин, К. Кузьминский, В. Ситников

Остин, Техас

К. Кузьминский и Д. Боулт. Техас

В. Комар и К. Кузьминский. Техас

Фотограф С. Эшли, Э. Подберезкина и К. Кузьминский. Техас

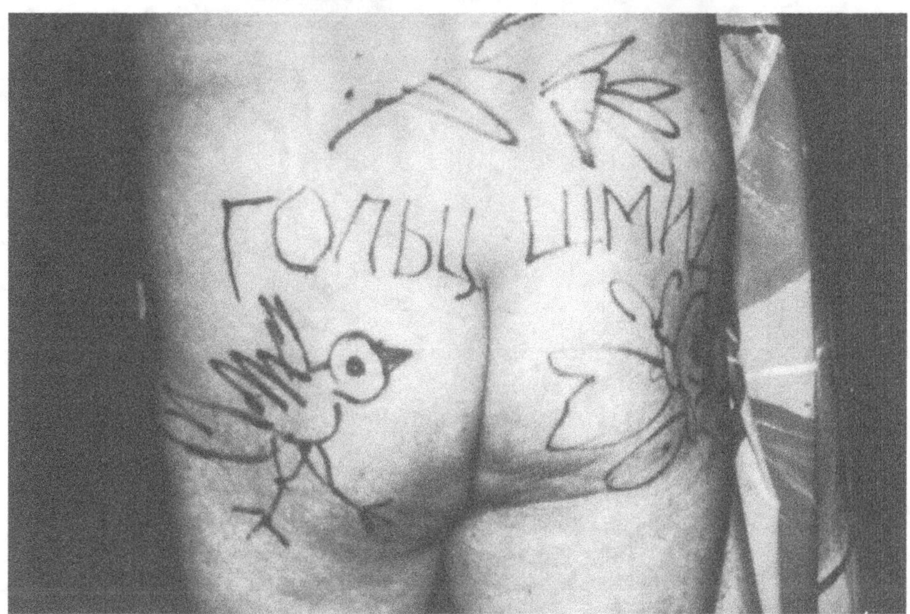

К. Кузьминский на балу Бурлюка. Нью-Йорк, 1982

Во дворе Некрасовки в Бруклине (1980-е). Слева направо: стоят — К. Кузьминский, В. Некрасов; сидят — В. Ситников, А. Добрыш, С. Довлатов

К. Кузьминский. Лордвилль, 2011

Дом Кузьминских в Лордвилле, 2017. *Фото И. Кукуя*

Э. Подберезкина, 2017. *Фото И. Кукуя*

Приложение

Юрий Иваск

Об Антологии Голубой Лагуны

После смерти Сталина в 1953 году в России появились сотни и даже тысячи поэтов. Все они очень разные. Некоторые из них представляют т. н. авангард, и иногда их трудно понять читателю. Другие пишут просто. Но есть у них нечто общее: их стихи, за немногими исключениями, не публикуются в советской печати. Они известны преимущественно по самиздату и заграничным публикациям. Многие из этих «нонконформистов» эмигрировали, и их стихи издаются на Западе. Произведения этих поэтов собраны или еще только собираются в АНТОЛОГИИ НОВЕЙШЕЙ РУССКОЙ ПОЭЗИИ У ГОЛУБОЙ ЛАГУНЫ (в пяти томах). Редакторы: Константин Кузьминский и Григорий Ковалёв. Это издание печатается под наблюдением Института Современной Русской Культуры у Голубой Лагуны, в Техасе. Редакционная коллегия: Джон Боулт, Сидни Монас, Лев Лившиц, Эдуард Лимонов, Лорд Чернян[1]. По заказу издательства «Ориентал Рисёрч Партнерс» (ОРП) я даю короткий критический разбор машинописи томов II A и II B, но при этом учитываю и первый, уже изданный, том этой Антологии.

Некоторые характерные черты новейшей поэзии отмечены в статьях Боулта, Лимонова, Лившица и более всего — главного редактора К. Кузьминского, но, по моему мнению, многое преувеличено, не выяснено и многое неприемлемо для печати. Из-за недостатка времени я не могу дать исчерпывающую характери-

---

[1] Напомним, что Лорд Чернян был собакой Д. Боулта. — *Прим. ред.*

стику этой книги. Всё же у меня сложилось некоторое представление об Антологии.

Некоторые замечания.

Политических стихов поэты Лагуны не пишут, но явно все они полностью отрицают коммунистическую идеологию, и нет у них рабской психологии многих советских писателей и обывателей.

В плане социальном — это преимущественно богема. Некоторые «левые» поэты (напр., Кузьминский) склонны к анархизму и эпатируют решительно всех (коммунистов, капиталистов, редакторов почти всех эмигрантских периодических изданий). «Правое» крыло — новая литературная аристократия («ахматовские сироты»).

Многие поэты Лагуны, как и западные, увлекаются игрой отдаленных ассоциаций и связей между предметами. На некоторых из них оказали воздействие современные англо-американские поэты или старые английские «метафизики», но всё же они мало ориентированы в западной культуре. Совсем не знают французских поэтов. Кое-кто увлекался устаревшим уже Анри де Ренье, но, кажется, никто не знает более сродного им Аполлинера.

Они более связаны с русскими традициями. С футуристами их сближает тяготение к эксперименту, недоверие к традиционной логике, которая будто бы мешает увидеть мир новыми глазами, безо всякой предвзятости (что особенно заметно у Айги). Но создание нового языка их не привлекает (зауми, как у Хлебникова, Крученых). Некоторые поэты Лагуны, как и «Аполлона-77», продолжают обэриутов. Но молодые друзья Анны Ахматовой или такой «легальный» поэт, как Кушнер (тоже включенный в лагунную Антологию), тяготеют к акмеизму.

Кое-кто из лагунных поэтов стремится к обновленной простоте. Это заметно у старейшего поэта Антологии Лагуны — Евгения Кроповницкого <sic!> (1893–1979). Или у Сапгира, Холина, Ентина, Гурдина[2], у покончившего с собой Морева и др., хотя вообще названные поэты имеют мало общего между собой. Их новая простота учитывает предшествующую ей сложность авангарда.

---

2 Яков Гордин (том 2Б).

Только у немногих поэтов Лагуны, но зато у самых даровитых, намечается новая метафизика. У Бобышева — православная, а у Бродского — иудаистическая или обще-христианская. Но и у других поэтов, может быть, у Алексея Хвостенко, если Бог и не называется, то иногда ощущается.

У самого углубленного поэта-метафизика — у Бобышева — намечаются и основы той христианской культуры, которую утверждал Осип Мандельштам. Созидательные стремления находим и у некоторых других — у Олега Охапкина и у уже упомянутого «легального» Кушнера.

Все участники Лагуны учились в реакционных тоталитарно-коммунистических школах. А советская школа, хотя и твердит о культуре, насаждает некультурность и угашает всякую свободную мысль. Отсюда и некоторые культурные срывы в книге. Так, нельзя связывать Гёте с социализмом, а Фауста с Египтом. Таких нелепых суждений немало.

Профессор Боулт написал две статьи для Антологии (первая из них была опубликована в томе I). Он выдающийся знаток русской авангардной живописи, но едва ли хорошо разбирается в поэзии. Боулт, как и участники лагунной Антологии, явно преувеличивает значение т. н. нового ренессанса русской поэзии (после смерти Сталина).

В лагунной Антологии, как и в «Аполлоне-77», немало стихов графоманов. Или же стихи — недоделаны. Ни один из нонконформистов Лагуны (за исключением двух поэтов) не достиг совершенства и выразительности Ахматовой, Пастернака, Мандельштама, Цветаевой, Георгия Иванова, а также Гумилева, Ходасевича.

Самый жанр антологии требует широты охвата. По-видимому, ее составители исключают всех староэмигрантских поэтов, и исключение их, несомненно, обедняет данную антологию. Редакторы ограничили себя временем, датами — от начала 50-х гг. и до нашего времени. Но именно в этот период написали свои лучшие стихи поэты-эмигранты Чиннов, Моршен, Перелешин, Елагин, Алексеева и др.

Несколько обобщений. Старый «Аполлон» (1909–1917) и все т. н. акмеисты пытались строить новую культуру под знаком Пушкина или — христианскую (Мандельштам). Футуристы отрицали все культурные модели, иногда тяготели к примитиву, создавали новый язык (заумь), а позднее увлеклись романтикой большевизма (Маяковский). Все они были выразителями какого-то «духа времени», разрешали творческие задания эпохи, вырабатывали свой стиль. Но что выражают и выявляют лагунные поэты? Лагунные критики этого не выясняют (Кузьминский, Лившиц, Лимонов, Тупицын). Покойный критик-вдохновитель Дар хотя бы воссоздает атмосферу богемной ленинградской поэзии (другим это менее удается).

У многих лагунных поэтов большие претензии, им кажется, что они дерзают, но на самом деле они эклектичны и повторяют зады футуристов, дадаистов, сюрреалистов, обэриутов. Их авангард, скорее всего, арьергард. К тому же заметим, западный авангард давно уже выдохся и будто бы даже умер в недавних 70-х гг. Намечается что-<то> новое: некоторые предсказывают неоклассицизм... или же «функциональное» искусство духовного порядка: религиозное (надоели хари, рожи, где лица и лики?).

Лучшее, что можно сказать о лагунных поэтах: они отрицательно относятся к большевизму и к советчине в быту. Но их лирическая оппозиция — пассивная. Не так же ли, что и у пьяниц, убегающих от действительности в кабак. В этом смысле нет такой уже большой разницы между художниками-алкашами и художниками-эстетами, которые строили свою башню из слоновой кости. Те и другие — эскаписты.

Какие они шумные, но страсти их кажутся наигранными, а сами они вялые. Это наглые БЕДНЫЕ ЛЮДИ (так писал я о них в открытом письме о сборнике «Аполлон-77»)[3].

---

[3] На посланный М. Шемякиным Иваску альманах «Аполлон-77» тот ответил критическим письмом, которое размножил и разослал своим корреспондентам. См.: Фонд Ю. Иваска в ACRC (Box 10. Folder 28). См. также: *Иваск Ю.* «Как это интересно!» // Новое русское слово. 1978. 25 июня.

Поэзия нонконформистов, за немногими исключениями, не на уровне намечающегося духовного возрождения в порабощенной России. У них немало наглости Ноздрева и легкомыслия Хлестакова. Но они не представляют Россию — пусть и немногих истинно верующих — Россию раненой совести, которая уже больше шестидесяти лет выкорчевывается ее палачами. Эстетствующие алкоголики и акробаты не могут представлять такую Россию. Это не пустые слова. Мы знаем, что после Пушкина — уже лет полтораста — русская литература не была только искусством, а и пророчеством, совестным судом, и едва ли следует порывать с этой традицией.

Заслуга редактора К. Кузьминского: он в продолжении нескольких лет упорно, и с успехом, накапливал огромный материал — ***большие тысячи*** (это бунинское выражение[4]) стихотворений. Профессор Боулт сравнивает Кузьминского-критика с замечательным критиком футуризма и мемуаристом — расстрелянным Бенедиктом Лившицем. Но у Лившица была высокая культура, которой нет у Кузьминского.

Кузьминский надоедает своими многословными суждениями с кондачка. Так, он заявляет (II А, 435): «Никогда не любил Клейста и Новалиса (последнего любила моя бывшая жена), а потому не мог полюбить и Бурихина»[5]. Нужно ли доказывать — это ахинея, вызывающая зевоту. Таких вот суждений в тт. II А и В куда больше, чем в I томе.

Кузьминский слишком много говорит о частной жизни поэтов. Это недопустимо и не согласуется с законами США и, главное, с этикой, с совестью. Нельзя писать о том, что жена поэта X. убежала к художнику У. Оскорбительны замечания о поэте Валерии Перелешине (II А, 714)[6].

В томе II А в «аппендиксе», а также в нескольких статьях т. I немало недостойных выпадов против Ахматовой. Она поистине была просветительницей посещавших ее молодых поэтов, она

---

4 Иван Бунин. Муравский шлях (1930).

5 [АГЛ 2Б: 409].

6 Не вошло в окончательную редакцию тома.

дала им возможность глотнуть культуры. Можно относиться к ней критически, но нельзя над ней глумиться. Между тем Кузьминский иногда говорит о ней на языке палача Жданова. Это диффамация. После такого «хамства» друзья Ахматовой —Бобышев, Бродский, Райн, Нейман <sic!> — едва ли согласятся участвовать в этом сборнике.

Кузьминский часто приводит выписки из частных писем, напр., из моих, а я соответствующего разрешения ему не давал. Так, для характеристики поэзии Бобышева он выписал несколько строк из моего письма. Я запрещаю это делать. К тому же мое суждение о стихах Бобышева я лучше сформулировал в статье (Русская мысль, 25 сент. 1980 г.)[7]. Едва ли другие корреспонденты Кузьминского дали ему разрешение на опубликование своих писем.

Кузьминский повинен в многословии (недержании речи). Никаких руководящих идей у него нет, как и творческих мыслей в критике.

Общий вывод для издательства ОРП:

1. Кузьминский не должен оставаться единственным редактором Антологии Голубой лагуны, а его соредактор Г. Ковалев, по-видимому, не принимал деятельного участия в этом сборнике. Необходимо выбрать еще одного редактора, хотя бы, напр., Ефима Славинского (Би-Би-Си, Лондон), который достаточно осведомлен в новейшей русской поэзии и достаточно объективен. Я назвал бы и Илью Левина.

2. Текст, подготовленный к печати в томах II A и B, должен быть сокращен на 50–60 %.

3. Необходимо удалить все сведения и суждения, кого бы то ни было порочащие (диффамацию).

4. Следовало бы пересмотреть многие критические статьи.

Прилагаю тексты машинописи обоих томов Антологии Голубой Лагуны с моими пометками на полях, а также черновики с моими замечаниями.

Юрий Иваск
September 1981

---

[7] *Иваск Ю.* Цветы добра // Русская мысль. 1980. 25 сент.

P. S.

О себе. По отношению почти ко всем участникам антологии Лагуны я принадлежу к поколению отцов. Но это не значит, что я не способен их понять. Несколько лет тому назад я многими из них увлекался. Позднее — разочаровался. Но продолжаю высоко ценить Бобышева, Бродского, а также — стихи ***обновленной простоты***, написанные очень разными поэтами и представленные в Антологии.

Прошу послать копию этого критического отзыва К. Кузьминскому и всем редакторам Голубой лагуны.

«Удивительный человек был Кузьминский...»

Интервью Юлии Горячевой с Михаилом Левиным
11 мая 2020 года

— Михаил, как Вы познакомились с Кузьминским?

— Это было в Хьюстоне. Он тогда жил в Остине, в Техасе, преподавал там что-то и приезжал к нам в Хьюстон. Точнее, к Яше Виньковецкому[1], человеку трагической судьбы, с которым, как и с его женой Диной, мы оба дружили.

Яша звал нас на Кузьминского, где тот полуголый лежал на тахте и читал стихи. И так я с ним познакомился, мы как-то сразу с ним сблизились и в конце концов даже подружились.

— А как Вы в Техасе оказались?

— В Техас я уехал заканчивать образование. Я окончил Университет Вашингтона в Сиэтле и в 1980 году уехал делать постдок в Университете Хьюстона. Мой докторат — в области прикладной математики, точнее — биоинженерии.

— А что Вам прежде всего понравилось в ККК? Как говорится, зацепило в нем? Стихи понравились?

— Его стихов я тогда не читал. Просто мы говорили по душам, мне нравился его душевный настрой, его манера поведения (этакий эпатаж). Он очень любил рубить правду-матку.

---

[1] Художник, философ и ученый Яков Аронович Виньковецкий после эмиграции в 1975 году работал в Хьюстоне по основной специальности (геолог) в нефтяной компании *Exxon*. См. прим. 41 (стр. 52).

В Хьюстоне я провел пару лет и перебрался в Нью-Йорк. Кузьминский тоже туда перебрался, на Брайтон. В свой подвал. Вдруг выяснилось, что мы — соседи. И я стал к нему заглядывать.

Он просил меня помочь с Антологией *У Голубой Лагуны*. И я начал ругаться с Кленденнингом, издателем Антологии, который жил в штате Массачусетс. И с этим я возился довольно долго. Даже в Израиль отправлял тома друзьям и знакомым. Тогда еще речь шла об издании последних томов. И у него вышел конфликт с Кленденнингом.

— А вы что, тоже на Брайтоне жили?

— Сначала жил в центре Бруклина, а потом перебрался на Брайтон, даже одно время снимал квартиру над подвалом Кузьминского. Это продолжалось несколько лет. И там я действительно стал помогать Косте как мог. Мне было приятно заходить к нему. Я таскал ему всякую деликатесную еду — утку китайскую, разные суши.

Были всякие сходки и выставки, где ККК возлежал и философствовал или декламировал стихи из своего энциклопедического запаса. Проводились они иногда ежевечерне, иногда раз в месяц. Детали канули в Лету. Бывали все кому не лень. Я обычно заявлялся со своим закадычным другом по имени Комогор[2].

Музыки не было, песен не пели. В основном болтали, пили и ели.

Видел у ККК дома один раз знаменитого коллекционера Нортона Доджа, где он казался обычным гостем. Такой толстый с усами. Костя ему продавал картины и на эти деньги жил.

...Однажды я привез к нему Володю Фромера[3], это мой израильский друг, который знал наизусть стихов не меньше, чем Костя, а может быть, даже больше. Мы с ним в 1973 году войну Судного дня вместе прошли. Как раз третий номер «Ами», который мы

---

2 См. [АГЛ 3А: 569–575].

3 Владимир Николаевич Фромер (1940–2018) — писатель, журналист, историк.

вместе редактировали, вышел перед войной[4]. И после этого я уехал в Америку, а Фромер остался в Иерусалиме и постепенно стал очень хорошим писателем. Но изначально знаменит он был тем, что мог часами, не уставая, цитировать всех поэтов, от малых до великих. Не хуже, чем Костя. И мне всегда хотелось свести их вместе, и удалось наконец привести Фромера к нам на Брайтон, где Фромер читал Косте стихи... Одно из них, которого Костя не знал, стихотворение Сергея Хмельницкого, я поместил в антологию памяти Фромера[5]. Он всегда хотел издать свою антологию и даже начал ее составлять. Осталось немного — и я сложил том целиком и издал с иллюстрациями в семи экземплярах. Пока у антологии три читателя: сын Фромера, его бывшая жена и я сам.

В подвале Кости бывал Василий Ситников, у которого я по просьбе Кости купил картину, ее у меня потом украли. Еще там периодически устраивались выставки разных художников. А потом началась эпопея с этим домиком на границе Нью-Йорка и Пенсильвании.

— А кто помог ККК приобрести этот дом?

— Валерий Молот и в какой-то степени я. Я торговался с продавцом дома. 15 тысяч выторговал. Бился за каждый доллар, чем вызвал гнев Кости. Он хотел туда уехать как можно быстрее. Там очень красиво! Речка рядом, и всего часа полтора-два езды от Нью-Йорка. В конце концов я отвез Костю с Эммой и двумя борзыми на место. Проездом они остановились у меня в Вест-Оранже.

Перед домом он поставил какой-то старый броневик типа танка (где-то нашел), в качестве защиты от горсовета, который Костю сразу невзлюбил. Помню, они долго воевали.

---

[4] Три номера журнала (альманаха) «Ами» (1970–1973) выходили под редакцией В. Фромера и М. Левина в Израиле. В третьем номере впервые была опубликована поэма Вен. Ерофеева «Москва — Петушки». Об «Ами» и публикации Ерофеева см.: *Фромер В.* Иерусалим — «Москва — Петушки» // Иерусалимский журнал. 1999. № 1. С. 155–171.

[5] *Хмельницкий С.* «Все мы, граждане, твердо знаем...» // Фромер В. Моя антология. Иерусалим, 2019. С. 46.

Потом я приезжал пару раз туда, помнится, привозил по привычке всякие деликатесы. Мы с ним обменивались электронными посланиями. Он присылал фото. Последние были жуткие. Вы их видели? Помните Костю — этакого вальяжного, с пузом наружу? На последних фотографиях от Кости осталась пустышка — тощий скелет. Смотреть на это страшно! Мы с Эммой как могли его обхаживали...

— Давайте вернемся к Антологии. Когда Вы общались с Кленденнингом, в чем заключалась Ваша роль?

— Кленденнинг не хотел издавать последние тома, а был какой-то договор. Это был вопрос денег. Я точно не помню, я раздобыл денег или мы как-то договорились... Последние два тома пришлось издавать в таком напряженном состоянии между мной, издателем и Костей. Я был как секретарь при Косте, писал по-английски хорошо и разговаривал с этим Кленденнингом. Он в конце концов прислал нам пять-шесть сетов этих книг, которые я закупил со скидкой, вложив свои деньги, а остальные продавал сам издатель.

— А авторские экземпляры ККК совсем не получал?

— Не знаю точно, кажется, несколько сетов.

— Вы называете себя секретарем ККК. Насколько мне известно, Вы были больше чем секретарь... Мне казалось, Вы довольно близко дружили.

— Да, чисто человеческие отношения у нас были очень хорошие. Мы любили друг друга. Он всегда называл меня Мишенькой, а я его Костенькой...

У меня и с Эммой были хорошие отношения. Но когда Костя умер, эта связь прервалась. Это была очень необычная по американским меркам семья, с которой я сблизился. Без Мыши Костя не продержался бы и дня, даже на Брайтоне! Она была его опорой.

Неверно думать, что он пренебрежительно к ней относился, называя Мышью. В этом не было ничего уничижительного! Он ценил ее и во многом советовался с ней. Говорил, что благодаря ему у нее интересная жизнь, а благодаря ей он сам живет.

Костя, конечно, любил выпивать. Эмма всё время прятала от него бутылки. Когда напивался, был совершенно непрезентабельный человек. Но не как Фромер: Фромер становился страшен, а Кузьминский, наоборот, был еще милее.

Мы всегда были рады друг другу. Конечно же, были и у нас свои подводные камни, но мы преодолели наши разногласия. Сейчас это всё кажется мелочами... Как правило, это всё либо касалось каких-то людишек, либо денежных трений — не у меня с Костей, а с третьими лицами.

— Например?

— Ну, например, на одной выставке, которую он организовал, я купил картину, которая мне очень понравилась. Деньги заплатил, а картину оставил. Она так и исчезла. То есть вроде художница взяла с собой куда-то в Европу показывать, и картина потом потерялась. Короче, не стало картины. Я пытался добыть ее снова, но ничего не получилось. Костя тут ни при чем, это не к нему претензии, а ко мне самому.

— А что это за картина?

— Трудно описать... Как бы женская душа летит в Космос.

— А ситниковскую картину Вы какую купили?

— У него была такая маленькая акварель, где изображалась Европа, уносимая Зевсом-быком. Я попросил Васю сделать мне копию. Вместо этого Ситников сотворил большое полотно, на котором голая Европа лежала на спине, раздвинув ноги, а бык наслаждался, уткнув в нее морду. Эта картина долгое время висела у меня на стене, а потом я отдал ее на сохранение моей тогдашней пассии, поскольку ко мне должны были приехать мои маленькие дочки. А пассия исчезла вместе с картиной[6].

— Какая сторона деятельности Кузьминского кажется Вам более значительной? Борис Докторов считает его стихийным социологом[7], известный нью-йоркский музыкант Юрий Наумов вспоминает Волошина... А Вы?

— Он свои электронные письма подписывал «Батька Махно». Всё это — эпатаж... К сожалению, его собственные стихи, на мой взгляд, не доходили до уровня... как бы так помягче сказать... великой поэзии. Но он очень хорошо чувствовал, ценил <поэзию других> — как говорил Бродский, «как пчела на горячем цветке»[8]. И за это я его очень уважал. И вообще я смотрел на него снизу вверх. Помимо этого, он просто был душевным человеком, всегда готовым помочь.

Еще раз: к его литературной деятельности я относился снисходительно, хотя не показывал, конечно, этого ему. И тем не менее у него было чему поучиться.

— Например?

— Например, как читать между строк, как относиться к поэтам. Он всегда был готов и материально, и душевно поддержать любого нуждающегося. Сколько отщепенцев и горемык и непонятно откуда взявшихся людей прошло через его подвал!

...Короче говоря, удивительный человек был Кузьминский.

---

6 О судьбе картины «Похищение Европы» и ее репродукцию см.: *Кузьминский К.* Жопа-Европа (трижды похищенная) // Житие Василь Яклича Ситинова, написанное и нарисованное им самим. Lordville, 2009. С. 172.

7 См.: *Докторов Б.* Константин Кузьминский: «Я человек искусства, попросту искусства целого, не распавшегося на жанры» // Семь искусств. 2020. № 4 (120). URL: http://7i.7iskusstv.com/y2020/nomer4/doktorov/ (дата обращения: 31.05.2020).

8 Из стихотворения И. А. Бродского «На смерть друга» (1973). Стихотворение было адресовано поэту Сергею Чудакову, известие о смерти которого оказалось мнимым. Об этом стихотворении и его адресате см.: *Шубинский В. И.* Имярек, или Человек (с) изнанки // Новый мир. 2015. № 5. С. 187–190.

— А что самое важное было для Кости в его проектах?

— Мне сейчас трудно сказать... Полагаю, он понимал, что он сам по себе великих стихов не создаст, но по меньшей мере хотел как-то самовыразиться. Он всегда был анархистом и воителем против посредственности. Думаю, что своими издательскими проектами он хотел помочь...

— Помочь в чем?

— Ну, например, в свое время я помог издать ему книгу Щаповой «Это я — Елена», оплатил тираж[9]. Щапову не принимали всерьез, а у него на руках были рукописи. Для Кости оно того стоило, чтобы их издали и они увидели свет, нашли своего читателя. Если есть возможность — почему не издать? Единственное, в чем Костя промахнулся, — он не договорился с Щаповой и не предупредил ее об издании. Щапова была недовольна: она не давала разрешения на свои голые фотографии. Думаю, он хотел ей неожиданный сюрприз сделать. Подарок. Ошибся...

— А чем закончилась эта история?

— Они с Костей как-то разобрались. По-моему, поругались навсегда.

— Вы туда вложились в качестве дружеской поддержки Косте? Или у Вас интерес к книге был?

— У меня просто водились тогда деньги, девать их было некуда. Долгие годы я владел фирмой, производящей электронное оборудование для фармацевтической промышленности. Мне хотелось хоть как-то поучаствовать в культурной жизни: в периоды больших выставок в Нью-Йорке, к примеру, моя фирма устраивала в «Русском самоваре» Романа Каплана званые обеды для избранной клиентуры.

---

[9] *Щапова Е.* Это я — Елена. (Интервью с самой собой). [New York]: Подвал, 1984.

...А вообще, сам я признавал слова Льва Толстого: «Если можешь не писать, не пиши», — и не писал. Все же вокруг меня писали: Фромер, Кузьминский и еще многие люди. И все они вызывали мое одобрение.

— А кто еще вызывал?

— Дело в том, что у меня в Израиле, в Иерусалиме, в 1973/74 году был книжный магазин «Дар» (по Набокову). И туда стекался самый разный народ. Там было много разных поэтов и писателей. Были очень талантливые люди, были и не очень. Были и просто говнюки, извините за выражение.

Была, к примеру, такая Юлия Шмуклер. Она издала маленькую книжечку. Но эту книжечку я храню в течение сорока лет. Это ***удивительная*** проза! Называется «Уходим из России»[10]. Эта женщина находила правильные слова и брала за душу, думаю, любого читателя. А потом сгинула... Исчезла с небосклона. Мы пытались ее разыскать. Говорили про нее разное: что она скитается без копейки денег, что просит подаяние, что убила себя...

Короче, нет Юлии Шмуклер... А я бы так хотел издать ее!

— А Вы документальный фильм Андрея Загданского «Костя и Мышь» видели?

— Он мне его присылал. Я не хочу его смотреть. Так же, как и мемориальное видео. Зачем ворошить душу? Лучше всё оставить как есть. Что они мне могут сказать, чего я не знаю?

---

10 *Шмуклер Ю. И.* Уходим из России. Иерусалим: Библиотека «Алия», 1975. Как о «необычайно даровитой писательнице» отзывался о Шмуклер Омри Ронен (*Ронен О.* Чужелюбие: Третья книга из города Энн. СПб.: Звезда, 2010. С. 111). Автобиографию Ю. Шмуклер, написанную, по всей видимости, в середине 1970-х, можно найти в различных онлайн-библиотеках. Рассказ Н. Н. Рубинштейн о судьбе Шмуклер после отъезда из Израиля в США и его обсуждение. URL: https://avva.livejournal.com/2504193.html (дата обращения: 27.11.2021).

АНТОЛОГИЯ
И ЕЕ
АВТОРЫ

Юлия Валиева (СПбГУ, Санкт-Петербург)

Концепции периодизации «второй культуры»: Олег Охапкин — Константин Кузьминский

(По материалам Amherst Center for Russian Culture)

Фонд К. К. Кузьминского в Центре Русской культуры Амхерстского колледжа представляет уникальный источник для изучения русской неподцензурной литературы и неофициальной культуры 1950–1980-х годов. Существенную часть этой коллекции составляет обширное эпистолярное наследие самого Кузьминского, в том числе его переписка периода эмиграции с ленинградскими поэтами Б. И. Тайгиным, В. И. Уфляндом, Е. Б. Рейном, Л. В. Лосевым, В. П. Крейдом (Крейденковым), Э. М. Шнейдерманом, О. А. Охапкиным, В. В. Гаврильчиком, Ю. Н. Вознесенской, В. И. Эрлем, В. Г. Ширали, П. Н. Чейгиным и др.

Для составителя «Антологии новейшей русской поэзии *У Голубой Лагуны*» (далее — Антология) переписка, по сути, заменяла хронику художественной жизни. В письмах его адресантов содержатся сведения о событиях и участниках неофициальной культуры Ленинграда, книжных новинках, готовящихся и несостоявшихся публикациях, выставках, поэтических чтениях. Письма дают представление о расположении литературных сил, внутрилитературных связях, формах художественной жизни в их динамике (от брежневской эпохи до перестройки и периода независимой литературы 1990-х включительно). Они насыщены именами, датами, значимыми деталями, что позволяет реконструировать реалии «второй культуры», относящиеся не только к явлениям творческим, но и к сфере повседневного.

Поскольку большинство отложившихся в фонде эпистолярных текстов, что закономерно, адресованы Кузьминскому и/или являются ответами на его письма, по ним можно косвенно судить о его методах формирования Антологии: ему присылают труднодоступные тексты, ответы на анкету составителя, краткие биографические справки и свои воспоминания об отдельных персоналиях; высказываются и суждения (подчас полемические), касающиеся общих принципов подготовки Антологии.

Публикация собранного Кузьминским ценного историко-культурного материала, колоссального по объему и количеству персоналий, требовала систематизации. Им рассматривались разные модели концептуализации материала: от искусствоведческих и литературоведческих до поэтических и эзотерических, в том числе созданные его современниками. Так, его заинтересовала изобретенная поэтом, филологом и знатоком индуизма Вадимом Крейдом колода карт, о которой тот упомянул в письме:

> Дорогой Костя,
> Благодарен за Ваше теплое письмо от 16 декабря. <...> Вы предлагаете мне прислать для возможной публикации колоду карт, которую я изобрел года два назад и котор<ую> пока держу в секрете (принцип ее). Но к русской поэзии она не имеет отношения, и я не знаю зачем ее публиковать в Антологии. Смысл этой новой колоды — «философская машина». То-есть отыскано некоторое количество самых вечных категорий человеч<еского> ума и опыта, и каждой такой категории присвоена своя масть и своя картинка и символика. Сверяя с историей философии, я пришел к выводу, что я не пропустил ни одной важной категории. Таким образом эти карты можно раскладывать в своего рода метафизические пасьянсы и получать ситуации неожиданного столкновения идей — своего рода (машина краснеет за меня) медитация. Но можно и гадать и играть в азартные игры на деньги, если угодно.
> [ACRC 51: 2, 7][1]

---

[1] Машинопись с правкой. Орфография и пунктуация здесь и далее — авторские. Дата по штампу на конверте: 7 января 1981 года. Письмо было отправлено по адресу: «Mr. K. Kuzminsky. The Institute of Modern Russian Culture at

Полагая эпистолярные тексты жанром искусства, *письма поэтов* Кузьминский наделял особым статусом — синтеза биографического и творческого. Критикуя цензурированность переписки в академических изданиях Пушкина и Маяковского, он размещал присланные ему письма на страницах Антологии без редакторской обработки, выделяя их эстетическую значимость заглавием («Д. Дар. Письма и проза», «Пять писем поэту», «Пять писем поэтам из романа "Хотэль цум Тюркен"») или комментарием («Остальные данные см. в стихах и в письмах»).

В настоящей статье на основе писем Олега Охапкина к Константину Кузьминскому из коллекции Amherst Center for Russian Culture и материалов Антологии рассматриваются предложенные ими концепции периодизации новейшей русской поэзии XX века и устанавливаются некоторые их важные источники.

I

Олег Александрович Охапкин (1944–2008) — основоположник религиозного направления петербургской неподцензурной поэзии. Его имя связано с возрождением в 1970-е годы жанров русской духовной поэзии.

Предваряя публикацию стихов Охапкина в мюнхенском журнале «Грани», Д. Я. Дар начал рассказ о нем семейным преданием об избранности поэта: «В лютый для России год, во время Ленинградской блокады, когда младенцы рождались, как маленькие

Blue Lagoon, Texas. POB 7217 Austin, Texas 78712». Из пояснения В. Крейда: «Она была основана на трех китах: философской системе Санкхья, китайской "Книге перемен" и колоде карт Таро. Сходство этих крайне разных источников состоит в том, что каждая представляет замкнутую систему ИСЧЕРПЫВАЮЩЕЙ модели мира. В Санкхье весь мир представлен в 25 категориях, в "Книге перемен" — в 60 с небольшим ситуациях, и ничего в человеческих отношениях не может быть за пределами этих ситуаций. Задача состояла в том, чтобы синтезировать картинки Таро, категории Санкхьи и ситуации Книги перемен в единые символы, которые таким образом становятся многомерными вглубь» (Письмо В. Крейда к Ю. Валиевой от 18 августа 2017 года).

трупики, в одном из родильных домов на берегу Невы родился мальчик. Ангельской красоты» [Дар 1978: 44].

В автобиографии 2007 года события своей жизни Охапкин перечисляет кратко:

> Я родился 12 октября 1944 года в Ленинграде, в семье пожарных. Скоро мать и отец развелись, и я рос без отца. Семья наша была верующая: и меня, и младшую сестру мою, Галину, крестили. <...>
> В 1963 году я поступил в музыкальное училище им. Мусорского по классу вокала. Занимался я у заслуженного артиста РСФСР В. Морозова. Впоследствии пел в хоре радио и телевидения у Григория Сандлера.
> В 1966 году я ушел из хора и стал писать стихи сознательно. Первая публикация была в альманахе «Молодой Ленинград» за 1970 год. <...>
> В 1967 г. познакомился с И. А. Бродским и его кругом поэтов. Печатался мало, и в основном в Ленинграде. С 1974 г. стал печататься в самиздате и чуть позднее в тамиздате. <...>
> Первая книга («Стихи») вышла в издательстве «Беседа» в Париже в 1989 г. Первая книга на родине вышла в 1990 г. и называлась «Пылающая купина»...[2]
> [Охапкин: 2011: 322]

С 1960 года он занимался в литобъединении «Голос юности», сначала у Дара, потом у А. М. Емельянова; в 1969-м поступил в ЛИТО при Ленинградском отделении Союза писателей к Г. С. Семенову.

По словам Охапкина, он познакомился с Кузьминским в 1970 году через Эрля, с которым был дружен по кафе на Малой Садовой [Охапкин 2009: 140][3]. Этим же годом датировано по-

---

[2] Библиография публикаций О. Охапкина приведена в [ОЧ-1: 283–285]. См. также материалы трех конференций «Охапкинские чтения» (Санкт-Петербург, 2014, 2015; Москва, 2016), организованных вдовой поэта Т. И. Ковальковой [ОЧ-1; ОЧ-2] и подготовленный ею сборник литературной критики о нем [ОЧ-3].

[3] Об участии Охапкина в группе Хеленуктов и написанном им в ноябре 1970 года совместно с Кузьминским и Эрлем опусе «Ганымэд» [АГЛ 4Б: 613–614] см. [Казарновский 2018: 184].

священное Кузьминскому стихотворение Охапкина «К другу моему» («Куда мне притулиться с собачьим умом?..»), затем вошедшее в составе подборки из 20 стихотворений в машинописную антологию Кузьминского «Живое зеркало (второй этап ленинградской поэзии)» (1974)[4]. Этой же подборкой с сохранением посвящений, эпиграфов и порядка следования произведений начинается представляющий Охапкина раздел в томе 4Б Антологии[5]. Попутно заметим, что для Охапкина участие в «Живом зеркале» стало, по всей видимости, первым самиздатским опытом; в истории же их творческих взаимоотношений с Кузьминским — первой публикацией под одной обложкой.

Охапкин не раз бывал у Кузьминского «в комнате на бульваре Профсоюзов (ныне Конногвардейский), в проходном дворе, который выходил на Красную улицу (Галерную нынче), на верхнем этаже...» [Там же][6]. Через Кузьминского состоялись многие знакомства Охапкина, в том числе с Т. Г. Гнедич, ее переводческим семинаром и «царскосельским» ЛИТО. В свою очередь, Охапкин представил Кузьминского, увлеченного идеей перевода «Досок судьбы» Вел. Хлебникова «на язык математический», астроному Н. А. Козыреву для возможного в этом сотрудничества [АГЛ 4Б: 465].

---

4 «Живое зеркало (второй этап ленинградской поэзии)» (4-е изд., испр., Санкт-Петербургъ, 1974). Просмотренный мною экземпляр из личного архива Б. И. Иванова открывается разделом Охапкина, в «Оглавлении» же сборника его имя в списке из 14 авторов идет вторым (после Гаврильчика). В подборке Охапкина напечатаны следующие стихи (1967–1973 годов): «Иосифу Бродскому», «Дмитрию Бобышеву», «Александру Ожиганову», «Виктору Кривулину», «Борису Куприянову», «Санктъ-Петербургъ» (Петру Чейгину), «К другу моему» (К. Кузьминскому), «К душе своей», «На отъезд поэта», «Второй орфический гимн февралю», «Самый снежный день зимы» (А. О.), «Пять минут пополуночи», «Портрет», «Летучий голландец» (Ю. Ш.), «Квадрига» (Светлой памяти Пушкина), «Сфинкс» (М. Ш.), «Неужто азиат...», «На смерть патриарха», «Вход Господень в Иерусалим», «Моленье о чаше».

5 [АГЛ 4Б: 60–87]. О посвященных Охапкиным Кузьминскому поэме «Душа Петербурга» и лирической книге «Душа города» см. [Корсунская 2021].

6 Художник В. И. Левитин так вспоминал о своей первой встрече с Охапкиным у Кузьминского: «...Высокого роста, в белой рубахе и в белых брюках, с прекрасной улыбкой, голубоглазый. Он появился как светоносное видение» [Левитин 2009: 232].

Охапкин был в числе тех деятелей ленинградской «второй культуры», кто отстаивал творческое право литераторов на публикацию. В 1973 году он подписался под совместным с В. Б. Кривулиным и Ф. Б. Чирсковым письмом в секретариат Правления Ленинградского отделения Союза советских писателей РСФСР, в котором заявлялось о «беспокойств<е> за судьбы творческой молодежи Ленинграда»: «...из нормальной литературной жизни города оказалось изъято целое поколение писателей и поэтов. Произведения этих авторов, не попав на страницы печатных изданий, образовали своего рода “вторую литературную действительность”»[7].

На заседании рабочей части Секретариата 16 апреля 1974 года, куда пригласили авторов письма[8], Охапкин, согласно записям протокола, сказал в том числе следующее: «...нас не печатают и таким образом толкают в литературное подполье»; «Не надо нас толкать в подполье, к уголовной судьбе»; «Мы не претендуем на гениальность, но пожинаем судьбу гениальных поэтов...»[9].

Разделяя идею коллективного издания авторов «второй культуры» в официальной печати, Охапкин в 1975 году входил в инициативную группу по переговорам с издательством «Советский писатель» о поэтической антологии «Лепта» (составленной редколлегией: Ю. Н. Вознесенская, К. К. Кузьминский, Б. И. Иванов, В. Б. Кривулин, Е. А. Пазухин при участии Э. М. Шнейдермана и А. С. Морева), представляющей более 30 ленинградских

---

7 ЦГАЛИ СПб. Ф. 371. Оп. 1. № 640. Л. 56. Авторизованная машинопись на 7 пронумерованных листах формата А4. Письмо Кривулина, Охапкина, Чирскова подшито к протоколам заседания Секретариата ЛО Союза писателей РСФСР, датировано 19 октября 1973 года. Фрагменты из письма приведены в статье Шнейдермана «Пути легализации неофициальной поэзии в 1970-е годы», где датой письма указывается 3 декабря того же года. См. [Шнейдерман 1998: 197].

8 На заседании присутствовали: О. А. Охапкин, В. Б. Кривулин и Т. С. Буковская, обратившаяся в Союз писателей с отдельным письмом на эту же тему. Подробнее см. [Шнейдерман 1998: 197].

9 ЦГАЛИ СПб. Ф. 371. Оп. 1. № 640. Л. 53, 54.

поэтов, «практически ранее не печатавшихся»[10]. Название сборника («лепта» в значении «приношение», «дар»), согласно комментариям Кузьминского [АГЛ 5Б: 93], было дано по риторическому выражению из письма Охапкина в издательство.

Кузьминский высоко ценил поэзию Охапкина, называя его имя в числе «поэтической элиты Петербурга» (из письма Кузьминского Н. Е. Горбаневской от 14–15 ноября 1976 года [АГЛ 2А: 584]); видел в нем выразителя одной из двух магистральных линий развития акмеистической традиции [Кузьминский 1977б]. В «Аполлоне-77» Кузьминский эпиграфом к своему предисловию «Поэты Северной столицы» выбрал, наряду с цитатой из Гейне, строчку из Охапкина[11].

Несмотря на то что Кузьминский как последователь футуристов (В. В. Каменского, Вел. Хлебникова, А. Е. Крученых, А. В. Туфанова) в вопросах эстетики находился с Охапкиным на разных полюсах, в их литературных приоритетах было и общее: признание выдающегося таланта И. А. Бродского и особый пиетет к Г. Р. Державину (и в целом к литературе XVIII века). По словам Охапкина, он «<с> самой ранней юности <...> задумывался, — отчего стихи Державина столь горячи и так сильно воздействуют на читателя?» [Охапкин 2018: 42]. Кузьминский же пришел к Державину через теорию формалистов и биографическую книгу о нем В. Ф. Ходасевича.

В статье «Я до 1957 года» [АГЛ 2А: 486–491] Кузьминский предвосхищает рассказ о своей пробе пера в школьные годы текстом «непечатной» дразнилки, сочиненной юным Охапкиным, повторяя смелый ход Ходасевича («Младенчество»), сопоставившего свое первое слово («Кыс, кыс!») с первым словом младенца

---

10 Об истории этого несостоявшегося издания существует обширная мемуарная и исследовательская литература, в том числе [АГЛ 5Б: 275–326], [Шнейдерман 1993: 51–54], [Шнейдерман 1998: 198–199], [СЛ 2003: 419–420]. Охапкин был приглашен составителями будущей антологии в редколлегию, но вскоре был из нее исключен из-за своего «самовольства» в переписке с ЛО Союза писателей, о чем подробнее см. [АГЛ 5Б: 300–301]. В процессе подготовки антологии он несколько раз менял решение об участии в ней в качестве автора. В окончательный состав «Лепты» он не вошел.

11 Из стихотворения «На отъезд поэта» [Аполлон-77: 107].

Державина («Бог!»). Исходя из этой, пусть и травестийной аналогии, Олегу (который был младше Кузьминского на 4 года и считал себя его учеником) отводится здесь символическая роль Державина.

В фонде Кузьминского из ACRC сохранилось 12 писем к нему Охапкина: одно, датированное 8 июня 1975 года, с запретом публикации своих произведений «в любых западных изданиях»[12], и 11 писем 1979 года[13]. Поводом для возобновления переписки, со слов адресанта, послужило известие о готовящейся Антологии:

> Дорогой Костя,
> я получил твое единственное письмо в свое время[14], но не стал тогда отвечать, ибо не имел твоего адреса. Этим летом я узнал, что ты готовишь эпохальный труд в четырех томах. На мой взгляд, это будет непревзойденный труд вплоть до первого десятилетия XXI века.
> [Там же: 595]

Свое предуведомление к публикации «8 писем с ответом. Олегу Охапкину» Кузьминский начинает словами: «Охапкин Олег Александрович. Поэт. Друг Бродского и Бобышева. Мой» [Там же: 593], а в послесловии восклицает: «Эпистолярис не выродился-таки в наш рукописный XVIII-й век!» [Там же: 602].

В нашей статье письма Охапкина цитируются по рукописям из фонда Кузьминского в ACRC.

---

12 Факсимильно опубл. в [АГЛ 4Б: 108]. По словам Кузьминского, из-за этого письма у него возникли сложности при получении в эмиграции своего архива. См.: *Кузьминский К.* Как я всё это вывозил [АГЛ 2А: 577–578]. См. также письма Кузьминского из Вены в наст. изд.

13 Выдержки из этих писем опубл.: «8 писем с ответом. Олегу Охапкину» [АГЛ 2А: 593–609], «Часы, трусы, пилотка... (Хроника тикающих событий. Из писем Олега Охапкина)» [АГЛ 4Б: 159]. Их переписка была продолжена и в следующие годы. Так, помимо указанных ранее, на страницах Антологии цитируются письма Охапкина Кузьминскому от 18 января 1980 года [АГЛ 4Б: 159], 2 сентября 1981 года [АГЛ 4Б: 107–111], 6 января 1985 года [АГЛ 5Б: 473].

14 Возможно, имеется в виду письмо Кузьминского к Охапкину от 17 мая 1976 года о жизни в Америке. Машинописная копия [ACRC: 60, 3].

II

Концепция периодизации Олега Охапкина изложена им в 11 письмах к Кузьминскому, датированных 16 сентября — 6 декабря 1979 года. Все послания написаны на листах формата А4, каждое завершается на открытке с изображением одного из знаков Зодиака[15]: 1-е (от 16 сентября, «Весы»), 2-е (27 сентября, «Скорпион»), 3-е (30 сентября, «Стрелец»), 4-е (10 октября, «Козерог»), 5-е (18 октября, «Водолей»), 6-е (25 октября, «Рыбы»), 7-е (1 ноября, «Овен»), 8-е (9 ноября, «Телец»), 9-е (15-е ноября, «Близнецы»), 10-е (22 ноября, «Рак»), 11-е (6 декабря, «Лев»)[16].

Модель предложенного Охапкиным «символического календаря поколений» поэтов основана на том, что историко-литературная периодизация является частью единой системы, подчиненной принципам календарной цикличности (времена года, месяцы, дни недели). Вместе с тем для ее построения и истолкования предлагается совместить: 1) естественно-научный подход, по образцу примененного А. Л. Чижевским к периодизации исторических событий на основе наблюдений над солнечной активностью; 2) символику христианского церковного календаря; 3) метаисторическое описание; 4) филологические штудии.

Согласно этой модели, история культуры циклична. Каждый цикл (= период) включает в себя следующие культурные века: Оловянный, Медный, Золотой, Серебряный, Свинцовый, Бронзовый, Железный, Платиновый. Охапкин соотносит развитие русской поэзии с христианской культурой, прошедшей этап в неполные три цикла, при этом третий из них (еще не завершившийся), он называет «имперским», или «петербургским», и полагает его началом 1711 год — год основания Петром Первым

---

15 Зодиак. 16 цветных открыток / худ. и авт.-сост. Г. Глебова. М.: Изобразительное искусство, 1978. Тираж — 275 000. На обороте каждой открытки дано описание того или иного созвездия. Охапкин пишет дату арабскими цифрами, местом написания указывает Санкт-Петербург: «С. П.».

16 Далее в статье при цитировании писем мы указываем в квадратных скобках номер письма и лист (согласно сквозной нумерации).

Сената[17]. Хотя автор и сравнивает себя с Гесиодом, его концепция не подразумевает ценностной иерархии; смена одного века другим выражает не деградацию, а причинно-следственные отношения (в русле теории времени астронома Н. А. Козырева, с которым Охапкин поддерживал дружеские отношения и вел переписку).

По Охапкину, культурная эпоха, к которой принадлежат поколения ленинградских неподцензурных поэтов, датируется 1956–2004 годами и повторяет по своему символическому значению эпоху Христа. Это эпоха героев, миссия которых — воскрешение к жизни, поэтому в календарном плане она соответствует «Весне», а в плане мистическом — «Воскресению». В восьмеричном цикле обе эти эпохи представляют собой «Бронзовый век». Из письма Охапкина от 9 ноября 1979 года: «Наше же дело увековечить ту весну, участниками которой нам привелось быть. <...> И ты, конечно, прав, что сосредоточил свое внимание на нашем времени. Оно ключевое для будущего» [8: Л. 17 об.].

Остановимся на некоторых важных для Охапкина источниках. Поясняя составленный им календарь, он ссылается на исследование профессора Колумбийского университета E. J. Bickerman «Chronology of the Ancient World» [Bickerman 1969] и книгу А. Л. Чижевского «Земное эхо солнечных бурь» [Чижевский 1976].

Из работы Э. Бикермана «Хронология Древнего мира: Ближний Восток и Античность», вышедшей на русском языке в переводе И. М. Стеблин-Каменского в 1976 году, Охапкин заимствует сам принцип организации календаря, согласно которому «каждая полная дата состоит <...> из двух частей: календарной даты, которая периодически повторяется <...> и хронографической даты, которая случается только один раз» [Бикерман 1976: 7], а также представление о том, что простейшим приемом хронографии является счет поколений. По Охапкину, в основе периодизации русской литературы XX века лежит поколенческий принцип; хронографические даты обозначают года, а повторяющиеся элементы (время года, месяц, день недели) наделены символиче-

---

17 Полагаю, что 1711 год был выбран Охапкиным в том числе по году рождения М. В. Ломоносова.

ским характером, отсылая к библейской Книге Бытия (дни недели) и церковному календарю (Весна — Пасха):

Март[18]
1956, 1957, 1958, *1959*, 1960, 1961, 1962,
1963, 1964, 1965, *1966*, 1967, 1968, 1969,
1970, 1971, 1972, *1973*, 1974, 1975, 1976,

Апрель
1977, 1978, 1979, *1980*, 1981, 1982, 1983,
1984, 1985, 1986, *1987*, 1988, 1989, 1990,

Май
1991, 1992, 1993, *1994*, 1995, 1996, 1997,
1998, 1999, 2000, *2001*, 2002, 2003, 2004...
[6: Л. 13]

Книгу А. Л. Чижевского Охапкин указывает в качестве образца своей схемы поколений, имея в виду, вероятно, общий подход к описанию исторического процесса методами точных наук. Приведенные в его письмах календарные таблицы свидетельствуют о том, что его привлекала сама идея построения истории русской литературы по аналогии с созданной Чижевским моделью историометрического цикла: «Течение всемирно-исторического процесса составляется из непрерывного ряда циклов, занимающих промежуток времени, равный, в среднем арифметическом, 11 годам, и синхроничных в степени своей активности периодической пятнообразовательной активности Солнца» [Чижевский 1924: 50].

Охапкин апеллирует к Чижевскому, сопровождая свои календарные схемы указанием на года активности Солнца, в подтверждение неслучайности тех или иных рубежных дат, в том числе открывающего «Бронзовый век» 1956 года, традиционно соотно-

---

[18] Семь годов каждого ряда, по замыслу Охапкина, соответствуют также семи дням недели. Средняя колонка таблицы (= четверг), отмеченная автором вертикальными линиями слева и справа, выделена нами курсивом. Мистическое ее значение автор не раскрывает.

симого с началом «оттепели»[19]. Показывая свою осведомленность в астрономических данных, поэт тем не менее обращается в основном к нумерологическим константам русской картины мира. Избирая в качестве меры число 7, он указывает единой продолжительностью символического века (в том числе «Бронзового») 49 лет (семь раз по семь). Правда, автор не всегда последователен: рассуждая о количестве веков в составе цикла, он называет семь, а перечисляет восемь: I. Оловянный век (Зима); II. Медный век (Весна); III. Золотой век (Лето); IV. Серебряный век (Осень); V. Свинцовый век (Зима); VI. Бронзовый век (Весна); VII. Железный век (Лето); VIII. Платиновый век (Осень) [1: Л. 2].

Если, по теории Чижевского, «в каждом столетии всеобщий цикл исторических событий повторяется ровно 9 раз» [Чижевский 1924: 27], то у Охапкина — семь раз. Соответственно, согласно концепции последнего, продолжительность цикла оказывается не 11 лет (как у Чижевского), а 13. Именно 13-летний цикл лежит, по Охапкину, в основе смены поколений поэтов:

> Семь поколений, XX век:
>
> 148. 1. 1905, 1906, 1907, 1908, 1909, 1910, 1911, 1912, 1913, 1914, 1915, *1916, 1917*[20],
> 149. 2. 1918, 1919 (и так далее. — *Ю. В.*), *1929, 1930*,
> 150. 3. 1931, 1932 (и так далее. — *Ю. В.*), *1942, 1943*,
> 151. 4. 1944, 1945 (и так далее. — *Ю. В.*), *1955, 1956*,
> 152. 5. 1957, 1958 (и так далее. — *Ю. В.*), *1968, 1969*,
> 153. 6. 1970, 1971 (и так далее. — *Ю. В.*), *1981, 1982*,
> 154. 7. 1983, 1984 (и так далее. — *Ю. В.*), *1994, 1995*...
> [8: Л. 18 об.][21]

---

[19] Хотя Охапкин не упоминает «оттепель», это значение подразумевается: «Наше же дело увековечить ту весну, участниками которой нам привелось быть» [8: Л. 17 об.].

[20] Курсивом здесь нами выделены две крайние справа колонки цифр, отмеченные автором фигурными скобками и подписанные сверху: «годы активного Солнца»; снизу: «Граница поколений (высокая смертность). См. книгу Чижевского "Земное эхо солнечных бурь"» [8: Л. 18 об.].

[21] То же [6: Л. 13 об.].

(В этой таблице семь рядов по вертикали, в каждом ряду последовательно перечислено 13 годов, представляющих годы рождения поэтов одного поколения.)

Век при таком подходе включает в себя 7 поколений («седмирицу») и равен не столетию, а 91-му году (семь раз по 13). Охапкин дает интерпретацию этому числу через символику «возмездия»: «Получается в общем век — 91 год. Если учесть, что по Библии дети страдают за грехи родителей аккурат до седьмого колена, получаем именно век — 91 год» [8: Л. 18].

В календаре Охапкина особым значением наделены памятные даты, обозначающие наступление христианской эры. Так, «Бронзовый век» начинается годом воплощения Христа; счет поколений поэтов (= крещеных) — годом рождения Иоанна Крестителя. Таким образом, себя Охапкин относит к 151-му поколению (рожденные в 1944–1956 годах) христианской эры, 4-му — в XX веке; Кузьминского — к 150-му поколению (рожденные в 1931–1943 годах), 3-му в XX веке: «44 года рож<дения>.— я, Крив<улин>, Ожиг<анов>, Страт<ановский>. Мы — начали новое поколение. Вот почему вы — ты, Брод<ский>, Лён и т. д. есть предыдущее поколение» [6: Л. 13 об.].

В вопросе о датировке рождения Христа Охапкин придерживается определенной трактовки, настаивая на том, что «истинны<м> год<ом> Рожд. Х.» является 5-й год до н. э. [6: Л. 13]. Заметим, что в книге Бикермана эта дата напрямую не названа[22]. Скорее всего, Охапкин пользовался Толковой Библией (А. П. Лопухина), а затем переводил указанные там года по таблицам Бикермана. В комментариях Толковой Библии к «Евангелию от Матфея» говорится, что годом рождения Христа, согласно астроному Кеплеру, считается

---

[22] Рассматривая в главе «Прикладная хронология» разные системы древнего летоисчисления, Бикерман останавливается на истории введения Дионисием Малым даты Христианской эры, далее указывает датировку рождения Христа по «Канону», помещенному в «Хронике» Евсевия Кесарийского: «...рождение Иисуса Христа приводится под 2015-м годом от Авраама, и этот год отождествляется с 25-м годом правления императора Августа и приходится на 184-ю олимпиаду, т. е. соответствует 2 г. до н. э. по нашему летосчислению, которое восходит к Дионисию Малому» [Бикерман 1976: 82].

748 год от основания Рима, но «...теперь почти всеми экзегетами принимается, что Христос родился в конце 749 года от осн<ования> Рима, или на 2–3 года раньше начала нашей христианской эры» [Толковая Библия 1911: 53]. В Синхронической таблице летосчисления, приведенной Бикерманом, 749-й год от основания Рима соответствует 5-му году до н. э.[23]

Идея символического календаря, очевидно, стала складываться у Охапкина еще в начале 1970-х и первоначально воплотилась в стихах. В ряду *литературных источников* его концепции назовем стихотворения из романа Б. Л. Пастернака «Доктор Живаго», поэму А. А. Блока «Возмездие», «Поэму без героя» А. А. Ахматовой, «Ленинградский апокалипсис» Д. Л. Андреева.

Прочтение Охапкиным романа Пастернака, как полагаю, было опосредовано исследованиями американского слависта Д. Д. Григорьева (о. Дмитрия), настоятеля Американской православной церкви, профессора русской литературы Джорджтаунского университета, и прежде всего его статьей «Пастернак и Достоевский», опубликованной на русском языке в 1960 году в журнале «Вольная мысль»[24]. В этой статье критерием для сопоставления мироощущения двух писателей служит отношение их персонажей к смерти: «От внутреннего непримирения с мыслью о смерти и разрушении они приходят к мистическому утверждению жизни как Высшей Сущности, наполняющей и содержащей весь мир. Их героев поддерживает именно эта жизнеутверждающая сила, которую они черпают в окружающем их мире, в природе» [Григорьев 1960: 84].

Анализируя сюжет двух произведений Юрия Живаго — задуманной им во время болезни поэмы «Смятение» о пребывании Христа во гробе до воскрешения и стихотворения «Магдалина II» о Марии, принявшей воскресшего Христа за садовника, Григорьев истолковывает их через эпиграф из Евангелия от Иоанна, предпосланный Ф. М. Достоевским к «Братьям Карамазовым» («Истинно, истинно говорю вам: если пшеничное зерно, падши в землю, не умрет, то

---

[23] Таблица IV. Синхроническая таблица летосчисления (776 г. до н. э. — 300 г. н. э.). Подзаголовок: «Годы от основания г. Рима, по Варрону, годы олимпиад и египетские подвижные годы» [Бикерман 1976: 172].

[24] Первая публ. (на англ. яз.) в [Grigorieff 1959].

останется одно; а если умрет, то принесет много плода» [Ин. 12: 23–25]): «Смерть — врата к бессмертию. Чтобы наследовать жизнь вечную надо умереть, т. е. перейти в другое состояние» [Там же: 85].

Такая интерпретация поэмы «Смятение» существенно отличается от данного в романе авторского пояснения о ее замысле: «[Юрий] пишет поэму *не о воскресении и не о положении во гроб, а о днях, протекших между тем и другим.* <...> Он всегда хотел написать, как *в течение трех дней буря черной червивой земли осаждает, штурмует бессмертное воплощение любви*, бросаясь на него своими глыбами и комьями, точь-в-точь как налетают с разбега и хоронят под собою берег волны морского прибоя» [Пастернак 1988, I: 184][25].

Охапкин отдает предпочтение не авторскому ви́дению этого эпизода, а его истолкованию Григорьевым; «ключом» для него тоже служит последняя строка стихотворения «Магдалина II»: «Но пройдут такие трое суток / И столкнут в такую пустоту, / Что за этот страшный промежуток / *Я до Воскресенья дорасту*» [Там же, II: 250].

В стихотворении Охапкина «Мария Магдалина» (1972)[26] содержатся аллюзии на оба указанных ранее текста из романа. К поэме «Смятение» отсылает здесь образ «земляных волн» (волн смерти). В отличие от Пастернака, у Охапкина отсутствуют мотивы «вглядывания в бездну смерти», «отождествления себя с Христом», историческая дистанция с евангельскими событиями подчеркивается образом плащаницы («море складок», «льняные волны»), складки которой запечатлели страдания Спасителя[27], но

---

[25] Курсив здесь и далее наш, кроме особо оговоренных случаев. — *Ю. В.*

[26] Эхо. 1979. № 1. С. 80–83. Подборка стихотворений Охапкина в этом номере, включающая в себя «После бури», «Мария Магдалина», «Метаплазия мира» (Памяти Н. Ф. Федорова), «Взгляд свыше», «Продмаг. Очередина. Спертый дух...», подготовлена И. Н. Бурихиным.

[27] Возможно, этот образ был порожден чтением материалов о Туринской плащанице. Д. В. Бобышев вспоминает о самиздатской брошюре на эту тему, которую ему дал Охапкин: «...эти материалы были не только о погребальных пеленах Иисуса, но и о самой казни, сообщая такие факты и детали, такие анатомические, медицинские и даже химические подробности, от которых при чтении волосы вставали дыбом и чуть не лопались собственные нервы» [Бобышев 2014б: 249].

этот образ призван не сломить, а, напротив, укрепить дух поэта в его следовании полному терний пути:

Он вспоминал потом, что понял всё,
Едва увидел это *море складок*
И этот плат, который свыше сил
Увидеть было. Вызывали страх
Не пятна крови, но льняные волны.
[Охапкин 1979: 82]

Глагол «коснуться», которым у Пастернака вводятся мотивы личной вовлеченности, запредельного хождения («Рады коснуться и ад, и распад, и разложение, и смерть, и, однако, вместе с ними рада коснуться и весна, и Магдалина, и жизнь. И — надо проснуться. Надо проснуться и встать. Надо воскреснуть»), в стихотворении Охапкина поставлен в отрицательную форму императива («*Не прикасайся* / Ко мне! Еще я не был у Отца. / Мой путь еще не пройден до конца»), тем самым акцентируется позиция автора[28] — сходная в данном вопросе с Н. С. Гумилевым: «Всегда помнить о непознаваемом, но не оскорблять своей мысли о нем более или менее вероятными догадками», «все попытки в этом направлении — нецеломудренны»[29].

Идея о том, что путь к обновлению предполагает осознание идущим, откуда он вышел, звучит в стихотворении Охапкина

---

[28] Не могу согласиться ни с А. Ю. Арьевым, который (не приводя, правда, конкретных названий и примеров) называет стихи Охапкина «благодарно имитирующ<ими> чужую манеру. В первую очередь — Бродского, затем — позднего, периода “Доктора Живаго”, Пастернака» [Арьев 2021: 14], ни с Ж. фон Цитцевитц, в чьем прочтении в стихотворении «Мария Магдалина» «поэт вписывает себя в библейскую сцену до такой степени, что он отождествляет себя с Марией и/или другими учениками» [Цитцевитц 2015: 39]. «Переработка» Охапкиным пастернаковских сюжетов поэмы «Смятение» и стихотворения «Мария Магдалина II» близка по своему характеру с трактовкой им библейской «Книги Иова» в поэме «Испытание Иова», отсутствие в которой важного для первоисточника мотива «бунта Иова» С. Г. Стратановский объясняет тем, что «для человека, ищущего опоры в Боге, Иов, доверяющий Богу, важнее Иова бунтующего» [Стратановский 1993: 143].

[29] Гумилев Н. С. Наследие символизма и акмеизм; цит. по: [Гумилев 1991: 297].

«22 марта 1975 года»[30], о предназначении их поэтического поколения («Мы рождены в годину горя, / Но для великой радости...» [Охапкин 1978б: 107]). Мотив «заглядывания в темень» соединен здесь с пасхальными мотивами[31]:

Но жизнь идет. Стой! Кто идет? — Господь.
Что делать нам, рожденным в это время,
Когда животный страх перебороть
Уже нельзя, не заглянувши в темень?
<...>
Светает. Равноденствие. Весна.
Великий пост. В грядущем солнце всходит.
Стой! Кто идет?.. И видно по погоде:
Природа просыпается от сна.
[Там же: 108]

В письмах Охапкина содержится немало советов Кузьминскому относительно готовящейся Антологии. Один из них звучит для представителя поэтов «второй культуры» неожиданным: включить в состав Антологии не только нонконформистов, но и конформистов (правда, с соответствующей пометой)[32]. Свою

---

30 Время и мы. 1978. № 34. С. 107–108. В подборку Охапкина с общим названием «Твоя во тьме защита...» вошли также стихотворения: «Наше поколенье», «Памяти поэта», «За десять лет, измечтанных, глухих...» (с посв. А. С. Кушнеру).

31 Т. М. Горичева отмечает одно из проявлений религиозного начала в философской лирике Охапкина: «Жертвенность его радостна, полна надежды. Впереди — всегда Пасха» [Горичева 2014: 8], видя в этом «глубоко православную черту» его поэзии.

32 «...не брезгуй и другими поэтами этого века (бронзового), т. е. конформистами, их можно так и представить как поэзию конформистов или конформизма» [1: Л. 2 об.]; «Теперь касательно конформистов. Почему нас метят нонконформистами при всяком случае, а тех нет. Их надо, конечно, кому-то печатать, но пусть их метят конформистами. Напр<имер>, Возн<есенский> и т. д. А то что-то не ясно, почему нам такой почет, а им нет. Им тоже надо отдавать должное, т. е. метить. Пусть будет поровну. Или вообще никого не метить. Тогда отчего же мы нонконформисты? Может, просто русские поэты?.. Но я всё ж предпочитаю позицию благоволения ко всему талантливому и честному. Это естественней» [5: Л. 11].

позицию Охапкин поясняет стремлением «всё и всех примирить и воссоединить. <...> Ну, сам понимаешь, и фамилия моя обязывает и душа русского человека» [11: Л. 27].

Полагаю, что это суждение Охапкина, в традиции «терпимости к еретикам», основано на восприятии им учения преподобного Нила Сорского, возрождению идей которого в русской культуре XIX века были посвящены статьи Д. Григорьева «Достоевский и религия» [Григорьев 1961] и «Достоевский в русской церковной и религиозно-философской критике» [Григорьев 1968]. О знакомстве Охапкина с этими работами свидетельствует одно из его писем к астроному Козыреву: в нем поэт сообщает, что советовался с о. Дмитрием относительно своей поэмы «Испытание Иова», а именно допустимости данной им трактовки библейского текста. Охапкин делится с Козыревым радостью о полученном одобрении и знакомит его со взглядами о. Дмитрия на религиозную составляющую романов Достоевского:

> Мои сомнения рассеял вчера один профессор из университета в Вашингтоне. Он там преподает творчество Ф. М. Достоевского и написал великолепную статью о нем. В этой статье он защищает нашего великого писателя от нападок на него суровой псевдохристианской и антихристианской критики[33]. Там же он замечательно задушевно выводит христианское миросозерцание Федора Михайловича через традиции Нила Сорского в противовес традиции Иосифа Волоцкого[34] и указывает истинно православное происхождение взглядов Достоевского на мир, называет его провозвестником нового

---

[33] Имеется в виду [Григорьев 1968].

[34] «Иосифляне вместе с Иосифом Волоцким толкали Церковь на путь соревнования с государством, помышляли едва ли не о господстве Церкви над государством. <...> Совершенно другую позицию отстаивал в этом споре Нил Сорский, стремившийся вывести Церковь прежде всего на путь духовного служения народу, человеку. Он понимал, что Церковь есть сила внутренняя, а не внешняя, и потому направлял ее по существу на путь служения культуре» [Григорьев 1989: 204]; «...“спор Заволжских старцев” и духовное наследие преподобного Нила Сорского отразились на религиозных убеждениях Ф. М. Достоевского, особенно в романе “Братья Карамазовы” в образе и поучениях старца Зосимы» [Григорьев 2002: 59].

христианства — религии любви и свободы, и даже уподабливает его великим святым отцам нашей церкви, а его литературу святоотеческой письменности. А главное, он подчеркивает в творчестве Достоевского его страстную проповедь Богочеловеческого отношения к жизни и обличение человекобожеского дерзновения гордых мира сего[35].
Так вот, этот профессор — Дмитрий Дмитриевич Григорьев. Он — священник, и служил, как это ни удивительно, за праздничной обедней в нашей Лавре на Троицу. Бог привел познакомиться с ним и беседовать целый вечер.
Я сообщил ему о своих сомнениях по поводу моего сочинения и прочел ему это мое сочинение, как на исповеди.
Мне было тем более важно выслушать мнение не только знатока творчества Достоевского, но и священника в высшей степени богословски образованного и глубоко благочестивого. Он с большим волнением слушал, потом посмотрел и саму рукопись, и в результате поздравил меня с духовной победой и с удавшейся поэмой. Вот результат моей внутренней жизни за последнее время[36].

Полагаю, что статьями Григорьева о религиозном миросозерцании Достоевского навеяны мысли Охапкина о «христианском братстве поэтов», высказанные им в письме к Кузьминскому от 22 ноября 1979 года: «...трагедия наша не социальная, а глубоко экзистенциальная, христианская. Так уж мы задуманы Богом. *Христианское братство поэтов* — вот наша русская судьба перед лицом жестоковыйных людей и заблудшего мира» [10: Л. 25 об.][37].

---

[35] Григорьев остался верен этим взглядам на творчество Достоевского и в дальнейших своих исследованиях. См. [Григорьев 1989; Григорьев 2002].

[36] Архив РАН СПб. Ф. 1093. Оп. 3. № 589. Л. 11–12. Письмо Охапкина Козыреву датировано 27 июля 1973 года.

[37] В одно из писем Кузьминскому Охапкин вложил рекламный проспект Литературно-мемориального музея Ф. М. Достоевского в Ленинграде. Заметим, что Охапкин, наряду с Чейгиным и Чирсковым, некоторое время служил в Музее Достоевского. О своем устройстве туда рабочим он сообщает в Бюро профессиональной группы писателей при ЛО Литфонда СССР в письме от 3 декабря 1975 года, в дополнении к своему заявлению от 2 октября того же года о выходе из профсоюзной группы в связи с отсутствием литературного заработка (ЦГАЛИ СПб. Ф. 371. № 600. Л. 96).

Характеризуя воспринятое Нилом Сорским учение исихастов «об универсализме христианства, о вселенской Церкви», Григорьев отмечает его противостояние «зарождавшемуся византийскому гуманизму-эллинизму» [Григорьев 2002: 54]. Аналогичным образом трактует Охапкин суть различий между поколениями ленинградских поэтов:

> Ваше и наше поколения были «Оглянись во гневе», а теперь пришло поколение, и за ним намечается еще одно такое, даже более такое, так эти «Оглянись без гнева». Я уже понаблюдал. Видимо, всё идет к обществу потребителей слабых спиртных напитков, к своеобразному «эллинизму» в значении затухания стиля и апокалиптических настроений. [8: Л. 17]

Интересен вопрос об источнике названия «Бронзовый век» в концепции Охапкина. В письмах к Кузьминскому происхождение этого названия не объясняется. Заметим, однако, что Охапкин не был его первооткрывателем[38]: в значении «современный период русской поэзии» оно встречается в статье Ю. А. Герцога «Циклическое развитие литературы», опубликованной в том же номере «Вольной мысли» за 1968 год, что и работа Григорьева «Достоевский в русской церковной и религиозно-философской критике»:

> Пусть он не будет столь великолепным, каким был Золотой век; не столь изысканно утонченным, как Серебряный век в начале нашего столетия. <...> Пусть это будет Бронзовый век литературы, но в нем художественная сторона будет занимать подобающее ей место, вопросы смысла и путей литературы и вообще искусства окажутся в значительной степени нашедшими свое разрешение после векового и всемирного блуждания в потемках. Возможно, что цикловой темой станут художественные прозрения в космологические

[38] Суждение о принадлежности названия О. Охапкину см. [Ковалькова 2018: 7; Щипков 2021: 407]. Высказывается также мнение о том, что Охапкин «создал понятие Бронзового века, почувствовал его и дал ему название», а теоретически его оформил Слава Лён [Ковалькова 2018: 7].

тайны мироздания, до которых медленная поступь науки
еще не дерзает достигнуть.
[Герцог 1968: 84–85]

Охапкин эту статью не упоминает. Зато, излагая Кузьминскому свою концепцию Бронзового века, он едко полемизирует с поэтом В. П. Бетаки, автором названия «медный век» [Бетаки 1977; Бетаки 1979]: «Бронзовый век, а не Медный, как полагает Мудаки...» [1: Л. 2].

Подчеркнуто сниженный стиль, в котором Охапкин отзывается о Бетаки («И мой тебе совет — употреблять мою классификацию, ибо она здесь, в России, вполне прижилась с моей легкой руки, да и на международную арену, кажется, вышла, и Ваське, пожалуй, не вытянуть за мной, он-то лепит от печки...» [1: Л. 2–2 об.], вызывает у Кузьминского вопросы и заставляет адресанта объясниться: «Видел я его статейку о медном веке, вот и высказался, может потому, что он обо мне как-то не так всё пишет, норовит меня списать в молодые, да становящиеся» [3: Л. 6].

Надо заметить, что Василий Бетаки «медным веком» называет не тот период, который Охапкин именует «бронзовым», а только десятилетие 1956–1966[39], мотивируя такое определение доминированием у поэтов «оттепели» (к которым относит А. А. Галича, Б. Ш. Окуджаву, А. А. Вознесенского, М. И. Борисову, Н. Н. Матвееву, Н. М. Рубцова, В. А. Соснору, раннего Е. А. Евтушенко и себя самого) ораторской интонации. Знакомя читателей альманаха «Третья волна» с поэтами 1970-х («новыми поэтами», «поэтами культуры подпольной»), Бетаки отмечает у них смену интонации на интимную («не державинским, а тютчевским духом», «гражданственность <...> ушла в многослойность и многозначность метафоры, утратив вид нашей резкой парадоксальной формулы» [Бетаки 1979: 27][40]). В отношении же Охапкина, представленного стихотворением «Виктору Кривулину», делает оговорку:

---

[39] См. [Бетаки 1977: 98].

[40] В эту публикацию включены стихотворения Ю. В. Алексеева, З. М. Афанасьевой, В. Б. Кривулина, К. К. Кузьминского, Б. Л. Куприянова, О. А. Охапкина, П. Н. Чейгина.

> ...его чисто ораторские интонации уводят от нового поколения опять к поэтам шестидесятых, опять к нашему «медному веку». Трубная нота не всегда удается ему, но этот поэт <...> еще на пути к становлению, еще ищет собственной неповторимости и, видимо, найдет ее, судя по его последним стихам. Это видно в сочетании классического звучания и нервных контрастов его образности [Там же: 32–33].

Выскажу предположение, что противопоставление Охапкиным семантики «медного» и «бронзового», принципиальное для его концепции «Бронзового века» и относящееся к метаисторической линии его символического календаря («Медный век был при Екатерине II, если уж на то пошло» [1: Л. 2]), обусловлено его рецепцией поэмы Даниила Андреева «Ленинградский апокалипсис».

Охапкин считал Д. Л. Андреева одним из предшественников Бронзового века. Об этом он пишет Кузьминскому 25 октября 1979 года, сообщая о вышедшем в Советском Союзе сборнике, в котором был опубликован под названием «Ладога» сокращенный вариант «Ленинградского апокалипсиса»:

> Обрати внимание на поэта, коего я открыл тут, — Даниила Андреева. С него надоть бы кой-что начать. Есть у него, покойного, целая книжища поэм: «Русские боги» называется. Справки в «Логосе»[41] и «Общ<ине>»[42]. Лирика его второстепенна, но поэмы! Кроме того, это Дант нашего времени, только в прозе: «Роза Мира» — много бреда в конце, но сама книга!!! Такого еще и в России не было. Он поэт-визионер.

---

41 В письме от 1 ноября 1979 года Охапкин уточняет название журнала: «Я тебе писал "Логос", а надо "Гнозис"» [7: Л. 15]. Имеется в виду религиозно-философский и литературный журнал «Гнозис» (Gnozis = Gnosis), созданный А. Б. Ровнером. Журнал выходил с 1978 года в Нью-Йорке; в 1995–2006 — в Нью-Йорке и Москве.

42 «Община» — самиздатский журнал Христианского Семинара по проблемам Религиозного Возрождения, подготовлен организаторами Семинара В. Ю. Порешем и А. И. Огородниковым. Состоялся единственный выпуск (М.; Л., 1978. № 2). Номер 2 был дан журналу как намек на не вышедший № 1 «Бюллетеня» Семинара, макет которого был конфискован КГБ. Охапкин редактировал в журнале литературный отдел. Подробнее см. [Пореш 1993; СЛ 2003: 436–437]. Их воспоминания об Охапкине приведены в [Огородников 2018: 32–33; Пореш 2018].

> <...> Есть вдова на Москве[43]. Могу достать адр<ес>. <...> Дело говорю. Была у него маленькая книжечка, да прополота до камней. Но для твоего замысла хватит и «Лен<инградский> апокалипсис». Хочешь, пошлю совпись — книжечку, наз<ывается> «Ранью заревою»[44] [6: Л. 13].

Напомним, что полный текст поэмы Андреева «Ленинградский апокалипсис» (1949–1953) был прочитан вслух Охапкиным на первой конференции «Гумилевские чтения», прошедшей у него дома 16 апреля 1976 года[45], а в 1978 году эта поэма, вместе с отрывками из еще неопубликованной тогда книги Андреева «Роза Мира», была помещена в журнале «Община»[46] (в том же номере были напечатаны и стихотворения Охапкина, в том числе: «Бронзовый век», «Наше поколение», поэмы «Возвращение Одиссея» и «Испытание Иова»). По словам одного из издателей журнала: «Он <Охапкин. — *Ю. В.*> открыл нам Даниила Андреева, которого мы опубликовали, что вывело наш журнал на новый уровень» [Огородников 2018: 33][47].

---

43 Андреева Алла Александровна (урожд. Бружес, 1915–2005) — жена Д. Л. Андреева, автор книги мемуаров о нем («Плаванье к Небесной России»). Была репрессирована одновременно с мужем. Подготовила к изданию его философское и литературное наследие.

44 См. [Андреев 1975]. Предисловие «О Данииле Андрееве» написал В. Г. Лидин. В этом сборнике, помимо стихотворений, опубликована поэма «Ладога» (1953) — сокращенный вариант поэмы «Ленинградский апокалипсис». По сравнению с оригиналом, в поэме «Ладога» выпущены строфы с описанием голода, людоедства, разрушений, апокалипсических видений. Сокращение текста было выполнено вдовой Андреева Аллой («Правку и переименование поэмы А. Андреева взяла на себя, считая, что сделает это бережнее и осмысленнее редактора» [Андреев 2010: 1006]).

45 См. [WSA 1984: 11].

46 «Община» (1978. № 2). Оглавление номера приведено в [ОЧ-2: врезка]. Список напечатанных в нем стихов Охапкина см. в [ОЧ-2: 41]. Отметим, что в том же году, в № 110 журнала «Грани», также под одной обложкой были опубликованы прозаическое произведение Андреева «Изменение» и подборка из шести стихотворений Охапкина с предисловием Дара «Ленинград. Судьба. Поэт».

47 По словам Пореша, он, отдавая должное поэзии Андреева, не принимал его мистицизм («Великолепны стихи Даниила Андреева, но это не наш автор...» [Пореш 2018: 36]).

В основе фабулы этой поэмы — мистическое виде́ние, пережитое автором в осажденном Ленинграде вечером 31 января 1943 года возле разрушенного при бомбежке Михайловского (Инженерного) замка (бывшей резиденции Павла I): «Внутри него темнело и сверкало противостояние непримиримейших начал, а их ошеломляющие масштабы и зиявшая за одним из них великая демоническая сущность внушали трепет ужаса» [Андреев 2010: 1006][48].

Метаисторический план поэмы вводится через противопоставление двух скульптурных изображений Петра Первого («Медный всадник» Э. М. Фальконе, воздвигнутый Екатериной II, и конная фигура Петра работы Б.-К. Растрелли, установленная Павлом I перед своей резиденцией), выражающих его символические ипостаси, соответственно: «медную» — *властителя, гонителя*; «бронзовую» — *воина, защитника*:

...по-прежнему
У замка, где скончался Павел,
Уздою *бронзовою* правил
Колосс на пасмурном коне:
Открыт дождям и ветру снежному, —
Не Медный Всадник той поэмы,
Что с детских лет лелеем все мы,
Но тот же царь с жезлом, в броне.
[Там же: 792]

Кульминация поэмы — победа светлых сил во главе с «*бронзовой* ипостасью» Петра I и под предводительством архистратига Михаила, небесного покровителя Павла I, в битве с демонами над

---

[48] Андреев «участвовал в переходе 196-й стрелковой дивизии по льду Ладожского озера», а затем «двухдневного пути через Карельский перешеек» [Андреев 2010: 1006]. «Наиболее значительные разрушения были причинены при воздушном налете 4 апреля 1942 года, когда на территории Замка было сброшено в 17 ч. 50 минут две фугасные бомбы весом по 250 кг каждая. Этими бомбами была разрушена часть восточной половины Замка, причем пострадали стены, перекрытия и кровля» [Рипак 2014: 39]. В здании Замка на тот момент размещался госпиталь. См. [Успенский 2003: 657–660]. Автор поэмы очевидцем этой бомбежки не был.

Михайловским замком и утверждение незыблемости «культуры — мудрости — красоты». В этом контексте становится понятным противопоставление Охапкиным символики «медного» и «бронзового» и то эмблематическое значение, которым он наделяет свое поколение поэтов, родившихся в год окончательного снятия блокады Ленинграда: «44 года рож<дения> — я, Крив<улин>, Ожиг<анов>, Страт<ановский>. Мы — начали новое поколение» [6: Л. 13 об.].

Обратим внимание, что дату и место своего рождения (наряду с адресом) Охапкин сообщает Кузьминскому на открытке с изображением знака «Весы», в завершение письма от 16 сентября: «За справками ко мне. Мой адрес. Л-д, 198259, ул. Тамбасова, д. 27, к. 1, кв. 44, О.А.О., род. 12 окт. 1944 года в Л-де. Ныне уже 35 лет! Полжизни. Дружески Олег Охапкин» [1: Л. 1].

В числе других литературных источников метаисторической концепции Охапкина — поэма Блока «Возмездие», воспринятая через Андреева.

Отвечая на «Анкету об Александре Блоке», предложенную по случаю столетнего юбилея поэта самиздатским журналом «Диалог», Охапкин назвал «Возмездие» «лучшим произведением Блока», «самым трезвым» [Охапкин 1981: 160], подчеркнув, что для него этот «роман в стихах» Блока «стоит выше, чем его лирическая трилогия» [Там же].

Отношение Охапкина к Блоку не было однозначным, что было связано с вопросом о религиозности его поэзии: «Сущность поэзии — возвышенный аспект всего сущего. Блоку не всегда удавалось видеть этот аспект» [Там же: 158]. В отрицании религиозного начала поэзии Блока («У него была тоска по религии, но самой положительной религии у него, кажется, не было, и это — корень его трагедии» [Там же: 161]), но признании ее мистицизма («мистический плен») позиция Охапкина во многом сходна с З. Н. Гиппиус, первой отметившей эту особенность поэзии Блока в рецензии на «Стихи о Прекрасной Даме»[49]:

---

49 Рецензия Гиппиус цитировалась в [Минц 1980: 148–149].

> Книга Блока мистична, но отнюдь не религиозна. Мистика, так же как эстетика, так же, впрочем, как и голый романтизм, — одинаково на ***этом*** берегу, и между ними и религией одинаково лежит пропасть. <...> Автор «Стихов о Прекрасной Даме» еще слишком туманен, он — безверен: самая мистическая неопределенность его не окончательно определена; но там, где в стихах его есть уклон к чистой эстетике и чистой мистике, — стихи не художественны, неудачны, от их веет смертью.
> [Гиппиус 2004: 29, 32, курсив автора. — *Ю. В.*]

Хотя в ответах на «Анкету об А. Блоке» Охапкин не называет имени Гиппиус, некоторые его суждения звучат так, словно он вступает с ней в полемику, находя для Блока оправдание и тем самым защищая его от ее нападок. Если Гиппиус упрекает певца Прекрасной Дамы в том, что его герой проигрывает пушкинскому «Бедному рыцарю» в мужественности, то Охапкин, напротив, видит «внутреннее существо Блока — благороднейшего из благородных рыцарей-паладинов, послужившего своей Прекрасной Даме любовью самой возвышенной — христианской, жертвенной даже до смерти» [Охапкин 1981: 161]. В то время как рецензент отмечает, что «основное свойство всех стихов сборника — это искусственная простота и, следствие этого, неискренность» [Гиппиус 2004: 36], Охапкиным утверждается прямо противоположное: «Исповедальность Блока для меня самое ценное в его мистическом опыте» [Охапкин 1981: 162].

О Блоке периода поэмы «Возмездие» Охапкин пишет: «...впал в прелесть пророчествования. И тем не менее, он — пророк, и через это — христианин, только не в том смысле, как он сам полагал. Блок — пророк исповедальной культуры» [Там же]. Аллюзии на эту поэму содержатся в стихах Охапкина «Бронзовый век» (1975), «Видение Блока» (1978), «Памяти Блока» (1978).

Стихотворение «Бронзовый век» (с эпиграфом из «Поэмы без героя» Ахматовой[50]) воплощает представления Охапкина о мис-

---

50 «На Галерной чернела арка, / В Летнем тонко пела флюгарка, / И серебряный месяц ярко / Над серебряным веком стыл» [Ахматова 1977: 366].

сии их поэтического поколения. Отсылка к образу «железного» века поэмы «Возмездие» («Век девятнадцатый, *железный*, / Воистину жестокий век! / Тобою в мрак ночной, беззвездный / Беспечный брошен человек! / В ночь умозрительных понятий, / Матерьялистских малых дел, / Бессильных жалоб и проклятий / Бескровных душ и слабых тел!» [Блок 1960а: 304]) соединена здесь с аллюзиями на «Поэму без героя» («А по набережной легендарной / Приближался не календарный — / Настоящий Двадцатый Век» [Ахматова 1977: 367]):

А *по набережной блокадной*
Той походкой слегка прохладной
Горемык, стариков, калек
Двадцать первый маячил век.

Век железный. Теперь уж точно.
Но в него мы войдем заочно.
Нас раздавит железом он —
Век-машина, Число-закон.
[Охапкин 1978а: 67][51]

Апокалиптическому ви́дению XXI века, приближающегося по блокадной ленинградской набережной, противопоставлен мотив возмездия поэтов «Бронзового века», введенный через отсылку к поэме Андреева «Ленинградский апокалипсис»:

Но поэзии нашей бронза
Над машиною встанет грозно,
Серафически распластав
Огнецветный души состав.
[Там же]

---

[51] Помещенная в третьем номере журнала «Время и мы» за 1978 год подборка из трех стихотворений Охапкина («Воля к миру», «Бронзовый век», «Пророк») имеет общее название «В Бронзовом нашем веке». Заслуживает упоминания интерпретация этой поэмы А. Щипковым, прочитывающим «бронзу» как «религиозный жар» в ключе романов Ф. М. Достоевского [Щипков 2021].

III

К отдельным советам Охапкина Кузьминский прислушивался, но в своей концепции Антологии был самостоятелен. В предисловиях «От составителя» временны́е рамки обозначены им условно: «третья четверть века», «последняя четверть века», «последние два десятилетия». Думаю, Кузьминский сознательно уходил от конкретизации датировок, переключая фокус на процесс литературной эволюции. Снимался тем самым вопрос о выборе между синонимичными по смыслу годами начала послесталинского периода («1953» и «1956»[52]) и разделении этого этапа на подпериоды. В предисловии Джона Боулта «Час итогов» рубежными годами Антологии названы 1939 и 1977[53], относящиеся, очевидно, к датировкам опубликованных здесь текстов (например, Е. Л. Кропивницкий «Блеют белые козлы». — 1939, Г. Н. Айги «И: через год». — 26 апреля 1977). Если в периодизации Охапкина учитывается год рождения поэта, то у Кузьминского — время появления поэта на литературной арене.

Образцом для себя Кузьминский назвал «Антологию русской лирики от символизма до наших дней» (1925) И. С. Ежова и Е. И. Шамурина[54], из которой он почерпнул принцип организации материала (хронологический, по литературным направлениям); порядок следования авторов (от литературных школ и объединений — к поэтам вне определенных групп); представление группы не только ее центральными фигурами, но и поэтами, с нею «связанными»:

---

[52] Разной была точка зрения по этому вопросу, например, у Охапкина и Славы Лёна. Последний настаивал на датировке начала Бронзового века годом смерти Сталина [АРС 2013: 20].

[53] «Эта антология является собранием русской поэзии за период с 1939 по 1977 гг.» [АГЛ 1: 15].

[54] Обратим внимание, что в 1972 году в Мюнхене вышло переиздание этой антологии. Рецензией на него откликнулся В. П. Крейденков (Крейд) (Новый журнал. 1975. № 119. С. 281–283).

> Первые два тома представляют *различные группы* конца 50-х — начала 60-х гг. Деление на *«школы»* дано чисто условно. Скорее это можно назвать «кругами». <...> Вторые два тома — это поэты конца 60-х — начала 70-х, условно говоря, «молодые», хотя многие из них уже достигли 37-ми. Здесь берется в расчет время появления поэта в литературной среде, возраст второстепенен.
> [АГЛ 1: 20]

У Кузьминского определения «школа» и «группа» не противопоставлены друг другу и не подразумевают отсылки к акмеистической или футуристической (соответственно) линиям, хотя этого можно было ожидать в связи с обсуждением значимости этих направлений публикаторами неподцензурной поэзии, например В. Ф. Марковым («...поэзия развивается до сих пор по двум <...> направлениям: одно продолжает традиции акмеизма, другое идет из футуризма» [Марков 1952: 6]). Лён, характеризуя творческий процесс поэтов-нонконформистов, оперирует названиями, связанными с историей акмеизма («Цех Поэтов» и «школа»), но трактует их расширительно: «школа» — в значении следование учителю: «Выбор Учителя и, следовательно, прототипа (образца, эталона) стиха обычно определяет всё творчество Поэта» [Лён 2013: 15–16]; «Цех Поэтов» — «виртуальное объединение “родственных школ”» [Там же: 16–17]. В Антологии *У Голубой Лагуны* термин «школа» фигурирует в названиях независимо от эстетических приоритетов участников: «Филологическая школа», «Барачная школа», «Геологическая школа», «Формальная школа» [АГЛ 1].

Стоит упомянуть, что в вопросе периодизации литературного XX века Ежов и Шамурин придерживались мнения о несовпадении «хронологических и идеологических границ»: «...как не совпадают вообще хронологические периоды с периодами культуры <...> русская поэзия XX века являет картину закономерно и последовательно развивающейся смены школ, течений и группировок...»[55].

---

[55] Из статьи Е. И. Шамурина «Основные течения в дореволюционной русской поэзии XX века» [Ежов, Шамурин 1925: XVIII]. Разделы этой антологии в их последовательности: «Предтечи символизма и ранние символисты», «Символисты и поэты, связанные с символизмом», «Акмеисты и поэты, связанные

Вместе с тем критерии отбора авторов и источников текстов у Кузьминского существенно отличались (что характеризовало прежде всего саму эпоху): если в антологию 1925 года «из поэтов выбраны лишь те, которые выпустили *отдельные* сборники своих произведений и в то же время являются, по мнению составителей, более или менее значительными выразителями того или другого течения» [Ежов, Шамурин 1925: V], то составитель Антологии *У Голубой Лагуны* утверждал, что при ее подготовке «работа велась на 90 процентов по рукописям» [АГЛ 1: 20], констатируя «отсутствие авторских сборников» у большинства поэтов, включенных в его Антологию.

Термин «бронзовый век» Кузьминский не использует, предпочитая именовать избранный им этап «золотым веком»: «Открывая антологию третьей четверти века, “*золотого*”, как ему предрекала быть Анна Ахматова...» [Там же: 47].

Слова Ахматовой о «золотом веке», известные в русскоязычной печати по воспоминаниям Г. В. Адамовича[56], а англоязычному читателю — по ее интервью Руфи Зерновой[57], относятся к 1964–

с акмеизмом», «Футуристы и поэты, связанные с футуризмом», «Имажинисты и поэты, связанные с имажинизмом», «Поэты, не связанные с определенными группами», «Предтечи революционной поэзии», «Крестьянские поэты», «Пролетарские поэты».

[56] «Был недавно серебряный век русской поэзии, а теперь опять будет золотой. У нас множество молодежи, которая только поэзией и живет. Пишут отличные стихи, но не желают печататься. Целыми днями, вечерами, ночами спорят о стихах, обсуждают стихи, читают стихи, — как бывало прежде, даже больше, чем прежде! Бродского вы читали? По-моему, это замечательный поэт и уже почти совсем зрелый» [Адамович 1967: 112]. Адамович передает свои разговоры с Ахматовой во время ее приезда в Париж в 1965 году после присвоения ей в Оксфордском университете степени почетного доктора. В этом же выпуске альманаха «Воздушные пути» опубликована подборка стихов Бродского.

[57] «“Is it true you’ve told some young poets we are now in the golden age?” I ask. “Yes”, Anna Akhmatova replies, “History has never known such a broad and nation-wide interest in poetry.” There’s a knock on the door — a young poet arrives and it’s time to leave» [Zernova 1965: 150]. Интервью Р. А. Зерновой было записано в 1964 году для англоязычного советского журнала *Soviet literature*. Об этом же эпизоде в очерке Зерновой «Иная реальность»: «...правда ли, что она считает наше время золотым веком русской поэзии (да, потому что никогда не было к поэзии такого широкого, общего, универсального интереса)» [Зернова 2013: 162]. См. также [Тименчик 2014: 417].

1965 годам, периоду ареста и ссылки Бродского, и сказаны, что существенно, в его поддержку. Заметим, что до Антологии Кузьминский уже цитировал это высказывание Ахматовой в «Аполлоне-77»:

> Речь идет о третьем уже поколении послевоенного Петербурга-Ленинграда, о тех, кому Анна Ахматова предрекала жить в «золотом веке поэзии». <...> Их стихи я вывез в своей голове, их имена — в своем сердце, и привожу на память то лучшее, что создала культура Северной столицы на протяжении последних 10–15 лет.
> [Кузьминский 1977а: 107]

Упомянуто оно и во вступительной статье Сюзанны Масси к «The Living Mirror. Five Young Poets from Leningrad» (1972)[58], предтечи этих изданий.

Нельзя исключить, что наречение своего века «золотым» подразумевало у Кузьминского, увлеченного эпохой XVIII века[59], и отсылку к традиции похвальной оды, по канону которой «“золотой век” — это здесь и сейчас» [Кочеткова 1993: 172].

Неизбежный аспект антологий, изданных в Америке, — их политическая составляющая. Публикуя многотомное собрание вольной русской поэзии («...поэты, представленные в ЭТОЙ

---

[58] «Akhmatova once said, “You have seen the Silver Age — they will be the Golden Age”» [Massie 1972: 29]. [Перевод: «Ахматова однажды сказала: “Вы застали Серебряный век, они увидят — Золотой”». Здесь и далее перевод английских цитат наш. — *Ю. В.*] Ср. позднее об этом же в интервью Кривулина: «Ахматова говорила, что, вот, дескать, расцвет поэзии, всем повезло, в такое время живете» [Кривулин 2001: 23].

[59] «During all his years of picaresque wanderings he has read and developed his two overwhelming passions — Russian eighteenth century culture and the Russian language. He is drawn by the elegance, the sence of proportion, the creativity of the eighteenth century» [Massie 1972: 308]. Перевод: «На протяжении всех лет своих авантюрных странствий две темы страстно увлекали его, о них он читал и размышлял, — русская культура XVIII века и русский язык. Культура XVIII века его привлекает своей изысканностью, пониманием пропорций, творческим подъемом». Ср.: «Пытаюсь проникнуться духом языка осьмнадцатого столетия...» (из письма К. К. Кузьминского к Т. Г. Гнедич. Б. д. // РО ИРЛИ. Ф. 810. Оп. 1. № 193. Л. 1).

антологии — за редким исключением — "неофициальные"» [АГЛ 1: 20]), Кузьминский, тем не менее, дистанцируется от диссидентской линии[60]; в этом их взгляды с Охапкиным совпадают[61]. В разделе «Кого здесь нет» в списке «безликих», из чьих произведений он не смог ничего выбрать, указано имя Юрия Галанскова [Там же: 39]. Поэт, политзаключенный Ю. Т. Галансков (1939–1972) был в 1970-е годы эмблемой свободомыслия. Его стихи публиковались в самиздатских журналах «Бумеранг», «Синтаксис», «Феникс». Определяющей, однако, была его роль в правозащитном движении, за участие в котором он был дважды репрессирован (в 1961 и 1967 годах) и трагически умер в тюремной больнице после неудачной операции[62]. Поэма Галанскова «Человеческий манифест», перепечатанная журналом «Грани» из московского «Феникса» (1961), вошла в состав ряда двуязычных антологий: George Reavey «The New Russian Poets, 1953–1968» (1-е изд., 1968), Joseph Langland, Tamas Aczel и Laszlo Tikos «Poetry from the Russian underground» (1973) и Джона Глэда и Дэниеля Вейссборта «Russian poetry: Modern period» (1978).

---

[60] Из обращения Кузьминского к редакции журнала «Континент» по поводу напечатанных там без его ведома двух его стихотворений: «Я же — не разделяю эстетику журнала <...> и печататься в нем не желаю. Кроме того, меня представили каким-то антисоветчиком...» [АГЛ 2А: 588].

[61] Из письма Охапкина Кузьминскому: «Политика меня, как поэта, не может касаться, ибо это, как заповедал Пушкин, не наше дело. Мы — цари и должны жить одни, как он советовал, т. е. не маршировать в ногу со свиньями. А политика чаще всего — свинство. <...> Вот почему мне отвратительна политика в литературных и религиозных журналах» [3: Л. 6]. Ср. комментарий Кузьминского к публикации писем Охапкина в Антологии: «Охапкин ждет, что печатать будут — не за диссидентство, и не "за храбрость" (определение Горбаневской), а "более или менее видных авторов"...» [АГЛ 2а: 608]. Принцип «непреследования актом публикации политических целей» [Лён 1978] был заявлен и редакторами зальцбургского альманаха «Neue Russische Literatur» (1978), разместивших на его страницах «Малую антологию Бронзового века» [МАБВ 1978] и приглашавших авторов к участию в литературно-художественном альманахе «Бронзовый век». Об этом издании Охапкину было известно, хотя он думал, что «журнал "Бронзовый век"» вышел в Вене [1: Л. 2 об.].

[62] Подробнее см. [Галансков 1972], [Галансков 1973], [Галансков 1974].

В вопросе «поэзии и политики» Кузьминский придерживается дуальной модели, известной ему по статье Шамурина «Основные течения в дореволюционной русской поэзии XX века», согласно которой в эпоху 1890–1924 годов сосуществовали две магистральные «чуждые друг другу по мироощущению, идеологии, взглядам на искусство и приемам творчества» линии (обе идущие от Пушкина): «***эстетизм***, признание самодовлеющей ценности искусства» и «отказ от эстетизма <...> признание исключительной роли поэзии как ***социального фактора***» [Ежов, Шамурин 1925: XVIII, курсив автора. — *Ю. В.*]. В предисловии к публикации статьи Н. Н. Пунина о Хлебникове Кузьминский дополняет эту модель дифференциальными признаками (соответственно): «эндогенный/экзогенный»; «духовная/светская»; «поэзия как профессия»/«поэзия — процесс». Согласно этому, диссидентская поэзия продолжает направление гражданской поэзии («Некрасов и — по прямой линии — Маяковский — Евтушенко, и — увы! — Галич» [АГЛ 2А: 39]); она порождена экзогенными факторами; имеет характер светский и профессиональный, но не является искусством, поскольку, по Кузьминскому, «искусство — это не профессия, а состояние» [Там же]. Интересно, что для неоакмеиста Охапкина понятие «профессионализм» в поэзии тоже имело негативное значение и отождествлялось с конформизмом («Конф.<ормисты> — проф<ессия>. Н<он> конф<кормисты>. — тал<ант>» [5: Л. 13 об.]). Немаловажно, что сторону своих учеников в вопросе об эстетической значимости социального занимал и Дар:

> ...единственное, что сейчас может делать нравственный человек, это ВЫПАСТЬ ИЗ СОЦИАЛЬНОГО, выпасть В ИСКУССТВО, в НЕСОЦИАЛЬНОЕ ИСКУССТВО, тогда и в этом мрачном, свинцовом одуряюще-гнетущем СОЦИАЛЬНОМ возникает прекрасное — свободное, яркое, праздничное пространство, в котором МОЖНО ЖИТЬ (из письма Кузьминскому от 26 апреля 1980 года [АГЛ 2А: 446]).

Кузьминский избегает идеологических «паровозов», в какой бы стан они ни направлялись, и в этом отношении вполне солидарен с позицией составителя антологии «Приглушённые голоса. Поэзия за железным занавесом»: «...дать поэзию, а не одних поэтов» [Марков 1952: 7]. Антология «послереволюционной поэзии» В. Ф. Маркова[63] пользовалась авторитетом как у поэтов эмиграции, так и у авторов «второй культуры». Упоминается она (правда, без указания названия) и в письмах Охапкина: как некий образец («...после такого труда ты мог бы превзойти и антологию Маркова (полюбопытствуй!)» [1: Л. 2 об.]), а также в контексте его рассуждений об истоках современной поэзии: «Привет Маркову. Я знаком и с его антологией, и с его идеями. Безусловно, символисты породили футуризм через голову акмеистов, и Клюевщину...» [7: Л. 15][64].

Марков помещает в первый раздел своей антологии стихи Ахматовой, Волошина, Сологуба — видя в них тех, кто «не изменяя себе, встретили переворот лицом к лицу и потом жили, иногда долгие годы, под чуждым режимом» [Марков 1952: 11]. Творчеству предшественников «русской поэзии советского периода»[65] составитель придает значение Пролога: «Они открывают как бы пролог к послереволюционной поэзии» [Там же].

Имена трех авторов этой антологии —Пастернака, Ахматовой, Заболоцкого (в таком порядке) — перечислены в письме Охапкина в списке важных «в начале периода» [5: Л. 13]. Кузьминский в плане структуры этот прием заимствует, используя в 1-м томе даже «двойную экспозицию»: 1) предыстория Антологии (параграфы «О Гр. Ковалеве», «Борис Тайгин», «Понизовский», «Роль Сюзанны Масси»); 2) публикация «пятидесятников» (раздел «ДО», включающий стихи А. И. Ривина, С. Я. Красовицкого, А. С. Есенина-Вольпина, Р. Ч. Мандельштама). «Петербургскому»

---

63 Антология «Приглушённые голоса. Поэзия за железным занавесом» состоит из 6 разделов (последний — переводы): I. А. А. Ахматова, М. А. Волошин, Ф. К. Сологуб, II. О. Э. Мандельштам, Н. А. Клюев, III. С. А. Есенин, В. В. Хлебников, В. В. Маяковский, Б. Л. Пастернак, Э. Г. Багрицкий, IV. Н. С. Тихонов, И. Л. Сельвинский, V. П. Н. Васильев, Н. А. Заболоцкий, VI (Переводы). М. А. Лозинский, С. Я. Маршак, Б. Л. Пастернак.

64 Скорее всего, Охапкин имеет в виду следующий фрагмент вступительной статьи: «...это поэзия "несмотря на советское время", а не "советская" поэзия. Она героически погибла, стараясь, как могла, развить то, что принес поэтический переворот, начатый символистами и законченный футуристами» [Марков 1952: 31].

65 Согласно Маркову, «этот период <...> начался перед самой революцией и был закончен, вследствие давления свыше, в начале 30-х гг.» [Марков 1952: 31].

тому 2А Кузьминский предпосылает материал о Хлебникове как предтече ленинградской неподцензурной поэзии, представляющем поэзию духовную, «поэзию — состояние».

Замечу, что взгляды Кузьминского на задачи Антологии совпадали с [Марков 1952] далеко не во всём, а по некоторым позициям диаметрально расходились. В то же время использование составителями одной терминологии, но в разном значении иной раз затемняет сходство их позиций. Так, Марков был противником «“репрезентативного подбора”, при котором каждое направление представлено двумя-тремя стихотворениями главарей и участников, и антология удобно следует канве учебника истории литературы» [Там же: 5]; замысел же Кузьминского состоял в том, чтобы через тексты представить хронологию возникновения тех или иных направлений неподцензурной литературы: «Антология же замыслена как *ретроспективная*[66] и *репрезентативная*» [АГЛ 1: 20]. Именно «репрезентативность» Кузьминский выдвигает критерием отбора авторов и произведений в Антологию, понимая под этим их соответствие духу эпохи, отличительными особенностями которой называет «*мрак и смех*[67]»: «мрак и смех характеризуют последнее двадцатипятилетие» [Там же: 39].

Выскажу предположение, что одним из источников такой формулировки послужила статья Блока «Ирония» (1908) — о сме-

66 Понятие «ретроспективности» материала применяют и составители «Малой антологии Бронзового века», но значение вкладывают другое: «Новая русская литература ретроспективна, направлена во внутрь себя <...> Она хочет привести читателя к ретроспективе, ко взгляду во внутрь, к чувствительности, к экзистенциальному, религиозному, философскому, социальному <...> чувствованию и мышлению, то есть к упомянутому духовному возрождению русской жизни» [Циглер 1978]; «Альманах будет давать и ретроспективные публикации: наша, например, голубая мечта — представить читателю неопубликованного Чаадаева» [Лён 1978].

67 Из публикаций на эту тему обратим внимание на [Бетаки 1975]. Истоки русской поэзии абсурда Бетаки видит в творчестве А. К. Толстого и в фольклорной традиции, в том числе в переводах английской поэзии нонсенса. К приемам поэтики абсурда он относит «несоответствие причин и следствий», «материализацию метафоры», «нарочитый примитивизм». Бетаки выделяет в современной ему русской поэзии абсурда две линии по принципу отсутствия или наличия смехового начала. К первой, идущей от футуризма, он относит участников группы СМОГ, ко второй — поэтов, чье творчество представлено в подборке.

хе как симптоме внутренних процессов, происходящих в литературном поколении:

> Самые живые, самые чуткие дети нашего века поражены болезнью, незнакомой телесным и духовным врачам. Эта болезнь — сродни душевным недугам и может быть названа «иронией». Ее проявления — приступы изнурительного смеха, который начинается с дьявольски-издевательской, провокаторской улыбки, кончается — буйством и кощунством. <...> Не слушайте нашего смеха, слушайте ту боль, которая за ним. *Не верьте никому из нас, верьте тому, что за нами.*
> [Блок 1962а: 345, 349]

Эта статья Блока о своем литературном поколении была написана в эпоху «смены доминант», преддверия постсимволистских направлений. Кузьминский определяет отличительные черты поэзии 1950-х — 1970-х годов в том же ключе: «...поэтика иронии, переосмысления, перифраза» [АГЛ 1: 39].

Еще одним «оптическим инструментом» для спецификации поэзии своей эпохи стали для него наблюдения Ю. Н. Тынянова о стихе Маяковского из статьи «Промежуток» (в фокусе которой Кузьминский характеризует поэтику Бродского):

> Русский футуризм был отрывом от срединной стиховой культуры XIX века. <...> Маяковский сродни Державину. Геологические сдвиги XVIII века ближе к нам, чем спокойная эволюция XIX века. <...> Маяковский возобновил грандиозный образ, где-то утерянный со времен Державина. Как и Державин, он знал, что секрет грандиозного образа не в «высокости», а только в крайности связываемых планов — высокого и низкого, в том, что в XVIII веке называли «близостью слов неравно высоких», а также «сопряжением далековатых идей». <...> Стих Маяковского — всё время на острие комического и трагического.
> [Тынянов 1993: 272][68]

---

[68] Ближайшее по времени издание [Тынянов 1965]. Из других работ Тынянова, важных для концепции периодизации Кузьминского, назовем: «Достоевский и Гоголь (к теории пародии)», «Проблема стихотворного языка», «О литературной эволюции». Как видно из студенческой работы Сергея Сигея (наст. —

Объявляя поэтику Бродского «архитипической», Кузьминский видит ее основу в соположении контрадикторных начал: «архаик и новатор, эстет и ерник» [АГЛ 1: 39].

Немаловажно, что эту статью Тынянова ценил и Охапкин: в письме от 1 ноября 1979 года он советовал Кузьминскому ее прочесть. Тому эта статья, очевидно, была уже известна. Об этом говорят высказывания Кузьминского о художественных открытиях XVIII века, приведенные С. Масси:

> We in the twentieth century are closer to the thinking of the eighteenth century than to the thinking of the nineteenth century»; «I believe <...> the roots of Russian poetry lie in the eighteenth century. It is easy to create once someone has shown the way — made the form, if you will. <...> In the eighteenth century new forms were created everywhere. And we too, in the twentieth century are looking again at *how* a thing is done. [Massie 1972: 308][69]

В отличие от установки на отбор поэтов «первого ряда», «наиболее значительных поэтических явлений», «перворазрядных поэтов», свойственной большинству антологий современной русской поэзии, вышедших на Западе в 1950–1970-е годы (в том числе [Марков 1952; МАБВ 1978][70]), Антология Кузьминского давала широчайшую па-

С. В. Сигов) «Своеобразие творческого пути Г. Р. Державина» (1979), опубликованной И. С. Кукуем, Державин в контексте рецепции его творчества футуристами интересовал и поэтов-трансфуристов: «Благодаря творчеству поэтов русского футуризма затрудненность Державинского стиля (ощутимая именно на фоне современной литературной нормы) оказалась непременной особенностью поэтического языка» [Сигов 2021: 222]. Кукуй высказывает мысль о «созвучности» представлений Сигея и Кузьминского о своих литературных предшественниках [Кукуй 2021: 215].

69 Перевод: «Нам в XX веке ближе мышление XVIII столетия, чем XIX. Думаю, что <...> корни русской поэзии — в XVIII веке. Легко создавать, когда уже показан способ — создана форма. XVIII век дал новые формы во всём. И нас сейчас, в XX веке, снова занимает вопрос сделанности вещи».

70 В МАБВ были представлены одним стихотворением Г. Н. Айги, В. Д. Алейников, И. А. Бродский, А. Л. Величанский, Н. Е. Горбаневская, Б. Л. Куприянов, В. К. Лён, О. А. Охапкин, Г. В. Сапгир, В. А. Соснора. История этой публикации воссоздана Лёном в предисловии к «Антологии русского стиха»

нораму групп, кружков, индивидуальных направлений неподцензурной поэзии 1950-х — 1970-х, в их взаимосвязях, публикуя на своих страницах и тех авторов, чья «литературная физиономия <...> окончательно еще не определилась, но уже несет в себе некоторые своеобразные черты» [Ежов, Шамурин 1925: 7].

Интересно, что и в этом аспекте Кузьминский апеллирует не только к теоретикам и историкам литературы, но и к суждениям поэтов. Напомним, что такого же широкого взгляда на историю литературы придерживался Блок. В заметке к составленным им в 1919 году для издательства З. И. Гржебина спискам русских писателей XVIII–XIX веков Блок поясняет:

> Всё наше прошлое представляется на суд поколениям, следующим за нами людям, очень отличающимся от нас, потому что переворота большего, чем переживаем мы, русская история не знала по крайней мере двести лет (с Петра), а то и триста лет (Смутное время). <...> И потому мы должны представить с возможной полнотой двухвековую жизнь русского слова — начиная с бедного Посошкова, открывшего собою длинный ряд тех, кого волновал основной вопрос *эры*, социальный вопрос <...> и кончая — увы! — тоже еще бедным человеком, который плакал прекрасными слезами накануне жестокого, трагического, забывшего слёзы XX века. <...> Кроме поэтов, признаваемых всеми, есть много стихотворцев, *каждый из которых создал несколько замечательных вещей* и массу произведений, потерявших всякое значение. Чтобы *не пропустить замечательных произведений, мы не должны бояться множества имен.*
> [Блок 1962в: 136–138, курсив автора. — *Ю. В.*]

В теоретическом плане, помимо идей литературной эволюции формалистов, Кузьминский ориентировался на опыт С. А. Венгерова, использовавшего в качестве основы для создания истории

[АРС 2013]. Обосновывая свою концепцию «третьего Ренессанса русской культуры» через пассионарную теорию этногенеза Л. Н. Гумилева, Лён заявляет: «...в нашем обсуждении проблем русской культуры Бронзового века важны именно “сливки”: высшие, мирового уровня ее достижения, непреходящее значение которых сегодня признано в России и за рубежом» [Лён 2013: 5]. См. также [Валиева 2014].

русской литературы 1890–1910 годов автобиографии поэтов-символистов и материалы проведенного им анкетирования писателей[71]. Практиковал анкетирование и Кузьминский. Но, увлеченный в большей степени футуризмом, он учитывал исследования по обе стороны океана в этой области (прежде всего о Хлебникове)[72], разделяя взгляды Маркова на историко-культурную ценность мемуаров и переписки поэтов[73]. В состав Антологии для документализации «третьей четверти века» были включены: ответы некоторых авторов на «Анкету из тринадцати пунктов», фрагменты из переписки Кузьминского с редакциями и друзьями (представлявшие в том числе форму литературной полемики), документальная и мемуарная проза (роль последней акцентировалась в т. 5А заголовком «Мемуары о живых»), рецензии.

Суждения Кузьминского об эмоциональной доминанте, общей для всего поколения («мрак и смех»), и о пересечении художественных кругов Ленинграда, «так что один поэт может быть причислен сразу к трем различным направлениям, что, кстати, и характерно, потому что поэтическая близость часто зиждилась на чисто человеческих симпатиях» [АГЛ 1: 20], заставляют вспомнить тезисы Венгерова из статьи «Переоценка всех ценностей. (1890-е годы)» о «психологическом единстве» и взаимосвязях внутри одного литературного поколения, «несмотря на всё внешнее разнообразие и пестроту» [Венгеров 2004: 10][74].

---

71 См. [Венгеров 1914].

72 О взглядах Кузьминского на хлебниковедение см. его предисловие к публикации статьи Пунина «Хлебников, Блок, Эйнштейн, теория пространства-времени» [АГЛ 2А: 36–40].

73 Марковым были изданы «Манифесты и программы русских футуристов» [Markov 1967], «История русского футуризма» [Markov 1968]. О его исследовательском подходе см. [Марков 2019].

74 Ср. также: «Писатели одного хронологического поколения всегда теснейшим образом между собой связаны, хотя не всегда это сознают и ожесточенно между собой враждуют»; «Связующие нити иногда могут быть найдены между явлениями, самое сопоставление которых оскорбляет» [Венгеров 2004: 10].

В «Предуведомлении» к тому 2А о принципах составления говорится: «...не просто джентльменский набор из полудюжины имен более или менее случайно известных, но и имена известные им окажутся в системе из взаимосвязи, а таковая — представит картину в целом» [АГЛ 2А: б. н.]. Изобразительным эквивалентом этой концепции Кузьминский называет размещенное на суперобложке 1-го тома факсимильное воспроизведение страницы рукописи И. В. Бахтерева «Миракль» (1975), определенные слова в которой заклеены разноцветной бумагой, поверх которой надписаны другие варианты текста.

Указание на принцип взаимодействия авторов и текстов неофициальной культуры в качестве историко-культурной особенности рассматриваемого периода кардинально отличало Антологию от других западных антологий и сборников поэзии, на «щит» которых была вынесена идеологическая доминанта — тема вольности, акцентированная эпиграфами из Пушкина, Достоевского, Блока, лирики диссидентов.

В эмигрантских кругах особое значение придавалось пушкинской речи Блока «О назначении поэта»[75] и ее интерпретации Ходасевичем в очерке «Гумилев и Блок»: «***Покой*** и ***воля***. Они необходимы поэту для освобождения гармонии. Но покой и волю тоже отнимают. Не внешний покой, а творческий. Не ребяческую волю, не свободу либеральничать, а творческую волю — тайную свободу. И поэт умирает, потому что дышать ему больше нечем: жизнь потеряла смысл» [Блок 1962б: 167, курсив автора. — *Ю. В.*][76]. Для Ходасевича эти слова Блока, относящиеся к Пушкину, говорили прежде всего о самом Блоке, о причине его скорой смерти, и понимались знаком окончания Серебряного века и завещанием следующим поколениям поэтов.

---

[75] Блок произнес эту речь в петроградском Доме литераторов 11 февраля 1921 года на торжественном собрании в память о 84-й годовщине смерти Пушкина.

[76] Первое издание книги воспоминаний Ходасевича «Некрополь», в состав которой входит этот очерк, см. [Ходасевич 1939]. Ближайшее по времени издание [Ходасевич 1976].

Именно в таком значении истолкована речь Блока в предисловии Маркова. В подтверждение того, что «до сих пор ее путеводность очень остро чувствуется» [Марков 1952: 10], эпиграфом ко всей антологии дано стихотворение Блока «В альбом Пушкинского Дома».

Цитатой из того же стихотворения Блока начинает Бетаки вступительную статью «Поколение “тайной свободы”» к изданному в Париже в 1981 г. сборнику стихов Кривулина:

Пушкин! *Тайную свободу*
Пели мы вослед тебе!
Дай нам руку в непогоду,
Помоги в немой борьбе![77]

«Под этот эпиграф, — пояснял Бетаки, — сходится всё новое поколение русских — и прежде всего питерских поэтов» [Бетаки 1981: 5].

Антологии Джона Глэда и Дэниеля Вейссборта «Russian poetry: Modern period» [Glad, Weissbort 1978] предпосланы эпиграфы (в переводе на английский) из пушкинского «Памятника» («И в мой жестокий век восславил я свободу») и стихотворения 1965 года Горбаневской «И к сладости дождя примешивая слёзы...» («...а свет луны в далекое изгнанье / неправедные сплавили суды...»), указывая тем самым на тему вольности как общий исток русской лирики.

Характерен эпизод, приведенный в воспоминаниях Бобышева о его докладе на блоковской конференции 1980 года в Вермонте, темой которого он выбрал стихотворение Блока из цикла «На поле Куликовом», выстраивая связь между пушкинским «На свете счастья нет, / но есть покой и воля», строками «И вечный бой! Покой нам только снится» Блока и стихотворением Горбаневской «Есть музыка, а больше ни черта...» о предначертанности судьбы их поэтического поколения: «Звезда с небес и сладостный сонет — / тебя уже ничто не обморочит, / и ты проговоришь

---

[77] Цит. по: [Блок 1960б: 376, курсив автора. — *Ю. В.*]. В статье Бетаки пунктуация в приведенной цитате отличается от академического издания Блока.

“Покойной ночи”, / а молча прокричишь “Покоя нет”». Рассуждая о трансформации пушкинских мотивов, Бобышев резюмировал: «Так что же осталось от вечной темы для нас, поколений уже наступивших? — Почти ничего» [Бобышев 2012: 96].

Кузьминский избегает общих мест и цитат, ставших расхожими. Очерк Ходасевича «Гумилев и Блок» из книги «Некрополь», содержащий воспоминания об упомянутом ранее выступлении Блока, был для него тоже важен[78], но прежде всего с точки зрения его композиции. Кузьминского привлекают приемы, которыми Ходасевич начинает этот очерк, — контраста, противопоставления и парадоксального сближения: «Блок умер 7-го, Гумилев 27 августа 1921 года. Но для меня они оба умерли 3 августа...» [Ходасевич 1997а: 80]. Аналогичным образом построена опубликованная в «Аполлоне-77» заметка Кузьминского «Поэты Охапкин и Кривулин»: «Два поэта, два антипода, два полюса, два столпа. — Черненький и беленький, еврей и русский, калека и гигант. Два ровесника, два соотечественника, два поэта — одна судьба» [Кузьминский 1977б: 123][79].

---

78 По словам Кузьминского, он открыл для себя Ходасевича одновременно со стихами Гумилева и Олейникова: «гумилев — с 17-ти — с друзьями по биофаку / тогда ж — и ходасевич (“ЕВРОПЕЙСКАЯ НОЧЬ”!) И ОЛЕЙНИКОВ — от одноногого почвоведа юрки лаппо-данилевского наизусь...» (e-mail К. К. Кузьминского Ю. М. Валиевой от 24 января 2010 года с ответами на вопрос о круге его детского чтения). В [АГЛ 2А, 4А] упоминается, что Кузьминский собирался включить в свою Антологию неизданную поэму Ходасевича, но потом отказался от этого замысла. Тема «Охапкин — Ходасевич» требует отдельного изучения. Известно, что Охапкин присутствовал 30 мая 1981 года на конференции в честь 95-летия В. Ф. Ходасевича, которая проходила дома у Ю. Н. Колкера, составителя 2-томного комментированного «Собрания стихов» Ходасевича (1981–1982 — самиздат; 1982–1983 — Paris: La Presse Libre). Подробнее см. [Колкер 2009]. Эпиграф из Ходасевича предпослан стихотворению Охапкина «Ямб» (1970).

79 Впоследствии Кузьминский отнесся к этому своему тексту критически: «...там не вздохи, а мат — Кривулин и особо Охапкин — обиделись!» (комментарий Кузьминского к письму Горбаневской к нему от 23 октября 1976 года [АГЛ 2А: 581]). Судя по переписке Кузьминского с Горбаневской, эта заметка (возможно, в качестве «“образчика” предисловия») была им послана вместе с подборкой стихов ленинградских поэтов в журнал «Континент» [АГЛ 2А], раздел «Мои контакты с “Континентом”».

К «Некрополю» отсылает и название «Некролог», которым Кузьминский наделяет свое детище в томе 2 А: «Антология — не журнал. *Некролог.* Да и не поспеваю я с ней: всё меняется с бешеной скоростью» [АГЛ 2А: 608][80]. Проводя параллель между мемуарной книгой Ходасевича, запечатлевшей эпоху символизма, «самого значительного», как тот полагал, из современных ему течений, и своей Антологией, Кузьминский подчеркивал несомненную ценность зафиксированной им рукописной и машинописной поэзии. (Нельзя не отметить, что он при этом предвосхитил ее скорое завершение.)

В то же время «некролог» имеет здесь коннотацию, сходную с «мартирологом» в антологии Маркова: «...список лучших имен советской литературы в самом деле читается как мартиролог, как перечисление жертв величайшей в мире расправы над культурой. Неудивительно поэтому, что и оглавление нашей антологии выглядит таким списком» [Марков 1952: 6]. В состав тома 2А Антологии, изданного в 1983 году, Кузьминским были включены материалы памяти Давида Дара и Татьяны Гнедич[81].

Кузьминский посещал переводческий семинар Гнедич, затем ее литературное объединение в г. Пушкине при газете «Вперед», был ее литературным секретарем. В статье о ней «Переводы на тот свет...» Кузьминский остается верен принципу максимального эмоционального воздействия, унаследованному им от Державина и Ходасевича, «балансированию» между эпитафией и эпиграммой.

---

80 Из послесловия Кузьминского к публикации письма В. Р. Марамзина по поводу «8 писем с ответом. Олегу Охапкину».

81 Татьяна Григорьевна Гнедич (1907–1976) — переводчик, поэт. В декабре 1944 года была арестована и осуждена на 10 лет лишения свободы. В тюрьме выполнила перевод на русский язык поэмы Дж. Байрона «Дон Жуан» (1-е изд. М.; Л.: Гослитиздат, 1959). Руководила семинаром поэтов-переводчиков при Ленинградском отделении Союза советских писателей (с 1958 года), литературным объединением в г. Пушкине при газете «Вперед» (с 1963 года). При жизни стихотворения Гнедич публиковались в основном в газетной и журнальной периодике. Отд. изд. [Гнедич 1977]. См. о ней [Гнедич 2008; Гнедич 2015; Усова 2017].

Завязкой этой полемической по строю статьи, имеющей цель защитить имя Гнедич от очернения в западной прессе[82], служат воспоминания ее подруги об испытанных в лагере унижениях: «...отняли у тетки Таньки лагерницы пайку — и в сортир бросили. Оттуда и вылавливали, а потом почистили и съели» [АГЛ 2А: 465]. Пригвоздив читателя этой деталью лагерных реалий, автор сообщает, что с ним самим в детстве случилось подобное: «Я в детсадике — тюбитейку туда уронил — не уронил, тоже ребята кинули, а потом нужно было палкой вылавливать. Черви там жирные, подвижные...» [Там же]. Обозначение автором своей сопричастности Гнедич заключало в себе, безусловно, сильный психологический ход.

Полагаю, что, помимо мемуарных, этот эпизод имеет и литературный источник — биографический очерк Ходасевича «Начало жизни» о предке А. С. Пушкина. Повествование в нем вводится турпизмом: «...маленький арап, сопровождавший Петра I в его прогулке, остановился за некоторой нуждой и вдруг закричал: "Государь! Государь! Из меня кишка лезет". Петр подошел к нему и, увидя, в чем дело, сказал: "Врешь, это не кишка, а глиста!" — и выдернул глисту своими пальцами» [Ходасевич 1997б: 54]. Реминисценция к этому историческому анекдоту в статье Кузьминского «проявляла» подтекст, неназванную часть параллели, — обидчики Татьяны Гнедич уподоблялись вовсе не царю, а малолеткам и уголовницам.

Историю своего знакомства с Гнедич Кузьминский «набросал» в нескольких штрихах в очерке «Наденька Полякова, Наталья Грудинина, Анна Ахматова, Татьяна Гнедич»:

> Ее Царскосельское ЛИТО, а до этого школа переводчиков, дали следующие имена: из переводчиков — Г. Усову, Бетаки, Бена, Щербакова, из поэтов — Куприянова, Алексеева, да

---

[82] В связи с обвинениями в «просоветскости» из-за хвалебных публикаций о ней в советской прессе в 1960-е годы. См.: *Бен Г. Е.* Неуживчивая муза Татьяны Григорьевны Гнедич [АГЛ 2А: 463–474]; *Кузьминский К. К.* Переводы на тот свет... [АГЛ 2А: 475–476]; а также [Усова 2017: 137–138, 140]. Об антиахматовской линии в этом томе см. [Бобышев 2014а: 359–363].

> и меня тоже. Я сначала был вроде переводчиком (меня Васька Бетаки затащил Байрона переводить), а потом секретарем Татьяны Григорьевны. Секретарем я не работал и даже денег не получал, а просто тетка Танька прикрыла меня своим широким именем от обвинения в тунеядстве, чтоб не загремел я вслед за Бродским. Но общение с ней давало больше дюжины королев от поэзии.
> [АГЛ 2Б: 178]

В этом очерке заслуживает упоминания имплицитная отсылка Кузьминского к известной антологии «The New Russian Poets, 1953–1968», подготовленной поэтом и переводчиком Джорджем Риви. Описание пушкинско-некрасовской традиции в поэзии шестидесятников вводится Джорджем Риви через метаформический образ: русский поэт, подобно Гамлету, мстящему за отца, внимает духу своей многострадальной Матери-России, нашептывающей о возмездии[83].

Обыгрывая «материнскую/сыновнюю» метафору, Кузьминский титулует «матерями ленинградских поэтов» Ахматову и руководительниц литературных объединений Ленинграда, чьи имена вынесены в заглавие очерка. Рассказом о них открывается раздел «И... Новаторы», тем самым акцентируется их роль в рождении поколения свободных поэтов, обновлении самого языка поэзии, а другими словами — в процессе смены литературной парадигмы.

В то же время этот очерк является своего рода ответом Кузьминского на грубоватый пассаж Охапкина о бабах («...надо давать

[83] «...the ascending Russian Muse also began to assume the enigmatic features of the long-suffering “Mother Russia”» [Reavey 1981: IX]. Перевод: «У Русской Музы издавна начинали проявляется загадочные черты долго-страдающей “Матери-России”»; «Behind the figure of “Mother Russia” often appears a sort of Hamletian ghost of mumbled guilt and whispered retribution whom the poet-son cannot help but overhear and interpret as a call to duty» [Ibid.: IX]. Перевод: «Позади фигуры “Матери-России” часто появляется своего рода гамлетовский дух, поэту-сыну ничего не остается, как внимать его обвиняющему бормотанию и нашептыванию о возмездии и истолковывать их как призыв к исполнению долга».

всех более или менее видных авторов... разумеется, кроме баб. Пусть они сами сооружают свою клумбу» [1: Л. 2]):

> *Не хочется писать о бабах. О поэтессах в особенности. Но без них никак.* Их матерное отношение было единственным спасением для поэтов, которых больше никуда не пускали. <...> На этом я заканчиваю очерк или — не знаю — статью, главку *о ленинградских матерях поэзии. Если бы не они — тускло было бы в Ленинграде. Все-таки женщины в поэзии могут что-нибудь сотворить!*
> [АГЛ 2Б: 177–178]

В названии очерка имя Татьяны Гнедич по степени значимости для себя поставлено автором на самое почетное место — в завершение строки, по аналогии с положением в стихе рифмы.

Подчеркивая роль Гнедич в своей творческой «родословной» и в предыстории Антологии, Кузьминский располагает собственные творческие материалы в томе 2А сразу после мемориального очерка о ней, при этом открывая подборку переводами из Байрона. Первым дано стихотворение «Прощание с Мальтой», перевод датирован 1966–1967 годами; беловой его текст сопровожден факсимильным воспроизведением черновика с правкой рукой Гнедич. Мотивы и образы второй его строфы прочитываются предвестием событий в судьбе самого переводчика и, резонируя с названием Антологии, подтверждают его неслучайность:

> Я еду, но Бог весть куда —
> опять на север, в города,
> Где холод, слякоть, грязь и лужи.
> А здесь жара — так где же хуже?
> Прощайте, дети синевы,
> Моря, где остаетесь вы,
> Где волны тихо поглотили
> Кровь капитанов, крах флотилий,
> Улыбки, празднества, обеды,
> В любви беспечные победы,
> В бою блистали иногда вы —
> Воспой, о Муза, in octavo!
> [АГЛ 2А: 475]

Дополнением к этому сюжету может служить надпись на фотопортрете Кузьминского (запечатленного в плаще и с тростью в руках), который он подарил Гнедич перед своим отъездом в эмиграцию:

> Джордж Гордон Ноэль Кузьминский
> своему другу, учителю и горячо любимому человеку, милой-милой Татьяне Григорьевне, память о которой будет меня согревать в туманном Лондоне и на Диком Западе —
> верный ее ученик —
> Const.
> From World with Love.
> Јуня 28-аго
> года 1975
> от Р. Х.
> в Сарском Селе
>
> Царственной Т. Г.
> Байронический
> изгнанник
> уездный поэт.
> [РО ИРЛИ. Ф. 810. Оп. 1. № 193. Л. 5]

На страницах Антологии имя Татьяны Григорьевны впервые появляется в «прологе» 1-го тома в рассказе Кузьминского о своем «первом и последнем официальном выступлении в качестве поэта и переводчика» [АГЛ 1: 37], и что немаловажно, в одном эпизоде с Сюзанной Масси — в будущем издательницей «первой антологии ленинградской поэзии, вышедшей за границей» [Там же: 38], тем самым фиксируя судьбоносный момент:

> В 1967 году, 15 апреля, я встретился с Сюзанной и Робертом Масси в Павловске, где я тогда служил в экскурсоводах. <...> Они только что закончили «Николая и Александру» и приехали посетить ту страну, о которой писали. <...> Анатолия Михайловича не было, я был занят с группой, поэтому просто пригласил их на свой вечер и снабдил билетами. На вечер <...> они пришли. <...> отчитал я свое, потом Байрона,

> посвятив его Татьяне Григорьевне Гнедич, моему шефу, которая сидела в первом ряду, а на закуску, с посвящением Сюзанне, выдал пару своих по-английски.
> [АГЛ 1: 37]

В своей классификации «новейшей русской поэзии» Кузьминский относит творчество Гнедич к петербургской линии «поэзии как состояния», той ее ветви, в которой соединились «экзогенность и эндогенность поэзии Некрасова и Хлебникова, и самой ЖИЗНИ поэта» [АГЛ 2А: 39].

Руководительница пушкинского ЛИТО упоминается и О. Охапкиным, в списке предшественников «Бронзового века»: «В нач<але> периода важны: Пастернак, Ахматова, Заболоцкий. Д. Андреев, хоть они и в свинце. Хотя бы кое-что. И Т. Гнедич!» [5: Л. 13].

Охапкин познакомился с Гнедич в августе 1973 года и посещал какое-то время ее литературный кружок и переводческий семинар; его фамилию в числе «литовцев» называет в своих воспоминаниях Г. Е. Бен: «У Татьяны Григорьевны постоянно толклись и молодые поэты: Юлия Вознесенская, Виктор Кривулин, Борис Куприянов, Олег Охапкин, Виктор Ширали и другие, те, которых советские издательства упорно отшивали» [Бен 2008: 364].

После эмиграции Кузьминского Охапкин продолжал общение с Гнедич, о некоторых сторонах которого он сообщает в письме ему от 2 сентября 1981 года: «Она заказала мне предсмертные стихи Байрона, чтоб я перевел их. И я исполнил ее просьбу. Это была последняя наша работа. До самой смерти она готовила статью обо мне для Лениздата» [АГЛ 4Б: 109]. В этом же письме содержатся подробности похорон Гнедич. Охапкин «читал стихи, которые ей нравились и посвященные ей», листок с одним из них («В глухозимье», 1973) «...положил при прощании на тело ее, и он остался при ней в гробу» [Там же].

Возвращаясь к стихотворению Охапкина «Бронзовый век» (1975), обратим внимание на содержащуюся в его начальных строфах аллюзию на зачин 1-й песни «Дон Жуана» Байрона. В ответ на перечисление английским поэтом снискавших славу, но погибших героев прошлых дней[84] и риторическое вопрошание «Ищу героя!»[85], Охапкин называет имена 20 ленинградских поэтов, в том числе и себя, — героев своего века:

Красовицкий, Еремин, Уфлянд,
Глеб Горбовский, Соснора, Кушнер...
Макинтошами, помню, устлан
Путь Господен в живые души.

Рейн да Найман, Иосиф Бродский,
Дмитрий Бобышев да Охапкин
Наломали пред ним березки,
Постилали цветов охапки. <...>
[Охапкин 1978а: 66]

Литературное влияние Гнедич на Охапкина не ограничивается ее переводами Байрона. В контексте источников его «символического календаря» поколений поэтов заслуживает упоминания

---

[84] Песнь первая, октава третья:

Барнав, Бриссо, Дантон, и Кондорсе,
Марат, и Петион, и Лафайет —
Вот Франция во всей своей красе,
(А все-таки забывчив праздный свет.)
Жубер и Ош, Марсо, Моро, Дезэ —
Смотрите-ка: им просто счету нет!
Недавно их венчали лавры славы,
Но не приемлют их мои октавы.
[Байрон: 1959: 9]

Из комментария Н. Я. Дьяконовой к второй и третьей октавам: «Байрон перечисляет здесь имена известных адмиралов и полководцев, карьера которых началась с блестящих успехов, но кончилась тяжелыми поражениями», а также «имена известных политических деятелей и полководцев эпохи Французской революции 1789 года; почти все они умерли насильственной смертью» [Байрон 1959: 344].

[85] Песнь первая, октава первая:

Ищу героя! Нынче что ни год
Являются герои, как ни странно.
Им пресса щедро славу воздает,
Но эта лесть, увы, непостоянна:
Сезон прошел — герой уже не тот. <...>
[Байрон 1959: 8]

линия «Т. Гнедич — Блок». По воспоминанию студийцев, Гнедич знакомила их с разными сторонами творчества Блока, при этом из его поэзии особенно выделяла поэму «Возмездие»[86] и даже написала по ее мотивам автобиографическую поэму «После Возмездия»[87], отрывки из которой читала на литературных вечерах в г. Пушкине.

При очевидном различии концепций Охапкина и Кузьминского как в эстетических приоритетах авторов, так и в их подходе к периодизации «второй культуры» (склонность первого к установлению точных дат — отсутствие определенных границ периодов у второго), в них есть и общее начало: взгляд на свое поэтическое поколение в масштабе истории (христианства и России — Охапкина; мировой литературы — Кузьминского).

В источниковедческом плане обе рассмотренные нами концепции являются синкретическими. По своему типу источники «символического календаря» Охапкина относятся к естественнонаучным, религиозным, литературоведческим, литературным, представляя разные методы познания. В числе источников концепции «новейшей русской поэзии» Кузьминского — искусствоведческие, литературно-критические, документальные (мемуарная, эпистолярная, автобиографическая, биографическая проза) и другие, содержащие способы фиксации литературной жизни в ее динамике. Две группы источников значимы для обеих концепций: труды филологов и высказывания поэтов.

Библиография

Адамович 1967 — *Адамович Г. В.* Мои встречи с Анной Ахматовой // Воздушные пути: Альманах. Нью-Йорк. 1967. № 5. С. 99–114.

---

86 Заметим, что поэму «Возмездие» в числе своих любимых произведений Блока называет и Б. Л. Куприянов, поступивший в ЛИТО Гнедич в старших классах школы. В беседе со мной он сообщил интересный факт: «...в литобъединении мне Татьяна Григорьевна Гнедич подарила прижизненное издание А. Блока с его автографом» [Куприянов 2011: 305].

87 См. [Гнедич 1968].

Андреев 1975 — *Андреев Д. Л.* Ранью заревою: Стихи. М.: Советский писатель, 1975.

Андреев 2010 — Даниил Андреев: Pro et contra / сост., вступ. статья, коммент. Г. Г. Садикова-Лансере. СПб.: РХГА, 2010.

Аполлон-77 — Аполлон-77 / гл. ред. Мих. Шемякин. Париж: [Б. и.], 1977.

АРС 2013 — Антология русского стиха: в 2 т. / автор идеи, сост. Слава Лён. СПб.: ВВМ, 2013.

Арьев 2021 — *Арьев А. Ю.* Праздники без юбилеев // Охапкинские чтения. Альманах № 3 / авт.-сост. Т. И. Ковалькова. СПб.: [Б. и.], 2021. С. 13–15.

Ахматова 1977 — *Ахматова А. А.* Поэма без героя // Ахматова А. А. Стихотворения и поэмы. Л.: Советский писатель, 1977. С. 352–378.

Байрон 1959 — *Байрон Дж.* Дон-Жуан / пер. Т. Г. Гнедич. М.; Л.: Гос. изд-во худ. лит., 1959.

Бен 2008 — *Бен Г. Е.* Стихии тьмы наперекор // Т. Г. Гнедич. Страницы плена и страницы славы: Сб. / [вступ. ст., прил., прим. Г. С. Усовой]. СПб.: Genio Loci, 2008. С. 363–365.

Бетаки 1975 — *Бетаки В. П.* Реальность абсурда и абсурдность реальности / [вступ. ст. к подборке стихотворений поэтов: Г. Сапгир, В. Лён, Э. Лимонов, К. Кузьминский, Аноним] // Грани. 1975. № 95. С. 40–44.

Бетаки 1977 — *Бетаки В. П.* Петербургская поэзия / [вступ. ст. к подборке стихов Е. Игнатовой, В. Кривулина, О. Охапкина, В. Френкель, И. Бурихина] // Грани. 1977. № 103. С. 96–100.

Бетаки 1979 — *Бетаки В. П.* Поколение «тайной свободы» (Вместо предисловия) // Третья волна. Альманах литературы и искусства. 1979. Февраль (№ 5). С. 26–33.

Бетаки 1981 — *Бетаки В. П.* Поколение «тайной свободы» / [вступ. ст.] // Кривулин В. Б. Стихи. Париж: Ритм, 1981. С. 5–8.

Бикерман 1976 — *Бикерман Э.* Хронология Древнего мира: Ближний Восток и Античность / пер. с англ. М.: Наука, 1976.

Блок 1960а — *Блок А. А.* Возмездие // Блок А. А. Собрание сочинений: в 8 т. Т. 3. М.; Л.: Гос. изд-во худ. лит., 1960. С. 294–344.

Блок 1960б — *Блок А. А.* Пушкинскому Дому // Блок А. А. Собрание сочинений: в 8 т. Т. 3. М.; Л.: Гос. изд-во худ. лит., 1960. С. 376–377.

Блок 1962а — *Блок А. А.* Ирония // Блок А. А. Собрание сочинений: в 8 т. Т. 5. М.; Л.: Гос. изд-во худ. лит., 1962. С. 345–349.

Блок 1962б — *Блок А. А.* О назначении поэта // Блок А. А. Собрание сочинений: в 8 т. Т. 6. М.; Л.: Гос. изд-во худ. лит., 1962. С. 160–168.

Блок 1962в — *Блок А. А.* О списке русских авторов // Блок А. А. Собрание сочинений: в 8 т. Т. 6. М.; Л.: Гос. изд-во худ. лит., 1962. С. 136–140.

Бобышев 2012 — *Бобышев Д. В.* Последний мамонт. Встречи и разговоры с Игорем Чинновым // Связь времен. Сан-Хосе. 2012. Вып. 4. С. 95–109.

Бобышев 2014а — *Бобышев Д. В.* Человекотекст: Трилогия. Кн. I. Idyllwill, CA: Charles Schlacks, Publisher, 2014.

Бобышев 2014б — *Бобышев Д. В.* Человекотекст: Трилогия. Кн. II. Idyllwill, CA: Charles Schlacks, Publisher, 2014.

Валиева 2014 — *Валиева Ю. М.* «Дней связующая нить»: Антологии, альманахи, журналы, книги 2011–2013 гг. // Звезда. 2014. № 2. С. 195–206.

Венгеров 1914 — Русская литература XX века (1890–1910): в 2 т. / под ред. проф. С. А. Венгерова. М., 1914–1917.

Венгеров 2004 — *Венгеров С. А.* Переоценка всех ценностей (1890-е годы) // Русская литература XX века (1890–1910) / под ред. проф. С. А. Венгерова. М.: Республика, 2004. С. 7–38.

Галансков 1972 — Памяти Юрия Галанскова. Некролог из неволи // Грани. 1972. № 86. С. 4–6.

Галансков 1973 — Ю. Т. Галансков — поэт и человек: Сб. Самиздат // Грани. 1973. № 89–90. С. 143–203.

Галансков 1974 — *Галансков Ю.* Письма родным и друзьям // Грани. 1974. № 94. С. 167–207.

Герцог 1968 — *Герцог Ю. А.* Циклическое развитие литературы // Вольная мысль. 1968. № 4. С. 54–87.

Гиппиус 2004 — *X <З. Н. Гиппиус>.* Литературные заметки. Стихи о Прекрасной Даме // Александр Блок: pro et contra / сост., вступ. ст., прим. Н. Ю. Грякаловой. СПб.: РХГИ (Русский путь), 2004. С. 27–34.

Гнедич 1968 — *Гнедич Т. Г.* Компьенский лес, из поэмы «После Возмездия» // Простор. 1968. № 5. С. 14–15.

Гнедич 1977 — *Гнедич Т. Г.* Этюды. Сонеты. Л.: Лениздат, 1977.

Гнедич 2008 — Т. Г. Гнедич. Страницы плена и страницы славы: Сб. / [вступ. ст., прил., прим. Г. С. Усовой]. СПб.: Genio Loci, 2008.

Гнедич 2015 — *Демидова О. Р., Павликова Е. А., Усова Г. С.* Гнедич Татьяна Григорьевна // Литературный Санкт-Петербург. XX век: энциклопедический словарь: в 3 т. Т. 1. СПб., 2015. С. 539–542.

Горичева 2014 — *Горичева Т. М.* Человек длинной воли // Охапкин О. А. Философская лирика / сост. Т. И. Ковалькова. СПб.: Русская культура, 2014. С. 6–9.

Григорьев 1960 — *Григорьев Д. Д.* Пастернак и Достоевский // Вольная мысль. 1960. № 2. С. 79–87.

Григорьев 1961 — *Григорьев Д. Д.* Достоевский и религия // Вольная мысль. 1961. № 3. С. 26–66.

Григорьев 1968 — *Григорьев Д. Д.* Достоевский в русской церковной и религиозно-философской критике // Вольная мысль. 1968. № 4. С. 88–136.

Григорьев 1989 — *Григорьев Д. Д.* Нам есть что сказать друг другу. Беседу вели Евг. Иванова и С. Селиванова // Вопросы литературы. 1989. № 6. С. 199–213.

Григорьев 2002 — *Григорьев Д. Д.* Достоевский и Церковь. У истоков религиозных убеждений писателя. М.: Изд-во Православного Свято-Тихоновского Богословского инст., 2002.

Гумилев 1991 — *Гумилев Н. С.* В огненном столпе / [вступ. ст., сост., коммент. В. Л. Полушина]. М.: Советская Россия, 1991.

Дар 1978 — *Дар Д. Я.* Ленинград. Судьба. Поэт // Грани. 1978. № 110. С. 43–51.

Ежов, Шамурин 1925 — *Ежов И. С., Шамурин Е. И.* Русская поэзия XX в. Антология русской лирики от символизма до наших дней / водн. ст. В. Полянского. М.: Новая Москва, 1925.

Зернова 2013 — *Зернова Р. А.* Иная реальность // Зернова Р. А. Иная реальность: рассказы и эссе. Новосибирск: Свиньин и сыновья, 2013. С. 137–170.

Казарновский 2018 — *Казарновский П. А.* Хеленуктическое в поэзии О. Охапкина // Охапкинские чтения. Альманах № 2 / авт.-сост. Т. И. Ковалькова. СПб.: [Б. и.], 2018. С. 183–191.

Ковалькова 2018 — *Ковалькова Т. И.* О концепции «Бронзового века» // Охапкинские чтения. Альманах № 2 / авт.-сост. Т. И. Ковалькова. СПб.: [Б. и.], 2018. С. 5–16.

Колкер 2009 — *Колкер Ю. Н.* Мои кочегарки // Сумерки «Сайгона» / сост. и общ. ред. Ю. М. Валиевой. СПб.: ZAMIZDAT, 2009. С. 275–285.

Корсунская 2021 — *Корсунская А. Г.* Неизвестный архивный источник: О книге О. А. Охапкина «Душа города» // Охапкинские чтения. Альманах № 3 / авт.-сост. Т. И. Ковалькова. СПб.: [Б. и.], 2021. С. 139–146.

Кочеткова 1993 — *Кочеткова Н. Д.* Тема «золотого века» в литературе русского сентиментализма // XVIII век: Сб. 18. СПб.: Наука, 1993. С. 172–186.

Кривулин 2001 — *Кривулин В. Б.* Воспоминания об Анне Ахматовой. Беседа с О. Е. Рубинчик 14 июля 1995 г. // Анна Ахматова: Последние годы. Рассказывают Виктор Кривулин, Владимир Муравьев, Томас Венцлова. СПб.: Невский Диалект, 2001. С. 11–29.

Кузьминский 1977а — *Кузьминский К. К.* Поэты северной столицы // Аполлон-77, 1977. С. 107.

Кузьминский 1977б — *Кузьминский К. К.* Поэты Охапкин и Кривулин // Аполлон-77, 1977. С. 123.

Кукуй 2021 — *Кукуй И. С.* Ры Никонова и Сергей Сигей: два текста 1979 года // Транспоэтика: Авторы журнала «Транспонанс» в исследованиях и материалах / сост. и ред. П. А. Казарновского, А. Д. Муждаба. СПб.: Арт-центр «Пушкинская-10», 2021. С. 212–219.

Куприянов 2011 — *Куприянов Б. Л.* [Автобиография] // Лица петербургской поэзии: 1950–1990-е. Автобиографии. Авторское чтение / сост., отв. ред. Ю. М. Валиева. СПб.: Искусство России, 2011. С. 304–309.

Левитин 2009 — *Левитин В.* Встречи с поэтами // Сумерки «Сайгона» / сост. и общ. ред. Ю. М. Валиевой. СПб.: ZAMIZDAT, 2009. С. 231–235.

Лён 1978 — *Лён Владислав.* Бронзовый век русской литературы // Neue Russische Literatur. Almanach. Salzburg, 1978. (Institut für Slawistik der Universität Salzburg). С. 3–5.

Лён 2013 — *Лён Слава.* Мировая Академия русского стиха // Антология русского стиха: Антология: в 2 т. Т. 1 / [авт. идеи Слава Лён; сост. Слава Лён, Валерий Мишин; ред. Тамара Буковская]. СПб.: ВВМ, 2013. С. 5–33.

МАБВ 1978 — Малая антология Бронзового века // Neue Russische Literatur. Almanach. Salzburg, 1978. С. 3–8.

Марков 1952 — *Марков В. Ф.* Предисловие // Приглушённые голоса. Поэзия за железным занавесом. Нью-Йорк: Изд-во им. Чехова, 1952. С. 5–32.

Марков 2019 — Владимир Федорович Марков: первооткрыватель и романтик. К 50-летию издания книги «Russian Futurism: A History». Материалы и исследования / сост. А. В. Крусанов и Н. Г. Фиртич. СПб.: Изд-во Общества «Аполлон», 2019.

Минц 1980 — *Минц З. Г.* А. Блок в полемике с Мережковскими // Блоковский сборник. Вып. IV. Тарту, 1980. С. 116–222.

Огородников 2018 — *Огородников А. И.* Монолог о семинаре (фрагмент круглого стола) // Охапкинские чтения. Альманах № 2 / авт.-сост. Т. И. Ковалькова. СПб.: [Б. и.], 2018. С. 29–35.

Охапкин 1978а — *Охапкин О. А.* «В бронзовом нашем веке» // Время и мы. 1978. № 30. С. 64–71.

Охапкин 1978б — *Охапкин О. А.* «Твоя во тьме защита...» // Время и мы. 1978. № 34. С. 103–108.

Охапкин 1979 — *Охапкин О. А.* Стихотворения // Эхо. 1979. № 1. С. 79–85.

Охапкин 1981 — *Охапкин О. А.* Ответ на анкету об Александре Блоке // Вестник русского христианского движения. Париж; Нью-Йорк; Москва. 1981. № 134. С. 158–168.

Охапкин 2009 — *Охапкин О. А.* Классические годы «Сайгона». Интервью Ю. М. Валиевой // Сумерки «Сайгона» / сост. и общ. ред. Ю. М. Валиевой. СПб.: ZAMIZDAT, 2009. С. 139–141.

Охапкин 2011 — *Охапкин О. А.* [Автобиография] // Лица петербургской поэзии: 1950–1990-е. Автобиографии. Авторское чтение. СПб.: ZAMIZDAT: Искусство России, 2011. С. 322.

Охапкин 2018 — Лауреатская речь Олега Охапкина [Державинская премия] // Охапкинские чтения. Альманах № 2 / авт.-сост. Т. И. Ковалькова. СПб.: [Б. и.], 2018. С. 42–43.

ОЧ-1 — Охапкинские чтения. Альманах № 1 / авт.-сост. Т. И. Ковалькова. СПб.: [Б. и.], 2015.

ОЧ-2 — Охапкинские чтения. Альманах № 2 / авт.-сост. Т. И. Ковалькова. СПб.: [Б. и.], 2018.

ОЧ-3 — Охапкинские чтения. Альманах № 3 / авт.-сост. Т. И. Ковалькова. СПб.: [Б. и.], 2021.

Пастернак 1988 — *Пастернак Б. Л.* Доктор Живаго: в 2 кн. Вильнюс: Вага, 1988.

Пореш 1993 — *Пореш В. Ю.* «Община» — журнал христианского семинара (1974–1980) // Самиздат (По материалам конференции «30 лет независимой печати. 1950–80-е годы». Санкт-Петербург, 25–27 апреля 1992 г.). Б. м.: НИЦ «Мемориал», 1993. С. 94–99.

Пореш 2018 — *Пореш В. Ю.* Об Олеге Охапкине // Охапкинские чтения. Альманах № 2 / авт.-сост. Т. И. Ковалькова. СПб.: [Б. и.], 2018. С. 39–41.

Рипак 2014 — *Рипак Е. А.* Столовый зал императора Павла I в Михайловском замке // Очерки истории Михайловского (Инженерного) замка. XXV. СПб.: Palace Editions, С. 36–44.

Сигов 2021 — *Сигов С. В.* Своеобразие творческого пути Г. Р. Державина. Контрольная работа по истории русской литературы / публ. И. Кукуя // Транспоэтика: Авторы журнала «Транспонанс» в исследованиях и материалах. СПб.: Арт-центр «Пушкинская-10», 2021. С. 220–230.

СЛ 2003 — Самиздат Ленинграда. 1950-е — 1980-е. Литературная энциклопедия / под общ. ред. Д. Я. Северюхина. М.: Новое литературное обозрение, 2003.

Стратановский 1993 — *Стратановский С. Г.* Религиозные мотивы в современной русской поэзии // Волга. 1993. № 6. С. 142–145.

Тименчик 2014 — *Тименчик Р. Д.* Последний поэт. Анна Ахматова в 60-е годы. Т. 1. М.: Мосты культуры / Гешарим, 2014.

Толковая Библия 1911 — Толковая Библия, или Комментарий на все книги Св. Писания Ветхого и Нового Завета. Издание преемников А. П. Лопухина. Т. 8. Евангелие от Матфея. СПб., 1911.

Тынянов 1965 — *Тынянов Ю. Н.* Проблема стихотворного языка. Статьи. М.: Советский писатель, 1965.

Тынянов 1993 — *Тынянов Ю. Н.* Промежуток // Тынянов Ю. Н. Литературный факт. М.: Высшая школа, 1993. С. 264–291.

Усова 2017 — *Усова Г. С.* И Байрона в соавторы возьму. Книга о Татьяне Григорьевне Гнедич. СПб.: ДЕАН, 2017.

Успенский 2003 — *Успенский В. С.* Инженерный замок. Очерк // Михайловский замок. Страницы биографии памятника в документах и литературе. М.: Российский архив, 2001. С. 657–660.

Ходасевич 1939 — *Ходасевич В. Ф.* Некрополь: Воспоминания. Bruxelles: Petropolis, 1939.

Ходасевич 1976 — *Ходасевич В. Ф.* Некрополь: Воспоминания. Paris: YMCA-PRESS, 1976.

Ходасевич 1997а — *Ходасевич В. Ф.* Гумилев и Блок // Ходасевич В. Ф. Собр. соч.: в 4 т. Т. 4. М.: Согласие, 1997. С. 80–94.

Ходасевич 1997б — *Ходасевич В. Ф.* Начало жизни // Ходасевич В. Ф. Собр. соч.: в 4 т. Т. 3. М.: Согласие, 1997. С. 54–61.

Циглер 1978 — Циглер Роземари. Тезисы о новой русской литературе // Neue Russische Literatur. Almanach. Salzburg. (Institut für Slawistik der Universität Salzburg), 1978. С. 7–9.

Цитцевитц 2015 — *Цитцевитц Ж. фон.* Олег Охапкин: между поэзией и догмой // Охапкинские чтения. Альманах № 1 / авт.-сост. Т. И. Ковалькова. СПб.: [Б. и.], 2015. С. 36–50.

Чижевский 1924 — *Чижевский А. Л.* Физические факторы исторического процесса. Влияние космических факторов на поведение организованных человеческих масс и на течение всемирно-исторического процесса, начиная с V века до Р. Хр. и по сие время. Краткое изложение исследований и теории. Калуга, 1924.

Чижевский 1976 — *Чижевский А. Л.* Земное эхо солнечных бурь. 2-е изд. / предисл. О. Г. Газенко. М.: Мысль, 1976.

Шнейдерман 1993 — *Шнейдерман Э. М.* Что я издавал, в чем участвовал // Самиздат: (По материалам конференции «30 лет независимой печати. 1950–1980 годы, СПб., 25–27 апреля 1992 г.) / ред.-сост. В. Долинин, Б. Иванов. СПб.: НИЦ и «Мемориал», 1993. С. 46–57.

Шнейдерман 1998 — *Шнейдерман Э. М.* Пути легализации неофициальной поэзии в 1970-е годы // Звезда. 1998. № 8. С. 194–200.

Щипков 2021 — *Щипков А. В.* Читая поэму О. Охапкина «Бронзовый век» // Охапкинские чтения. Альманах № 3 / авт.-сост. Т. И. Ковалькова. СПб.: [Б. и.], 2021. С. 405–412.

Bickerman 1969 — *Bickerman E. J.* Chronology of the Ancient World. London: Thames & Hudson, 1969.

Glad/Weissbort 1978 — *Glad, J., Weissbort D.* Russian Poetry: Modern Period. Iowa City, University of Iowa Press, 1978.

Grigorieff 1959 — *Grigorieff D. F.* Pasternak and Dostoevskij // The Slavic and East European Journal. Winter. Vol. XVII (New Series. Vol. III). 1959. № 4. P. 335–342.

Markov 1967 — Манифесты и программы русских футуристов. Die Manifeste und Programschriften der russischen Futuristen. Mit einem Vorwort herausgegeben von Vladimir Markov. München: Wilhelm Fink Verlag. (Slavische Propyläen. Texte in Neu- und Nachdrucken. Band 27), 1967.

Markov 1968 — Russian Futurism: A History by Vladimir Markov. Berkeley and Los Angeles: University of California Press, 1968.

Massie 1972 — The Living Mirror. Five Young Poets from Leningrad / Edited and introduced by Suzanne Massie. New York: Doubleday, 1972.

NRL 1978 — Neue Russische Literatur. Almanach. Salzburg. (Institut für Slawistik der Universität Salzburg), 1978.

Reavey 1981 — *Reavey G.* The New Russian Poets and the Crisis of Belief // The New Russian Poets, 1953–1968. An Anthology / selected, ed. and trans. by George Reavey. Bilingual. London, Boston. P. IX–XXVII, 1981.

WSA 1984 — К истории «гумилевских чтений» // Wiener Slawistischer Almanach. Sonderband 15. Wien. S. 11–15, 1984.

Zernova 1965 — *Zernova R.* A Visit to Anna Akhmatova (An Interview) // Soviet Literature. 1965. № 3. P. 148–150.

Петр Казарновский (Санкт-Петербург)

Константин Кузьминский и Леонид Аронзон: о мифологии ленинградской неофициальной культуры

К середине 1970-х годов в среде ленинградской неофициальной культуры сложился своеобразный культ нескольких поэтов, к тому времени покойных, — в первую очередь Р. Ч. Мандельштама (1932–1961) и Л. Л. Аронзона (1939–1970). Неслучайно их стихотворениями должна была открываться литературная антология «Лепта», состоявшая из произведений тридцати двух неофициальных авторов и поданная составителями в 1975 году к публикации в Секретариат ленинградского отделения Союза писателей РСФСР[1]. Творческое наследие Р. Мандельштама и Л. Аронзона, только вводимое в обиход литературного самиздата, представляло собой после смерти авторов законченное целое и требовало выработки подхода как к текстам, так и к судьбам поэтов.

Первые «независимые» посмертные публикации Аронзона, дающие более или менее обширное представление о его творчестве, появились в 1974 и 1975 годах благодаря усилиям и энтузиазму «рыцаря ленинградской поэзии»[2] К. К. Кузьминского в его

---

1 О невыходе «Лепты» см. [АГЛ 5Б: 275–326]. См. также статью Ю. Валиевой в наст. изд.

2 Характеристика, данная Кузьминскому Д. В. Бобышевым, который впоследствии упрекал «самиздателя» в пиратстве. См. предисловие Кузьминского к альманаху «Живое зеркало (первый этап ленинградской поэзии)» [Кузьминский, Масси 1973?] в приложении к наст. публикации.

антологиях «Живое зеркало» и «Лепрозорий-23», в чем ему оказывали содействие вдова поэта Р. М. Пуришинская, а также поэт и текстолог В. И. Эрль — составители подборки Аронзона в «Лепте». 18 октября 1975 года, когда Кузьминского уже не было в СССР (он эмигрировал летом 1975 года), в ленинградском Политехническом институте прошел вечер памяти Аронзона, дневниковые записи Ю. Н. Вознесенской о котором стали предварением блока, посвященного поэту в Антологии *У Голубой Лагуны* [АГЛ 4А: 73]. Лишь спустя два года, в 1977 году, появились публикации в недавно созданных самиздатских журналах «Часы» (№ 7) и «37» (№ 12). Творчество поэта, присутствовавшего до тех пор в пространстве ленинградской неофициальной культуры скорее в качестве мифологемы[3], начало свой путь к читателю — пока в рамках самиздата.

Помимо более или менее четкого обозначения тематики творчества Аронзона и корпуса его текстов, производились попытки определить его место в русской поэтической традиции. Наибольший отклик вызвала мысль В. Б. Кривулина об антитетичности Аронзона личности и поэзии И. А. Бродского, высказанная им на упомянутом вечере памяти Аронзона в Политехническом музее. Там же прозвучали слова Кривулина о мифотворческой природе личности Аронзона: «Он [Аронзон] давал такой миф о себе, в котором поэзия как бы была центром, но центром скрытым» [Кривулин 2006: 57]. Впоследствии эта речь, записанная на магнитофон и отредактированная, была опубликована в журнале «37» (1977. № 12) и перепечатана в сборнике «Памяти Леонида Аронзона. 1939–1970–1985», выпущенном приложением к журналу

---

[3] Под мифологемой и мифологией здесь и далее понимается значение, основанное на греческой этимологии понятия: переданное в слове (logos) сказание или предание (mythos). Оно не обязательно подразумевает недостоверность, а лишь является формой передачи коллективного знания или представления о чем или ком-либо. Как писал А. Ф. Лосев, миф — «необходимейшая — прямо нужно сказать, трансцендентально-необходимая — категория мысли и жизни; и в нем нет ровно ничего случайного, ненужного, произвольного, выдуманного или фантастического. Это — подлинная и максимально конкретная реальность» [Лосев 2001: 37].

«Часы». Некоторые положения были позднее развернуты Кривулиным в статье «Леонид Аронзон — соперник Иосифа Бродского» (1998). Своеобразное, как всегда очень личное, выражение этого со- и противопоставления мы находим и у Кузьминского.

Проследим вначале за развитием этой антитезы у Кривулина:

> <1>
> Мне кажется, что то, что писал Аронзон, гораздо продуктивнее, гораздо ближе развитию будущей поэзии, нежели, допустим, то, что делал Бродский. Вот две позиции, совершенно явных: Бродский, который говорит всё — мощно, талантливо... И Аронзон, который за этим всем, за движением, когда можно сказать всё, имеет еще и движение к молчанию. (Транскрипция выступления Кривулина на вечере памяти Аронзона 18 октября 1975 года [Там же].)

> <2>
> Для меня очевидна параллель, своего рода незримое состязание, что ли: Леонид Аронзон и Иосиф Бродский. Были две позиции, откровенно противоположных, враждебных даже, хотя для нас, современников, эта полярность размыта... Есть Бродский, который избирает предмет для поэтической медитации и говорит об этом предмете всё, что знает, — ***всё***: говорит мощно, талантливо и т. д. И чаще всего в его стихах остается сказанное о предмете, а не сам предмет. Сам предмет только ***сказан***, его уже нет. И есть Аронзон, который говорит ***за всем*** тем, что могло быть сказано, что должно, казалось бы, непременно быть сказано. Но он говорит не то, что должно говорить. Он стремится говорить только то, о чем говорит сам предмет, но умалчивает язык. При таком подходе поэт не волен избрать тот или иной предмет для стихов, но сам избираем предметом; поэт не прибегает к языку, но сам становится языком.
> (Отредактированное Кривулиным выступление на вечере памяти Аронзона 18 октября 1975 года для журнала «37» (1977. № 12) в [Там же: 58].)

> <3>
> В семидесятые ушедший из жизни Аронзон — самая притягательная и живая фигура в ленинградской поэзии. Его поэтика и судьба интригуют, завораживают каждого, кто

> в это время становится свидетелем или участником независимого культурного движения — новой русской контркультуры. Еще бы: невероятная, взрывчатая смесь абсурда и чистого лиризма, насмешки и патетики, грубой, на грани непристоя, витальности и буддистской отрешенности от мира. В сравнении с утонченным эстетизмом его коротких стихов многословный и обстоятельный Бродский в 70-е гг. казался архаически-тяжеловесным, слишком приземленным, рассудочным. Стихи же Аронзона шли «путем слетевшего листа», оставляя на слуху слабый осенний шорох, перерастающий в органное звучание потаенной музыки смыслов, недоступной обыденному сознанию, но открывающейся как психоделическое озарение, как пространство продуктивных повторов и постоянных возвращений к уже сказанному — чтобы снова и снова обозначать новые уровни метафизического познания того, что на языке современной философии именуется отношением Бытия к Ничто. <...> И всё же Аронзон и Бродский — фигуры в русской поэзии извечно связанные. <...> Их судьбы рифмуются по принципу консонанса — один резко взял вверх и вширь, другой вглубь и за пределы сознания. Не исключено, что в будущем их имена будут соотноситься так же, как имена Пушкина и Тютчева.
> [Кривулин 1998: 154–156]

Мысль о противонаправленном движении двух поэтов — Бродского к слову, Аронзона к предмету — преобразуется в более позднем эссе Кривулина в размышление о месте Аронзона в ленинградской поэзии 1970-х. В пространстве этого мифа «многословный», «обстоятельный», «архаически-тяжеловесный», «приземленный», «рассудочный» Бродский находит своего соперника в «утонченном эстетизме» Аронзона. Не исключено, что эта идея противостояния двух поэтик созревала в процессе подготовки альманаха «Лепта», в которой на равных принимали участие Кузьминский и Кривулин. По тому, как она высказывалась обоими поэтами — Кузьминским и Кривулиным, — можно заключить, что каждый понимал творчество Аронзона очень по-своему и если употреблял одни и те же определения и «термины», то вкладывал в них свой смысл. Таково, например, разное понимание обоими слова-термина «обериутство» (так у обоих). Но значительно важнее тот факт, что Кривулин вообще был более склонен к определению места поэта в истории словесности, к вписыванию имени в «историко-литературный ландшафт» sub specie aeternitatis, ради чего биографические факты могут быть проигнорированы как мешающие созданию целостного облика в границах культуры[4]. Приоритеты Кузьминского, как мы постараемся показать, хоть и лежали в той же плоскости культурной мифологии, но были всё же несколько иными.

Вторым важным элементом аронзоновского мифа в ленинградской неофициальной культуре была его смерть. Как известно, Аронзон погиб от огнестрельного ранения при на сегодняшний день до конца не выясненных обстоятельствах в октябре 1970 года в горах под Ташкентом. Причиной смерти было объявлено самоубийство, понимавшееся в близком кругу Аронзона как последний жизнетворческий акт поэта. Тому способствовали строки стихотворения, найденного в мусорной корзине Аронзона после его кончины:

<...> Кто наградил нас, друг, такими снами?
Или себя мы наградили сами?
Чтоб застрелиться тут, не надо ни черта:
ни тяготы в душе, ни пороха в нагане.

Ни самого нагана. Видит Бог,
чтоб застрелиться тут, не надо ничего.
[Аронзон 2018, I: 217][5]

При осознании роли Кузьминского в литературном процессе и «окололитературных» настроениях неофициальной культуры следует, конечно, учитывать биографический фон каждого мини-

---

[4] Недаром Б. И. Иванов начинает отсчет «постаронзоновского “культурологического периода”» петербургской поэзии именно со стихотворения Кривулина «Я Тютчева спрошу, в какое море гонит...», написанного через месяц после гибели Аронзона [Иванов 2011: 239].

[5] О мифологизации биографии и, в частности, смерти Аронзона см. [Кукуй 2008].

сюжета. 1958–1959 годы — время сближения Аронзона с А. Г. Найманом, Е. Б. Рейном и в особенности с Бродским, который тогда стоял в центре внимания Кузьминского[6], именно с этих лет относившегося «к своим литературным занятиям серьезно» [Северюхин 2003: 238]. Видимо почувствовав в стихах Аронзона «акмеизм», Кузьминский не включил Аронзона в свою «Антологию советской патологии». Как Кузьминский признавался впоследствии, только после гибели Аронзона он сумел по достоинству оценить его поэзию, до того же судил о ней «по периоду до 1965 года» [АГЛ 4А: 98].

К началу 1960-х относится начало публикаторской деятельности Кузьминского. В 1962 году им совместно с Г. Л. Ковалевым и Б. И. Тайгиным был подготовлен сборник Бродского, изданный в 1965 году без ведома автора и составителей на Западе[7]. Именно с 1962 года и следует вести отсчет издательской практике Кузьминского: в конце 1962 года созданным тогда объединенным издательством «Ка́Ка» и «Бэ́Та» были изданы два выпуска «Антологии советской патологии»[8], включившие в себя стихи ленинградцев Бродского, Бобышева, Рейна, Наймана, а также Н. М. Рубцова, Э. М. Шнейдермана, А. Ф. Домашёва, А. С. Морева, самих Кузьминского и Тайгина, а также москвичей С. Я. Красовицкого, В. К. Хромова, В. П. Бурича... Это издание, названное Кузьминским через 30 с лишним лет «нахальным» [Орлов 2016: 151], видимо, имело цель объединить неподцензурных поэтов Москвы и Ленинграда и представляло каждого автора одним текстом.

В архиве Ф. И. Якубсона, кинорежиссера и второго мужа вдовы Аронзона Риты Пуришинской, сохранилась переплетенная машинописная книга стихов Кузьминского «Вавилонская башня»

---

6 «Бродского я тогда больше ценил» [АГЛ 4А: 78].

7 Отвечая на вопросы прозаика В. Б. Лапенкова, Кузьминский пишет: «Бродского в 1961/62-м мы собирали с ним [Ковалевым] на пару (по всему Питеру и даже Москве), я имел тексты от самого Иосифа, Гришка — отовсюду, Тайгин же осуществлял техническую часть» (Письмо от 25 июня 2003 года). URL: https://kkk-bluelagoon.ru/perepiska_kkk_vlap/kkk_vlap_2.htm (дата обращения: 14.02.2021). См. также публикацию Я. Клоца в наст. изд.

8 Подробно об этом издании см. [Орлов 2016].

(1972) с дарственной надписью на титуле: «Rita, мне грустно. Я люблю Вас, люблю Лёню, и всё слишком поздно, поздно, поздно... И всё — nevermore. // Const.». Сам факт присутствия Кузьминского в доме покойного поэта весьма красноречив: активный публикатор занят сбором материалов и старается уловить то, что питало творчество интересующего его автора. Личные впечатления будут впоследствии поданы переосмысленными, отчасти мифологизированными в духе общей концепции. Знакомство со вдовой поэта позволяло расширить ракурс преподнесения текстов потенциальному читателю, включив то, что может быть почерпнуто не только из стихов. Вспомним также, что в АГЛ Пуришинская названа, наряду с Эрлем, источником материалов для публикации[9].

К моменту дарения своей самиздатской книги знакомство Кузьминского с Аронзоном, которого уже два года не было в живых, насчитывало больше 10 лет. Судя по рассказу Кузьминского, молодые поэты были уже знакомы к моменту, когда с Аронзоном случилось несчастие в летней геофизической экспедиции 1960 года на Дальний Восток: инфекционное заболевание едва не стоило ему ампутации ноги или даже жизни. По тому, как главный составитель АГЛ подает факты злополучной экспедиции, можно сделать вывод: будучи прекрасно осведомлен о молодой поэзии Ленинграда, Кузьминский не мог не знать Аронзона, его стихов и раньше, тем более что сам косвенно сообщает, что познакомил их Бродский. Кузьминский «неутомимо шатался по литобъединениям в поисках небанальных поэтов» [Шнейдерман 2005: 19]. До 1975 года, до самого отъезда в эмиграцию, им было предпринято издание нескольких самиздатских коллективных сборников: помимо уже упомянутых «Антологии советской патологии»

---

9 См. «Вынужденный комментарий к текстам Леонида Аронзона»: «Подборка базируется на двух (одном) источниках: подготовленная для меня Эрлем и Пуришинской подборка для “Живого зеркала (14 поэтов)” и текстах, полученных Ильей Левиным всё от той же Пуришинской» [АГЛ 4А: 107]. Кузьминский не только сообщает о своей дружбе с Ритой («особенно в последние годы» [Там же: 79]), но и вовлекает ее образ в выстраиваемую мифологему, о чем будет сказано далее.

и «Живого зеркала» (1972–1974), отметим также антологию прозы «Лепрозорий-23» (1975). Кроме того, до эмиграции Кузьминский входил в редколлегию по подготовке антологии «Лепта» и участвовал в отборе и обсуждении текстов. В последние две антологии входят и тексты Аронзона: четыре прозаических произведения в антологии «Лепрозорий-23» и подборка в антологии «Живое зеркало», которой предпослано предисловие, значительно расширенное в АГЛ. Если в «Живом зеркале» Кузьминский объясняет отсутствие интереса к ранним стихам Аронзона тем, что они до 1964 года «сильно отдавали Бродским», то в АГЛ о том же периоде говорит, что тексты того времени (со второй половины 1950-х до 1964 года) «отдают — то Найманом (“Павловск” — наймановское “Из дождей” и наймановский “Павловск”), а уж вышеприведенный текст <*«Послание в лечебницу». — П. К.*> — можно просто включить в собрание Бродского, не будь Бродский жив. Тут и “В лесничестве” (перевод из Галчинского), и “Холмы”, и “Ты поскачешь во мраке...” и и и...» [АГЛ 4А: 98].

Помимо факта личного знакомства с Аронзоном в 1960–1962 годах, а также тесного общения с Пуришинской и другом Аронзона художником Е. Г. Михновым-Войтенко в 70-е, Кузьминский мог опираться на свидетельства и соображения других близких поэту людей (В. И. Эрля, А. Г. Волохонского и др.). Обычно не сдерживающий себя в суждениях Кузьминский в своем подходе к Аронзону довольно аккуратен, предпочитая высказывания, которые не помешают органичному восприятию стихов. Например, сознательно игнорируя «поголовное мнение» современников: «циник» и «бабник», — он решительно отрезает: «...в поэте — не вижу» [Там же: 128]. Представленная как стихотворение жизнь Аронзона входит в поэтическое credo Кузьминского — достаточно подвижную модель, чтобы принять многое и по особым лекалам создать определенный образ, который можно угадать, вчитываясь в стихи. Недаром в финале «Неотправленного письма Рите Пуришинской», датированного автором приблизительно зимой 1977/78 года, Кузьминский говорит, приводя свои наблюдения и используя сюжетику и образы поэзии Аронзона: «Аронзон не радует, он не добрый и не злой, он —

прекрасный. Я люблю его. И я люблю Вас, потому, что он Вас любил. Мир — это сад. Он — бабочка в саду. Вы — тень от этой бабочки прозрачной. Вы счастливая, Рита. Аронзон не будет старым. Бабочки не стареют»[10]. Образ-миф, сложившийся из ауры творчества и на основе личных впечатлений, неразрывно вбирает в себя жизнь и поэзию.

Как собиратель, публикатор и систематизатор, Кузьминский исходил из идеи органичного слияния текста и порождающей (или уже породившей) его жизни поэта. Пожалуй, не будет преувеличением сказать, что им руководило убеждение, что поэт — самостоятельный мир, обладающий презумпцией своей — поэтической — правоты.

Еще в предисловии к «Живому зеркалу» составитель говорил о «вариантах судеб» поэтов, представляемых им в сборнике. Заявляя, что «литература — это не только тексты. Это еще и жизнь», составитель лишний раз свидетельствовал о неразличении, а точнее — о неразрывности как в восприятии, так и в создании искусства и жизни. И о каждом поэте Кузьминский старается говорить пристрастно и подчеркнуто субъективно как о произведении искусства, пусть оно и связано с бытом или тем, о чем обычно умалчивают.

Миф складывается из общего для всех фона условий жизни, который может быть преодолен тем или иным человеческим свойством или качеством — предельно простым, но глубоким и оправдывающим многое. Таким свойством может быть доброта (как для Кузьминского в случае, например, с Г. Я. Горбовским[11])

---

[10] Из цикла, опубликованного в интернете, «Трое — одному» [Кузьминский 2006]. Ср. описание Аронзона с характеристикой, данной в АГЛ: «Был ли Аронзон добр? Скорее, сентиментален. Но сентиментален — ПОЭТИЧЕСКИ» [АГЛ 4А: 82]. Примечательно, что, отвечая в 2006 году на письмо А. Б. Альтшулера, Кузьминский признается: «аронзона я знаю ПЛОХО — лишь по полудюжине-дюжине любимых (помнимых) стихов и как-то “не очень” его себе представляю». URL: https://kkk-pisma.kkk-bluelagoon.ru/aronzon.htm (дата обращения: 14.2.2021; графика публикации сохранена).

[11] См.: «...мы любим другого Глеба. Непризнанного, пьяного, доброго и безобразного» [АГЛ 1: 368].

или, если перевести жизненный план в творческий, — гений (как в случае С. Я. Красовицкого[12]). У Аронзона, по Кузьминскому, такими качествами становятся счастливая любовь к жене, счастливая дружба и смерть. В целом это не противоречит тому, о чем писала в 1979 году Пуришинская: «Его смерть была основным событием в его жизни. Таким же, как поэзия, детство, Россия и еврейство, любовь, друзья и веселье» [Аронзон 2018, 1: 55]. Но, кажется, Кузьминский идет дальше. В формировании мифа, оживляя его, наращивая в нем противоречия, он признается, что «не мог поверить — в его [Аронзона] любовь к ней [Рите. — *П. К.*]», не смог «своими» глазами увидеть в реальной Рите Пуришинской не «просто красивую женщину» с «майолевской фигурой», а «женщину в стихах — прекраснее всех скульптур Майоля!» [АГЛ 4А: 79].

Так утверждается и обновленный автором принцип жизнетворчества: Кузьминский не может уравновесить жизнь и совершенство, не может поверить в такой «взор», которому бы совершенство открыло свою «тайну». Поэтому он и приводит аналогии из «большой» литературы, без которых не может обойтись: миф должен быть противоречив, иначе он утратит свое правдоподобие: «...вот лирика Аронзона — ПЛОТСКАЯ лирика, не нарыв и надрыв Маяковского, не суходрочка Блока — обращены́ <sic!> к СВОЕЙ ЖЕНЕ» [Ковалев, Кузьминский 1983а: 79]. Маяковский, Блок, Хлебников, для которых «женщина была тайной, ибо он любил, и был отвергнут», и Аронзон, который «любил — и был любимым» [Там же].

Потому утверждение: «Это единственный пример из поэтов моего поколения — поэт, который любил СВОЮ жену!» [Там же] — выступает органичным для Кузьминского внелитературным аргументом. Кузьминский придерживается принципа неразличения «литературы» и «жизни». Текст в понимании соста-

---

[12] См.: «...влияние его — опосредованно — продолжается и теперь. Красовицкому обязаны: Бродский и Еремин, Хвостенко и Волохонский, Аронзон, многие москвичи, да и поэт-то он скорее московский, нежели ленинградский. Это был гений...» [Там же: 59].

вителя АГЛ неразрывно связан с жизнью его автора, слит с его судьбой и, возможно, уточняет или преобразует ее. Потому смерть некоторых поэтов (Р. Мандельштам, Рубцов, Аронзон) выступает той чертой, которая не отделима от факта их творчества.

В неотправленном письме Пуришинской, процитированном ранее, Кузьминский на сопоставлении Аронзона с Бродским выстраивает свое объяснение ранней гибели первого:

> Против мира Иосифа Лёня выставил свой мир, и он — прозрачный. Там, где они сталкиваются, в 60-е годы побеждал Иосиф, в 67-е <sic!> — побеждает Лёня. Иосиф — мрак, Лёня — свет. Иосиф — черный ангел, Лёня — светлый. И прозрачны его крыла, как у поденки, как у хризоптеры, как у бабочки-однодневки. Иосиф — темный махаон, совка, «мертвая голова». Иосиф был мудр в юности, Лёня — юн в зрелости. Иосиф будет жить, Лёня — умер. Ибо он — живее Иосифа.
> [Кузьминский 2006]

И ответ, в чем же жизненность стихов Аронзона, в чем их неподвластность физическому уничтожению, кажется, найден: в «прозрачности», в «чистоте, простоте, пустоте»[13] [АГЛ 4А: 128]. И еще в том, что «его стихи слишком прекрасны», так что написавший их и не мог не умереть физически, не мог выдержать такой красоты: «Может, в этом и тайна самоубийства поэта (в “несчастный случай” я не верю)? В этой гармонии в искусстве. <...> Как говорили: “Такой красивый младенец! *Явно не жилец на этом свете*”» [Там же: 178, курсив мой. — *П. К.*].

К моменту составления АГЛ у Кузьминского сложился определенный подход к публикации текстов неподцензурной поэзии. Так, в томе 3А он довольно резко заявляет: «...печатаю, потому что нашел. А потом — РАЗБЕРЕМСЯ» [АГЛ 3А: 646]. За этими

---

[13] Эту «характеристику» можно воспринимать как аллюзию на поминальные стихи О. Э. Мандельштама на смерть Андрея Белого, на последнюю строку стихотворения «Голубые глаза и горячая лобная кость...» (1934): «Каково тебе там в пустоте, в чистоте, сироте...» [Мандельштам 2001: 203].

словами ясно видна поставленная цель — сохранить всё созданное поэтами вопреки условиям, царящим в СССР. И центральным вопросом здесь становятся критерии того, что именно определяет поэта.

Сознавая свою миссию — спасти от забвения стихи и вместе с ними судьбы поэтов-современников, — Кузьминский должен был полагаться исключительно на свой эстетический опыт. Его суждения построены на субъективных впечатлениях, в которых вкусовые пристрастия играют главную роль. Но кроме того, Кузьминский ставит перед собой цель сказать, заявить о «непризнанных гениях»:

> Я только хочу дать хоть зыбкое, хоть робкое представление о нашей эпохе «непризнанных гениев». И действительно непризнанных. И действительно гениев. <...> Мои поэты — поэты «пушкинской эпохи» 50-х годов, когда на пустом практически месте, в немыслимых условиях тотального соцреализма, не напечатав ни строчки, при наличии всего двух-трех учителей (Ахматова, Дар, Гнедич), а чаще без оных, сложилась и расцвела новая русская поэзия[14].

Такому пронзительно сформулированному в «Живом зеркале» принципу Кузьминский будет следовать, составляя АГЛ.

Представляемую им поэтическую разноголосицу Кузьминский объединяет собственным взглядом, включающим: 1) личное отношение к поэту и человеку; 2) факт присутствия — личного участия в судьбе многих; 3) степень близости — в первую очередь эстетической (оценка, подчеркнуто субъективное отношение). Составителя не беспокоит биографическая неточность, им допускаемая, — он создает миф или участвует в его создании. Он заранее убежден, что спасенное при его участии — подлинная Атлантида — будет важно как оригинальными текстами, так и свидетельствами, комментариями, в которых звучит время — эпоха 1950–1970-х. Так Кузьминский формирует не только свод

---

[14] Завершение вступительной статьи к альманаху «Живое зеркало». См. Приложение.

текстов, но и порядок восприятия, для чего использует свою шкалу дифференциаций: таких, например, как «филологическая» и «геологическая» школы, прочие «круги» и содружества или сообщества. При этом подход составителя-поэта подчеркнуто пристрастный: до своего отбытия из Ленинграда он был наилучшим образом осведомлен о многих процессах, идущих в неподцензурной словесности, а за границей узнавал о новостях из переписки. Разумеется, следя при публикации чужих текстов за хронологией, Кузьминский тем не менее выстраивал некую вертикальную модель, близкую к той, которую описывает М. М. Бахтин, воссоздавая феномен «вертикального времени» европейского романа как «чистую одновременность всего (или “сосуществование всего в вечности”)» [Бахтин 2012: 409].

Как издатель своих или совместных антологий, Кузьминский был одним из первых составителей канона ленинградской неофициальной культуры. Не имея свободного доступа к широкой аудитории, литераторы стали выстраивать свою параллель по отношению к официозу, далеко не всегда идя на сближение с ним и в каждом отдельном случае по-разному относясь к такому сближению. Эмигрировав фактически в тот момент, когда с невыходом антологии «Лепта» рухнули последние надежды на официальную нишу для писателей андеграунда, Кузьминский вывез с собой не только поэтический архив, но и вполне сформированное ви́дение поэтического ландшафта. Восстанавливая его — в целом и особенно ландшафт ленинградско-петербургский, — составитель АГЛ следует принципу, который он защищал еще в пору создания сборника «Лепта» (1975): «мы» — главное[15]. Кузьминский придерживается модели «голос из хора», никогда не забывая вписать каждого автора в определенные круги общения, сферу интересов, условия быта, — но помня, что все они некогда варились в одной атмосфере, не столько способствовав-

[15] В Протоколе № 2 общего собрания поэтов — участников сборника «Лепта» (март 1975 года) зафиксирован спор между А. Моревым, утверждавшим, что «главное — принцип индивидуальности. “Я” — должно быть главным в таком сборнике!», и Кузьминским, настаивавшим на обратном: «Не “я”, а — “мы”» [АГЛ 5Б: 309].

шей свободному самовыражению художника, сколько формировавшей особый тип неофициального автора.

В своем представлении поэта Кузьминский никогда не забывает о времени, *вопреки* которому были созданы стихи — вне зависимости от того места, какое они занимают в иерархии ценностей составителя. Время, породившее стольких поэтов, вызывает у Кузьминского устойчивое определение: «грязь». Недаром Кузьминский говорит о поэзии, «свободной вопреки» и порождавшей новый язык: «Чтобы понять чистоту поэтики Леонида Аронзона — надо узреть <...> всю ту ГРЯЗЬ, сквозь которую пробивались все эти лебеди» [АГЛ 4А: 128]. Эта фраза демонстрирует подход Кузьминского — эстетический и экзистенциальный — к формированию поэтического массива, составившего девять книг АГЛ. Не потому ли многоголосицу он сводит в хор, стремясь подчеркнуть единовременность (симультанность) звучания голосов, в каких бы тембрах и ритмах они ни сталкивались друг с другом? Кузьминским словно бы руководит мысль, что понять этот поэтический мир можно, только если услышать всё и всех в одно время; и дальше — прямо по Бахтину: «Только в чистой одновременности или, что то же самое, во вневременности может раскрыться истинный смысл того, что было, что есть и что будет, ибо то, что разделяло их, — время, — лишено подлинной реальности и осмысливающей силы» [Бахтин 2012: 410].

Прежде чем приступить к изложению созданного мифа о поэте Леониде Аронзоне, следует сказать, чем эти сведения отличаются от той эмпирики, которую можно встретить в сухих словарных статьях[16]. Вообще мифу свойственна расплывчатость — отчасти потому, что он более непосредственно связан с живой речевой деятельностью, чем мышление, стремящееся к точности. Миф и не нуждается в точности, даже в достоверности, основываясь на изначально неизвестном благодаря поэтической восприимчивости. Не следует забывать, что создатели мифологии неофициальной культуры — люди богемы: поэты, прозаики, художники, уличные философы. Создаваемый культурный миф,

---

[16] См. [Северюхин 2003: 80–81; Огрызко 2004: 32; Богданова 2015, I: 125–127].

полностью не игнорируя жизненной реальности, интерпретирует ее, придавая ей некий сакральный смысл. Так реальность мифа и реальность жизни в неофициальной культуре разводились, размежевывались, чтобы оттенить священную природу мифа и вывести мифологизируемого автора из быта. За мифологизируемой биографией встает символическая фигура, разговор о которой в обыденных тонах может принизить, профанировать, дискредитировать: слово мифа, приобщенное к поэзии, оказывается не равным слову повседневности и стремится исподволь назвать неназываемое, поименовать неименуемое. При этом, какая бы подробность реальной жизни ни примешивалась к этой биографии, стихия мифотворчества способна придать всему образу целостный вид, снивелировав, говоря словами Кузьминского, «грязное» пятно и найдя ему органичное оправдание. Кроме того, не следует исключать, что вырабатывавшиеся в замкнутой среде как эстетические, так и моральные нормы позволяли ее представителям на многое смотреть иначе, чем людям, в богему не входившим.

Вспомним типичную для мифологизации фразу Кузьминского о «грязи, сквозь которую пробивались все эти лебеди». Тут не только далекий намек на андерсеновского гадкого утенка, но и несколько пренебрежительное использование образа лебедя, весьма заметного и важного в поэтическом мире Аронзона[17]. Кажется, и сам составитель с некоторым недоверием относится к «чересчур красивым стихам», хотя и называет Аронзона в предисловии к «Живому зеркалу» «самым лирическим по красоте поэтом в книге». Стиль этой ранней характеристики несколько импрессионистичен: к примеру, относительному прилагательному «лирический» предпослано слово «самый», что подобало бы качественному «лиричный», но автор предисловия говорит о лирике, а не о «лиризме/лиричности». Вместе с тем, говоря

---

17 Ср. запись в дневнике Пуришинской от 21 ноября 1966 года: «Л<ёня> прочел Вознесенского и говорит, что его стошнило от собственных стихов. От чересчур красивых стихов. От лебедей...»; и от 22 ноября: «Л<ёня> чертыхается на свои стихи. Говорит, что его лебедей нужно задушить» [Аронзон 2018, I: 434–435].

«лирический по красоте», Кузьминский имеет в виду и красоту, совершенство лиричности как проявления древнего жанра, а не только рода литературы: поэтов он определял «пушкинской порой» — эпохой лиризма как выражения индивидуальности.

Впоследствии Кузьминский будет иначе строить свои комментарии — вступая в диалог то ли с представляемым автором, то ли с образами его поэзии, то ли с жизнью, которая так несправедлива к русским поэтам; но каждый раз он приноравливается к особенностям поэтики автора и, если ему нечего сказать (что часто им объясняется иными эстетическими пристрастиями), дает слово другим — свидетелям, которые могут быть лучше осведомлены и могут лучше знать предмет разговора. Но составитель сохраняет последовательность: его автор не может быть запятнан якшаньем с официальной литературой, и это исходное требование красной нитью проходит через многие комментарии: «Кто расскажет о судьбах этих поэтов, из которых лишь три — появились в печати, ценой компромисса» [АГЛ 1: 108][18], — сказано в завершение статьи о Р. Мандельштаме и его страшной, короткой жизни.

Еще в «Живом зеркале» Кузьминский, отстаивая свое право публикатора, недвусмысленно заявлял: «Я не знаю, что такое "авторское право". Автор имеет право на тексты, сохраняемые им в столе. Тексты же, свободно гуляющие по городу (и городам) в течение 15 лет, принадлежат уже не автору, а читающей публике». И его слово о поэте звучит тем более заинтересованно, чем больше личных, частных, «неформатных» впечатлений, помимо стихов, поддерживают его выводы и оценки. Последовательный индивидуалист и эксцентрик (неомодернист и анархист), Кузьминский готов был зубами выгрызать «своих» авторов из мертвящих рук «академиков» и спасать их от архивной пыли. Это в первую очередь касается современников, но и Пушкин или

[18] Скорее всего, под «тремя» поэтами разумеются Г. Я. Горбовский, В. А. Соснора, А. С. Кушнер — фигуранты антологии Сюзанны Масси «The Living Mirror». Такая оценка деятельности этих авторов не обязательно сказывалась на отношении Кузьминского к ним как поэтам: лирические дарования первых двух Кузьминский высоко ценил.

Боратынский, Хлебников или Бурлюк в академической подаче могли вызвать — и вызывали! — жесточайший отпор этого десистематизатора от искусства (но ни в коем случае не нигилиста!).

«Что есть частное и что есть личное?» — спрашивает Кузьминский в предисловии к «Живому зеркалу», помимо этического вырабатывая и исследовательский, критический, поэтологический подход. Этот подход не только находится, вырабатывается, но и утверждается — в поэтоцентричности. Но при этом самому высокому поэтическому порыву Кузьминский стремится найти житейское — «жизненноопытное» — обоснование; однако не поэзия низводится им до суетной прозы, а приземленное возвышается до освященности творчеством — «единственной формы существования» [АГЛ 4Б: 275]. В разговоре о поэте — не важно, современник тот или классик, — Кузьминскому нужна такая точка для зацепки, которая являла бы собой «сор», обеспечивающий рост — произрастание стиха. В данном случае Кузьминский парадоксальным образом солидаризуется со знаменитой строкой А. А. Ахматовой: «Когда бы вы знали, из какого сора растут стихи...»

Так и в случае Аронзона Кузьминский предпочитает обойти вопросы поэтики, основываясь как на личных впечатлениях от его стихов, так и на стремлении вписать реальную жизнь поэта в рамки мифа, созданного на основе его творчества. Как мы уже установили, для создателя Антологии важен конечный результат, а каков был путь к нему — это знание только мешает восприятию поэзии. Публикатор и комментатор может помочь только теми сведениями — неформальными, неформализованными — которые бы способствовали интуитивному со-творчеству.

В такой форме свободного мифологизирования (восприятия поэзии как священнодействия) решающую роль играет смерть поэта: она не только «веха», «рубеж», но и точка формирования законченного образа, в котором участвует не одна лишь творческая воля, но и предопределение. Вообще, к смертям поэтов Кузьминский очень внимателен, хотя и говорит, что их на его веку было немного: кажется, будто смерть он воспринимает как повод выдвинуть обвинение эпохе; смерть одного поэта сказывается на всей поэзии.

Кузьминский, создав или поддерживая миф о том или ином поэте, блюдет его устойчивость как модус собственного восприятия и понимания поэта и не торопится с этим мифом расстаться. Любая форма наукообразности применительно к творчеству поэта при таком отношении чревата обвинением в мертвящем «академизме». Сложившийся из разных аспектов — жизненных и художественных — миф не нуждается в дополнениях и уточнениях, а требует лишь большего прояснения. Так, Кузьминский приводит разные мнения о гибели Аронзона[19], сам же ненастойчиво придерживается версии «официальной»: самоубийство — «вроде сам застрелился» [АГЛ 4А: 292]. Пожалуй, ему важнее то, как совершается преемственность от одного поэта к другому; и дело не в истории поэзии — от Пушкина через Хлебникова и Заболоцкого к Аронзону, — а в ином понимании бытия поэзии: ее историчности как способности, подобно духу, дышать где хочет и всё время преобразовывать, переизобретать свое настоящее... Недаром для Кузьминского так важна реакция Т. Г. Гнедич на стихотворение «Лебедь», как важно и то, что именно им открывается блок Аронзона в АГЛ: «...переводчица Гнедич <...> с восторгом цитировала мне начало аронзоновского стихотворения “Лебедь” в бытность мою ее секретарем, стало быть, где-то в 68-м: “Вокруг меня сидела дева”, я недаром пустил этот текст первым» [Там же: 107]. Осознание своего места «на стыке поколений» помогает комментатору узнать и в Аронзоне определенную «промежуточность» — «на стыке между ахматовской школой и хлебниковской» [Там же].

Категорически не приемля исследовательского (как бы «следовательского») начала в отношении к поэту в частности и к поэзии вообще, Кузьминский всё же намечает генезис рассматриваемого автора. Так, устанавливая генеалогию поэтики зрелого Аронзона, он называет Пушкина, Хлебникова и Заболоцкого[20], а также

---

19 См., напр., письмо Волохонского Кузьминскому в [АГЛ 2А: 292].

20 В предисловии к подборке стихотворений в «Живом зеркале» Кузьминский пишет: «Поэтику Аронзона определяла любовь к Пушкину и Заболоцкому и найденная им взаимосвязь этих двух поэтов, к чему прибавлялось основательное знание Хлебникова». См. также экспрессивный комментарий из

Красовицкого [АГЛ 1: 59]. В отступлении, помещенном в середине подборки поэта в АГЛ и названном «Между Бродским и Эрлем», Кузьминский говорит:

> Аронзон <...> полностью порвав с «ахматовской школой», ***перешел*** к Хлебникову и Заболоцкому. И только здесь проявился настоящий Аронзон. «Акмеистская» закваска ему не помешала, как, скажем, и В. Нарбуту. Кто там на кого влиял — уже не спросишь (особенно у Иосифа). Но с 1965 г. Аронзон связан уже — с «неообериутской» школой в лице Эрля, Миронова, Альтшулера, Галецкого и иже.
> [АГЛ 4А: 98, курсив мой. — *П. К.*]

«Перешел» — от чего-то к чему-то, фиксирует публикатор, даже не столько путая процесс с результативным мигом, сколько пренебрегая становлением. Вопрос «как перешел?» Кузьминский и не ставит. Теперь можно говорить, что принцип Вл. Эрля, воплощенный в издании собрания произведений Аронзона, являет собой установку на становление той новой поэтики, которую заметили многие, но не многие смогли описать.

Такое «описание поэтики», которое мыслится Кузьминским как определение границ — «ахматовская школа», «неообэриутская школа», «филологическая школа» и т. д., — с точки зрения составителя АГЛ, еще приемлемо: не привнося ничего неожиданного, оно не несет утрату новизны, свежести. Но как только речь заходит о медленности постижения, Кузьминский настораживается — не привнесено ли в восприятие поэзии рациональное начало, которое может не только обесценить подвижничество

письма Пуришинской: «Лёня возвращает светлую барочность осьмнадцатого спустя 200 лет, это второе пришествие игривого классицизма. <...> Пушкин и Заболоцкий, <и Лёня> спустя 130 лет после смерти Пушкина, 30 лет после поэтической смерти Заболоцкого. В девятнадцатом веке не могло быть ничего подобного. Поэзия ушла со смертью Пушкина, показала искривленный лик у Заболоцкого, улыбнулась стихами Лёни» [Кузьминский 2006]. Возвращаясь к сравнению образа Аронзона у Кузьминского и Кривулина, уместно заметить, что если первый «разрабатывает» «пушкинскую» линию Аронзона, то второй тяготеет к «тютчевскому» мифу.

поэтов, но и понизить энергию, исходящую от стихов, так необходимую для движения дальше, для «новых путей слова». Ведь сам публикатор не упускает из виду, что он тоже принадлежит к содружеству «непризнанных гениев», что создаваемый совместно текст находится в постоянном становлении (in progress).

По мысли Кузьминского — правда, прямо нигде не высказываемой, — поэты за рождение красоты платят по самой высокой цене. И не высказано это прямо во многом потому, что Кузьминский в основном избегает пафоса, предпочитая снижать градус трагического особым стилем, подчеркивающим авторскую ангажированность. И вместе с тем автор создает образ себя, причастного к этой разношерстной, не всегда пристойной действительности, из которой трудно, с усилием произрастает поэзия.

Печать личного участия, причастности делают взгляд Кузьминского живым и непосредственным. Не пренебрегая явными противоречиями самому себе в характеристиках многих авторов, составитель АГЛ создает многослойный неоднозначный образ интересного ему поэта, к которому благодаря комментариям и отношение складывается как к живому (см. эпитет в названии антологии «Живое <!> зеркало»). Кузьминский не исключает возможности собственных ошибок, часто высказывается гадательно; но всё должно избываться принципом «главное — "мы"». К примеру, любопытно, что, открывая в АГЛ фотографией (фотоколлажем) подборку Альтшулера, идущую сразу за публикацией текстов Аронзона, Кузьминский подписывает ее: «Справа Аронзон, слева, за решеткой, вероятно, Алик Альтшулер. Кому бы еще?» [Там же: 134] — хотя там представлены два лица Аронзона. Публикатор неточен, что объясняется многими причинами, вполне простительными, если учитывать ситуацию передачи многих фактов из вторых рук; но его выводы и утверждения часто слишком категоричны и безапелляционны, что может еще не раз сослужить плохую службу будущему историку. Кузьминского, кажется, это не очень волнует: он сознает, что единственно ценное — не в фактах, а в поэтическом слове, приобщение к которому любое чувство, даже такое как зависть — пусть самая бескорыстная, «белая», — делает блаженным, святым. «...вот гимн друзьям. И какой! Как мне больно, что я — не из них. Как мне завидно Алику, Жене...» — признается в своей печали комментатор, называя ближайших друзей поэта: Александра Альтшулера и Евгения Михнова-Войтенко [Там же: 128].

Все публикуемые тексты Аронзона Кузьминский в АГЛ делит на несколько частей, в основном используя прозаические вставки от себя, сообщающие разные сведения или комментирующие необходимые для понимания ме́ста. После 23 стихотворений, открывающих подборку и являющихся, с точки зрения публикатора, самыми выигрышными для представления поэта, следуют тексты, отнесенные к ранним, о которых говорится коротко: «...ранний Аронзон абсолютно не смотрится» [Там же: 107]. Но туда, помимо «Послания в лечебницу», попало и стихотворение «На стене полно теней...» с датой «1959» вместо 1969 (им открывается эта часть подборки). Похоже, Кузьминский слишком доверился дате, не обратив внимания на совсем иную поэтику — чистоту и подвижность композиции, множественность повторов, логические разрывы между стихами, открытость финала... После отступления о схожести раннего творчества представляемого поэта с другими следуют еще восемь стихотворений (включая циклы «Валаам» и «Лесное лето»), а затем — ряд текстов, в основном имеющих посвящения друзьям. Далее расположены «Запись бесед» и четыре прозаических текста, входившие прежде в антологию «Лепрозорий-23». Завершают публикацию «Дуплеты», взятые из антологии В. А. Андреевой и А. Б. Ровнера «Гнозис», и шуточно-печальное стихотворение «Невысокое солнце над Биржей...», сообщенное Н. Раковской. Публикатор не скрывает сожаления, что некоторые стихи ему недоступны, хотя памятны отдельные строки (например, «...Хорошо гулять по небу, / Вслух читая Аронзона...» [Там же]).

Говоря об Аронзоне в своих комментариях, Кузьминский ставит вопрос о том, как надо писать о поэте — о поэте вообще: «как нельзя» и «как можно» [Там же: 79]. И он строит свое высказывание наподобие поэтического текста, который бы не выглядел инородным в соседстве со стихами. Именно потому комментарии от составителя заканчиваются «Hommage'ем к Аронзону», сниженно названным «почеркушкой» [Там же: 128]. Кажется, никто из поэтов, представленных в АГЛ, не удостоился такой почести.

Спустя двадцать с лишним лет, когда вышло из печати двухтомное собрание произведений Аронзона, Кузьминский бурно отреагировал на него. Если раньше, в письме А. Л. Майзель от 2 июля 1991 года, он сравнивал издательские судьбы выдающихся поэтов глухой советской эпохи, время которых должно было прийти в перестройку, и сетовал: «...Аронзон (стараниями Эрля) — хоть как-то» [Кузьминский 2003: 20][21], — то после 2006 года он обрушился на составителей собрания, в число которых входил и его давний друг Эрль, с резкой критикой. «В этих горах предисловий примечаний вариантов и разночтений ПОЭТ утоп с концами»[22], — упрекал он составителей издания за текстологическую и академическую дотошность наряду с некомпетентностью[23]. Выработав за долгие годы принцип жесткого отбора, издатель АГЛ, кажется, исключил для себя занятие «собирательством» и категорически возражал против принципа «публиковать всё» (хотя двухтомное собрание произведений Аронзона ни в коей мере не являлось полным)[24]. В своей уничижительной критике «академического» издания Аронзона и схожих с ним (в частности, подготовленного В. И. Орловым собрания произ-

---

[21] В интервью Д. Иоффе от 29 сентября 2005 года он так говорит: «НЕ опубликованы (и не публиковались) ВСЕРИОЗ: Анри Волохонский/Хвост, АРОНЗОНА собрание — лишь всё еще делают (лет 5 уже)...» (Константин К. Кузьминский на rendez-vous с ушедшим). URL: https://kkk-bluelagoon.ru/ioffe_2.htm (дата обращения: 14.02.2021).

[22] Здесь и далее: *Кузьминский К.* Аронзон и Аккадия-академия (в 6–10-ти частях). URL: https://kkk-pisma.kkk-bluelagoon.ru/aronzon_acad.htm (дата обращения: 14.02.2021).

[23] При этом в полемическом задоре Кузьминский не отделял «ошибок» составителей от авторского текста: так, упрек комментаторам в ошибочном разъяснении сути игры «шмен» в рассказе «Ассигнация» должен был быть адресован самому Аронзону и авторскому (!) примечанию в тексте.

[24] Обосновывая свои правила ввиду уже подготовленных и только готовящихся «полных собраний» сочинений своих ровесников, Кузьминский безапелляционно заявляет: «я занимался не столько сбором сколько ОТБОРОМ». См.: *Кузьминский К.* Аронзон и Аккадия-академия (в 6–10-ти частях).

ведений поэта Е. А. Хорвата), Кузьминский утверждает, что «куда важнее было бы очертить КРУГ аронзона — рисунки и пиесы галецкого, стихи белоусова и т. д. и т. п. / с рожами-ликами». Принцип, столь органично воплотившийся во всём масштабе антологического проекта Кузьминского, экстраполируется составителем как некая норма, должная лежать в основе издания всех поэтических «кругов», чтобы отчетливее проступали связи, переклички, чтобы дышала жизнь во взаимодействиях разных личностей — поэтов, художников. Он готов доверять Эрлю до того момента, пока педантизм, свойственный «первоисследователю "обэриутов"»[25], не затрудняет непосредственное восприятие текста, основанное на чутье, опыте, вкусе. Сам будучи поэтом, Кузьминский не хочет принимать во внимание такой факт существования отдельного текста и поэтики в целом, как становление и развитие, и целью издания ставит поддержание мифа, основанного на уже канонизированных воспоминаниях современников и лучших произведениях поэта.

Реакция составителя «Живого зеркала», «Лепрозория-23» и в особенности Антологии новейшей русской поэзии *У Голубой Лагуны* на двухтомное собрание произведений Аронзона показывает тем самым не только устойчивость определенных мифологем неофициальной культуры на примере отдельно взятого поэта, но и их влияние на формирование литературного канона в целом.

Библиография

Аронзон 2018 — *Аронзон Л. Л.* Собр. произведений: в 2 т. / сост. П. А. Казарновский, И. С. Кукуй, В. И. Эрль. 2-е изд. СПб.: Изд-во Ивана Лимбаха, 2018.

Бахтин 2012 — *Бахтин М. М.* Формы времени и хронотопа в романе // Бахтин М. М. Собр. соч.: в 7 т. Т. 3. М.: Языки славянских культур, 2012. С. 340–511.

[25] Константин К. Кузьминский как монументальная Константа Русского поэтического Авангарда. Интервью Д. Иоффе 28 ноября 2004–26 декабря 2004. URL: https://kkk-bluelagoon.ru/ioffe_1.htm (дата обращения: 20.05.2022).

Богданова 2015 — *Богданова О. В.* Литературный Санкт-Петербург. XX век: в 3 т. 2-е изд. СПб.: Береста, 2015.

Иванов 2011 — *Иванов Б. И.* «Как хорошо в покинутых местах...» (Леонид Аронзон. 1939–1970) // Иванов Б. И. Петербургская поэзия в лицах: Очерки. М.: Новое литературное обозрение, 2011. С. 157–239.

Кривулин 1998 — *Кривулин В. Б.* Леонид Аронзон — соперник Иосифа Бродского // Кривулин В. Б. Охота на мамонта. СПб.: Русско-Балтийский информационный центр «БЛИЦ», 1998. С. 152–157.

Кривулин 2006 — *Кривулин В. Б.* «Этот поэт непременно войдет в историю...»: Выступление Виктора Кривулина на вечере памяти Леонида Аронзона 18 октября 1975 года / публ. И. Кукуя // Критическая масса. 2006. № 4. С. 57–59.

Кузьминский, Масси 1973? — Живое зеркало. Первый этап ленинградской поэзии / сост. К. К. Кузьминский, С. Масси. СПб. [Б. г.; самиздат.].

Кузьминский 2003 — *Кузьминский К. К.* Не столько о поэтике, сколько — об этике: Книга писем / сост. А. Л. Майзель. СПб.: Петербург-XXI век, 2003.

Кузьминский 2006 — *Кузьминский К. К.* Трое — одному. 2006. URL: https://kkk-pisma.kkk-bluelagoon.ru/aronzon.htm (дата обращения: 14.02.2021).

Кукуй 2008 — Кукуй И. С.: «Жизнь дана, что делать с ней?..» (К биографии Леонида Аронзона) // Leonid Aronzon. Rückkehr ins Paradies / hrsg. I. R. Döring, I. Kukuj. München, S. 21–34 (Wiener Slawistischer Almanach. Bd. 62), 2008.

Мандельштам 2001 — *Мандельштам О. Э.* Стихотворения. Проза / сост. М. Л. Гаспарова. М.: АСТ; Харьков: Фолио, 2001.

Лосев 2001 — *Лосев А. Ф.* Диалектика мифа. М.: Мысль, 2001.

Огрызко 2004 — *Огрызко В. В.* Русские писатели. Современная эпоха: Эскиз будущей энциклопедии. М.: Литературная Россия, 2004.

Орлов 2016 — *Орлов В. И.* ФСБ, АСП и ККК (из архива Алика Гинзбурга) // Acta Samizdatica. Альманах № 3. М., 2016. С. 149–159.

Северюхин 2003 — Самиздат Ленинграда. 1959-е — 1980-е. Литературная энциклопедия / под общ. ред. Д. Я. Северюхина. М.: Новое литературное обозрение, 2003.

Шнейдерман 2005 — *Шнейдерман Э. М.* Слово и слава поэта: О Николае Рубцове и его стихах. СПб.: Изд-во имени Н. И. Новикова, 2005.

Приложение

Сюзанна Масси
Константин Кузьминский

ЖИВОЕ ЗЕРКАЛО
(первый этап ленинградской поэзии)

Санкт-Петербург
197 .[26]

<От составителя>

Литература — это не только тексты. Это еще и жизнь. И вот «земную жизнь прожив до половины», я столкнулся уже не со стихами — с авторами. Мне было легко делать первую книгу «14»[27]. Это были или мои друзья, или ученики, или просто ровесники. А сейчас я приступаю к книге моих учителей или, скажем, старших собратьев по перьям. Для этих уже мое слово — не закон. Все они старше меня — на год, на два, а то и на десять лет. А это меняет многое. И их, и мое отношение. Одни из них уже давно не пишут (я не говорю о мертвых, с мертвыми проще и легче), другие как бы инкапсулировались (мне очень нравится это слово, и я его часто употребляю) в себе, третьи, не дойдя до вершины, сошли с круга. Мне очень не хватает моего первого друга — поэта Лёнечки Палея[28], с которым мы вместе начинали, и ему, вероятно, я и посвящу эту книгу. Что с ним сталось? А ведь его судьба типична для поэтов нашего времени. Здесь представлены как бы варианты судеб поэтов. Но от нее не уйти.

---

[26] Публикуется по машинописному экземпляру из собр. ACRC; датировка авторская.

[27] «Первая книга» была «вторым этапом ленинградской поэзии» — 14 поэтов поколения Кузьминского.

[28] Леонид Семенович Палей (1941–2011) — поэт, автор текстов песен. О Палее см. [АГЛ 5А: 173–185].

Алик Мандельштам — покойный поэт, которого я никогда не знал. Его стихи приносила на биофак в 60-м году его сестра[29]. Он уже кончил писать, а я, в 59-м, еще начинал. И до 70-го года я не встречал его стихов. Помнил только прочитанное.

Володя Уфлянд. Человек-легенда. Уфлянд, Еремин и Виноградов. С ним мне повезло. С ним мы вместе работали[30]. Но он уже не писал стихов.

Еремин Михаил. Знаю, что он переломал ноги, что в 57-х годах <sic!> был мэтром. Соснору считал за мальчика, и в тот «круг» я, по молодости, попасть не мог. Говорят, он пишет и сейчас. Ездит по Средней Азии и переводит, вроде бы с киргизского. Книжечку его «14 стихотворений» достал в 1962 г. Григорий Ковалев. А напечатал Боря Тайгин.

Глеб Горбовский, Глебушка. Пил так, что мне страшно было. Добр. Имеет звериный нюх на стихи. Сейчас бросил пить, но мэтром не стал. Самый человечный поэт. Знаю его и люблю. Глеб пишет как дышится. А Боря Тайгин собрал его до последней строчки.

Виктор Соснора, «Сова». Любил его стихи с 1962 г. Всё тот же Гриша Ковалев носился по городу с его рукописями. И стоило. Из Сосноры вышел самый трагичный в своем сюрреалистическом одиночестве поэт. Я познакомился с ним уже в 1967 г., делая книгу «5 поэтов»[31]. С тех пор хоть разговаривает. Так и дружим.

Евгений Рейн. Один раз видел. Что-то огромное. И всегда его имя связывалось с Иосифом Бродским. Бродский — это его ученик, его сын. Сын перерос отца.

Анатолия Наймана только читал и пару раз видел. Круг Бродского — чуждый мне круг.

О Бродском говорить нечего. Знаю его еще до Лёни Палея, с января 1959. Но другом не стал. Носился с его стихами как

---

[29] Томина (в замужестве Петрова) Елена Дмитриевна — сводная сестра Р. Ч. Мандельштама, автор книги «Жемчужина русского балета» (2006) о балерине О. А. Спесивцевой.

[30] На полях карандашом написано: «Эрмитаж» (имеется в виду совместная работа подсобными рабочими в Эрмитаже). См. [Агл 5А: 125].

[31] «The Living Mirror».

с писаной торбой несколько лет. Сделали первую книгу его стихов (с Гр. Ковалевым и Б. Тайгиным). Создали легенду о Бродском. Сейчас пожинаем плоды. Рукописи его подарил кому-то. Мне он больше не нужен. Он нужен истории. А меня всегда интересовали живые поэты.

Даже Саша Кушнер. Всегда хотелось посмотреть, не фарфоровый ли он. И снимает ли он галстук на ночь. И очки. А он какой-то невсамделишный. Дядюшку его Владимир Владимирович Маяковский называл «Скушнер». Очевидно, это фамильное. Самый респектабельный поэт. И даже печатается. Интересен одним — книжной культурой, которая по нынешним временам редкость. Не пьет, не курит и не произносит нецензурных слов. Прямой антипод Глеба Горбовского, за что еще больше люблю Глебушку.

Эдик Шнейдерман тоже не матерился, но он лучший друг Коли Рубцова. А когда-то, в 1962 г., мы составляли трио. С тех пор и помню Эдика, и люблю. Удивительно тихий поэт, но такой пронзительной тонкости. Читаю его наизусть с 1961 г. А Колю Рубцова году в 71-м баба задушила. Теперь из него делают нового Есенина. Советский вариант. Ничего, что он был другом тихого и тонкого еврея Эдика Шнейдермана. В биографиях этого не указывается.

Гена Алексеев вроде Кушнера. Но глубже. И мудрее. И кажется, что он уже прожил свою жизнь. А в ней была и юность, и зрелость, и старость. Сейчас осталась только мудрость. Таким он мне кажется. С ним мне повезло: наши жены — подруги. Они и познакомили. Так и живем. Изредка ругаемся. Алексеев не входил ни в какой круг. Он сам по себе. И признал только Аркадия Драгомощенко (родственная структура). Остального не видит. В своей структуре — бог.

Анри Волохонский похож на Мефистофеля. К тому же каббалист. Маленький, черненький и лукавый. Когда родилась дочь, назвал ее Эрика Анри Волохонская. В ЗАГСе пытались поправить на Анриевну, на что он сказал: «А если бы я был китаец по имени Ху, как бы вы записали?» Записали Эрика Анри. Основоположник хеленуктизма[32], неообэриутства и ряда других безобразий. Писал

---

[32] К группе Хеленуктов, основанной В. И. Эрлем, Волохонский (в отличие от своего друга и соавтора А. Л. Хвостенко) не принадлежал.

с Хвостенко, Эрлем, Мироновым, Немтиновым. Контактировал с Лёней Аронзоном. Второй покойник в моей книге, и я удивляюсь, почему это остальные живы. Тут дело не в «благодаря», а «вопреки». Лёня не выжил. И я не застал его в последний период, в самый расцвет его творчества. Это самый лирический по красоте поэт в книге.

О себе я говорить не буду.

Я пытался дать представление о 50–60-х годах в поэзии. Поэтому выбирал имена, связанные или, наоборот, противустоящие друг другу, имена, оставившие след в литературе, если даже не оставили книг. Это не их вина. Но как можно говорить о Бродском, не упоминая Рейна или антипода Бродского — Бобышева? О значительности их не мне судить. Они значили друг для друга и для других, поэтому они здесь. Была «эпоха Уфлянда, Еремина и Виноградова», где она? Я не застал ее. Где они? Я и Уфлянда-то «застал» чисто по случайности. А Александр Кондратов из Лесгафта[33]. Его стихи читал Слава Затеплинский (?) на вечере в январе 1959 г. в противовес Якову Гордину и защищавшему его Бродскому[34]. А потом Кондратов был другом Михнова и влиял на неообериутов. Сейчас он, говорят, преподает и пишет в «Авроре» об Атлантиде[35]. Стихи его достать не удалось.

А сам Гордин, пошедший по стопам Кушнера? Так тихо вокруг него.

Говорят, что Дмитрий Бобышев гениальный поэт. Я тоже так считаю. Хотя и читал лишь немногое из его последних произведений. Когда-то он назвал меня (заочно) «рыцарем ленинградской поэзии». Сейчас он считает мои действия «пиратскими». Пират или рыцарь — что до того, когда я занят ***своей*** книгой. Я хочу дать

---

[33] Поэт, писатель, лингвист Александр Михайлович Кондратов (1937–1993) учился на заочном отделении Института физической культуры и спорта им. П. Ф. Лесгафта.

[34] См. [АГЛ 2Б: 331].

[35] Кондратовым написана серия книг об Атлантиде и других погибших цивилизациях. С середины 1960-х эти научно-популярные книги регулярно выходили в ленинградском Гидрометеоиздате.

представление о ленинградской поэзии за последние 20 лет, и я это сделаю. Эти стихи звучали в аудиториях и в Союзе писателей, перепечатывались на машинке и запоминались наизусть. Я не знаю, что такое «авторское право». Автор имеет право на тексты, сохраняемые им в столе. Тексты же, свободно гуляющие по городу (и городам) в течение 15 лет, принадлежат уже не автору, а читающей публике. Автору же может принадлежать только гонорар.

Обидно, что Дима Бобышев с такой категоричностью отказывается принять участие в судьбе собственных текстов. Но это его дело. Я знаю его: он хочет славы. Ему уже за 40, а опубликовано у него с десяток стихотворений. Но он надеется. Жаль отравлять человеку надежду, но я скажу ему: «Дима! в 53-м году что-то было еще впереди. Сейчас позади целая жизнь, и Вы не можете вынуть себя из литературного процесса. Вас слушали, Вас читали, Вас знали. А я лишь фиксирую то, что известно многим. Ваш сборник стихотворений, отпечатанный на машинке в 63-м году, стал уже достоянием истории. И Вы не можете запретить мне писать о Вас, говорить о Вас и цитировать Вас. Что я и делаю. И если я помню Ваши стихи наизусть, то кому они принадлежат — читателю или Вам? Я думаю, что обоим. Так что подавайте в суд на "рыцаря поэзии" и "пирата", а время (Господь? читатель?) рассудит, кто из нас прав. Я люблю Ваши стихи, на гонорар же не претендую. Я их собрал, я и печатаю».

Dixi!

P. S. От публикации текстов Бобышева мне пришлось отказаться. Кривулин сказал, что в Париже вышла книга «Ахматова, Найман, Бродский и Бобышев»[36]. Теперь понятно, почему Бобышев запретил мне пользоваться его текстами. Проще войти в литературу, держась за юбку Анны Андреевны Ахматовой.

Я ни словом не упомянул гениального Стаса Красовицкого, породившего всю поэзию 50-х годов Москвы и Ленинграда, но о нем разговор особый.

---

[36] Вероятно, имеется в виду книга «Памяти Анны Ахматовой. Стихи, письма» (Париж: YMCA-Press, 1974), в которую входили и стихи указанных поэтов.

Есть еще много других. Есть трагическая фигура Александра Морева, поэта, художника, прозаика. Сейчас не Ренессанс. Дай Бог, в одном-то искусстве преуспеть.

Я ведь тоже не искусством занимаюсь, когда пишу это предисловие. Я только хочу дать хоть зыбкое, хоть робкое представление о нашей эпохе «непризнанных гениев». И действительно непризнанных. И действительно гениев. Ведь не на одном Бродском свет клином сошелся.

Шестимиллионный народ Ленинграда может дать не меньше 2-х (3-х) миллионного народа Эстонии. И дает. Так что десятка два-три поэтов — это не так уж много. К тому же за 20 лет. В пушкинскую эпоху стоящих поэтов было навряд ли больше. А они остались. Будучи напечатаны.

Мои поэты — поэты «пушкинской эпохи» 50-х годов, когда на пустом практически месте, в немыслимых условиях тотального соцреализма, не напечатав ни строчки при наличии всего двух-трех учителей (Ахматова, Дар, Гнедич), а чаще без оных, сложилась и расцвела русская поэзия. Вот она.

* * *

<Предисловие к подборке Л. Аронзона>

С Леонидом Аронзоном я был в тайге в сезон 60-го года, в разных партиях. Устроил нас в экспедицию Ося Бродский, который потом хвастался, что «наводнил всю экспедицию шизофрениками, рецидивистами, наркоманами». «Рецидивистом» был Арик Лившиц, он потом застрелился в январе 1961 г., «шизофреником» я (я только что вышел с Пряжки, где косил от армии), а «наркоманом», вероятно, Лёня Аронзон. Вывезли его из тайги с остеомиелитом, говорят, весил он 37 кг. Такой был сезон. (Его тезка Лёня Карбовский семь дней выходил из тайги с выбитым глазом, а потом 9 дней в поселке ждал вертолета. На базе в Большом Невере «не было денег» и его отправили поездом. В общем, он пробыл без медицинской помощи около трех недель.)

Вот в этой экспедиции я и познакомился с Аронзоном. Он мне читал стихи в Большом Невере, где мы пили перед отправкой в поле. Стихи мне категорически не понравились своей излишней классичностью и ясностью, о чем я, с присущим мне тактом, и сообщил ему.

Он был старше меня всего на год (родился 24 марта 1939 г.), но я всегда относился к нему как к старшему — он знал больше меня и умел показать это.

Потом мы не виделись года до 1962 (?). Пришли к нему с Гришкой-слепым (Григорием Ковалевым, лучшим знатоком поэзии в 60-е годы). Лёня тогда преподавал в школе и принял нас как мэтр, он очень мне тогда не понравился. А больше я его не видел.

Я много слышал о нем. Стихи его до 1964 г. сильно отдавали Бродским, что не способствовало повышению моего интереса к ним, а после 1964 г. я года на 3 изолировался и ничего не знал. Но как раз в этот период в поэтике Аронзона произошел перелом в сторону обериутов (особенно Заболоцкого). Аронзон в 1962 г. кончил пединститут им. Герцена и написал дипломную работу «Человек и природа в творчестве Заболоцкого». (Диплом не был опубликован, и местонахождение рукописи неизвестно.) Поэтику Аронзона определяла любовь к Пушкину и Заболоцкому и найденная им взаимосвязь этих двух поэтов, к чему прибавлялось основательное знание Хлебникова.

Аронзон не оставил книг или сборников, только циклы стихов. Общение с художниками (Галецким, Михновым-Войтенко, Богдановым), живописное и графическое видение мира сказались на Аронзоне, путем чего появилась книга «AVE. (Зимний урожай 1969 г.)» с рисунками (не окончена). Стихи переходили в графические и органично сочетались с очень интересной графикой (Аронзон прекрасно — для поэта — рисовал). Интересна проза Аронзона, но о ней особо.

Имя Аронзона связывалось с именами Эрля, Волохонского, Хвостенко. К 1967 г., когда появился собственно Аронзон как поэт, равных которому я не нахожу, он имел уже учеников и продолжателей (назову хотя бы Романа Белоусова), и с этого года его тексты не походили уже ни на кого.

В 1972 г. я подружился с Михновым. Этот гениальный художник, человек редкостной доброты и одиночества, прямо-таки молился на своего уже покойного друга Леонида Аронзона и буквально зачитывал меня его стихами. Вот тогда-то я и познакомился с поэтом Аронзоном. Правда, как признался мне Михнов (летом 1973 г., когда мы с ним провели неделю на Волхове, рядом с Киришами), Аронзон почти никогда не читал ему стихов: боялся. Как я понимаю Аронзона! Я тоже не могу читать стихи Михнову: его требовательность к искусству столь велика, его уровень в живописи настолько высок, что нужно сначала умереть, чтобы быть признанным им. Так и случилось с Аронзоном.

Леонид Аронзон погиб 31 года «на охоте». На мой взгляд, всё это больше смахивает на самоубийство. При жизни его знали мало, очень узкий круг. После смерти его знают еще меньше. Вдова Лёни Аронзона, Рита Пуришинская, собрала с помощью В. Эрля всё оставшееся. Аронзон не оставил после себя готовых книг (мне не встречались), и знают его по отдельным текстам.

* * *

<Из содержания>

Кристиан Цендер (Universität Fribourg)

Постблокадный Ленинград и «вторая культура»: к геопоэтике Виктора Кривулина

Антология К. К. Кузьминского *У Голубой Лагуны* — хронологически самое раннее историко-биографическое свидетельство становления поэта Виктора Борисовича Кривулина. Целостного и дифференцированного представления о поэте на его основе создать, однако, нельзя. Помимо тщательно составленной обширной подборки Кривулина [АГЛ 4Б: 190–228], в основном 1972–1974 годов, Кузьминский дает — если говорить осторожно — весьма снисходительный портрет своего давнего знакомого и некогда друга; он называет Кривулина «наименеобещающим» (но «самым работоспособным»)[1] среди начинающихся поэтов своего круга в начале 1960-х годов. Его высокая культура характеризуется как «благоприобретенная». С характерным пафосом неформального литератора Кузьминский констатирует, что филологический факультет сделал Кривулина «академистом», усилил в нем тенденцию к аффирмации «общепризнанного» и — «окончательно и погубил его, сделав выдающимся поэтом». Кузьминский представляет Кривулина как поэта-ремесленника, ставшего бо́льшим поэтом, чем многие его сверстники, исключительно благодаря огромной силе воли и амбициям. Проблематично в этом портрете, как мы видим, то, что даже похвала звучит иронично; если Кузьминский называет Кривулина «зрелым и мощным поэтом», то это лишь подтверждает его нарратив

---

[1] Здесь и далее цит. по «кривулинскому» блоку материалов в [АГЛ 4Б: 165–186].

о Кривулине как — по общим меркам поколения — чрезмерно целеустремленном поэте. Нельзя не отметить, что между поэтами была и личная неприязнь, не помешавшая им, впрочем, совместно редактировать независимую антологию «Лепта»[2]. Но в данной характеристике присутствует и другой, более «нейтральный» аспект: в АГЛ даже самые язвительные и «матерные» пассажи, как правило, содержат проницательные наблюдения и справедливые микроанализы. Во-первых, Кривулин, по утверждению Кузьминского, «традиционен и архаичен» в своей поэтике, а во-вторых, причастен к «акмеистской» линии русской поэзии: «...кривулинская “нео-нео-акмеистская” школа тяготела к предметной, метафизической живописи» [Там же: 182].

Тут встает вопрос, как именно сочетаются архаизм и акмеизм. Кузьминский отмечает, что многие стихотворения Кривулина вдохновлялись натюрмортами М. М. Шемякина (свое понимание термина «архаизм» он в данном случае не разъясняет). Постакмеистская экфрастичность поэзии Кривулина будет играть важную роль и в настоящей статье: тот образ поэта, который мы постараемся представить, хотя и несоизмерим с мемуарной справкой Кузьминского, тем не менее от нее отталкивается. Затронутая Кузьминским проблема «традиционности» и «архаичности» будет поставлена геопоэтически; своего рода «архаический акмеизм», т. е. поздняя, «роющаяся в земле» поэзия О. Э. Мандельштама, становится для Кривулина чуть ли не более важной точкой отсчета, чем, собственно, условный Серебряный век.

Переходя к изображению «почвы» Ленинграда и соприкосновениям с ней в поэзии Кривулина, обратимся к одной иллюстрации, репродуцированной в антологии Кузьминского. Речь идет о рисунке художника А. П. Белкина к подборке Кривулина в упомянутом ранее «сборнике 12-ти» [Илл. 1]. Рисунок адресует

---

2 Кузьминский называет личный мотив для неприязни: «...с 70-го года по 74-й с Кривулиным я не виделся, поскольку он пустил слух, что я стукач. А бить Кривулина, по причине полиомиелита, было никак не можно» [АГЛ 4Б: 182]. Примечательно, что большинство текстов подборки относится именно к этому периоду.

Илл. 1

к циклу Кривулина «Песочные часы» (1973)[3], начинающемуся со строк: «Время в песочных часах герметично. / Странно, что пишем еще на стекле / летопись пыли и полубольничный / эпос о белой золе» [Кривулин 2009: 16]. На иллюстрации изображены кривые (т. е. «кривулинские») песочные часы, а на полу лежит костыль, из которого вырастает ветвь. Это, скорее всего, аллюзия на то, что Кривулин, переболев полиомиелитом, обратил болезнь в творческую силу (этот психологический момент весьма заметно присутствует и в замечаниях самого Кузьминского о Кривулине). Однако экфрасис артефакта (песочных часов), переходящий в прямое столкновение с элементами материальности (песок, стекло, пыль, зола) и их фактурой, несомненно, оригинальнее, чем сама фигуральная иллюстрация. «Радикально» материальное прочтение стихотворений Кривулина и их «почвы», предлагаемое в настоящей статье, позволяет пересмотреть не только принятое

---

[3] Само стихотворение (вернее, стихотворный диптих) «Песочные часы» в АГЛ не представлено.

представление о подчеркнутом «спиритуализме» Кривулина, отчасти произведенное самим поэтом, но и важные черты самоидентификации ленинградской «второй культуры» с 1970-х вплоть до периода ее растворения во время перестройки.

* * *

Как выглядит почва ленинградской «второй культуры» или, выбирая менее насыщенное специфическими историко-культурными коннотациями слово, — ее земля? Какова ее структура и есть ли она? Вопрос всё еще звучит странно, ведь поэзию «второй культуры» принято считать беспочвенной, ни на что не опирающейся — бездомной и бездонной. Собственно, «андеграунд»... Кажется, ее почву следует искать разве что парадоксально — в «бездомности» и «брошенности», в той бездонной «нищете», которая, как Кривулин часто повторял, стала «духовным» пространством «второй культуры». Незадолго до смерти он писал:

> Атмосфера некой спиритуальной авантюры пронизывала нищенский ленинградский быт, где подлинная реальность собственного бытия опознавалась во всей полноте лишь через призму смерти, смертей (память о блокаде и терроре, перенесенная в область каждодневного лихорадочно-восторженного общения). Наше мышление и восприятие жизни определялось погруженной в невыносимый быт спиритуальностью.
> [Кривулин 2000: 100]

Это значило бы, что Ленинград, конечно, составляет фон андеграунда, но скорее как некая анти-почва[4]. Конкретная нищета городского быта при этом осмыслялась Кривулиным и другими

---

[4] Такую формулировку можно обосновать вполне конкретно, ссылаясь на блокадные записи Л. Я. Гинзбург. Она пишет: «Человек с удивлением начинает понимать, что, сидя у себя в комнате, он висит в воздухе, что в самом деле у него над головой, у него под ногами так же висят другие люди. Он, конечно, знает об этом, он слышит, как над его головой передвигают мебель

представителями «второй культуры» как духовная («спиритуальная»), как своеобразное «кенотическое» пространство (кенозис является как термином самоописания Кривулина и его второй жены и «соратника» по проводимому им религиозно-философскому и культурному семинару Т. М. Горичевой, так и описательной категорией современных исследователей «второй культуры»[5]). Но Санкт-Петербург — блистательный, дворцовый, стройный — в этом бедном пространстве является не менее важным, задавая «высокость» тона поэзии «второй культуры» Ленинграда[6]. «Театральная роскошь фасадов, — писал Кривулин в 1990 году, — была как бы компенсацией за нищету, в какой мы росли» [Кривулин 1998: 51]. Его стихотворение 1972 года «На крыше» как нельзя четче подчеркивает эту внутреннюю связь между «брошенностью» и стремлением к «высокости» — словом, оксюморонную возвышенную брошенность: «Из брошенных кто-то, из бывших, / не избран и даже не зван, / живет втихомолку на крышах / с любовью к высоким словам» [Кривулин 1988, I: 103].

1. От семиотики Петербурга к геопоэтике Ленинграда

В дальнейшем мы хотим показать, что эти два петербургских вектора памяти — духовно переоцененная бедность, с одной стороны, «высокая культура» — с другой — не могут дать полной картины собственной поэтической практики Кривулина. Среди

и колют дрова. Но это одна из трудно представимых вещей. Каждому кажется, что пол его комнаты стоит (не висит), что это почва, перекрытая досками земля. Но тут истина обнаружилась с тошнотворной, головокружительной ясностью. Есть дома сквозные с сохранившимся фасадом, просвечивающим развороченной темнотой и глубиной, а в пустые оконные выбоины высоких этажей видно небо. Есть дома, особенно небольшие, с раскрошенной крышей, из-под которой обрушились балки и доски. Они косо нависли, и кажется — они всё еще рушатся, вечно рушатся, как водопад» [Гинзбург 2011: 226–227].

[5] См. об этой проблеме [Цендер 2017: 165–171].

[6] О Кривулине как поэте великой петербургской культуре и тоске по ней см. [Sandler 2007].

ключевых факторов многих его стихотворений есть элементарный пласт: в них Ленинград представлен как «земля» и «почва» — а не как каменистая сущность, вырванная из болота, как принято считать в контексте петербургской поэзии. В кривулинскую голую ленинградскую землю радикально вписана память о катастрофе, особенно о блокаде. И это отнюдь не значит, что земля антропоморфизована (не о хранилище «крови праотцов» идет речь, как читаем о «русской земле» в некоторых темных мифопоэтиках, в т. ч. даже соцреализма): поэтический субъект навязчиво стремится к близости земли именно в той мере, в какой не может ее присвоить, «культивировать».

Таким образом, стихотворения Кривулина конструируют земляной Ленинград, для которого, согласно моей гипотезе, ни сам Кривулин в своих «спиритуалистических» очерках, ни петербургская городская семиотика не дают достаточной описательной модели. Когда В. Н. Топоров в 1970–1980-е годы выдвинул идею «Петербургского текста русской литературы», к опыту «второй культуры» он не обращался и воздержался от соответствующего расширения корпуса также в пересмотренном варианте своей работы в 1993 году. Как известно, Топоров считал, что «своего рода отходную по Петербургу, как бы уже по сю сторону столетнего Петербургского текста» представляет собой творчество К. К. Вагинова [Топоров 2003: 24], а вклад поэзии 1930–1960-х годов, в частности О. Э. Мандельштама и А. А. Ахматовой, столь важной для формирования неофициальной поэзии, автор концепции сознательно оставил неопределенным. Тем не менее можно спросить: приложим ли инструментарий Топорова к ленинградской «почве бездомности» Кривулина в принципе? Этот вопрос отсылает нас к проблеме кодированности исследования Топорова: одной из главных оппозиций семиотики Петербурга является бинарное соотношение природы и культуры, то есть хаоса и стройности. В связи с этой оппозицией Топоров пишет:

> Типология отношений природы и культуры в Петербурге предельно разнообразна. Один полюс образуют описания, построенные на противопоставлении п р и р о д ы, б о л о -

та, дождя, ветра, тумана, мути, сырости, мглы, мрака, ночи, тьмы и т. п. (природа) и шпиля, шпица, иглы, креста, купола (обычно освещенных или — более энергично — зажженных лучом, ударом луча солнца), линии, проспекта, площади, набережной, дворца, крепости и т. п. (культура). Природа тяготеет к горизонтальной плоскости, к разным видам аморфности, кривизны и косвенности, к связи с низом (земля и вода); культура — к вертикали, четкой оформленности, прямизне, устремленности вверх (к небу, к солнцу). Переход от природы к культуре (как один из вариантов спасения) нередко становится возможным лишь тогда, когда удается установить зрительную связь со шпилем или куполом. <...> [Там же: 36, разрядка в оригинале. — *К. Ц.*]

То, что Топоровым описывается еще и вторичная полярность внутри полюса «природа», а именно между зеркально чистой водой и демонической болотностью, в данном случае не столь важно. Существенным представляется то, что почва как «низ» в аксиологии Топорова изначально чрезвычайно слабо маркирована. Может быть, не случайно он подробно обсуждает разные аспекты топографии романа Ф. М. Достоевского «Преступление и наказание», но эпизод, где Раскольников идет целовать землю посреди людной Сенной площади, им даже не упоминается. Стало быть, жест поцелуя, задуманный Соней Мармеладовой, для Топорова находится уже как бы вне координат Санкт-Петербурга[7].

---

7 См. книгу 6, главу VIII романа: «Он вдруг вспомнил слова Сони: “Поди на перекресток, поклонись народу, поцелуй землю, потому что ты и пред ней согрешил, и скажи всему миру вслух: «Я убийца!»”. Он весь задрожал, припомнив это. И до того уже задавила его безвыходная тоска и тревога всего этого времени, но особенно последних часов, что он так и ринулся в возможность этого цельного, нового, полного ощущения. Каким-то припадком оно к нему вдруг подступило: загорелось в душе одною искрой и вдруг, как огонь, охватило всего. Всё разом в нем размягчилось, и хлынули слёзы. Как стоял, так и упал он на землю... / Он стал на колени среди площади, поклонился до земли и поцеловал эту грязную землю, с наслаждением и счастием. Он встал и поклонился в другой раз» [Достоевский 1978: 405].

Конфликт между солнечной стройностью и демонической аморфностью у Топорова настолько заострен, что конкретный «невыносимый быт» города, о котором пишет Кривулин, в известной степени упускается из виду. Следовательно, в петербургском тексте, строго говоря, нет «почвы» — почвы в «бытовом», но и в переоцененном смысле: нет места «кенотическому» Петербургу. Может быть, Кривулин в 1990-е годы и соглашался с заключением текста Топорова (в версии 1993 года): «...сейчас город тяжко болен, и ему нужно помочь» [Топоров 2003: 66]. Но с поэзией Кривулина такая ностальгически-реставрационная перспектива несоизмерима. В его стихотворениях установка ставится не на «лечение» болезненности города. Свою задачу поэт скорее видит в том, чтобы вообще найти язык для описания города «после катастрофы»[8] блокады.

Призмой такого подхода к городу стал для Кривулина и ряда других поэтов опыт московского поэта С. Я. Красовицкого, в особенности апокалиптическое стихотворение «Астры» (1958) с его образами остывания и распада: «И зимний дом замерз, и летний сад, / И жизни продолжается распад», или: «Солнца тело, / Похолодевшее, / Незримо» [АГЛ 1: 94]. Кривулин в стихотворении «Тригорское» (1967), относящемся к периоду, впоследствии не включаемому им в собственные публикации, но широко документированному в АГЛ, писал: «В окаменевшем парке у пруда / я вижу разложение природы, / я вижу краску тусклую стыда / на палых листьях... А в господском доме / теперь музей.

---

[8] В связи с этим понятием см. [Кулаков 1999]. То, что В. Г. Кулаков пишет о «бесплотности» поэзии Кривулина, как нам кажется, в таком виде можно отнести лишь к более позднему творчеству поэта: «Кривулин отнюдь не “ваятель”. Его архитектура — это именно небесный Город, тень Города, зыбкий мираж. Поэт работает не с самой формой, не с ее плотью, а с отражениями, с устойчивыми культурными образами, в которых главное не то, что они “образы”, а то, что они “устойчивые”. Это просто знаки, эстетически бесплотные, элементы языка, как приставки и суффиксы. Не в них дело, поэтому поэт не “поет”, а “прошепетывает, пробуркивает, проборматывает”» [Там же: 262]. В стихотворениях Кривулина первой половины 1970-х, то есть периода первой «зрелости», плотный импульс — в виде «земляного», наоборот, очень сильный.

Такое нынче время» [АГЛ 4Б: 206]. В этой ранней интонации Красовицкий сливается с новыми голосами ленинградской поэзии конца 1950-х — начала 1960-х годов, в частности И. А. Бродского. Как специфически петербургский (хотя стихотворение не городское) следует отметить мотив «тусклости»; он сохраняется у Кривулина и после 1970 года — например, в стихотворении «Обводный канал» (1971): «Тускло зрачок твой блестит, / влагой ли, злобой налит, / духом ли тронут тлетворным / свалок, каналов, обид» [Кривулин 1988, I: 38]. Кривулин здесь как будто буквально пишет по сценарию распада у Красовицкого. Катастрофа произошла, а между тем декаданс, гниение продолжаются. Схожим образом обстоит дело в стихотворениях С. Г. Стратановского, близкого Кривулину: город предстоит в статичной, суммарной «пустоте» и «скудности». «О Ленинград — земля пустая» [АГЛ 4Б: 241], читаем в «Социологическом трактате в стихах о феномене алкоголя» (1971) или в «Доме мыслителей» (1969): «Но каждый чувствовал и знал / Что мысли — сор пустой / Ведь дом над пропастью стоял / Над огненной дырой» [Там же], или же в «Обводном канале» (1969): «И мнится: я — совсем не я / Среди заводов и больниц / Продмагазинов, скудных лиц / Я стал молчанием и сором бытия» [Там же]. Одно стихотворение Стратановского 1971 года начинается со строк: «Пустая осень. Страшно жить / деревья смотрят опустело» [Там же: 249]. Таким образом, Ленинград «тусклый» (у Кривулина) и «пустой» (у Стратановского), а люди, бродящие по городу как призраки, тускнеют и пустуют вместе с ним.

Приведенные стихотворения, однако, еще не оправдывают речь о «кенотическом» Петербурге, о котором говорилось вначале. «Дух тлетворности» вряд ли можно позитивно переживать и превращать в ценность, а пустотность[9] всех явлений тем более не носит черт именно добровольного «самоупразднения», характерного для кенозиса даже в самом метафорическом применении

[9] Следует уточнить, что пустота тут является прежде всего экзистенциальным мотивом, не конструктивным фактором беспредметности самого произведения. См. о таких текстах [Павловец 2013].

этого библейского концепта. Тем не менее «аморфность» быта не только ретроспективно переоценивается Кривулиным как радостная бедность; так, в стихотворении «Постоялец» (1974) читаем: «Сквозь аморфные жилища / с вязкими узлами быта / разве радость не раскрыта / притчей Господа о нищем?» [Кривулин 1988, I: 48]. Пользуясь формулировкой Топорова, тут можно было бы говорить о «низких комментариях» к классическому петербургскому тексту [Топоров 2003: 83, прим. 38]. Это «низ», хотя не переоцененный кенотически, как Кривулин его представит впоследствии, но и без «компенсации» роскошью — словом, не сбалансированный «вертикалью, четкой оформленностью, прямизной» [Там же: 36], как Топоров этого ожидает от петербургского текста.

Следует обратить внимание на качественно другую функцию метафоры пустоты, вполне позитивную, а именно функцию самоидентификации неофициальной поэзии в общем литературном процессе. В одной из редакций антологии «Живое зеркало (первый этап ленинградской поэзии)», составленной Сюзанной Масси и Кузьминским, тот пишет в предисловии:

> Мои поэты — поэты «пушкинской эпохи» 50-х годов, когда *на пустом практически месте*, в немыслимых условиях тотального соцреализма, не напечатав ни строчки, при наличии всего двух-трех учителей (Ахматова, Дар, Гнедич), а чаще без оных, сложилась и расцвела новая русская поэзия. Вот она.
> [ACRC: 40, 1]

Здесь «пустота» называет условия, в которых неофициальные поэты оказались в послевоенное время. Невероятным достижением ранней неофициальной поэзии стало, согласно Кузьминскому, то, что она появилась, несмотря на тот факт, что для нее не было никакой плодотворной почвы (продолжая растительную метафорику). Отсюда, кстати, и процитированные ранее унылые строки о пустом городе представляются в несколько ином свете; в каком-то смысле каждый раз, когда в стихотворениях четко назван феномен пустотности, происходит наполнение культурно пустого места фантастическим поэтическим цветком. Сам Кузьминский, что интересно, писал в поздние 1960-е годы поэзию в пустотном ключе. Так, в его записных книжках есть стихотворение «Серая, как небо, земля...», в котором описывается, вероятнее всего, ландшафт за городом.

Серая, как небо, земля,
каменное сердце в груди,
сапоги поют и пылят —
путникам не время грустить.

Тянутся пустые поля,
Ветра — то ли скрип, то ли стон,
свечками сухие тополя
догорают в небе пустом.

Солнце пожелтевшим листом
кружится на кружеве туч.
Люди отрешенным лицом
олицетворяют мечту.

И уже никак не понять,
если затерялись вдали
серые, как небо, поля
Богом позабытой земли[10].

По-видимому, в этом раннем и, казалось бы, совершенно нетипичном стихотворении Кузьминского фигура «наполненной» свободной поэзией пустоты не играет эксплицитной роли. Главная задача его — в изображении симметрично расположенной между землей и небом непреодолимой унылой серости. Следует при этом обратить внимание на мотив «поющих сапогов». Сапог появится впоследствии в известнейшем стихотворении Кривулина «Пью вино архаизмов...» и топчет валяющийся на улице язык (см. далее). А если искать общий источник подобных образов, то надо вернуться к поэзии Красовицкого 1950-х годов, в данном контексте — к стихотворению «Отражаясь в собственном ботинке...»: «Отражаясь в собственном ботинке, / я стою на

---

[10] *Кузьминский К.* Записная книжка (без даты и нумерации) [ACRC].

грани тротуара. / Дождь. / Моя нога в суглинке — / как царица черная Тамара» [Красовицкий 1980: 36].

Аллегорическое понимание пустоты как пространственной метафоры креативности характерно в большей степени для поэзии Кривулина. Нагляднее всего это иллюстрирует стихотворение «Помимо суеты, где ищут первообраз...» (1973): «Всего полнее парки запустенья, / куда пустили нас, не выяснив родства / с болезным временем, когда пусты растенья, / когда растут пустынные слова» [Кривулин 1988, I: 101].

Тем не менее, если учитывать только наиболее шаблонно «пустые» стихи, во многом остается прав С. А. Завьялов со своим упреком в адрес ленинградской неофициальной поэзии 1970-х годов в «ретромодернизме», эскапистском культе дореволюционного искусства и сплошном презрении к современности [Завьялов 2013: 34–35, 44]. При этом спорным в полемике Завьялова представляется не только крайнее обобщение огромного стихотворного корпуса 1970-х — и самого Серебряного века как эпохи советским ярлыком «буржуазного искусства», — но также отсутствие упоминания самокритики поэтов «второй культуры». Для иллюстрации второго из этих пунктов можно привести слова из письма Кузьминского к Кривулину, написанного им в конце 1975 года из Вены, вскоре после отъезда из Советского Союза: «Витенька! Чии азы ты повторяешь? Боратынского? Тютчева? Или? А то и пораньше? Чьи “азы”, еб твою мать, повторяют “акмеисты”? Мои, что ли? Крученыха, коего ни одна сволочь не читала? Жизни нет» [АГЛ 4Б: 20]. Сам Кривулин, что важнее в данном случае, в статье «Двадцать лет новейшей русской поэзии», опубликованной впервые в самиздатской журнале «Северная почта» в 1979 году под псевдонимом Александр Каломиров, весьма критически и детально комментирует совместную с Кузьминским работу над антологией «Лепта» (1975). Приведу обширную цитату:

> Перед составителями сборника встала задача выработки критериев отбора. Понадобилась ценностная иерархия, без которой оценка произведений словесности невозможна. В каком-то смысле писать после «Лепты» стало трудней:

> сборник, сведя воедино стихи самых, казалось бы, разных поэтов, совершенно неожиданно (и для самих составителей) обнаружил присутствие похожих, повторяющихся мотивов, образов, обилие аналогичных ритмических ходов, синтаксических конструкций и словосочетаний, излюбленных не одним-двумя-тремя, а сразу десятью-двадцатью поэтами. Что это было? литературные штампы? постоянные элементы народно-поэтического говорения? «бродячие» мотивы? свидетельство единомыслия? До сих пор однозначно ответить на этот вопрос трудно. Объяснений может быть несколько. Во-первых, общая для многих поэтов исходная традиция — поэзия петербургского Серебряного века, конкретнее — акмеизм. Во-вторых, сам характер пейзажа, стоящего перед глазами разных поэтов. Пейзажа, который в поэтическом преломлении отсылал воображение в определенную эпоху — к началу века, к последним годам «петербургского периода русской истории».
> [АГЛ 5Б: 463–464]

Таким образом, упрек Завьялова ленинградской неофициальной поэтической культуре 1970-х в «пассеизме», сформулированный им главным образом на материале стихотворения «Пью вино архаизмов...» (1973), сам Кривулин высказывал своим сверстникам на четверть века раньше. Трудно сказать, насколько Кривулин включал самого себя в критически анализируемый им корпус текстов. Но как бы то ни было, «характер пейзажа» стал больным местом самоидентификации «второй культуры», по крайней мере отдельных ее участников, еще в 1970-е годы[11]. Итак, жили ли поэты — «сразу десять-двадцать», — в «поэтически

---

[11] Немного позднее поэтесса Е. А. Игнатова предъявила счет своему поколению в эссе «Кто мы?». Игнатова описывала культ Серебряного века в кругах неофициальной поэзии 1960–1970-х как размыто-ностальгическое, неответственное эстетство, как исторически слепую попытку «закультуриться» [Игнатова 1983: 211]. См. об этом в контексте критики неотрефлексированного употребления самого понятия «Серебряный век» [Ronen 1997: 2]. В каком-то смысле Завьялов в своей статье сохраняет именно тот обобщающий взгляд на русский модерн, который критиковала Игнатова, с той, конечно, разницей, что у него это обобщение проходит под знаком уже не наивной идеализации, а подчеркнутой скептики post factum.

преломленном» ландшафте, которого в их время уже больше пятидесяти лет не существовало? Общий ответ на этот вопрос дать, конечно, невозможно (если мы не хотим повторять обобщений Завьялова).

Знаменательно, во всяком случае, что Кривулин описывал петербургский топос сада как длящийся в «архитектурной муке», «подобно недостроенному зданью» [«О, сад» (1972). — Кривулин 1988, I: 29]. Оказывается, что здесь нельзя говорить об уже готовом «ландшафте». В стихотворениях Кривулина первой половины 1970-х можно наблюдать скорее поиск земли Ленинграда, чем воспроизведение готовой ее формы. Этим Кривулин четко отличается от ряда поэтов, широко пользующихся более статичным топосом сада; можно думать хотя бы о «пустом», но при этом ауратически наполненном саде Л. Л. Аронзона, о контркультурно-полуофициальном экстатическом саде В. Г. Ширали или о саде-рефугиуме Е. А. Шварц. Особенность Кривулина в этом отношении становится еще нагляднее, если мы вспоминаем образ тоски по неповрежденным петербургским садам в поэзии О. Ф. Берггольц. В стихотворении «Наш сад» Берггольц накануне освобождения города от блокады 26 января 1944 года написала: «Ты помнишь ли сиянье Петергофа, / дремучие петровские сады / и этот влажный лепет, бред и вздохи / всегда живой, хлопочущей воды?» [Берггольц 1973: 95]. В конце стихотворения выражается надежда на восстановление этого сада: «И вновь из пепла черного, отсюда, / где смерть и прах, восстанет прежний сад. / Да будет так! Я твердо верю в чудо: / ты дал мне эту веру, Ленинград» [Там же: 96]. Память о блистательно-сияющем Петербурге остается жива и в поэзии Кривулина, но описание «ран» в ней настолько доминирует, что сам ностальгический модус функционирует разве что в раненом виде. Стройность сломана, классический космос перевернут, лирический субъект Кривулина оказывается «в объятия<х> Сада / черных яблок и несоответствий» («Давид и Вирсавия», 1974) [АГЛ 4Б: 224]. Сам идеал поставлен под вопрос, хотя контраст петербургской «вертикали» никогда полностью не теряет значения для Кривулина. В 1980-е годы он напишет, будучи настроен уже целенаправленно против коммерциализации петербургской красоты, но тем не менее еще в прежней интенции: «...пойдем куда-нибудь, куда и не глядят / мои глаза, куда не видно входа, / где снег лежит, как белая свобода / на дне земли, не превращенной в сад» («Посыпался общественный подъем...»; сборник «Новое зрение») [Кривулин 1988, II: 136]. Собственно реставрация «прежнего сада» (Берггольц), осуществленная в Ленинграде после войны, способствует до какой-то степени ирреальной топографии. В стихотворении «Обряд прощания» (1973) кривулинский субъект говорит: «Я вынужден принять условия игры / И тактику условного пейзажа» [Кривулин 2009: 56]. Практически все его тексты, которые мы здесь собираем воедино, свидетельствуют о том, что поэт пытается переступить «условный пейзаж» и старается найти какую-то без-условную базу. Намечается то, что мы предлагаем назвать поэтическим радикализмом (от *лат.* radix — «корень») Кривулина. Несколько ломая культурный контекст, можно сказать, что он исследует город как «поле экспериментов» — конечно, совершенно иными средствами, чем Егор Летов, но художественно по-своему не менее радикальными[12], — именно как поле, не как завершенный ландшафт. Или, еще иначе: намечается смена парадигмы от семиотики города к городской геопоэтике[13].

---

[12] См. альбом и песню группы «Гражданская оборона» «Русское поле экспериментов» (1989).

[13] См. об этой смене теоретически [Konończuk, Sidoruk 2012]. В частности, смена соотносится со «спациальным», при этом не семиотически концепированным исследованием самой блокады. См. [Barskova 2017], в частности, гл. 1 о «хождении по блокаде» «Walking Through the Siege» [Ibid.: 22–50]. О понятии «геопоэтики» см. также [Marszałek, Sasse 2010]; о поэзии в особенности см. статью S. Zanetti «Orte/Worte — Erde/Rede. Celans Geopoetik» [Ibid.: 115–131]. Примечательно, что так называемая геологическая школа ленинградской поэзии 1950–1960-х годов, относящаяся к ЛИТО Горного института, городской геопоэтикой вообще не занималась (см. отдельную главу в [АГЛ 1: 385 и далее]). И немудрено, что Кривулин высказался негативно об этой формации как слишком советской институционально и как недостаточно ленинградской, постблокадной поэтически: «...существовало так называемое лито Горного института. Геологи — не надо объяснять, что за профессия: романтизм, эскапизм и так далее. И как следствие, целая поэтически-геологическая школа, достаточно дурацкая» [Кривулин 1994: 370].

2. Поэтически ближе к земле (Боратынский, Мандельштам, Ахматова)

Начнем с кривулинского стихотворения «Городская прогулка» (1972). Эпиграф «Да хрящ иной...» отсылает к стихотворению «На посев леса» («Опять весна; опять смеется луг...», 1843) Евгения Боратынского[14], где «хрящ другой», то есть песочная почва[15], должен заменить стремление поэта получать резонанс у публики. Лирический субъект Боратынского, вместо того чтобы продолжать играть на «лире», в конце стихотворения сеет «зародыши елей, дубов и сосен» и выражает надежду, что деревья вырастут как «Поэзии таинственных скорбей / Могучие и сумрачные дети» [Баратынский 1989: 218]. Можно сказать, что он резким жестом протеста возвращает поэзию природе, которая, как Боратынский писал немного раньше в известных «Приметах» (1839), когда-то одарила человека «языком»-логосом в гармоничном диалоге: «Покуда природу любил он <*человек. — К. Ц.*>, она / Любовью ему отвечала: / О нем дружелюбной заботы полна, / Язык для него обретала» [Там же: 191]. Тот упрямый жест возвращения Боратынским поэтического слова крупно-песочной земле надо иметь в виду при разборе «Городской прогулки» Кривулина. Приведем текст стихотворения целиком:

> Песок, скрипящий на зубах. Частицы черной пыли.
> Свеженаваленный асфальт горяч, как чернозем.
> Дымящееся поле. Первый гром.
> Сей жирный пласт земли — возможность изобилья.
> Да будет хрящ иной! По улицам вдвоем,
> где шел ремонт, мы целый день бродили.
>
> Да будет хрящ иной. И я спросил:
> Где тот посев, где сеятель холщевый?
> И у тобой затеянной дубровы
> взойти хватило ль сил?

---

[14] См. разбор «Городской прогулки» в [Гельфонд 2011: 27–28]. «Земляная» конкретика здесь, однако, не обсуждается.

[15] См. у Даля: «*Хрящъ,* крупный песокъ, съ самою мелкою галькой» [Даль 1882, IV: 584].

Повсюду шел ремонт. Жестокого покрова
лишенная земля — и таинства могил —

кой-где уродливо и ржаво проступала,
как пятна крови сквозь бинты...
И он ответил, что могильныя плиты
совсем не тяжело откинуть покрывало,
совсем не тяжело восстать из немоты:
кто был зерном — тому и слова мало.

Кто был зерном, кто семенем — тому
да хрящ иной и вправду плодоносен,
и жизнь его продлят стволы прямые сосен,
и, брошенное некогда во тьму
взойдет из тьмы, и с легкостью отбросим
постель из слякоти — последнюю тюрьму.

Да, Боратынский, ты живешь. Твоя стезя,
иная слову, иглами шевелит.
Но мне-то лечь в асфальт, что над землею стелят!
Не в землю, но туда, где умереть нельзя,
чтобы воскреснуть. Шел ремонт. Расплавленной смолою
тянуло отовсюду...
[Кривулин 1988, I: 9]

По всей видимости, спутником лирического субъекта на майской прогулке является сам Боратынский («По улицам вдвоем», «у тобой затеянной дубровы», «он ответил», наконец — «Да, Боратынский, ты живешь»). Ленинградский поэт показывает поэту-шеллингианцу первой половины XIX века его же актуальность, усматривая в увиденной мимолетно городской стройке «возможность изобилья», потенциал какого-то смыслового избытка. Но в то же время он показывает ему невозможность «другого хряща». Фундаментальное затруднение заключается в самой идее «посева»; доступ к земле оказывается загражден, а, соответственно, и «быть зерном», «быть семенем» не дано. Органически-антропоморфная гармония радикально прервана, и никакой «плодоносности» уже не может быть. «И нет на земле прорицаний» — субъект Кривулина как будто напоминает самому Боратынскому его более пессимистический взгляд из «Примет». Или же, говоря словами Тютчева из стихотворения «Певучесть есть в морских волнах...» (1865), по-своему продолжающего «Приметы», «разлад» с природой уже не является вопросом сознания, «призрачной свободы» [Тютчев 2003, II: 142]. Этот разлад стал фактом.

Антимодерные стихотворения Боратынского и Тютчева всё еще представляют собой философские, в каком-то смысле «гносеологические» рефлексии, тогда как поэзия Кривулина, как мы сказали, конципирована им как поэзия «после катастрофы» в смысле более тотальном — т. е. поэтическое говорение у него в высшей степени затронуто этой катастрофой[16]. Поэзия как бы роется в земле, чтобы обнажить и максимально фактурно описать катастрофичность, «послевоенность» окружающего мира[17]. Этот импульс отмечается еще в ранних, неопубликованных стихотворениях Кривулина, как, например, «Энергичные жесткие лица старух...», недатированное, но написанное точно до 1971 года:

> Энергичные жесткие лица старух.
> Обесцветшие губы теряются в складках
> отмирающей кожи... Корнями тяжелыми рук
> погружаются в землю. Скрипит надрываясь песок
> под ногтями такой желтизны,
> словно мозг пожелтел и усох,
> словно мир, что вокруг, не опомнится после войны,
> не распустит хотя бы слегка
> напряженный по ниточке рот,
> где улыбка старух синей судорогой губы сведет —
> и отвалится, геометрично-горька...[18]

---

[16] Родители Кривулина «пережили блокаду и ушли из города вместе с наступающей армией» [Кривулин 1994: 360]. Он родился в Украине в 1944 году вскоре после ее освобождения.

[17] Хотя бы в мере этого модуса «после катастрофы» Кривулина следует называть «постмодернистом». О Кривулине «на грани постмодерна» см. [Саббатини 2013].

[18] Кривулин В. Записная книжка № 1. С. 5 (до 1971 года) [ACRC: 1]. Здесь и далее ссылки на фонд В. Б. Кривулина в Русском центре Амхерстского колледжа с указанием номера папки.

Исходя из такой земляной топики, одним из сигналов посткатастрофического состояния в системе Кривулина стала ягода во рту. В образе ягоды встречаются красота и страдание (кровь), словесное и земляное[19]. Так, в стихотворении «Черника» (1971) ягода «прилипла к нёбу, стала голосами, / с какими в памяти раздавленной живу» [Кривулин 1988, I: 19]. В стихотворении «Виноград» (1972) ребра остовов на островах города сравниваются со «спящими лозами», и далее этот образ развертывается: «...их ягоды блаженные в устах / раздавлены. Текут на мусорную землю» [Там же: 20]. Ягода в обоих примерах не инкорпорируется, она застревает (прилипает, раздавливается) в устах. Но есть в ней и какое-то спасительное измерение. «Мусорная земля» ленинградского острова — дословно «waste land» — под каплями ягодного сока-крови, возможно, становится медиумом оживленной памяти о катастрофе.

Вернемся теперь еще раз к «Городской прогулке». Какова цель этого променада? Первый шаг — это трансфер романтического «сельского хозяйства» в советский город. Второй шаг, сделанный в первых же строках стихотворения и вспоминаемый в последних, — это (метапоэтическое) прибегание к О. Э. Мандельштаму, но к Мандельштаму не петербургскому, акмеистскому, а прежде всего воронежскому, о котором Бродский скажет, что он «приблизился <...> всё ближе и ближе к сырой земле, вот так вот, вплотную, к черноте земли <...> вы видите поры почвы»[20]. В силу этого «более прямого хода», продолжал Бродский, Мандельштам был «выше всех других» в (русском) модернизме — и Бродский процитировал последнюю строфу мандельштамовских «Станс» (1935): «И не ограблен я, и не надломлен, / Но только что всего переогромлен... / Как Слово о Полку, струна моя туга, / И в голосе моем после удушья / Звучит земля — последнее оружье — /

---

19 См. стихотворение «Полет во сне» в записной книжке № 1. С. 1: «Полет во сне и привкус земляники / Во рту» [Krivulin, ACRC: 1].

20 См. документальный фильм «“Это было недавно...”: Иосиф Бродский» (1998). URL: https://www.youtube.com/watch?v=wDQXGawAZi8 (дата обращения: 10.04.2020).

Сухая влажность черноземных га!» [Мандельштам 2009: 202]. Что касается Кривулина, то он берет от воронежского Мандельштама именно этот точно названный Бродским импульс приближения к земле.

Обращение к Мандельштаму в неофициальной поэзии, разумеется, ничего удивительного собой не представляет. Показательны в этом контексте высказывания Кузьминского, современные «Городской прогулке». В письме к Е. Г. Эткинду от 25 декабря 1975 года Кузьминский писал из Вены: «...с акмеизмом мало общего у меня, разве отношение к культуре. Но оно сейчас — общее»[21]. О своем давнем знакомом Кривулине Кузьминский в данном случае, пожалуй, думал прежде всего. Примечательно, что будущий составитель АГЛ критикует мейнстрим неофициальной поэзии Ленинграда за игнорирование позднего Мандельштама, которого он читал как своего рода постфутуриста: «А связь Мандельштама (позднего, дошло-таки) с футуризмом — нет, читают хрестоматийных обериутов, акмеизм и обериу — две болезни сегодняшней поэтики»[22]. В этом смысле у Кривулина, очевидно, не «средняя», а весьма оригинальная позиция (что, скорее всего, осознавал и сам Кузьминский). Но не следует упускать из виду главное связующее звено между (поздним) Мандельштамом и ленинградской неофициальной поэзией — А. А. Ахматову. В нашей теме нельзя обойтись без ее стихотворения «Родная земля» (1961). Приведу его целиком, так как оно содержит ряд ключевых для геопоэтики Кривулина мотивов:

В заветных ладанках не носим на груди,
О ней <т. е. родной земле. — *К. Ц.*> стихи навзрыд не сочиняем,
Наш горький сон она не бередит,
Не кажется обетованным раем.
Не делаем ее в душе своей
Предметом купли и продажи,
Хворая, бедствуя, немотствуя на ней, —
О ней не вспоминаем даже.

---

[21] См. письмо № 30 в публикации венских писем Кузьминского в наст. изд.

[22] Там же.

Да, для нас это грязь на калошах,
Да, для нас это хруст на зубах.
И мы мелем, и месим, и крошим
Тот ни в чем не замешанный прах.
Но ложимся в нее и становимся ею,
Оттого и зовем так свободно — своею.
[Ахматова 1999: 120]

Таким образом, перенесение мандельштамовского «почвенного» кода в Ленинград отчасти уже осуществилось Ахматовой («Родная земля» подписана: «*Ленинград. Больница. Гавань*»). Она же сделала его и более «народным», и коллективным. У Кривулина мы не найдем эту всенародную ноту: «мы» у него обычно ограничивается подпольной общиной. С другой стороны, Кривулин отказывается и от индивидуальной поэтической «веры», сопровождающей мандельштамовское приближение к земле. Если субъект Мандельштама говорил: «Звучит земля — последнее оружье», то Кривулин, по сравнению с этой самоуверенностью, предстоит как нарочно обезоруженный: дерзкое «га!» Мандельштама неповторимо. «Лежание в земле», актуализированное, по-видимому, в «Родной земле» Ахматовой — «Да, я лежу в земле, губами шевеля, / Но то, что я скажу, заучит каждый школьник» (1935) [Мандельштам 2009: 199–200], — герою Кривулина уже не дано. Далее: «...заучит каждый школьник» — как же пробиться хотя бы мысленно к читателям (тем более к школьникам) в условиях неофициальности? Наконец, третий важный текст Мандельштама в «земляном» контексте: «Я к губам подношу эту зелень...» (1937): «Я к губам подношу эту зелень, / Эту клейкую клятву листов, / Эту клятвопреступную землю: / Мать подснежников, кленов, дубков. // Погляди, как я крепну и слепну, / Подчиняясь смиренным корням» [Там же: 241]. Во всех этих стихах Мандельштама всегда есть какой-то обмен между нисходящим художником и землей и, соответственно, обещана какая-то награда за это нисхождение. Отчетливо, хоть и издали, дает о себе знать эхо «реального символизма» Вяч. И. Иванова и векторов его аксиологии. Так, в статье «О границах искусства» (1913) Иванов писал:

> С каким же запасом познания нисходит художник из сферы высших реальностей в дол реальности низшей? <...> С каким запасом познания нисходит он к той персти, глине, из которой должен лепить? С тем, опять-таки и прежде всего, познанием, что самая эта глина — живая Земля, находящаяся в изначальном и природном соотношении с высшими и реальнейшими правдами бытия. <...>
> [Иванов 1974: 644]

По отношению к этой «нисходящей» логике Иванова Кривулин, безусловно, маркирует точку невозврата, как бы часто ни повторялись слова об «архаичности» его поэзии (вспомним характеристику Кузьминского, о которой говорилось ранее). Кривулин, конечно — поэт с острым сознанием архаики, и в этом смысле, может быть, он и архаист, продолжающий линию Иванова. Но это не значит, что подобный архаизм функционирует относительно беспроблемно (как, скажем, в религиозной поэзии его современника О. А. Охапкина). Посмотрим еще раз на первые и последние строки «Городской прогулки». Лирический субъект с самого начала запускает песок, то есть потенциальный «хрящ иной», к себе в рот. Неизвестно, как именно он туда попал, но песок — и само слово «хрящ» со своим звучанием — скрипит на зубах[23]. В конце лирический субъект наглядно демонстрирует Боратынскому, какое усилие требовалось бы, чтобы осуществить его поэтический эксперимент без романтизма: он показывает поэту XIX века невозможность плодоносного контакта с землей. После блокады город является в самом прямом смысле «мертвой» землей. Замена («стезя иная слову» Боратынского) как благополучная символическая трансакция недостаточна, лирический субъект возражает, так как она требует от поэта жертвы всем собой. Но такая жертва была бы бессмысленной, потому что она бы ничего не доказала. Тем не менее в конце подчеркивается

[23] См. слова Горичевой: «С мудростью и даже с каким-то вожделением он пишет о себе как об устах, жадно льнущих во всем вещам, — с послушанием в отношении другого, в отношении красоты, мировой трагедии, и даже политики, которой он увлекся в последние годы жизни» [Горичева и др. 2007: 14].

мощная тяга вниз, к свежей смоле, пока та не остыла. Вспомним пресловутую тягу (каламбурную, но не только) стихов к стихии — описанную М. Н. Эпштейном [Эпштейн 2007]. Конвенциональное использование созвучия «стихия/стих» (*др.-греч.* στοῖχος/στῖχος) мы находим, например, в петербургской поэзии Охапкина: «Кто там скачет, хохочет и вьюгой гремит? / Это Санктъ-Петербургъ. Бронза, хлябь и гранит. // Не Орфей, не Евгений, но, ветром гоним, / Со стихией — стихия — беседую с ним» («Санктъ-Петербургъ», 1973) [АГЛ 4Б: 70]. Но был относительно недавний яркий образец: А. А. Блок в речи 1920 года перед основанным недавно Союзом поэтов настаивал на необходимости «выхода в мир» как обязательном условии «стихийной» поэзии: «...стихи, не связанные со стихиями, останутся стихами, как это бывало весьма часто, и не получится никакого нового устремления, а получится только облегчение внешней обстановки отдельных лиц, то есть освобождение некоторого количества творческой энергии» [Блок 1962: 436]. Блок пытался идти в ногу с историческим катаклизмом. В геопоэтике Кривулина же, как мы увидим в дальнейшем, функционирование неоромантической связи «стиха» со «стихией» ставится под вопрос — и в то же время еще более усиливается. Кривулин будто бы воспринял знаменитые слова Блока как конкретный вызов уже в совершенной другой ситуации, а именно — для исследования следов (или «ран», на поэтическом языке поколения) произошедших катаклизмов.

3. Устный контакт с «землей» города: поэтический радикализм Кривулина

Рассмотрим отдельные места в стихотворениях Кривулина первой половины 1970-х годов, в которых моделируется специфическая тяга, а именно близость «устного» феномена (рта, языка, уст, губ, слова) с «землей». Начнем со стихотворения «Внутренне готовимся к зиме...» (1972/73) о замерзании жизни в снежной белизне. Оно заканчивается следующими строфами:

Исподволь готовимся. А там —
ясные глаза и смотришь прямо.
Вот поземка. Вот лопата. Яма.
Рваная земля прильнула к сапогам.

Эта — из-под снега — чернота,
эта обнимающая ноги...
Словно распадается на слоги,
словно ком земли, заполнивший уста!
[Кривулин 1988, I: 87]

Вспомним, что у И. Ф. Анненского, о котором Кривулин в Ленинградском университете написал свою дипломную работу, в стихотворении «Петербург» (1910) представлен снег, «облипающий плиты» [Анненский 1990: 186]. У Кривулина «земля прильнула к сапогам», ее чернота как бы обнимает ноги, которые парономастически становятся «слогами». А дальше доходит до прямого «устного» контакта. Образ последней строки не локализован точно, но самое вероятное положение говорящего (вернее, уже не говорящего) в конце — на полу, лицом вниз к земле.

Говорящий Кривулина постоянно сталкивается устами с землей. При этом следует отметить, он не дает «согласье быть землей», как это эпизодически делал лирический герой «Сестры моей — жизни» Б. Л. Пастернака[24]. Кривулинского субъекта тянет к земле, но он не готов полностью поддаться, перестать говорить[25]. Нам кажется чрезвычайно важным подчеркнуть постутопич-

---

[24] См.: «Чьи стихи настолько нашумели, / Что и гром их болью изумлен? / Надо быть в бреду по меньшей мере, / Чтобы дать согласье быть землей» («Болезни земли») [Пастернак 2003: 133].

[25] См. в этом контексте замечание А. А. Житенева: «Это не отказ от личностного начала; скорее, желание акцентировать самоотстранение и самоуничижение как конструктивные элементы сложного "я". Так, в анкете о гуманизме В. Кривулин замечает, что обожение "невозможно без чувства безграничного унижения человека перед Богом", а в рецензии на книгу В. Сидорова предостерегает от взгляда на человека как простую "функцию мировых ритмов", когда он "выпадает из картины вселенной"». См.: *Кривулин В. Б.* Реплика в диспуте «Христианство и гуманизм» (37. 1976. № 7/8, без паг.) [Житенев 2014].

ность подобной модели приближения к земле. Поедание мира как тотальная евхаристия[26] — такой образ здесь не имеет место быть прямо, однако присутствует подспудно. Чтобы проиллюстрировать этот аспект, стоит привлечь — именно по контрасту — эпизод в романе А. П. Платонова «Чевенгур», где появляется персонаж «бог», питающийся одной землей. Рассказчик Платонова отмечает:

> Оказывается, этот человек считал себя богом и всё знал. По своему убеждению он бросил пахоту и питался непосредственно почвой. Он говорил, что раз хлеб из почвы, то в почве есть самостоятельная сытость — надо лишь приучить к ней желудок. Думали, что он умрет, но он жил и перед всеми ковырял глину, застрявшую в зубах. За это его немного почитали.
> [Платонов 2011: 88][27]

У лирического субъекта Кривулина подобного «убеждения» в возможности радикального слияния с почвой, безусловно, нет. Ситуация кардинально иная. Земля Ленинграда не обнажена революцией, как степь Платонова. Поэтический радикализм приближения к земле у Кривулина скорее является постулатом установления какого-то прямого контакта (не доходящего до инкорпорации и переваривания). Подполье/андеграунд в этом смысле воображается как пространство этики «близости» и полного отсутствия «больших» идеологических конструкций[28].

Нечаянно, иногда почти чудом, в рот говорящему попадают частицы земли, пепел, пыль, как в стихотворении «К человеку подполья» (1972) — анонимному существу подполья:

---

[26] О механизмах инкорпорации мира у В. Хлебникова см. [Hansen-Löve 2016a].

[27] Подробно об этом см. [Hansen-Löve 2016b: 431–433].

[28] Это, в частности, имела в виду О. А. Седакова, когда писала об «историчности» Кривулина, преодолевающей постисторический «советский календарь» («Вопрос к Тютчеву», 1970) [Кривулин 1988, I: 23]. О Кривулине как о «самом историчном поэте нашего поколения» см. [Седакова 1991: 259]. См. об этом [Херльт 2013: 311–321] (глава о фигуре «врастания в историю»).

Человеку подполья, поземке пустынной земли,
придан голос высокий, почти за границами слуха,
но в колодцах-дворах, где живет он, куда занесли
горстку слабого белого пуха
ветры гари и копоти, словно из мутной дали
слышен голос его и брюзгливо и глухо.

Полон рот его пыли <...>
[Кривулин 1988, I: 54]

«Высокость» возможна только как приглушенная, потушенная. Специфическая чистота лирического голоса не в полете, а в его тяге к бесформенному, в готовности не сбегать, в аффирмации дискомфорта. Показательно, что во рту поэтического субъекта оказывается пыль — то есть он, как Раскольников, целует низкую землю Ленинграда, а не легкий, занесенный сверху пух[29].

Почва и ее мелкие частицы становятся своего рода посланием к лирическому герою (вместо того чтобы слово осеменило землю по образцу поэтологии Вяч. Иванова). Смелость соприкосновения, своего рода деиммунизация имеет абсолютный приоритет перед новым синтезом. Постоялец из одноименного стихотворения 1974 года прямо говорит: «...прижимаюсь к надежному тлену» [Там же, I: 48]. Он это делает, очевидно, не без горькой иронии, но в «несобственном» модусе иронии заложена и кенотическая переоценка, которая пронизывает творчество Кривулина. Настоящая отвага в его поэтическом мире заключается в аффирмации уязвимости: «Возможно ль жить, — спрашивает его субъект, — не положив границы / меж холодом и хрупкой кожей рук?» [Там же: 101].

В стихотворении «Почта» (1973) «почва» рифмуется с «почтой»: «Под нами шевелится почва / от необратимого множества крыс, / шуршащих, как свежая почта» [Там же: 88]. Слово (эпистолярное) здесь метафорически погрузилось в землю, и шуршание уподоблено беготне крыс. Ожидание ответа, прощупывание

[29] Мотив поцелуев на земле города был еще у Э. М. Шнейдермана, но в гораздо более игривом варианте. См. его стихотворение «Хожу по городу...» (1960): «Хожу по городу / и спотыкаюсь / о поцелуи — / Здесь целовались, / там целовались, / А поцелуи / навсегда остались / На мостовой» [АГЛ 5А: 345].

полученного письма, тепло человеческое и индекс ужаса (шуршание крыс) как-то экспериментально и, опять же, только отчасти иронически отождествляются.

Перейдем, наконец, к стихотворению «Пью вино архаизмов...» (1973) [Там же: 108] — несомненно, самому известному и влиятельному произведению Кривулина. Это текст, мерцающий между трезвым отчетом и экстатическим заклинанием, о приобщении говорящего к прерванной культурной традиции[30] через уста: «До сих пор на губах моих — красная пена заката». Не только солнце утраченного мира уже не горит, но и заново приобретенные слова сразу же погибают, «отлетая в объятия Логоса-брата», как это описывает первая строфа. Божественное Слово принимает в себя как в хранилище ненадежное блуждающее поэтическое слово. Немного далее в стихотворении появляется другое, менее светлое, материальное хранилище, а именно черные «подземные реки»: «И подпольные судьбы / черны, как подземные реки, / маслянисты, как нефть». Плавая в этих реках, слова могут ожить, но только тут же сгорая. Этот образ развертывается в знаменитой предпоследней строфе:

> Дух культуры подпольной, как раннеапостольский свет,
> брезжит в окнах, из черных клубится подвалов.
> Пью вино архаизмов. Торчу на пирах запоздалых,
> но еще впереди — я надеюсь, я верую — нет! —
> я хотел бы уверовать в пепел хотя бы, в провалы,
> что останутся после — единственный след
> от погасшего слова, какое во мне полыхало!

---

[30] См. об «общности» Кривулина с русским модернизмом [Walker 1999]. Центральную роль в интертекстуальном прочтении Уолкера играет стихотворение В. Я. Брюсова «Грядущие гунны» (1905); согласно исследователю, «Пью вино архаизмов...» является полемическим ответом на символистское заигрывание с варварством, т. е. на декадентский жест принесения собственной высокой культуры в жертву хаотической стихии [Там же: 678–681]. Такое критичное отношение к историческому символизму — очередное свидетельство того, что у Кривулина, во-первых, было достаточно нюансированное представление о Серебряном веке, и что, во-вторых, его «радикализм» нельзя отождествлять с символистскими, «скифскими» поисками (народной) стихии.

Слова-архаизмы, произносимые тем, кто «торчит» на подпольных пирах, загораются на излете из его губ. Остаются вкус пепла и «провал» как своего рода негативный памятник. Но последняя строфа еще раз опрокидывает этот образ. Говорящий лишается языка — с явной отсылкой к пушкинскому «Пророку», но при обстоятельствах более лапидарных, механически жестоких, чем у Пушкина:

> Гибнет голос — живет отголосок.
> Щипцы вырывают язык,
> он дымится на мокром помосте средь досок,
> к сапогам, распластавшись, прилип.
> Он шевелится, мертвый, он пьян
> ощущением собственной крови.
> Пью вино архаизмов, пьянящее внове,
> отдающее оцетом оцепенелой Любови,
> воскрешением ран.

Говорящий «Пью вино архаизмов...» приобщился губами к «пьянящей» традиции — можно сказать, он целовался с ней в бреду, — и платит за этот подпольный обряд ценой немоты. Взамен языка, в отличие от пушкинского «Пророка», что примечательно, ему ничего не вставляют. Язык упал на улицу, и на него наступают сапоги, к которым он прилипает (упомянутое уже слово-сигнал из «Петербурга» Анненского). Чьи это сапоги? Куда они уносят шевелящийся еще язык? И кто, собственно, его описывает, раз голос говорящего «погиб»? Можно говорить, как Завьялов, об алогизме данной коммуникативной ситуации[31], которая перформативно противоречит самой себе. Но откуда эта противоречивость появляется? Стоит припомнить здесь еще раз хрипящий «хрящ», «стезю иную слову» Боратынского, имплицитно оспоренную в «Городской прогулке» Кривулина. Субъект из «Пью вино архаизмов...» продолжает говорить, очевидно, уже не обладая языком. Не может ли это означать, что только здесь «хрящ иной» становится «плодоносным» — правда, в каком-то

---

[31] См.: «Страшный, несколько нелогичный <...> финал» [Завьялов 2013: 48].

совсем черном, почти что «готическом» варианте? Получается ли, что сбрасывание языка — это тот «новый посев»? Нельзя, по крайней мере, не видеть, что ряд рифм «крОви / внОве / любОви» подчеркивает теплое словесное «о», отводящее от остывшего языка. Вино пьянеет «внове» потому, что непосредственно попадает на рану, в которую как бы целиком превратился рот говорящего, и в ней вызывает острую боль? Открывается драстический образ между причастием и стигматизацией. Или же это валяющийся язык является той «раной», и вино, всё еще льющееся, дает говорящему силу его воскресить, т. е. поднять с улицы и впоследствии — лечиться и вновь обретать язык?

С точностью мы можем только сказать, что в «Пью вино архаизмов...» мощная тяга кривулинской поэзии к почве реализуется самым жестким образом, но, возможно, ей здесь также придается катарсическое и освобождающее измерение.

4. Отдаление от земли Ленинграда как конец «второй культуры»

Как развивается геопоэтическая фигура Кривулина в его стихотворениях поздних 1970–1980-х годов, мы можем очертить лишь вкратце (не затрагивая постсоветского периода)[32]. Земляные образы не становятся менее частыми, они, очевидно, продолжают пронизывать городскую поэзию Кривулина. При этом намечается наглядная разница по отношению к обсужденным нами текстам первой половины 1970-х: происходит отстранение. Субъект стихотворений уже не ищет «устного» контакта с землей. Соответственно, одна из тенденций усматривается в усиленной отвлеченности кривулинского дискурса о земле вообще. Так, стихотворение «Ты, убогий дар, ты, мой голос негромкий!..» (1978) толкует о кровавой русской истории: «И поэтому почва под нами пропитана кровью / Вся история родины — светлый

---

[32] О смене поэтики Кривулина в 1980–1990-е годы см. [Саббатини 2013] и [Саббатини 2014].

поток нелюбви» [Кривулин 1988, II: 10]. Другая тенденция: «земля» города становится источником светлых явлений, носителем квазимистических видений, как в стихотворении «Садовник тишины» (1978): «Садовник тишины выращивает вечер / из почвы, загрязненной человеком» [Там же, II: 15]. Не «высокий» Петербург компенсирует тут нищенский быт, а почва-болото каким-то благодатным образом возвращает равнодушным, «истерическим» людям цивилизации тепло: «За что же свет вечерний из болота / как логос поднялся трехлепестковый?» [Там же]. Вектор — и это очень значительная смена — идет уже только в одну сторону: из почвы к людям. Отсутствует поэтическая персона, которая, нисходя, старалась бы брать на себя своими устами немую материю, улавливать и передавать какие-то ее частицы. Почва как бы работает сама по себе. В менее чудотворном, скорее, негативном виде это происходит в стихотворении «Когда полугероями» (1983): «...из почвы пустырей плодоносимой / не мы одни — подумать бы! — растем: / немые дни, они: идут на слом / немые годы набирают силы» [Там же, II: 87]. В стихотворении на копию картины «Грачи прилетели» А. К. Саврасова (из сборника «Галерея») об учителе живописи говорится с пафосом, напоминающим «бедную» поэтику Г. Н. Айги: «...ничего не прося у земли / голой и зяблой / только сочувствуя тайно / пьяница горький, учитель / вывозит их на этюды» [Там же, II: 124]. Сам Кривулин еще в своих стихотворениях начала 1970-х годов, строго говоря, ничего не «просил у земли», но крайне устойчиво устанавливал с ней контакт.

Наконец, третья тенденция — сожаление о необратимо наступающей дистанции. Это уже модус ностальгический. В стихотворении «Как было уютно в тени катастроф...» (из сборника «Новое зрение»), накануне приезда из Ленинграда в «мир обновленный» Москвы, кривулинский субъект осознает, что́ покинул: «Да разве я думал, откуда бегу? / зачем за спиной оставляю / реальную землю — какому врагу, / начальнику и краснобаю?» [Там же, II: 137]. Наступило время «обновления», текущее уже не «в тени катастроф», то есть — ослабевающей памяти о этих катастрофах. Ленинград остается наиболее «реальной землей», но как бы только номинально. Почему так? Функция «кенотической» переоценки минуса в плюс каким-то роковым образом представляется неудовлетворительной. В стихотворении «Ты прав: куда оно теперь...» потеря умения терять описывается суггестивно: «Ты прав: куда оно теперь / одно глухое недовольство? / Была эстетика потерь. / Цвели утраченные свойства. / Пылал огнем минималистский бог / огнем бескачественным, темным...» [Там же, II: 142]. Знаменательно, что именно здесь, когда эксплицитно называется утрата жизненного принципа подполья (валоризации нищеты) возвращается «сапог» из стихотворений Кривулина первой половины 1970-х: «Как почву пробует сапог / раскврашенную (да пройдем ли? — / и не проходит, и увяз / во хлебях первозданной глины...) / Ты прав: она творила час — / но ради полной сердцевины!» [Там же]. Местоимение «она» можно отнести либо к «эстетике потерь», либо к самой «почве». Как бы то ни было, мы можем сказать, что эстетика и этика потерь «второй культуры» была связана в поэзии Кривулина с максимально конкретными образами земли, и в его аксиологической системе нет реальности без материального соприкосновения к ней. Апогеем отпевания подполья, пожалуй, является одно из самых известных произведений Кривулина, сугубо перестроечный текст «В любой щели поет Гребенщиков...» (1987), замыкающий двухтомное издание «Стихов». Стихотворение начинается с описания достижений перестройки, фактически же — торжества «второй культуры» над культурой официальной. Но сразу чувствуется, что это амбивалентная победа. Эта амбивалентность изображается материально в самой земле:

> Вокруг не Ленинград — Ерусалим,
> хлопочущий над воссозданьем Храма
> из недоуничтоженных руин,
> где торжествующая яма
> прикинется то бездною без дна,
> то рукотворным Эверестом...
> Но плоский тот пейзаж, каким заражена
> душа, как будто связанная с местом,
> он, может быть, единственное здесь,

что не меняется и неуничтожимо,
хоть землю рой, хоть лозунгом завесь
чертеж небесного Ерусалима!
[Там же, II: 145][33]

«Торжествующую яму» под воссоздаваемым храмом нельзя не прочитывать как метафору торжества подпольной культуры (в Ленинграде во многом связанной с воцерковлением). Эта яма оказывается в данном стихотворении искусственной, ложно глубокой — и необратимой в «высокость». По-настоящему глубокой — «реальной» — была плоскость. Подполье, навсегда ушедшее, было именно на поверхности. «Минималистский бог» неофициальной духовности из стихотворения «Ты прав: куда оно теперь...» не поддается культурной конвертации (перестройке) в принципе. Эта духовность неуловима, но этим самым и неуничтожима. Получается, что та «почва», к которой Кривулин в ранних 1970-х годах обращался подчеркнуто материально, теперь может сохраняться лишь как воображаемая субстанция, как крайне тонкая пленка, «спиритуально».

Заключение: геопоэтика versus почвенничество

Закончить мы хотели бы следующей гипотезой: болезненное и чрезвычайно продуктивное сближение «устного» и «почвенного» в поэзии Кривулина является сигнатурой неофициальной кондиции и кризисного статуса «второй культуры». Уныло-депрессивный ленинградский ландшафт («низкие комментарии» к Петербургскому тексту, как сказал бы Топоров) во многом оказывается доминирующим в стихотворном корпусе неофици-

[33] Воспоминание о «плоском том пейзаже, каким заражена душа, как будто связанная с местом» на интертекстуальном уровне, возможно, означает актуализацию ранней фазы ленинградской «второй культуры» и ее топографию, как она предстоит в раннем творчестве Аронзона, особенно в поэме «Прогулка» (1964). См. конец поэмы: «Прощай, пейзажем ставшая душа!» в [Аронзон 2006: 25].

альных поэтов 1970-х годов. Но тяга, которую мы проанализировали, — тяга сближения поэтического говорения с землей, песком, смолой, пылью, как представляется, может открывать новую перспективу, которая не сводится ни к классическому петербургскому тексту, ни к позднейшему, отчасти всегда компенсационному «кенотическому» дискурсу участников ленинградской неофициальной культуры. Это перспектива поэтического радикализма вопреки общему месту о пассеизме ленинградского андеграунда. Радикализм мы понимаем здесь не политически, хотя политическое измерение (в виде позднесоветского почвенничества деревенской прозы, публицистики В. В. Кожинова и других, поэзии (отчасти) Н. М. Рубцова, в большей степени — Ю. П. Кузнецова, а также такого широко известного произведения, как «Песня о земле» В. С. Высоцкого, 1969) — конечно, блуждает в воздухе. Но шага в шовинизм у Кривулина решительно не наблюдается. Кроме того, интересным образом позднесоветское неопочвенничество в литературе далеко не обладает той конкретикой приближения почвы, как она предстоит в кривулинской поэтике. Его попытке навязывания прямого контакта очень часто противостоят шаблоны почвенников, в прямом смысле слова общие места. Это четко отмечалось самым Кривулиным и стало поводом его открыто публицистически-полемического стихотворения «Петербург» (из сборника «Стихи подряд»). В нем он полемизирует не только с «царскосельской природой платяной», то есть с туристическим Ленинградом, но и с «ложносельской повести уютом» деревенской прозы [Кривулин 1988, II: 27]. Упрек сводится к тому, что так называемое почвенничество на самом деле отворачивается от реальной земли: «...и всё это с гримасой отвращенья, / при поэтическом и нравственном огне — / исканье родины как поиск помещенья / или угла незримого извне» [Там же]. Нетрудно убедиться в том, что Кривулин противопоставляет поиску уютно-исконной домашности ленинградскую «бездомность», а почти что мещанским «внутренним» ценностям — «интимность» с землей. Наконец, прямо названа идеология «почвы» позднесоветского национализма: «...я стал свидетелем возобновленья почв / периода крестьянской прозы / лесолюбивых дач — / какие птицы украшают ночь!» [Там же]. Интереснее всего тут акцент на «возобновлении»; почвенничество, согласно Кривулину, всегда уже является проекцией, идет мимо фактуры почвы и отсюда — мимо запечатленной в ней нетриумфальной памяти о страдании.

Пожалуй, не совсем случайно проект «православной экологии» в постсоветской России был задуман Т. М. Горичевой[34], организовавшей совместно с Кривулиным журнал и семинар «37»[35]. У новой «памяти о земле» в постсоветские 1990-е годы вплоть до нашего времени могут быть самые разные интеллектуальные источники (хотя бы такие разные факторы, как позднесоветский национализм и западное экологическое движение 1970–1980-х годов). Если экология Горичевой до сих пор лишь очень условно признана в широких церковных кругах, то это может быть связано с тем, что в ней продолжает быть остро ощутимой подпольно-маргинальная, радикально-поэтическая встреча с «землей» Ленинграда. Но это уже явно другая тема, как и общественная деятельность самого Кривулина в 1990-е годы, когда его эстетическое и этическое вопрошание «земли» города стало — говоря словами Бруно Латура[36] — всё больше и больше заботой о том, «как ориентироваться в политике».

Библиография

Анненский 1990 — *Анненский И. Ф.* Стихотворения и трагедии / сост. А. В. Федоров. Л.: Советский писатель, 1990.

Аронзон 2006 — *Аронзон Л. Л.* Собр. произведений: в 2 т. / сост. П. А. Казарновский, И. С. Кукуй, В. И. Эрль. Т. 2. СПб.: Изд-во Ивана Лимбаха, 2006.

Ахматова 1999 — *Ахматова А. А.* Собр. соч.: в 6 т. / сост. Н. В. Королева. Т. 2/2. М.: Эллис Лак, 1999.

---

34 См. [Горичева 1997].

35 ...и которая в книжечке о его поэзии (2007) сказала: «Это Петербург, это Родина, это земля» [Горичева и др. 2007: 78].

36 См. [Latour 2017]. О «земляном» повороте Латура см. также [Latour 2015].

Баратынский 1989 — *Баратынский Е. А.* Полн. собр. стихотворений / сост. В. М. Сергеев. Л.: Советский писатель, 1989.

Берггольц 1973 — *Берггольц О. Ф.* Собр. соч.: в 3 т. Т. 2. Л.: Художественная лит-ра, 1973.

Блок 1962 — *Блок А. А.* <Выступление на вечере С. Городецкого и Л. Рейснер> [4 августа 1920] // Блок А. А. Собр. соч.: в 8 т. Т. 6. М.; Л.: ГИХЛ, 1962. С. 435–438.

Гельфонд 2011 — *Гельфонд М. М.* «Я читал Боратынского...»: Виктор Кривулин // Полилог. Теория и практика современной литературы. Электронный научный журнал. 2011. № 4. С. 25–31.

Гинзбург 2000 — *Гинзбург Л. Я.* <День Оттера> // *Гинзбург Л. Я.* Проходящие характеры. Проза военных лет. Записки блокадного человека / сост. Э. ван Баскирк, А. Л. Зорин. М.: Новое изд-во, 2000.

Горичева 1997 — Христианство и экология: Сб. статей / ред. Т. М. Горичева. СПб.: РХГИ, 1997.

Горичева и др. 2007 — «Пью вино архаизмов...»: О поэзии Виктора Кривулина: Беседы / Татьяна Горичева, Даниэль Орлов, Александр Секацкий, Николай Иванов. Санкт-Петербург: КОСТА, 2007.

Даль 1882 — Толковый словарь живаго великорусскаго языка Владимира Даля. 2-е изд. Т. 4. М.; СПб.: Издание книгопродавца-типографа М. О. Вольфа, 1882.

Достоевский 1978 — *Достоевский Ф. М.* Полн. собр. соч.: в 30 т. Т. 6. Л.: Наука, 1978.

Житенев 2014 — *Житенев А. А.* Виктор Кривулин как теоретик «неофициальной» культуры (1976–1984) // Text only. 2014. № 41. URL: http://textonly.ru/case/?issue=41&article=38795 (дата обращения: 10.04.2020).

Завьялов 2013 — *Завьялов С. А.* Ретромодернизм в ленинградской поэзии 1970-х годов // «Вторая культура»: Неофициальная поэзия Ленинграда в 1970–1980-е годы. Материалы международной конференции (Женева, 1–3 марта 2012 г.) / сост. Ж.-Ф. Жаккар, В. Фридли, Й. Херльт. СПб.: Росток, 2013. С. 30–51.

Иванов 1974 — *Иванов В. И.* Собр. соч.: в 4 т. / сост. Д. В. Иванов, О. Дешарт. Т. 2. Брюссель: Foyer oriental chrétien, 1974.

Игнатова 1983 — *Игнатова Е. А.* Кто мы? // Обводный канал. 1983. № 4. С. 205–213.

Красовицкий 1980 — *Красовицкий С. Я.* Стихотворения // Эхо. 1980. № 1 (9). С. 31–48.

Кривулин 1988 — *Кривулин В. Б.* Стихи: в 2 т. Ленинград; Париж: Беседа, 1988.

Кривулин 1994 — Поэзия — это разговор самого языка. Виктор Кривулин <в интервью с В. Кулаковым, 1994> // Кулаков В. Г. Поэзия как факт: Статьи о стихах. М.: Новое литературное обозрение, 1994. С. 360–377.

Кривулин 1998 — *Кривулин В. Б.* Ленинградский дом как почва бездомности // Кривулин В. Б. Охота на мамонта. СПб.: БЛИЦ, 1998. С. 42–52.

Кривулин 2000 — *Кривулин В. Б.* Петербургская спиритуальная лирика вчера и сегодня (К истории неофициальной поэзии Ленинграда 60–80-х годов) // История ленинградской неподцензурной литературы. 1950–1980-е годы: Сб. статей / сост. Б. И. Иванов, Б. А. Рогинский. СПб.: ДЕАН, 2000. С. 99–109.

Кривулин 2009 — *Кривулин В. Б.* Композиции / сост. О. Б. Кушлина, М. Я. Шейнкер. М.: АРГО-РИСК; Книжное обозрение, 2009.

Кулаков 1999 — *Кулаков В. Г.* После катастрофы: Лирический стих «бронзового века» // Кулаков В. Г. Поэзия как факт. М.: Новое лит. обозрение, 1999. С. 241–274.

Мандельштам 2009 — *Мандельштам О. Э.* Полн. собр. соч. и писем: в 3 т. / сост. А. Г. Мец. Т. 1. М.: Прогресс-Плеяда, 2009.

Павловец 2013 — *Павловец М. Г.* «Нулевые» и «пустотные» тексты в русской поэзии: от «исторического авангарда» к неподцензурной поэзии второй половины XX века // Сто лет русского авангарда. М.: Научно-издательский центр «Московская Консерватория», 2013. С. 375–384.

Пастернак 2003 — *Пастернак Б. Л.* Полн. собр. соч. с приложениями: в 11 т. / сост. Е. В. Пастернак, Е. Б. Пастернак. Т. 1. М.: Слово, 2003.

Платонов 2011 — *Платонов А. П.* Чевенгур. Роман. Котлован. Повесть // Платонов А. П. Собрание / ред. Н. В. Корниенко. Т. 3. М.: Время, 2011.

Саббатини 2013 — *Саббатини М.* «Последний Кривулин». Поэтика семидесятника на грани постмодерна // Имидж, диалог, эксперимент — поля современной русской поэзии / сост. Х. Шталь, М. Рутц. München: Sagner, 2013. С. 421–434.

Саббатини 2014 — *Саббатини М.* Виктор Кривулин на переломе эпох. Заметки о смене поэтики во второй половине 1980-х годов // Вестник СПбГУ. 2014. Сер. 9. Вып. 4. С. 44–50.

Седакова 1991 — *Седакова О. А.* Очерки другой поэзии. Очерк первый. Виктор Кривулин // Дружба народов. 1991. № 10. С. 258–266.

Топоров 2003 — *Топоров В. Н.* Петербург и «Петербургский текст русской литературы» // Топоров В. Н. Петербургский текст русской литературы: Избранные труды. СПб.: Искусство-СПб, 2003. С. 7–118.

Тютчев 2003 — *Тютчев Ф. И.* Полн. собр. соч. и писем: в 6 т. / сост. В. Н. Касаткина. Т. 2. М.: Классика, 2003.

Херльт 2013 — *Херльт Й.* «Чем ты дышишь и живешь...»: о соотношении истории и культуры в творчестве Виктора Кривулина // «Вторая культура». Неофициальная поэзия Ленинграда в 1970–1980-е годы. СПб.: Росток, 2013. С. 309–327.

Цендер 2017 — *Цендер К.* Татьяна Горичева, Ганс Урс фон Бальтазар и трагическое // Швейцарская теология и русская религиозная философия. Рецепция и воздействие. Сборник статей / ред. Н. А. Бакши, К. Толстая. СПб.: Нестор-История, 2017. С. 163–181.

Эпштейн 2007 — *Эпштейн М. Н.* Стихи и стихии. Природа в русской поэзии XVIII–XX вв. М.: Бахрах-М, 2007.

Barskova 2017 — *Barskova P.* Besieged Leningrad: Aesthetic Responses to Urban Disaster. De Kalb: Northern Illinois University, 2017.

Hansen-Löve 2016a — *Hansen-Löve A. A.* Chlebnikovs verbaler Kannibalismus. Das Wort ist Fleisch geworden // Hansen-Löve A. A. Über das Vorgestern ins Übermorgen. Neoprimitivismus in Wort-und Bildkunst der russischen Moderne. Paderborn: Wilhelm Fink, 2016. S. 267–300.

Hansen-Löve 2016b — *Hansen-Löve A. A.* Die Kinder fressen ihre Revolution: Platonovs Steinzeitkommunismus // Hansen-Löve A. A. Über das Vorgestern ins Übermorgen, 2016. S. 425–449.

Konończuk, Sidoruk 2012 — Od poetyki przestrzeni do geopoetyki / red. E. Konończuk, E. Sidoruk. Białystok: Wydawnictwo Uniwersytetu w Białymstoku, 2012.

Latour 2015 — *Latour B.* Face à Gaïa: huit conférences sur le nouveau régime climatique. Paris: Les empêcheurs de penser en rond, 2015.

Latour 2017 — *Latour B.* Où atterrir? Comment s'orienter en politique. Paris: La Découverte, 2017.

Marszałek, Sasse 2010 — Geopoetiken. Geographische Entwürfe in den mittel-und osteuropäischen Literaturen / hrsg. M. Marszałek, S. Sasse. Berlin: Kulturverlag Kadmos, 2010.

Ronen 1997 — *Ronen O.* The Fallacy of the Silver Age in Twentieth-Century Russian Literature. Amsterdam: Harwood Academic Publishers, 1997.

Sandler 2007 — *Sandler S. A* Poet Living in the Big City: Viktor Krivulin, Among Others // Poetics. Self. Place: Essays in Honor of Lisa Crone / eds. N. Boudreau, S. Krive, C. O'Nei Bloomington, IN: Slavica Publishers, 2007. P. 1–23.

Walker 1999 — *Walker C. B. The* Spirit(s) of the Leningrad Underground: Viktor Krivulin's Communion with Russian Modernism // The Slavic and East European Journal. 1999. Vol. 43. № 4. P. 674–698.

Владимир Орлов (Москва)

Литературный альманах «Майя»: азиатская ветвь

Альманах «Майя» известен в основном потому, что в Антологии *У Голубой Лагуны* К. К. Кузьминского был републикован его первый номер. Антология эта и сама вышла не столь уж большим тиражом, но в любом случае это не сравнить с теми шестью, максимум двенадцатью экземплярами, которые имели оригинальные выпуски «Майи»[1].

Естественно, «Майя» № 1 достаточно легко доступна для изучения. «Майя» № 2 и № 3 в настоящее время ненаходимы. «Майя» № 4 имеется в архиве Международного Мемориала в Москве; № 5 — в Мемориале петербуржском. Шестой номер, выпущенный Мирославом Андреевым в 1993 году, был обнаружен автором этой статьи в Bibliothèque de Documentation Internationale Contemporaine в городе Нантерр, Франция. Он прежде всего и станет предметом рассмотрения, хотя при необходимости будут задействованы и материалы из других номеров, да и историческая справка об альманахе, подготовленная Андреевым, хотя и опубликована в шестом номере, затрагивает всю историю «Майи». Отметим, что краткая историческая справка об альманахе была дана Андреевым в журнале «Новое литературное обозрение» (1998. № 6), однако материал изложен довольно сухо и без подробностей — по сравнению с публикующимся далее.

---

1 См. статью М. Андреева «“Майя” за 10 лет» в пятом номере альманаха: «Да и что это за выплески тиражом в 6 экземпляров машинописи “с бритвочкой в руке”?! Один первый, кажется, достигал 12-ти...» Впрочем, как раз пятый номер, судя по внешнему виду, был растиражирован с помощью ксерокопирования в большем количестве.

Сам Андреев выделяет три потока, влившиеся в альманах: псковский, петербургский и азиатский (фрунзенский). Мы бы добавили еще южный (кишиневский) в лице Е. А. Хорвата, Наума Каплана и А. А. Фрадиса[2]. Материалы этих авторов попали к редакторам «Майи», вероятно, через поэтов О. А. Охапкина или А. Ф. Ожиганова и, скорее всего, представляют собой подборки стихов для так и не вышедшего самиздатского сборника «Север-Юг», готовившегося в Петрозаводске[3]. Впрочем, эта версия еще нуждается в уточнении.

В настоящей статье мы уделим основное внимание авторам азиатского потока, поскольку сведения о них крайне скудны, а имеющиеся зачастую сильно искажены и недостоверны: Игорю Романовичу Бухбиндеру (1911–1983), Василию Бетехтину (1951–1987) и Ю. В. Богомольцу[4]. Структура подачи материала проста: вначале приводится (с небольшими сокращениями) текст Андреева, опубликованный в шестом номере альманаха, затем он комментируется автором данной статьи.

1. История издания

> ОТ РЕДАКЦИИ
>
> Альманах «Майя» созидался по замысловатому узору пути (не поскромничаю) моего возвращения со второй родины на первую, из Азии в Россию (Фрунзе (Бишкек) — Псков — Петербург). Поступив в 1976 г. на филологический фак<ультет> Кирг<изского> гос<ударственного> университета, я познакомился с участниками местных лит. объединений

---

2 А также в некотором смысле Ожиганова, который в то время уже жил в Ленинграде (а затем в Куйбышеве), но был хорошо знаком со всеми перечисленными по Кишиневу.

3 См. об истории невыхода этого сборника статьи А. Ю. Шилкова «О Жене Хорвате и о себе, любимом» [Хорват 2005: 413–416] и Кати Капович «Три зимы под копирку» [Там же: 417–444].

4 Александра Соколова-Нестерова и Мирослава Андреева мы рассматриваем как «псковскую ветвь», хотя стихи они начали писать еще во Фрунзе.

Вас. Бетехтиным, И. Бухбиндером, Ю. Богомольцем, А. Соколовым (Нестеровым)[5] и др., которые позже стали публиковаться в альманахе, а Соколов стал активным созидателем его и редактором. Будучи отчисленным с 3-го курса с правом восстановления через год, но не восстановленным, — в 1979 я уехал в родной Псков к бабушке, спасаясь от призыва в армию и в расчете на восстановление в пединституте. Провалявшись с неделю с книжками на кровати, понял, что пора бы найти друзей, и так случилось, что они нашлись буквально за день — среди них узнал и Евгения Шешолина, с чьими стихами успел ознакомиться до его появления и под чьим знаком выпускается этот номер, чью помощь ныне возможно ощутить лишь из трансцендентного... Выяснилось, что Евгений знаком с известным по «голосам» Олегом Охапкиным, и когда мы поехали к Олегу в Питер, идея альманаха уже жила. Олег был тогда на взлете, пламенно читал стихи и погружал нас в литературную питерскую бывальщину, мы славно выпивали в закатном Петергофе, жарили шашлыки и веселились вовсю — то было одним из драгоценнейших воспоминаний нашей с Женей юности позже всю дружественную жизнь: зелень, озакаченные волны, валуны, растворяющиеся к Кронштадту... После разговора с Олегом идея альманаха окончательно окрепла в нас — была обещана поддержка Сев<ерной> Пальмиры и переброска номера за кордон. И поехал я в Азию — поговорить с прежними знакомцами и, так выпадало, прежде всего с Соколовым как казавшимся наиболее энергичным и заинтересованным, с ним мы и приступили к сбору материалов для альманаха. Игорь Бухбиндер, когда-то выгнанный из Новосибирского ВУЗа с факультета языков за участие в самиздатовском «Голубом экспрессе» («школа Маковского» и, кажется, не без знакомства с В. Делоне) и сплотивший вокруг себя творческую молодежь г. Фрунзе, с опаской, но дал стихи. Ими и открывается номер первый, не без символики «глашатая поколения». <...> Не отказались от участия

[5] Александр Нестеров-Соколов родился в 1951 году в Магадане (Нестеров — по рано умершему отцу, Соколов — по тетке, у которой воспитывался и затем был усыновлен). Единолично редактировал третий номер «Майи», без согласования с авторами исправив многие стихотворения по своему вкусу.

и В. Бетехтин с Ю. Богомольцем. И вот, с А. Соколовым и текстами весной 1980-го мы прибыли на Псковщину, на ст<анцию> Изоча Невельского р<айо>на, где учительствовал Е. Шешолин. Из псковского круга в номер стихи дала Татьяна Николаева (Нейник), а еще от Охапкина мы имели, кроме стихов самого Олега, стихи Б. Куприянова и, распределив, кто что будет распечатывать, приступили к работе. В мае 1980 первый номер альманаха «Майя» был готов. Числом в 6 экземпляров, один из которых, первый, Охапкин благополучно переправил А. Кузминскому <sic!> в Штаты (в нем опечаток уже не исправить). Начались годы истории его и наивных наших надежд.

В те милые, юные, «застойные» годы власть предержащим независимое (тем паче апеллирующее к «врагу-Западу») творчество представлялось опасным (зарубежное радио что-то там о нас упомянуло, а Кузминский вроде бы опубликовал), и гэбистский «глазок-смотрок» прильнул с более пристальным прицелом к нашей компании. Неким «материалом» они уже обладали, так что информация первого добровольного стукача, прознавшего об альманахе, говорят, не дала им ничего нового (так он и бродит по-прежнему в Пскове, не принятый на службу бывший лидер и поэтаст). Итак, машина уже работала. Удивительно, право, скольким рвением нужно было обладать и за это получать денежки, если на первом допросе в Комитете по одной жизни в Киргизии и странно известных подробностях жизни там я вынужден был что-нибудь отвечать на 84 (кажется) аккуратно заготовленных на машинке вопроса! Происходило это осенью 1981-го, перед свадьбой, которую они пытались расстроить, уже посадили во Фрунзе Ю. Богомольца (провокационно, «за спекуляцию», на 5 лет, которые он отбыл от звонка до звонка), хотя тот и был всегда немного «со стороны», активного участия в создании «Майи» не принимал. Однако поначалу его дело вел Комитет, пытались даже «заслать» для выяснения «каналов передачи на Запад» в Питер к Охапкину. <...> Тою же осенью, еще раньше меня, допрашивали во Фрунзе Соколова. Никто из нас не избежал предложения сотрудничать. Вспоминаю с усмешкой, как пыхтел и краснел мой «куратор». <...> А у Олега Охапкина в это время был тоже серьезный вираж: дело «Общины», сажали В. Пореша — о «Майе» вопрошали лишь попутно.

Доучиваться мне стало как-то тесновато, а армия уже не грозила, последним же напутствием на последнем допросе было: «Еще одна информация или номер на Западе — будете иметь бледный вид». И вернул<и> мне «многострадальный» наш номер, что отсылался ими «на проверку» аж в Москву. То был еще номер «чистого искусства», второй же, с «опасными» вкраплениями, я им не давал. Что ж, наш с псковскими друзьями круга «Майи» «бледный вид» осуществился ими лишь в 1983 году — провокация на тему «сопротивление властям»: мне три «химии» — и дальнейшие психиатрические приключения после побега на Восток.

Одним словом, «Майя» захиревала, все материалы постепенно перешли к «а-динамичному» Соколову, как бы и ранее отодвигаемый нашим «мессианизмом» чуточку в сторону Е. Шешолин и сам несколько поостыл к предприятию, словно увидев его бесперспективность при опасности, к тому же тогда еще не теряя надежд издаваться официально. Издание третьего номера едва ли не намеренно затягивалось, покуда сидел Богомолец и посиживал я, да и не все читатели были в сборе, а к оставшимся подкрадывались неугомонные нивелировщики культуры. «Майя» превращалась в почти что миф о себе, подкрадывавшиеся и ранее, стали явными мировоззренческие расхождения участников, кто и вообще отстранился, Бухбиндер умер, — восседая в одиночестве с текстами третьего номера, Соколов утверждался в верности лишь своего взгляда и отбора, вдобавок еще и, как он выражается, «компилируя» в чем-то не устраивавшие его тексты — без согласия авторов — а когда я освободился, спор наш поднялся над пропастью разрыва, что со временем и произошло, № 3 вышел в 1986-м, а в 4-м (1987) Соколов уже не участвовал. Мне не хочется ничего худого сказать о нем как человеке, поэт же он едва ли не гениальный. «Майя» обязана ему во многом и культурой печати, и пристальной корректурой, хотя опечатки всё же случаются. Но (пусть!) гениальность Соколова в человеческом плане дала крен в сторону «непогрешимости вкуса», он уверовал, что только так он способен верно отбирать материалы, править их, если что не так, ни у кого не спросясь, вообще в одиночку вести альманах. Это убеждение в нем пребывает доныне, вся последующая наша с Женей работа над альманахом им яростно критиковалась, а ныне

> мы, похоже, навсегда далеки друг от друга. Несмотря на печальные сии обстоятельства, Евгений и я издали и 4-й, избрали из предыдущих стихи для пятого (избранного за 10 лет). Который я и доводил до конца в уже во мрачной тени Жениного убийства в апреле 1990 года.

Прежде всего следует отметить, что даже благорасположенные к стилю письма Андреева знакомые отмечали его «высокопарный» и одновременно прыгающий с пятого на десятое слог изложения своих мыслей[6]. Само по себе это не преступление, но когда из-за этого искажаются хронологические рамки происходящего, приходится вносить коррективы.

Начнем с Охапкина, у которого, согласно статье Андреева, «в это время был тоже серьезный вираж: дело “Общины”». Речь идет об осени 1981 года, однако упомянутое дело началось обысками (в т. ч. и у Охапкина) 1 августа 1979 года, закончилось же судом над В. Ю. Порешем, проходившим с 23 по 25 апреля 1980 года. Таким образом, в 1981 году Охапкина по делу Пореша допрашивать — а, следовательно, и задавать «попутные» вопросы про «Майю» — *уже* не могли. Другое дело, что визит инициаторов альманаха в Ленинград и их встреча с Охапкиным, на которой им была «обещана поддержка Сев. Пальмиры», действительно произошли в разгар допросов по делу «Общины» осенью 1979 года. Но «Майя» тогда только еще затевалась, и никаких вопросов об альманахе следствие Охапкину задавать еще не могло. Тем самым вопрос о том, вызывали ли Охапкина в КГБ из-за «Майи» как минимум требует уточнения.

Републикация «Майи» № 1 в АГЛ состоялась в два этапа. В «петербургском» томе 4Б, выпущенном в 1983 году, полностью даны лишь справки о поэтах-участниках, а стихи опубликованы — в соответствии с заявленным содержанием тома — только петербуржцев Охапкина и Куприянова[7]. Остальным, «провинциальным», авторам «Майи» пришлось ждать своего «провин-

---

[6] См. вступительную статью В. М. Рожнятовского в [Андреев 2000: 5–12].

[7] См. [АГЛ 4Б: 141–148].

циального» тома 3А, который вышел в соответствии с причудливым планом издания АГЛ лишь в 1986 году[8].

Эта деталь важна прежде всего потому, что ставит под большой вопрос связь тех репрессивных мер, которым подверглись участники первого номера, с появлением и публикацией альманаха на западе. Осенью 1981 года, когда допрашивали Андреева и уже посадили («за спекуляцию» популярным тогда мумиё) Богомольца, упомянутые тома 4Б и 3А были лишь в проекте. Да и сам Андреев признается в том, что не знает, когда точно была опубликована «Майя» в АГЛ и когда Кузьминский выступал по радио, вещавшему на Союз; фамилию самого Кузьминского, как видим, даже в 1993 году он пишет без мягкого знака и придумывает ему инициал «А.» (в другом месте инициал расшифрован — Алексей). Всё это позволяет снять с Кузьминского моральную ответственность за преследование КГБ молодых поэтов — оно началось независимо от его антологии и гораздо раньше.

Снимем с Кузьминского и моральную ответственность за явно завышенную оценку: «“Три псковича” Олега Охапкина — обернулись мощнейшим и интереснейшим литературным содружеством (не группой!), из всех, что я наблюдал в последние 20 лет» [АГЛ 4Б: 143], — объяснявшуюся, скорее, поразившим Кузьминского самим фактом наличия в «провинции» сколько-нибудь пристойных поэтических сил, которые к тому же существенно пополнили «провинциальный» том, закрыв некоторые географические дыры в его содержании.

Уже в томе 5Б Кузьминский от такой оценки отмежевывается, комментируя некий «архив Чубарей[9]»: «Я там, на дюжину поэтов, ничего нового не усмотрел, как, впрочем, и в альманахе “Майя”, который по запарке и в полемике с Опупкиным[10] — расхвалил (в 4Б)» [Ковалев, Кузьминский 1986б: 470].

---

8 См. [АГЛ 3А: 793–920].

9 Поэт Валентин (?) Чубарь и его брат-художник, имени которого Кузьминский не называет. Более подробной информации получить не удалось.

10 Т. е. Охапкиным.

2. Игорь Бухбиндер

«...БОГ ПОЭЗИИ, ПРИНЦ НИЩЕТА...»[11]

Ему хотелось иного,
Совсем несложного века,
Пригодного шириною
Для бога и человека...
И. Б.

При «непредсказуемости» нашего издания, не зазорно, в общем-то, возвращаться уже публиковавшимися произведениями, — так же и сей нумер, сколь не рассчитывал явиться свету «сугубо» оригинальным, но Маэстро Бухбиндер — срез особый. <...>

В прошлом году довелось мне побывать в Кыргызстане — то была та еще осень! Архив Бетехтина, однако, отыскал, а вот до Буха (так мы кликали Игоря), вернее, до вдовы его Наташи, лично добраться не сумел, ну а через посредников было передано, что и наследием, и тем паче гонорарами с него займутся сами... Спишусь, порасскажу, что в альманахе, почитай, уж половина покойников, так что ежели бы «прострелили» гипотетические гонорары, то разве что на поминальные свечи. Ну да ладно, пока, о «делах семейственных» — что они господину Читателю? — ему надо «по существу»...

Игорь Романович Бухбиндер (1950–1983) родился в Томске, крови немецко-еврейской (он гордился своей фамилией, в переводе с нем<ецкого> — «переплетчик книг», говорил, что фамилия Цеховая, а в Вартбург вряд ли позвоню...)[12]. Успешно учился и в школе, а позже и на лингвиста в Институте (Университете?) языкознания (Новосибирск, Академгородок) — до митингов по кончине И. Эренбурга и участия в самиздатовском «Голубом экспрессе», после чего был изгнан с факультета, кого-то из группы участников журнала

---

11 Строка из стихотворения Бухбиндера «Сколько долгу на мне — не считал...» [АГЛ 3А: 796].

12 Возможно, ошибочная контаминация Библий Лютера (переведенной в Вартбурге, но напечатанной в Виттенберге в 1522 году) и Гутенберга — первой печатной книги в Европе, выпущенной за семьдесят лет до Лютеровой Библии в Майнце и содержавшей латинский текст Вульгаты.

посадили... Бух мало распространялся об этом, но, что тут таить, — ощутим был в нем вес за собою присмотра КГБ, несмотря и на то что право на восстановление, как он сам упоминает в № 1, с 79-го он получил. А уж зачем?.. Читал едва ли не на 20 языках, как будто бы в совершенстве владел немецким, мог общаться на английском, французском... Поэтов упомянутых наций, во всяком случае, читал наизусть на подлинном и помногу. Нет, не «Фунес, чудо памяти»[13], но память и впрямь была феноменальной, не говоря уж об эрудиции. Изначаловал себя выходцем из некоей «школы Маковского»[14], чьих стихов больший объем нам пока, к сожалению, неизвестен, вот разве что нижеприводящееся стихотворение, что по трудного почерка рукописи Бухбиндера переписал не менее легким В. Бетехтин (А. Соколов-Нестеров переслал некогда, не расшифровав некоторых слов). Я и так опубликовываю их[15]. <...>

...Такое вот длинноватое отступление. Надо же — ну ничего общего со стихами Бухбиндера в вышеприводившихся не нахожу. Да ведь, когда по невежеству остальное неизвестно — ***что*** скажешь?.. Остается предполагать (смутно вспоминая рассказы Буха) некое глубокое общение и проч., к тому же это пока что всё, что мы имеем о Буховском «учителе».

Игорь был знаком и с В. Делоне[16] (периода ссылки упомятнувшегося), еще с массой интереснейших людей, творцов — но молодость! широкоразбрасывавшаяся, эгоистическая моя

---

13 Рассказ Хорхе Луиса Борхеса.

14 Анатолий Владимирович Маковский (1933–1995?) — поэт; в 1958–1963 годах учился на мехмате МГУ. Не окончив аспирантуру, в 1966 году уехал в Новосибирск. Работал инженером-программистом. В 1978 году ушел из НИИ Систем и с тех пор занимался неквалифицированным трудом. В 1995 году пропал без вести в Киеве, где жил с 1992 года. В московский период входил в круг Иоффе–Сабурова. В Новосибирске дружил с И. А. Овчинниковым, А. И. Денисенко и другими неофициальными поэтами.

15 Далее полностью приводится (с некоторыми искажениями) стихотворение Маковского «Охота на змея», с которым можно ознакомиться на сайте «Неофициальная поэзия». URL: https://rvb.ru/np/publication/01text/26/01makovsky.htm (дата обращения: 25.05.2020).

16 Вадим Николаевич Делоне (1947–1983) — поэт, правозащитник. В 1966 году исключен из института по политическим мотивам. В 1967 году осужден на 1 год (условно) как участник демонстрации на Пушкинской площади в защиту Галанскова, Гинзбурга и др. После кратковременного пребывания

молодость, не усадила ты меня попристальнее и скрупулезнее «повыведовать», поназапомнить о путях Буха. Вот даже и некогда подаренной фотографии не сыскать. Но если вы откроете за 64-й страницей томик из «Лит<ературных> Памятников» Рильке, то бюст работы Клары Рильке-Вестгоф поразительно напоминает Бухбиндера. Возможно, во мне отголоски юности, некая тяга к идеализации — но похож, может быть, и сам Бух улавливал это сходство, к тому же Рильке был едва ли не любимейшим его поэтом, возможно, что он пробовал и переводить, а в период наибольшей между нами близости советовал и мне. Не изданного еще тогда Мандельштама — поэзию — знал всего наизусть. Итак, Игорь явился в свою фрунзенскую ссылку в как всегда незашнурованных ботинках, <с> рукописями и своими «любимыми немцами». Многие еще помнят — что это были за придушенные годы — конец 60-х, 70-е... Мытарствовал и, наконец, этому насквозь, каждым геном, интеллигентному, хрупкому, как бы романтических времен менестрелю, образованнейшему и талантливейшему поэту довелось обрести достойное адское место машиниста ТЭЦ. На его работе я побывал однажды — она огромна, эта фрунзенски-бишкекская ТЭЦ, страшно-вибрантно-гудяща, парно-душна, у Игоря же развивалась астма. От которой он и задохнулся летом 1983-го... Постепенно обнаруживались со-товарищи по Цеху и бесперспективности опубликования. Существовали даже литобъединения (А. Бережной из «Рубикона»-«Тулпара», кажется, всё печатается, Лев Аксельруд, наверняка как поэт никому там не нужный — в Израиле[17]) — приходили люди почитать-поплескаться, похохмить да напиться — эх, та водочка-самогоночка, коию столь талантливо выгоняла жена Бухбиндера! Родилась у них и дочь — Мария, вроде бы в отца, уже даже что-то печатает свое. Среди собратьев Бух был признан Мэтром, его критику и дружбу ценили, да многих он, собственно, и «породил», многие тянулись к нему и, как бы кто не открещивался ныне из еще, слава богу, живых, от влияния

в Новосибирске вернулся в Москву. Принял участие в демонстрации протеста на Красной площади против ввода советских танков в Чехословакию, за что был осужден на 3 года. Эмигрировал в 1975 году, жил в Париже.

17 Анатолий Павлович Бережной (1940–2015) — поэт, один из основателей ЛИТО «Рубикон» в г. Фрунзе (ныне Бишкек). Лев Моисеевич Аксельруд (р. 1933) — поэт, переводчик; с 1990 года живет в Израиле.

Буха на себя — пусть не в стиле... а хотя бы в элементарном просвещении — отказаться, думаю, было бы, не покривив душою, сложно. Талантливых того круга сформировалось достаточно — прежде всего покойный Василий Бетехтин, скорее всего, и вдохновленный Игорем на Поэзию, и которого Бух считал поэтом высшим себя, еще писал и стихи прозаик Анатолий Абдурахманов («подкомпилированный» Соколовым в №3), тот же Соколов, Юрий Богомолец, С. Басина, я, наконец и др. Мне трудно что-либо наверняка упомянуть о, так сказать, конфессиональной принадлежности Бухбиндера — тема Божественного не стояла в разговорах того круга и времени не центральном месте — его интересовало прежде всего Искусство, в каком-то смысле это и было его религией, а ряд лет, после переезда во Псков, мы уже общались урывками, разделяли пространства и времена, но атеистом назвать его, всё же, уверен, было бы ошибкой. Отходили беседочные посиделки-попевалки-попивалки, с кем-то я стал более дружен, кроме того, в Бухбиндере наметилась тенденция к прекращению творчества, но, видимо, это сильно сказано — но писал (вернее, записывал из памяти) и читал он всё меньше. А назревал альманах, и украдкой, чтобы не тревожить жену, Бух начитал и написал для «Майи» свою подборку. Некоторые автографы я использую ныне. И вот уже с Шешолиным мы привезли первый номер в Киргизию («И откуда, паренек, достаешь ты таких медвежат?» — ласково спросил Игорь) — и во славу Искусства и Бахуса весело отметили это дело в майской азийской ночи... Но комплекс былых инцидентов с властями, может быть, под неким влиянием, томил Игоря, к тому же и не всем участникам он доверял. Так уже не вошел он во второй номер — и вдруг позже пообещал мне дать подборку — каюсь, нечто помешало мне зайти, а Соколову он не дал... Собирался даже навестить меня на Иссык-Куле (они с женой бывали у меня и раньше), но заболел. Мы с Соколовым тогда еще вместе бродили магическими тропами предгорий, и вот приехала его жена — Игорь задохнулся в больнице... Я, конечно, не оставляю надежд связаться с Натальей Бухбиндер — хотя бы почитать, если не издать, но это уж, как Бог даст, а помнится, что у Буха был-таки основательный сундучок, пописывал он и прозу, а может быть еще таятся и неизвестные нам имена. (Майя. № 6. С. 481–484)

Версия о причинах появления Бухбиндера во Фрунзе совершенно не соответствует действительности — но в данном случае вряд ли это вина Андреева, хотя и он мог что-то дополнительно напутать за давностью лет. Однако более вероятно, что сам Бухбиндер пытался прикрыть свою биографию романтическим флером.

И. Г. Эренбург скончался 31 августа 1967 года, когда Бухбиндер только поступил в Новосибирский университет и никаких демонстраций планировать не мог — просто по незнанию даже своих сокурсников. Да и информации о подготовке такой демонстрации нигде нет. Так же, как нет информации и о подготовке — а тем более выходе! — самиздатского сборника «Голубой экспресс»: в базе данных «Неподцензурная периодика Сибири (1920–1990)», подготовленной Е. Н. Савенко[18], он не значится.

Зато благодаря Савенко удалось ознакомиться с «Личной карточкой студента» Игоря Романовича Бухбиндера, где указано его точное место рождения: город Исиль-Куль Омской области. В этой же карточке указывается, что мать Бухбиндера, Людмила Громова, была в 1967 году доцентом Киргизского медицинского института во Фрунзе.

Уточнить обстоятельства, приведшие к отчислению Бухбиндера из НГУ и его отъезду во Фрунзе к матери, помог профессор А. Н. Горбань, который как раз, в отличие от Бухбиндера, был привлечен к ответственности за надписи на стенах НГУ в защиту А. И. Гинзбурга и Ю. Т. Галанскова. Вот что написал Горбань 26 апреля 2020 года автору данной статьи:

> Я хорошо знал Игоря еще со времени ранней юности (последний класс средней школы). Мы жили в Омске недалеко друг от друга и часто встречались и разговаривали.
> В Новосибирске (НГУ) мы общались меньше, но всё еще регулярно. Игорь участвовал в вечерах и конкурсе молодых поэтов в Академгородке. Читал свои стихи. Он был не очень

[18] См. подборку «Неподцензурная периодика Сибири». URL: http://www.spsl.nsc.ru/news-item/nepodcenzurnaya-periodika-sibiri-1920–1990-gg/ (дата обращения: 25.05.2020).

> далеко от нашей компании (Делоне, Петрик и я), но и не близко. Особой фронды с его стороны не было.
> Деталей его отчисления я никогда не знал. Точно помню, чего не было — не было никаких политических преследований и разбирательств по его поводу в НГУ. Игорь уехал из Новосибирска почти за год до нашего разбирательства (нас разбирали/изгоняли поздней осенью 1969, почти через два года после процесса Гинзбурга-Галанскова — полтора года следствия).
> Есть наиболее вероятное объяснение, соответствующее всему, что я знаю, — но это не доказанный непреложно факт, а просто мнение сравнительно близкого человека: юноша с тонкой душевной организацией в той ситуации, когда в сравнительно близком окружении кипели диссидентские страсти, не смог справиться с академической дисциплиной, просто накопил хвостов и был вынужден покинуть НГУ. Чтобы быть абсолютно точным, должен сказать, что я не исключаю, что близость к диссидентской студенческой фронде могла сказаться на обстоятельствах его отчисления (скажем, ему могли не прощать то, что другим позволяли, не дали какую-нибудь дополнительную пересдачу, не продлили сессию сверх положенного и т. п.). НГУ был довольно либеральным, но не для всех.
> Игорь Бухбиндер переехал во Фрунзе. Оттуда его вызывали в Новосибирск как свидетеля по нашему делу (ни в коем случае не как подозреваемого или соучастника — он и не был никаким соучастником). Вероятно, это душевное волнение тоже было слишком сильным и потрясло его. Дальнейшее мне уже неизвестно — наше общение по поводу его приезда и показаний было очень кратким — и последним. Просто жизнь развела по разным углам СССР.

В электронном варианте книги М. С. Качана «Потомку о моей жизни» находим важное уточнение Горбаня о том, что в «дело о надписях» Бухбиндер все-таки был замешан, но совсем краем и не понимая своей роли:

> По поводу акции вспомнилось одно имя: Бухбиндер. Мальчик — начинающий поэт из Омска, студент гумфака, первый курс (позднее семья переехала во Фрунзе, и он с ней).

<...> Алик Петрик захотел показать Гольденбергу, что мы совсем ничего такого делать не собираемся, и попросил Бухбиндера отнести Гольденбергу плакат, который Алик якобы отобрал у каких-то безответственных студентов, чтобы они ничего этакого не сделали. Это странное действие должно было показать Гольденбергу нашу непричастность, а также отделить его от нас (демонстрация, что Гольденберг ничего не знал и был против, и, вообще, непричастен)[19]. <...> По-моему, полный бред, но мальчик съездил. Он вообще всё принимал всерьез, ничего не знал ни о наших планах, ни о том, что это — прикрытие эдакое двухэтажное. Кончилось всё плохо. После того, как Бухбиндера через полтора года вызвали на допрос, в нем что-то поломалось (от стресса и потери чувства безопасности, по-видимому). Умер рано. Я подумал, что следствию нужен был не Бухбиндер, а Гольденберг, — пытались накопать хоть какой-нибудь компромат на него.
[Качан 2017]

То, что формальным предлогом к отчислению была академическая неуспеваемость, а не преследование со стороны органов, подтверждает и Е. Н. Савенко, видевшая соответствующие документы. А вызов на допрос через полтора года вряд ли мог как-то отразиться на возможности поступления Бухбиндера в другие ВУЗы[20] (хотя бы в том же Фрунзе), как и на поиске работы — вряд ли обязательно было устраиваться на ТЭЦ, если это было противопоказано из-за астмы. Скорее, Бухбиндер просто с годами вжился в роль романтического, «отверженного» поэта, а туманная

---

19 Тем не менее И. С. Гольденберг не был обойден вниманием органов: он упоминается в связи с этим делом в записке председателя КГБ Ю. В. Андропова в ЦК КПСС от 8 января 1970 года: «В результате отдельным лицам, в частности, преподавателю литературы гуманитарного факультета ГОЛЬДЕНБЕРГУ И. С. (который в феврале 1968 года в числе 46 сотрудников Сибирского отделения Академии наук СССР подписал письмо в правительственные органы с протестом против осуждения ГИНЗБУРГА и др.) удавалось оказывать идеологически вредное влияние на неустойчивую часть студенчества» (цит. по: [Водичев, Куперштох 2001: 62]).

20 В НГУ дорога Бухбиндеру была, по-видимому, закрыта навсегда, но А. Н. Горбань, например, смог окончить в итоге Омский педагогический институт.

легенда о преследованиях со стороны КГБ придавала дополнительный шарм при общении с более молодыми коллегами.

Стихи Бухбиндера кочевали из номера в номер «Майи» в одном и том же составе, начиная с первого выпуска. С ними можно легко ознакомиться в сетевой версии АГЛ.

Как указано в статье псковского литературоведа Д. С. Прокофьева, единственная книга Бухбиндера «Стихи: 1969–83» «собрана и опубликована в машинописном самиздате в октябре 1997 года в Пскове М. Андреевым. Он же снабдил ее краткой биографией автора. Сборник содержит 45 стихотворений и 2 поэмы»[21]. Однако доступа к этой публикации в настоящее время у нас нет.

3. Василий Бетехтин

ВАСИЛИЙ БЕТЕХТИН. ПРОИЗВЕДЕНИЯ

…Многоликая наша тетушка «Майя», коль всё дольше живу в ней, печатаю, а оглянешься — превращается она в некий Некрополь. Любопытно бы взглянуть на мое копошение глазами тех, кому лучше нас, глазами ушедших… И вот, как некая крыса обители, фанатичный архивариус, под сворот шестого номера альманаха, подобрался и к этой публикации незабвенного Васи Бетехтина.

Поначалу мне ничего не оставалось, как откопать несколько уж совсем юношеских его произведений и еще раз перепечатать из номеров предыдущих, но счастливый случай столкнул меня осенью 92-го с вдовой покойного Светой Басиной и совершенно новая подборка <…> была скрупулезно вычитана и выписана нами из его трудного почерка, так что осталось еще и на седьмой номер. <…> Но всё равно — многое, очень многое невосстановимо утрачено, уничтожено им же, вернулось в нерожденье. Он был основательно строг к себе, к тому же неуравновешенные нервы и прочие неурядицы посюсторонней жизни… Его натура

---

[21] *Прокофьев Д. С.* Псковский самиздат 1980–2000-х годов. («Майя» и «Гулливер»). Прислано публикатору автором. Сведений о публикации этой статьи не имеется.

была мятущейся, легкоранимой, он был малоуживчив со многими из окружения, да и последние не очень-то лелеяли его. Некий, казалось, самый непорушимый круг, постепенно распадался, и Бетехтин остался один, да жена с двумя мальчиками. Впрочем, всплески под винные плески, как память былого, навещали их халупу. Зрение его ухудшалось до – 9, очки всё время разбивались, гипертония захватывала всё глубже, не отставал участковый — «когда на работу?» И суицидные порывы посещали его, но как бы на уровне мрачноватой игры — «чтобы заметили» — выплеск одного из надрывов, да и весь-то он был, словно воплощенный крик поэта и человека, никогда и ни при какой системе не способного ужиться с громадою мирового, особливо нашего, совковского абсурда. Пессимистичен был тон его бытия, энергичным и темным крылом овевала его Муза. Но что-то я всё в мрачных красках, была ведь и другая сторона, та, где мятлики и мяты, теплынь предгорий, цветы любимой, «о, как нам надо жить!» И страх перед власть предержащими — и мальчишеская тяга к авантюризму. Странно! Без очков он удивительно напоминал Пастернака, а в очках Ходасевича портрета Ю. Анненкова. Да Василий и сам рисовал изредка, он ведь окончил художественную школу, но какого-то странного отделения, по окончании его профессия оказалась ненужной. В Беловодском, где они с отчимом и сестрой (смерть матери произошла на глазах Васи-мальчика) поселились, Василий подвизался в мелкотиражной газете, женился на журналистке, но вскорости брак распался и, бродягою, перебрался он во Фрунзе (никак не привыкается пояснять, что это ныне Бишкек).

Василий Бетехтин — большой, настоящий поэт, запевавшая внутри него струна нуждалась лишь в малом толчке, узнавании собратом — и таковой нашелся, это был Игорь Бухбиндер. И песня вырвалась на радость всем нам.

Родился Василий Бетехтин на Алтае в 1951 году. Коротко о себе он написал для 1-го номера нашего альманаха в 1980 году: «Предки из сибирских казаков станицы Чалкар с примесью казахской крови. Биография родителей отличалась романтичностью и нелепостью, что и передалось, видимо, по наследству — недоучивался, доучивался, недоучился, бродяжил, терял, хоронил, находил иное призвание, писал, сидел, любил и не любил».

...Вася Бетехтин!.. Вспоминаю весну 1977 года, г. Фрунзе, литобъединение «Тулпар» («Рубикон»), одна из немногих отдушин для творческого общения в те времена — совершенно бесперспективная в отношении публикаций. И скромничающий отрок я (1-й курс Университета) с товарищем, — а вот и напротив завсегдатаи — и будущие участники «Майи» — мэтр Бухбиндер (с неизменной женою), Богомолец, поодаль бледный, замогильного голоса Соколов, наверно и Захар Креймер[22], да какие-нибудь девочки, идиотски обиженный холодным Бухом киргиз за писание по-русски — в общем, любопытная каша. И вдруг распахивается окно первого этажа и в комнату, подталкиваемый, видимо, Прокудиным[23], влезает с пышной веткой сирени в зубах Вася, с шумом и смехом, немного, конечно же, пьян, и преподносит сирень жене Бухбиндера. Ну а позже — читал. Я не помню уже, что конкретно, да и какая разница:

Пришли дожди на мягких серых лапах.
Как холодно душе твоей опавшей
Среди листвы ушедшей и пропавшей.
Пришли осенние гремучие дожди...

А может быть:

Август. Одиннадцать. Солнечный воздух утрат.
Август. Так поздно. Так позднее сердце. Так рано.
Будто легчайшие в небо плывут острова,
В призму стакана.
Август. Одиннадцать. Долгой ценою молчанья
Вышел резной, золоченый, закрученный лист.
Без колебания кровь выдыхает звучанья
Радостных рифм — слышу: певчий стоит пересвист!..

Окропленный густым весенним дождем, шепелявящий — он читал, и я помню тот великий час своего внутреннего опыта, нечто мистическое, некое ***узнавание***, когда обдало,

---

[22] Захар Яковлевич Креймер (р. 1951) — поэт, участвовал в ЛИТО «Горные зори» во Фрунзе, был знаком с Андреевым, Бетехтиным и Бухбиндером. Живет в Израиле.

[23] По-видимому, один из участников ЛИТО «Горные зори».

пахнуло в меня Поэзией. Бетехтин читал, немного захлебываясь, чуточку невнятно, приходилось внимательно вслушиваться, привыкать, верить, чего-то еще не понимая, но ритм, но музыка — не выпускали уже, ощущение настоящего, живого — было как пробуждение, как зов... То ли другие в тот вечер себя никак не проявляли, то ли всё перешло на разговорчики и хохмы, но после заседания именно к Бетехтину, несколько отдельно от остальных выбравшему себе пространство, я подошел познакомиться. И вот, спустя несколько минут, уже мы закружились под жирной листвой и фиолетовыми фонарями в густых парковых улочках ночного города, и он читал, так, говорил, давно не читал, надо выплескаться — и нашлись благодарные слушатели. Так вот, впервые, чтобы рядом, я ощущал настоящего, живого Поэта.

Мне и не мыслилось показать что-нибудь свое, там и нечего было показывать. Зато он, перерывая тетради, а то на память, читал и свое и других, поразил меня Бухбиндером, прочел «Пьяный корабль» Рембо, от него я впервые услышал имя Мандельштама...

Мы стали встречаться. Критиковал он меня нещадно и по существу. Мы бродили, когда с бутылкой, когда с одним лишь «Памиром», речи его переходили порой на полуисповедальные тона, темы — о жизни его покореженной, о друзьях и не-друзьях, подделывавшихся под друзей (некогда, горе мое, и я попаду в таковые по собственной милости...), о тяжелом детстве и одиночестве, когда хоть вставай и вой на луну.

На какое-то время мы сошлись, порой он ночевал у меня на квартире, но определенные психологические несовпадения между нами давали о себе знать. Смело было бы сказать, что даже в периоды наибольшего сближения мы были друзьями. Тянулся он к Соколову (Нестерову), да они и старше меня были, и уже писали по-настоящему, у меня же тогда случались лишь удачные пробы. Да и я, обретая новый мир литературной богемы, не заострялся на одном лишь Василии. Я изучал каждого по отдельности, многие же из изучаемых были Бетехтину чужды. Следует прибавить, что — живой символ поэзии, — он как бы знал наверняка лишь некий свой ручеек, тропочку и, в то же время, не отличаясь особо широким вкусом и многоприятием, целые области культу-

ры, и особенно религиозной философии, как бы до время не принимал, как «не мое», если только нечто «оттуда» не попадало в круг его творчества. Жизнь его в те годы была скитальческой, бродяжьей — некий «битовский» тип с перекрестка в неуклюжей, несвежей, непосезонной одежде просматривался в нем, — отчужденный, гордо насмешливый, но и беззащитный, близорукий человек, одинокий и неухоженный, гиперобидчивый, ранимый, социально неприспособленный и неприспосабливающийся, — скитался он по киргизской столице, занимался у друзей, не имея возможности хоть когда-то вернуть, — классический тип... Вспоминаю, как частенько и я ударялся с ним в ночные бдения, блуждания, как под утро мы засыпали в каком-нибудь подвале или на опушке парка, а сколько сжег он своих тетрадей «для обогрева» — мол, «здесь не существующее», хотя и был в этом словно неосознанный вызов... Так сгорели и лирическая проза «Железной розы», и «Венок сонетов», мало ли что еще... Когда-то бывал он на родном Алтае, а так ареал его путешествий был обидно узок — до Беловодского, 60 км от Фрунзе и обратно. Однажды лишь выволок его на свои деньги Соколов в Москву, да до Иссык-Куля добирался лишь проездом, когда ездили подлечить сына. Успокоился в Токмаке, бывшем Баласагуне. <...>
Из друзей Бетехтину ближе всего был Соколов (Нестеров), но как только я начал наезжать из Пскова с новыми идеями, как всё чаще стал заговаривать о путях потусторонних, Божестве, Йоге, — Василий как-то демонстративно стал отстраняться. Ко всему прочему здесь замешивалась некая ревность, что мы более находим общих точек с Соколовым, Василия это раздражало.
...Но в тот далекий год нашего знакомства Бетехтин еще твердо чувствовал «свое» в этом мире, и надрывный голос его доносил до нас блестящие образцы с его поэтических небес, и, как бы в дальнейшем, не всегда ровном, не складывались отношения человеческие, — всегда хотелось его стихов. Последние годы он жил трудно, быт как-то по-особенному томил его, хотя и женился он на талантливой и любящей его женщине. Тут демонстрировался судьбою печальный парадокс: писалось на лавочках, в случайных ночлежках, подвалах, а в этом уюте он становился всё нервнее, болезненнее, писал всё меньше, пил. Даже (а не без

хитринки ли?) констатировал свое «засыхание», что вы, ребята, «далеко выше меня ушли» и проч. Странно, этот человек никогда не видел моря, но как мощна в нем его струя, волны, гудящие берега, а какое въедливое до мельчайшей детали было у него воображение. А сколько, если вчитаться, не надрывных, а именно умиротворенных стихов. Его порыв, прорыв стихии порою и создают у слушателя ощущение драматизма рушащейся судьбы, но даже если это и так — то здесь его, бетехтинский, неповторимый метод, его путь...

Ах, будь ты благословен и проклят, мой демонический танец побега в 85-м году! Васе ***там*** это уже всё безразлично, суд памяти — для пока остающихся здесь, но свой долг собирателя и издателя истинного искусства я не брошу, не оставлю до Страшного суда... Обманным путем арестовали меня в его доме, и всё еще так подводилось — чтобы я и думал на Васю, как «сдавшего» меня... Но я так не думал, я ёрзко окунулся в отработку кармы, расплачиваться за всё в себе дурное, выхлестывавшееся и на людей. Мы больше не виделись с Бетехтиным после моего освобождения в 1986 году... <...>

Захар Креймер, что сумел вычитать, перепечатал, молодец, Васины стихи, да и вдова отнюдь не всё отдала Соколову, у которого тоже нечто скопилось (в последние годы они с Бетехтиным не общались) из бетехтинского наследия, да только Соколов распорядился с ним, мягко говоря, неординарно — из всех, как он выразился, обрывков, он создал компилятивные, причем не без претенциозности и личных намеков, поэмы, и таким «андрогинным» способом явился какою-то частью как бы и Вася, но и вовсе не он. «А где же те “обрывки”, из которых ты взял сие?» — ошарашенно спросил я. «Да чего там, выбросил. Там и Светке были они не нужны, откопал в мусорном ящике...» Что ж на это мне было сказать редактору? От него же я и узнал, что Василий покончил с собой, объелся таблеток и помер. Так и стало считаться, пока не увидел я Свету. Да, Василий попал в больницу, в Токмаке, куда они выменяли свою халупу и очень удачно, попал с сильнейшей гипертонией, плюс ужасно опухли ноги и отказали почки. Нужно было доставлять в более модернизированные столичные условия. Васю положили на диализ — отойдет — не отойдет... Месяц вы-

> тягивали его, как могли, но не спасли. Светлана за всё это время не сумела, не нашла ни одного из друзей или знакомых, день и ночь сидела у его постели. И умер он 15 февраля 1987 года, схоронили жена да чужие люди с ее работы — в Баласагуне (Токмаке) его могила. Я не навестил ее — мы лихорадочно восстанавливали его архив. В перспективе рассчитываю издать отдельной книгой с лиричным обстоятельным предисловием, может быть. Из переводов его сохранились крохи, а переводил он предостаточно, из рисунков, кажется, совсем ничего. Прости, Василий, или не прощай, но всех тебе благ. Там, где ты ныне. С усмешкою можно добавить, что так уж сыграл Неизреченный Творец перемен. [Майя. № 6. С. 497–502]

Комментируя эту статью Андреева, не приходится говорить о неточностях, поскольку сведения, приведенные в ней, просто не с чем сравнивать: Светлана Басина тоже скончалась, связь с детьми утеряна. Но неточностей, скорее всего, и нет — всетаки статья написана по свежим следам общения с вдовой Бетехтина в 1992 году. Наоборот, благодаря этой статье можно, наконец, установить точную причину и дату смерти Бетехтина. В сети встречаются и другие варианты — самоубийство и смерть от удара, полученного в драке, — но они представляются менее достоверными, так как получены через третьи руки.

Зато мы имеем возможность ознакомиться со стихотворениями Бетехтина (см. Приложение), не попавшими в первый номер «Майи», а следовательно, доселе известными только крайне узкому кругу читателей шестого номера.

4. Юрий Богомолец

Юрий Владимирович Богомолец, как признает и сам Андреев, «всегда был немного со стороны», поэтому, видимо, не заслужил развернутого очерка в шестой «Майе». А к имеющейся в первом номере справке добавить практически нечего: родился 30 января

1957 года в Одессе. Учился в Киргизском государственном университете на физическом факультете (не окончил). Стихи писал с юности. В 1981 году был осужден «за спекуляцию» (добывал и продавал мумиё) на пять лет, срок отбыл полностью. Заметим, что сам он никак не увязывает участие в «Майе» с преследованиями по обвинению в спекуляции мумиё — попытки добычи и реализации этого «горного воска» тогда рассматривались как частнособственническая практика, что противоречило «социалистическим принципам». Ныне живет в основном в Бишкеке, частный предприниматель.

Сам Богомолец по поводу результатов своего раннего увлечения поэзией настроен скептически. В письме автору этой статьи он пишет:

> Иногда и сейчас какие-то строки в голову лезут, и, может, и стану писать снова, если, например, в тюрьму посадят. А так — ... я фотографирую и это, мне кажется, у меня лучше получается. Ваше собирание — нужная работа. Но, на мой взгляд, все мы — фрунзенцы, да и 99 % других — не состоявшиеся поэты. Есть интересные стихи, замечательные строки. «Только этого мало», как сказал один из лучших настоящих поэтов.
>
> На мой взгляд, следует по китайскому образцу составлять антологии, но не такие обширные, как «Голубая лагуна», а оч<ень> строго отобранные стихи, представляющие свое время языка и народа. Тогда они способны пережить века и соперничать с самыми лучшими «индивидуальными» поэтами. Безусловно, и обширные подборки необходимы, но — для лингвистов и литературоведов. А нам, читателям, желательно не тонуть в этом море всякого кое-где абы какого «творчества».
>
> Стихи свои, для интереса, попробую собрать и переслать тебе — может, на что и сгодятся. Сам я к большинству отношусь критически, мягко говоря.

Некоторые стихи Богомольца, из четвертого и пятого номеров «Майи», публикуются в Приложении.

* * *

Судьбу альманаха «Майя» можно считать показательной для позднесоветских самиздатских «провинциальных» изданий. Для некоторых авторов альманаха это литературное сообщество стало основой их личностной и творческой самоидентификации, для других — лишь эпизодом биографии и воспоминанием молодости. Благодаря публикации в антологии Кузьминского «Майе» удалось оставить свой след в истории русской неподцензурной поэзии, по которому можно судить не только о таланте авторов альманаха, но и об эстетических предпочтениях нестоличного студенчества. О том, что осталось (пока) вне поля нашего зрения, остается только гадать.

Библиография

Андреев 2000 — *Андреев М.* Дремучая лавка: Стихотворения. Псков: Изд-во областного центра народного творчества, 2000.

Водичев, Куперштох 2001 — *Водичев Е. Г., Куперштох Н. А.* Формирование этоса научного сообщества в Новосибирском Академгородке, 1960-е годы // Социологический журнал. 2001. № 4. С. 41–66.

Качан 2017 — *Качан М. С.* Потомку о моей жизни. Сакраменто: Create Space. Эл. версия: URL: https://proza.ru/avtor/mikat&book=711#711 (дата обращения: 25.05.2020).

Хорват 2005 — *Хорват Е. А.* Раскатанный слепок лица: Стихи, проза, письма / пер с нем. Комм. И. Ахметьева, В. Орлова. М.: Культурный слой, 2005.

ПРИЛОЖЕНИЕ

Стихи Василия Бетехтина из альманаха «Майя», № 6

* * *

За воротца выйди.
Оставайся.
Плачь, засмейся глупо, на виду.
Распрощайся с летом,
попрощайся,
счастьем назови свою беду.
Тихо меркнет
осени лохматой
в черных ветках пламенный закат,
месяц за притихшей
синей хатой
тишину проносит на рогах.
Вечер сморщен
красно-черной вишней —
надломился
хрупкий черенок...
В этот час
провидческий, всевышний,
время расступается у ног.
Зрелость,
            здравствуй.
Чао, юность, чао!..
Как за гранью
слышатся шаги...
И недаром
ощущенье счастья —
как предощущение беды.

И недаром с осени лохматой
набок сдвинут солнечный берет —
это шлет от красного заката
юность
        пламенеющий
                привет.

К зиме

Помнишь ли, помнишь ли, как это было вначале,
Помнишь, как падали серые клики печали,
Как ворожил апокалипсис страсти и осени —
По небу, по небу — словно круги по воде —
В небо тяжелое птица ли, сердце ли просится,
Длинные ветры шуршат по пустой борозде...
Пряжа несчастия! Руки сплетались и сумерки,
Гордое солнце и легкое небо суля.
Не рассветлело, и сумерки нежные умерли,
Горечью горького до смерти нас опоя.
Поминки бедные нам приготовит родня.
Мелочью слез окупаются праздники эти.
И поплывем мы в зияние белого дня —
Ангелы, грешники, просто — усталые дети.
1975

* * *

Разливы зимние. В нагую акварель
раскроешь дверь, и — клюнут снег капели —
запричитает жадная свирель,
и — губы в грязь — где окна коченели.

Глаз голубой. Стоит снегов снегирь.
День — в ватнике, и ветках, и водице.
Там темный смысл у неба — вглубь и вширь —
на дне дрожит, пугается, дробится.

И бриллианты снова — звук за звук —
оконных переплетов, стекол, лестниц —
сочельник, оттепель — не покладая рук,
как бы за пультом — плачет, льется, лепит.

Морозный дым, и — шорохи крови
в карагачах мутнеют и слезятся —
средь переулков талых и кривых.
А тени плавают и на лицо садятся.

В пейзаже чудится: чердак Замоскворечья.
И не троллейбус за углом — извозчик
затрюхает апрельской сладкой речью.
И — букинист, и — воробей доносчик.

Январь и оттепель. Базара ли, квартета ль
хмельная говорит виолончель.
Броженье солнца и броженье света.
И слушает торжественная ель.

* * *

Дождь булькает бутылью, лес стеклянный
стоит на воздухе — мелькает тишина,
и влажных флейт текучие поляны,
и, чьей рукою приосенена,
евангельское, мокрое, девичье
ты надеваешь платье, ты одна,
и худобы твоей течет величье,
из обликов и окликов страна —
как будто праздник: бьют посуду в доме, —
почти в чужом, — отравы льнут в уста,
и никого под небом этим, кроме
меня, стекающего каплями с куста.
    Зачем я дождь, тогда как кружит ветер,
    зачем относит, заломив крыло,
    меня, как будто хочет кречет в сети
    и против воздуха стоит мое весло?

Зачем ты носишь имя Беатриче,
повсюду, здесь, — молчишь или зовешь, —
нигде и там, — по-веточьи, по-птичьи?
Зачем я плачу, древний, темный дождь?
1978

* * *

Ф. Б.

Таинственно шепча и округлив глаза,
подходит осень малая, подходит...
Как красным трепетом полны твои леса,
вино печальное в них шепчется и бродит.

О, улиц осени пространный разговор!
В них ветер с гор — венецианским мавром
сжимает в сердце медленный простор,
сжимает солнце и твердит о старом.

А завтра утром стало холодней,
идет, как плачет, серая старушка,
о том, что ты — как медная полушка.

Зачем земля склоняется над ней,
а я вокруг гремлю, как погремушка?
1978

* * *

Я вернулся в мой город, знакомый до слез...
О. М.

Декабрь, вечера буксир
В ночь — исчезающим пунктиром,
Крупинкой снега, жадно-сир —
Туманно-водная Пальмира!

Как пальчики темны — дымятся —
Домов, как шпили и дворы
Теснятся, шепчутся, двоятся!
Как слёзы эти солоны!..

Пушчонка с кронверка, и тянет
Из подворотни, как собак,
Взглянуть, как проходя он глянет —
По снегу — снег, как шапку стянет,
И, тень, как всех еще помянет,
И за углом растает как.

Светясь, над пропастью сугроба,
На черном фоне, мой фонарь,
Горящей головой микроба —
О стены этих темных харь! —

Стекая по стене разбитой,
Где лужа крови и тоски
Чужого, вежливого быта
Трет электричеством виски.
...На лестнице. Позвонит голос.
Как в двери впустишь Никуда
И Никогда? О, зимний полюс,
Куда еще уйдут года?
1978

* * *

Отходит поезд.
Памятник вокзала.
И машут ветки,
Отпуская в путь.
«Да будет свет!» —
Так нищенка сказала,
И нищий вышел —
Умереть и отдохнуть.

* * *

Прямым потомкам газовых печей.
Под скрип ржавеющих каденций.
На чем-то темном, на огне ночей.
Сжимает и нашаривает сердце.

Колдун холодный. Никого кругом.
Лишь ангелы, да спутники-шпионы.
И за двойным, изламываясь, дном —
Те ласточки, те скорпионы.

* * *

Так, как листья летят
И вопят петухи,
Так, как эхо звенит,
Рассыпаясь стаканом...
Запереться и пить...

* * *

Кудрявая, какие сквозняки!
Как блещут листья, вымытые ветром.
Вчера — дождем, сегодня — только светом,
И так легки! Так, боже мой, легки
И голоса, и звуки — удивляюсь:
Земля свежа, летает пух, и тень
Летит, дрожа, акация — олень
Бежит за мной, а я не просыпаюсь.
1983

* * *

Свете далекий. Светишь кому?
Я не прошу. Хоть темна морока
Славы моей. Я молчанье мну
Нежно, жестоко.

О, незабвенная! Чаща тьмы,
Где поселялась моя свобода,
Эхо мое! Где разбились мы
На два времени года?

Как теперь будешь и где умрешь?
Чье — примеряя лицо и имя?
Воздух жуткий зачем стрижешь —
Возгласами своими?
1985

Стихотворения Юрия Богомольца из альманаха «Майя» № 4 и 5

* * *

Сквозь открытое окно
Солнце падает на куклу,
На Пикассо полотно:
Город, пальмы, лето, утро.

Это детская наверно:
Так причудливо сплелись
Символисты, том Жюль-Верна
И десяток небылиц.

Это детская наверно
Там, где правит сотня лиц:
То Страшила, то Венера,
То лесной английский принц.

Это детская, поскольку
У ребенка одного
Может так стоять на полке
Всё, что было до него.

* * *[24]

Сухие осы. Старая кошара.
Сухие две осы — Хуссейн с Хасаном, —
Халифами не став, лежат в пыли.
Шмель-Муавия, как во сне кошмарном,
Кружит, жужжит над ними неустанно.
В окошке куст индийской конопли.

И снится братьям: байгомбар Али
Всё видит, распустил чалму и сходит
Сюда, на двор, усеянный навозом...
И снится байгомбару: там, вдали —
Два брата. И все трое снятся осам.

Сон

В комнату двумя носильщиками
Вошли сумерки
И начали выносить мои вещи:
Сначала мелкие,
Потом — крупнее,
Постепенно унесли меня.

Какофония

Опять завел магнитофон,
Ну что ему тут скажешь!
И развалился, фон-барон,
Не снявши кепку даже.

---

[24] В «Майе» № 5, где напечатано это стихотворение, имеется следующее примечание от редакции: «Хусейн и Хасан — дети первого шиитского имама, двоюродного брата и зятя Мухаммеда, мученически погибшего Али; четвертого халифа Арабского халифата. Муавия, по-видимому, лидер омейядских войск, преследователь убитых братьев. К предполагаемому месту захоронения (Кербела, Ирак) шииты совершают паломничество».

Словно хряснули люстру хрустальную,
Словно плачут над люстрой и над
Запропавшей любовью печальною
И в окно сквозь слёзы глядят.

А за окном галдят
Птицы-побирухи,
А в углу в клубке котят
Греется рука старухи.

Трохи тише! Нету слада,
Прямоть серце ноит.
Понимать, мамаша, надо
Музыку Пинк Флоид!

И ведут беседу дальше,
С тем же интересом,
Воробьи и баба Паша,
Ванька, Гилмор, Мэссон[25].

---

[25] Дэвид Гилмор, Ник Мейсон — участники рок-группы «Пинк Флойд».

Иван Ахметьев (Москва)

К. К. Кузьминский и Москва. Предварительные выкладки

Основаны на анализе опубликованного ККК списка «Поэты, не числящиеся в справочнике СП на 1988 год» и фрагментов писем на эту тему (публикуются впервые).

I

Антология *У Голубой Лагуны* остается наиболее объемным сводом информации о неофициальной поэзии последних десятилетий советской власти.

Насколько адекватно там представлено это явление? Во всяком случае, ленинградская неофициальная поэзия — да, в основном.

По факту, АГЛ и посвящена преимущественно неофициальной поэзии Ленинграда (и ее взаимоотношениям с официальной). Четыре из девяти вышедших томов (2Б, 4А, 4Б, 5А) посвящены Ленинграду целиком. Еще два — 2А (исключения: Мнацаканова, Бокштейн) и 5Б (исключения: Ры Никонова и Сергей Сигей) — ему же почти целиком.

Два тома (3А и 3Б) занимают в основном «провинциалы»[1], в том числе из тех «провинций» СССР, которые отделились в 1991 году.

Первый том, вступительный и самый важный, — примерно наполовину посвящен Москве. Некоторые вкрапления московских авторов есть и в других томах. Отдельного московского тома в АГЛ, как известно, нет.

Попробуем разобраться в истории этой как бы невстречи.

---

1 Здесь и далее используется это обозначение К. К. Кузьминского (далее — ККК) для поэтов за пределами Москвы и Ленинграда.

Материалом будут вышедшие тома АГЛ и различные тексты ККК, написанные после 1986 года.

Надо сказать, что у составителя АГЛ была интенция показать

> современную русскую поэзию <...> как неотъемную часть <...> всей неоффициальной культуры <...> в этой книге не просто джентльменский набор из <...> имен <...> известных, но и имена известные <...> окажутся в системе их взаимосвязи, а таковая — представит картину в целом. Даны, помимо поэтов, также и отдельные художники, связанные с идеей книги... [АГЛ 2А: 9].

Можно сказать, что по Ленинграду у ККК эта картина действительно сложилась во многом благодаря тому, что он сам был инсайдером, активным участником ленинградской неофициальной культурной жизни: «Из Ленинграда мною вывезена, практически, вся поэтическая продукция за последние 25 лет. Кое-что (не более 10 %) я нашел здесь» [АГЛ 3А: 11]. Но вот насчет Москвы — это *далеко не так.*

Вспомним хронологию выхода томов:

АГЛ 1 — 1980
АГЛ 2А — 1983
АГЛ 4А — 1983
АГЛ 4Б — 1983
АГЛ 2Б — 1986[2]
АГЛ 3А — 1986[3]
АГЛ 3Б — 1986
АГЛ 5А — 1986
АГЛ 5Б — 1986[4]

---

[2] «макет был сдан в 80-м году, вышел — из-за капризов-склок поэта Бобышева — в 1986-м» [Кузьминский 2013].

[3] «Пока я набирал и собирал вышепомянутый материал — том разбух вдвое (если не втрое) и поделился дихотомически на два: север и юг (условно, тома — “харьковский” и “киевский”), а материалы продолжают откуда-то прибывать» [АГЛ 3А: 11].

[4] В конце оглавления дата конца работы: «6.24 PM / 14 мая 1986 / Некрасовка / ПОДВАЛъ» [АГЛ 5Б: 7].

ККК неоднократно заявлял о намерении выпустить московский том (МТ), даже два или три тома: «Я живу в Ленинграде. И в Харькове. Виннице. Новосибирске. Одессе. Таллине. Риге и Львове. Москва далеко еще...» [АГЛ 5Б: 468]; «А сейчас — надо на что-то отправлять 5 томов[5] издателю <...> и терпеливо ждать 9 месяцев ее родов. И — приниматься за Москву... Еще 2–3 тома» [Там же: 716].

Нередко ККК жаловался то на недостаток материала, то на его избыточность, в которой трудно разобраться. А недостаточное знание дополнялось местным (ленинградским) шовинизмом: «Стихи Лимонова — см. в московском томе, буде таковой когда-нибудь выйдет: покамест — ни одна блядь не желает писать о Москве, а что там творилось — не знаю, да и, честно говоря, не особенно хочу знать. Куды интересней — Харьков или Бельцы» [АГЛ 3А: 15].

С одной стороны, материала было много: «Элита — Лён, Алейников, Величанский, приезжая в Ленинград, привозили стихи Губанова, Лимонова, многих <...> Кублановский для меня — один из доброй сотни поэтов московских, и далеко не в первых рядах... Поэтому — помещаю его в Рыбинск» [Там же: 507].

Или позднее:

> *— Почему периферия вроде Харькова и Киева успела найти отражение в Антологии, а Москва нет?*
> — Дело в том, что Харьков, например, узнать не трудно. Кроме Чичибабина и Мотрича, там начинали Лимонов, Милославский, Бахчанян, наконец, Саша Верник. Петербург, скажем, строго иерархичен: от ахматовских сирот наверху, до сомнительных салонов внизу, все поэты знали друг друга и свой «табель о рангах». Москва растекается хаосом, хотя я работаю и занимаюсь ей тридцать лет. Круг Гробмана, круг Коли Бокова (издатель «Ковчега»), круг Айги и Севы Некрасова. Можно набрать сотни. Я и набрал сотню-другую: Сапгир, Холин, старик Кропивницкий, Ян Сатуновский. Потом «Смоги» (самые молодые гении): Саша Соко-

---

[5] Т. е. сразу АГЛ 2Б, 3А и 3Б («2 провинции»), 5А и 5Б («2 дополнительных питерских») [АГЛ 5Б: 467].

> лов[6], Володя Алейников, Леня Губанов... Сейчас там наводят хрестоматийный глянец, а сколько выпало из обоймы!? Например, прекрасные поэты Панкратов и Харабаров...
> [Агафонов 2013]

С другой стороны:

> ...чем больше работаю, тем больше материалов неопубликованных... А я-то думал уложиться в один том. Потом — в три. Потом — в пять. Но и тома начали делиться дихотомическим делением, уже их каждого — по два, 4 вышло, сейчас должен сдать еще 5 — а до Москвы — как до неба. На Москву меня явно не хватит.
> [АГЛ 5Б: 582]

Московский том откладывался, составитель как бы собирался с силами, делая сначала более простую работу... а потом и пропала возможность ее продолжения: «боюсь и приступать к МОСКВЕ... материалов... но: набирать, макетировать, сканить, ПИСАТЬ...» (2006)[7]. Примерно тогда же о том же в письме к А. Л. Майзель:

> а что «до москвы» я не дошел — так у меня, кроме стихов разношерстнейших некоторых двух сотен поэтов — ни фоток, ни данных, ни сплетен-параш даже: так, имена и стишата... по алфавиту нешто пускать?.. но на том — том и встал. московский. так и лежит, даже не набранный (%%5–7 готово).
> [Кузьминский 2003а: 34]

И всё же, судя по всему, московские тома были бы сделаны, если бы не трудности с издателем (материала-то ККК собрал много). Возможно, повлияло на решимость и изменение ситуации

---

6 Саша Соколов (Александр Владимирович; род. 1943) не только знаменитый прозаик, но и прекрасный поэт; однако ни в одном из представленных далее списков ККК его нет.

7 Письмо А. Гиневскому от 28.04.2006. URL: https://kkk-bluelagoon.ru/perepiska_kkk_vlap/kkk_vlap_12.htm (дата обращения: 26.11.2021).

в СССР: появилась возможность публиковать неофициальную литературу там; таким образом, перестройка сделала издание Антологии в США неактуальным[8].

Чтобы увидеть, чем ККК занимался после 1986 года вместо московских томов АГЛ, достаточно посмотреть титул сайта ККК[9] далее ссылок на непосредственно АГЛ — чего там только нет... «Письма о русской поэзии и живописи»: обширный свод разнообразных маргиналий к АГЛ; «Язык Солженицына»; книга о Василии Ситникове, характерно названная «ТОМ 10», и мн. др.

> А помимо идет вторая антология, «Забытый авангард», с Джерри Янечеком, Очеретянским и Кердимуном, то же — о 20-х — 30-х годах, имена Туфанова, Хабиас, Столицы, Оболдуева — сотня имен, не вошедших в Ежова-Шамурина, десятки школ...
> А помимо, с Джоном Боултом <...> — книга о современных художниках — тоже с сотню имен — 5 лет дозревает, лежит... [АГЛ 5Б: 468]

Так разные интересы ККК, до того находившие отражение преимущественно в его opus magnum, АГЛ, начали осуществляться (или при отсутствии финансирования, недостаточной мотивации и из-за конфликтов с соавторами — не осуществляться) в виде отдельных изданий.

II

Для того чтобы очертить конкретные рамки московских томов АГЛ, рассмотрим опубликованный ККК список «Поэты, не числящиеся в справочнике СП на 1988 год» (далее — Список)[10]. В нем 180 имен (точнее, 179, Лён упомянут дважды, как Епишин и как Лён). Заметим, что ККК интересовался и занимался и ав-

---

8 Ср. письмо А. Л. Майзель от 13.06.1999: «Читателя у меня тут нет, хотя почитателей — в избытке. Да и не нужен он мне, тутошний читатель» [Кузьминский 2003а: 107].

9 URL: https://kkk-bluelagoon.ru/index.htm (дата обращения: 26.11.2021).

10 [Кузьминский 1989]. Републикован нами. URL: https://rvb.ru/np/publication/03misc/kuzminsky.htm (дата обращения: 26.11.2021).

торами, состоящими в СП, — взять хотя бы Горбовского, Кушнера и Соснору — но это всё же исключения.

К СПб. (будем пользоваться нынешним обозначением) принадлежат, с тем или иным основанием, 68 авторов[11], большинство из которых были в той или иной степени представлены в АГЛ:

Азадовский Константин — 2Б
Алексеев Геннадий — 2Б
Алексеев Юрий — 4Б
Альтшулер А.[12] — 4А
Аронзон Л. — 4А
Бар-Ор Р. — 2Б, 4Б и
Близнецова И. — 3А, 4Б
Бахтерев И. — 4А
Безменов Б. — 5А
Бобышев Д. — (2Б)
Брандт П. — 4А
Бродский И. — (2Б)
Бурихин И. — 2Б
Вензель Е. — 4А
Виноградов Л. — 1
Волохонский А. — 2А
Вольф С. — 1
Гаврильчик В. — 4А
Генделев М. — 4Б
Глозман[13]
Гозиас С. — 5А
Голофаст В. — 5А

[11] Отметим, что Виноградов, Найман и Рейн переехали в Москву, Хвостенко жил на два города, потом эмигрировал, как и еще примерно двадцать человек из этого списка.

[12] Здесь и далее мы указываем начальные инициалы упомянутых авторов. В Списке ККК этого, как правило, не делал.

[13] Скорее всего, это Григорий Глозман из ЛИТО Г. С. Семенова. О Владимире Глозмане ККК писал автору этой статьи в 2003 году как о новом для него авторе.

Грачев Р. — 5А
Долиняк И. — 5А
Ентин Л. — 2А
Еремин М. — 1
Игнатова Е.
Капелян Г. — 2А
Киселев[14]
Кондратьев[15]
Констриктор Б. — 5Б (только рисунки)
Красильников М. — 1
Крейд В. — 5А
Крепс М. — 4Б
Кривошеев В. — 4Б
Кривулин В. — 4Б
Кузьминский К. — 2А и др.
Кулле С. — 1
Куприянов Борис — 4Б + 3А[16]
Лейкин В. — 1+4А
Лосев Л. — 2Б
Макринов Д. — 4А
Мандельштам Роальд — 1 + 5А
Медведева Н. — 2Б
Мейлах М. — 2Б
Миронов А. — 4А
Морев А. — 5А
Найман А. — (2Б)
Нестеровский В. — 4Б+5Б
Охапкин О. — 4Б + 3А[17]

---

[14] Очевидно, Станек (5А), киевский поэт Леонид Киселев (3Б) умер в 1968 году.

[15] Скорее всего, имелся в виду Александр Михайлович Кондратов (см. [АГЛ 1]), странно, если бы он был не упомянут. Хотя в самиздате Ленинграда участвовали в 80-х братья по отцу Михаил (1961–2008) и Василий (1967–1999) Кондратьевы, но маловероятно, что это они (в текстах ККК на сайте они не упоминаются).

[16] В составе альманаха «Майя».

[17] В составе альманаха «Майя».

Радыгин А. — 5А
Рейн Е. — 2Б
Стратановский С. — 4Б
Тайгин Б. — 1+2Б
Тат А. — 2Б
Темкина М. — 2Б
Трифонов Г. — 4Б
Троицкий М. — 5А
Уфлянд В. — 1+4А
Феоктистов Е. — 5А
Ханан В. — 4Б
Хвостенко А. — 2А
Чейгин П. — 4Б
Шварц Елена — 2Б
Ширали В. — 4Б
Шнейдерман Э. — 5А
Эрль В. — 4А
Юпп М. — 2Б
(Из перечисленных в АГЛ не было только Глозмана и Игнатовой.)

С другой стороны, в Списке почему-то нет таких представленных в АГЛ поэтов, как: Р. Белоусов[18], А. Гайворонский, Олег Григорьев (Геннадий Григорьев тоже отсутствует), В. Молот[19], В. Немтинов, А. Ник, Ю. Сорокин, А. Шельвах, Е. Шендрик[20]. Видимо, некоторых ККК просто забыл вставить в Список, а некоторых, можно предположить, считал малосущественными.

---

[18] ККК писал, что Белоусов «женился, ушел в семью» [АГЛ 4А: 82]. Но, как оказалось, он продолжал писать: «Внутреннюю работу по созиданию из слов не перестаю». URL: http://articulationproject.net/8746 (дата обращения: 26.11.2021).

[19] «Не знаю, что пишет Молот. Вроде ни стихи и ни прозу» [АГЛ 5А: 286].

[20] «Похоже, что такого поэта нет <...> Шельвах <...> так и не прорисовался. И Шендрик искомый — тоже» [АГЛ 5Б: 502].

Тут у нас возникает боковой к нашей теме, но важный вопрос: насколько адекватно в АГЛ представлен Ленинград?

Попробуем сравнить содержание АГЛ и именную часть справочника «Самиздат Ленинграда» (беря оттуда только поэтов). Тут мы увидим некоторые особенности отбора ККК.

Старшие авторы, которых ККК не знал или не знал их стихов: Н. И. Гаген-Торн (1900–1986), Д. Е. Максимов (1904–1987), Г. С. Гор (1907–1981), П. Я. Зальцман (1912–1985), П. П. Громов (1914–1982) и А. М. Володин (1919–2001)[21]. А. Н. Егунов (1895–1968) и С. В. Петров (1911–1988) упомянуты как «поэты молчания» [АГЛ 2А: 39].

В Ленинградскую часть Списка не вошли (как члены СП) В. Британишский, Г. Горбовский, Я. Гордин, А. Кушнер и В. Соснора, представленные в АГЛ[22].

Нет в Списке также В. Бобрецова, Л. Васильева[23], В. Гандельсмана, А. Горнона, М. Дидусенко, В. Дмитриева[24], А. Домашёва[25], В. Кучерявкина[26], Б. Лихтенфельда, С. Магида... — некоторых из них объединяет то, что они начали публиковаться в сам- и тамиздате после отъезда ККК.

В общем, в АГЛ в основном воспроизводится то представление о ленинградских преимущественно неофициальных поэтах, которое сложилось у ККК до отъезда. Кто не успел, тот опоздал. Сам ККК неоднократно писал в последующие годы, что новых авторов, сравнимых с теми, кого он полюбил в молодости, он не видит. (Здесь мы говорим об авторах, по возрасту попадающих в грани-

---

[21] Последних четырех авторов нет в «Самиздате Ленинграда».

[22] В 5Б с симпатией упомянут Виктор Максимов (1942–2005), также член СП.

[23] ККК знал его, но в антологию почему-то не включил. Есть поздний текст «ПОЭТ Лёва Васильев, не вошедший в антологию» [Кузьминский 2011?].

[24] Два стихотворения — в письме от Г. Трифонова, с примечанием: «я такие стихи — и в рот не беру... еще один Кушнер — зачем?» [АГЛ 5Б: 50].

[25] «...довольно талантливый Анатолий Домашев, который потом перестал писать...» [АГЛ 2Б: 177]. См. также «Год писем Толику Домашеву (1961–2002 знакомства-дружбы)». URL: https://kkk-pisma.kkk-bluelagoon.ru/domashev.htm (дата обращения: 26.11.2021).

[26] «Неизвестный мне Владимир Кучерявкин» [АГЛ 5Б: 495].

цу 1975 года отъезда, т. е. не моложе 1955 г. р. Рецепция творчества еще более молодых у ККК была очень ограниченной.)

Во всяком случае, нам сейчас несложно сделать необходимые дополнения к той грандиозной картине неофициальной поэзии, которая дана в АГЛ.

Отдельного упоминания заслуживает «женский вопрос». Некоторые женщины в АГЛ есть: И. Близнецова[27], Ю. Вознесенская (4А + 5Б), Т. Гнедич (упоминается неоднократно, стихов нет), О. Денисова, А. Марголина[28], Н. Медведева, Е. Мнацаканова, Ры Никонова, Е. Шварц, М. Темкина...

Но где же О. Бешенковская[29], Т. Буковская, Е. Дунаевская, Е. Пудовкина, К. Унксова, З. Эзрохи? Никого из этих заметных поэтесс в Списке нет; в АГЛ они в лучшем случае упомянуты.

Напрашивается предположение, которое подтверждает сам ККК: «я уж предпочту, чтоб меня назвали просто “perverted”, каковым в отношении дамской поэзии я и являюсь, потому что потерял всякое уважение к пишущей женщине» [АГЛ 4А: 607]. «А те <женщины> еще и стихи пишут, сами. Я, правда, их стихов не читаю. С меня хватит Леночки Шварц» [АГЛ 5Б: 47].

При ярко выраженном интересе к женщинам как сексуальным объектам ККК скептически оценивал их способности к поэзии. Нельзя недооценивать здесь значительную долю позы, но характерно, что исключения возникали в основном тогда, когда сексуальный и эстетический моменты совпадали (характерные примеры — Щапова, Медведева). В общем, ККК и политкорректность — несовместимы[30].

---

27 «гениальная поэтка!.. обещалась быть таковой...» (*Кузьминский К.* Год писем Толику Домашеву (1961–2002 знакомства-дружбы). URL: https://kkk-pisma.kkk-bluelagoon.ru/domashev.htm (дата обращения: 26.11.2021).

28 «Удивляет меня не то, что в Одессе пишут, а то, что пишут — точно так же и то же, что в Москве, Ленинграде, Риге, Киеве... Лексика, во всяком случае, одна. И темы. Но не поместить такие, вполне профессиональные, стихи — грех. Помещаю» [АГЛ 3Б: 680].

29 «...не вошедшая в Антологию “У Голубой Лагуны”, но упомянутая в романе “Хотэль цум Тюркен”» [АГЛ 5Б: 479].

30 «Естественно, все мы — жалели негров. Сейчас я их не жалею...» [АГЛ 5А: 196].

Из «провинциальных» авторов в Список входят следующие:

Барский В. — 3Б
Беззубов Г. — 3Б
Бейн И. — 2Б + 3А
Верник А. — 3А
Денисова О. — 3Б
Дунаевский В. — 3Б
Зунделевич И. — 3А
Иоэльсон[31] М. — 3А
Кохав[32] А. — 3Б
Курилка[33] Н. — 3Б
Кустарев О. — 3А
Лехт (Лехтгольц) Ю. — 3Б
Мак Л. — 2Б + 3Б
Малер И. — 3А
Марковский Б. — 3Б[34]
Мармонтов В. — 3А
Милославский Ю. — 3А
Мотрич В. — 3А
Наклеушев Е. — 3А
Никонова Ры — 5Б
Сигей С. — 5Б
Очеретянский А. — 3Б
Рабинер Я. — 3Б
Рихтер А. — 3Б

---

[31] «Прислали поэта “Иоэльсона”, с оговоркой, что это — псевдоним» [АГЛ 23А: 82]. Нам удалось выяснить, что это Алексей Гурьянов.

[32] «...разбавляя мастеров и классиков. <...> Чтоб не скучно читать было...» [Кузьминский 2004].

[33] См. [АГЛ 3Б: 82 и 102] — одно 2-строчное стихотворение! Правильно — Николай Курилко, жил в г. Боярке (Киевская обл), умер в 2004 г.

[34] Как Морковский.

Середенко Петр — 3Б
Фрадис А. — 3Б
Хорват Е. — 3А
Хамарханов А. — 3А
Шамир И. — 3А
Шильман Б. — 3Б

Отдельно следует упомянуть авторов псковского альманаха «Майя» (3А)[35]:

Андреев Мирослав
Бетехтин В.
Богомолец Ю.
Бухбиндер И.
Нестеров (Соколов) А.
Николаева (Нейник) Т.
Шешолин Е.

Итак, все «провинциальные» авторы Списка уже были в АГЛ. Отдельно обозначим трех важнейших авторов «провинциальных» томов: А. Ожиганов (3Б) и А. Драгомощенко[36] (3Б) вполне могли бы быть отнесены к СПб., а Э. Лимонов (3А) предпочитал считать себя московским автором[37].

Отметим, что многие авторы этой части списка тоже эмигрировали, и многие важные поэты «провинции» не учтены ККК, например, из Урала[38] и Сибири[39]. (Но наша тема — Москва.)

---

35 См. статью В. Орлова в наст. изд.

36 «Я живу в Ленинграде с 1969 года <...> отнести меня к так называемой “Петербургской традиции” <...> будет неверным» (1975) [АГЛ 3Б: 318].

37 «В Харьков меня не заноси. Я поэт московский. Я стихи писать начал нормально в 1967 году в Харькове, но в том же году и в Москву уехал. Обижусь, если поместишь» [АГЛ 3А: 15].

38 См. Антологию современной уральской поэзии. URL: http://www.marginaly.ru/ (дата обращения: 26.11.2021).

39 См. [Метельков 2019].

Несколько авторов присутствуют в Списке, очевидно, «для смеху»[40]. Это Буланов[41], Ю. В. Андропов, редактор журнала «Континент» В. Е. Максимов, с которым ККК находился в состоянии активной взаимной вражды, а также А. Солженицын, к которому ККК, конечно, не мог серьезно относиться как к поэту.

Собственно, к Москве относятся 63 автора:

Айги Г. — 1
Алейников В.
Алешковский Ю.
Алон А.[42]
Антонович А.[43]
Аронов А.
Афонин И.[44]
Ахметьев И.
Батшев В.
Бахчанян В.
Бачурин Е.
Берзина Л.[45]
Бокштейн И. — 2А[46]
Бурич В. — 1
Бунимович Е.

---

40 «В антологию подобную шушеру — я брал “для смеху”» [Кузьминский 2004].

41 Предположительно, Леонид Хаимович (род. 1932) — Бостон, США.

42 Александр Алон (наст. имя Александр Дубовой, 1953–1985).

43 Александр Сергеевич Антонович (род. 1945), в эмиграции с 1981 года; известен в основном как автор прозы.

44 Очевидно, это Игорь Афонин. Единственная известная нам публикация — под именем Иван Обласов в «Новом мире» (1996. № 7).

45 Любовь Александровна Берзина (р. 1959). См. краткую биографическую справку и подборку стихов на сайте «Поэзия Московского университета: От Ломоносова и до...». URL: http://www.poesis.ru/poeti-poezia/berzina/biograph.htm (дата обращения: 26.11.2021).

46 «Не знаю, а именно чувствую. Как — почему-то — понадобился мне москвич Бокштейн» [АГЛ 2А: 200].

Валов[47]
Величанский А.
Вещевайлов В.
Вильдштейн В.
Вильямс Н.
Высоцкий В.
Галансков Ю.
Галич А.
Гандлевский С.
Глазова М.
Глезер А.
Горбаневская Н.[48]
Гробман М.[49]
Губанов Л.
Гуголев Ю.
Деза М.
Делоне В.
Дурново В.
Есенин-Вольпин А. — 1
Еременко А.
Жданов И.
Жигалов А.
Искренко Н.
Карабчиевский Ю.
Кенжеев Б.
Котрелев Н. — 1
Красовицкий С. — 1
Лён Слава[50] — 3А
Мамлеев Ю.
Меломедов В.

---

[47] О нем нам ничего не известно, помещаем в эту часть, т. к. в приведенных далее письмах ККК он вписан среди москвичей.

[48] А вот многократно поминаемый ККК (в т. ч. два стихотворения в 5А) ее товарищ по редакции «Континента» Василий Бетаки не удостоился.

[49] Одно стихотворение в [АГЛ 1: 350].

[50] В Списке также под настоящей фамилией: Епишин.

Мнацаканова Е. — 2А
Некрасов Всеволод — 1
Осман Д.[51]
Парщиков А.
Пригов[52] Д. А.
Прокофьев Олег — 1
Прониловер Э.
Рожанская О.
Рубинштейн Л.
Сапгир Г. — 1
Сатуновский Я. — 1
Сопровский А.
Халиф Л.
Холин И. — 1
Хромов В. — 1
Худяков Г. — 1
Цветков А.
Чудаков С. — 1
Чубарь В.[53]
Шатуновский М.

И мы видим тут ожидаемо другую картину: только 15 имен были в АГЛ, в основном в 1-м томе. Из женщин включены Берзина, Глазова, Горбаневская, Искренко, Мнацаканова и Рожанская — шестеро.

---

[51] Давид Осман (род. 1951) — поэт круга «Московского времени», с 1981 года живет в США.

[52] В Списке намеренно искаженно «Пригоф».

[53] Вероятно, упомянутый в 5Б «поэт Валентин Чубарь <...> имеет брата-чортика, художника» [АГЛ 5Б: 469]. Видимо, ККК ошибся в имени; все источники дают имя «Василий», напр.: «Вася Чубарь — одна интересная личность. <...> Будучи греком, он всегда хотел быть евреем, при этом он коллекционировал разрушенные церкви — местоположения их. <...> Его гоняло КГБ по всему Советскому Союзу. В конце концов выгнало в Соединенные Штаты». URL: http://www.dikoepole.org/numbers_journal.php?id_txt=78 (дата обращения: 26.11.2021). См. его стихи на сайте «Дикое поле». URL: https://stihi.ru/avtor/cmykcmyk (дата обращения: 26.11.2021).

Рассмотрим исторически сложившиеся *группы*.

Лианозово: Е. Кропивницкий, И. Холин, Г. Сапгир, Вс. Некрасов и Я. Сатуновский аккуратно перечислены; все они неплохо представлены в АГЛ 1.

Круг Черткова: есть В. Хромов и С. Красовицкий [АГЛ 1]. Нет самого Л. Черткова[54], а также Г. Андреевой, А. Сергеева и О. Гриценко; близкого к этой группе Н. Шатрова тоже нет.

«Южинский кружок»: есть Ю. Мамлеев, нет Е. Головина и В. Ковенацкого[55].

Из *авторов «Синтаксиса»* есть А. Аронов, Н. Котрелев и О. Прокофьев. Нет Э. Котляр и М. Павловой (гендер!), а также нескольких авторов № 2.

Барды: Е. Бачурин, В. Высоцкий и А. Галич — есть. М. Анчаров и Б. Окуджава — члены СП. Ю. Визбор, Ю. Ким — отсутствуют, как и более молодые В. Луферов и А. Мирзаян.

СМОГ: Есть В. Алейников, В. Батшев, Л. Губанов, Ю. Кублановский; нет А. Басиловой, Ю. Вишневской[56] и А. Пахомова. Нет также менее известных М. Каплана[57], С. Морозова и П. Шушпанова. Зато есть А. Величанский (иногда причисляемый к СМОГу) — один из главных москвичей для ККК.

Московское время: С. Гандлевский, Б. Кенжеев, А. Сопровский, А. Цветков + Д. Осман.

Концептуализм: Д. Пригов и Л. Рубинштейн есть; нет А. Монастырского и В. Тупицина[58]. Есть А. Жигалов и И. Ахметьев, иногда причисляемый к концептуалистам.

А. Еременко, И. Жданов, А. Парщиков — *Мета-мета* налицо.

Клуб Поэзия: Бунимович, Искренко, Шатуновский; есть также Гуголев, но нет А. Туркина. Нет и Ю. Арабова, В. Аристова, И. Иртеньева.

---

54 «...кроме одного текста, написанного совместно с Красовицким» [АГЛ 1: 40].

55 Он был известен ККК и упомянут далее; «ковенацкий должен был идти у меня в москве» [Кузьминский 2006].

56 Ее стихи, как нам кажется, должны были бы ККК понравиться — можно предположить, что он их не знал.

57 В библиотеке ККК была его книга «Вивризм» (1988).

58 Два стихотворения в [АГЛ 1: 351].

Из отдельных авторов есть Г. Айги, Ю. Алешковский, В. Бахчанян, И. Бокштейн, В. Бурич, Н. Вильямс, Ю. Галансков, М. Глазова, Н. Горбаневская, М. Гробман, М. Деза, А. Есенин-Вольпин, Ю. Карабчиевский, В. Лён, Е. Мнацаканова, Л. Халиф, Г. Худяков, С. Чудаков, а также В. Дурново и О. Рожанская, малоизвестные замечательные поэты[59].

Наконец, нет Ю. Айхенвальда, Н. Коржавина и В. Корнилова[60].

И совсем почти незаметные А. Антонович, И. Афонин, В. Вещевайлов, В. Вильдштейн, В. Меламедов, Э. Прониловер и В. Чубарь[61].

Но нет таких заметных авторов, как М. Айзенберг[62], Л. Иоффе, Е. Сабуров и близких к ним Д. Авалиани, В. Коваля, А. Маковского и Е. Харитонова[63].

Нет Т. Кибирова и М. Сухотина.

III

Далее приводятся планы не вышедших дополнительных томов, в основном посвященных Москве. Мы даем их целиком, хотя там есть повторы.

Прислано мне ККК в письме от 26 ноября 2003[64]:

наметки к московским томам:

ТОМА 1А и 1Б (в работе)
черновые списки

---

59 Можно назвать еще несколько десятков как бы отдельно стоящих авторов из Москвы, например: Н. Байтов, С. Бернштейн, Е. Герф, С. Гринберг, В. Казаков, К. Левин, О. Седакова, А. Товмасян, М. Файнерман, Г Шпаликов...

60 Два стихотворения в 5А.

61 Может быть, ККК что-то знал о них — такое, чего мы не знаем?

62 Одной из причин резко отрицательного отношения ККК к Айзенбергу была, как мы предполагаем, ревность к его активности как картографа поля неофициальной поэзии. См. [Айзенберг 1991].

63 За которым проглядывает Иван Овчинников, тоже немного московский автор.

64 Вначале приводится полное содержание вышедших томов.

БОЛЬШАЯ МОСКОВСКАЯ ПОМОЙКА,
ИЛИ ЧТО Я УЗНАЛ О МОСКВЕ ЗА 30 ЛЕТ[65].

айги алейников алешковский алон андропов
антонович
бахчанян батшев бачурин бурич богачинская[66]
бокштейн
валов величанский вильямс вильдштейн высоцкий
габрильянц галансков галич гаррик/губерман[67]
герловины[68] глазков глазова глезер гробман губанов
деза делонэ друк
епишин (лён)
жигалов
зморовский (киев — москва)
красовицкий кропивницкий кенжеев кублановский
карабчиевский ковенацкий/кердимун[69]
лианозовцы
мамлеев максимов[70] мнацаканова
осман
поленов прокофьев пригоф
розенберг[71]
савицкий ситников[72] соковнин солженицын/мудролюбов[73]
тарсис
цветков

---

65 Дальше подборка антимосковских эпиграфов; приводим первые два: «Что касается Москвы, — сказал Гитлер...» (*Кожевников В.* Щит и меч. Т. 1. С. 171); «Москва... Восходят по ступеням / Китайцы в снежной синеве. / О как бы радовался Ленин, / Когда б увидел их в Москве!» (*Саянов В.* Китайцы в Москве, 1951).

66 «Халиф <...> послал мне поэтессу, печатавшуюся в “Огоньке” и “Вечерней Одессе” (а ныне, естественно — в “Новом Русском Слове”, на маразматический вкус редактора <А. Седых>)» [АГЛ 2Б: 733].

67 Очевидно, так обозначен И. Губерман.

68 Стихи писала вроде бы только Римма.

69 Насколько нам известно, стихи писал только Ковенацкий.

70 Видимо, опять В. Е.

71 Предполагаем, что имеется в виду А. Розенштром-Коняшев (1960–2014).

72 Имеется ли тут в виду художник Василий Ситников — непонятно.

73 ?

чубарики-чубчики[74]
шабалин-витт[75]
яша явно[76]

По сравнению со Списком добавились И. Богачинская (р. 1946), Т. Габрильянц (р. 1950), Н. Глазков (не был в Списке как член СП), И. Губерман, В. Друк, Ю. Зморовский, В. Ковенацкий, Н. Поленов (1953–2014), Д. Савицкий, Ситников, М. Соковнин, В. Тарсис, С. Шабалин (р. 1961), Я. Явно.

Продолжение:

том 1А[77]

ПРЕДИСЛОВИЯ:
дж. э. боулта[78] титуника[79] джерри[80] и еще кого-то
милославского и анри

послесловия:
лившиц-лосев
аноним из панорамы[81]

начать: о гришке, плюс фото! гришкино писмо,
тайгина — дополнить, фоты, стихи — отдельно
кого здесь нет — чертков после стаса, включить

---

74 Братья Чубари.

75 «серега шабалин, он же витт» (Письмо А. Михайлову от 22 апреля 2002). URL: https://kkk-bluelagoon.ru/5knig/vetv_zimy/vetv_zimy_6.htm (дата обращения: 26.11.2021).

76 Яков Израилевич Явно (р. 1947) — певец и актер. Родился в Минске. Окончил Музыкальную академию им. Гнесиных. Работал солистом Камерного еврейского музыкального театра в Москве. Эмигрировал в США, проживает в Нью-Йорке. Публикаций его стихов найти пока не удалось.

77 Этот план похож на дополнения к АГЛ 1 — не только по Москве; прислано в том же письме.

78 Видимо, тот же текст, что и в АГЛ 1.

79 «Техасский университет... работали там профессора экстракласса... Был такой Айра Тайтунник — Тютюнник...» [Кузьминский 2003б].

80 Янечек.

81 См.: *Аноним.* Кузьминский — графоман. URL https://kkk-bluelagoon.ru/kkk_zitnik.htm (дата обращения: 26.11.2021).

кривошеев — в приложение[82]<,> кулле — расширить

«... и многих других»[83] — кое-что нашлось, см. в разделах или приложении
после «московской богемы» лимонова — пустить художников и стихи айги — доп. по маркишу[84], фото, сти., изд., габрильянц-коллаж
е.вольпин — НИЧЕГО, плюс у гусарова[85]
вильямс — писма, гниипи (доска![86])
вильямс (и корсунский, куски романа[87], стихи, фото стаса и хромова, есенин-вольпин, гастев и Ко)
гершуни из «поисков»[88] и у телесина гусаров о
гробман
золкин (и др. из архива гробмана)
ковенацкий/кердимун
хромов — фото
красовицкий — фото и позднее, последние стихи, фото
стихи из «части речи»[89]
издатель грегори поляк
чертков!
мамонов[90]! — т. 1, стр.27 и сборник, плюс ЛГ
максимов, стихи (из огонька)
мнацаканова
прокофьев — письма и стихи

---

[82] См. ранее в питерской части Списка. Что за приложение и почему оно здесь упомянуто — непонятно.

[83] [АГЛ 1: 41].

[84] Давид Маркиш дружил с Айги еще в Литинституте, писал о нем в «Литературном курьере» (1983).

[85] Имеется в виду книга В. Н. Гусарова «Мой папа убил Михоэлса» (Франкфурт н. М.: Посев, 1978).

[86] Очевидно, имелась в виду Доська (Доротея), дочь М. Шемякина, художница.

[87] Вероятно, это «Остров ГНИИПИ» Н. Вильямса, который обычно называют повестью.

[88] В. Гершуни был членом редколлегии самиздатского журнала «Поиски» (Москва, начало 1980-х), там публиковались как его публицистические, так и литературные произведения.

[89] Части речи: Альманах. 1984. № 4–5.

[90] Виктор Леонтьевич Мамонов (1937–2009).

сапгир — новое
александр лайко
кира сапгир
холин — новое
кропивницкий — доб. сти.
кропивницкий — рабин (гравюра)
лианозовцы — синт25[91]

понизовский — стр.36[92], плюс НОВОЕ! (отдельно)

тупицыны

уфлянд
еремин
михайлов
кулле с пред. уфлянда
кондратов — добавить бордель![93]

горбовский — новое и о

мамлеев
вампирчик ли мамлеев, фото из ап<оллона>-77, илл. шемя-
кина и доськи[94]
из подростка савенко

гробман и его текстильщики

солженицын/мудролюбов
(параллельные тексты и фото баха)
стихи солу
солженицын дробь дубасов[95] (по эрлю)

---

[91] Там статья В. Кулакова «Модернистский гротеск, Обэриу и современная поэзия», в основном посвященная поэтам-лианозовцам.

[92] См. [АГЛ 1].

[93] Вообще-то, произведение с таким названием уже есть, см. [АГЛ 1: 255].

[94] Доротеи.

[95] В. Эрль завязал переписку с поэтом-фронтовиком Юрием Антоновичем Дубасовым, представившись поклонником его таланта. Впоследствии письма были напечатаны в «Митином журнале». URL http://kolonna.mitin.com/archive/mj03/dubasov.shtml (дата обращения: 26.11.2021).

яковлев — рис. и сти.
зверев — рис. и сти.
ситников-2 (а.?)
худяков — сокр., доб.

неизвестный — стихи и ПЕСНИ
целков — веселясь на...
шелковский

рисунки халифа, лимонова?

мельников[96]
костин кучумов[97] бородавка[98]
дед[99]

ИНДЕКС[100]

По сравнению со Списком здесь добавились важные персонажи, в основном московской сцены: Л. Чертков, В. Гершуни, П. Золкин, В. Мамонов, А. Лайко, К. Сапгир, В. Тупицын, Ю. Михайлов (его стихи были опубликованы в 4А под фамилией его жены Аллы Коврижных), художники В. Яковлев и А. Зверев (оба писали стихи), художники Э. Неизвестный, О. Целков и И. Шелковский (видимо, тоже со стихами).

---

96 «Георгий Викторович Мельников. Поэт. Инвалид. Лагерник». URL: https://kkk-bluelagoon.ru/tom5a/derbina.htm (дата обращения: 26.11.2021).

97 Анатолий Михайлович Кучумов (1912–1993) — искусствовед, хранитель музея в Павловске, где одно время работал ККК. (Названный в начале Костин нам неизвестен; эта группа имен в конце, возможно, обозначает вставки каких-то мемуарных текстов ККК.)

98 Глеб Борисович Перепёлкин (1921–1989), искусствовед. Человек-легенда Ленинграда 1960–1970 годов.

99 Очевидно, имеется в виду Д. Дар.

100 ККК не раз сетовал на отсутствие указателя к АГЛ. В докомпьютерную, особенно в доинтернетную эпоху это было большое неудобство. Сейчас тома 1 и 2А уже есть в pdf в электронном архиве «Вторая литература». URL: https://vtoraya-literatura.com/razdel_21753_str_1.html (дата обращения: 26.11.2021). Если так же будет опубликована вся Антология, то и указатель будет не нужен или его легко будет сделать.

Дальше по письму к В. Кулакову от 3 марта 1999:

АНТ16 (дополнительный том)[101]

алейников в письмах и песнях
алешковский алон
андропов (ЛГ и Огонек 12, 88) антонович
бахчанян батшев бачурин бурич (ЛГ)
богачинская
бокштейн
величанский валов вильдштейн
высоцкий:
шемякин, миша левин (параллельные тексты), мондавошки:
двухтомник, альбом, сумеркин
чай высоцкого, сахар бродского
габрильянц
галансков
галич по лимонову, плюс соостер
галич — знамя 6, 88, с.62 (новосибирск), м. макаренко[102]
гаррик/губерман
герловины
глазков (ЛГ 13 мая 87 и Евтух) глазова
глезер:
стихи глезера, мягко говоря, кошмарны
первая невстреча с глезером (фото из газа)
губанов — мулета, грани, 5 переборов[103], танька
Деза Делонэ Друк
Епишин (Лён), вечерний звон
Жигалов (и абалакова — мулета и т. г.)
зморовский (киев — москва), фоты работ
Кибиров Кенжеев Кублановский Карабчиевский (ВиМ, Панорама 364, 88) [104]

---

[101] Тут будет много уже упомянутых.

[102] Там И. Грекова рассказывает в т. ч. о выступлении Галича в Новосибирске в 1968 году, в организации которого участвовал М. Макаренко (1931–2007).

[103] «"5 переборов гитары" Лени Губанова тщетно силюсь расшифровать» [Кузьминский 1998].

[104] Стихи Карабчиевского публиковались в журнале «Время и мы» (1977. № 24; 1978. № 33); возможно, и в газете «Панорама», Лос-Анджелес (1988. № 364) Проверить эти данные не удалось.

лесин — лиснянской
максимов, стихи — найти[105]
осман
поленов
пригоф
розенберг и розенштром
савицкий (часть речи)[106], зизи в метро <?>
соковнин! (синт-25, 89, стр.109)
юрий стефанов — «знамя», 2, февр 90, стр. 230–1, и из граней[107]
тарсис
писма и поема
цветков
чубарики-чубчики, зубарев (а5с)[108]
долина и клячкин (неделя)

— одна из многих заготовок к московским томам...[109]

Здесь добавились С. Зубарев, Т. Кибиров, Ю. Стефанов, В. Долина и Е. Клячкин.

IV

«...если бы составлялся “самиздат москвы”, то имен было бы во много раз меньше, поскольку в москве самиздата в строгом смысле слова было мало. но может быть, я недостаточно осведомлен...» (из письма В. Эрля к ККК)[110].

---

[105] Возможно, имеется в виду четвертый Максимов — Владимир Николаевич (1940–2011).

[106] Из цикла «Осколки» (Часть речи: Альманах. 1984. № 4–5. С. 86–90).

[107] В «Знамени» Алла Марченко в статье «Альманахи и вокруг» сочувственно отзывается о повести Ю. Стефанова «Закудыкина гора»; его стихи публиковались в журнале «Грани» (1967. № 63. С. 38–42).

[108] Сергей Зубарев (1954–1987). Родился в Донецке. С начала 70-х жил в Ленинграде, общался с кругом Кузьминского и Дара. URL: https://kkk-bluelagoon.ru/5knig/dar/dar_19.htm (дата обращения: 26.11.2021). Раскрыть сокращение «а5с» не удалось.

[109] Мы привели все нам доступные, другие заготовки нам неизвестны.

[110] URL: https://kkk-bluelagoon.ru/perepiska_kkk_vlap/kkk_vlap_2.htm (дата обращения: 26.11.2021).

«Самиздата Москвы» до сих пор нет. Может быть, и мало было в Москве самиздата в строгом смысле слова, но зато много было в нестрогом. Назовем это явление «Неофициальная литература Москвы». Мы составили список персоналий для гипотетического справочника с таким названием[111]. Имен там примерно столько же, сколько в «Самиздате Ленинграда» [Северюхин 2003].

Но пока перед этой темой отступили и ККК, и все другие исследователи. Будем надеяться, что эта крепость будет взята в результате планомерной осады.

Библиография

Агафонов 2010 — *Агафонов В. Ю.* Русские художники в Нью-Йорке и окрестностях. URL: http://lit.lib.ru/a/agafonow_w_j/agaf111.shtml (дата обращения: 26.11.2021).

Айзенберг 1991 — *Айзенберг М. Н.* Некоторые другие... (Вариант хроники: первая версия) // Театр. 1991. № 4. С. 98–118.

Кузьминский 1989 — *Кузьминский К. К.* Поэты, не числящиеся в справочнике СП на 1989 год // Черновик. Альманах. 1998. № 1. С. 10–11.

Кузьминский 1998 — *Кузьминский К. К.* «Умеренности я в себе не наблюдаю, ни в чем...» // Пчела. 1998. № 12. URL: http://kkk-pisma.kkk-bluelagoon.ru/pchela.htm (дата обращения: 26.11.2021).

Кузьминский 2003а — *Кузьминский К. К.* Не столько о поэтике, сколько — об этике: Книга писем / сост. А. Л. Майзель. СПб.: Петербург–XXI век, 2003.

Кузьминский 2003б — Константин Кузьминский: Я — последний андеграунд... <Интервью с М. Георгадзе> // Русский базар. 2003. № 12 (362). URL: http://rusbazaar.biz/ru/content/2360.htm (дата обращения: 26.11.2021).

Кузьминский 2004 — Константин К. Кузьминский как монументальная Константа Русского поэтического Авангарда. <Интервью с Д. Иоффе, ноябрь-декабрь 2004 г.>. URL: https://www.netslova.ru/ioffe/kuzm.html (дата обращения: 26.11.2021).

---

[111] URL: https://ayktm.livejournal.com/181463.html (дата обращения: 26.11.2021).

Кузьминский 2006 — *Кузьминский К. К.* Вокруг (и около) художника Владимира Ковенацкого (в 3-х и более частях). URL: http://kkk-pisma.kkk-bluelagoon.ru/kovenatsky.htm (дата обращения: 26.11.2021).

Кузьминский 2011? — *Кузьминский К. К.* Поэт Лёва Васильев, не вошедший в антологию (37 и более лет спустя). URL: https://kkk-pisma.kkk-bluelagoon.ru/vasiliev.htm (дата обращения: 26.11.2021).

Кузьминский 2013 — *Кузьминский К. К.* Гласность БЕЗ (Горбовский, Рейн, Корнилов — параллельные тексты эпохи «гласности» и не). URL: http://kkk-pisma.kkk-bluelagoon.ru/glasnostbez.htm (дата обращения: 26.11.2021).

Метельков 2019 — *Метельков А. С.* Поэзия Сибири: между провинцией и периферией. URL: http://literratura.org/criticism/3309-anton-metelkov-poeziya-sibiri-mezhdu-provinciey-i-periferiey.html (дата обращения: 26.11.2021).

Северюхин 2003 — Самиздат Ленинграда. 1950–1980-е. Литературная энциклопедия / под общ. ред. Д. Я. Северюхина. М.: Новое литературное обозрение, 2003.

Именной указатель[1]

[1] В указатель включены имена и псевдонимы реальных лиц, упомянутых в наст. изд. Авторы исследований, входящих в библиографические списки в конце статей, и упоминаемые в них лица в указатель не включены, за исключением тех случаев, когда цитаты и отсылки комментируются. Не включены также литературные персонажи, вымышленные лица или упоминания имен в составе названий организаций, топонимов, литературных произведений и т. п. В случае упоминаний как настоящих имен, так и псевдонимов в указатель включаются обе формы; в остальных случаях мы ограничиваемся указанием в скобках. Псевдонимы приводятся полностью, как и имена однофамильцев с совпадающими инициалами. Имя К. К. Кузьминского в указатель не включено.
В ряде случаев полные инициалы и точные имена отдельных лиц установить не удалось.

Составитель — Н. В. Скворцова

Содержание

АНТОЛОГИЯ И ЕЕ АВТОРЫ

Научное издание

НА БЕРЕГАХ ГОЛУБОЙ ЛАГУНЫ
Константин Кузьминский и его Антология
Сборник исследований и материалов
Составитель И. Кукуй

Директор издательства *И. В. Немировский*
Ответственный редактор *И. Белецкий*
Заведующая редакцией *О. Петрова*

Дизайн *И. Граве*
Редактор *Р. Рудницкий*
Корректор *А. Филимонова*
Верстка *Е. Падалки*

Подписано в печать 16.08.2022.
Формат издания 60 × 90 $^{1}/_{16}$. Усл. печ. л. 36,5.
Тираж 300 экз.

Academic Studies Press
1577 Beacon Street, Brookline, MA 02446 USA
https://www.academicstudiespress.com

ООО «Библиороссика».
190005, Санкт-Петербург, 7-я Красноармейская ул., д. 25а

Эксклюзивные дистрибьюторы:
ООО «Караван»
ООО «КНИЖНЫЙ КЛУБ 36.6»
http://www.club366.ru
Тел./факс: 8(495)9264544
e-mail: club366@club366.ru

Книги издательства можно купить
в интернет-магазине: www.bibliorossicapress.com
e-mail: sales@bibliorossicapress.ru

Знак информационной продукции согласно
Федеральному закону от 29.12.2010 № 436-ФЗ

www.ingramcontent.com/pod-product-compliance
Lightning Source LLC
Chambersburg PA
CBHW060635310726
48982CB00003B/786

* 9 7 9 8 8 8 7 1 9 0 1 6 7 *